Herausgegeben vom
Landesdenkmalamt Baden-Württemberg,
dem Archäologischen Landesmuseum,
der Gesellschaft für Vor- und Frühgeschichte
in Württemberg und Hohenzollern
und dem Förderkreis Archäologie in Baden.
Zusammengestellt von
Jörg Biel

Archäologische Ausgrabungen in Baden-Württemberg 1998

THEISS

Die Deutsche Bibliothek – CIP Einheitsaufnahme
Archäologische Ausgrabungen in Baden-Württemberg
.../hrsg. vom Landesdenkmalamt
Baden-Württemberg... – Stuttgart: Theiss
Erscheint jährl.
1981 (1981) –

Umschlagbild: Keltische Viereckschanze und altwürttembergischer Landgraben bei Nordheim, Kr. Heilbronn.
Luftbild: Otto Braasch.

Redaktion: Petra Wägenbaur, Tübingen
Satz und Gestaltung: Cornelia Fritsch & Birgit Fiebiger GbR, Filderstadt
Druck und Bindung: Freiburger Graphische Betriebe
Printed in Germany
ISBN 3-8062-1406-9
ISSN 0724-8954

Vorwort

Das Titelbild des diesjährigen Bandes sowie der einleitende Bericht unseres Luftbildarchäologen Otto Braasch sollen unseren Dank für eine großzügige Erbschaft ausdrücken. Frau Dr. Edith Würthner aus Villingen-Schwenningen hat dem Landesdenkmalamt in ihrem Nachlaß die beträchtliche Summe von DM 363600 vermacht mit der Bestimmung, diesen Betrag ausschließlich für Zwecke des Landesamts für Denkmalpflege in Stuttgart zu verwenden. Wir haben diese Summe in den Haushaltsjahren 1996 bis 1998 für die Durchführung der Luftbildarchäologie eingesetzt. Der in diesem Jahrbuch abgedruckte Bericht Otto Braaschs zeigt nur einen Ausschnitt seiner in diesen Jahren erzielten archäologischen Ergebnisse. Ganze Gruppen von Denkmälern sind plötzlich zum Schwerpunkt unserer Arbeit geworden. Dies gilt unter anderem für die Erdwerke der Jungsteinzeit oder die keltischen Viereckschanzen. Bei allen in den letzten Jahren untersuchten Anlagen handelt es sich um Entdeckungen der Luftbildarchäologie, und es ist fraglich, ob diese Objekte bei einer Überbauung überhaupt bemerkt worden wären. So war jedoch eine geplante, systematische Untersuchung der Anlagen möglich. Enorm ist auch der Zugewinn an Kenntnis im römischen Bereich. Wichtig scheint uns auch, die sich ständig ändernde Landschaft mit alten Wegführungen, Bachläufen oder landwirtschaftlichen Spuren im Foto festzuhalten.

Gegenüber dem Vorjahr hat sich die finanzielle Situation der Archäologischen Denkmalpflege wieder etwas entspannt. Dies schlägt sich auch in der Zahl der Beiträge dieses Bandes nieder, die wieder die früher übliche Menge erreicht hat. Allerdings sind die für Grabungen und deren Auswertung zur Verfügung stehenden Mittel doch sehr stark zurückgegangen. Im Jahr 1998 standen der Archäologischen Denkmalpflege 12 Mio. DM zur Verfügung. Hiervon sind jedoch wie in den Vorjahren etwa 4,8 Mio. für feste Arbeitsverträge, Publikationen und Anschaffungen zweckgebunden, so daß für die Durchführung von Ausgrabungen und deren Auswertung lediglich 7,2 Mio. aufgewendet werden können. Hierfür standen im Jahr 1997 2,8 Mio., in 1996 9,8 Mio. und in 1995 10,3 Mio. zur Verfügung. Zudem mußte die Archäologische Denkmalpflege im Personalbestand seit 1990 sowohl im wissenschaftlichen als auch im technischen Bereich einschneidende Stelleneinsparungen hinnehmen.

Die derzeit zur Verfügung stehenden Mittel werden fast ausschließlich für Rettungsgrabungen im Bereich anstehender Bebauungen eingesetzt, die für die Denkmäler eine unmittelbare Zerstörung bedeuten. Hier erfolgt schon eine Reduzierung auf die aus wissenschaftlichen Gründen unbedingt notwendigen Maßnahmen. Zudem ist man in der Archäologie trotz modernster Prospektionsmethoden wie Geophysik und Luftbildarchäologie nie vor positiven oder negativen Überraschungen sicher.

Viele bedeutende Fundstellen sind jedoch einer schleichenden Zerstörung ausgesetzt. Vor allem die Uferrandsiedlungen des Bodensees sind durch Schilfsterben und damit verbundene Ufererosion massiv bedroht. Zu Schutzmaßnahmen, wie die flächige Überdeckung von wichtigen Fundstellen mit Kiesschichten unter Wasser, kommen Unterwassergrabungen, die in jedem Jahr mit einem Finanzvolumen von etwa DM 250000 durchgeführt werden. Diese beschränken sich jedoch auf wenige Notfälle. Dagegen sind mindestens 80 weitere Fundstellen am deutschen Bodenseeufer jedes Jahr völlig unbeobachtet der Erosion ausgesetzt.

Ähnlich ist die Situation in den Feuchtgebieten Oberschwabens. Fundstellen vor allem der Stein- und Bronzezeit mit wertvollstem organischem Fundmaterial sind in großem Umfang der Austrocknung und damit der organischen Zersetzung preisgegeben. Auch hier können sich Schutzmaßnahmen nur auf ausgewählte Gebiete beschränken.

In der Fläche weitaus gravierender sind jedoch erosionsbedingte Schäden in landwirtschaftlich intensiv genutzten Gebieten. Vor allem die Luftbildarchäologie hat das Ausmaß dieser Zerstörungen deutlich gemacht, sowohl was den Umfang der betroffenen Fläche, die Zahl der Fundstellen, vor allem aber ihre wissenschaftliche Qualität betrifft. Bei einem jährlichen Bodenabtrag von etwa 0,5 cm im Kraichgau wird sehr deutlich, wie rasch diese Zerstörung fortschreitet, verursacht durch Änderungen in der Landwirtschaft. Hier durch Aufkauf von Flächen archäologische Reservate zu schaffen, ist sehr teuer und ohne Enteignung kaum durchzuführen.

Immer wieder hat die Archäologische Denkmalpflege wichtige Fundstellen in diesen Bereichen vor einer weiteren Beeinträchtigung und Zerstörung untersucht. So wird z.B. seit November 1998 bei Nordheim, Kreis Heilbronn, eine im Acker liegende und schon stark angepflügte spätkeltische Viereckschanze flächig ausgegraben. Diese erst begonnene Ausgrabung hat einerseits schon überraschende Funde erbracht, andererseits aber klar die Gefährdung der Anlage demonstriert. Weitere zehn Viereckschanzen im westlichen Kreis Heilbronn, die erst in den letzten Jahren durch die Luftbildarchäologie entdeckt und ebenso erosionsgefährdet sind, können mit den vorhandenen finanziellen Mittel dagegen nicht erkundet werden. Eine Änderung dieser katastrophalen Situation könnte nur durch eine deutliche Erhöhung des Grabungsetats erreicht werden. Eine finanzielle Entlastung würde auch die Einführung eines bedingten Verursacherprinzips im Denkmalschutzgesetz bringen. Grabungskosten in Baubereichen könnten damit wenigstens teilweise an Planungsträger und größere Bauherren weitergegeben werden, vor allem wäre es dann aber möglich, Grabungskosten in Erschließungsbeiträge einzurechnen, was eine spürbare Entlastung der Gemeinden ergeben würde. Die gewaltigen Defizite, die sich seit dem Wegfall der großen Schwerpunktprogramme sowohl des Landes als auch der Deutschen Forschungsgemeinschaft ergeben haben, könnten damit leidlich ausgeglichen werden.

Dafür, daß dieser Band wieder pünktlich erscheinen kann, danken wir den Grabungsleitern, Restauratoren, Zeichnern und Fotografen, den zahlreichen Grabungsarbeitern und vor allem den Autoren. Für die Zusammenstellung der Beiträge und ihre Mithilfe danke ich Frau Karen Schmitt, Frau Petra Wägenbaur für die Redaktion, dem Konrad Theiss Verlag für die Herstellung des Bandes.

Stuttgart, im April 1999

Jörg Biel

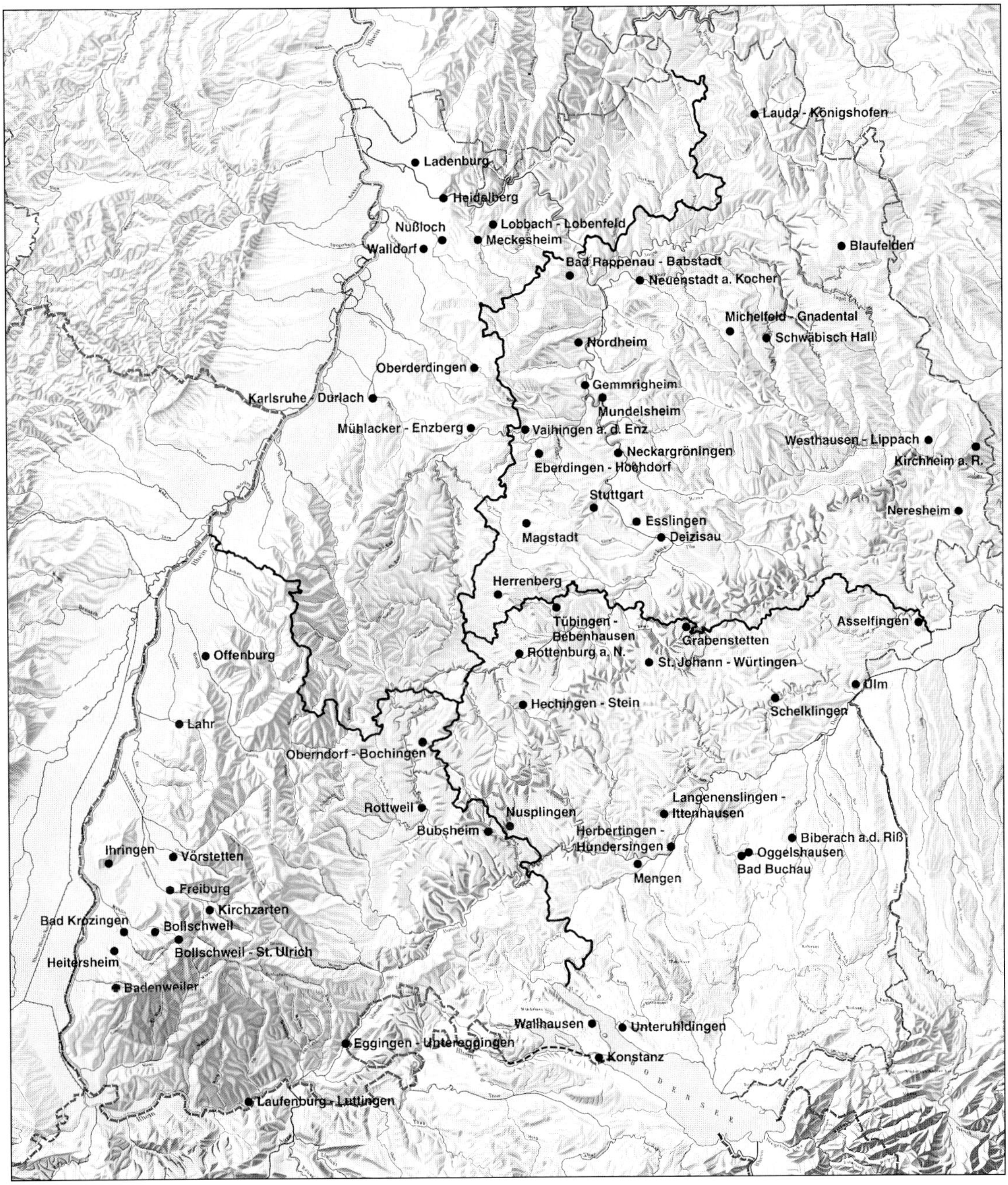

Karte der Städte und Gemeinden, aus denen in diesem Band berichtet wird.

Inhalt

Verzeichnis der Autoren

Dr. Susanne Arnold, Landesdenkmalamt Baden-Württemberg, Abt. Archäologische Denkmalpflege, Stuttgart

Dr. Jörg Biel, Landesdenkmalamt Baden-Württemberg, Abt. Archäologische Denkmalpflege, Stuttgart

Jörg Bofinger M. A., Institut für Ur- und Frühgeschichte und Archäologie des Mittelalters der Universität Tübingen

Dr. Michael Bolus, Institut für Ur- und Frühgeschichte und Archäologie des Mittelalters der Universität Tübingen

Angela Bonenberger M. A., Heidelberg

Otto Braasch, Landshut

Dr. Andrea Bräuning, Landesdenkmalamt Baden-Württemberg, Abt. Archäologische Denkmalpflege, Stuttgart

Dr. Christel Bücker, Landesdenkmalamt Baden-Württemberg, Abt. Archäologische Denkmalpflege, Außenstelle Freiburg

Prof. Dr. Nicholas J. Conard, Institut für Ur- und Frühgeschichte und Archäologie des Mittelalters der Universität Tübingen

Dr. Rolf Dehn, Landesdenkmalamt Baden-Württemberg, Abt. Archäologische Denkmalpflege, Außenstelle Freiburg

Klaus-Dieter Dollhopf M. A., Tübingen

Dr. Meinrad N. Filgis, Landesdenkmalamt Baden-Württemberg, Abt. Archäologische Denkmalpflege, Stuttgart

Prof. Dr. Gerhard Fingerlin, Landesdenkmalamt Baden-Württemberg, Abt. Archäologische Denkmalpflege, Außenstelle Freiburg

Christiane Frank M. A., Rottweil

Dipl. Agr.-Biol. Michael Friedrich, Institut für Botanik der Universität Hohenheim

Matthias Fröhlich M. A., Institut für Ur- und Frühgeschichte der Universität Freiburg

Luisa Galioto M. A., Freiburg

Dr. Guntram Gassmann, Landesdenkmalamt Baden-Württemberg, Abt. Archäologische Denkmalpflege, Außenstelle Tübingen

Dr. Uwe Gross, Landesdenkmalamt Baden-Württemberg, Abt. Archäologische Denkmalpflege, Stuttgart

Jürgen Hald M. A., Institut für Ur- und Frühgeschichte und Archäologie des Mittelalters der Universität Tübingen

Dr. Jörg Heiligmann, Archäologisches Landesmuseum Baden-Württemberg, Außenstelle Konstanz

Erich A. Herberg, Bad Wimpfen

Dr. Ludwig H. Hildebrandt, Wiesloch

Wolfgang Hohl, Landesdenkmalamt Baden-Württemberg, Abt. Archäologische Denkmalpflege, Arbeitsstelle Hemmenhofen

Thomas Hoppe M. A., Institut für Ur- und Frühgeschichte und Archäologie des Mittelalters der Universität Tübingen

Walter Joachim, Stuttgart

Andrew W. Kandel, Institut für Ur- und Frühgeschichte und Archäologie des Mittelalters der Universität Tübingen

Dr. Martin Kemkes, Württembergisches Landesmuseum Stuttgart

Priv. Doz. Dr. Claus-Joachim Kind, Landesdenkmalamt Baden-Württemberg, Abt. Archäologische Denkmalpflege, Stuttgart

Dr. Frieder Klein, Landesdenkmalamt Baden-Württemberg, Abt. Archäologische Denkmalpflege, Außenstelle Tübingen

Dr. Ulrich Klein, Württembergisches Landesmuseum Stuttgart, Münzkabinett

Dr. Jutta Klug-Treppe, Landesdenkmalamt Baden-Württemberg, Abt. Archäologische Denkmalpflege, Außenstelle Freiburg

Thomas Knopf M. A., Institut für Ur- und Frühgeschichte und Archäologie des Mittelalters der Universität Tübingen

Dr. Joachim Köninger, Freiburg

Benno Köpfer M. A., Freiburg

Aline Kottmann, Institut für Ur- und Frühgeschichte und Archäologie des Mittelalters der Universität Tübingen

Dr. Rüdiger Krause, Landesdenkmalamt Baden-Württemberg, Abt. Archäologische Denkmalpflege, Stuttgart

Dr. Renate Ludwig, Kurpfälzisches Museum der Stadt Heidelberg

Cand. phil. Cornelia Lübke, Leipzig

Dr. Dietrich Lutz (†), Landesdenkmalamt Baden-Württemberg, Abt. Archäologische Denkmalpflege, Außenstelle Karlsruhe

Dr. Martin Mainberger, Staufen

Dr. Christian Maise, Freiburg

Adalbert Müller, Freiburg

Dr. Andrea Neth, Landesdenkmalamt Baden-Württemberg, Abt. Archäologische Denkmalpflege, Stuttgart

Prof. Dr. Hans Ulrich Nuber, Abt. für Provinzialrömische Archäologie der Universität Freiburg

Dr. Claus Oeftiger, Landesdenkmalamt Baden-Württemberg, Abt. Archäologische Denkmalpflege, Stuttgart

Dipl.-Geophys. Harald von der Osten-Woldenburg, Landesdenkmalamt Baden-Württemberg, Abt. Archäologische Denkmalpflege, Stuttgart

Ferdinand Pfannstiel, Trochtelfingen

Dr. Britta Rabold, Landesdenkmalamt Baden-Württemberg, Abt. Archäologische Denkmalpflege, Außenstelle Karlsruhe

Prof. Dr. Hartmann Reim, Landesdenkmalamt Baden-Württemberg, Abt. Archäologische Denkmalpflege, Außenstelle Tübingen

Dr. Ralph Röber, Archäologisches Landesmuseum Baden-Württemberg, Außenstelle Konstanz

Dr. Hartmut Schäfer, Landesdenkmalamt Baden-Württemberg, Abt. Archäologische Denkmalpflege, Stuttgart

Dr. Helmut Schlichtherle, Landesdenkmalamt Baden-Württemberg, Abt. Archäologische Denkmalpflege, Arbeitsstelle Hemmenhofen

Erhard Schmidt, Landesdenkmalamt Baden-Württemberg, Abt. Archäologische Denkmalpflege, Außenstelle Tübingen

Dr. Stefan Schmidt-Lawrenz, Römisches Freilichtmuseum Hechingen-Stein

Karen Schmitt, Landesdenkmalamt Baden-Württemberg, Abt. Archäologische Denkmalpflege, Stuttgart

Dipl.-Geogr. Thomas Schneidermeier, Institut für Ur- und Frühgeschichte und Archäologie des Mittelalters der Universität Tübingen

Dr. Gunter Schöbel, Pfahlbaumuseum Unteruhldingen

Prof. Dr. Barbara Scholkmann, Institut für Ur- und Frühgeschichte und Archäologie des Mittelalters der Universität Tübingen

Dr. Heinz Gerd Schröder, Institut für Seenforschung, Langenargen

Ute Seidel M. A., Tübingen

Dr. Gabriele Seitz, Abt. für Provinzialrömische Archäologie der Universität Freiburg

Dr. C. Sebastian Sommer, Landesdenkmalamt Baden-Württemberg, Abt. Archäologische Denkmalpflege, Stuttgart

Prof. Dr. Heiko Steuer, Institut für Ur- und Frühgeschichte der Universität Freiburg

Dr. Hans-Peter Stika, Institut für Botanik der Universität Hohenheim

Dr. Ingo Stork, Landesdenkmalamt Baden-Württemberg, Abt. Archäologische Denkmalpflege, Stuttgart

Dr. Michael Strobel, Landesdenkmalamt Baden-Württemberg, Abt. Archäologische Denkmalpflege, Arbeitsstelle Hemmenhofen

Jürgen Trumm M. A., Abt. für Provinzialrömische Archäologie der Universität Freiburg

Prof. Dr. Dr. Hans-Peter Uerpmann, Institut für Ur- und Frühgeschichte und Archäologie des Mittelalters der Universität Tübingen

Dr. Joachim Wahl, Landesdenkmalamt Baden-Württemberg, Abt. Archäologische Denkmalpflege, Osteologie, Konstanz

Michael Weihs M. A., Altenriet

Achim Wendt M. A., Landesdenkmalamt Baden-Württemberg, Abt. Archäologische Denkmalpflege, Außenstelle Karlsruhe

Dr. Günther Wieland, Landesdenkmalamt Baden-Württemberg, Abt. Archäologische Denkmalpflege, Stuttgart

Prof. Dr. Alfons Zettler, Historisches Institut der Universität Dortmund

Von Fischen, Kreisgräben und Viereckschanzen – Nachrichten aus der Flugprospektion

Wenn der Pegel und die Wassertemperatur im Winter sinken, wird der Bodensee mit seinen flachen Uferzonen für die Flugprospektion durchsichtig. Bei hellem Sonnenlicht und glatter Oberfläche lassen sich dann mit dem Auge bis in Tiefen von 3 bis 4 m archäologische Spuren am hellen Seegrund ausmachen. Dem Konstanzer Trichter kommt dabei besondere Bedeutung zu. Als Leitspur für andere Seeregionen zeigt er abhängig von der Wassertemperatur den Grad des störenden dunklen Algenbesatzes am Seeboden an und wenn der Pegel in Ausnahmejahren sehr niedrig ist, tauchen vor dem Rheinausfluß die mächtigen hölzernen Reste einer mittelalterlichen Walkmühle auf, die sich auf zeitgenössischen Abbildungen als willkommene historische Belege für die Flugbeobachtung anbieten. Eine solch günstige Situation bot sich am 8. März 1991, als das Foto mit den hölzernen Bauresten entstand (Abb. 1). Für die Deutung der Spuren als Walkmühle bildet die um 1565 entstandene aquarellierte Federzeichnung aus dem Konstanzer Rosgartenmuseum den Schlüssel, die Lage des Bauwerks ist dort mit „Valke" markiert (Abb. 2).

Aber auch die Fische kommen nicht zu kurz: als Statisten verharren sie im Schwarm am 15. Januar 1999 rechts oben im Bild neben einem rechteckigen „Fischerei-Ries". Dunkle Pfahlköpfe markieren eine Siedlung vor dem Ufer von Konstanz-Hinterhausen im unteren Drittel des Bildes (Abb. 3). Die Siedlung ist noch nicht sicher datiert, bisher finden die Taucher der amtlichen Unterwasserarchäologie aus Hemmenhofen zwischen den Pfählen aber neolithische Keramik. Das „Fischerei-Ries" entstand, als die Fischer auf dem Eis mit Stangen ein Viereck eng absteckten und den Innenraum mit Reisig füllten. Als

Abb. 1 Konstanz, Bodenseekreis. Hölzerne Reste der mittelalterlichen Walkmühle im Konstanzer Trichter vor dem Rheinausfluß. Luftbild vom 8. 3. 1991.

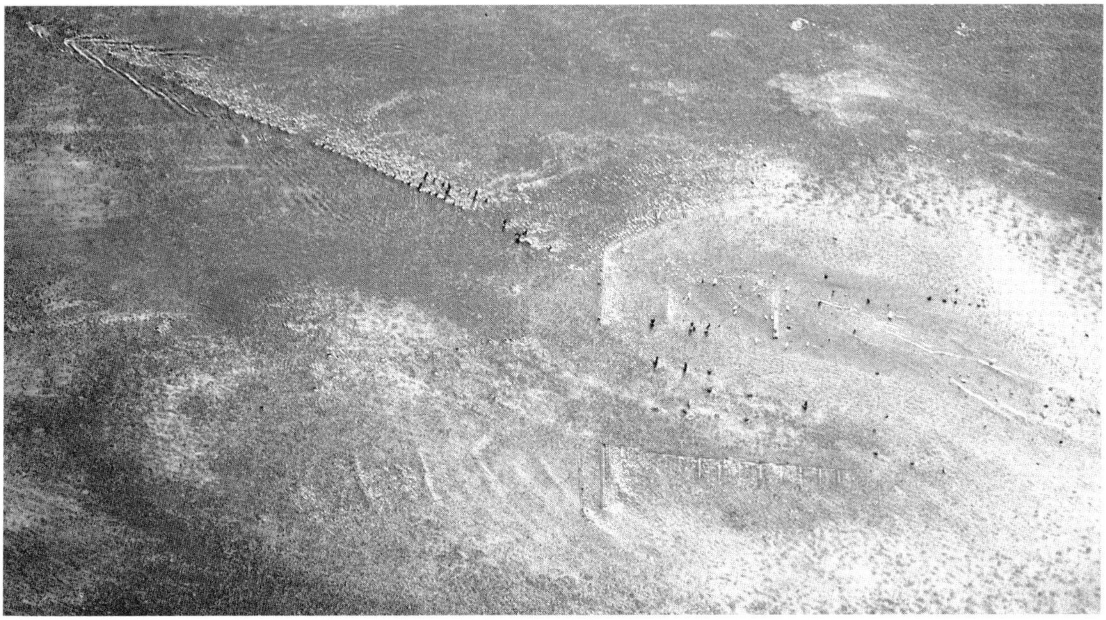

Abb. 2 Konstanz mit Wollmatingen und der Insel Mainau. Aquarellierte Federzeichnung um 1565. Rosgartenmuseum Konstanz (28 658). Aus M. Schefold, Alte Ansichten aus Baden I, 1971, 325.

das Eis abgetaut war, saugte sich das dichte Reisig voll Wasser und sank auf den Seeboden, wo es Klein- und Jungfischen ein willkommenes Versteck bot. Die Fischer nutzen das und stellten um das Reisigpaket herum den Raubfischen nach, die dort den Bewohnern des Reisighaufens auflauerten. Von diesen Konstruktionen sind heute im See an vielen Stellen noch die Reste dünner aberodierter Stangen in Rechteck- oder Hufeisenform zu sehen. Die Fischschwärme aber können auf den ersten Blick sehr wohl den Beobachter narren, indem sie mit ihrer dichten und monochromen Textur am Seegrund Pfahlfelder vortäuschen.

Die fotografische Dokumentation der Unterwasserspuren und deren Wiedergabe in Publikationen sind nicht problemlos. Die meist schwachen Lichtverhältnisse und eine häufig reflektierende Wasseroberfläche stehen der Forderung nach hoher Detailauflösung und kurzen Belichtungszeiten bei der Verwendung von Teleobjektiven gegenüber. Der Einsatz von besonders lichtstarken Objektiven mit hoher Schärfeleistung, von Polarisationsfiltern und von Filmen mit größter Detailwiedergabe kann jedoch eine Lösung bieten. Verzichtet man bei der Herstellung der Druckvorlagen auf digitale Bildmanipulation, so wird anschließend erforderlich, daß die im Wasser chronisch blassen Kontraste und oft winzigen Einzelheiten durch besonders qualitätsvolle Drucktechnik für den Leser erkennbar bleiben. Die Aufnahme von Konstanz-Hinterhausen bildet darin keine Ausnahme.

Der Druck der Fotos vom Großgrabhügel bei Ihringen im Landkreis Breisgau-Hochschwarzwald erfordert wegen schwacher Abstufungen im Grau des gepflügten Ackers ähnliche Sorgfalt. Am Flugtag hatte Bodenfeuchte den verebneten Hügel, der auf vorherigen Flügen noch nie beobachtet wurde, für kurze Zeit mit einem Kreisgraben markiert, und den benachbarten verlandeten Bachlauf am rechten Bildrand dunkel nachgefärbt (Abb. 4). Der Graben war nur unter einem bestimmten Höhenwinkel und mit Sonnenlicht direkt im Rücken auszumachen. Beim Verlassen der Position verschwand er sofort und war von der gegenüberliegenden Seite gegen die Sonne nicht mehr zu sehen. Nur der Bachlauf, jetzt links im Bild, blieb noch schwach erkennbar und der

Grabhügel ließ sich als dunkle Stelle erahnen (Abb. 5). Das Beispiel mag zeigen, wie sehr die Luftarbeit im Winter über gepflügten Äckern von den aktuellen Licht- und Bodenverhältnissen abhängig ist und daß praktisch jedes geeignete Flurstück einzeln umkreist und abgesucht werden muß.

Was die Fundstellendichte der flugentdeckten Viereckschanzen betrifft, so scheint der Ostalbkreis mit diesen spätkeltischen Grabenwerken besonders gesegnet zu sein, kamen doch allein hier 1997 und 1998 drei neue Fundstellen hinzu: Westhausen-Lippach (Taf. 1), Neresheim und Kirchheim am Ries. Im Vergleich mit den anderen, völlig verebneten und nur noch durch Bewuchsmerkmale auffälligen Anlagen verraten Licht- und Schattenmerkmale im Schnee an der Lippacher Schanze einen relativ schonenden Umgang der mechanischen Landwirtschaft mit der Anlage in unmittelbarer Dorfnähe – ihr Relief ist nämlich in der Flur „Bienenberg" noch schwach erhalten. In der Uraufnahme der Flurkarte NO 3878 durch den Geometer Sattler aus dem Jahr 1829 zeichnet sich die Schanze durch zwei schräg zu den übrigen Grundstücken liegende Felder und durch zwei auffällige Feldraine, von denen einer die Form eines schlanken Keiles hatte und welche die Nord- und Südseite markierten, im Parzellengefüge ab (Abb. 7). Major Steiner, der im Rahmen der archäologischen Landesaufnahme nach 1891 in der Flurkarte den „Bienenberg" mit Höhenlinien versah, erkannte die Schanze bei seiner Geländearbeit offensichtlich nicht. Ob es sich in Lippach bei dem Flurnamen „Bienenberg" um eine Abwandlung von einem älteren „Biburg" oder „Biberg" handelt, wäre sicher eine Untersuchung wert. Die Reihe der von K. Schwarz für Bayern mit Flurnamen wie „Biber", „Biberg", „Bibing" und „Biburg" aufgelisteten 13 Schanzen wurde dort bereits 1982 durch die Flugprospektion um weitere 2 Beispiele in Neubiberg-Unterbiberg und Alling-Biburg erweitert. Auch deshalb wäre für Baden-Württemberg die landesweite Kartierung alter Flurnamen und ihre Nutzung bei der Flug- und Bodenprospektion ein Gewinn. Noch höher aber wäre der Gewinn für die Flugprospektion, gelänge es endlich, einen einfachen Zugriff auf die im Lande verteilten archäologischen Karten und Fundstellenunterlagen zu schaffen.

Bei der Schanze von Neresheim in der Flur „Großes Feld" ist die Nähe zur benachbarten Römerstraße und zu einer Villa rustica bei der Hofgruppe Hohenlohe erwähnenswert (Abb. 6). Andere Auffälligkeiten sind nicht erkennbar.

Abb. 3 Der Seegrund vor Konstanz-Hinterhausen, Bodenseekreis. Oben im Bild ein rechteckiges „Fischerei-Ries" mit Fischschwarm, unten dunkle Pfahlköpfe als Siedlungsspuren. Luftbild vom 17. 1. 1999.

Abb. 4 Ihringen, Landkreis Breisgau-Hochschwarzwald. Aufnahme des Grabhügels von Süd nach Nord mit Rückenlicht. Die Lage des Hügel wird in der Bildmitte durch einen Kreisgraben als Feuchtemerkmal angezeigt, am rechten Bildrand erscheint dunkel ein verlandeter Bachlauf. Luftbild vom 5.1.1999.

Abb. 5 Ihringen. Aufnahme des Grabhügels von Nord nach Süd im Gegenlicht. Der Kreisgraben ist verschwunden, die Lage des Grabhügels läßt sich nur noch an einer schwachen Dunkelfärbung in der unteren Bildmitte erahnen. Luftbild vom 5.1.1999.

Abb. 6 Neresheim, Ostalbkreis. Viereckschanze in der Flur „Großes Feld" südlich der Hofgruppe Hohenlohe. Luftbild vom 30. 6. 1998.

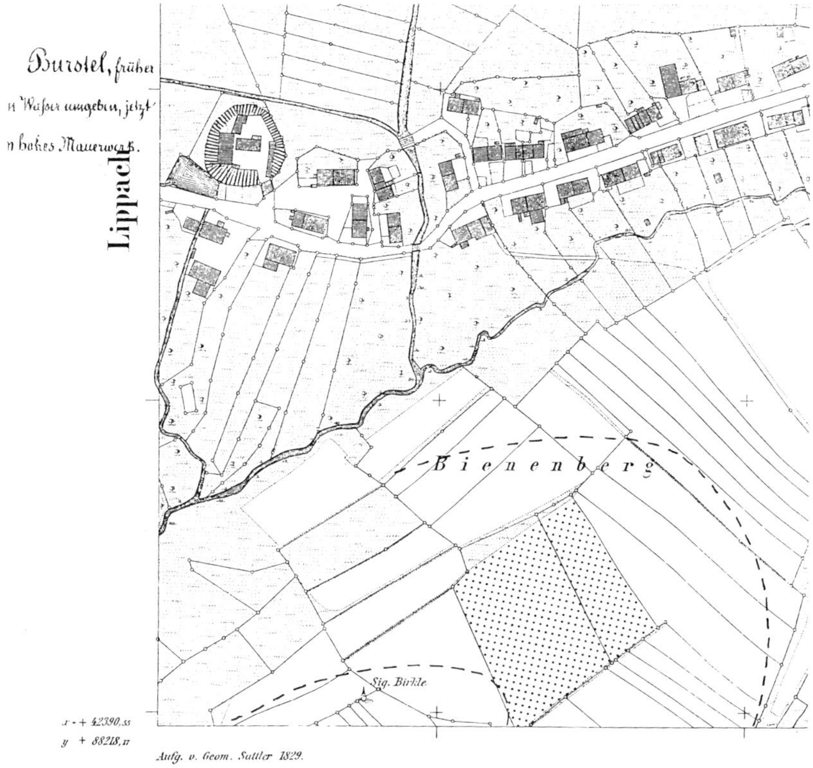

Abb. 7 Westhausen-Lippach, Ostalbkreis. Uraufnahme der Flurkarte NO 3878 aus dem Jahr 1829 mit gerasterter Markierung der Viereckschanze in der Flur „Bienenberg" südlich Lippach. Das Foto ihrer Entdeckung ist auf Taf. 1 zu sehen.

Abb. 8 Kirchheim am Ries, Ostalbkreis. Viereckschanze in der Flur „Zaunäcker" südlich des Weilers Osterholz. Luftbild vom 30. 6. 1998.

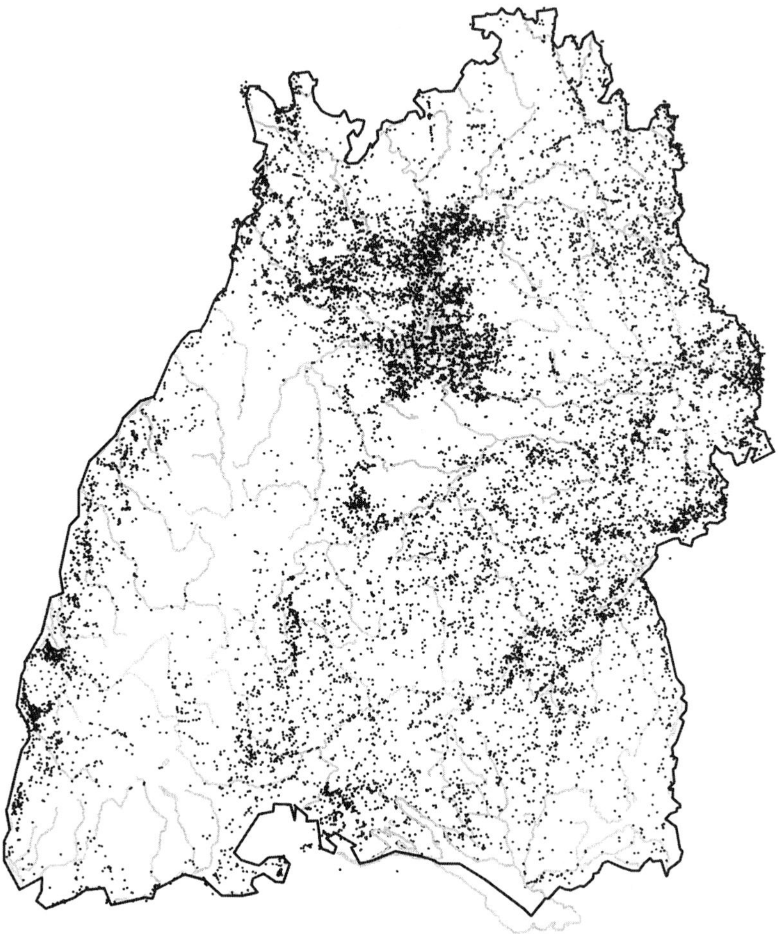

Abb. 9 Verteilungskarte der mit Lagekoordinaten archivierten Luftbildobjekte in Baden-Württemberg. Erfaßt sind neben flugentdeckten Fundstellen auch fotografierte bekannte Bodendenkmäler und in geringem Umfang Objekte der Baudenkmalpflege. Gesamtzahl = 13 885, Bearbeitungsstand: 23. September 1998.

Die bei Kirchheim am Ries südlich der Hofgruppe Osterholz entdeckte Schanze liegt in der Flur „Zaunäcker" (Abb. 8). Ihr Graben ist vergleichsweise schmal, was auf stärkere Austrocknung des Bodens schließen läßt. Sinkt die für das Wurzelwerk der Pflanzen verfügbare Feuchtigkeit auf die Tiefe einer schmalen Grabensohle ab, so verringert sich die Breite der positiven Bewuchsmerkmale an der Oberfläche entsprechend.

Als Beispiel für die von D. Müller 1990 diskutierte bevorzugte Verwendung von Viereckschanzen als Grenzmarken mag die zweite der bekannten Schanzen bei Nordheim, Landkreis Heilbronn, gelten (s. Umschlagbild). Das im Löß völlig eingeebnete Grabenwerk liegt dicht am sog. „Landgraben", der vom Neckarufer zwischen Klingenberg und Nordheim ausgehend nach Nordwesten auf Großgartach zu verläuft. Die Schanze wird 1998–99 von A. Neth ausgegraben, siehe hierzu den Beitrag in diesem Band.

Otto Braasch

Literaturhinweise

K. Schwarz, Atlas der spätkeltischen Viereckschanzen Bayerns (München 1959). – O. Braasch, Neue Viereckschanzen in und um München, Oberbayern. Das archäologische Jahr in Bayern 1982, 87 ff. – K. Bittel, S. Schiek, D. Müller, Die keltischen Viereckschanzen. Atlas arch. Geländedenkmäler in Baden-Württemberg, 1 (Stuttgart 1990) 24 ff.

Eine neue mittelpaläolithische Freilandfundstelle bei Nußloch, Rhein-Neckar-Kreis

Die Stadt Nußloch liegt im Grenzgebiet zwischen Kraichgau und Odenwald. Die Erhebungen des Kraichgaus mit pleistozäner Lößbedeckung werden zumeist landwirtschaftlich genutzt. Die Berge des Odenwalds, überwiegend bewaldet, entstanden während der variszischen Gebirgsfaltung, die in das Paläozoikum zu datieren ist.
Wenige Kilometer südlich von Nußloch wird in einem ausgedehnten Steinbruch mit einer Fläche von 240 ha der hier im Untergrund anstehende Muschelkalk abgebaut. Um an den Muschelkalk zu gelangen, müssen zuerst umfangreiche Lößvorkommen abgetragen werden, die zwischen 5 und 25 m mächtig sind. Zwischen dem Muschelkalk und den Lössen liegen außerdem noch mehrere Meter lehmiger Sedimente aus dem Tertiär oder dem ältesten Pleistozän.
Die Lösse wurden in der vorletzten und der letzten Eiszeit, im Riß- und im Würmglazial, aus dem westlich liegenden Oberrheingraben angeweht. Sie sind durch zahlreiche Bodenbildungen untergliedert und zeigen besonders im mittleren Abschnitt des Würmglazials einen außergewöhnlich differenzierten Aufbau. Das Lößprofil von Nußloch gehört daher für Quartärgeologen schon seit Jahrzehnten zu den Standardaufschlüssen in Süddeutschland. Die Oberfläche des Muschelkalks in der Umgebung von Nußloch fällt mit einem schwachen Gefälle von Nord nach Süd ein. Die heutige Oberfläche des Lösses folgt jedoch diesem Einfall nicht, sondern ist in zahlreiche unterschiedlich hohe und große Hügel gegliedert. Diese werden durch Tälchen und Hohlformen voneinander getrennt. Höhenunterschiede zwischen Tälchen und Hügel von 40–50 m sind nichts Ungewöhnliches.
Im Bereich des Steinbruches sind mehrere dieser Hügel durchschnitten und lassen Rückschlüsse auf ihre Genese zu. Der Verlauf einzelner Schichten zeigt, daß die Tälchen keine sekundären Einschnitte sind, sondern gleichzeitig mit den Erhebungen entstanden. Bei den Hügeln handelt es sich also um dünenartige Bildungen. Dies wird durch ihre Form, die teilweise eine Luv- und eine Leeseite erkennen läßt, bestätigt. Die Lößdünen wuchsen im Laufe der Zeit auf, während die Sedimentation in den Hohlformen schwächer war. Dies bedeutet, daß jüngere Schichten eine stärkere Reliefierung besitzen als ältere.
Mitte der 90er Jahre war ein Profilabschnitt am nördlichen und nordwestlichen Rand des Steinbruches Ziel von quartärgeologischen Arbeiten. An dieser Stelle wurden im Rahmen der Steinbrucharbeiten bereits in den letzten Jahren die obersten 10–15 m Löß abgetragen, in denen sich unter anderem der Lohner Boden befand. Dies bedeutet, daß die Horizonte des noch vorhandenen Profils älter als etwa 30 000 Jahre sein müssen. Inerhalb der geologischen Abfolge wurde eine Mulde entdeckt, in der Feuchtbodenverhältnisse herrschten. In der Mulde wurden Hölzer gefunden, die sehr gut erhalten waren. Hinzu kamen einige kleine Knochensplitter. Im Sommer 1997 wurde das Landesdenkmalamt Baden-Württemberg informiert.
Im Sommer 1998 fand eine zweimonatige Sondierungsgrabung des Landesdenkmalamtes in diesem Areal statt. Hierbei ist der Firma Heidelberger Zement für ihre Zusammenarbeit und Unterstützung zu danken. Durchschnittlich waren fünf studentische Grabungsarbeiter beschäftigt. Ziel der Untersuchung war es, die Herkunft der Knochenfragmente zu klären und die Frage zu beantworten, ob sie möglicherweise zu einem altsteinzeitlichen Lagerplatz gehören. Zu diesem Zweck wurde in einem ersten Arbeitsschritt die Profil-

wand, die bereits Ziel der quartärgeologischen Arbeiten war, erneut aufgenommen. Hierbei wurde sie auf eine Länge von rund 25 m und eine Höhe von maximal 4,50 m vergrößert und durchschnittlich einen halben Meter zurückgesetzt. Es zeigte sich eine äußerst differenzierte Stratigraphie. In der rechten Hälfte der Profilwand (Taf. 2, rechts) ist die ungestörte Abfolge der Schichten zu erkennen. Als basale Schichten des Aufschlusses wurden Lösse freigelegt, die in das Riss-Glazial gehören. Darüber liegt die gegliederte Bodenbildung der letzten Warmzeit, des Eem-Interglazials. Sie ist als rotbraune Parabraunerde ausgeprägt. Über dem Eemboden folgen verschiedene Horizonte, die alle in das Würm-Glazial zu datieren sind. Besonders markant ist ein schwarzbraunes Band, das etwa in der Mitte des aufgenommenen Profilabschnittes liegt. Es handelt sich hierbei um eine Bodenbildung, die als „Obere Mosbacher Humuszone“ bezeichnet wird. Sie gehört vielleicht in die Stufe 5a der Sauerstoff-Isotopen-Chronologie und könnte dann mit dem Interstadial Odderade vor etwa 85–75 000 Jahren korreliert werden. Allerdings besteht auch die Möglichkeit, daß sie etwas jünger ist. Darüber liegt bis zur Oberkante des aufgenommenen Profilabschnitts ein stark geliedertertes Paket von Lössen und gräulichen, vergleyten Bodenbildungen. Diese werden als Naßböden bezeichnet und repräsentieren kürzere mittelwürmzeitliche Interstadiale innerhalb der Stufe 3 der Sauerstoff-Isotopen-Chronologie. Es kann angenommen werden, daß sie sich im Zeitraum vor etwa 60 000 bis 40 000 Jahren gebildet haben. Die zeitliche Obergrenze wird durch den bereits abgetragenen Lohner Boden gebildet, der etwa vor 30 000 Jahren entstanden ist und rund 2 m über dem aufgenommenen Profilabschnitt gelegen haben soll.

Eingebettet in diese Abfolge von Lössen und Bodenbildungen fand sich auch die Mulde mit Feuchtbodenmilieu und Holzerhaltung (Taf. 2, links). In der Hohlform lagen Mudden und Torfe, beim Putzen der Profilwand wurden zahlreiche Holzstückchen, zumeist kleine Astfragmente, entdeckt. Es zeigte sich bereits hier, daß die anmoorigen Ablagerungen ebenfalls gegliedert sind und offensichtlich zu mindestens drei unterschiedlichen Generationen von flachen Rinnensystemen gehören. Die Hohlform durchschneidet einen Teil der mittelwürmzeitlichen Naßböden ebenso wie die frühwürmzeitliche Mosbacher Humuszone. Hierbei ist die Datierung der Rinnen derzeit noch nicht klar. Insgesamt ist für die Entstehung derartiger anmooriger Bereiche mit Hölzern ein eher gemäßigtes Klima anzunehmen. Hierbei ist es möglich, daß die gegliederten anmoorigen Horizonte mit einer Bodenbildung, also mit nur einem Interstadial, verknüpft werden können. Ebenso ist es vorstellbar, daß die mindestens drei Rinnengenerationen in unterschiedlichen Interstadialen entstanden sind. Es gibt einige stratigraphische Hinweise, die darauf hindeuten, daß die zweite Alternative die richtige ist. Hierbei dürfte es aber sicher sein, daß auch die früheste Rinne jünger als das Eem-Interglazial ist.

Im südlichen Profilabschnitt war die anmoorige Hohlform vollständig durchgraben. Im nördlichen Profilabschnitt endete dagegen der durch die Abbauarbeiten aufgeschlossene Bereich an der Oberkante der Mudden, die also noch in situ lagen. Daher bot es sich an, hier, direkt an der Profilwand, eine Grabungsfläche zu öffnen. Der Schnitt wurde auf einer Länge von 5 m und einer Tiefe von etwa 2 m abgegraben, so daß an dieser Stelle eine 5,50 m hohe Profilwand aufgenommen werden konnte. Es bestätigte sich die Annahme, daß die anmoorigen Sedimente in mindesten drei Bereiche zu gliedern sind, die eine unterschiedliche Genese zeigen. Der unterste Komplex, mit einer Mächtigkeit von rund 1 m, besteht aus grünen und grauen Mudden, teilweise mit eingelagerten Sandlinsen. Es ist anzunehmen, daß diese Sedimente in stehendem oder langsam fließendem Wasser abgelagert wurden, wobei an einen Tümpel oder einen kleinen See zu denken ist. Offensichtlich verlandete dieses Gewässer, wobei sich über den Mudden ein ebenfalls rund 1 m mächtiges Paket von Torfen mit Muddelinsen gebildet hat. Dieser Profilabschnitt ist nur schwach strukturiert. Die oberste Rinne schließlich ist klar begrenzt in die Torfe eingeschnitten und besteht aus einer Abfolge von zahllosen regelmäßigen dünnen Mudde-Bändchen, die schwarz und grau gefärbt sind. Die Schichtung läßt auf einen kleinen, langsam fließenden Bachlauf schließen. Der Durchmesser der Rinne dürfte zwischen 3 und 5 m betragen haben. Nach dem Ende der Anmoorbildung scheinen streng kaltzeitliche Verhältnisse eingetreten zu sein. Diese führten unter Periglazialbedingungen dazu, daß ein Teil der Torfe kryoturbat gestaucht und zerrissen wurde.

Besonders in der obersten Rinne, aber auch in den basalen Mudden und den mittleren Torfen fanden sich zahlreiche Hölzer. Etwa 140 von ihnen wurden als größere Objekte dreidimensional eingemessen. Hierbei handelt es sich einerseits um Wurzelstücke, daneben aber auch eindeutig um Reste von Ästen. Das größte Fragment hatte einen Durchmesser von immerhin rund 10 cm. Bei den bereits untersuchten Stücken fanden sich vor allem Reste der Weide, daneben der Birke, der Fichte, des Sanddorns und der Kiefer (Bestimmung Univ. Doz. Dr. M. Rösch, Landesdenkmalamt). In den Bodenproben fanden sich ebenfalls zahllose pflanzliche Makroreste. Neben Ästchen wurden Samen und Früchte entdeckt, dabei konnten Moose, Gräser und Blütenpflanzen nachgewiesen werden.

Schon kurz nach dem Beginn der Sondierungsgrabung tauchte das erste Knochenfragment auf. Im Laufe der Untersuchungen wurden auf der kleinen Fläche von 5 m² insgesamt 30 Knochenstücke und Zähne geborgen. Diese gehören zu Rothirsch, Wildpferd, Wildrind, Bär und einem kleinen Wiederkäuer wie Reh, Steinbock, Gemse oder Saiga-Antilope (Bestimmung Dr. R. Ziegler, Naturkundemuseum Stuttgart). Auffallend ist, daß die Knochen alle fragmentiert sind. Die Knochen lagen sowohl in den basalen Mudden als auch in den mittleren Torfen. Es ist also denkbar, daß sie zwei unterschiedlichen Fundhorizonten angehören.

Neben den Knochen fanden sich auch Steine. Darunter sind einige kleine Gerölle mit einem Durchmesser von unter einem Zentimeter. Sie deuten wie die Sandlinsen auf kurze Episoden eines stärkeren Wassertransportes und einer größeren Fließgeschwindigkeit hin. Außerdem wurden aber auch größere Steine entdeckt, deren Durchmesser über der Korngröße liegt, die in langsam fließenden Bächen im reinen Löß zu erwarten sind. Es handelt sich um zwei Fragmente von Muschelkalkgeröllen und ein Bruchstück eines Quarzgerölles. Ein Artefaktcharakter ist bei diesen drei Objekten nicht sicher nachzuweisen. Es kann aber vermutet werden, daß die Gerölle nicht auf natürlichem Wege in das Anmoor gelangten. Daneben wurden aber auch zwei eindeutige Artefakte gefunden. Das Distalfragment eines Abschlags besteht aus rötlichen Quarzit, das Bruchstück eines Kerns mit präparierter Schlagfläche aus grauem Rhyolit (Bestimmung Prof. Dr. Neugebauer, Universität Tübingen). Die beiden Artefakte – sie lagen in den mittleren Torfen – bezeugen die Anwesenheit des Menschen in der Nähe des verlandenden Gewässers. Ein weiterer Beleg hierfür ist ein Knochenfragment, das markante Schnittspuren trägt.

Nach ihrer geochronologischen Einordnung oberhalb des Eem-Bodens und weit unterhalb des Lohner Bodens ist es als sicher anzusehen, daß die Funde in das spätere Mittelpaläolithikum zu datieren sind und zwischen 80 000 und 40 000 Jahre alt sind. Eine genauere chronologische Ansprache ist derzeit noch nicht möglich.

Mit der Fundstelle im Steinbruch in Nußloch ist es somit das erste Mal im südlichen Mitteleuropa gelungen, mittelpaläolithische Objekte im Feuchtbodenmilieu zu entdecken. Allein die überregional so seltenen botanischen Reste aus einem mittelwürmzeitlichen Interstadial zeigen die Bedeutung des Platzes. An einer günstigen Stelle in einer Senke zwischen mehreren noch flachen Lößhügeln hatte sich während der gemäßigten Klimaverhältnisse eines Interstadials ein Sumpf gebildet, durch den ein kleiner Bachlauf mäandrierte. Im oder am Rande des Sumpfgebietes wuchsen zahlreiche Bäume, hauptsächlich Weiden, Birken und Kiefern. Das Wasser und die Vegetation lockte Hirsche, Wildrinder und Wildpferde an. Auch Neandertaler suchten die Stelle auf, stellten Steinwerkzeuge her und jagten einige Tiere.

Im Sommer 1999 sollen die Ausgrabungen im Steinbruch von Nußloch fortgesetzt werden. Hierbei ist zu klären, ob die Artefakte mit den Tierknochen wirklich in einem ursächlichen Zusammenhang stehen. Derzeit ist es noch nicht völlig auszuschließen, daß Knochen und Artefakte unterschiedlicher Herkunft sind, verlagert wurden und sekundär in die Rinnenfüllung gelangten. Zudem soll, sofern sich die Funde tatsächlich in orginaler Lage befinden, auf größerer Fläche das Zentrum des mutmaßlichen Lager- oder Jagdplatzes der Neandertaler lokalisiert werden.

Claus-Joachim Kind

Literaturhinweise

B. Bente, M. Löscher, Sedimentologische, pedologische und stratigraphische Untersuchungen an Lössen südlich Heidelberg. Göttinger geograph. Abhandl. 84, 1987, 9–17. – L. Zöller, M. Löscher, The last glacial-interglacial cycle in the loess section at Nussloch and underlying upper Tertiary loams. Exkursionsführer: Palaeosols and Neotectonics near Heidelberg and Bad Dürkheim 1997.

Geologische Prospektion von mittelpaläolithischen Fundschichten in Laufenburg-Luttingen, Kreis Waldshut

Im Rahmen des Sonderforschungsbereiches „Klimagekoppelte Prozesse in meso- und känozoischen Geoökosystemen“ der Universität Tübingen beschäftigt sich eine Forschungsgruppe des Instituts für Ur- und Frühgeschichte und Archäologie des Mittelalters seit Juni 1996 mit der Prospektion von neuen mittelpaläolithischen Freilandstationen. Anhand von litho- und biostratigraphischen Kriterien sollen Fundschichten lokalisiert werden, die sich datieren und ökologisch einordnen lassen. In Baden-Württemberg konzentrieren sich die Arbeiten auf das Lonetal, den mittleren Neckarraum und den Hochrhein, da diese Regionen aufgrund von Oberflächen- und Höhlenfunden und ihrer geologischen Verhältnisse die besten Anhaltspunkte für erhaltene Freilandstationen bieten. Erste Erfolge dieser Vorgehensweise zeigen die neuen Freilandgrabungen im Lonetal und vielversprechende Ergebnisse in Mundelsheim (vgl. Berichte in diesem Band).

Am Hochrhein führten wir Arbeiten in Murg-Kalvarienberg und Luttingen durch, da aus beiden Lokalitäten sowohl pleistozäne Knochen als auch mittelpaläolithische Artefakte bekannt sind. In diesem Beitrag stellen wir erste Ergebnisse unserer Arbeiten in Luttingen vor (Abb. 10).

Das Untersuchungsgebiet ist durch den Fund von pleistozänen Faunenresten und paläolithischen Artefakten seit langem als urgeschichtlicher Fundplatz bekannt. Die pleistozäne Fauna, in erster Linie Knochenfragmente von *Bos primigenius* (Auerochse) und *Elephas primi-*

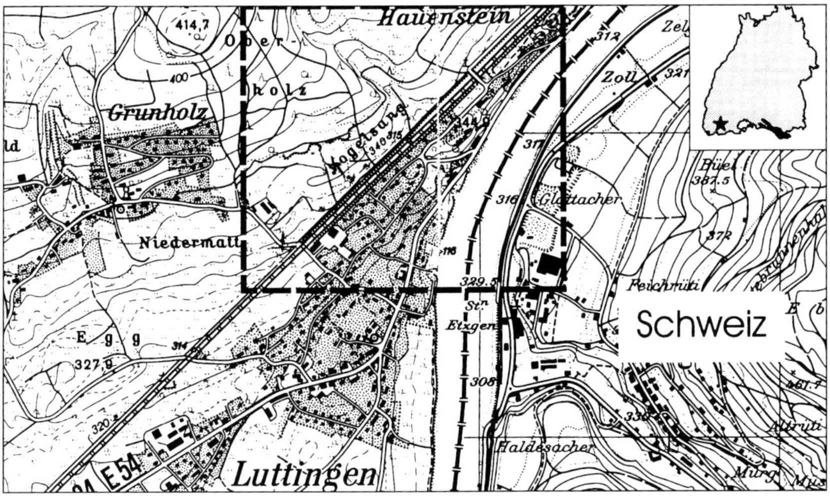

Abb. 10 Luttingen. Topographische Lage des Untersuchungsgebietes.

genius (Waldelephant), wurde beim Bau der Eisenbahnstrecke zwischen Basel und Waldshut in den Jahren 1855 und 1856 durch Bahnarbeiter in einer torfartigen Schicht unterhalb eines Lehmhorizonts geborgen. Etwa 80 Jahre später entdeckte der Sammler Emil Gersbach in der wenige 100 m entfernten Ziegelei Zimmermann etwa 4 m unter der Oberfläche in einer Lehmschicht 10–40 cm oberhalb einer pflanzenführenden Tonschicht paläolithische Artefakte, die aufgrund ihrer tiefen Lage ins Mittelpaläolithikum eingestuft werden können. Wegen ihrer ähnlich beschriebenen stratigraphischen Position vermutet Egon Gersbach, daß die Knochenfunde und die Artefakte zeitlich zusammengehören und einen paläolithischen Jagdplatz dokumentieren. Trotz intensiver Bemühungen von Emil und Egon Gersbach konnte diese Aussage bislang nicht bewiesen werden, da ein Großteil der Knochen verschwunden ist und die exakte Fundstelle der Fauna aufgrund einer fehlenden, detaillierten Dokumentation dieser Funde nur ungefähr lokalisiert werden konnte (Gersbach 1969).

Ziel unserer Arbeiten war es zunächst, anhand der Literaturangaben durch Bohrungen und Georadarmessungen die Torfschicht zu lokalisieren und das Paläorelief über eine größere Fläche zu rekonstruieren. Anschließend sollten an vielversprechenden Stellen mehrere Baggerschürfe angelegt werden, um mit Hilfe von bio- und lithostatigraphischen Kriterien die Stratigraphie zeitlich und ökologisch einzuordnen und festzustellen, an welchen Lokalitäten sich eine größere Grabung lohnen könnte. Neben sedimentologischen und mikromorphologischen Analysen sollten vor allem botanische Untersuchungen eingesetzt werden.

Durch insgesamt 24 Rammkernbohrungen, die von einem Team aus zwei bis drei Mitarbeitern in zwei mehrwöchigen Geländekampagnen durchgeführt wurden, konnten die Torflagen in Wechsellagerung mit Muddenlagen in fünf Bohrungen lokalisiert werden. Im Durchschnitt befinden sich diese Horizonte etwa 3,50 m unter der Oberfläche. Sie werden von durchgehend entkalktem und verlehmtem Löß überdeckt, wodurch eine klassische lößstratigraphische Deutung im Sinne von Schönhals et al. (1964) nicht möglich ist (Abb. 11). Bei den Deckschichten dürfte es sich um umgelagertes Material handeln, welches in vermutlich mehreren Sedimentationszyklen von den Höhen des Oberholzes am Hangfuß akkumuliert wurde. Durch ^{14}C-Analysen der

Abb. 11 Luttingen. Schnitt 3, Torf- und Muddenlagen mit verlehmten Lößdeckschichten.

Universität Heidelberg wurde die Torfschicht auf ein Alter von mehr als 45000 Jahre b.p. datiert, wodurch sich die zeitliche Einordnung der früheren Funde von E. Gersbach ins Mittelpaläolithikum bestätigen würde.

Zur detaillierten bio- und lithostratigraphischen Aufnahme der Schichtenfolge wurden im Juni und Juli 1998 im Bereich der durch die Bohrungen lokalisierten Torflagen drei Schnitte (S 1–3) in einer Fläche von 6×6 m und einer Tiefe von 4 m angelegt (Abb. 12). Auf Anregung des Sammlers K. Jäckle, dem wir für seine Mitarbeit ganz besonders danken möchten, kam ergänzend ein weiterer Baggerschurf im Bereich des Bahneinschnittes hinzu (S 4). Neben einer umfangreichen Beprobung der kompletten Abfolge für sedimentologische, mikromorphologische und botanische Analysen wurden aus den Torf- und Muddenschichten der Schnitte 1 und 2 von ihrer Oberkante bis zur Schurfbasis in 20 cm-Abschnitten insgesamt 15 Schlämmproben entnommen. Aus den Schlämmproben A–C von Schnitt 2 (330–390 cm unter Geländeoberkante) ließen sich insgesamt 15 Absplisse aus Jura- bzw. Muschelkalkhornstein aussortieren, wobei sich Schlämmprobe B mit zehn Absplissen als ergiebigste herausstellte. Durch diese Funde liegen erste konkrete, erfolgversprechende Anhaltspunkte für eine paläolithische Freilandstation vor. Die Absplisse stammen aus einer stratigraphischen Position, die zeitlich dem von Gersbach (1969) beschriebenen Fundhorizont aus der Ziegeleigrube entsprechen könnte. Eine typologische Ansprache der Absplisse ist nicht möglich, wobei die ^{14}C-Datierung der Torflagen eher für eine mittelpaläolithische als für eine jungpaläolithische Einstufung der Funde spricht.

Aus den naturwissenschaftlichen Untersuchungen liegen bis heute erste Ergebnisse der botanischen Analysen der Fundschichten vor. Die Analysen wurden von Dr. S. Riehl (Universität Tübingen), Dr. M. Knipping und Dr. H.-P. Stika (beide Universität Hohenheim) durchgeführt. Das untersuchte Material stammt aus Bohrungen und einer 1 m langen und 10 cm breiten Profilschiene, die an der Oberkante der Torflagen von Schnitt 2 in 3,50 m Tiefe angelegt wurde. Es wurden bisher vier Stichproben aus unterschiedlichen Tiefen auf Pollen und eine Stichprobe auf Makroreste untersucht.

Die Pollenanalysen ergaben einen hohen Anteil an Sauergräser-Pollenkörnern. Der Baumpollenanteil liegt ohne Berücksichtigung der Sauergräser zwischen 32 und 73%. Im einzelnen wurden folgende Baumpollen nachgewiesen (Reihenfolge entsprechend ihrer Häufigkeit): Wacholder, Kiefer, Birke, Sanddorn, Fichte, Lärche und Weide. Diese Zahlen weisen auf eine eher offene Landschaft hin, wobei die nachgewiesenen Gehölze wahrscheinlich nur inselartig vorhanden waren. Das Kräuterpollenspektrum ist für ein Interstadial typisch. Hinweise auf ein stehendes Gewässer liegen nur bedingt aus einer Probe vor. Wahrscheinlich handelt es sich bei der untersuchten Lokalität lediglich um einen feuchten Standort und nicht, wie bisher angenommen, um ein ehemaliges Stillgewässer.

Die Bestimmung der Makroreste ergab bei 15 Holzfragmenten vor allem Birke, gefolgt von Wacholder und unbestimmbarem Laub- bzw. Nadelholz. Sowohl bei dem Wacholder als auch bei der Birke kann aufgrund der Holzbeschaffenheit auf baumförmige Individuen geschlossen werden, strauchfömige Formen dieser Gattung liegen nicht vor. Fehlende Kiefer-Makroreste deuten darauf hin, daß die hohen Pollensummen der Gattung wahrscheinlich zum größten Teil auf Fernflug zurückgehen.

Die Funde und die bisher vorliegenden naturwissenschaftlichen Ergebnisse lassen die Vermutung zu, daß in unmittelbarer Nähe der bisherigen Funde mit einer größeren mittelpaläolithischen Fundstelle zu rechnen ist. Die günstigen Erhaltungsbedingungen der organische Reste in den Torflagen ermöglichen eine vergleichsweise verläßliche Umwelt- und Klimarekonstruktion, so daß im Falle einer neuen Freilandstation Aspekte zur Kopplung des menschlichen Verhaltens mit den damaligen Umweltverhältnissen herausgearbeitet werden können.

Thomas Schneidermeier,
Nicholas J. Conard

Literaturhinweise

Eg. Gersbach, Bad. Fundber. Sonderheft 11, 1969, 21–28. – Em. Gersbach, Bad. Fundber. 17, 1941–1947, 44. – C. Pasda, Arch. Korrbl. 24, 1994, 117–135. – J. Schill, Beitr. Statistik d. inneren Verwaltung d. Großhzgt. Baden 23, 1866/67, 16ff. – E. Schönhals, H. Rohdenburg, A. Semmel, Eiszeitalter und Gegenwart 15, 1964, 199–206.

Abb. 12 Luttingen. Schnitt 1, bodenkundliche Aufnahme der Stratigraphie.

Geoarchäologische Untersuchungen im Bereich der Blattspitzenfundstelle Mundelsheim, Kreis Ludwigsburg

In einem Teilprojekt des Sonderforschungsbereiches „Klimagekoppelte Prozesse in meso- und känozoischen Geoökosystemen“ der Universität Tübingen beschäftigt sich eine Forschungsgruppe des Instituts für Ur- und Frühgeschichte und Archäologie des Mittelalters mit den Auswirkungen der mittel- und jungpleistozänen Umweltverhältnisse auf die Subsistenz, Technologie und Siedlungsweise des Neandertalers. Beste Voraussetzung für die Beantwortung dieser Fragen bieten Freilandstationen, da sie in geologisch geeigneten Regionen eine hohe stratigraphische Auflösung und großflächige Ausgrabungsmöglichkeiten bieten. Allerdings sind in Baden-Württemberg stratifizierte mittelpaläolithische Freilandfundplätze kaum bekannt, obwohl die geologischen Bedingungen in einzelnen Landesteilen wie dem mittleren Neckarraum mit mächtigen gegliederten Lößakkumulationen besonders günstig sind. Es stellt sich die Frage, ob die fehlenden Fundplätze auf eine Siedlungslücke hinweisen, sich durch eine von Höhlengrabungen dominierte Forschungsgeschichte erklären lassen oder vorwiegend auf die ungünstigen Aufschlußverhältnisse in Baden-Württemberg zurückzuführen sind.

Um neue mittelpaläolithische Freilandstationen zu finden, werden seit Juni 1996 am Hochrhein, im mittleren Neckarraum und auf der Schwäbischen Alb umfangreiche Geländearbeiten durchgeführt. Mit Hilfe von litho- und biostratigraphischen Kriterien sollen Fundschichten ausgegrenzt werden, die sich chronologisch und ökologisch beurteilen lassen. Erste Erfolge dieser Vorgehensweise zeigen neben diesem Bericht die neuen Freilandgrabungen im Lonetal und vielversprechende Ergebnisse aus Luttingen (vgl. Beiträge in diesem Band).

Dieser Beitrag zeigt exemplarisch die Möglichkeiten und Grenzen einer gezielten geologischen Prospektion an

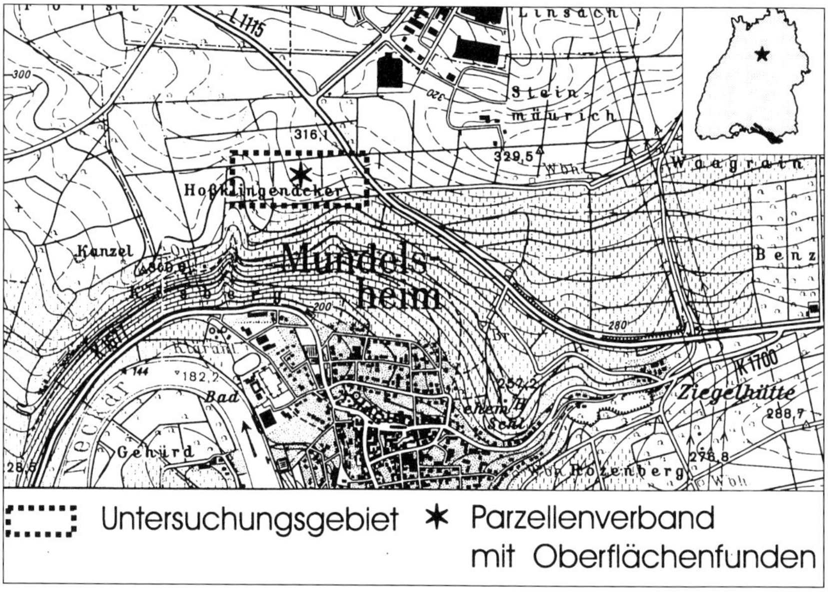

Abb. 13 Mundelsheim, Flur „Hoßklingenäcker-Ost“. Lage des Untersuchungsgebietes. Ausschnitt aus der TK25, Blatt 6921 Großbottwar (thematisch ergänzt).

einem Oberflächenfundplatz in einer Lößregion auf.
Der Fundplatz Mundelsheim befindet sich im mittleren Neckarraum, dessen mächtige Lößdeckschichten durch Paläoböden gegliedert sind (z.B. Freising 1951, Bibus 1989a) und dadurch eine lößstratigraphische Einordnung von paläolithischen Funden ermöglichen. Durch die Tätigkeit A. Schwarzkopfs, eines ehrenamtlichen Mitarbeiters des Landesdenkmalamtes Baden-Württemberg, sind mehrere Oberflächenfundstellen im Umkreis von Mundelsheim mit steinzeitlichem Fundmaterial verschiedener Zeitstellung bekannt. Eine dieser Stellen, die Flur „Hoßklingenäcker-Ost" (Abb. 13), ist seit 1994 auch als Blattspitzenfundstelle bekannt, nachdem in den Jahren zuvor bereits einige mittelpaläolithische Schaber gefunden wurden (Wagner 1996). Die Blattspitze ist von besonderer Bedeutung, da sie in den Übergang vom Mittel- zum Jungpaläolithikum gehört und damit in den Zeitraum, in welchem der Neandertaler durch den anatomisch modernen Menschen abgelöst wurde. Darüber hinaus lieferten die Äcker außer neolithischen Funden zahlreiche bisher unpublizierte Silexartefakte, die vor allem in ein spätes Magdalénien oder ein Spätpaläolithikum eingestuft werden. Allerdings sind Artefakte des Spätmagdalénien oft nicht von solchen des Spätpaläolithikums zu unterscheiden, so daß vor einer detaillierten Vorlage des umfangreichen Fundmaterials keine sicheren Angaben über die Kulturzugehörigkeit dieser spätpleistozänen Artefakte gemacht werden können.

Zielsetzung und Methoden

Um neue mittelpaläolithische Fundschichten aufzuspüren, konzentrierte sich die geologische Arbeit auf die Umgebung des bekannten Blattspitzenfundes. An der Fundstelle läßt sich aufgrund der lößstratigraphischen und morphologischen Kenntnisse des Jungpleistozäns (z.B. Semmel 1968) die Hypothese formulieren, daß die Fundschicht im Bereich des Blattspitzenfundes auskeilt. Sollte sich die Fundschicht unterhalb der Oberfläche fortsetzen, ließe sie sich bei einer durch Paläoböden gegliederten Deckschichtenfolge zeitlich und ökologisch einordnen.
Um das Paläorelief im Bereich der mittelpaläolithischen Oberflächenfunde zu erkunden und mögliche lößstratigraphische Leithorizonte zu erfassen, wurden neben weiteren systematischen Begehungen mit Einzelfundeinmessung umfangreiche geologische Methoden eingesetzt. Die Arbeiten führte ein kleines Team in mehreren Geländekampagnen über insgesamt acht Wochen durch. Dabei wurden vor allem durch Bohrungen und sorgfältig mit der Hand gegrabene Schnitte mehrere SW-NO orientierte Querprofile aufgenommen, um neben der Suche nach günstigen stratigraphischen Verhältnissen auch die laterale Änderung der Böden im Relief zu berücksichtigen.
Wichtiger Bestandteil der geologischen Methoden sind Rammkernbohrungen, mit deren Hilfe Mächtigkeit und Gliederung der Lößdeckschichten erfaßt werden können. Die in den ersten Geländekampagnen durchgeführten 19 Bohrungen reichten bis zum Lettenkeuper, der im Arbeitsgebiet bis 8 m Tiefe ansteht. Ergänzend wurden im Rahmen einer Diplomarbeit von cand. geol. N. Götz unter der Betreuung von Prof. E. Appel (Geophysik, Universität Tübingen) refraktionsseismische Verfahren und Bohrlochmessungen (Dielektrizität, spezifischer elektrischer Widerstand, Gamma-Ray) durchgeführt, um die Eignung von zerstörungsfreien Methoden für diese Fragestellung zu überprüfen (Götz 1998). Dazu wurde durch Dipl.-Geol. J. Heinz (Arbeitsgruppe Prof. T. Aigner, Universität Tübingen) die Tragfähigkeit von Georadarmessungen für unsere Fragestellung getestet.
Die durch die Bohrungen und geophysikalischen Messungen gewonnenen Ergebnisse führten in einer weiteren Ge-

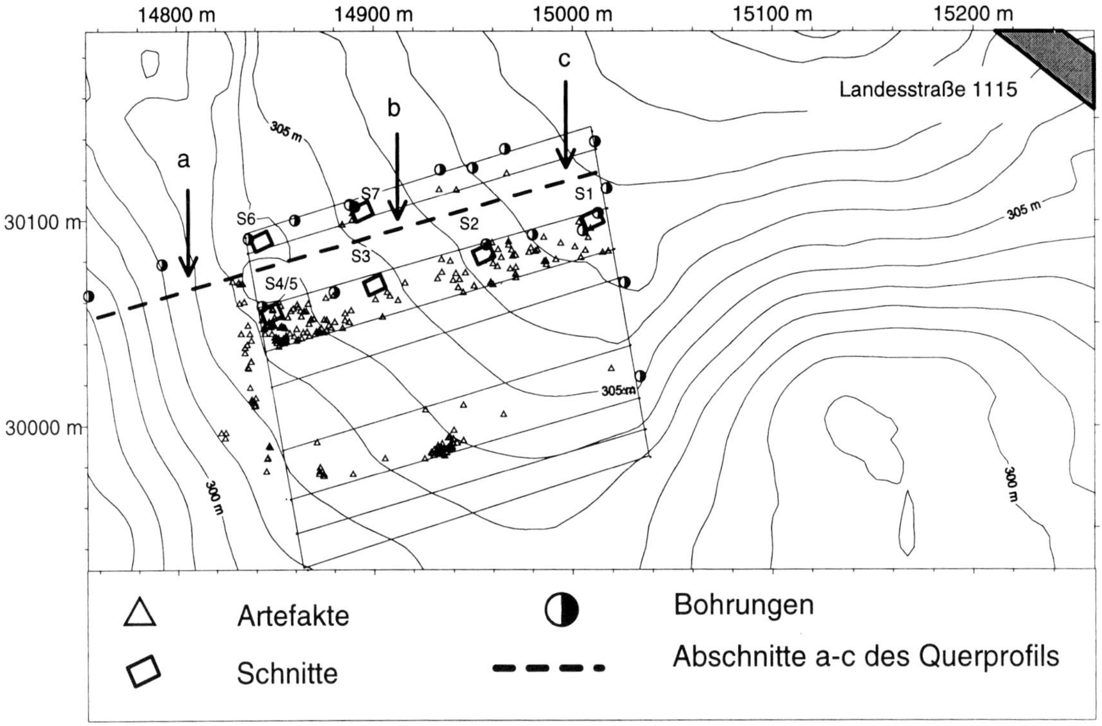

Abb. 14 Mundelsheim, Flur „Hoßklingenäcker-Ost". Untersuchungsgebiet mit Lage der Bohrungen, Profile, Schnitte und einzeln eingemessene Oberflächenfunde.

ländekampagne zu sechs mit der Hand gegrabenen Schnitten in einer Fläche von 2×1 m und 1,50 m Tiefe (Abb. 14). Deren Schichtenfolgen wurden detailliert beschrieben und in 10 cm-Abschnitten beprobt, um die entnommenen Proben im Labor auf weitere lößstratigraphische Parameter zu analysieren.

Geologische Ergebnisse

Als erstes Ergebnis der Untersuchungen soll exemplarisch ein etwa 300 m langes Querprofil im Bereich des Blattspitzenfundes vorgestellt werden (Abb. 13), wobei sich die folgenden Ausführungen auf die stratigraphische Abfolge der letzten Warm- und Kaltzeit beschränken. An dieser Stelle möchten wir uns bei Herrn Dr. Bleich (Universität Hohenheim) für seine Anregungen und Diskussionsbereitschaft bei der Interpretation der Schichtenfolgen bedanken.

In den oberen 80 cm des SW-NO-Profils lassen sich keine wesentlichen Unterschiede in der bodenkundlichen Abfolge feststellen. Sie ist durch einen ackerbaulich geprägten humosen Oberbodenhorizont und einen im Liegenden folgenden Rest einer holozänen Parabraunerde gekennzeichnet. Darunter folgen Schichtsequenzen, die sich von SW nach NO deutlich verändern. Im wesentlichen lassen sich drei unterschiedliche stratigraphische Abfolgen beobachten (Abb. 14).

Im südwestlichen, 150 m langen Abschnitt des Profils (Abb. 14, Profilabschnitt a) wurde ein periglaziales Muldental angeschnitten. Dort sind im Liegenden der holozänen Horizonte bis 2 m mächtige umgelagerte Sedimente aus Mergelfließerde und Schwemmlöß oberhalb des Lettenkeupers akkumuliert. Eine lößstratigraphische Gliederung dieses Abschnitts ist nicht möglich, so daß eventuell auftretende Funde nur unzureichend interpretierbar wären.

Im mittleren, 150 m langen Abschnitt

des SW-NO-Schnitts (Abb. 14, Profilabschnitt b) folgt auf die holozäne Abfolge ein nach NO in seiner Mächtigkeit zunehmendes, nicht umgelagertes Lößpaket, das durch ein 20 cm mächtiges Sandband gegliedert ist. Diese Diskordanz trennt zwei unterschiedlich gefärbte Lößfolgen und erscheint durch eine Braunfärbung pedogenetisch überprägt, so daß es sich vermutlich um einen schwach ausgeprägten interstadialen Boden handelt. Erste Ergebnisse der mikromorphologischen Untersuchungen von Dipl.-Geogr. P. Kühn (Universität Greifswald) scheinen diese Hypothese zu bestätigen. Im Liegenden ist der Rest einer letztinterglazialen Parabraunerde mit deutlichen Stauwassererscheinungen ausgebildet. Die durch den Sammler A. Schwarzkopf 1994 gefundene Blattspitze befand sich im geringmächtigen südwestlichen Teil dieses Abschnitts und unterstützt damit die Arbeitshypothese, daß die Fundschicht im Bereich des Oberflächenfundes auskeilt.
Im nordöstlichen, 50 m langen Abschnitt des Querprofils (Abb. 14, Profilabschnitt c) ändert sich erneut die Stratigraphie. Die Untersuchungen zeigen, daß zwischen der holozänen Abfolge und einem Unterbodenrest der letztinterglazialen Parabraunerde dunkelbraunes schwarzerdeähnliches Material in einer Mächtigkeit von ca. 1 m akkumuliert ist. Durch Labor- und weitere Geländeuntersuchungen wird derzeit die Genese und zeitliche Einstufung dieses Horizonts untersucht, da ein Schaber (Wagner 1996) vermutlich aus dieser Schicht durch den Ackerbau freigelegt wurde. Aufgrund der bodenkundlichen Beschreibung ist sowohl eine früh- als auch spätwürmzeitliche Einstufung dieses Horizonts möglich. Molluskenuntersuchungen von Dr. W. Rähle (Universität Tübingen) belegen durch die Vorkommen von *Aegopinella* und *Discus rotundatus* gemäßigte Klimabedingungen, wobei die geringe Gesamtzahl der Mollusken in der entnommenen Stichprobe keine statistisch signifikante Aussage zuläßt. Zusammenfassend ist festzustellen, daß die jungpleistozänen Abfolgen vermutlich durch Dellen gegliedert sind, die ein unterschiedliches Alter der Sedimente und damit auch der Funde zur Folge haben. Der mittlere Abschnitt des SW-NO-Profils (Abb. 14, Profilabschnitt b) bietet bis heute die besten lößstratigraphischen Voraussetzungen für eine Grabung, da die Würmlößmächtigkeit nach NO zunimmt und diese Lößfolge wahrscheinlich durch einen interstadialen Boden gegliedert ist. Der nordöstliche Abschnitt ist vielversprechend, zeigt aber auch, daß weitere Bohrungen notwendig sind, um die komplizierten stratigraphischen Verhältnisse im Arbeitsgebiet zu erfassen.

Archäologische Ergebnisse

Da zur Zeit unserer systematischen Oberflächenbegehungen ein Großteil der Parzellen der Flur „Hoßklingenäcker-Ost" eingesät war, mußte sich die Prospektion im wesentlichen auf zwei Parzellen beschränken. Dabei wurden weitgehend das durch die Aktivitäten Schwarzkopfs bekannte Bild der Fundverteilungen und das Fundspektrum bestätigt. Die meisten der knapp 200 neuen Oberflächenfunde stammen von einer 130 m langen und 10 m breiten Parzelle (Abb. 14). Unter ihnen befinden sich zehn Kerne bzw. Kernfragmente (Abb. 15.1) sowie neun Werkzeuge, darunter ein Rückenmesser (Abb. 15.3), eine doppelte Endretusche (Abb. 15.5), ein Mehrschlagstichel (Abb. 15.4), vier Lateralretuschen, ein bohrerartiges Stück und ein Bohrer Typ „Mèche de foret" (Abb. 15.2). Die zahlreich vorhandene urgeschichtliche Keramik wurde nicht erfaßt.
Als Rohmaterial wurde fast ausschließlich lokaler Muschelkalkhornstein verarbeitet, der wenige hundert Meter von der Fundstelle entfernt ansteht. Andere Rohmaterialien, wie z. B. Kieselschiefer, Jurahornstein und Keuperhornstein,

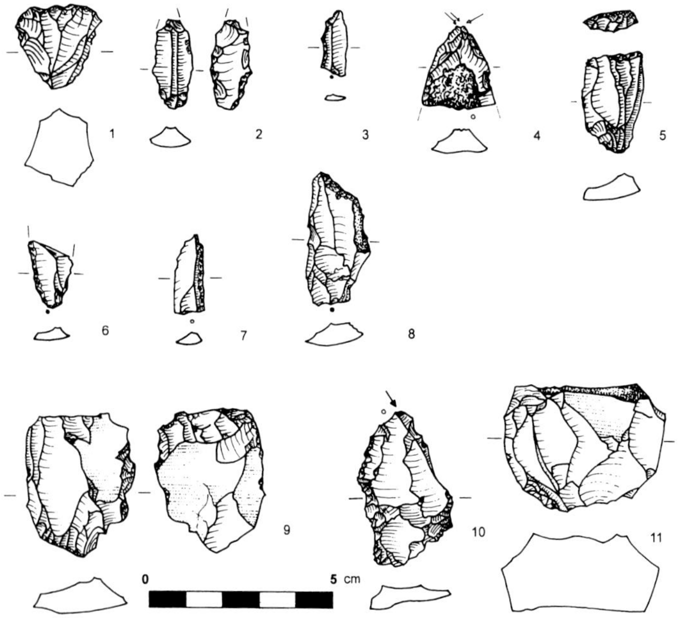

Abb. 15 Mundelsheim, Flur „Hoßklingenäcker-Ost“. Ausgewählte Steinartefakte.
1, 11 Kern,
2 Bohrer Typ „Mèche de foret“,
3, 6–7 Rückenmesser,
4, 10 Stichel,
5, 8 Endretuschen,
9 Ausgesplittertes Stück.
(1, 2, 5 Jurahornstein, sonst Muschelkalkhornstein).

kommen nur in Einzelstücken vor; mehrfach handelt es sich hierbei um modifizierte Artefakte. Die unretuschierten Funde lassen sich kaum chronologisch einordnen. Die Werkzeuge dagegen dürften mit einer Ausnahme ebenso wie die meisten Kerne in einen spätmagdalénienzeitlichen oder spätpaläolithischen Horizont gehören. Ausnahme ist der Bohrer vom Typ „Mèche de foret“, eine mesolithische Form, die nur sehr vereinzelt noch im frühesten Neolithikum auftritt (Heinen 1998, 143–144). Interessanterweise ist das Mundelsheimer Stück aus einem Jurahornstein gearbeitet, der sonst auf dem Fundplatz kaum auftritt und so die Besonderheit des Stückes unterstreicht. Zusammen mit einem kleinen konischen Lamellenkern aus Muschelkalkhornstein (Abb. 15.1) zeigt sich hier auch eine mesolithische Komponente im Fundmaterial von Mundelsheim. Vereinzelt auftretende, sehr stark patinierte Artefakte gehören wohl in einen anderen Zusammenhang, erlauben aber keine nähere zeitliche oder kulturelle Zuordnung.

Eine kleine begrenzte Fundkonzentration von einer weiter südlich liegenden Parzelle bildet ein relativ homogenes Inventar. Unter 34 Artefakten aus Muschelkalkhornstein fanden sich allein drei Kerne bzw. Kernfragmente (Abb. 15.11) und zehn Werkzeuge, darunter drei Rückenmesser (Abb. 15.6–7), drei Ausgesplitterte Stücke (Abb. 15.9), zwei Endretuschen (Abb. 15.8), ein Stichel an Endretusche (Abb. 15.10) und eine Lateralretusche.

Echte Klingen liegen nicht vor, doch gehört das Artefaktinventar dieser Parzelle, nicht zuletzt durch das angesichts der kleinen Artefaktauswahl relativ häufige Vorkommen Ausgesplitterter Stücke, eher in ein spätes Magdalénien als in ein Spätpaläolithikum.

Wichtiger als die Oberflächenfunde sind die Funde aus den Schnitten. In den meisten fanden sich oberflächennah vereinzelt Steinartefakte, dazu neuzeitliches Material. Als ergiebiger erwiesen sich die Schnitte 4 und 5, die sich im Bereich der höchsten Oberflächenfunddichte befinden (Abb. 14).

In ihnen fanden sich an der Oberfläche bzw. im ackerbaulich geprägten humosen Oberbodenhorizont (0–40 cm) vier Abschläge und ein Kerntrümmer aus Muschelkalkhornstein, daneben aber auch neuzeitliche Keramik und Ziegelbruch. Im folgenden rotbraunen Unterbodenhorizont einer gekappten Parabraunerde (40–70 cm) lagen ein Kern, drei Lamellen und zwei Abschläge aus Muschelkalkhornstein. Das Fundmaterial aus diesen beiden Horizonten entspricht der größten Masse der Oberflächenfunde und ist typologisch und morphologisch am ehesten in ein spätes Magdalénien oder ein Spätpaläolithikum einzustufen.

Für die Prospektion neuer mittelpaläolithischer Freilandfundplätze sind die Funde unterhalb der genannten Abfolge von Bedeutung. Im Löß, 84 cm unter der Oberfläche, lag ein nur wenige Millimeter großer Hornsteinabspliß; in 132 cm Tiefe fand sich im vermutlich letztinterglazialen Unterbodenhorizont einer Parabraunerde ein weiterer Hornsteinabspliß. Beide Stücke sind formenkundlich nicht ansprechbar, sie lassen sich aber aufgrund der Stratigraphie in ein Jung- bzw. Mittelpaläolithikum einstufen.

In Schnitt 1 fand sich in einem humosen Horizont in einer Tiefe von etwa 113cm ein weiterer Abspliß aus Jurahornstein, der sich aufgrund des schwarzerdeähnlichen Charakters des Horizonts sowohl ins Früh- als auch ins Spätglazial einordnen ließe. Die Molluskenuntersuchungen und die bodenkundlichen Analysen (vgl. Geologische Ergebnisse) lassen unter Vorbehalt eine frühwürmzeitliche Einordnung zu, wodurch dieser Fund für eine neue mittelpaläolithische Fundstelle sprechen würde. Wissenschaftlich abgesicherte Aussagen sind zum gegenwärtigen Zeitpunkt der Untersuchungen noch nicht möglich.

Die bisher vorliegenden geologischen und archäologischen Ergebnisse sind vielversprechend und zeigen, daß in Zukunft eine mittelpaläolithische Ausgrabung in Mundelsheim stattfinden könnte. Zusammen mit den Ergebnissen in Luttingen (vgl. Beitrag in diesem Band) sowie aktuellen Ausgrabungen im Lonetal, in Nußloch und Bollschweil (vgl. Beiträge in diesem Band) bestehen berechtigte Hoffnungen, daß die mittelpaläolithische Freilandarchäologie in Baden-Württemberg in den nächsten Jahren ausgebaut werden kann.

Thomas Schneidermeier,
Michael Bolus,
Nicholas J. Conard

Literaturhinweise

E. Bibus, Selbstverlag Geographisches Institut, Universität Tübingen, 1989. – H. Freising, Jh. Geol. Abt. Stat. L.-amt, 1951, 5–59. – N. Götz, Dipl.-arbeit Geologie, Universität Tübingen, 1998. – M. Heinen, Urgeschichtliche Materialhefte 12, 1998, 133–146. – E. Schönhals, H. Rohdenburg, A. Semmel, Eiszeitalter und Gegenwart 15, 1964, 199–206. – A. Semmel, Frankfurter Geogr. H., 45, 1968. – E. Wagner, Fundberichte Baden-Württemberg 21, 1996, 7ff.

Die neuen Ausgrabungen in Bollschweil, Kreis Breisgau-Hochschwarzwald – ein mittelpaläolithischer Fundplatz mit Mammutresten

Im Sommer 1997 wurde dem Landesdenkmalamt eine ungenehmigte Ausgrabung am Rande der Kalksteingrube Koch in Bollschweil, Kreis Breisgau-Hochschwarzwald, gemeldet (Abb. 16). Die Ausgräber, E. Blattmann und R. Ritz, hatten im Laufe der Jahre 1996 und 1997 zahlreiche pleistozäne Tierknochen geborgen und zum Teil eingemessen. Dazu kamen vereinzelte Steinartefakte. Da die Knochen vom Mammut stammen und aus lößähnlichen Sedimenten kamen, war es von Anfang an sicher, daß der Fundplatz zeitlich in das Paläolithikum gehört.

Nach einem Ortsbesuch zusammen mit C. J. Kind vom Landesdenkmalamt am 16. 7. 97 wurde entschieden, eine Notgrabung im Rahmen des SFB 275 der Universität Tübingen durchzuführen. Die Gefährdung des Fundplatzes durch den Kalkabbau war offensichtlich, da geplant war, den ganzen Bereich des Fundplatzes Anfang 1998 abzubauen.

Über zehn Wochen, vom 9. 9.–14. 11. 1997, arbeitete ein Grabungstechniker mit Studierenden der Abteilung Ältere Urgeschichte und Quartärökologie des Tübinger Instituts für Ur- und Frühgeschichte und Archäologie des Mittel-

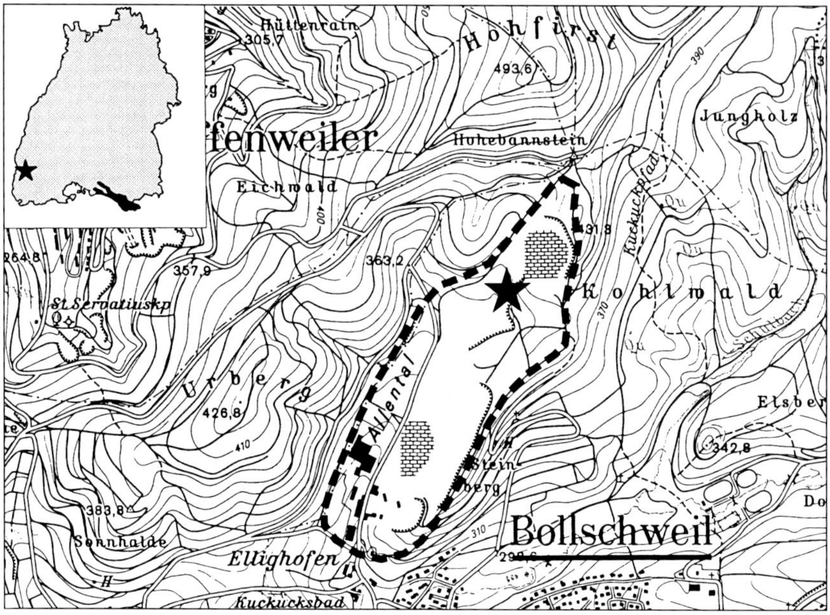

Abb. 16 Bollschweil. Position des Fundplatzes innerhalb der Kalksteingrube Firma Koch. TK 8012. M.: 1:25 000.

alters und ausländischen Studenten auf der Grabung. Elf Personen nahmen an der Ausgrabung teil, und im Durchschnitt waren fünf Ausgräber täglich im Gelände. Trotz teilweise besonders ungünstiger Arbeitsbedingungen in der schluchtartigen Geländeposition war es durch die technische Unterstützung des Freiburger Denkmalamtes und der Zementfirma Koch-Kalk möglich, die Ausgrabung erfolgreich durchzuführen.

Der geographischen Lage nach ist der Fundplatz bisher einmalig in Baden-Württemberg, wo bislang paläolithische Freilandstationen nur selten untersucht wurden. Die Mammutknochen lagen an der Basis eines kleinen Tals am nordwestlichen Rand der Kalksteingrube in einer Höhe von 370 m ü. NN. Eine großräumige Verwerfung in dem anstehenden Dogger bildet die östliche Seite des Tals. Zum Westen und Norden hin steigt die Geländeoberfläche steil an bis in den naheliegenden Wald. Die unteren Bereiche dieses Tälchens waren gefüllt mit sehr groben Kalkblöcken, worin häufig die Knochen und Artefakte lagen. Obwohl Wasser wahrscheinlich hin und wieder durch diese Vertiefung floß, war es sicherlich kein Bachsystem, da jeglicher Hinweis auf Schotter oder fluviatile Sedimente fehlt. Statt dessen besteht die Fundschicht aus solifluktuierten Sedimentmassen, die in mehreren Bildungsphasen von den Hängen heruntergerutscht sind. Derzeit ist es noch offen, ob die Funde von Beginn an unten an der heutigen Stelle oder ursprünglich höher lagen und erst zusammen mit den Sedimenten und Steinen abgerutscht sind. Jedenfalls zeigt die Fundverteilung eine starke Konzentration an der tiefsten Stelle des Tälchens in einer Position, wo Kalkschutt, Schluff und tonige Sedimente vorkommen (Abb. 17).

Während der Ausgrabung wurden zwei geologische Haupteinheiten definiert: GE 1 und 2. Beide Haupteinheiten fallen steil von Norden nach Süden und von der westlichen und der östlichen Seite des Tälchens zur Mitte, wo die größte Fundkonzentration liegt. GE 1 ist gekennzeichnet durch besonders viel Kalkschutt und große Kalkblöcke. GE 2 beinhaltet eher feinkörnige Sedimente. In GE 1 und 2 waren neben dem Kalkschutt große Mengen von roten, braunen, gelben und grünen schluffigen und

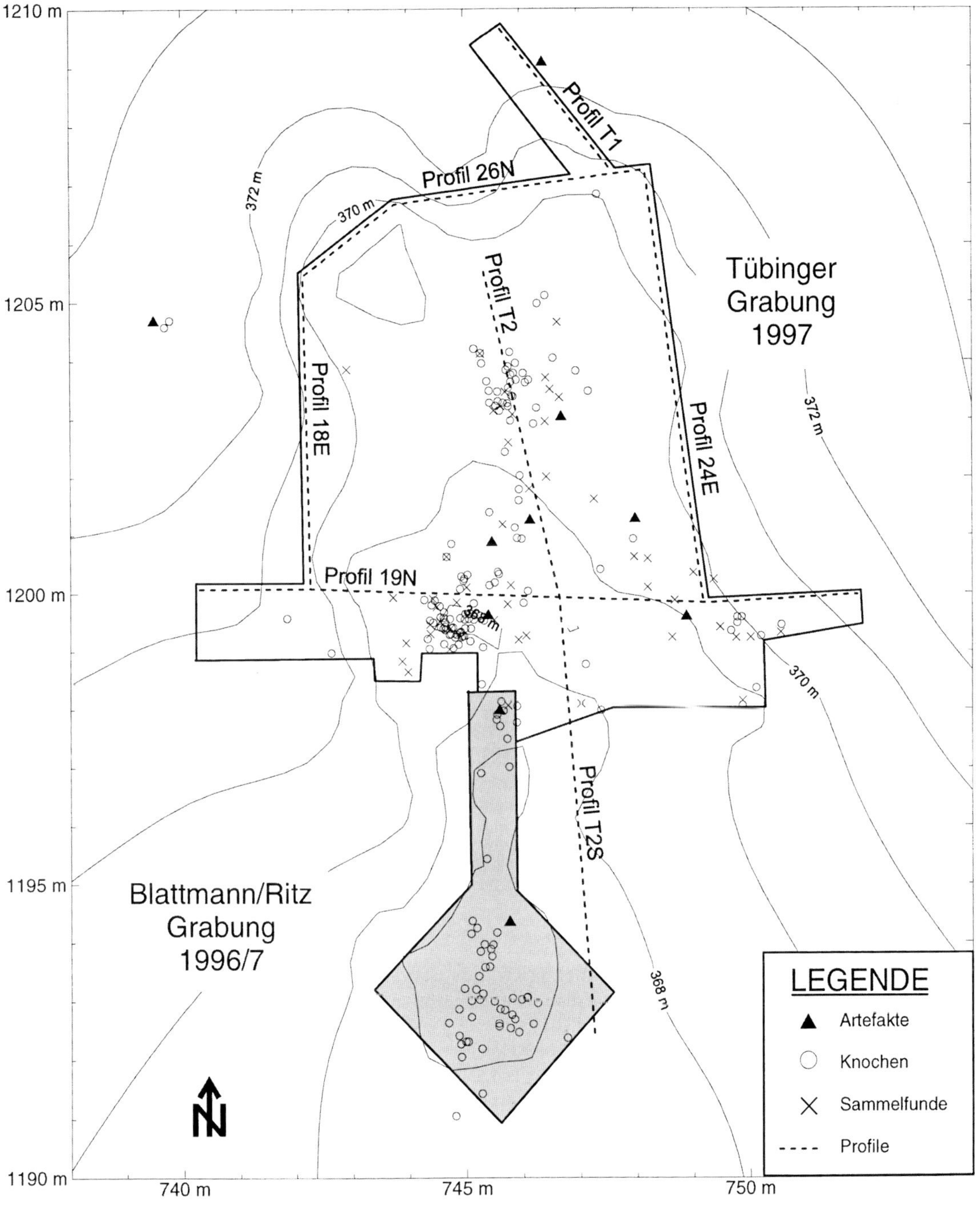

Abb. 17 Bollschweil. Grabungsübersicht mit kartierten Profilen, Einzelfunden und Sammelfunden.

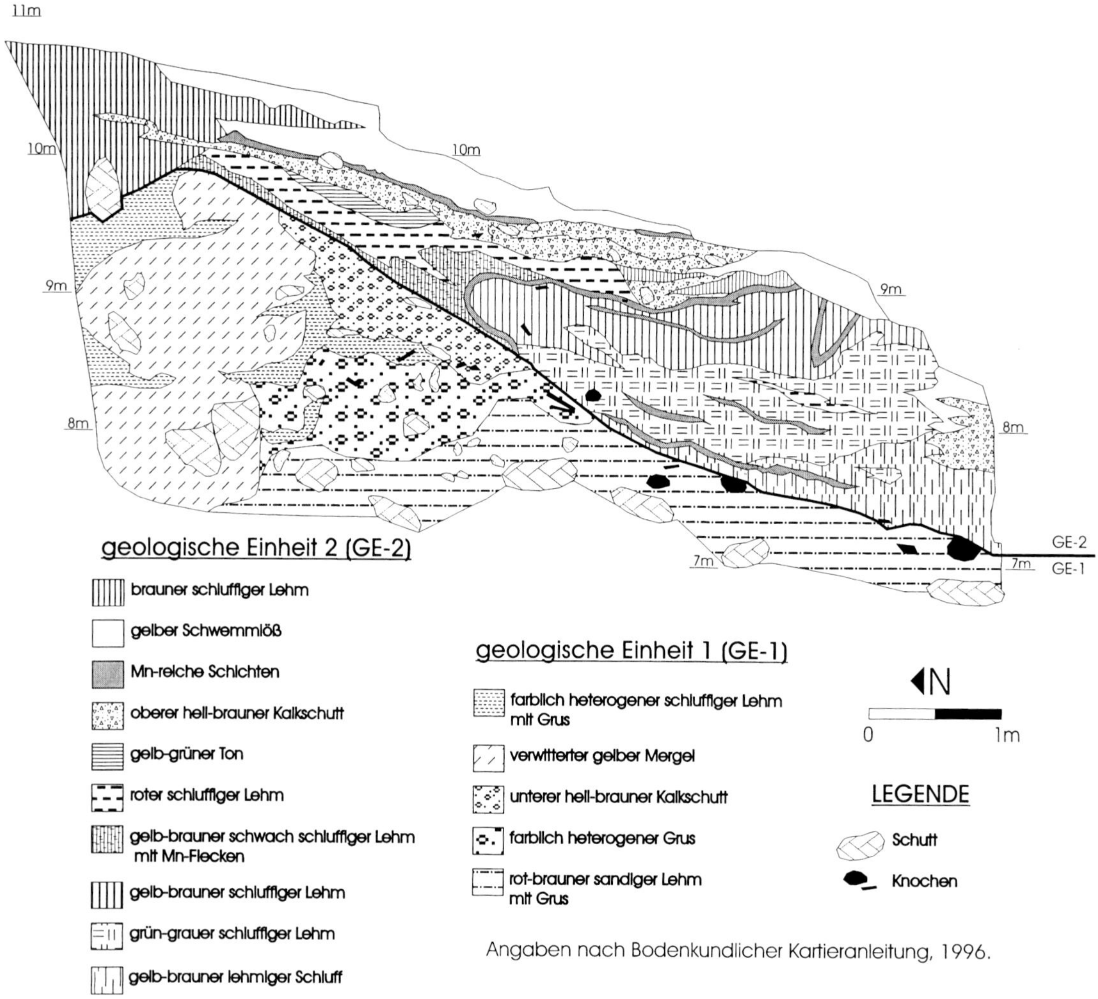

Abb. 18 Bollschweil. Geologisches Profil T2 durch die Mitte der Tübinger Ausgrabung.

lehmigen Sedimenten vorhanden. Die Herkunft dieser Sedimente ist durch die höherliegenden Aufschlüsse, die sich nur wenige Meter von der Ausgrabung noch in situ befinden, zu bestimmen. Das heißt, daß sowohl der Kalk als auch die feineren Sedimente aus der unmittelbaren Nähe des Fundplatzes stammen. Auch der Löß scheint weitgehend umgelagert zu sein. Das N-S Profil T2 zeigt die komplexen geologischen Verhältnisse in Bollschweil und belegt die zahlreichen Rutschungen und Umlagerungen (Abb. 18). Nach Bewertung des Gesamtbildes muß davon ausgegangen werden, daß weder die Knochen noch die Artefakte in situ liegen.

Es wurden insgesamt 178 Knochen geborgen und eingemessen. Darunter waren 52 vom Mammut, fünf vom Pferd, zwei vom Nashorn und einer von einem großen Boviden, die im Gelände bestimmt werden konnten. Leider waren viele dieser Funde sehr weich und damit in einem schlechten Erhaltungszustand (Abb. 19). Die bedeutendsten Funde wurden in einer Gipsummantelung geborgen, aber dieses aufwendige Verfahren war nicht immer möglich. Bis jetzt wurden die Knochen noch nicht

systematisch im Labor untersucht. Dies wird erst nach sorgfältigem Präparieren möglich sein.
Zur Zeit kann nur darüber spekuliert werden, ob die Tierreste in einem archäologischen Zusammenhang stehen, oder ob sie als eine paläontologische Anhäufung zu betrachten sind. Im Moment gibt es kein zwingendes Argument, die Funde als Jagdbeutereste zu sehen. Nach der Präparation der Knochen werden vielleicht Schlachtspuren erkennbar, aber in Anbetracht der schlechten Erhaltung ist Zurückhaltung geboten.
Unter den vielen Steinen aus der Grabung und der naheliegenden Oberfläche wurden zehn Artefakte aus fünf verschiedenen Rohmaterialien gefunden (Abb. 20, 21). Darunter waren vier Artefakte aus Jurahornstein, jeweils zwei aus Muschelkalkhornstein und Quarzit und jeweils ein Artefakt aus Kieselschiefer und Quarz. Sie beinhalten fünf Abschläge, zwei Trümmer, ein angeschlagenes Geröll, einen Absplíß und ein Werkzeug. Das Werkzeug ist ein einfacher Schaber, der auf der ventralen

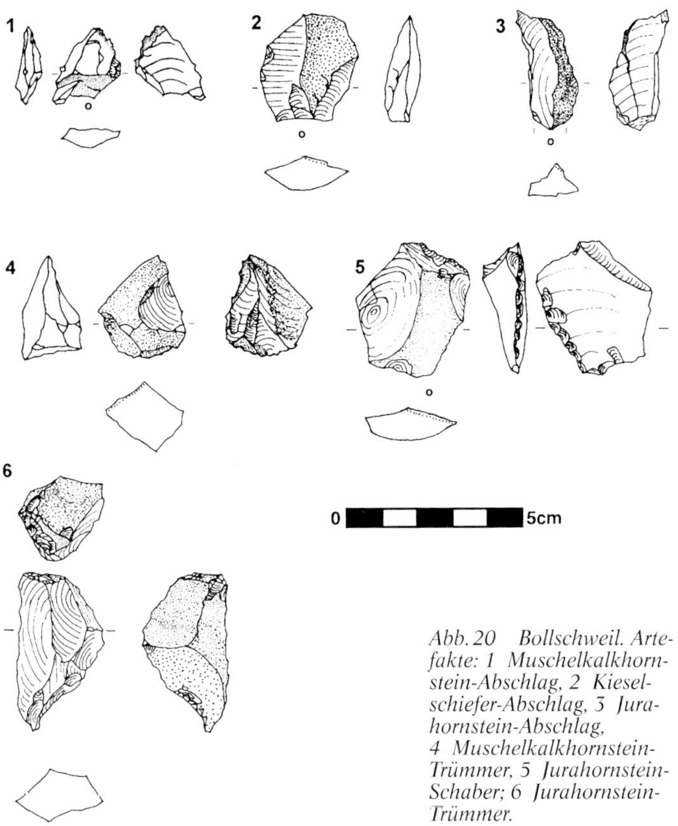

Abb. 20 Bollschweil. Artefakte: 1 Muschelkalkhornstein-Abschlag, 2 Kieselschiefer-Abschlag, 3 Jurahornstein-Abschlag, 4 Muschelkalkhornstein-Trümmer, 5 Jurahornstein-Schaber; 6 Jurahornstein-Trümmer.

Abb. 19 Bollschweil. Typische Fundlage. Anhäufung von Mammutknochen mit Kiefern und Zahnresten (links) und Röhrenknochen (rechts).

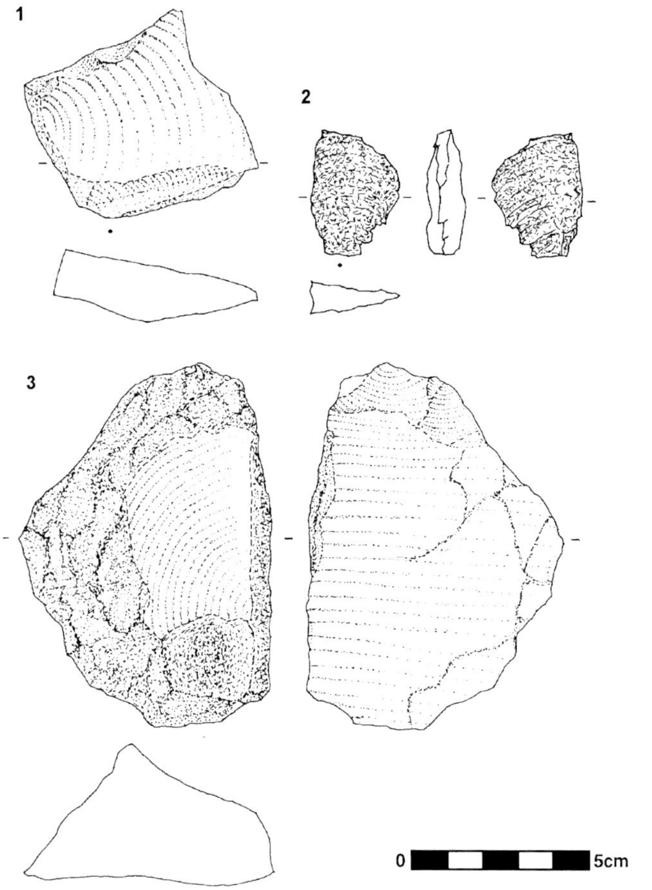

Abb. 21 Bollschweil. Artefakte: 1 Quarzit-Abschlag, 2 Quarz-Abschlag, 3 angeschlagenes Geröll aus Quarzit.

Fläche retuschiert ist und als typische Form des Mittelpaläolithikums angesprochen werden kann. Artefakte aus späteren Perioden kommen nicht vor. Das Gesamtinventar gehört mit hoher Wahrscheinlichkeit ins Mittelpaläolithikum, obwohl wir keinen Beleg dafür haben, daß alle Stücke von einem einzigen Aufenthalt stammen. Die Interpretation der Steinartefakte wird, genau wie bei den Knochen, durch die komplexe geologische Lage erschwert.

Als die Presse im Herbst 1997 von der Ausgrabung in Bollschweil erfuhr, erreichten Tübingen Anrufe aus ganz Deutschland. Ohne Ausnahme wurde erwartungsvoll danach gefragt, ob Neandertaler Mammuts im Schwarzwald gejagt haben. Leider sind wir auch heute noch nicht in der Lage, diese Frage eindeutig zu beantworten. Dennoch kann die Notausgrabung in Bollschweil als ein Erfolg angesehen werden, da dieser Fundplatz zu den wenigen mittelpaläolithischen Freilandfundplätzen des Landes zählt, und, mit oder ohne aktive Mammutjagd, einen ersten Beleg für das Vorhandensein von Neandertalern am Rande des Schwarzwaldes darstellt. Diese Besiedlung der Region fand in einer zwar kalten, aber biologisch produktiven Phase der Eiszeit statt, in der zentnerweise Gräser und andere Pflanzen täglich für die Mammuts, Nashörner, Pferde und Boviden der Umgebung zur Verfügung standen.

Nicholas J. Conard, Andrew W. Kandel

Grabungen vor dem Hohlenstein im Lonetal, Gemeinden Bissingen und Asselfingen, Alb-Donau-Kreis

Funde aus dem Mittelpaläolithikum, d. h. aus der Zeit des Neandertalers, sind in Südwestdeutschland bisher fast ausschließlich aus Höhlen bekannt. Meist handelt es sich um Altgrabungen, die zudem oft nur unzureichend dokumentiert sind. Außer Großsäugerresten wurde kaum Material geborgen, das eine Klima- und Umweltrekonstruktion zuließe. In der Regel erlauben solche Höhlenfundstellen keine eindeutige Schichttrennung und somit keine klare

Differenzierung verschiedener Fundhorizonte. Wiederholte Aufenthalte der Menschen in den Höhlen über längere Zeiträume führen unter den speziellen Ablagerungsverhältnissen im Innenraum zu Fundanhäufungen, die sich nicht mehr in getrennte Begehungen auflösen lassen.

Freilandfundplätze mit ihren oft höheren Sedimentationsraten können unter günstigen Bedingungen bessere Möglichkeiten zur Differenzierung von Fundschichten bieten, zumal in der Regel großflächigere Ausgrabungen durchführbar sind. Bisher sind solche Freilandstationen aus dem Mittelpaläolithikum in Südwestdeutschland allerdings so gut wie unbekannt.

Im Rahmen des Sonderforschungsbereiches 275 der Geowissenschaftlichen Fakultät der Universität Tübingen befaßt sich die Abteilung Ältere Urgeschichte und Quartärökologie am Institut für Ur- und Frühgeschichte und Archäologie des Mittelalters mit der systematischen Auffindung mittelpaläolithischer Freilandfundstellen, wobei u.a. naturwissenschaftliche Verfahren Anwendung finden (vgl. Beiträge Schneidermeier, Bolus und Conard sowie Schneidermeier und Conard in diesem Band), aber auch Probebohrungen und Sondagegrabungen.

Im Sommer 1996 wurden zu diesem Zweck im Lonetal auf der Schwäbischen Alb vor dem Bockstein, dem Hohlenstein und dem Vogelherd, aber auch beispielsweise vor den Weinberghöhlen bei Mauern in Bayern Bohrungen abgeteuft. Vor dem Hohlenstein, einem Komplex, der im wesentlichen aus den Höhlen Stadel und Bärenhöhle mit dem dazwischenliegenden Felsschutzdach Kleine Scheuer besteht, stieß man in den Bohrkernen in verschiedener Höhe, auch noch in 5m Tiefe, auf Knochensplitter und Knochenkohle, die auf das Vorhandensein mehrerer Fundhorizonte deuteten.

Aus diesem Grunde wurde beschlossen, vor dem Hohlenstein Sondagegrabungen durchzuführen. 1997 wurde zunächst zwischen Juli und September während acht Wochen in der Talaue der Lone eine 6×3m große Fläche angelegt und stellenweise bis in 3m Tiefe ausgegraben. 1998 fanden, erneut zwischen Juli und September, während zehn Wochen Grabungen auf zwei jeweils 3×3m großen Flächen statt, die bis maximal 2,20m abgetieft wurden. Eine dieser Flächen (Fläche B) befand sich in Verlängerung der Bärenhöhle, die andere (Fläche C) in Verlängerung des Stadels (Abb.22). Es handelte sich um Lehrgrabungen, an denen eine bis zu 14 Personen starke Grabungsmannschaft, darunter im zweiwöchentlichen Wechsel zwischen fünf und zehn Studierende der Ur- und Frühgeschichte, beteiligt war.

Die Stratigraphie ist in den Details in allen drei Flächen unterschiedlich, doch lassen sich die Ablagerungen stets in zwei größere Komplexe gliedern, die als Geologische Einheiten (GE) 1 und 2 bezeichnet werden. Abb.23 gibt ein schematisiertes Ostprofil für alle Flächen wieder und zeigt gleichzeitig die Hangneigung in Richtung Norden auf die

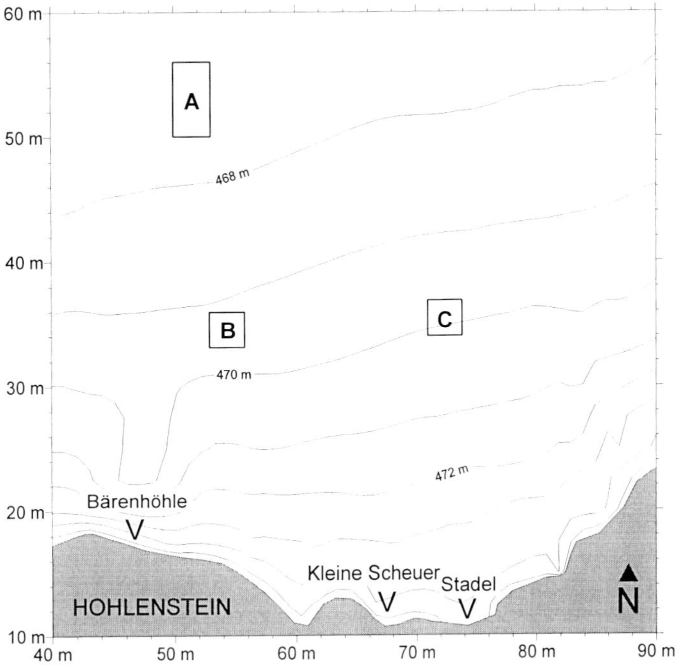

Abb. 22 Hohlenstein. Lage der Grabungsflächen A–C.

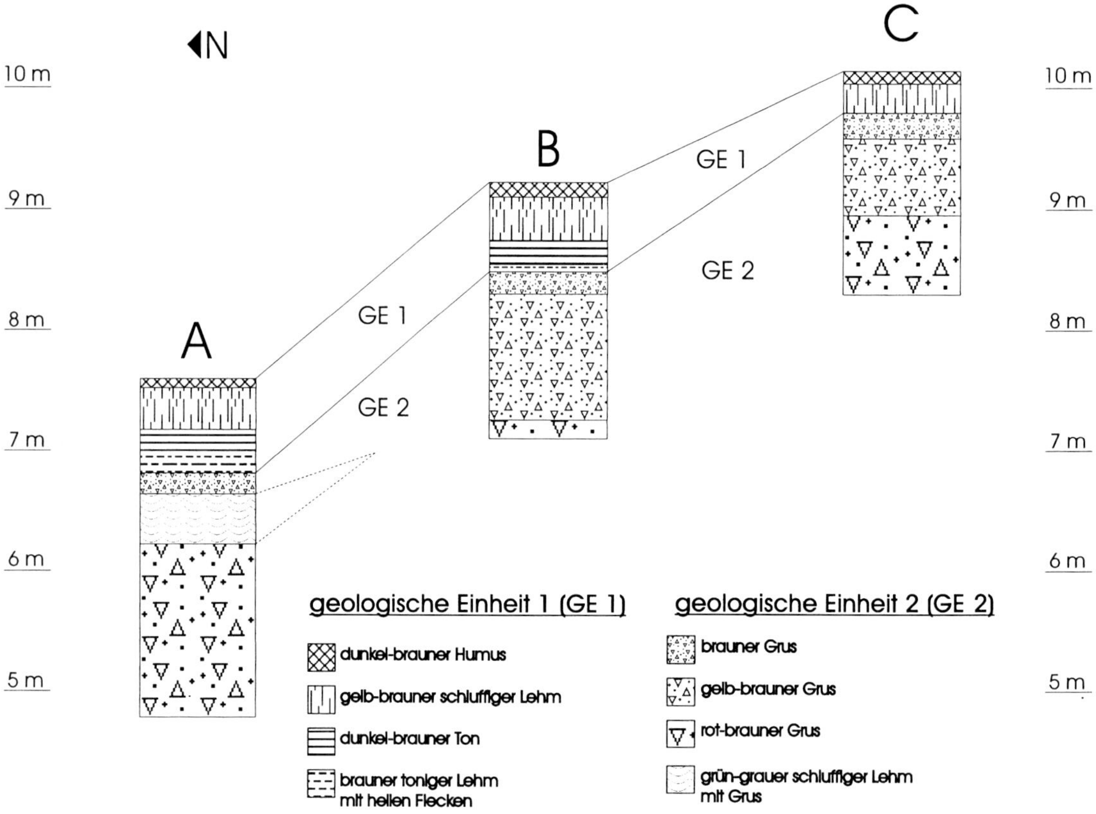

Abb. 23 Hohlenstein. Schematisiertes Profil der Grabungsflächen A–C (die Höhenwerte beziehen sich auf Grabungsnull).

Loneaue zu. GE 1 umfaßt zuoberst den rezenten Waldboden, auf den jeweils ein gelbbrauner schluffiger Lehm folgt. Auf Fläche C ist damit GE 1 bereits abgeschlossen. Auf den Flächen A und B schließen sich noch jeweils ein dunkelbrauner Ton sowie, in unterschiedlicher Mächtigkeit, ein brauner toniger Lehm mit hellen Flecken an. Auf allen drei Flächen ist das Vorhandensein zahlreicher stark verrundeter Kalkblöcke unterschiedlicher Größe mit stark angeätzter Oberfläche an der Unterkante von GE 1 kennzeichnend.

GE 2 beginnt auf allen Flächen mit einem braunen Kalkgrus bzw. überwiegend kleinstückigem scharfkantigem Kalkschutt. Nur auf Fläche A findet sich darunter ein grüngrauer schluffiger Lehm mit Kalkgrus, der nach Süden, also in Richtung auf die Höhlen zu, auskeilt. Auf den Flächen B und C folgt stattdessen ein gelbbrauner Kalkgrus, der mit großen scharfkantigen Kalkblöcken durchsetzt ist. Abgeschlossen wird die bei den Grabungen erfaßte Folge von GE 2 in allen Fällen durch einen rotbraunen Kalkgrus, ebenfalls mit großen scharfkantigen Kalkblöcken. Auf Fläche A macht diese Schicht den größten Teil von GE 2 aus, während sie auf den Flächen C und vor allem B weniger geringmächtig aufgeschlossen war. Oft ließen sich innerhalb der geologischen Einheiten keine scharfen Schichtgrenzen ziehen, auch nicht zwischen beiden Einheiten selbst.

Aus den verschiedenen Schichten wurde ein reiches Probenmaterial für naturwissenschaftliche Untersuchungen geborgen, so u. a. Kleinsäuger, Mollusken und Holzkohlen. Da sich das gesamte Fundmaterial zur Zeit in Bearbeitung befindet, kann an dieser Stelle lediglich

ein erster Überblick gegeben werden, eine umfassendere Publikation ist in Vorbereitung.
Auf allen drei Flächen erwies sich GE 1 als äußerst reich an Silices unterschiedlicher Zeitstellung. Meist kleinstückige Keramik verschiedener Kulturzugehörigkeit war ebenfalls sehr häufig, nahm aber wie die Silices mit zunehmender Tiefe innerhalb des Horizontes ab, während Knochen vor allem in den unteren Bereichen häufig angetroffen wurden. GE 2 enthielt zahlreiche Faunenreste, doch fanden sich in allen Fällen hier nur wenige Steinartefakte.
GE 1 lieferte auf Fläche A 282 Silexartefakte, die nicht einzeln eingemessen wurden, auf Fläche B 342 Artefakte, davon 198 (57,9 %) einzeln eingemessen und auf Fläche C 449 Artefakte, davon 141 (31,4 %) einzeln eingemessen. Der Anteil verbrannter Steinartefakte beträgt auf Fläche A 17,7 %, auf Fläche B 33,0 % und auf Fläche C 58,6 %.
Das Rohmaterialspektrum in GE 1 wird auf allen drei Flächen mit jeweils über 90 % bei weitem von Jurahornstein verschiedener Varietäten dominiert. Demgegenüber spielen nicht näher bestimmbare Hornsteine, Plattensilex und Quarzit eine untergeordnete Rolle. Das gilt auch für den Bohnerzhornstein, der allerdings auf Fläche A ebenso häufig angetroffen wurde wie auf den beiden anderen Flächen zusammen und schließlich für den Radiolarit, der auf Fläche A immerhin mit 12 Stücken vertreten ist, während er auf Fläche B mit nur zwei Stücken vorliegt und auf Fläche C ganz fehlt.
Jurahornstein ist in einer Entfernung bis zu maximal 10 km mehrfach in der Umgebung des Platzes anzutreffen, und obwohl eine genauere Varietätenbestimmung bei dem schwer zu differenzierenden Material oft nicht durchführbar ist, kann wohl davon ausgegangen werden, daß das Gestein in der Umgebung des Hohlenstein gesammelt wurde. Inwieweit mehrfach auftretende, schwach rosa gefärbte Artefakte aus Jurahornstein auf eine mehrfach für das Mesolithikum belegte bewußte Temperung deuten, läßt sich angesichts der insgesamt recht hohen Prozentsätze auch stark verbrannter Steinartefakte nicht sicher sagen. Auffallend ist jedoch, daß mehrfach eindeutig mesolithische Stücke eine solche leichte Verfärbung aufwiesen.
Unretuschierte Artefakte sind auf allen Flächen etwa gleich häufig vertreten (Fläche A: 88,3 %, Fläche B: 84,8 %, Fläche C: 84,6 %). Dabei ist der Anteil der Kerne (Abb. 24.19) in allen Fällen gering; er beträgt maximal 3,5 %. Abschläge sind mit jeweils annähernd 50 % die dominierende Grundform, Absplisse (Artefakte < 1 cm) machen zwischen 10,7 % und 16,1 % aus.
Klingen und Lamellen, d. h. langgestreckte regelmäßige Grundformen, sind wesentlich seltener. Während der Anteil der Klingen in allen Fällen unter 10 % bleibt, im Falle von Fläche B gar nur 6,6 % beträgt, sind Lamellen mit Anteilen zwischen 11,7 % und 14,5 % vertreten, dabei in diesem Falle auf Fläche A etwas seltener als auf den anderen Flächen. Trümmer schließlich machen zwischen 13,4 % und 17,4 % des Inventars aus.
Eindeutige Abfälle der Werkzeugherstellung sind selten: Auf Fläche A treten drei Kerbreste, also Abfälle der Mikrolithenherstellung, auf (Abb. 24.14), auf Fläche B fand sich ein Kerbrest. Je ein Stichelabfall stammt von den Flächen A und C.
Der Werkzeuganteil ist auf Fläche B (15,2 %) und auf Fläche C (15,4 %) praktisch gleich hoch und auf Fläche A (11,7 %) etwas niedriger. In GE 1 kommen auf allen Flächen annähernd die gleichen Werkzeugtypen vor, doch variieren ihre Anteile zum Teil stark. Während sich auf Fläche B eine auffallende Dominanz der Bohrer (23,1 % aller Werkzeuge der Fläche; Abb. 24.9) und der neolithischen Pfeilspitzen (21,2 %; Abb. 24.2–3) zeigt, sind auf Fläche C kantenretuschierte Stücke mit 36,2 % bei weitem am häufigsten. Auf Fläche A dominiert keine Werkzeug-

form deutlich. Am häufigsten sind hier mit jeweils 18,2 % neolithische Pfeilspitzen und kantenretuschierte Stücke, gefolgt von Rückenmessern mit 15,2 %. Letztere treten auf Fläche C (Abb. 24.16) mit 13,0 %, auf Fläche B (Abb. 24.18) mit 7,7 % auf. Bohrer sind auf Fläche A (6,1 %) und C (8,7 %; Abb. 24.8, 10) selten, auf Fläche C darüber hinaus auch neolithische Pfeilspitzen (7,3 %). Auf Fläche B sind dagegen kantenretuschierte Stücke mit 11,5 % im Gegensatz zu Bohrern und Pfeilspitzen relativ schwach vertreten. Unter den kantenretuschierten Werkzeugen befinden sich mehrere Sichelklingen, z. T. mit Lackglanz (Abb. 24.4). Kratzer sind auf Fläche B (11,5 %) und auf Fläche C (10,1 %; Abb. 24.15) ungefähr gleich häufig, auf Fläche A machen sie 6,1 % der Werkzeuge aus. Endretuschen wiederum treten auf Fläche A (9,1 %) und auf Fläche C (8,7 %) annähernd gleich häufig auf, auf Fläche B dagegen nur mit 3,9 %. Mikrolithen treten auf allen Flächen mit etwa gleichen Anteilen auf: auf Fläche A (Abb. 24.11) machen sie 9,1 % der retuschierten Formen aus, auf Fläche B (Abb. 24.6, 12–13) 11,5 % und auf Fläche C (Abb. 24.7) 11,6 %. Rückenspitzen erscheinen, in zwei Exemplaren, lediglich auf Fläche B, Stichel (Abb. 24.17), ebenfalls in zwei Exemplaren, dagegen nur auf Fläche A. Mit nur je einem Exemplar auf jeder Fläche fallen sonstige Spitzen kaum ins Gewicht, ebenso sind Ausgesplitterte Stücke überall selten. Ergänzt wird das Werkzeuginventar durch je ein schaberartiges Stück von Fläche A und C.

GE 2 hat im Gegensatz zu GE 1 nur wenige Steinartefakte geliefert. Sicher paläolithisch sind lediglich 13 Artefakte von Fläche C, 7 von Fläche B und 5 von Fläche A. Drei der Stücke von Fläche C sind retuschiert, ebenfalls drei von Fläche B, wobei jedoch ein Stück aus zwei Fragmenten zusammengesetzt wurde, und von Fläche A trägt ein Artefakt Retusche. Es handelt sich entweder um schaberartig retuschierte Stücke (Abb. 25.2), um gezähnte Artefakte (Abb. 25.1, 3) oder um leicht kantenretuschierte Abschläge (Abb. 25.4–5). Bei den gezähnten Stücken ist nicht immer ganz sicher zu entscheiden, ob die Retuschen auch durch Kryoturbationen entstanden sein könnten. Zwei Bruchstücke eines stark zerscherbten Kernes aus Fläche C (Abb. 25.6), davon eines aus dem Südprofil, konnten zusammengesetzt werden. Wieder dominiert Jurahornstein als Rohmaterial, doch sind auf Fläche C immerhin zwei Artefakte aus Quarzit und eines aus Quarz.

Die zahlreichen Tierknochen wurden in Zusammenarbeit mit H.-P. Uerpmann bestimmt. Auf Fläche A waren von den 139 dreidimensional eingemessenen Faunenresten aus GE 1 65 (46,8 %) bestimmbar, von den 134 Resten aus GE 2 81 Stücke (60,4 %). Auf den Flächen B und C konnten 97 (48,7 %) von 199 Tierknochen aus GE 1 bestimmt werden und 54 (67,5 %) von 80 Stücken aus GE 2. Es dominieren auf allen drei Flächen Rentier und Pferd sowohl gewichts- als auch mengenmäßig; sie machen unter Einbeziehung der nicht dreidimensional eingemessenen Stücke etwa 70 % der bestimmbaren Faunenreste aus. Dabei ist aber anzumerken, daß auf allen Flächen der obere Teil von GE 1 keine Knochenerhaltung hatte und somit Elemente der holozänen, also nacheiszeitlichen Fauna kaum erhalten sein dürften. Auffallend ist auf allen Flächen eine erhebliche Menge an Abwurfstangen junger Rentiere. Obwohl eindeutig bearbeitete Geweihe nur selten darunter sind, scheint es sich hierbei nicht um eine natürliche Ansammlung zu handeln, doch können zum gegenwärtigen Zeitpunkt noch keine genaueren Angaben gemacht werden.

Der Höhlenbär ist mit etwa 8–13 % ebenfalls noch nennenswert vertreten, dabei auf Fläche A etwas häufiger als auf den Flächen B und C. Auf Fläche A folgt in der Häufigkeit der nachgewiesenen Tierarten der Wolf. Der Anteil von Carnivoren ist deutlich geringer als in den Höhlenfundplätzen im Lone- und

Achtal. Mammut und Schneehase tauchen lediglich auf Fläche A, und auch hier nur mit Anteilen von maximal 3 %, auf. Rothirsch ist dagegen nur auf den Flächen B und C nachgewiesen, und auch hier nur mit 1,8 %. Überhaupt ist auf den Flächen B und C mit Ausnahme des Rotfuchses, der selten auch auf Fläche A auftritt, keine Tierart mehr mit Prozentanteilen über 1 % vertreten. Zu nennen sind u. a. vereinzelte Rinderreste sowie wenige Vogelreste, die allerdings erst beim Sieben entdeckt wurden. Die Gewichtsverteilung zeigt ein ähnliches Verteilungsbild. Mengenmäßig wiegen die deutlich häufigeren Rentierknochen erheblich weniger als die mengenmäßig selteneren Pferdeknochen. Knochenkohle ist zwar vorhanden, aber sehr deutlich seltener als in den paläolithischen Höhlenfundplätzen Baden-Württembergs. Hierin zeigt sich eine weniger intensive Feuernutzung als innerhalb der Höhlen.

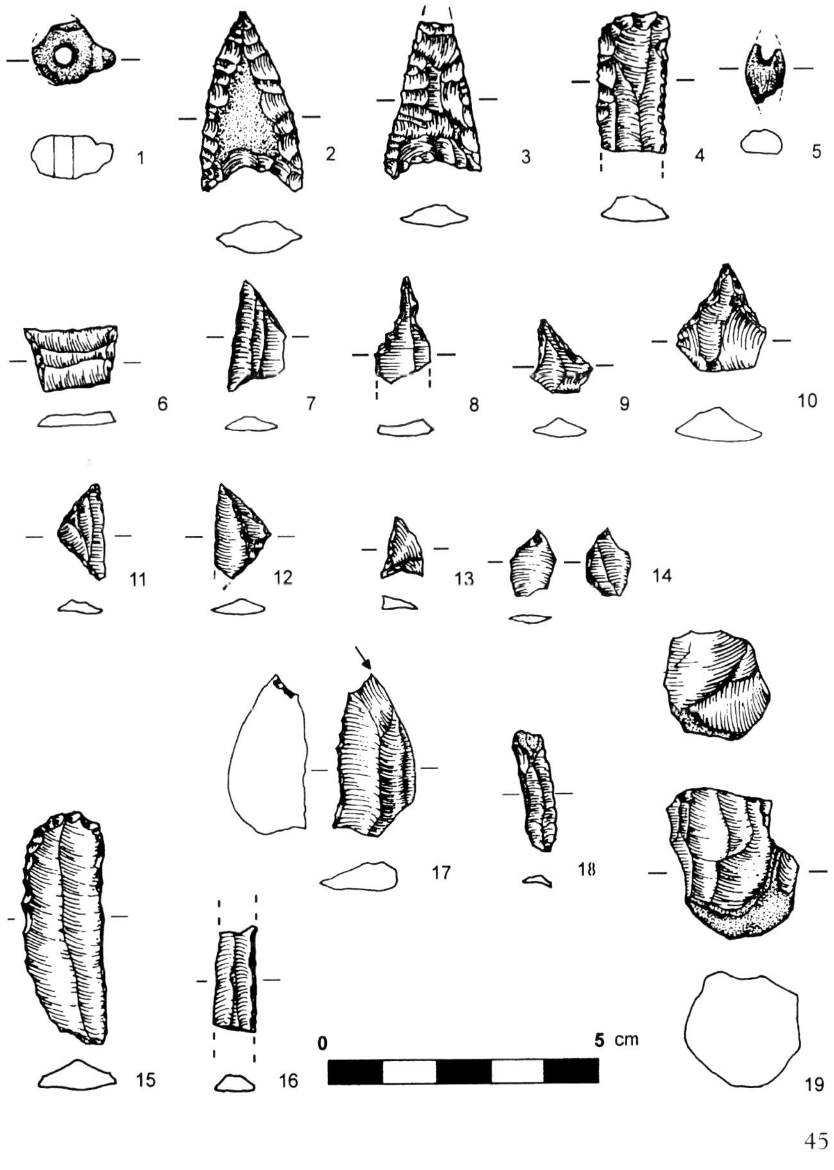

Abb. 24 Hohlenstein. Funde aus der Geologischen Einheit 1: (GE 1). 1 Glasperle, 2–3 Pfeilspitzen, 4 Sichelklinge mit Lackglanz, 5 Knochenperle, 6–7 Trapeze, 8–10 Bohrer, 11–13 Dreiecksmikrolithen, 14 Kerbrest, 15 Kratzer-Endretusche, 16, 18 Rückenmesser, 17 Stichel, 19 Kern, (1 Glas, 2–3, 8 Plattensilex, 5 Knochen, 13 Radiolarit, 16 Bohnerzhornstein, sonst Jurahornstein) 1–4, 6, 9, 12–13, 18 Fläche B; 5, 11, 14, 17, 19 Fläche A; 7–8, 10, 15–16 Fläche C.

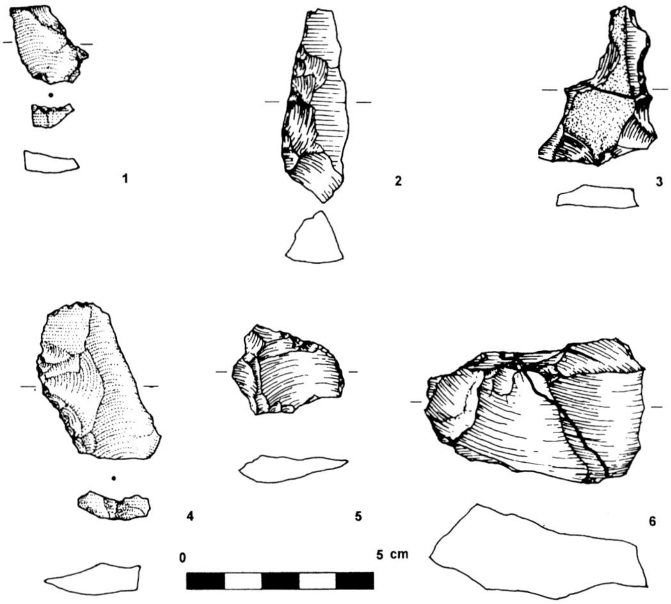

Abb. 25 Hohlenstein. Steinartefakte aus der Geologischen Einheit 2 (GE 2). 1, 3 gezähnte Stücke, 2 Schaber, 4–5 kantenretuschierte Abschläge, 6 Kern. (1 Quarzit, 2 Bohnerzhornstein, 3, 5–6 Jurahornstein, 4 Rhyolith) 1, 5–6: Fläche C; 2–3: Fläche B; 4: Fläche A.

Keramik ist sowohl auf Fläche B als auch auf Fläche C mit mehreren hundert meist kleinstückigen Scherben vertreten; auf Fläche A war Keramik seltener, aber ebenfalls noch in nennenswertem Umfang vorhanden. Wenn Keramik auch in der gesamten GE 1 vorkommt, so läßt sich doch feststellen, daß sie mit zunehmender Tiefe immer seltener wird. An der Oberkante von GE 2 wurden nur noch einzelne sehr kleine Scherben angetroffen. Da bisher nur eine rasche Durchsicht erfolgte, läßt sich lediglich sagen, daß sowohl neolithische als auch metallzeitliche, insbesondere hallstattzeitliche Keramik vorhanden ist. Dazu kommen zwei sehr kleine Scherben römischer Terra sigillata sowie mittelalterliche Scherben. Eindeutig urgeschichtliche Metallfunde wurden nicht angetroffen.

Auf Fläche A fand sich in GE 1 das verbrannte Bruchstück einer wahrscheinlich neolithischen Knochenperle (Abb. 24.5). Latènezeitlich ist dagegen eine nicht ganz vollständige Perle aus verschiedenfarbigem Glas von Fläche B (Abb. 24.1).

Mehrere Kalkstücke mit Kalzitüberzug und z. T. Ansätzen von Tropfsteinbildung sowohl aus GE 1 als auch aus GE 2 von Fläche B dürften ursprünglich aus der Bärenhöhle stammen und zeigen, daß es sich wahrscheinlich nicht um in situ-Fundhorizonte handelt.

Im unteren Bereich von GE 1 am Übergang zu GE 2 fand sich auf Fläche A ein (wahrscheinlich rechter) unterer Schneidezahn (I 1) eines Homo sapiens sapiens. Der Zahn ist mittelstark abgekaut, zeigt Sekundärdentinbildung und mittlere Zahnsteinbildung (mdl. Mittlg. Dr. M. Haidle, Universität Tübingen). Aufgrund der Vergesellschaftung mit eiszeitlicher Fauna könnte es sich um den Zahn eines jungpaläolithischen Menschen handeln.

Es zeigt sich, daß GE 1 auf allen Grabungsflächen Funde sehr verschiedener Zeitstellung geliefert hat. Es gibt unter den Steinartefakten und auch unter den sonstigen Funden zahlreiche holozäne, d. h. nacheiszeitliche Stücke. So hat man u. a. durch gleichschenklige Dreiecke (Abb. 24.11–12) und Kerbreste (Abb. 24.14) sowie einige Kerne Hinweise auf ein Frühmesolithikum, durch verschiedene Trapezformen (Abb. 24.6–7) auf ein Spätmesolithikum. Frühneolithikum bzw. Bandkeramik ist durch Pfeilspitzen und vielleicht auch die Sichelklingen (Abb. 24.4) belegt, Mittelneolithikum durch charakteristische Bohrer aus Plattensilex (Abb. 24.8) und Jungneolithikum durch flächenretuschierte Pfeilspitzen mit konkaver Basis (Abb. 24.2–3). In der Keramik sind ebenfalls unterschiedliche Stufen des Neolithikums vertreten. Einige Scherben sind hallstattzeitlich, in die Latènezeit gehört auf jeden Fall die Glasperle (Abb. 24.1). Mit den bereits erwähnten kleinen Fragmenten römischer Terra sigillata sowie der mittelalterliche Keramik handelt es sich insgesamt um ein Fund- und Chronologiespektrum, wie es auch bei den Grabungen in den Höhlen nachgewiesen werden konnte.

Eindeutige jungpaläolithische Funde fehlen unter den Steinartefakten, doch

läßt sich wohl ein Kombinationsgerät aus Kratzer und Endretusche von Fläche C (Abb. 24.15) am ehesten entsprechend datieren, da zum einen vergleichbare Stücke häufiger im Jungpaläolithikum auftreten und zum anderen sich der Erhaltungszustand deutlich von dem der anderen Artefakte unterscheidet. So sind z. B. die Kanten des Werkzeuges relativ stark verrundet. Anschließen lassen sich vielleicht einige der Rückenmesser (Abb. 24.16), die z. T. an besonders regelmäßigen Grundformen gearbeitet sind und in keinem Falle jünger als mesolithisch datiert werden können, da im Neolithikum keine Rückenmesser mehr vorkommen.
Die wenigen Stücke aus GE 2 (Abb. 25) sind recht uncharakteristisch. Die Schaberformen und auch die Tatsache, daß mehrfach die Schlagflächenreste fazettiert sind (Abb. 25.1, 4), lassen aber auf eine mittelpaläolithische Zeitstellung schließen.
Die Fauna ist zum überwiegenden Teil als pleistozän anzusehen. Die Vergesellschaftung erlaubt die Rekonstruktion einer kaltzeitlichen Umwelt mit eher offener Landschaft, in der Pferd und Rentier und bedingt das Mammut die Hauptjagdbeute darstellen.
Da die eiszeitlichen Faunenreste bereits im unteren Teil von GE 1 sehr häufig sind, kann es sich bei GE 1 nicht um einen reinen holozänen, also nacheiszeitlichen Horizont handeln, obwohl bis zur Oberkante von GE 2 noch, wenn auch nicht sehr zahlreich, holozänes Fundmaterial auftritt. Die wenigen paläolithischen Artefakte sind wahrscheinlich mittelpaläolithisch.
Zum gegenwärtigen Zeitpunkt läßt sich noch keine Feinstratigraphie für das Fundmaterial angeben, doch werden solche Aussagen hoffentlich durch die Analyse der Kleinsäuger, der Mollusken und auch der Sedimente selbst möglich sein. Es ist darüber hinaus geplant, absolute Datierungen durchzuführen.

Michael Bolus,
Nicholas J. Conard,
Andrew W. Kandel

Literaturhinweise

J. Hahn, H. Müller-Beck, W. Taute, Eiszeithöhlen im Lonetal. Führer zu archäologischen Denkmälern in Baden-Württemberg 3, [2](Stuttgart 1985).

Die Ausgrabungen 1997 und 1998 im Hohle Fels bei Schelklingen, Alb-Donau-Kreis

Vom 28. 7 – 29. 8. 1997 und vom 20. 7 – 11. 9. 1998 liefen Ausgrabungen im Hohle Fels. Die Geländearbeit wurde durch das Institut für Ur- und Frühgeschichte und Archäologie des Mittelalters, Abteilung Ältere Urgeschichte und Quartärökologie der Universität Tübingen durchgeführt. Die Museumsgesellschaft Schelklingen leistete finanzielle und technische Unterstützung, und der größte Teil der studentischen Personalkosten wurde durch eine großzügige Spende der Firma Heidelberger Zement gedeckt. Die wissenschaftliche Fragestellung ist eng an den SFB 275 der Universität Tübingen angelehnt, der meso- und känozooische Klima- und Ökoprozesse erforscht.
Das Hauptziel der Grabungskampagne 1997 war es, die langjährigen Forschungen von J. Hahn am Hohle Fels nach seinem Tode im April 1997 ohne Unterbrechung fortzusetzen. Um eine größtmögliche Kontinuität zu sichern, wurden viele erfahrene Ausgräber von Herrn Hahns alten Grabungsmannschaften für die Geländearbeit herangezogen. Im Durchschnitt haben acht

Personen an der Ausgrabung teilgenommen, meist Studierende der Älteren Urgeschichte und Quartärökologie in Tübingen. In der Regel waren fünf Ausgräber in der Höhle tätig, eine Person hat geschlämmt, und zwei Mitarbeiter haben Funde aufbereitet und erfaßt. Die Arbeiten konzentrierten sich auf die Fundschichten des Magdalénien und des Gravettien in der südlichen Hälfte der Grabungsfläche. In den Quadraten 58, 68 und 78 wurde in erster Linie der gravettienzeitliche archäologische Horizont IIc gegraben. Dazu gehört die deutlich erkennbare Aschenanreicherung des geologischen Horizonts 3cf.
Weiter südlich wurden Magdalénien- und Gravettien-Schichten gegraben. Die Schichten fallen in der Regel stark von Süden nach Norden und meist leicht von Osten nach Westen ein.
1998 wurden neue Vermessungsmethoden angewandt. Alle Einzelfunde und Proben wurden mit einem Laserstrahl angemessen, der von einer Gerätekombination aus einem Leica-Theodolithen und einem Disto ausgesandt wurde. Die Meßwerte wurden direkt in einem PC gespeichert. Dadurch konnte die Meßgenauigkeit erhöht werden bei gleichzeitiger Verringerung der Fehlermöglichkeiten. Das computergesteuerte System kann keine doppelten Fundnummern vergeben und erreicht eine millimeterscharfe und reproduzierbare Genauigkeit. Da alle größeren Funde noch mit der Hand gezeichnet wurden, blieb die Grabungsgeschwindigkeit insgesamt in etwa gleich gegenüber der alten Grabungstechnik. Hauptziel der Geländearbeit 1998 war es, die Magdalénien-Schichten über der gesamten Grabungsfläche abzuschließen sowie Fortschritte in den Gravettien-Schichten zu erzielen und die geologischen Untersuchungen fortzusetzen. Diese Ziele wurden im Laufe der Ausgrabung erreicht.
In Zusammenarbeit mit P. Goldberg von der Boston Universität wurden neue geologische Haupteinheiten A–D definiert (Abb. 26). Unterhalb der rezenten Schichten befindet sich die geologische Einheit A (GE-A), die dem Magdalénien Fundkomplex entspricht und die teilweise auch holozäne Funde beinhalten kann. Die ^{14}C Datierungen dieser Funde ergeben Daten um 13000 BP. Die liegende Schicht GE-B ist weitgehend fundleer und im Norden der Grabungs-

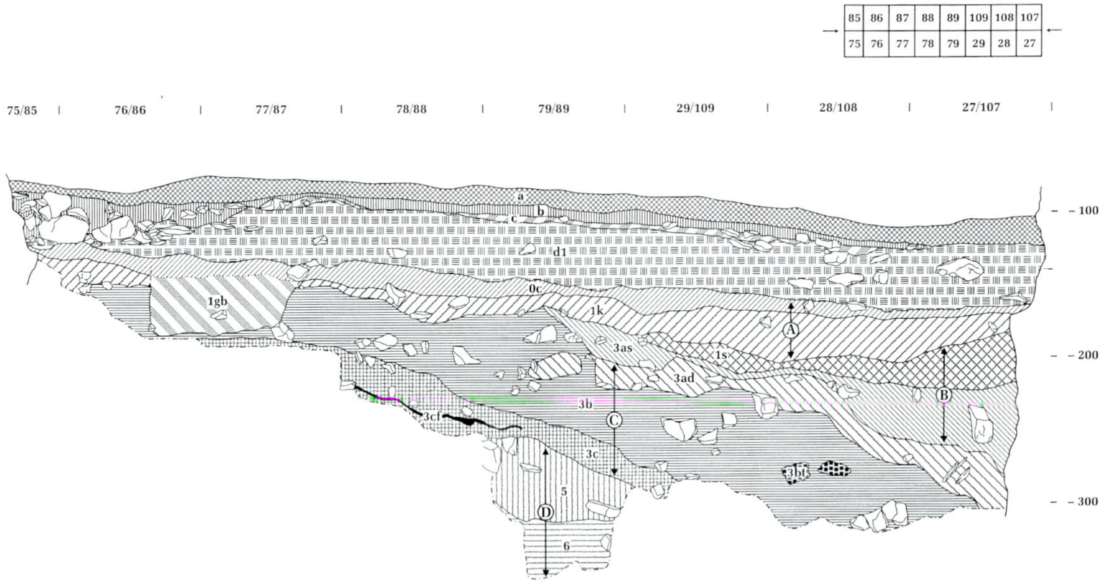

Abb. 26 Hohle Fels. N-S-Profil 2.

Taf. 1 Westhausen-Lippach, Ostalbkreis. Viereckschanze als Licht- und Schattenmerkmal im Schnee in der Flur „Bienenberg", Aufnahmerichtung Südost-Nordwest. Luftbild vom 30. 1. 1998.

Taf. 2 Südlicher Profilabschnitt der mittelpaläolithischen Freilandfundstelle Nußloch. Rechts ist die gegliederte Abfolge mit Lössen und Bodenbildungen zu erkennen, links zeigt sich die Hohlform mit Mudden und Torfen.

Taf. 3 Hohle Fels. Bemaltes Felsfragment aus der magdalénienzeitlichen Schicht GH 1 k.

Taf. 4 Lauda-Königshofen, „Wöllerspfad". Grab 28. Beinerne Zierscheibe, Dm. 6,50 cm, (menschliche Schädelkalotte?). Zweifach durchbohrt, radiale Strichbündelverzierung.

fläche durch eine Montmilchbildung (eine Kalksinterbildung) gekennzeichnet. Diese Einheit scheint sich während des letzten glazialen Maximums um 20000 BP gebildet zu haben. Die reine Montmilchbildung belegt eine Zeit, in der die Höhle weder von Menschen noch von Tieren bewohnt war. Einheit GE-C ist bis jetzt das fundreichste archäologische Schichtenpaket und gehört ins Gravettien, das im Hohle Fels um 29000 BP datiert wird. Im Gegensatz zu GE-A, worin bis jetzt keine eindeutigen Hinweise für in situ-Funde vorliegen, gibt es in GE-C in situ-Ablagerungen wie die Brandschicht, geologischer Horizont 3cf. Die tieferliegende Einheit GE-D ist nur im Quadrat 79 stärker angeschnitten, fängt mit einer fundarmen lockeren Schuttschicht (GH5) an und reicht bis zur Unterkante der Ausgrabung. Die Artefakte aus GE-D haben einen jungpaläolithischen Charakter, lassen sich aber z.Z. nicht näher einordnen. Zu den ungelösten grabungstechnischen Problemen zählen die aus statischer Sicht unstabilen Profile im Hohle Fels. Trotz der Beratungen mit Fachleuten ist uns keine praktische Lösung eingefallen, um die Wände zu stabilisieren. Die jetzige Situation stellt keine Gefahr dar, verursacht aber einen Verlust an Information, da jährlich im Winter ein unerwünscht hohes Sedimentvolumen herunterfällt.

Die zwei letzten Grabungskampagnen haben neben den geologischen Ergebnissen zahlreiche archäologische Neuigkeiten gebracht. Durch die Ausgrabungen wurden über 600 Steinartefakte, über 1000 Knochen- und Elfenbeinfunde sowie rund 300 Knochenkohlefragmente und rund 200 gebrannte Kalkfragmente geborgen und dreidimensional eingemessen. Dazu kommen zahlreiche Funde, die einzelnen Viertelquadratmetern und Abtragungen zugeordnet werden können, und auch Funde aus dem Profilversturz. Abgesehen von den Hauptfundgattungen wurden diverse Schmuckstücke, Rötel, Knochenwerkzeuge, Holzkohlefragmente und Bärenschliffe dokumentiert. Bei den Knochenfunden fällt der hohe Anteil von Bärenresten stark auf. Unter den mehr als 700 bestimmten faunistischen Resten bilden die Bärenknochen beinahe zwei Drittel der Funde, wobei Bärenreste in den Gravettien-Schichten deutlich stärker vertreten sind als in den Magdalénien-Schichten. Die mehrfach belegte Präsenz von sehr jungen Bären belegt eine zeitweise intensive Nutzung der Höhle durch diese Tierart für den Winterschlaf. Eine wechselnde Nutzung der Höhle zwischen Bären und Menschen ist durchaus denkbar, wie bereits von Blumentritt und Hahn (1991) erwogen worden ist. Geologische und biologische Umlagerungsprozesse sind in vielen Schichten für eine Durchmischung der paläontologischen und archäologischen Faunen verantwortlich. Daher sind die Begehungen der Höhle durch Bären und Menschen nur selten stratigraphisch zu trennen.

Unter den wahrscheinlich anthropogenen Knochen im Magdalénien sind Rentier, Hase, Fische und Vögel am stärksten vertreten. Anhand der vorliegenden Stichprobe kann davon ausgegangen werden, daß das Rentier die Hauptjagdbeute dargestellt hat. Im Gravettien scheinen Pferd und Rentier die Hauptjagdtiere gewesen zu sein, obwohl Mammut, Steinbock, Hase, Fische und Vögel auch vorkommen. Ein Teil der Knochen von Pferd und Rentier zeigt Brüche an frischen Knochen. Dies deutet auf den anthropogenen Einfluß hin. Fischschuppen dürften ebenfalls durch Menschen in die Höhle gelangt sein. Die unzähligen kleinen Knochenkohlefragmente sind sicherlich durch die paläolithische Nutzung des Fundplatzes entstanden und belegen die Verwendung von Knochen als Brennstoff. Dieser Brauch läßt sich in allen archäologischen Schichten dokumentieren. Besonderes auffallend ist die große Menge der Knochenkohle aus der Brandschicht GH3cf. Diese Funde sind häufig stark fragmentiert und kaum bestimmbar. Es

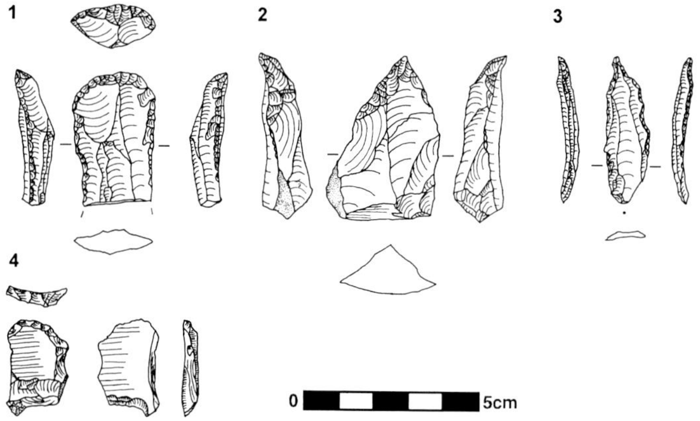

Abb. 27 Hohle Fels. Steinartefakte aus dem Magdalénien: 1, 4 Kratzer, 2 spitzretuschierter Abschlag, 3 Bohrer.

ist anzunehmen, daß durch das Verbrennen von Knochen ein großer Teil der Fauna zerstört wurde.

In den Magdalénien-Schichten kommen Steinartefakte aus Jurahornstein sowie rote und grüne Radiolarite am häufigsten vor und bestätigen die bereits bekannten Ergebnisse der Forschungsmannschaft von J. Hahn. Die gleichen Rohmaterialien sind in den fundreicheren Gravettien-Schichten auch am häufigsten vertreten. In allen Schichten bilden Artefakte aus lokalem Jurahornstein weit über 50 % der Funde, während Funde aus Radiolarit nur rund 20 % der Inventare bilden. Bohnerzhornstein, tertiärer Silex, Muschelkalkhornstein und Keuperhornstein kommen nur in geringer Anzahl vor.

In der fundreichen Gravettien-Brandschicht GH 3cf ist eine Artefaktkonzentration mit fünf Kernen aus Jurahornstein und vielen Abschlägen und Klingen sowie zahlreichen Absplissen vorhanden. Diese Konzentration erlaubt es, einen intensiv benutzten Schlagplatz zu rekonstruieren. Die Kerne sind oft nur wenig reduziert mit einem hohen Anteil erhaltener Rinde. Klingenabbau von einer Schlagfläche und von entgegensetzten Schlagflächen kommt ebenfalls vor. Neben den Jurahornsteinartefakten belegen auch die Radiolaritfunde eine Grundproduktion in der Höhle. Dazu kommen diverse Werkzeuge, die einen Einblick in weitere Aktivitäten im Hohle Fels geben. Unter den Einzelfunden wurden 12 Werkzeuge aus dem Magdalénien und 37 aus dem Gravettien ausgegraben. Die Magdalénien-Schichten lieferten vor allem Kratzer, Rückenmesser, Bohrer und Ausgesplitterte Stücke (Abb. 27), während im Gravettien Stichel, Lateralretuschen, Endretuschen und Rückenmesser häufig vorkommen. Eine gebrochene Font-Robert-Spitze und eine Mikrogravettespitze wurden ebenfalls gefunden und bestätigen die kulturelle Einordnung in das Gravettien (Abb. 28).

Die Ausgrabungen 1997 und 1998 lieferten auch zahlreiche organische Artefakte (Abb. 29). Aus dem Magdalénien stammt eine feine Nähnadel mit Öhr und ein rundliches Gagatstück. Zu den organischen Artefakten aus dem Profilversturz gehören: eine Nadel, eine Schmuckschnecke, ein durchbohrter Ammonit, ein kleines, flaches, bearbeitetes Stück Gagat und ein distaler Hasenhumerus in regelmäßigem Abstand mit eingetieften Kerben. Die Mehrheit dieser Funde scheint aus dem Magdalénien zu stammen. Dafür kamen aus den Gravettien-Schichten GH 3c und 3cf drei Elfenbeinanhänger, ein verziertes Knochenspitzenfragment und ein Anhänger aus einem Bärenzahn. Wie J. Hahn in seinem Bericht zur Ausgrabung 1995 schrieb, gibt es eine ausgesprochen große Anzahl von Schmuckstücken und eine große Vielfalt in ihren Formen aus dem Magdalénien und Gravettien des Hohle Fels. Dies spricht für eine relativ vielseitige und dauerhafte Nutzung der Höhle.

Der spektakulärste Fund der neuen Ausgrabungen ist ein bemaltes Felsfragment aus der Magdalénien-Schicht GH 1k (Taf. 3). Eine Begutachtung durch den Tübinger Geologen T. Aigner bestätigt den Eindruck, daß der Stein von der Höhlenwand herunterfiel und daher einen Beleg für bemalte Höhlenwände im Hohle Fels darstellt. Der 76×59×17 mm Kalkblock ist auf der bemalten Seite gerundet und auf der Rückseite eckig und unverwittert. Diese

Art zuckerkörnigen Kalks aus dem Oberjura kommt häufig in der Höhle vor, außerdem spricht die Form des Steines stark dagegen, daß das Stück aus einem Flußschotter stammt. Dazu kommt, daß dieser zuckerkörnige Kalk besonders frostempfindlich ist. Daher ist es nicht überraschend, daß Wandschutt aus diesem Gestein in großen Mengen im Hohlen Fels vorkommt. Ein weiteres Argument dafür, daß hier ein Fragment einer Wandmalerei vorliegt, ist die offensichtlich gekappte kürzere Punktreihe. Das Stück ist zweifellos nur ein Bruchteil einer größeren Gesamtdarstellung und wahrscheinlich kein kleines mobiles Kunstwerk. Die Bemalung besteht aus zwei jeweils mehr oder weniger parallel laufenden Gruppen von dunkelroten Punkten. Die vollständige Punktenreihe besteht aus nicht weniger als 2×7 kleinen ovalen Punkten, während die gekappte Doppelreihe 2×4 Punkte bildet. Dieser Fund liefert einen gut dokumentierten Beleg für Höhlenmalerei aus Mitteleuropa. Das bemalte Wandfragment aus dem Hohle Fels zeigt verblüffende Gemeinsamkeiten mit einer 1912 in der Oberen Klause im bayrischen Altmühltal gefundenen

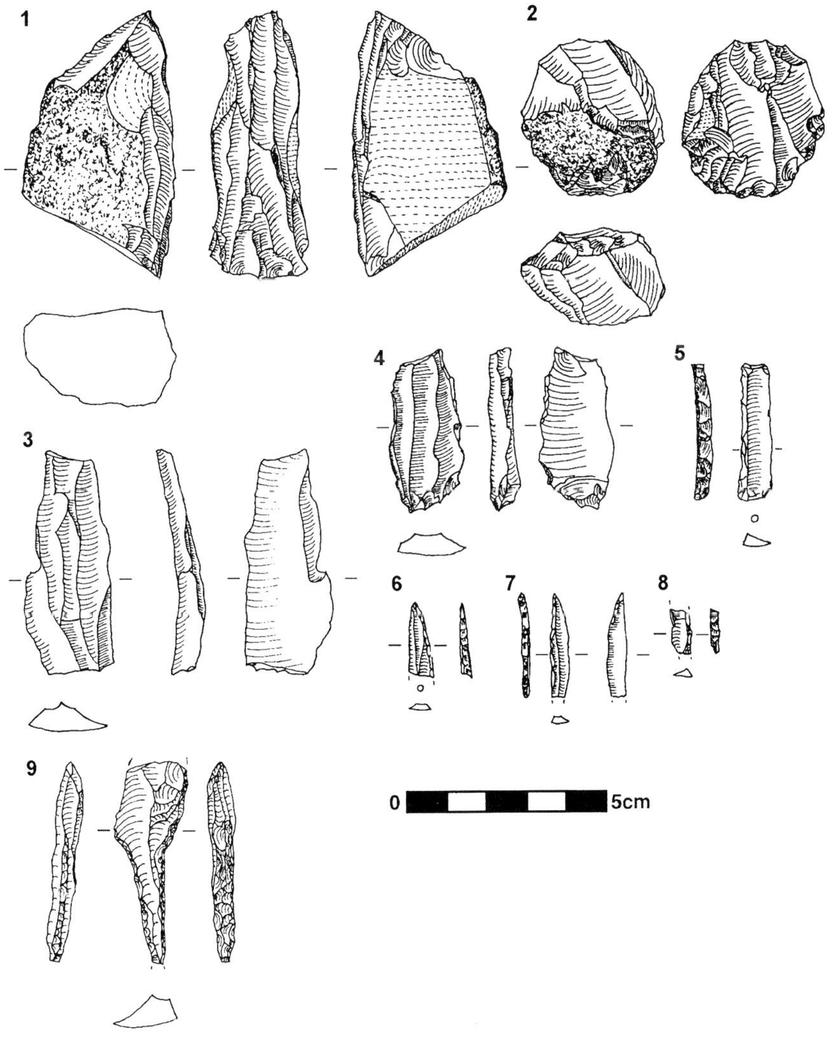

Abb. 28 Hohle Fels. Steinartefakte aus dem Gravettien: 1–2 Kerne, 3–4 Stichel, 5 Rückenmesser, 6 Rückenspitze, 7 Mikrogravettespitze, 8 rückengestumpfte Lamelle, 9 basaler Teil einer Font-Robert-Spitze.

Abb. 29 Hohle Fels. Organische Artefakte; aus dem Magdalénien: 1 Nähnadel mit Öhr; aus dem Gravettien: 2–4 Elfenbeinanhänger, 6 verzierte Knochenspitze; aus dem Profilversturz: 5 gekerbter Hasenhumerus, 7 Bärenzahnanhänger.

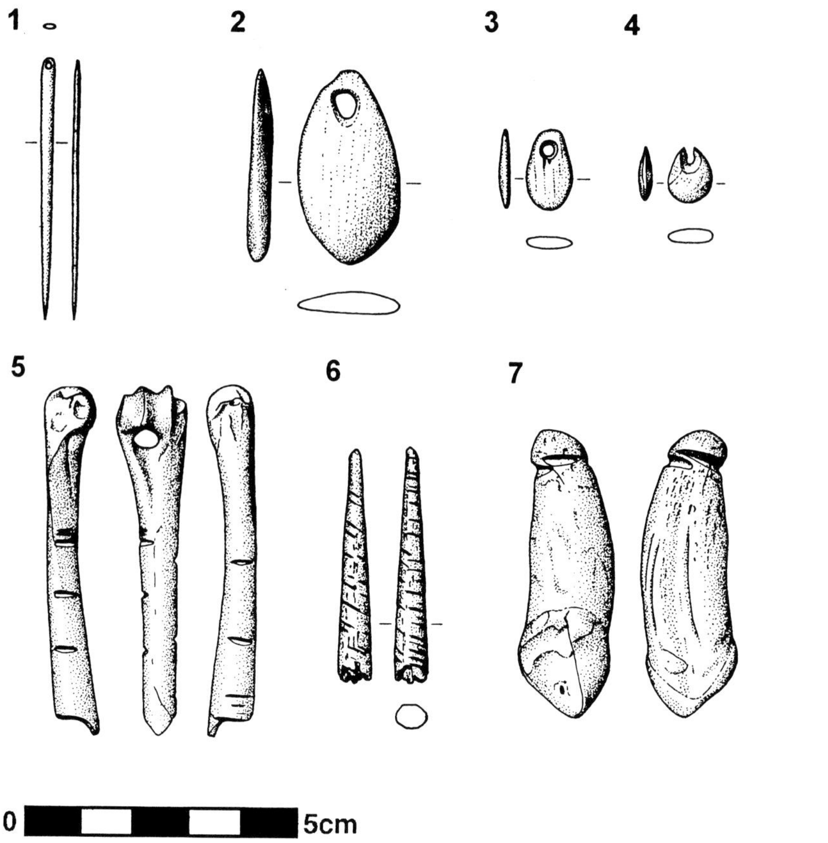

bemalten Kalkplatte (Obermaier 1914, Bosinski 1982). Die Kalkplatte aus der Oberen Klause wurde während einer Probegrabung geborgen, und obwohl sie aus einer „Magdalénien supérieur"-Schicht mit weiteren eindeutigen eiszeitlichen Funden stammt, blieb bis heute zweifelhaft, ob der Fund aus einem gesicherten Kontext kam (Albrecht 1987). Dieses Punktreihenmotiv war offensichtlich während des Spätpleistozäns in Süddeutschland verbreitet, sei es auf Steinen oder Höhlenwänden. Obwohl das genaue Alter des neuentdeckten Stückes noch nicht feststeht, ist eine Datierung ins Magdalénien am wahrscheinlichsten. Die Vermutung, daß dieser Zeichenkomplex ein magdalénienzeitliches Phänomen ist, dürfte mit dem bemalten Wandfragment aus dem Hohlen Fels widerlegt sein. 1999 sollen die Arbeiten im Hohle Fels mit dem Ziel fortgesetzt werden, das Gravettien in der ganzen Fläche auszugraben. Dadurch kann dieser stratigraphische Komplex gesamthaft ausgewertet werden, bevor künftige Grabungen in die liegenden Schichten vorstoßen.

Nicholas J. Conard,
Hans-Peter Uerpmann

Literaturhinweise

G. Albrecht, Kunstobjekte aus dem Magdalénien. In: H. Müller-Beck, G. Albrecht (Hrsg.), Die Anfänge der Kunst vor 30000 Jahren (Stuttgart 1987) 43ff. – R. Blumentritt, J. Hahn, Der Hohle Fels, Schelklinger Archäologische Führer (1991). – G. Bosinski, Die Kunst der Eiszeit in Deutschland und in der Schweiz (1982). – J. Hahn, Arch. Ausgr. Bad.-Württ. 1995, 25ff. – H. Obermaier, L'Anthropologie, 1914, 254ff.

Archäologische Denkmalpflege und interdisziplinäre Forschung in Vaihingen an der Enz, Kreis Ludwigsburg

Zwischen 1994 und 1997 wurde nördlich von Vaihingen auf der Gemarkung der Teilgemeinde Ensingen die Hälfte eines bandkeramischen Siedlungsplatzes mit Grabenwerk und zahlreichen Hockerbestattungen ausgegraben. Der Fundplatz liegt auf einem flachen Geländerücken an der Kreisstraße K 1697 von Kleinglattbach nach Illingen (vgl. Arch. Ausgr. Bad.-Württ. 1996, 37 Abb. 10). Die hervorragende Erhaltung der Befunde und die günstigen Überlieferungsbedingungen haben hier verschiedene Quellen zu den frühesten Ackerbauern aus der Zeit vor 7500–7000 Jahren v. Chr. erschlossen, wie sie im Verbreitungsgebiet der Bandkeramik nur an wenigen Stellen zu finden sind! Dazu zählen neben zahlreichen Hausgrundrissen, Gräbchen von Palisadenzäunen, ein ovales Grabenwerk mit Durchlässen, ein „Hockergräberfriedhof im Dorfgraben" sowie zahlreiche Hockergräber und Skelettreste, die durch den geläufigen Begriff Siedlungsbestattungen zusammengefaßt werden können. Aber auch die sehr gute Erhaltung von Menschen- und Tierknochen, der große Bestand an Knochengeräten und die zahlreichen verkohlten botanischen Großreste bieten zusammen mit der Keramik und anderen Fundgruppen eine ideale Basis für zukünftige Forschungen.

Die Ausweitung der Ausgrabungen auf die südliche Hälfte des Siedlungsplatzes war deshalb aus wissenschaftlicher Sicht geradezu ein Muß! Für die Möglichkeit zur Fortsetzung der Ausgrabungen und für das entgegengebrachte Interesse an unseren Arbeiten, danken wir dem Grundstückseigentümer und Bewirtschafter, Herrn H.-M. Gutjahr aus Kleinglattbach, Stadt Vaihingen, sehr herzlich! Ohne die wiederum großzügig gewährte Unterstützung einer Arbeitsbeschaffungsmaßnahme durch das Arbeitsamt Ludwigsburg mit der Außenstelle Vaihingen und ihrem Leiter Herrn Irion wären die Ausgrabungen jedoch in diesem Umfang und ihre zügige Durchführung nicht möglich gewesen. In diesem Sinne danken wir auch für die zahlreichen kleineren und größeren Unterstützungen durch die Stadt Vaihingen an der Enz und Herrn Oberbürgermeister H. Kälberer mit seinen Mitarbeitern!

Obwohl der bandkeramische Siedlungsplatz nach einer Änderung des Bebauungsplans für das große Gewerbegebiet von Vaihingen an der Enz südlich der Kreisstraße nicht mehr unmittelbar von der Zerstörung bedroht ist, sind es vor allem auch denkmalpflegerische Belange in diesen intensiv genutzten landwirtschaftlichen Flächen gewesen, die eine zügige Ausgrabung und Dokumentation der Befunde notwendig machten, bevor die Erosion auf dem nach Süden abfallenden Hang noch größeren Schaden verursacht und zum vollständigen Verlust der archäologischen Substanz führen würde!

Die Ausdehnung der Siedlungsfläche nach Süden ließ sich bereits 1994 durch drei Suchschnitte und vor allem durch die systematische Flugprospektion von Herrn O. Braasch rekonstruieren. Sie haben gezeigt, daß die südlich der Kreisstraße gelegene Siedlungsfläche mindestens so groß wie der nördliche Teil ist (vgl. Arch. Ausgr. Bad.-Württ. 1996, 37 Abb. 10). Jedoch war anhand der Luftbildbefunde zu befürchten, daß die Zerstörung der Siedlungsstrukturen durch Erosion schon weit fortgeschritten war, denn die schwarz verfärbten Grubenbefunde sind nach dem Pflügen nicht nur aus der Luft stets gut zu erkennen gewesen. Die Ausgrabungen von 1998 erstreckten sich auf einer Fläche von etwa 90×75 m (= 0,67 ha). Die Fortsetzung der Ausgrabung im

Abb. 30 Vaihingen. Übersichtsplan der Grabungsflächen 1998. Hervorgehoben sind der Verlauf des Grabens, die Gräber 113–120 sowie die Grube 345 000-3. Zum Teil sind die ehemaligen Baufluchten an hausbegleitenden Grubenkomplexen gut zu erkennen.

Frühjahr 1998 hat in erschreckender Weise alle Befürchtungen bestätigt und gezeigt, daß die Erosion hier am Südhang des Siedlungsplatzes die wichtigen Befunde bereits zerstört hat und der Graben des Grabenwerks im Vergleich zum Norden nur noch flach erhalten war. Im Gegensatz zur nördlichen Hälfte war hier auch kein einziger Hausgrundriß mehr vorhanden. Lediglich einige wenige Pfosten und vor allem die Fluchten der hausbegleitenden Gruben stellten ein letztes Zeugnis der ehemaligen Bebauung dar. Die Siedlungsgruben reichen dabei weit über den Graben des Grabenwerks hinaus nach Süden und Osten (Abb. 30), und es konnten wiederum einige deutliche stratigraphische Überlagerungen mit dem Graben festgestellt werden. Die Orientierung der hausbegleitenden Grubenfluchten weist auch hier wie im nördlichen Teil (vgl. Arch. Ausgr. Bad.-Württ. 1994, 41) zwei Fluchten auf, die bis zu 20 Grad voneinander abweichen. Von der Siedeltätigkeit sind zahlreiche Gruben und Grubenreste erhalten, die in diesem Teil der Siedlung 1998 ein reichhaltiges Fundmaterial an Keramik, Tierknochen und vor allem auch Knochenartefakten erbrachten, das wichtige Anhaltspunkte zur Datierung ergeben hat.

Die bisher geäußerten Überlegungen zur Chronologie und Abfolge der Siedlungsstrukturen sind durch die neuen Befunde im Süden unterstützt worden: Unter der reichlich vorhandenen verzierten Keramik findet sich die gesamte Vielfalt bandkeramischer Zierelemente und die von H.-C. Strien bereits um diesen Fundbestand aktualisierte Seriation der verzierten Keramik hat ergeben, daß die Siedlungstätigkeit mit dem Beginn der Stufe Flomborn einsetzte und diese Stufe einen großen Teil im Fundaufkommen einnimmt. Befunde der ältesten Bandkeramik liegen dagegen immer noch nicht vor. Die Siedlungstätigkeit bis an das Ende der Bandkeramik ist dann durch einen erheblichen Fundniederschlag dokumentiert und belegt die früher geäußerte Vermutung, daß sich die jüngere Besiedlungstätigkeit weitgehend auf den südlichen Teil der Siedlungsfläche konzentrierte. Unter den Siedlungsgruben fallen am südöstlichen Rand der Siedlungsfläche wiederum zwei große Grubenkomplexe auf, die, wie vergleichbare Gruben im Norden, fundleer waren und eine homogene schwarze Verfüllung aufwiesen. Solche Gruben können wohl am ehesten als Lehmgruben angesprochen werden.

Südlich der Kreisstraße konnte in den Grabungsflächen von 1998 der Verlauf des Grabens im Südosten des Grabenwerks weiter verfolgt werden (Abb. 30). Der Graben verlief hier von Norden kommend in einem Viertelskreis nach Westen und es scheint so, als ob er entsprechend der Topographie schräg in Richtung Nordwesten zur modernen Straßentrasse verläuft. Verglichen mit seiner Erhaltung im nördlichen Teil, war er im Süden nur noch flach (Tiefe zwischen 0,20–0,60 m) in seinen untersten Bereichen erhalten. Entsprechend geringer ist noch seine Breite, die etwa zwischen 1 und 1,50 m schwankt. Aufgrund der schlechten Erhaltungsbedingungen haben sich in diesem Bereich auch keine Spuren der wie im Norden parallel dazu verlaufenden Palisadengräbchen erhalten. An drei Stellen befanden sich Unterbrechungen (Abb. 30), wobei die nördliche mit gerundeten Grabenköpfen und einer Erdbrücke von etwa 1 m Breite den drei Unterbrechungen und Durchlässen im Norden entspricht. Wie die große, knapp 12 m breite Unterbrechung im Verlauf des Grabens etwa in der Mitte zu interpretieren ist, bleibt zu untersuchen. Allerdings liegen keine Anhaltspunkte für eine ursprünglich so breite Unterbrechung durch das Grabenwerk vor; vielmehr wird man annehmen dürfen, daß der Graben hier – vielleicht im Bereich eines Durchganges – flacher war und deshalb schon vollständig erodiert und abgetragen ist. Die dritte Unterbrechung im Westen könnte wiederum als eine Unterbrechung für einen Durchlaß verstanden werden, denn zumindest der westliche Grabenkopf ist deutlich rechteckig abgeschlossen, wogegen der östliche von einer Grube überlagert wird.

Auch 1998 konnten wieder mehrere Skelette in Hockerlage in Siedlungsgruben und entlang des Grabens im

Abb. 31 Vaihingen. Grube 345 000-3 mit einem der beiden Hockerskelette (Grab 120) der späten Bandkeramik.

nördlichen Abschnitt geborgen werden (Abb. 30). Lediglich bei Grab 114 kann davon ausgegangen werden, daß die Grabgrube, wie bei den meisten Gräbern im Norden, in den verfüllten Dorfgraben eingetieft wurde.
Zwei Hockerskelette (Gräber 119 und 120) wurden in dem tiefen Grubenkomplex 345000-3 (Abb. 31) zwischen Rotlehm, Scherben und ganzen Gefäßen sowie Schädelkalotten und Unterkiefern von Menschen gefunden. Damit erinnert diese Grube an die zwei großen Gruben im Nordwesten des Grabenwerks, in denen sich jeweils mehrere Individuen meist in unterschiedlichen Lagen zwischen sehr viel Siedlungsabfall sowie Tier- und Menschenknochen befanden. Die Seriation der Keramik durch Strien hat ergeben, daß diese Gruben an das Ende der bandkeramischen Entwicklung datieren und damit einer gesonderten Betrachtung bedürfen. Eine abschließende Beurteilung und Einordnung dieser Befunde muß auch der weiteren anthropologischen Bearbeitung vorbehalten bleiben; jedoch scheint es durchaus denkbar, daß sich darin in der späten Bandkeramik eine Auflösung der traditionellen Bestattungssitten zu erkennen gibt, deren Ursachen vielschichtig sind und mit dem Zusammenbruch des bandkeramischen Kultursystems in Verbindung gebracht werden können.
Mit dem neuen Grabungsabschnitt können nun die Angaben zur Form, Größe und Ausdehnung des Grabenwerks weiter ergänzt werden. Es scheint, als ob das Grabenwerk die Form eines gedrückten Ovals mit einer Ausbauchung im Südosten in den Grabungsflächen von 1998 hatte. Die Nord-Süd-Ausdehnung des Grabenwerks beträgt demzufolge maximal 155 m, seine West-Ost-Ausdehnung etwa 200 m. Die Innenfläche dürfte damit also kaum zwei Hektar überschritten haben. Damit liegt nun ein wesentlicher Parameter für die weitere Interpretation der Siedlungsgeschichte des Platzes vor. Es wird die grundlegende Frage zu klären sein, wieviele Haus- bzw. Wirtschaftseinheiten innerhalb des Grabenwerks oder Dorfgrabens gleichzeitig bestanden, wie es zu seiner Auflassung kam und wie groß die Siedlung zur Zeit ihrer Blüte und größten Ausdehnung war. Diese im siedlungsgeschichtlichen Zusammenhang wichtigen Fragen stellen u. a. aber auch die häufigsten Fragen von Besuchern dar, die die Ausgrabungen auch 1998 in großer Zahl bei öffentlichen Führungen und besonders beim europaweiten Tag des offenen Denkmals besucht haben. Die wissenschaftliche Bearbeitung der verschiedenen Fundgruppen (vgl. Arch. Ausgr. Bad.-Württ. 1997, 38 f.) ist 1998 weiter fortgeschritten und die bis jetzt erzielten Ergebnisse sind in einen gemeinsamen Vorbericht eingegangen, der 1999 gedruckt vorliegen wird (s. Literaturhinweise). Neu hinzugekommen sind Frau A. Bogaard von der Universität Sheffield, Frau Dr. I. Sidéra von der Universität Nanterre/Paris und Frau Dr. F. Johansson von der Universität Göteborg. Die Kolleginnen bearbeiten die botanischen Großreste, die Geräte aus Knochen sowie die Reste von Fischknochen. Die Aufarbeitung der archäologischen und naturwissenschaftlichen Fundgruppen und Materialien lassen neue Möglichkeiten und Perspektiven der Erforschung und Rekonstruktion altneolithischer Siedlungsweise erwarten.

Rüdiger Krause

Literaturhinweise

R. Krause, Arch. Ausgr. Bad.-Württ. 1997, 35 ff. mit älterer Literatur. – Ders., Bandkeramische Siedlung mit Grabenwerk. In: Arch. Deutschland 4/1998, 6–11. – Ders., Die bandkeramischen Siedlungsgrabungen bei Vaihingen an der Enz, Kreis Ludwigsburg (Baden-Württemberg). Ein Vorbericht zu den Ausgrabungen von 1994–1997. Mit Beiträgen von Rose-Marie Arbogast, Sibylle Hönscheidt, Jörg Lienemann, Manfred Rösch, Isabelle Sidéra, Hans W. Smettan, Hans-Christoph Strien, Stephan Papadopoulos, Katrin Welge. Ber. RGK 79, 1998 (in Druck 1999).

Rettungsgrabung unter Wasser in einer ruinierten Ufersiedlung bei Wallhausen-Ziegelhütte, Kreis Konstanz

Die Bucht von Wallhausen liegt am Südufer des Überlinger Sees, schräg gegenüber der Stadt Überlingen. Durch die Ausbaggerung des Jachthafens Ende der 60er Jahre wurden große Teile der Ufersiedlungen in der Wallhauser Bucht zerstört. Lediglich unter den schon vorhandenen Hafenstegen und Verbauungen an der Hafenaußenseite sind in den dort verbliebenen Sedimentsockeln wenige Quadratmeter Schicht- und Pfahlfeldreste erhalten geblieben (Abb. 32).

Bereits 1981 und 1982 im Zuge der Bestandsaufnahmen der Ufersiedlungen des Bodenseegebietes waren die Ufersiedlungen von Wallhausen Gegenstand erster Tauchsondagen. Insgesamt konnten damals fünf Horgener und eine Pfyner Strate festgestellt werden. Seitdem wird der Zustand der Sedimentsockel im Wallhauser Hafen regelmäßig durch Taucher des Landesdenkmalamtes kontrolliert, wobei vor allem in den letzten Jahren fortschreitende substantielle Verluste festgestellt werden mußten. In Anbetracht dessen wurde im Winter 1997/98 mit der Rettungsgrabung im Wallhauser Hafen begonnen mit dem Ziel, die akut gefährdeten Abschnitte der Kulturschichten durch ihre Ausgrabung sicherzustellen. Die Arbeiten konzentrierten sich dabei zunächst auf den Pfyner Abschnitt der Schichtenfolge im Hafeninneren unter Steg 2 (Abb. 32). Sie umfaßt hier im Hangenden ein 30–70 cm mächtiges Seekreidepaket. Einzelne in dieses Seekreidepaket eingelagerte Sandhorizonte mit Mollusken, kalkversinterten Kieseln und kleineren Geröllen belegen, wenn vielleicht auch nur kurzfristige, Unterbrechungen der Seekreidesedimentation in diesem Abschnitt des Flachwasserbereiches und, damit verbunden, entsprechende Schwankungen des Bodenseepegels.

Unter dem Seekreidepaket folgt eine verbraunte Matrix mit Holzkohlen und vereinzelten Hüttenlehmpartikeln, darunter liegt eine kompakte Brandschicht mit massiven Getreidehaufen und Hüttenlehmbrocken, gefolgt von einer klumpigen, graublauen Lehmschicht mit Getreide und Hüttenlehmeinschlüssen. Das Brandschichtpaket liegt einer 10–20 cm dicken, verbraunten, siltigen Matrix auf. Auch hier befinden sich vereinzelt Holzkohlen und Hüttenlehmpartikel, die bis auf die Oberkante der liegenden Seekreide streuen.

Die Lehmlage und auch der Hüttenlehm sind auf eine Nord-Südausdehnung von etwa 3,50 m beschränkt, wobei der landwärtige Rand erosionsbedingt fehlt. Am seeseitigen Rand des Lehms sind Hüttenlehmkonzentrationen auszumachen. Ebenso konzentriert sich hier die Keramik, so daß grob von einer Befundsituation wie in

Abb. 32 Wallhausen-Ziegelhütte. Lage der Schichtreste in der Wallhauser Bucht im Bereich des Wallhauser Hafens. Die ausgebaggerten Bereiche sind schräg schraffiert.

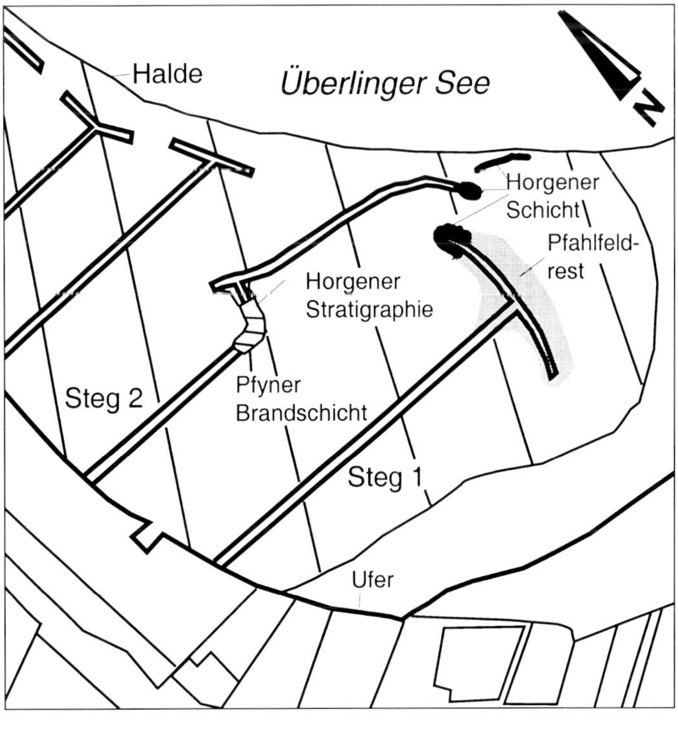

Hornstaad auszugehen sein dürfte. Die Lehmlage markiert demnach vermutlich den Innenbereich einer Hausstelle, die Hüttenlehmkonzentrationen dürften in etwa die Hauswände bezeichnen. Seewärts des Lehms läuft nach ca. einem Meter die gut ausgeprägte Brandschicht in einem wenige Zentimeter dicken, verbraunten und holzkohlehaltigen Band aus. Die Pfosten sind in diesem Bereich seewärts geneigt, bei gleichzeitig nach unten ziehender Kulturschicht (Abb. 33). Vergleichbare Befundsituationen sind von den ebenfalls am Südufer des Überlinger Sees gelegenen Bodmaner Ufersiedlungen bekannt. Die Neigung der Kulturschichten und Pfähle wird dort auf Fließbewegungen und Abbrüche in der liegenden Seekreide zurückgeführt.

Das Fundmaterial aus der Pfyner Brandschicht ist verhältnismäßig spärlich. Neben wenigen kräftig geschlickerten Scherben und einem kleinen schlickgerauhten Topf liegen einige Silices und verkohlte Schnurfragmente vor. Knochenabfälle, aber auch Scherben sind meist sekundär verbrannt. Ein großer Topf mit pastoser Schlickrauhung und drei Krüge aus den Sondagen und Kontrolltauchgängen der vergangenen Jahre vervollständigen das Pfyner Fundensemble und verweisen die Strate in einen mittleren bis jüngeren Abschnitt der Pfyner Kultur.

Dendrodaten liegen für die Pfyner Kulturschicht bislang nicht vor. Die durch A. Billamboz am dendroarchäologischen Labor in Hemmenhofen gemessenen Eichenpfosten datieren in eine ältere Phase der Horgener Kultur. Radiometrische Messungen an Sedimentproben aus den 1982 geborgenen Profilsäulen lieferten kalibriert Daten zwischen 3800 und 3700 B.C. für die Pfyner Kulturschicht.

Neben der Pfyner Kulturschicht unter Steg 2 galt das Hauptaugenmerk der diesjährigen Kampagne der Horgener Kulturschicht im Bereich der Hafenausfahrt (Abb. 32).

Die Schicht ist bemerkenswerterweise stark ast- und zweigdurchsetzt, wobei Zweige und Äste nicht wie sonst üblich horizontal in die Schicht eingebettet sind. Sie stecken in sämtlichen Ausrichtungen in der Schicht und reichen teilweise bis tief in die liegende Seekreide. An ihrer Oberkante ist die Seekreide 5 bis 15 cm tief mit der Kulturschicht verwirkt (Abb. 34). Die nesterartig an der Schichtunterkante verteilten Kiesel und Gerölle sind merkwürdigerweise gleichermaßen teils in schichtfrischem Zustand, teils von dikken Kalkkrusten überzogen.

Die Horgener Schicht weicht damit in wesentlichen Punkten vom gewohnten Erscheinungsbild jung- und endneolithischer Kulturschichten des westlichen Bodenseegebietes ab. Man gewinnt den Eindruck, daß die sondierte Schicht

Abb. 33 Wallhausen-Ziegelhütte. Profil im Bereich der Pfyner Kulturschicht unter Steg 2.

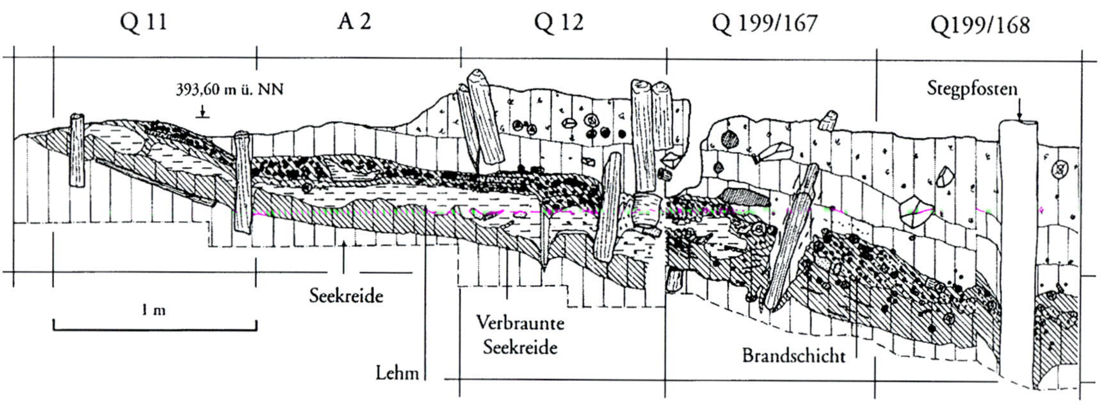

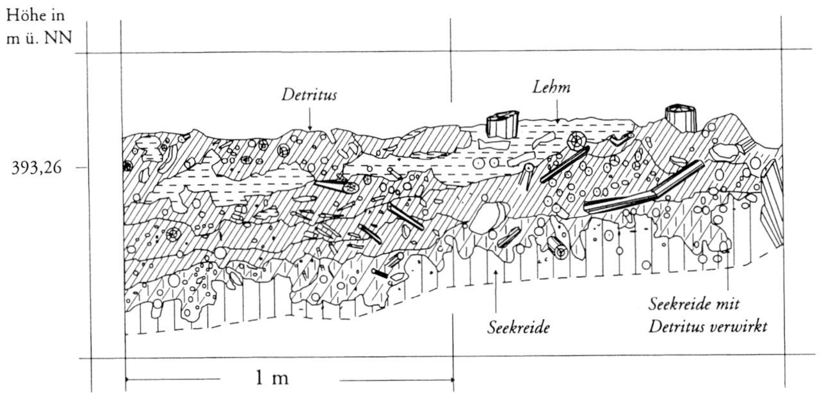

Abb. 34 Wallhausen-Ziegelhütte. Profilschnitt an der Hafenausfahrt durch die Horgener Sequenz mit verwirkter, diskordanter Schichtunterkante in Fläche 1.

nicht durch abfallbildende Prozesse im Verlauf von Siedlungstätigkeiten zustande kam, sondern daß Äste, Lehm und Gerölle absichtlich auf die Strandplatte aufgebracht wurden, möglicherweise um die weiche, nicht begehbare Strandplatte in ihrem seewärtigen Bereich begehbar zu machen. Die stark verwirkte Schichtgrenze an der Unterkante der Kulturschicht könnte tatsächlich durch die Begehung der so armierten Strandplatte zustande gekommen sein. Damit liegt aber meines Wissens der höchst seltene, wenn nicht einmalige Befund einer „landgewinnenden Maßnahme" an einem der großen Voralpenseen aus der Jungsteinzeit vor.

Das Fundmaterial aus dem äußeren Horgener Areal stammt überwiegend von der Oberfläche. Die neben wenigen Silices und flächig überschliffenen Steinbeilen spärlich vorhandene Keramik aus dem direkten Umfeld der Hafeneinfahrt gehört vermutlich in die ältere bis mittlere Horgener Kultur. Innengedellte Knubben (Abb. 35, 12.13) und Spinnwirtel lassen einen solchen Kontext vermuten (Abb. 35, 4.6).

Etwas besser einzuordnen ist das Fundmaterial, welches in Haldennähe an der dortigen Erosionskante geborgen wurde. Eine leistenverzierte Randscherbe (Abb. 35, 10), Scherben eines mit Bogenmustern ritzverzierten Topfes (Abb. 35, 5) und eine fein einstichverzierte Randscherbe (Abb. 35, 11) finden beste Parallelen im Fundmaterial aus der Ufersiedlung von Nußdorf-Strandbad am gegenüberliegenden Ufer des Überlinger Sees.

Das sogenannte „Nußdorfer Horgen" gehört in ein älteres bis mittleres Horgen und wird dort absolut durch Dendrodaten mit Schlagphasen zwischen 3166 und 3127 v. Chr. in die Mitte des 32. Jhs. datiert. Unter der Voraussetzung, daß die Schichtreste an der Hafeneinfahrt und die Erosionskante außerhalb des Hafens und östlich davon zu ein und derselben Kulturschicht gehören (Abb. 32), dürfte auch das Fundmaterial von der Hafeneinfahrt einem Nußdorfer Horgen mit entsprechendem absoluten Datierungsansatz zuzuordnen sein.

Das übliche Fundspektrum Horgener Keramik wird durch Scherben eines schnurverzierten Topfes gesprengt. Die Scherben von der unteren Gefäßhälfte stammen gut stratifiziert aus der Oberkante der Kulturschicht an der Hafeneinfahrt und sind mit Gruppen von je fünf bis sechs vertikalen, parallel verlaufenden Schnureindrücken verziert. Offensichtlich handelt es sich aber nicht um Abdrücke einfach gedrehter Schnüre, die ja auch im Kontext der älteren Horgener Kultur durch die Sipplinger Stratigraphie belegt sind. Identische Abdrücke ließen sich in Plastilin durch geflochtene Schnurzöpfe erzeugen (Abb. 36). (A. Feldtkeller und H. Schlichtherle sei für die Mitteilung gedankt.) Kleine

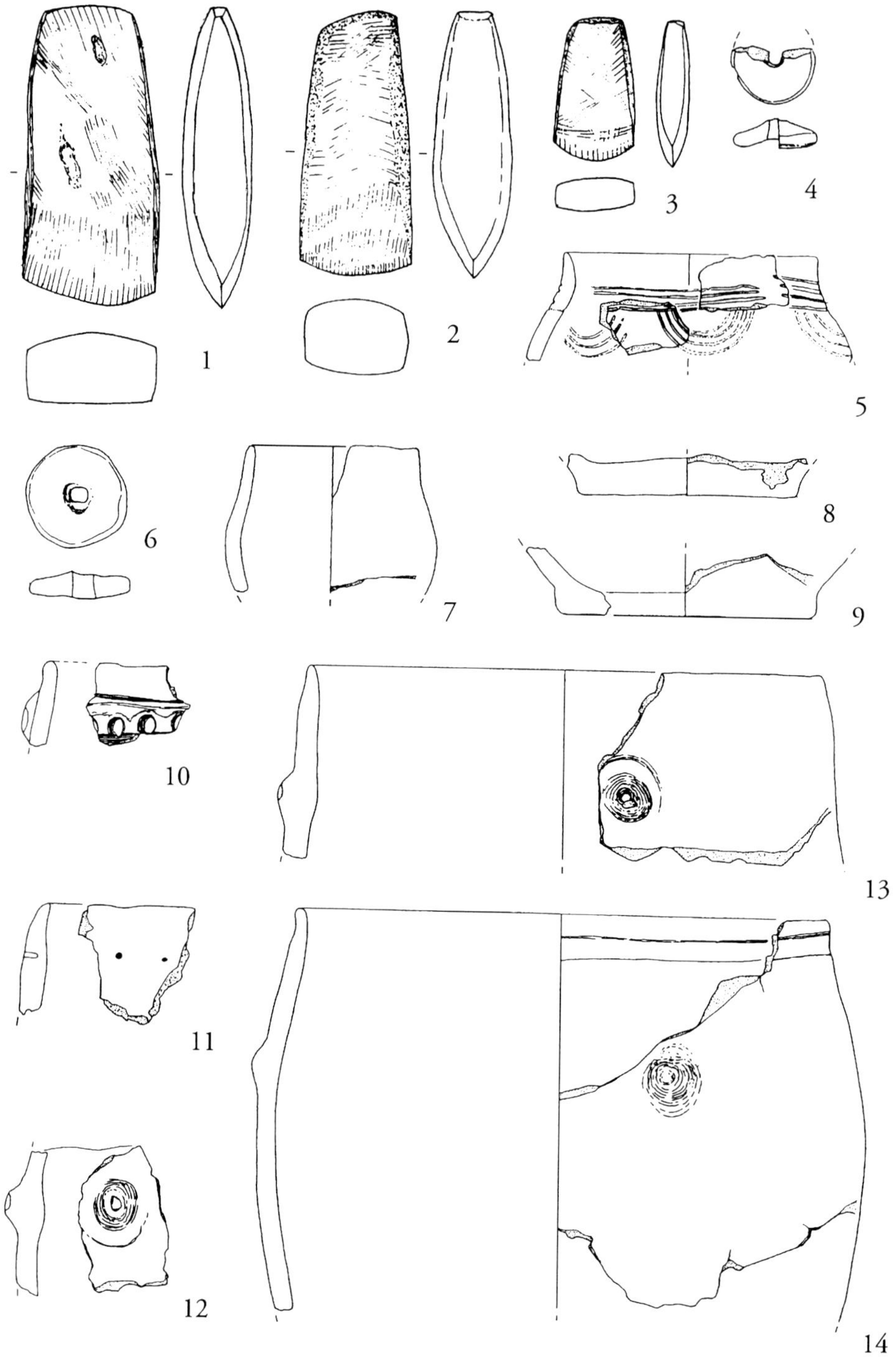

Abb. 35 Wallhausen-Ziegelhütte. Fundensemble aus dem Bereich der Horgener Kulturschicht an der Hafenausfahrt und aus dem Haldenbereich.

Kerben, die die Abdrücke beidseitig begleiten, stammen wohl von den Fingernägeln der TöpferIn, die beim Eindrükken der Schnurzöpfe wohl eher zufällig mit abgedrückt wurden. Vergleichsfunde sind spärlich. Eine weitere „schnurzopfverzierte" Scherbe kommt aus der Ufersiedlung von Bodman-Weiler I. Die verwaschene, bisher nicht sicher ansprechbare Zier dieser Randscherbe konnte anhand des kantenscharfen Neufundes von Wallhausen nun als Schnurzopfzier identifiziert werden.

Außerhalb des Bodenseegebietes stammt eine identisch verzierte Scherbe aus einem Lesefundkomplex bei Melk in Niederösterreich. (Aufmerksam gemacht wurde ich auf das unpublizierte Stück durch M. Nadler, Nürnberg. Frau E. Ruttkay, Wien, ließ mir dankenswerter Weise eine Abbildung der Scherbe zukommen). Auch in Niederösterreich ist die Zier fremdartig. Häufiger belegt sind solche Schnurzopfabdrücke dagegen in der Ostgruppe der Trichterbecherkultur in Polen. Sie sollen dort in die jüngeren Komplexe – in die Luboner-Gruppe – gehören (Informationen hierzu verdanke ich L. Klassen). Von dort dürfte die Schnurzopfzier bis in das Bodenseegebiet gelangt sein.

Der Fund von Wallhausen unterstreicht demnach die bereits im Fundkomplex von Nußdorf festgestellte Orientierung nach Norden und Osten des Nußdorfer Horgen. Siedlungsstrukturen ließen sich ausschnittsweise an der Hafenausfahrt erkennen. In Reihen angeordnete Eichenspältlinge gehören offenbar zu Ost-West orientierten Häuserreihen. Erste Messungen am dendroarchäologischen Labor in Hemmenhofen durch A. Billamboz datieren die Eichenproben ins 33. Jh.

Nachdem in der ersten Kampagne der Rettungsgrabung in der Wallhauser Bucht der Bereich der Pfyner Schichtreste geborgen werden konnte, sollen im Winter Frühjahr 1998/1999 die Horgener Sequenzen unter Steg 2 untersucht werden.

Joachim Köninger, Cornelia Lübke

Literaturhinweise

J. Köninger u. a., Taucharchäologie am Bodensee. Arch. Ausgr. Bad.-Württ. 1982, 45 ff. – J. Köninger, H. Schlichtherle, Nußdorf-Strandbad – Die Tauchsondagen 1992 und 1993 in der Horgener Siedlung westlich der Liebesinsel, Überlingen-Nußdorf, Bodenseekreis. Arch. Ausgr. Bad.-Württ. 1993, 73 ff. – M. Rösch, Botanische Untersuchungen in spätneolithischen Ufersiedlungen von Wallhausen und Dingelsdorf am Überlinger See (Kr. Konstanz). In: Siedlungsarchäologie im Alpenvorland II. Forsch. u. Ber. Vor- u. Frühgesch. Baden-Württemberg 37 (Stuttgart 1990) 227 ff. – K. Jazdzeski, Kultura pucharow lejkowatych (Poznan 1936).

Abb. 36 Wallhausen-Ziegelhütte. Links schnurzopfverzierte Scherbe aus der Horgener Kulturschicht an der Hafeneinfahrt, rechts das in Plastilin abgedrückte Negativ der Scherbe.

Ein schnurkeramischer Begräbnisplatz bei Lauda-Königshofen, Main-Tauber-Kreis

Im Gewann „Wöllerspfad", Gemarkung Königshofen, südlich des Ortes gelegen, ist eine Erweiterung des Gewerbegebietes vorgesehen. Dank der guten Zusammenarbeit mit der Stadt Lauda-Königshofen bot sich dem Landesdenkmalamt Baden-Württemberg Anfang September die Gelegenheit, in dem archäologisch sensiblen Niederterrassenbereich auf Verdacht Suchschnitte durchzuführen. Da bereits bei den ersten Sondierungen in der Erschließungstrasse mehr und weniger dicht gestreute Hockerbestattungen angetroffen wurden, stand der Entschluß fest, weitere Flächen zu öffnen, um innerhalb des Baugebietes möglichst vollständig die Gräber des endneolithischen Bestattungsplatzes zu erfassen.

Auf eine Untersuchung weiterer prähistorischer Befunde wie Gruben und Pfostenstellungen, die im Niederterrassenbereich des Mittleren Taubertales zwangsläufig zum Vorschein kommen, mußte verzichtet werden.

Ausgenommen davon waren ein durch eine Schichtaugenperle datiertes frühlatènezeitliches Grubenhaus mit reichlich Keramik und ca. 30, wohl vormetallzeitliche, NO-SW orientierte und linear angeordnete Schlitzgräbchen (3 m lang, 0,50 m breit). Sie tauchen in neolithischen Siedlungszusammenhängen des öfteren auf, wobei ihre Funktion und ihr Alter nach wie vor unklar sind. Desweiteren wurde einem 60 m langen elliptisch verlaufenden Palisadengraben mit einem 1,50 m breiten Durchlaß nachgegangen, dessen urnenfelderzeitliche Datierung wahrscheinlich ist.

Das Untersuchungsgebiet liegt heute in einer schwach geneigten, landwirtschaftlich genutzten Hanglage mit mehr oder weniger mächtigen Lößlehm-Überdekkungen. Die an archäogeologischen Profilen hier und an anderen Grabungsstätten im Mittleren Taubertal in den letzten Jahren gewonnenen Beobachtungen sprechen für eine erhebliche Veränderung der Landschaft. Vielerorts ist inzwischen die Entwässerung des links- und rechtsseitig liegenden Muschelkalkplateaus entweder drainiert oder zum Versiegen gekommen. So kamen in den ergrabenen Siedlungsausschnitten im heutigen Niederterrassenbereich immer wieder Bachläufe zum Vorschein, die auf eine ehemals riedelartige Tallandschaft schließen lassen. Heute dagegen zeichnet sich das Talrelief durch eine gewisse Gleichförmigkeit aus.

In dieser zum Main und seinen Nachbarregionen orientierten Tallandschaft spielt der Landschaftswandel bei der Beurteilung besiedlungsgeschichtlicher Vorgänge und deren Dynamik eine ganz entscheidende Rolle. Nicht nur die Standorte von Siedlungen und die Lagen ihrer Wirtschaftsflächen müssen differenzierter beurteilt werden, auch die meist hangaufwärts gelegenen Begräbnisplätze erscheinen in einem anderen Licht, da sie einst in landwirtschaftlich nicht genutzten Bereichen angelegt wurden. Dies ist auch bei dem jüngst entdeckten schnurkeramischen Bestattungsplatz in Betracht zu ziehen.

Neben den inzwischen wissenschaftlich bearbeiteten endneolithischen Gräberfeldern von Tauberbischofsheim-Dittigheim mit 32 Gräbern (65 Individuen) und Tauberbischofsheim-Impfingen mit 22 Gräbern (mind. 40 Individuen) darf der jüngstentdeckte Bestattungsplatz von Königshofen als eine wichtige Bereicherung für die Archäologie und Anthropologie der Bevölkerung des Mittleren Taubertales am Ende der Jungsteinzeit bzw. der Frühbronzezeit gelten. Bis Ende 1998 konnten 30 Gräber mit ca. 35 Individuen geborgen werden. Da die Grabungen noch nicht ab-

geschlossen sind, sollen an dieser Stelle nur wenige Befunde und einige Überlegungen vorgestellt werden.
Vergleicht man die Friedhöfe von Dittigheim und Impfingen einerseits und Königshofen andererseits, so fällt als erstes das unterschiedliche Verhältnis von Gräbern zu den darin bestatteten Personen auf. In Dittigheim stammen ⅔ der Bestatteten aus mehrfach belegten Gräbern (bis zu neun Individuen in einem Grab), in Impfingen sogar ¾. In Königshofen dagegen herrschen Einzelgräber mit einem Verhältnis von nahezu 1:1 vor. Dieser deutliche Unterschied läßt auf eine andersartige Nekropolen- und Bestattungsstruktur schließen. Ob sich dahinter lediglich andersartige Bestattungsweisen verbergen oder möglicherweise chronologische Gesichtspunkte ursächlich sind, kann im Augenblick noch nicht beantwortet werden. In Königshofen stehen 25 Einzelsepulturen vier Mehrfachbestattungen gegenüber (Doppelbestattungen in den Gräbern 06, 25, 29; eine Dreifachbestattungen in Grab 09). Ein weiteres Individuum ist ein postmortal abgegangener Fötus – in diesem Sinne also keine Bestattung –, womit man auf eine Gesamtzahl von 35 Individuen kommt. Nur in einem Fall (Grab 25) scheint eine weitere Bestattung in ein schon bestehendes Grab eingebracht worden zu sein.
Jedoch gibt es keinerlei Belege für eine mehrfach belegbare oder gar belegte Grabarchitektur im Sinne von Kollektivgräbern wie z.B in Dittigheim. Nachgewiesen sind inkohlte Hölzer, die auf Särge oder kammerartige Gehäuse schließen lassen, in denen jeweils Einzelpersonen bestattet wurden.
In den mehrfach belegten Gräbern sind ausschließlich weibliche Personen mit Kindern und/oder Jugendlichen bestattet, wobei bereits die Kinder/Jugendlichen geschlechtsspezifisch orientiert bestattet wurden. Die Grabgruben sind ca. 1,30m lang und 0,70/0,80m breit. Bei fünf Gräbern konnten Wandgräbchen und in zwei Fällen (Grab 11 und 28) Holzspuren ehemaliger Kammern beobachtet werden. Steinbauten oder -einbauten liegen von diesem Friedhof nicht vor. In neun Fällen konnten Kreisgräben (Dm. 1,7 – 5,5m) festgestellt werden, die – Pfostenspuren sind nachgewiesen – auf hügelartige Überschüttungen der Gräber hinweisen. Noch in den 50er Jahren dieses Jahrhunderts konnten in bewaldeten und nicht der Landwirtschaft zum Opfer gefallenen Gebieten Mitteldeutschlands Grabhügel der endneolithischen Becherkulturen besichtigt werden.
Es sei noch auf zwei besondere Grabformen hingewiesen, die sich deutlich von den rechteckigen Grabgruben absetzen. Es sind einmal länglich-rechteckige Gruben mit einem apsidenartigen Abschluß an der westlichen Schmalseite (Grab 06, Doppelbestattung OW, Köpfe im O, Bechergrab – Grab 11, Einfachbestattung WO, Kopf im W, Beilgrab). Die andere Grabform besteht ebenfalls aus einer länglich-rechteckigen Grabgrube mit einem davon geringfügig abgesetzten sichelförmigen Annex an der östlichen Schmalseite. Auch in diesen Gräbern sind männliche wie weibliche Individuen bestattet. Möglicherweise dienen diese Gräbchen der Aufnahme oberirdisch sichtbarer Grabmarkierungen. Die anthropologische Ansprache der im Gräberfeld bestatteten Personen kann sich hier wie auch in Dittigheim und Impfingen nicht verbindlich an einer Regelhaftigkeit, Frauen in linksseitiger, Männer in rechtsseitiger Hockerlage zu bestatten, orientieren.
Betrachtet man die 11 Beilgräber mit insgesamt 16 Beilen, so stehen vier linksseitige Hocker fünf rechtsseitigen Hockern gegenüber. Ein eindeutigeres Bild dagegen gewinnt man, wenn man die Orientierung der Körper, vor allem die Lage des Kopfes berücksichtigt. So überwiegt in sieben von 11 Fällen bei einer WO-Orientierung die Kopflage im W (2× belegt ist die Lage im O und jeweils 1× im S und N).
Stellt man diesen Beilgräbern solche mit Keramik gegenüber, wird eine Ge-

Abb. 37 Lauda- Königshofen, „Wöllerspfad". Grab 1. Dolchklinge aus Plattensilex, Länge 6,50cm.

Abb. 38 Lauda-Königshofen, „Wöllerspfad". Grab 15. Männerbestattung in Rückenlage.

schlechtsdifferenzierung noch greifbarer. Hier überwiegen eindeutig linksseitige Hocker (9:1), die OW-Orientierung und schließlich die Lage des Kopfes im O (11:3).

Silex- und Knochengeräte wie auch Tierknochen sind in beiden Gruppen vertreten. Nur in Grab 27 ist die Vergesellschaftung von Beilen und Keramik belegt. Ansonsten schließen sich beide Gruppen aus. Beile treten in fast 50% der Fälle paarig in Erscheinung, Keramikensembles sind dagegen nur zweimal vertreten. Äxte sind nicht belegt, woraus chronologische Schlüsse gezogen werden können.

Eine Sonderstellung innerhalb des Gräberfeldes nimmt Kreisgraben-Grab 15 ein. Zwei Beile befanden sich am rechten Unterarm und zwei Pfeilspitzen am linken Ellbogen (Taf. 5). Die Bestattung ist WO-orientiert mit dem Kopf im W, jedoch in untypischer Rückenlage (Abb. 38). Auch die Lage der Arme und Beine ist völlig abweichend. Alle vier Gliedmaßen sind winkelig abgespreizt und ergeben eine fast symmetrische Körperhaltung. Ob es sich hierbei um eine postmortale Lageveränderung eines Hockers handelt oder um eine bewußt derart niedergelegte Sonderbestattung, müssen anthropologische Untersuchungen ergeben. Jedenfalls fällt die Beigabenausstattung und -kombination aus dem üblichen Rahmen des Gräberfeldes, was für eine Sonderbehandlung sprechen könnte.

Was die chronologische Stellung des Gräberfeldes angeht, so kann man derzeit feststellen, daß die bislang vorliegenden Grabinventare den jüngeren Abschnitt der Schnurkeramik repräsentieren (Taf. 4). Soweit derzeit zu beurteilen ist, treten weder Strichbündelamphoren (A-Amphoren) in Erscheinung noch sind A-Äxte nach Glob vertreten, die den frühesten Niederschlag der Schnurkeramik in Südwestdeutschland gewöhnlich signalisieren. Da die Grabinventare von Königshofen denen aus anderen Friedhöfen des Taubertales im großen und ganzen entsprechen, die allesamt einen jüngeren Abschnitt belegen, wird zukünftig die Frage im Vordergrund stehen, wie weit sich noch jüngere Inventare und Inventarvergesellschaftungen herausarbeiten lassen, die eine zeitliche Überlappung Späte Schnurkeramik – Glockenbecher – Frühbronzezeit nahelegen.

Nicht ausgeräumt ist andererseits nach wie vor der Widerspruch zwischen archäologischen Typen, die im Taubertal eher dem jüngeren Abschnitt der Schnurkeramik zu entsprechen scheinen und den an Skeletten gewonnenen 14C-Daten, die auch einen älteren Abschnitt der Schnurkeramik einschließen, wofür die typologischen Belege bislang fehlen.

Claus Oeftiger

Literaturhinweise

U. Fischer, Die Gräber der Steinzeit im Saalegebiet. Studien über neolithische und frühbronzezeitliche Grab- und Bestattungsformen in Sachsen-Thüringen. Vorgesch. Forsch. 15 (Berlin 1956). – E. Sangmeister, K. Gerhardt, Schnurkeramik und Schnurkeramiker in Südwestdeutschland. Bad. Fundber. Sonderh. 8 (Freiburg i. Br. 1965). – W. Gebers, Das Endneolithikum im Mittelrheingebiet. Typologische und chronologische Studien. Saarbrücker Beitr. Altertumskde. 27 (Bonn 1984). – V. Dresely, Schnurkeramik und Schnurkeramiker im Taubertal. Ungedr. Diss. (Tübingen 1993).

Taf. 5 Lauda-Königshofen, „Wöllerspfad". Beigaben aus Grab 15. Flachbeil aus Hornblendegneis, facettiertes Beil aus Olivinbasalt, Pfeilspitzen aus Plattensilex und Muschelkalkhornstein.

Taf. 6 Bad Buchau-Torwiesen. Freilegung eines Abschnittes der bronzezeitlichen Bohlenwege.

Weitere Grabungen in der endneolithischen Siedlung Torwiesen II und in den metallzeitlichen Bohlenwegen beim Moorheilbad in Bad Buchau, Kreis Biberach

Nach den bedingt durch die Finanzsituation bescheidenen Grabungstätigkeiten im Vorjahr, konnten die Ausgrabungen am westlichen Stadtrand von Bad Buchau 1998 wieder in etwas größerem Umfang fortgesetzt werden. Dies war insbesondere durch die namhafte Unterstützung der Kreissparkasse Biberach, aber auch durch Hilfe seitens der Adelindis-Therme Bad Buchau, der Stuttgarter Bank AG, der Ott Brauerei Bad Schussenried, der Brunnenunion Göppingen sowie der Stadt Bad Buchau möglich.

Eine internationale Gruppe von Grabungsarbeitern und freiwilligen Helfern war von Juli bis Oktober in den Torwiesen tätig. Wie in den vergangenen Jahren erregte die Freilegung eines Teiles der Bohlenwege großes öffentliches Interesse. Höhepunkt war die baden-württembergische Eröffnungsveranstaltung zum „Tag des offenen Denkmals" im benachbarten Kurzentrum in Bad Buchau und der damit verbundene Grabungsbesuch von Wirtschaftsminister Dr. W. Döring in Begleitung von Prof. Dr. D. Planck, Präsident des Landesdenkmalamtes Baden-Württemberg, am 12. September.

Der Schwerpunkt der diesjährigen Kampagne galt der endneolithischen Siedlung Torwiesen II. Im Vorfeld der Grabungskampagne bohrten wir das Siedlungsgelände in einem 5 m-Raster mit dem Marschlöffel ab, wobei fünf bis sechs Häuser entdeckt wurden. Die Ausdehnung der Siedlung ist damit auf ca. 30×50 m feststellbar. Der bereits 1997 angeschnittene Hausplatz 1 erwies sich bei der diesjährigen Kampagne als wohl nur 2,40×3,20 m großer Pfostenbau (Abb. 39). Über drei massive, längs orientierte Schwellhölzer waren dicke Querhölzer verlegt und die Fugen mit einem Gemenge aus Lehm, Kies und Torf verkittet. Die Querhölzer sind stark zersetzt, z. T. bis auf die Rinde vergangen, was auf die Verwendung von Weichhölzern, eventuell Erle oder Pappel hindeutet. Als Fußboden wurde

Abb. 39 Bad Buchau-Torwiesen II. Haus 1, ein Gebäude der endneolithischen Horgener Kultur.

Abb. 40 *Bad Buchau-Torwiesen II. Funde der endneolithischen Siedlung.*

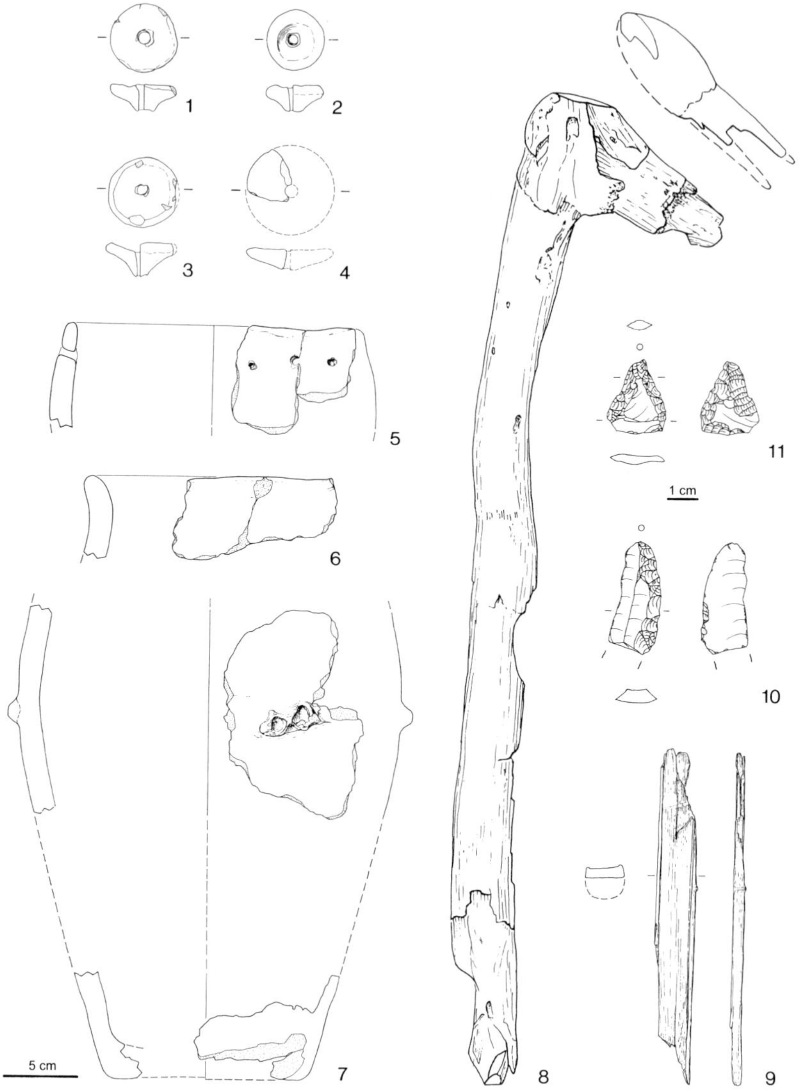

schließlich ein homogener, graugrüner, fetter Lehm aufgebracht. In der NO-Ecke befand sich eine kleine, muldenförmig in den Estrich eingetiefte Feuerstelle, deren bogenförmiger Rand stellenweise rötlich angeziegelt war. An der Basis war der Lehm stark mit Holzkohlepartikeln und Asche verunreinigt. Befunde eines Überbaus, die als Hinweise auf einen Backofen zu deuten wären, wurden nicht beobachtet. Weder der Boden noch die Feuerstelle scheinen erneuert worden zu sein. Der wohl überdachte Vorplatz im Osten wies keinen Lehm- oder Holzbelag auf, sondern lediglich eine gitterförmige Substruktion. Da die Hölzer teilweise stark korrodiert und von Wurzeln durchzogen waren, scheint die Hausruine längere Zeit offen zerfallen und verrottet gewesen zu sein, ehe sie von Torf überwachsen wurde.

Auf der rückwärtigen Westseite des Gebäudes erstreckte sich über 3,50 m^2

ein Abfallhaufen, aus dem zahlreiche Scherben, Silices, Klopf- und Reibsteine sowie Schleifplattenfragmente, kalzinierte Knochen und botanische Großreste geborgen werden konnten. Auffällig sind hier auch zahlreiche Holzkohlestücke und zerplatzte Steine.
Ob weitere liegende Hölzer nördlich des Gebäudes zeitgleich sind und weitere Substruktionen oder eventuell verstürzte aufgehende Holzbefunde darstellen oder aber einer früheren Bauphase zuzurechnen sind, läßt sich derzeit noch nicht beurteilen. Auffällig ist in diesem Bereich auch eine hausparallele Pfostenreihe, die momentan noch nicht mit dem Pfostenbau in Zusammenhang gebracht werden kann.
In zwei südöstlich gelegenen Schnitten wurden weitere Hausbefunde aufgedeckt. Dort könnte es sich um größere Gebäude handeln, in denen nur der Feuerstellenbereich mit einem Holzunterbau und Lehm befestigt war.
Mehrere Spinnwirtel, grobgemagerte, dickwandige Gefäßfragmente, vereinzelt Lochränder und kleine Knubben sowie ein Leistenfragment mit Fingertupfen liefern einen ersten Anhaltspunkt für die Datierung der Siedlung: Dieses Fundspektrum ist für einen älteren bis mittleren Abschnitt der Horgener Kultur typisch (Abb. 40). Entsprechende Keramikmerkmale sind am Bodensee im 32. Jh. v. Chr. belegt.
Besonders hinzuweisen ist auf einen 65 cm langen, weitgehend vollständig erhaltenen Knieholm mit paralleler Klemmschäftung, der nördlich von Haus 1 unter dem Holzbefund entdeckt wurde. Der Beilholm dürfte also bereits in die Kulturschicht eingebettet gewesen sein, als das Haus errichtet wurde.
Nur ca. 2 m von der letztjährigen Fundstelle entfernt wurde dieses Jahr ein weiteres Bruchstück eines Eibenbogens gefunden.
Mit der Siedlung Torwiesen II ist somit nach der Station Dullenried die zweite Siedlung der älteren bis mittleren Horgener Kultur am Federsee entdeckt. Da die Besiedlungsgeschichte für diesen Zeitabschnitt in Oberschwaben und die Beziehungen zu zeitgleichen Siedlungen am Bodensee (Nußdorf-Strandbad, Sipplingen-Osthafen) noch weitgehend ungeklärt sind, kommt der weiteren Ausgrabung dieser Siedlung besondere Bedeutung zu. Dies nicht zuletzt auch deshalb, weil durch die zunehmenden Absenkungen der Moorwasserpegel in Folge von Baumaßnahmen in unmittelbarer Umgebung die Feuchterhaltung der Befunde heute bereits nur noch zeitweise gegeben ist. In der diesjährigen, sehr niederschlagsarmen Grabungskampagne lagen die Befunde deutlich oberhalb des Grundwasserstandes.
Knapp einen halben Meter über dem Hausplatz 1 gelang es, die Reste des bronzezeitlichen Bohlenwegs zu erfassen, dessen Verlauf seit 1994 durch mehrere Sondagen mittlerweile gut bekannt ist. In diesem Bereich wurden die südliche und die mittlere der drei Wegbahnen freigelegt. Die Bohlenwege erwiesen sich hier als extrem schlecht erhalten, stellenweise sind die Bohlen nur noch als kleine Holzstücke vorhanden. Dieser schlechte Erhaltungszustand führte dazu, daß sich die Wege im Bereich der Siedlung Torwiesen II durch Bohrungen nur schwer erfassen ließen. Der Grund dafür ist die endneolithische Siedlung selbst. Diese bildet einen flachen „Hügel“ im Untergrund, über den die Wege hinweglaufen und dadurch in diesem Bereich bereits seit langem oberhalb des Grundwassers liegen. Dagegen sind die drei Wegbahnen nur 100 m weiter östlich vorzüglich konserviert, wie auch die diesjährigen Sondagen zeigten (Taf. 6). Die südliche und die mittlere Wegbahn wurden dort auf jeweils 3 m, die nördliche auf 8 m Länge freigelegt. Dieser südlichste Weg war, ebenso wie in dem 1996 freigelegten Abschnitt, doppellagig gebaut, die obere Holzlage allerdings nur noch sehr schlecht erhalten. Die untere gut erhaltene Lage liegt im östlichen Bereich des Schnittes auf drei Unterzügen. Vor allem der Unterzug in der Mitte des Weges deutet darauf hin, daß die einzelnen Wegabschnit-

te individuell an das unebene Gelände angepaßt wurden. Ein weiteres Indiz hierfür ist auch die Konstruktion des mittleren Weges, der an seiner nördlichen Längsseite mit Unterzügen unterbaut war, an der südlichen hingegen nicht. Mit der Fortsetzung der Untersuchungen von A. Billamboz im dendrochronologischen Labor des LDA in Hemmenhofen und insbesondere durch die Datierung von Erlenhölzern wurden neue, präzise Anhaltspunkte zur Nutzung des ältesten, südlichen Weges gewonnen. Mit Schlagdaten in den Jahren 1514, 1505, 1493 und 1483 v. Chr. läßt sich eine Nutzungsdauer von mindestens 30 Jahren feststellen. Im Abstand von 40–50 Jahren wurden parallel zum ersten Weg zwei weitere Bahnen verlegt, die bislang noch nicht absolut datiert sind. Am Ende, vermutlich um 1400 v. Chr., bildeten die drei Holzlagen einen 9 m breiten Überweg, von dem die neueste Lage sicher als Fahrbahn, die älteren Bahnen wohl noch immer als Fußweg und Ausweichspur nutzbar waren. Die dendrochronologischen Daten weisen darauf hin, daß man den ersten Bohlenweg errichtete, bevor die im südlichen Federseemoor gelegene, stark befestigte „Siedlung Forschner" wohl wegen eines Federseeanstieges verlassen wurde. Am Bohlenweg und in der „Siedlung Forschner" sind über 10 Jahre zwischen 1514 und 1504 v. Chr. noch parallel laufende Bauaktivitäten nachzuweisen. Es gibt Hinweise, daß die „Siedlung Forschner" nach 1480 v. Chr. verlassen wurde. Die Bohlenwege könnten also mit einer Verlagerung dieses Dorfes auf die hochwasserfreie mineralische Insel Buchau in Verbindung zu bringen sein. Allerdings sind aus dem Stadtgebiet von Bad Buchau bislang noch keine konkreten Hinweise auf eine Siedlung der Mittelbronzezeit bekannt.

Immer noch rätselhaft sind die Holzbefunde der frühen Eisenzeit, die bereits 1997 dendrochronologisch in die Jahre 626 und 625 v. Chr. datiert werden konnten. Es handelt sich offensichtlich um Holzabfälle, vor allem Späne, kleine Bretter und mit Nut versehene Bauteile, die ohne erkennbaren konstruktiven Zusammenhang wohl auf der Torfoberfläche ausgebreitet wurden, vermutlich um das Moor zu befestigen. Vielleicht sollte damit auch eine Wegverbindung stabilisiert werden. Jedenfalls deuten diese Bauabfälle darauf hin, daß auch die Buchauer Insel besiedelt war, als in der Flachwasserzone des südöstlichen Sees im Bereich des „Bruckgrabens" bei Oggelshausen Pfahlhäuser der Hallstattzeit standen (s. Beitrag Köninger in diesem Band).

Wolfgang Hohl,
Helmut Schlichtherle,
Michael Strobel

Literaturhinweise

M. Heumüller, Die vorgeschichtlichen Wege des Federseemoores: Forschungsgeschichte, Konstruktion, Vergleich. Unpubl. Magisterarbeit (Tübingen 1998). – M. Heumüller, W. Hohl, H. Schlichtherle, Arch. Ausgr. Bad.-Württ. 1997, 48 ff. – A. Billamboz, Arch. Ausgr. Bad.-Württ. 1997, 50 ff. – M. Kolb, Die Seeufersiedlung Sipplingen und die Entwicklung der Horgener Kultur am Bodensee. In: H. Schlichtherle, Pfahlbauten rund um die Alpen, Sonderheft Arch. Deutschland (Stuttgart 1997) 22 ff. – W. Hohl, H. Schlichtherle, Arch. Ausgr. Bad.-Württ. 1996, 53 ff. – A. Billamboz, H. Schlichtherle, U. Maier, Arch. Ausgr. Bad.-Württ. 1994, 76 ff. – J. Köninger, Arch. Ausgr. Bad.-Württ. 1993, 73 ff.

Ein frühbronzezeitliches Grab im Bereich der keltischen Viereckschanze „Am Scheerer Weg" bei Mengen-Ennetach, Kreis Sigmaringen

Im Zuge der Untersuchung der Viereckschanze in der Flur „Am Scheerer Weg/Sandäcker" bei Mengen-Ennetach (vgl. S. 125ff.) wurde neben wenigen hallstattzeitlichen Gruben auch ein frühbronzezeitliches Grab aufgedeckt. Es lag im nördlichen Bereich der Grabungsfläche, am Rand eines auch im Luftbild erkennbaren ehemaligen Donaumäanders. Bereits beim Abbaggern des Oberbodens zeigte sich eine längliche N-S orientierte Verfärbung von etwa 2,20 m Länge und 1,10 m Breite. Sie lag im Zentrum einer ovalen Gräbchenstruktur von etwa 3,70 m × 2,80 m Ausdehnung, die auf eine oberirdische Kennzeichnung des Grabes, vielleicht durch eine Palisadeneinfassung oder einen kleinen Grabhügel schließen läßt. Vergleichbare Oval- und Kreisgräbchen gibt es etwa in dem 1992 untersuchten frühbronzezeitlichen Friedhof von Haunstetten bei Augsburg. Im Rahmen einer späteren landwirtschaftlichen Nutzung des Geländes hatte der Pflug bereits den obersten Bereich der Bestattung gestört. Danach kam es aber wieder zu einer Bodenakkumulation, die in diesem Bereich etwa 0,40–0,50 m betragen haben dürfte und das Grab vor der weiteren Zerstörung durch die Beackerung bewahrt hat. Nur sehr schwach erkennbare Unterschiede in der Verfärbung der Grabgrube könnten Hinweise auf eine Art Sarg oder hölzerne Einbauten sein, ohne daß sich deren ursprüngliche Form noch erkennen ließ. Das Grab enthielt das Skelett einer 30–35jährigen Frau, die in Süd-Nord-Richtung auf der rechten Seite liegend mit leicht angehockten Beinen bestattet worden war. Diese Totenhaltung ist charakteristisch für viele Regionen Süddeutschlands in der Frühbronzezeit. Es wurden verschiedene Schmuck- und Trachtbestandteile gefunden (Abb. 41). Als Hals- oder Brustschmuck dienten dieser Frau ein Tierzahn, eine Tierpfote, eine Muschelschale, eine Knochennadel mit Öse und mindestens vier Knochenringe. Vergleichbarer Schmuck ist mehrfach aus Gräbern bekannt, die am Beginn der frühbronzezeitlichen Entwicklung Süddeutschlands stehen (ältere Hälfte der Stufe Reinecke A 1, bzw. A 1a nach Ruckdeschel).

Mit dem Grab von Mengen-Ennetach ist nach den Gräbern von Veringenstadt und Beizkofen ein weiterer frühbronzezeitlicher Grabfund von der oberen Donau bei Sigmaringen bekannt geworden. Neben den frühbronzezeitlichen Hortfunden aus der Umgebung von Mengen und Vilsingen-Thiergarten sind sie ein Beleg dafür, daß diese Region auch damals eine wichtige Rolle als Siedelraum gespielt hat. Dies dürfte – wie auch für andere Epochen (vgl. S. 125ff., 133ff.) – überwiegend der verkehrsgeographisch günstigen Lage an der Einmündung des Ablachtales in die obere Donau zu verdanken sein.

Abb. 41 Mengen-Ennetach. Knochenschmuck aus dem frühbronzezeitlichen Hockergrab.

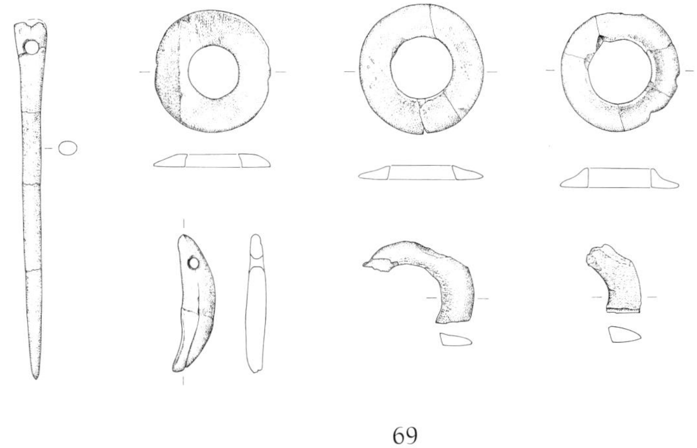

Der anthropologische Befund

Die Skelettreste des in rechtsseitiger Hocklage angetroffenen Individuums sind in Anbetracht der relativ oberflächennahen Lage und des geröllhaltigen Sediments erwartungsgemäß in relativ schlechtem Zustand. Der Schädel ist postmortal deformiert, Gesichtsschädel und Schädelbasis sind nicht mehr rekonstruierbar. Deutliche Verwitterungserscheinungen sind auch am postkranialen Skelett festzustellen. Besonders stark fragmentiert sind die beiden Schulterblätter, Becken, Kreuzbein, Wirbelsäule und Rippen. Die Unterarme der Toten lagen parallel übereinander vor dem Brustkorb, die Hände vor und teilweise unter dem Gesicht. Hinsichtlich der metrischen Erfassung der Skelettreste war die Begutachtung durch den Anthropologen vor Ort besonders wichtig. So konnten mehrere Langknochenmaße und einzelne Maße des Gesichtsschädels gesichert werden, die ansonsten lediglich als Schätzungen vorlägen. Das Sterbealter konnte auf ca. 30–35 Jahre bestimmt werden (adult). Nur der Abnutzungsgrad der Zähne suggeriert ein höheres Sterbealter (matur). Sowohl Schädel und Unterkiefer als auch die wenigen ansprechbaren Beckenmerkmale weisen das vorliegende Individuum als eindeutig weiblich aus. Erwähnt seien an dieser Stelle nur die auch für jung- und endneolithische Frauen manchmal typische, relativ robuste Überaugenregion bei gleichzeitig steiler Unterstirn sowie das äußerst schwach profilierte Nackenmuskelfeld.

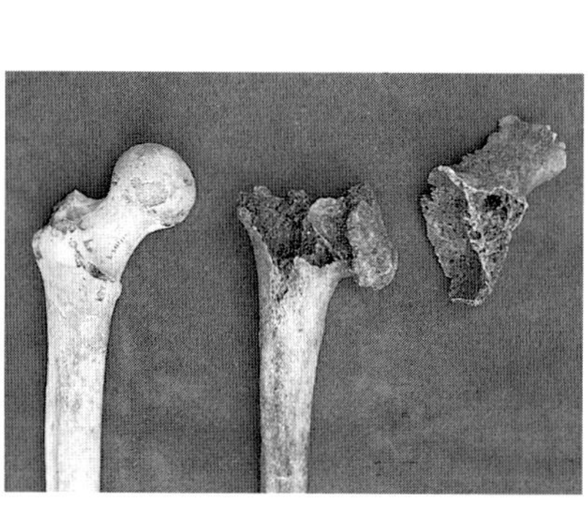

Abb. 42 Mengen-Ennetach. Deformiertes Gelenkende des linken Oberschenkelknochens und zugehörige Hüftgelenkspfanne aus dem frühbronzezeitlichen Grab im Vergleich zu einem gesunden Oberschenkelknochen aus dem Michelsberger Erdwerk von Bruchsal.

Auffällig ist dagegen das vergleichsweise kräftige Muskelmarkenrelief des postkranialen Skelettes, v. a. der oberen Extremitäten. Dies ist jedoch im Zusammenhang mit dem weiter unten beschriebenen Krankheitsbild zu sehen!

Aus den Maßen der langen Gliedmaßenknochen ergibt sich für die Frau aus Ennetach eine Körperhöhe von etwa 1,65 m. Sie ist damit im Vergleich zu ihren Geschlechtsgenossinnen aus der frühen Bronzezeit überdurchschnittlich groß, vielleicht ein Indiz dafür, daß sie zur ‚besseren Gesellschaft' gehörte. Besonderes Augenmerk verdienen im vorliegenden Fall die krankhaften Veränderungen, die der Frau z. T. schwer zu schaffen gemacht haben dürften. Zähne und Kiefer waren durch Karies und Abszesse schwer geschädigt. Mindestens sechs Backenzähne waren bereits zu Lebzeiten – wahrscheinlich ebenfalls infolge von Karies – ausgefallen. Des weiteren lassen sich z. T. stärkere degenerative Veränderungen im Bereich der Wirbelsäule sowie arthritische Randleisten an den großen Gelenken feststellen. Die Lendenwirbelkörper zeigen Anzeichen von Osteoporose. An beiden Unterschenkeln sind deutliche Spuren einer (verheilten) Knochenhautentzündung anzusprechen, das linke Schienbein erscheint im Vergleich zum rechten atrophiert. Am augenfälligsten sind jedoch die Veränderungen im linken Hüftgelenk, die eine außerordentlich schwere Beeinträchtigung darstellen (Abb. 42). Femurkopf und Hüftgelenkspfanne sind bis zur Unkenntlichkeit deformiert, die Kontaktflächen zwischen beiden sind rauh, in den Randbereichen haben sich unregelmäßige Knochenwucherungen gebildet. Aus Lage und Form dieser ‚Verbindung' läßt sich schließen, daß das linke Bein permanent und mit lediglich noch sehr geringen Bewegungsmöglichkeiten leicht angehoben und schräg vor dem Körper gehalten werden mußte. Die Fortbewegung der Frau aus Ennetach war damit extrem stark eingeschränkt und höchstwahrscheinlich überhaupt nur noch unter Zuhilfenahme von Krücken, anderen Gehhilfen oder mit fremder Hilfe möglich. Bei der Beurteilung des Ausgangsdefektes im Hüftbereich käme vielleicht eine schwere Osteoarthritis (z.B. bei Gelenktuberkulose) in Betracht, am wahrscheinlichsten sind aber nekrotische und osteoplastische Reaktionen auf ein Hüftgelenkstrauma, eine Luxation, evtl. mit begleitender (Trümmer-)Fraktur und Verschiebung von Schenkelhals und Oberschenkelkopf. Eine Verletzung, die auf eine große indirekte Gewalteinwirkung, möglicherweise auf einen schweren Sturz, Verschütten o.ä. zurückzuführen ist. Nachdem die Folgeerscheinungen an den nicht direkt beteiligten Partien relativ weit fortgeschritten sind, muß dieser Unfall schon längere Zeit vor dem Tode der Frau geschehen sein. Da sowohl der rechte als auch der linke Unterschenkel massive Anzeichen von Knochenhautentzündungen aufweisen, kann vielleicht von einem Geschehen ausgegangen werden, bei dem ursprünglich beide Beine verletzt wurden, das linke aber besonders in Mitleidenschaft gezogen war. Danach war sie in hohem Maße auf die Fürsorge durch ihr soziales Umfeld angewiesen.

Joachim Wahl,
Günther Wieland

Literaturhinweise
S.Wirth, Arch. Jahr Bayern 1992, 49ff. – R.Krause, Arch. Ausgr. Bad.-Württ. 1987, 57ff. – R.Krause, Die endneolithischen und frühbronzezeitlichen Grabfunde auf der Nordstadtterrasse von Singen am Hohentwiel. Forsch. u. Ber. Vor- und Frühgesch. Baden-Württemberg 32 (Stuttgart 1988). – W.Ruckdeschel, Die frühbronzezeitlichen Gräber Südbayerns. Antiquitas, Reihe 2, Bd.11 (Bonn 1978). – H.Bach, Zur Berechnung der Körperhöhe aus den langen Gliedmaßenknochen weiblicher Skelette. Anthrop. Anz.29, 1965, 12–21. – H.Helferich, Atlas und Grundriß der traumatischen Frakturen und Luxationen. Lehmanns medizinische Handatlanten Bd.VIII (München 1922).

Neue Grabfunde der mittleren Bronzezeit von Langenenslingen-Ittenhausen, Kreis Biberach

Im Zuge von Flurbereinigungsmaßnahmen wurde vom Amt für Flurneuordnung Riedlingen im Winter 1995/96 in Langenenslingen Ittenhausen in der Flur „Untere Gemeinmark“ ca. 1,5km nördlich des Ortes eine Materialentnahmegrube angelegt. F.Pfannstiel, ehrenamtlicher Mitarbeiter der Außenstelle Tübingen des Landesdenkmalamtes Baden-Württemberg, beobachtete die Abbaumaßnahmen und entdeckte im noch erhaltenen Areal vorgeschichtliche Keramik und menschliche Knochenreste. Außerdem konnten zwei bronzene Armreifen und Leichenbrand geborgen werden, die sich bei einer ersten Nachuntersuchung als Reste eines stark zerstörten Brandgrabes erwiesen. Bislang war von der Gemarkung nur ein Grabfund der mittleren Bronzezeit ca. 1,5km südsüdöstlich des Ortes in der Flur „Ensmad“ bekannt.

Im Frühsommer 1996 ergab eine kurze Untersuchung, daß es sich bei dem angeschnittenen Befund um die Reste eines bronzezeitlichen Grabhügels handelte und weitere Gräber im noch ungestörten Teil zu erwarten waren. Eine planmäßige Ausgrabung des Hügels war schließlich im Sommer 1998 möglich. Herrn Bürgermeister Gebele, Gemeinde Langenenslingen, und Herrn Ortsvorsteher Reiser, Ittenhausen, gilt unser besonderer Dank für ihre Unterstützung und vielfältige Hilfeleistungen. Ebenso sei dem Amt für Flurneuordnung in Riedlingen mit seinem Leiter Herrn Wall für die gute Zusammenarbeit und technische Unterstützung herzlich gedankt.

Bereits in der Oberamtsbeschreibung von Riedlingen aus dem Jahr 1923 werden am Ausgang des Mönchtales 1,5 km nördlich des Ortes zwei Grabhügel erwähnt, die jedoch bislang nicht genau lokalisiert werden konnten.

Die neuentdeckte Fundstelle liegt an einem seicht nach Südwesten geneigten Geländeabschnitt oberhalb des Mönchtales, einem Trockental, das in westöstlicher Richtung verläuft.

Eine Nutzung des Geländes als Ackerfläche wurde wegen der geringen Humusauflage bald wieder aufgegeben. Die Reste des Grabhügels waren durch die Bodeneingriffe der Materialentnahme für den Wegebau und durch das Befahren mit schweren Baumaschinen bereits stark in Mitleidenschaft gezogen worden. Der schon vor Beginn der Planierarbeiten nur noch als sehr geringe Geländeerhebung erkennbare Hügel war nach dem Abtrag der dünnen Humusschicht oberirdisch nicht mehr sichtbar. Die flächige Freilegung der die Hügelbasis bedeckenden Steinpackung aus Kalksteinfindlingen ließ keinen scharf begrenzten Hügelfuß mehr erkennen. Die Gesamtausdehnung des Hügels kann nicht mehr exakt angegeben werden, da vermutlich ein größerer Teil der Hügelfläche, die von den Abbruchkanten der Materialentnahmegrube durchschnitten wird, bereits dem Bagger zum Opfer gefallen war. Die freigelegten Reste (Abb. 43) lassen jedoch auf einen Mindestdurchmesser der Steinpackung von 7 m schließen. Eine Überhügelung der Steinlage mit Erdmaterial läßt sich nicht mehr mit Sicherheit nachweisen, dürfte aber vorhanden gewesen sein.

Innerhalb der Steinpackung ließen sich noch die Reste von mindestens vier Bestattungen nachweisen. Von einer Nord-Süd orientierten Körperbestattung waren lediglich der Ober- und Unterschenkel vorhanden. Der im Südteil des Grabes gelegene Oberkörper sowie der Schädel waren bereits von der Baggerschaufel entfernt worden. In dem von größeren Kalksteinfindlingen eingefaßten nördlichen Grabbereich konnten, von einigen wenigen Streuscherben abgesehen, keine Beigaben mehr geborgen werden.

Ebenfalls direkt an der Abbruchkante der Materialentnahmegrube waren noch die Reste einer zum Teil zerstörten Brandbestattung vorhanden. Ohne scharfe Umgrenzung einer Grabgrube lagen Leichenbrandsplitter, wenige Keramikreste und die bereits 1995/1996 geborgene Bronzestachelscheibe mit verziertem Armreif im unteren Bereich der Steinpackung.

Eine weitere Brandbestattung ließ sich nur wenig nördlich im nicht zerstörten Teil der Hügelpackung feststellen. Auf einer untersten Steinlage aus feuergeröteten Kalksteinplatten fanden sich zwischen Leichenbrandstücken eine große Anzahl von Bronzenieten und weitere Bronzeteile, die zu einem verzierten Ledergürtel gehört haben dürften. Das Fragment eines ebenfalls verbrannten Armrings sowie zerscherbte Keramik ergänzen die Ausstattung dieser Feuerbestattung. Nur indirekt läßt sich eine weitere Grablege nachweisen. Bereits 1996 waren bei der ersten Sondage eine Bronzedolchklinge mit trapezförmiger Griffplatte und vier Befestigungsnieten aus der in diesem Bereich bereits umgelagerten Steinpackung geborgen worden. Hierzu könnte ein verziertes Tonkrügchen gehören, das in stark zerscherbtem Zustand unmittelbar neben der Dolchklinge zutage kam.

Nur 50 m westlich dieses Befundes erbrachten die den Materialabbau begleitenden Feldbegehungen schon 1996 mehrere Scherbenkonzentrationen und zahlreiche menschliche Knochenfragmente. Während die vorgeschichtlichen Keramikfragmente etwa 5 bis 10 m hinter der Abbaukante in einem offenbar durch Planierarbeiten gestörten Bereich aufgefunden wurden, traten die Skelett-

reste, hauptsächlich fragmentierte Langknochen und Schädelfragmente, direkt an der Abbaukante oder in Versturzlage unterhalb davon zutage. Allem Anschein nach hatten die Baumaßnahmen hier wenigstens zwei Körperbestattungen gekappt und teilweise zerstört. Die genaue Befundlage sollte im Laufe der diesjährigen Grabung durch eine kleine, ca. 7 m² große Sondage geklärt werden.
Unmittelbar unter der heutigen Oberfläche fanden sich, überdeckt von einer bis zu zwei Lagen mächtigen Steinpackung aus Kalksteinfindlingen, die Reste zweier Körperbestattungen. Das weiter westlich gelegene Grab erwies sich leider als fast völlig zerstört. Lediglich einige Schädelfragmente und teilweise umgelagerte, stark zerscherbte Gefäßreste bezeugten eine ehemals wohl Nord-Süd ausgerichtete Grablege. Das zweite Grab erbrachte, obgleich durch Planierarbeiten und die in diesem Bereich starke Durchwurzelung in Mitleidenschaft gezogen, einen überraschenden Befund. In einer 0,50–0,60 m breiten und mindestens 2,10 m langen, Nord-Süd ausgerichteten Grabeinfassung aus Kalksteinfindlingen fanden sich die Überreste einer Doppelbestattung.
Eine Besonderheit ist die Lage der beiden Skelette. Ein Individuum lag in gestreckter Rückenlage mit dem Kopf im Süden auf der Grabsohle, wohingegen das zweite in gestreckter Bauchlage, den Kopf im Norden, also in entgegengesetzter Richtung, unmittelbar auf dem ersten zu liegen kam. Eine mögliche Erklärung für diesen doch eher kuriosen Befund könnte die Beisetzung in einem engen Baumsarg sein. Einige verkippte Kalksteine an der westlichen Grabeinfassung, bei denen es sich um Verkeilsteine handeln könnte, stehen einer solchen Deutung jedenfalls nicht entgegen. Als einzige Beigabe enthielt das Grab einen kleinen unverzierten Henkelkrug.
Die nur wenige Zentimeter mächtige Stein- und Humusauflage über den beiden Bestattungen macht eine ehemalige Hügelüberdeckung zumindest sehr wahrscheinlich.
Die Funde (Taf. 7) aus den aufgedeckten Gräbern und Grabresten bezeugen eine Belegung der Nekropole während der gesamten mittleren Bronzezeit, von der Stufe B bis zur entwickelten Stufe C. Darüber hinaus stellen die Befunde und Funde aus Ittenhausen, besonders unter Berücksichtigung der geringen Zahl modern untersuchter mittelbronzezeitlicher Gräber, eine willkommene Bereicherung des Kenntnisstandes zu dieser vorgeschichtlichen Epoche dar.

Jörg Bofinger,
Jürgen Hald,
Thomas Hoppe,
Ferdinand Pfannstiel

Abb. 43 Langenenslingen-Ittenhausen. „Untere Gemeinmark". Die freigelegte Steinpackung von Hügel 1.

Literaturhinweise
Oberamtsbeschreibung Riedlingen (Stuttgart 1923) 199. – Fundber. Schwaben N. F. 8, 1933/35, 55 f. – R. Pirling, Die mittlere Bronzezeit auf der Schwäbischen Alb. PBF XX,3 (München 1980).

Wiederausgrabungen in der spätbronzezeitlichen Ufersiedlung „Wasserburg Buchau" im Federseemoor bei Bad Buchau, Kreis Biberach

Im Herbst 1998 erfolgte durch das Pfahlbaumuseum Unteruhldingen in Zusammenarbeit mit dem Landesdenkmalamt Baden-Württemberg eine Nachuntersuchung in der seit 1920 bekannten Ufersiedlung. Das Ziel war die Überprüfung des Erhaltungszustandes und der archäologischen Befundsituation, mehr als 60 Jahre nach dem letzten großflächigen Bodeneingriff im Jahre 1937.

Die Altgrabungen der Jahre 1921, 1922, 1925, 1927, 1928 und 1937 hatten unter der wissenschaftlichen Leitung des Tübinger Urgeschichtlichen Forschungsinstitutes, des Reichsbundes für deutsche Vorgeschichte und der Universität Berlin durch den Grabungsleiter Prof. Dr. H. Reinerth zur fast vollständigen Aufdeckung des Siedlungsrestes geführt. Die mit finanzieller Unterstützung des Buchauer Altertumsvereins, der Notgemeinschaft der Deutschen Wissenschaft und privater Mittel vorgenommenen Ausgrabungen zählen sicher zu den bedeutendsten und aufsehenerregendsten unseres Jahrhunderts. Innerhalb eines Palisadenwerkes mit den Außenmaßen 152×110 m, durchbrochen von mehreren Toranlagen, konnte eine mehrphasige Siedlungsanlage mit mindestens 38 rechteckigen Flechtwand- und Blockhäusern (ältere Siedlung nach Reinerth) und neun hufeisenförmigen Blockhaus-Gehöften (jüngere Siedlung nach Reinerth) durch flächige Positivpräparation der Baubefunde, fotografische Plan- und Seitenaufnahmen, geologische Bohrungstranssekte und Profilzeichnungen dokumentiert werden. Begleitend zur archäologischen Ausgrabung fanden Aufnahmen und Analysen der Luftbildarchäologie (R. Strähle, Schorndorf), Paläobotanik (K. Bertsch, Ravensburg), Moorgeologie (C. A. Weber, Bremen), Holzartenbestimmung (E. Neuweiler, Zürich), Kleinfunde und Tongefäße

Abb. 44 „Wasserburg Buchau". Luftaufnahme der Siedlung vom 10. 9. 1998. Die umgebende Ringpalisade, die Suchgräben Richtung Nordwest-Tor (rechts oben) (A 1), am Südwesttor und im Innenraum der Siedlung (A 2), sowie in der Südostecke (A 3) sind deutlich zu erkennen.

(G. Kraft, Freiburg), Molluskenforschung (D. Geyer, Stuttgart), Zoologie (R. Vogel, Stuttgart), Anthropologie (H. Weinert, Potsdam) und Dendrochronologie (B. Huber, Tharandt b. Dresden) statt. Eine Veröffentlichung der zum großen Teil bereits 1928 vorliegenden Ergebnisse scheiterte jedoch an den heftigen persönlichen und politischen Auseinandersetzungen zwischen dem Urgeschichtlichen Forschungsinstitut Tübingen und dem Landesamt für Denkmalpflege einerseits und dem Grabungsleiter Reinerth und seinen Kollegen innerhalb der Vor- und Frühgeschichte andererseits. Die Publikation der Ausgrabungsergebnisse blieb dabei auf der Strecke. Eine Nachvollziehbarkeit der in Vorberichten und Ausgrabungsführern dargelegten Erkenntnisse war mangels vorliegender Grundlagen bis heute – sehr zum Bedauern der Wissenschaft – nur in Ansätzen möglich. Die Neuuntersuchung hatte daher auch die Aufgabe, ergänzend zu der in Unteruhldingen zur Zeit verfolgten Aufarbeitung der Altgrabungen, mit moderner Methodik neue Anhaltspunkte für die Auswertung zu schaffen, um die erforderliche Einbindung der Hauptuntersuchung zu erleichtern.
Das Wiederauffinden der Siedlungsstelle anhand der Originalpläne und der vorangegangenen Sondage 1981 des Projektes Pfahlbauarchäologie Oberschwaben des Landesdenkmalamtes (vgl. Arch. Ausgr. Bad.-Württ. 1981, 49 f.) gelang über die Einmessung angeschnittener Palisadenzüge in den modernen Entwässerungsgräben. Infolge des trockenen Sommers war die 1–2 m mächtige Außenpalisade aus annähernd 15 000 Kiefernstangen als aufgewölbter Wall deutlich im Gelände zu erkennen. Stellenweise schauten die 3000 Jahre alten Pfähle wieder aus dem Boden heraus. Das Abmähen der äußeren Siedlungsbegrenzung ergab aus der Luft einen ersten Eindruck von der Gestalt der spätbronzezeitlichen Anlage (Abb. 44) etwa 2,5 km südlich des heutigen, seit der Spätbronzezeit stark verlandeten Federsees. Die Ausgrabungsflächen geben sich als dunkle Streifen auf dem Luftbild zu erkennen.
Mit Suchschnitten konnten die noch erhaltenen Baubefunde der Grabungen 1925–1937, mit einer Abweichung von wenigen Zentimetern, wieder genau ermittelt werden. Schwierigkeiten bereiteten dagegen die früheren Einmessungen des Stadtbauamtes Buchau der Jahre 1921 und 1922, die aufgrund eines Meßfehlers noch nicht zufriedenstellend mit den späteren Plänen korreliert werden konnten.
Die Neuaufnahme erfolgte an fünf ausgewählten Stellen. Erstens entlang der Parzellengrenze Staudacher West bis zum Nordosttor (A 1) im Osten der Anlage, im 1937 bis auf die Kalkmudde ausgegrabenen „Hafenbereich der Wasserburg Buchau“, der in den Vorgrabungen unter anderem insgesamt fünf in situ liegende Einbäume erbracht hatte. Nach Vergleichsmessungen beträgt der vertikale Sedimentverlust infolge Grundwasserabsenkung und landwirtschaftlicher Nutzung im Bereich der östlichen Palisaden seit den 20er Jahren etwa 40 cm (Abb. 45).
Die Aufgabe des 50 m langen Schnittes war es, neben dem Vergleich des Erhaltungszustandes und dem Ermitteln der alten Grabungsgrenzen, vor allem die

Abb. 45 „Wasserburg Buchau“. Ausgrabung 1928: Nordprofil an der Innenpalisade Ost bei Schnitt 11. Die Sedimenthöhe über Kalkmudde betrug damals an dieser Stelle noch 50–110 cm.

Aufnahme des NO-Tores innerhalb der Außenpalisade, mit seinen schon damals festgestellten Hartholzeinbauten aus Eichen- und Eschenpfählen zu erreichen. Beide Torwangen wurden freigelegt. Sie erschienen zum Teil mit dem geschnittenen Pfahlabfallholz der Probenentnahme für die Jahrringuntersuchung 1940 noch obenauf, und zum Teil Richtung Westen am Kopfende noch ungestört im Humus, in Kalkmudde stehend (Abb. 46). Das den Untergrund bildende weiße Seesediment war stellenweise noch von Lebermudde mit Kulturschichtbestandteilen, in Resten, überlagert. Torf in originärer Lage konnte an dieser Stelle – wie im gesamten Randbereich – nur noch selten festgestellt werden. Die aus 8–12 cm starken Kiefernstangen zusammengesetzte Außenpalisade war allem Anschein nach im Nordosten erst nachträglich mit einem Toreinbau aus doppelt so starken Hölzern versehen worden. Dafür sprechen neben den morphologischen Unterschieden der Pfähle die Unterschiede der Pfahlsetzungen und die Lage des Tores im Zwickel der Palisadenabzweigungen zwischen Außen- und Innenpalisaden. Von der dendrochronologischen Datierung, die für die Kampagne 1998 in der kurzen Zeit noch nicht abgeschlossen werden konnte, darf eine genauere Klärung in Erweiterung des vorliegenden Datengerüstes des 10. und 9. Jhs. v. Chr. erwartet werden.

Abb. 46 „Wasserburg Buchau“. Erläuterungen am Nordosttor anläßlich des Tages des offenen Denkmals am 12. 9. 1998 in Bad Buchau.

Der zweite Schnitt (A2) verlief in Ost-West-Richtung durch den Innenraum der Hausbebauung. Überraschend gut konserviert erschienen einzelne Hüttenböden der älteren Siedlung, wenige Zentimeter unter der Grasnarbe, auf dem meterstarken Torf des Siedlungszentrums, stellenweise noch mit Fragmenten des ehemaligen Lehmbelags versehen. Von den darüber liegenden Gehöften waren, soweit dies schon sicher beurteilt werden kann, nur noch vereinzelt Reste im etwa 70 cm breiten Suchschnitt zu dokumentieren.

Eine genauere Nachschau in besser erhaltenen Teilbereichen müßte zur weiteren Aufklärung der stratigraphischen Überlagerung der Gebäudegrundrisse erfolgen.

Ein dritter schmaler Schnitt (A3) erkundete den „Inselrand“ der „Wasserburg“ im südöstlichen Feld. Eine in den Plänen des Ausgrabungsjahres 1928 verzeichnete Spaltbretterreihe aus Eiche konnte jedoch nicht wie erhofft wiedergefunden werden. Reste von verziegelten Lehmplatten auf Torf dagegen, nur etwa 8 cm unter der Oberfläche, waren dort mit verzeichneten

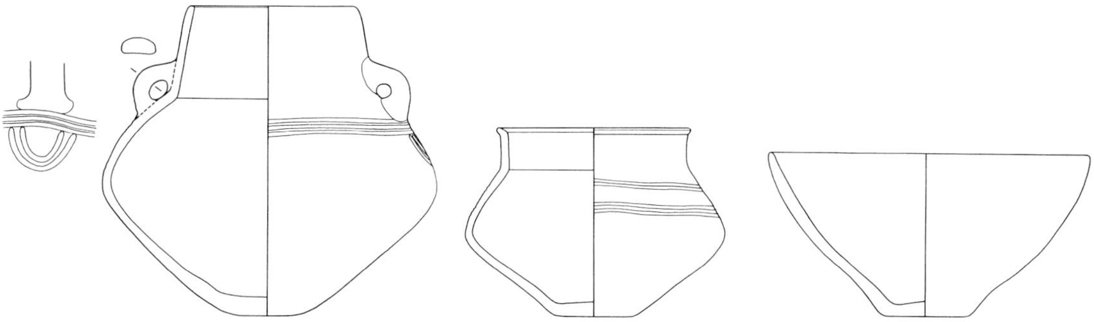

Herdstellen außerhalb der Hausgrundrisse zu verbinden.

Der vierte Schnitt (A4) prüfte rechtwinklig zur belegten „Uferverpfählung" der erhaltenen „Torfinsel" (Terminologie nach Reinerth und Weber) den stratigraphischen Aufbau des Siedlungsrandes im Osten der Anlage bei Aufschluß 1 und 2 (Wiese Staudacher). Die Frage „Insel- oder Moorsiedlung" war in den kleinen Flächen nicht abschließend zu klären. Es zeigte sich jedoch, daß der untergrundbildende Torfhorst des zentralen Siedlungsbereiches unmittelbar bei den „Uferpfählen" gegen außen scharf abbricht und, wie bereits in den 20er Jahren beschrieben, von seebeeinflußten Sedimenten (Lebermudde und Seekreide mit Kulturschichtbestandteilen) bis etwa 2,50 m hinter der Uferverpfählung überlagert wird.

Das fünfte Feld schließlich bildete ein Flächenschnitt beim „Südwesttor" der Ausgrabung 1927. Analog zum Nordosttor konnte dort in der Außenpalisade ein mit Eichen- und Escheneinbauten versehener, etwa 2 m breiter Durchlaß aufgenommen werden. Ein späterer Einbau der Toranlage in die äußere Siedlungsumfriedung ist auch hier wahrscheinlich. Im Schlamm der Toreinfahrt glückte unter anderem die Aufnahme dreier verdrückter, aber komplett erhaltener Tongefäße (Abb. 47), die infolge eines höheren Grundwasserstandes bei der Freilegungsmaßnahme 1927 offenbar nicht erreicht wurden. Sie sind den Hallstattstufen A2/B1 und B3 zuzuschreiben. Wie dort sind auch an anderen Stellen der spätbronzezeitlichen Siedlung noch „in situ"-Befunde zu erwarten. Dies war die eigentliche Überraschung bei der Ausgrabung.

Zur Klärung der offenen Fragen ist eine Fortsetzung der Sondagen im Rahmen weiterer kleinflächiger Untersuchungen, die jetzt punktgenau vorgenommen werden können, vorgesehen. Hierbei kommt zur Klärung der siedlungsgeschichtlichen Verhältnisse der naturwissenschaftlichen Probenentnahme für die Analysen der Sedimentologie, Paläobotanik und Dendrochronologie und ihrer vergleichenden Auswertung eine besondere Bedeutung zu.

Ich möchte nicht abschließen, ohne besonders dem zuständigen Referat des Landesdenkmalamtes, aber auch den Altertumsvereinen von Unteruhldingen und Frickingen und nicht zuletzt der gesamten Grabungsmannschaft für die Unterstützung der Untersuchung 1998 zu danken.

Gunter Schöbel

Abb. 47 „Wasserburg Buchau". Komplett erhaltene Gefäße vom Südwesttor. M.: 1:5.

Literaturhinweise

H. Reinerth, Das Federseemoor als Siedlungsland des Vorzeitmenschen (Leipzig 1936) 119 ff. – H. Schlichtherle, A. Billamboz, Moor- u. Seeufersiedlungen. Die Sondagen 1981 des Projektes Bodensee – Oberschwaben. Arch. Ausgr. Bad.-Württ. 1981, 49 f.

Nachuntersuchung in der spätbronzezeitlichen Ufersiedlung Unteruhldingen-Stollenwiesen, Bodenseekreis

In der 2 ha großen und vollständig unter Wasser liegenden Ufersiedlung südlich der Unteruhldinger Hafenmole wurde zwischen Januar und März des Jahres 1998 eine Tauchsondage durch das Pfahlbaumuseum Unteruhldingen im Auftrag des Landesdenkmalamtes Baden-Württemberg ausgeführt. Ziel dieser Untersuchung im Nachgang großflächiger Pfahlfeldaufnahmen durch das Projekt Pfahlbauarchäologie Bodensee-Oberschwaben in den Jahren 1982–1989 (vgl. hierzu Arch. Ausgr. Bad.-Württ. 1983, 71 ff.) war eine Überprüfung des Erhaltungszustandes in den besonders durch die fortschreitende Flächenerosion gefährdeten Bereichen. Sie konzentrierte sich auf den Innenraum der Siedlung im Norden und einzelne Palisadenabschnitte im südlichen Teil der seit 1864 bekannten Anlage. Eine Entnahme von Pfahlproben zur Erweiterung der dendrochronologischen Sequenzen zur süddeutschen Buchenchronologie im Süden sowie zur Ergänzung der bereits festgestellten Hausgrundrisse des 10. und 9. Jhs. v. Chr. im Norden standen bei der archäologischen Fragestellung im Vordergrund. Unterstützt wurde die Untersuchung von der technischen und wissenschaftlichen Abteilung des Pfahlbaumuseums. Herrn Widenhorn, Herrn Sulger, Herrn Auer, Herrn Krauss, Herrn Walter M. A. und Herrn Baumhauer M. A. sei für Ihre Mithilfe bei winterlichen Temperaturen besonders gedankt.

Die Dokumentation des Pfahlfeldes unter Wasser orientierte sich am bestehenden Meßnetz und erfolgte als Oberflächenaufnahme im ausgesteckten 5×5 m Rastersystem. Insgesamt konnten 320 m² (Abb. 48) im Anschluß an die Tauchausgrabungen der 80er Jahre zeichnerisch dokumentiert und hinsichtlich der Holzpfähle der Analyse im Archäodendrologischen Labor des Landesdenkmalamtes unter A. Billamboz in Gaienhofen-Hemmenhofen zugeführt werden. Erste Datierungsergebnisse für die 183 entnommenen Holzproben, in Ergänzung zum bereits bestehenden Datierungsrahmen, der nach heutiger Kenntnis dreiphasigen Anlage zwischen 975 und 850 v. Chr. sind 1999 zu erwarten.

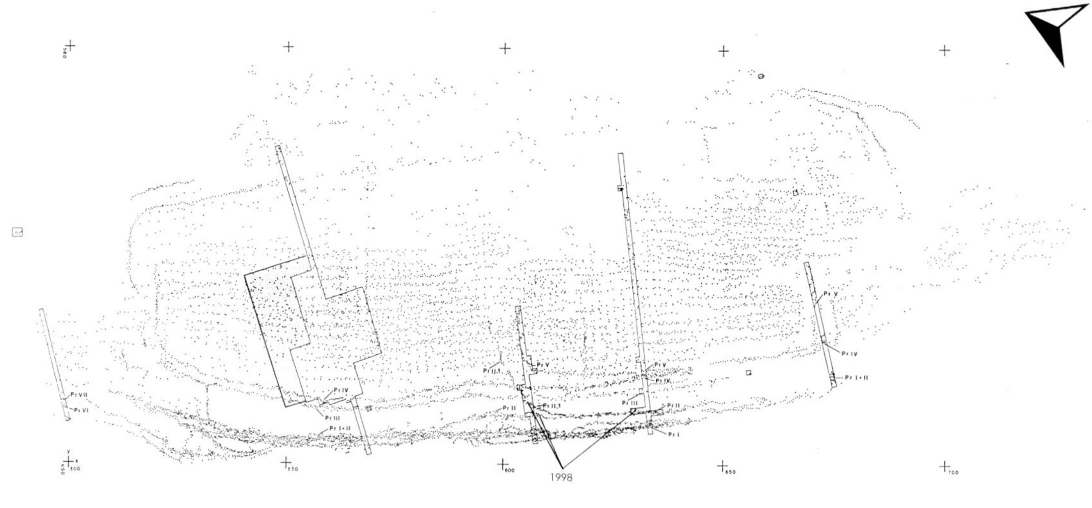

Abb. 48 Unteruhldingen-Stollenwiesen. Pfahlfeldplan der Siedlung, Umzeichnung der Oberflächenaufnahme am Seegrund und entzerrten Luftbildaufnahmen (nach Schöbel 1996) mit Ergänzungen der Sondage 1998 (graue Rasterung und Striche).

Die starke Bedrohung des mit 2 ha Ausdehnung bislang größten zusammenhängenden spätbronzezeitlichen Siedlungsrestes am Bodensee durch flächige Erosion ist allem Anschein nach ein Ergebnis der durch den Menschen verursachten, tiefgreifenden Uferveränderung seit Anfang unseres Jahrhunderts vor Unteruhldingen. Senkrechte Ufermauern aus Beton, die in den 20er Jahren errichtet wurden, kanalisierte Zuflüsse und ein weit in den See hinaus erfolgter Ausbau der Hafenanlagen seit Beginn der 70er Jahre, haben Richtung Süden infolge heftiger Wellenreflexionen zu einer immer noch fortschreitenden Tieferlegung der Strandplatte geführt. Sie konnte im vergangenen Winter durch eine geologische Bohrsondage des Seenforschungsinstitutes Langenargen, ergänzend zu den archäologischen Untersuchungen, bestätigt werden. Seit 1900 sind – wie Vergleichsmessungen unterhalb der Hafenmolenschüttung des Jahres 1900 zu den Verhältnissen im Zentrum des Pfahlfeldes zeigen – im Mittel über 90 cm Sediment abgetragen worden. In größerer Tiefe, etwa im seewärtigen Palisadenbereich, schritt die durch Wellen erzeugte Zerstörung langsamer fort. Dort befindet sich auch der vergleichsweise noch beste Erhaltungszustand. Seit 1984 beträgt der Schwund des schützenden Seesedimentes im südlichen Hausinnenbereich bei Fläche 1 – wie Meßmarken an durch Sägeschnitten gekennzeichneten Eichenpfählen zeigen – 25 cm (!) (Taf. 8).

Dies bedeutet ein Ansteigen der Erosionsrate in den letzten 15 Jahren, die inzwischen bei etwa 2 cm pro Jahr angelangt ist, um mehr als das Doppelte. Bei gleichbleibender Verlustrate wird das Pfahlfeld in 50 Jahren weitgehend verschwunden sein, sollten keine entsprechenden Schutzmaßnahmen oder Renaturierungsmaßnahmen des Ufers eingeleitet werden können. Die diesjährige Sondage erbrachte weitere Erkenntnisse hinsichtlich des mehrphasigen Palisadensystems, der Hausinnenbebauung und des Fundgutes der Siedlung.

Im seewärtigen Palisadenbereich konnte Palisade II im Bereich der Flächen 1 und 2, mit im Durchschnitt 12 cm starken Buchenhalbspältlingen und Buchenrundhölzern, die zwischen 5 und 46 cm aus der Seekreide ragten, einer partiellen Probenentnahme zugeführt werden. Die dendrochronologische Datierung wird zeigen, ob sie der Siedlungsphase Uu 2 (930–917 v. Chr.) oder Uu 3 (863–850 v. Chr.), dem jüngsten Siedlungsabschnitt, zuzuweisen sein wird.

Bei den Eichenpalisaden III (851–850 v. Chr.) und IV (862–860 v. Chr.), die der am stärksten ausgebauten jüngsten Phase zuzurechnen sind, war bei der zeichnerischen Aufnahme eines 6 m langen Abschnittes ein bislang nicht bemerktes konstruktives Detail zu erkennen, dessen Interpretation vorläufig noch Schwierigkeiten bereitet. Beide Eicheninnenpalisaden sind, was durch die fortschreitende Erosion immer besser zu erkennen ist, über weite Strecken nicht geradlinig, sondern im „Zickzack-Verlauf" mit Richtung See alle 2 m etwa 0,50 m vorspringenden Spitzen gezogen worden, die – bei eventuell vorliegender

Abb. 49 Unteruhldingen-Stollenwiesen. Die komplett gezogenen Eichenpfähle werden vor der zeichnerischen Aufnahme im Pfahlbaumuseum gereinigt und fotografiert.

Abb. 50 Unteruhldingen-Stollenwiesen. Auswahl der Oberflächenfunde 1998 aus Bronze. M.: 1:3

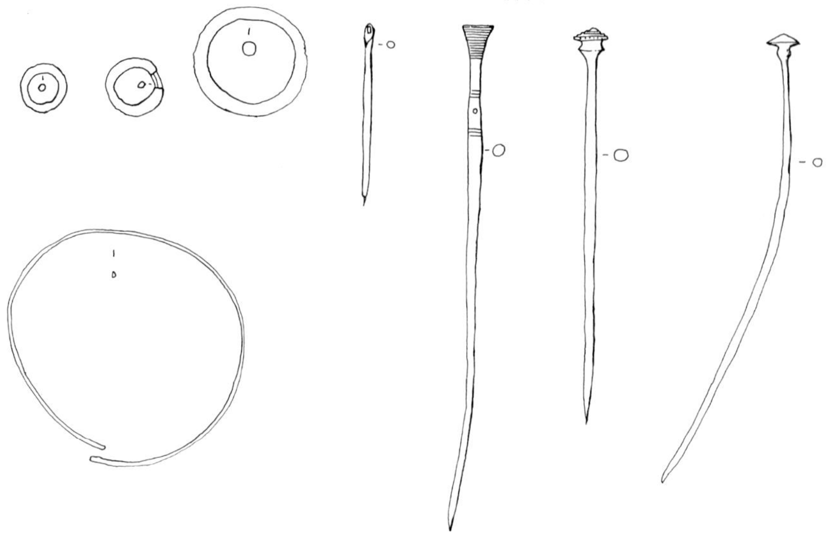

fortifikatorischer Bedeutung – sicher einen geschützteren Ausblick und einen besseren Verteidigungswinkel, etwa für Bogenschützen, ermöglicht hätten. Ihre vermutete Hauptfunktion als kräftiger zusätzlicher Erosionsschutz und Windschutz der Dorfanlage gegenüber einem in dieser Zeit ansteigenden Bodensee wird von diesem neuen Aspekt allerdings auch unterstützt. Ähnliche Palisadenwerke sind von den meisten der insgesamt 12 bis heute sicher nachgewiesenen urnenfelderzeitlichen Ufersiedlungen am Überlinger See bekannt. Auch die erst jüngst aufgefundene Siedlung am Nordstrand der Insel Mainau, die der von Unteruhldingen an dieser strategisch bedeutenden Stelle genau gegenüber liegt (vgl. Arch. Ausgr. Bad.-Württ. 1994, 73 ff.) ist seewärtig in gleicher Weise befestigt.

Im Innenraum erfolgte die Aufnahme und Holzprobenentnahme der bis zu 80 cm vom Seeboden abstehenden Pfähle entlang der in Nord-Süd-Richtung verlaufenden Häuserzeilen. Verwendung fanden zum Großteil Eichenhölzer, die als Rundhölzer mit Splintholz und Rinde oder als balkenförmig zugearbeitete ⅙- bis ⅛-Spältlinge eingeschlagen worden waren (Abb. 49). Charakteristisch sind im Gegensatz zu anderen Siedlungen an kleineren Seen – wie etwa der „Wasserburg Buchau" im Federseemoor – lange und Schlag um Schlag exakt zugerichtete Spitzen, die sicher ohne großen Kraftaufwand leicht in den Seeboden einzutreiben waren. Spitzenlängen von 0,82–1,70 m konnten durch das Ziehen etwa 70 ganzer Pfähle, mittels einer Zahnstangenwinde von der Tauchplattform aus (Erfolgsquote etwa 80 %), festgestellt werden. Interessant war, daß die Siedlungsbewohner nur etwa 45 % der Pfähle mit dem Wurzelende voran und 55 %, meist die Spältlinge, kopfüber mit dem Wipfelende nach unten eingesetzt hatten. Dies spricht nach der vorläufigen Auswertung deutlich für konstruktive Absichten und für vorliegende Unterschiede bei der Gestaltung der Boden-, Wand- und Firstträger der Pfahlbauhäuser. Einmal scheinen bei den Rundhölzern – wie bereits aus dem Neolithikum am Bodensee belegt – die oberen Gabelenden und zum anderen Mal die stabilen breiten Auflageflächen am Wurzelende der starken Spältlinge zur Fundamentierung der Häuser gefragt gewesen zu sein. Zusammen mit der Feststellung horizontal gekerbter Pfähle, die offensichtlich im 1,50 m Abstand der Aufnahme von liegenden Längs-

Taf. 7 Langenenslingen-Ittenhausen, „Untere Gemeinmark“. Auswahl von Beigaben aus den Gräbern von Hügel 1 und 2.

Taf. 8 Eichenpfähle der Hausinnenbebauung mit Erosionsmarkierungen der Jahre 1984 (unterer Sägeschnitt) und 1989 (oberer Sägeschnitt). Abb. a (oben) wurde 1989 und Abb. b (unten) 1998 aufgenommen.

hölzern in Nord-Süd-Richtung dienten, konnten damit weitere Indizien zum Hausbau der spätbronzezeitlichen Siedlung ermittelt werden. 12 vollständige Pfähle mit besonderen Befundmerkmalen, wie etwa Kerbungen oder halbseitigen Verkohlungs- und Käferfraßspuren, werden zur Zeit für Ausstellungszwecke im Pfahlbaumuseum konserviert.
Weitere Informationen ergaben freigespülte Funde innerhalb der Erosionskanten entlang der Palisaden. Typische Vasenkopfnadeln mit kegeliger und gerillter Kopfplatte, Bronzeringe, eine Nähnadel, ein Spinnwirtel und Scherben mit bloßliegenden Magerungskörnern und Dreikantmuschelbesatz der Stufen Hallstatt A2 bis B3 konnten geborgen werden (Abb. 50). Eine besondere Erwähnung verdient eine mittelbronzezeitliche Nadel mit trompetenförmigem Kopf, Halsschwellung und Durchlochung aus der äußersten Palisade, welche ihre nächste Entsprechung in der etwa 20 km entfernten Ufersiedlung Immenstaad-Kippenhorn findet und die, wie diese, wahrscheinlich aus einem mittelbronzezeitlichen Gräberzusammenhang stammt. Eine Form, die die lange Laufzeit mancher Pfahlbaubronzen bis hinein in die Spätbronzezeit verdeutlicht und die zeigt, daß auch ein bereits weit unter ehemaliges Siedlungsniveau erodierter Pfahlfeldrest für die Geschichtsschreibung am Bodensee von Bedeutung ist.
Die Fortsetzung der Untersuchungen im Rahmen einer ständigen ehrenamtlichen Fundstellenbetreuung im Auftrag des Landesdenkmalamtes ist vorgesehen.

Gunter Schöbel

Literaturhinweise

G. Schöbel, Die spätbronzezeitliche Siedlung von Unteruhldingen, Bodenseekreis, Arch. Ausgr. Bad.-Württ. 1983, 71 ff. – J. Köninger, H. Schlichtherle, Taucharchäologische Untersuchungen am Nordstrand der Insel Mainau, Kreis Konstanz, Arch. Ausgr. Bad.-Württ. 1994, 73 ff. – G. Schöbel, Die Spätbronzezeit am nordwestlichen Bodensee. Taucharchäologische Untersuchungen in Hagnau und Unteruhldingen. In: Siedlungsarchäologie im Alpenvorland IV. Forsch. u. Ber. Vor- u. Frühgesch. Baden-Württemberg 47 (Stuttgart 1996).

Vorgeschichtliche Siedlungen bei Neuenstadt am Kocher, Kreis Heilbronn

Am Zusammenfluß zwischen Kocher und Brettach liegt Neuenstadt an der Westspitze eines sich zwischen den beiden Tälern in Ost-West-Richtung erstreckenden Höhenrückens, der, von Löß bedeckt, beste Siedlungslage bietet. Die fruchtbaren Böden und die siedlungsgünstige Lage des Gebietes haben zahlreiche archäologische Fundstellen hinterlassen, wobei vor allem in römischer Zeit eine außerordentlich dichte Besiedlung festzustellen ist. Doch die durch Landwirtschaft verursachte Erosion hat nicht erst in heutiger Zeit die Fundstellen stark beeinträchtigt. Die archäologische Betreuung des Gebiets war nicht schlecht, lag es doch im Sammelgebiet einiger rühriger ehrenamtlicher Beauftragter, und auch die Luftbildarchäologie konnte hier zahlreiche Fundstellen dokumentieren. Solche zeigen sich auch in Flur Tatsche, etwa 1 km östlich der Stadt und direkt östlich der Bundesautobahn A 81, bei deren Bau Rössener Siedlungsreste beobachtet wurden. Der geplante Bau eines Verteilerzentrums auf einer Fläche von 10 ha war Anlaß für eine intensive Prospektion aus der Luft und mit geophysikalischen Methoden, wobei beide an gewis-

Abb. 51 Neuenstadt am Kocher. Kugelbecher der Rössener Kultur.

se Grenzen stießen. Leider war es nicht möglich, das gesamte Gebiet durch Suchschnitte zu erschließen, da die entsprechenden Grundstücke nicht zur Verfügung standen. Trotzdem entschlossen wir uns zu einer Flächengrabung, um für die umfangreiche Bebauung möglichst keinen Zeitverzug entstehen zu lassen, der wohl zu einem Rückzug des Investors geführt hätte. Da immerhin 500 Arbeitsplätze zur Disposition standen, war dies für den Planungsträger natürlich außerordentlich wichtig.

Unsere Prospektion hatte im Nordteil der Fläche eine mittelneolithische Siedlung ergeben, die offensichtlich noch gut erhalten ist, da sie im Luftbild nicht sichtbar wird und hier überall noch eine braune Lößlehmdecke von bis zu 50 cm Mächtigkeit ansteht. Diese Siedlung konnte zwar mit einigen Suchschnitten erschlossen werden, doch war eine großflächige Aufdeckung nicht möglich, da die Grundstücke noch in Privatbesitz sind. In der Südhälfte der Fläche zeigten sich in den Suchschnitten metallzeitliche Siedlungsgruben der Bronze- und Mittleren Hallstattzeit, so daß hier begonnen wurde, eine Fläche von etwa 4 ha aufzudecken. Die Grabung begann am 15.4.98 und mußte am 5.6.98 abgebrochen werden. Immerhin konnten noch etwa 2 ha vollständig untersucht und ausgegraben werden. Schon im ersten Suchschnitt konnte nahe der Autobahn eine mittelneolithische Grube aufgedeckt werden. Neben zahlreichen Scherben enthielt sie das Bruchstück einer durchbohrten Steinaxt. Die Keramik war in eine runde Grube mit einem Durchmesser von etwa 1 m zusammen mit zahlreicher Holzkohle und zahlreichen verbrannten Tierknochen geschüttet worden. Eine zweite Grube enthielt neben einem Hirschgeweih mit Schnittspuren nur wenige unverzierte Scherben und weitere verbrannte Tierknochen. Die ursprüngliche Vermutung, daß es sich bei diesen Befunden um Brandgräber handelte, wurde durch die Knochenanalyse nicht bestätigt. Diese beiden Gruben im Südteil der untersuchten Fläche setzen sich etwas von Rössener Grubenresten ab, die vorwiegend im Nordteil der Grabungsfläche lagen. Sie enthielten das typische keramische Inventar, darunter auch einen verzierten Kugelbecher (Abb. 51). Diese Siedlung dürfte sich bis in den Nordteil der zu überbauenden Fläche erstrecken.

Recht interessant sind Kellergruben der Mittleren Bronzezeit, die zwar spärliches, aber chronologisch eindeutig einzuordnendes keramisches Material enthielten. Obwohl Hausgrundrisse nicht erhalten sind, weisen sie auf eine lose überbaute, offene Siedlungsweise hin. Dies gilt auch für wenige Vorratsgruben mit keramischem Material, das in die Stufe Hallstatt C datiert werden kann. Bei großflächigen Grabungen zeigten sich verschiedentlich entsprechende Befunde dieser Zeitstufe, erst am Beginn der späten Hallstattzeit entstanden dann kleine weilerartige Ansiedlungen. Diese vor allem im Großraum Stuttgart gemachte Beobachtung kann wohl auch auf das Mittlere Neckarland bzw. den Heilbronner Raum übertragen werden. Funde jüngerer Zeitstellung wurden nicht angetroffen, auch die wenig westlich liegende Wüstung, die zum „Helmbunder Kirchle“ gehört, reicht nicht bis in das Grabungsareal.

Anfang Juni wurde klar, daß die geplante Baumaßnahme nicht wie vorgesehen durchgeführt werden konnte, da ein Teil der notwendigen Grundstücke in absehbarer Zeit nicht zur Verfügung standen. So wurde auch die Grabung umgehend abgebrochen und es bleibt zu hoffen, daß sie an dieser archäologisch sehr interessanten Stelle vor der tatsächlichen Realisierung einer Überbauung wieder aufgenommen werden kann. Das Problem war hier, zwischen archäologischen Belangen und den in Aussicht gestellten 500 Arbeitsplätzen eines Großinvestors abzuwägen. Daß dies bei einer geschätzten Grabungszeit von zwei Jahren nur mit einer zeitlich vorgezogenen Ausgrabung zu bewältigen war, ergibt sich von selbst. Das bisherige Scheitern der Industrieansiedlung ist auf jeden Fall nicht der Archäologischen Denkmalpflege anzulasten. Bei der Stadtverwaltung Neuenstadt, insbesondere bei Herrn Bürgermeister Bernauer, möchten wir uns für tatkräftige Unterstützung und Verständnis sehr herzlich bedanken, ebenso beim Arbeitsamt Heilbronn, einem wie immer verläßlichen Partner.

Jörg Biel

Hallstattgräber im „Beckenhölzle" bei Rottweil

Bei archäologischen Ausgrabungen wurden 1997 im Gewann „Beckenhölzle" Reste einer römischen Villa freigelegt. Nördlich davon liegen sechs hallstattzeitliche Hügel in einem Halbkreis. Diese Hügel, deren Grabcharakter in der Römerzeit wohl bekannt war, müssen während des Bestehens der Villa noch gut erhalten gewesen sein.

Einer von ihnen, ganz am Rand der B27-Trasse gelegen, wurde 1997 angegraben und 1998 vollständig untersucht. Er lag am weitesten vorne auf dem Geländesporn, der im Bereich des „Beckenhölzle" nach Osten in Richtung Neckar vorspringt, hatte einen Durchmesser von 15 m und war noch 0,90 m hoch erhalten.

Etwa im Zentrum des Hügels lag in 0,50 m Tiefe eine Bestattung der spätesten Hallstattzeit. Auch bei genauester Beobachtung war weder eine Grabgrube von der umgebenden Hügelschüttung unterscheidbar, noch waren geringste Reste des Skeletts erkennbar. Ausschließlich die Metallfunde geben Auskunft über die ehemalige Lage der hier bestatteten Frau.

Die hervorragendsten Fundstücke sind drei verzierte, goldene Ringe (Taf. 9). Nach ihrer Anordnung im Bezug auf die anderen Funde zu urteilen, lagen zwei von ihnen ursprünglich beiderseits des Kopfes der Toten, der dritte im Bereich der rechten Schulter.

Entsprechende Ringe sind, teilweise auch aus Bronze hergestellt, von Burgund über die Pfalz bis an den Main bekannt, mit einer deutlichen Konzentration im Neckarland, wo sie in der Regel aus Gold bestehen. Häufig werden diese Ringe als Ohrringe bezeichnet. Doch vermag diese Deutung beispielsweise im Fall von Ditzingen-Schöckingen mit neun Exemplaren oder von Esslingen-Sirnau mit nicht weniger als 18 Exemplaren nur schwer zu überzeugen. Hier ist wohl eher an eine Funktion als Zopf- oder Schläfenringe zu denken, d. h. Schmuck für beispielsweise zwei Zöpfe, die rechts und links des Gesichts herabhängen. Wenn der etwa auf Höhe der rechten Schulter der Toten gefundene goldene Ring nicht verlagert sein sollte, könnte auch er für eine solche Deutung sprechen.

Im Bereich des Beckens lag ein stark zerbrochenes, verziertes Gürtelblech von 42,50 × 16 cm. Die Verzierung setzt sich aus drei Bändern zusammen, die aus aneinandergesetzten, mit Halbkreisen und Kreuzen gefüllten Rechtecken bestehen. Diese Bänder sind jeweils durch eine schmale, unverzierte Zone getrennt. Nach oben und unten bildet ein Streifen mit eingepunzten Kreisen den Abschluß. In fast allen bisher bekannten Fällen läuft ein solcher Rahmen ganz um das innere, stark verzierte Feld herum. Beim Rottweiler Gürtelblech läuft diese Verzierungszone aber bis an den genieteten Falz, der das Ende des Blechs bildet.

Auf beiden Seiten des Gürtelblechs lagen Dutzende Gagatperlen in erhaltenen Reihen von bis zu sieben Stück hin-

Abb. 52 Rottweil, „Beckenhölzle". Plan des Zentralgrabs. Eingetragen sind die verkohlten Bretter sowie die Keramik. Gestrichelt: Ungefähre Ausdehnung der Kammer 52/53.

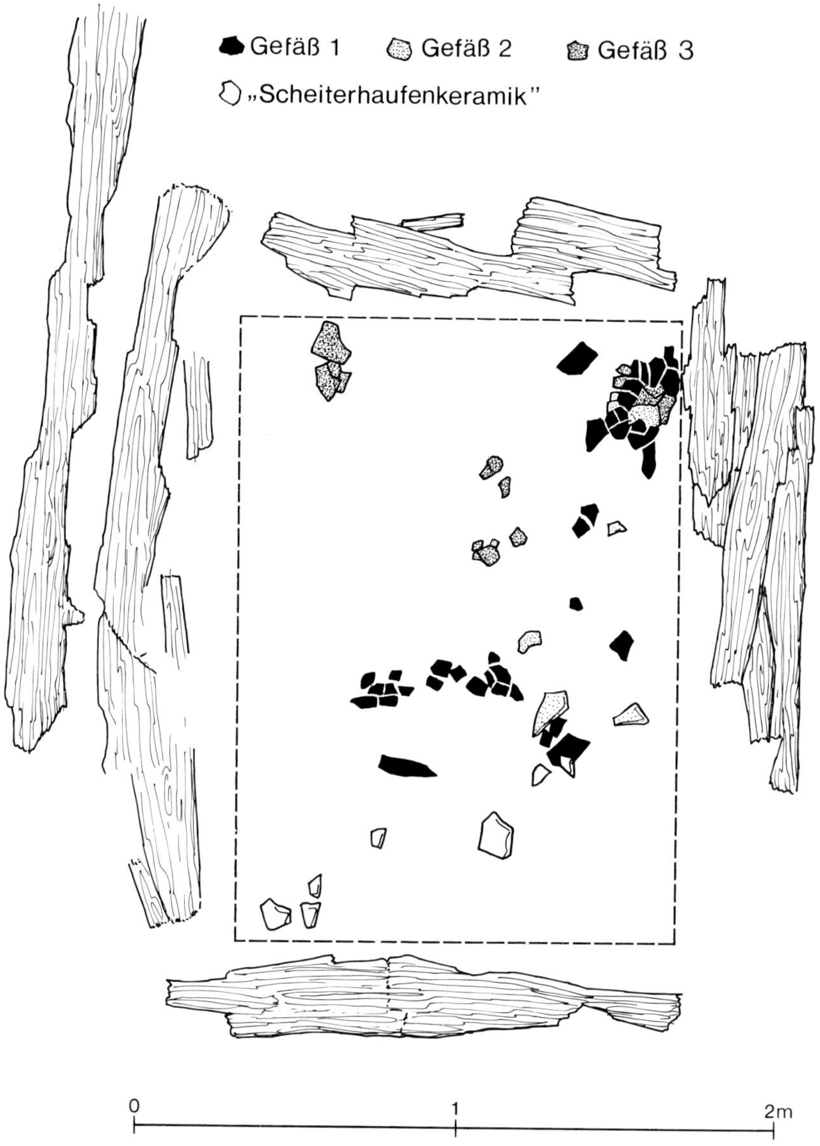

tereinander und in mehreren Reihen nebeneinander. Eine entsprechende Lage, im Bereich der beiden Handgelenke, wurde auch in anderen gut dokumentierten Fällen beobachtet. Es handelt sich bei den Perlen also nicht um Halsketten, sondern wohl um aufgenähte Verzierungen am unteren Ende der Ärmel oder um ein mehrreihiges Perlenarmband. Oberhalb des Gürtelblechs lag ein einfacher rundstabiger Bronzearmring. Er dürfte ehemals am rechten Unterarm getragen worden sein. Im Fußbereich lagen zwei rundstabige, geschlossene bronzene Fußringe. Vermutlich sind drei Gagatperlchen, die am rechten Fuß lagen, während der Bestattung vom rechten Handgelenk herabgerollt. Dort waren die aufgereihten Perlen deutlich stärker gestört als auf der linken Seite.

Das Grab kann aufgrund von Vergleichsfunden in die späteste Hallstattzeit (Ha D 2/3) datiert werden. Sowohl die verzierten „Segelohrringe" als auch die Gagatperlen datieren, nach den mitgefundenen Fibeln zu urteilen, überwiegend in die Stufe Ha D 2 und nur in wenigen Fällen nach Ha D 3. Daher sei für das Rottweiler Grab vorläufig eine Datierung nach Ha D 2 bzw. in die zweite Hälfte des 6. Jhs. v. Chr. vorgeschlagen. Deutlich älter ist das darunter liegende Brandgrab. Es datiert in die Stufe Ha C, d. h. ins 8./7. Jh. v. Chr. (Abb. 52).

Im Planum waren drei Bereiche zu unterscheiden: Im Zentrum lag auf einer Fläche von ca. 1,40×1,90 m eine homogene Schicht aus Asche und aus Holzkohlestückchen, die von Zweigen und Ästen stammten. In, auf und über dieser Schicht lagen die Funde.

In der Holzkohlenschicht lagen nur Reste sog. „Scheiterhaufenkeramik", d. h. in unserem Falle sekundär gebrannte Boden- und Wandscherben eines grobkeramischen Topfes. Die meisten Funde lagen direkt auf der Holzkohle. Sie zeigten keine Spuren von Feuereinwirkung, können also erst nach Ende des Brandes hier deponiert worden sein. Einzige Metallfunde waren zwei Eisenplättchen von je ca. 2×3 cm Größe. Sie sind zu dünn, um von einem Schwert stammen zu können.

Die Keramik war innerhalb des Grabes verstreut. Dies ist wohl nicht auf nachträgliche Störungen zurückzuführen, sondern Ergebnis des Bestattungsrituals. Insgesamt fanden sich Reste von drei Gefäßen (Abb. 53). Scherben von Gefäß 1, einer großen, im Alb-Hegau-Stil verzierten Schrägrandschüssel lagen vor allem im Zentrum der Grabkammer. Ausgerechnet hier hatte 1998 der Bagger am stärksten eingegriffen, so daß die wenigen erhaltenen Scherben dieses Gefäßes stark zerbrochen sind. Gefäß 2 ist eine kleine, unbemalte, braune Schrägrandschüssel mit tief eingeritzter Verzierung. Sie ist fast vollständig erhalten. Ihre Reste lagen vor allem nördlich des Zentrums und in der Nordwestecke der Kammer, die vom Bagger nicht in Mitleidenschaft gezogen worden war. Teile von Gefäß 3, einer leicht gewölbten, innen und außen flächig graphitierten Schale mit kanneliertem Rand, lagen östlich des Zentrums. Diese Schale kam mit Sicherheit unvollständig ins Grab. Von allen drei Gefäßen fanden sich weitere Scherben in einem Scherbennest, das im Bereich der Nordostecke der Grabkammer etwa 5 cm über der Holzkohleschicht in der Hügelschüttung lag.

Um den als Grabkammer angesprochenen Bereich herum lagen in einem bis zu 50 cm breiten Streifen verkohlte Reste von Brettern. Von ihnen wurden zahlreiche Stücke geborgen und zur Untersuchung ins dendrochonologische Labor der Universität Hohenheim gebracht. Nach ersten Untersuchungen durch M. Friedrich wurde das Grab im Mai angelegt. Leider ist aber bisher eine Datierung nicht möglich. Zwar sind die Holzkohlenstücke hervorragend erhalten, doch wurden die Bretter nicht radial, sondern tangential aus dem Stamm gespalten. So konnten sich in allen Fällen nur etwa zehn Jahrringe verkohlt erhalten. Nach Friedrichs Einschätzung ist der Befund der flächig liegenden Bretter dadurch zu erklären, daß die noch schwelenden Bretter mit Erde bedeckt wurden.

Zwischen den Brettern und außen herum liegt bis in ein bis drei Meter Entfernung um die Kammer eine dünne, stellenweise nur fleckig vorhandene Schicht aus Asche und Holzkohle. Sie ist südwestlich der Kammer am dicksten und auf der Nord- und Ostseite nur schwach ausgeprägt.

Die Befunde lassen sich mit einem mehrphasigen Bestattungsritual erklären: (1) Der Boden im Bereich des zukünftigen Hügels wird planiert. (2) Aus Spaltbrettern wird eine „Kammer" von ca. 1,40 × 1,90 m Ausdehnung und mindestens 50 cm Höhe errichtet, die vermutlich durch Pfosten gestützt wird. Boden oder Deckel waren nicht nachzuweisen, es könnte sich also auch nur um eine Art Rahmen gehandelt haben. In

Abb. 53 Rottweil, „Beckenhölzle". Ha C-Keramik aus dem Zentralgrab. Oben: Gefäß 1, Mitte: Gefäß 2, unten: Gefäß 3. M.: ca. 1:3.

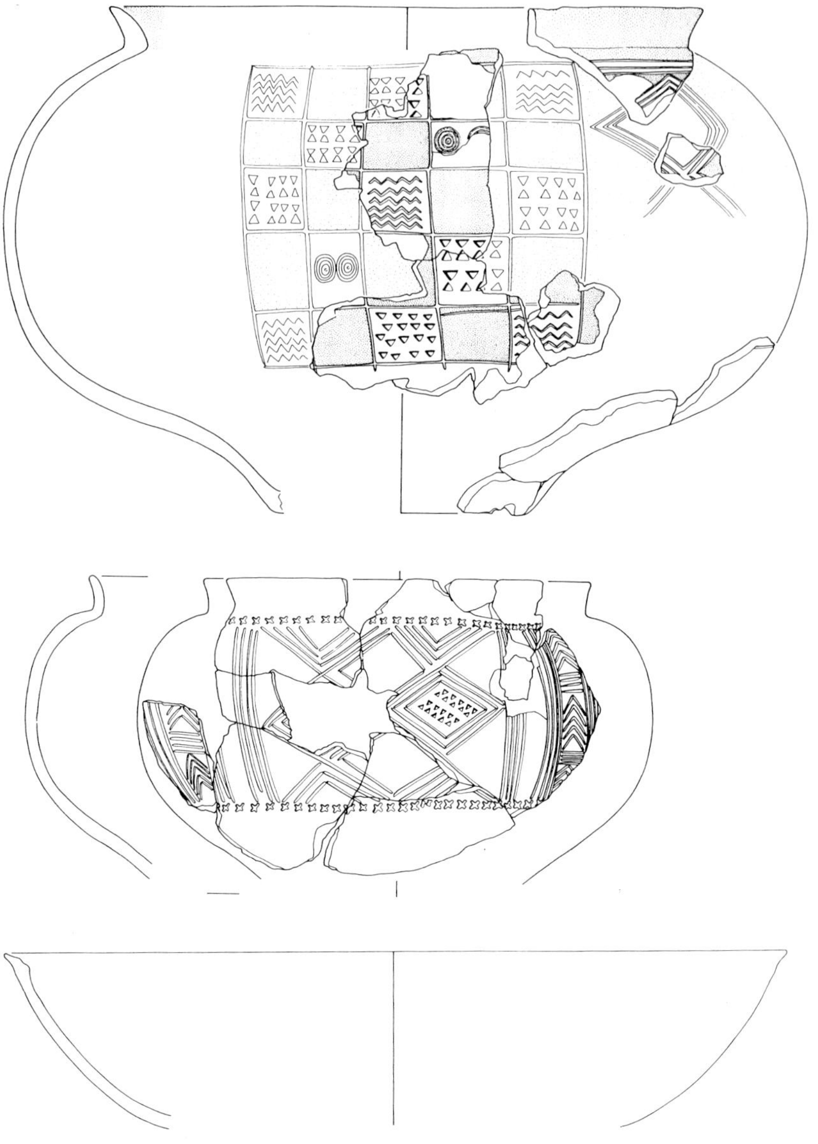

und um diese Konstruktion wird eine große Menge Zweige und Äste aufgehäuft. (3) Auf diesem Scheiterhaufen wird die Tote in einem kurz aber heftig lodernden Feuer verbrannt. Wie die Verteilung der Asche um den zentralen Bereich herum zeigt, weht der Wind während des Brandes vermutlich aus Nordost. Einzelne Bretter der Kammer brennen zwar auf beiden Seiten an, das Feuer erlischt aber, bevor sie vollständig verbrannt sind. Während des Brandes oder kurz danach fällt die Kammer auseinander. (4) Im Bereich der Kammer werden Teile der drei Gefäße deponiert. Diese Gefäße waren bei der Deponierung bereits zerbrochen. Möglicherweise hatten sie zuvor einem uns unbekannten Ritual auf oder neben dem Brandplatz gedient. (5) Der Hügel wird aufgeschüttet. (6) Kurz nach Beginn der Aufschüttung werden weitere

Scherben aller drei Gefäße im Bereich der Nordostecke der Kammer deponiert. (7) Der Hügel wird fertig aufgeschüttet.

Nachdem bereits die Ausgrabungen von 1997 im Rottweiler „Beckenhölzle" eine ungewöhnliche Villa aus dem Umfeld des römischen Arae Flaviae ans Licht brachten, hat nun erfreulicherweise auch die Ausgrabung des hallstattzeitlichen Hügels bemerkenswerte Ergebnisse geliefert. Für die späteste Hallstattzeit (HaD2/3) zeigt die Nachbestattung, daß auch am oberen Neckar mit einem gewissen Wohlstand zu rechnen ist. Gräber mit vergleichbarer Ausstattung waren bisher fast ausschließlich aus dem Großraum Stuttgart bekannt. Für die Stufe Hallstatt C fanden sich im Zentralgrab Hinweise auf ein mehrphasiges Bestattungsritual, wie es in dieser Form noch selten dokumentiert wurde. Ein Dendrodatum wäre eine Sensation, da jahrgenaue Daten für diese Stufe noch kaum vorliegen. Die Untersuchungen sind im Gange.

Christian Maise

Literaturhinweise

Ch. Maise, Arch. Ausgr. Bad.-Württ. 1997, 98ff. – H. Zürn, Hallstattzeitliche Grabfunde in Württemberg und Hohenzollern. Forsch. u. Ber. Vor- u. Frühgesch. Baden-Württemberg 25 (Stuttgart 1987).

Eine Nekropole der frühkeltischen Eisenzeit im Ablachtal bei Mengen, Kreis Sigmaringen

Die archäologischen Denkmäler und Funde im Donautal um Mengen haben diesen Raum weit über die Grenzen unseres Landes hinaus bekannt gemacht. In ganz besonderem Maße haben die zwischen 1905 und 1955 am östlichen Stadtrand aufgedeckten spätbronzezeitlichen Brandgräber aus dem 13. Jh. v. Chr., darunter zwei reich ausgestattete Wagengräber, das Interesse der Fachwelt erregt, während die herausragende landesgeschichtliche Stellung des Teilortes Ennetach mit Kastell und zugehöriger Zivilsiedlung in römischer Zeit liegt (s. S. 133ff.). Im Zuge systematischer Befliegungen der Donauregion zwischen Scheer und Riedlingen durch den Luftbildarchäologen O. Braasch sind in den vergangenen Jahren bei Mengen zahlreiche neue Fundstellen aus keltischer und römischer Zeit entdeckt worden, welche die einstige Bedeutung dieses Raumes an der Einmündung des Flüsschens Ablach in die junge Donau in eindrucksvoller Weise unterstreichen.

Im Talgrund, wenig südwestlich von Mengen, zwischen der längst begradigten Mengener Ablach und dem „Mittleren Weg", entdeckte O. Braasch vor wenigen Jahren ein ausgedehntes eisenzeitliches Gräberfeld, das sich aufgrund von positiven Bewuchsmerkmalen in den Ackerfluren zu erkennen gab (Abb. 54). Die Nekropole, deren ehemalige Hügel oberirdisch nicht mehr zu erkennen waren, erstreckt sich über eine Fläche von etwa 500 m Länge und 250 m Breite. Deutlich zu erkennen sind ein gutes Dutzend Kreisgräben sowie zwei rechteckige Einfriedungen. Die Durchmesser schwanken zwischen 10 m und 25–30 m, ein doppelter Kreisgraben weist einen Durchmesser von über 35 m auf. Von der Struktur her ist das Gräberfeld von Mengen jenem von Rottenburg a. N., Kreis Tübingen, vergleichbar, nur daß dieses wesentlich kleiner ist und maximal ein Fünftel der Fläche der Nekropole im Ablachtal umfaßt.

Um nähere Anhaltspunkte über den Erhaltungs- bzw. Zerstörungsgrad der

Abb. 54 Mengen. Blick von Süden auf das Gräberfeld im Ablachtal. Hügel 1 liegt in der linken unteren Bildecke.

Grabbefunde zu gewinnen und um Entscheidungen über Schutzmaßnahmen treffen zu können, wurde die archäologische Untersuchung eines Hügels am südwestlichen Rand der Nekropole ins Auge gefaßt. Der Kreisgraben und die zentrale Grabkammer waren auf den Luftaufnahmen und den Messbildern der geophysikalischen Prospektion deutlich zu erkennen (Abb. 55). Diese Messungen waren im Vor-

feld der Grabung durchgeführt worden, um die Kreisstruktur genau orten und die Einsetzbarkeit der geophysikalischen Methoden in diesem Gebiet eruieren zu können.

Die 800 m² große Fläche wurde mit Verfahren der Geomagnetik und Geoelektrik untersucht. Während die geomagnetische Methode keine verwertbaren Ergebnisse lieferte, konnte die im Luftbild erkennbare Struktur mit der Geoelektrik nachgewiesen werden. Im Resistogramm ist der nahezu vollständig erfaßte Kreisgraben mit drei Pfeilen markiert (Abb. 55). Der Durchmesser dieser Struktur liegt wenig unter 12 m. Im Zentrum befindet sich eine in etwa quadratische Grube mit einer Seitenlänge von ungefähr 2,50 m. Den Meßergebnissen zufolge sind weder Kreisgraben noch Zentralbestattung mit Steinlagen versehen. Aufgrund der Messungen war mit den Befunden in einer Tiefe von etwa 50 cm zu rechnen.

Die archäologische Untersuchung der 40 m langen und 20 m breiten Fläche dauerte vom 10. 8. – 22. 9. 98. Nach maschineller Abnahme der humosen Deckschichten zeigte sich der Kreisgraben als dunkelbraun-graue Verfärbung im grau-sandigen Glazialkies. Er wies einen äußeren Durchmesser von etwa 12 m auf, war noch bis zu 1 m breit und seine Sohle lag um 70 cm unter der heutigen Ackeroberfläche. Im Zentrum zeichnete sich die Verfärbung der NNW-SSO orientierten, 2,75 m langen und 1,45 m breiten Grabgrube ab, die in den kiesigen Untergrund eingetieft war (Abb. 56). Die hölzerne Grabkammer, von der keinerlei Spuren nachgewiesen werden konnten, war bereits in antiker Zeit nahezu vollständig ausgeraubt worden, nur eine Bronzefibel ist den Grabräubern entgangen. Es handelt sich um eine Fußzierfibel der Form F 1 nach Mansfeld, die in die späthallstattzeitliche Stufe D 3, d. h. in die 1. Hälfte des 5. Jhs. v. Chr. zu datieren ist.

Die spärlichen Skelettreste sind sehr stark fragmentiert und in schlechtem Zustand. Alleine ein knapp 14 cm großes Schaftbruchstück des rechten Oberschenkelknochens wurde aus 15 Einzelteilen zusammengesetzt. Verschiedene Bruchkanten sind eindeutig alt und im mazerierten Zustand entstanden, was darauf hinweist, daß die Störung des Grabes wahrscheinlich erst Jahrzehnte nach der Grablege erfolgte. Bei der Grabung wurden die Knochenreste regellos in der Grabkammer verstreut angetroffen. In den einzelnen Fundeinheiten fanden sich dementsprechend auch unterschiedliche Skelettregionen beieinander, z. B. Speiche und Wadenbein, Schädelknochen, Elle, Mittelhand- und Fußknochen oder Halswirbel, Lendenwirbel und Oberschenkelknochen. Die einzelnen Körperpartien sind lediglich durch mehr oder weniger große Bruchstücke vertreten, im Detail: Schädelbasis, Unterkiefer, drei isolierte Zähne, linkes Schlüsselbein, beide Humeri (Oberarmknochen), Femora (Oberschenkel) und Fibulae (Schienbeinknochen), zwei Hals- und Lendenwirbel, linke Elle und Speiche sowie je ein Mittelhand- und Mittelfußknochen. Die Bestimmung des Sterbealters stützt sich u. a. auf den Zahnbefund. Demnach kann das Individuum als „frühadult" eingestuft werden, was einem Alter von etwa 25 Jahren entspricht. Obwohl die Zähne sehr klein dimensioniert sind, sprechen Robustizität, Muskelmarkenrelief, Form- und Größenmerkmale des Felsenbeins und die Basis des rechten Warzenfortsatzes relativ eindeutig für männliches Geschlecht. Die vorhandenen Zahn- und Kieferteile weisen auf Parodontose und Zahnstein hin. Anhand des einzig schätzbaren Langknochens, der linken Speiche, ergibt sich eine vorsichtige Körperhöhenschätzung von knapp über oder um 1,80 m; ein für die Späthallstattzeit beachtlicher Wert, denn im Durchschnitt waren die Männer damals nur circa 1,71 m groß. Rostverfärbungen an den Zähnen lassen erkennen, daß in diesem Bereich ursprünglich ein eiserner Gegenstand gelegen hat. Weitere Gräber, Brandgrubengräber oder sonstige Befunde, wurden in der Grabungsfläche nicht angetroffen.

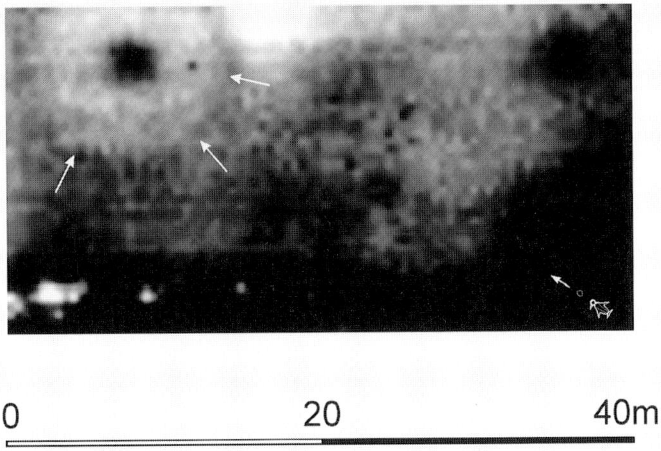

Abb. 55 Mengen. Resistogramm des Kreisgrabens um Hügel 1 (mit Pfeilen markiert) mit zentraler Grabgrube.

In der Zeit vom 6. 10.–20. 11. 98 wurde ein zweiter Hügel am Nordostrand des Gräberfeldes untersucht. Auf den Luftbildern war der Kreisgraben noch gut zu erkennen, während sich im Innenbereich keine Bewuchsmerkmale abzeichneten. Der freigelegte Kreisgraben hatte einen äußeren Durchmesser von 18,40 m, die Breite betrug 0,60–1,20 m, die Grabensohle lag 70–80 cm unter der heutigen Oberfläche. Im Zentrum des Hügels konnten keinerlei Spuren einer Grabkammer, geschweige denn geringste Reste von Beigaben festgestellt werden. Der Befund dürfte darauf hinweisen, daß die Grabkammer seinerzeit auf die damalige Oberfläche aufgesetzt wurde und zusammen mit der kiesigen Hügelaufschüttung längst durch Erosion, Überschwemmungen und landwirtschaftliche Aktivitäten in Mitleidenschaft gezogen und zerstört worden ist. Im Gegensatz zu dem eingetieften späthallstattzeitlichen Körpergrab am südwestlichen Ende der Nekropole könnte es sich um eine Brand- oder Körperbestattung der Stufe Ha C / D 1 gehandelt haben und in diese Zeit dürften auch vereinzelte Scherben einer Schale gehören, die in der Südhälfte des Kreisgrabens zutage kamen. Der schlechte Erhaltungszustand der Grabbefunde spricht dafür, die Erforschung des Gräberfeldes im Ablachtal mit archäologischen Mitteln vorläufig zu unterbrechen, die geophysikalischen Prospektionen jedoch systematisch fortzuführen, auch die Befliegungen, um weitere Erkenntnisse zu den Grabformen sowie zur Ausdehnung und Struktur der Nekropole als Voraussetzung für erneute, gezielte Ausgrabungen zu gewinnen.

Die archäologischen Untersuchungen im Ablachtal wurden im Rahmen einer Arbeitsbeschaffungsmaßnahme gefördert, wofür dem Arbeitsamt Balingen mit seiner Dienststelle in Sigmaringen sehr zu danken ist. Dank gilt ferner der Stadtverwaltung Mengen, an ihrer Spitze Herrn Bürgermeister Fuss für die Unterstützung unserer Arbeit. In besonderem Maße dankbar sind wir dem Ortsvorsteher von Ennetach, Herrn Eberhart. Seine Hilfsbereitschaft hat uns die Arbeit vor Ort sehr erleichtert. Dank schulden wir auch den Eigentümern und Pächtern für die bereitwillig erteilte Grabungserlaubnis und das Verständnis, das den Grabungsprojekten entgegengebracht wurde.

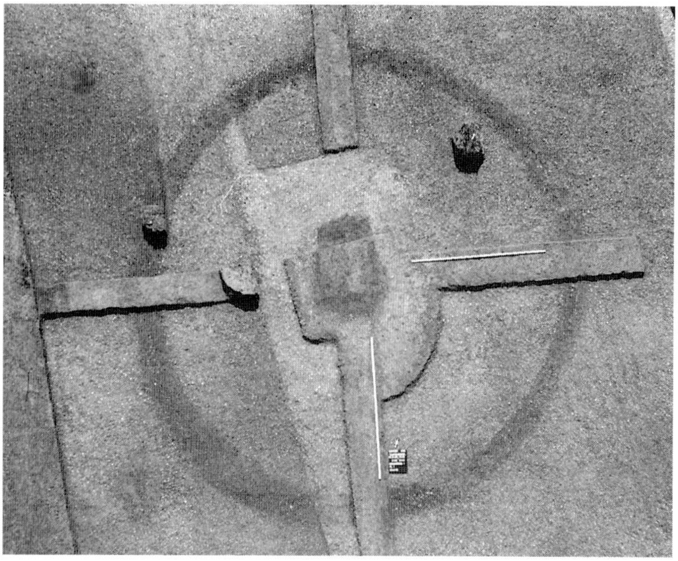

Abb. 56 Mengen. Blick von Norden auf den freigelegten Kreisgraben und die Grabgrube von Hügel 1.

Im unmittelbaren Umfeld des Gräberfeldes im Ablachtal liegen weitere hallstattzeitliche Fundplätze, hauptsächlich Grabhügel (Abb. 57). Von der Lage her dem Mengener Gräberfeld vergleichbar ist eine Hügelgruppe im Talgrund der Ostrach, wenig nordnordwestlich von Beizkofen (Abb. 57, 5). Sie dürfte ursprünglich mehrere Dutzend Hügel umfaßt haben, die heute größtenteils eingeebnet sind.

Zu einem Brandgrab, beziehungsweise einem kleinen Friedhof, könnte das Gefäß gehören, das 1924/25 nördlich der Bahnlinie aus dem Boden kam (Abb. 57, 7). Möglicherweise lag die zugehörige Siedlung wenig nordwestlich der Gefäßfundstelle im Gewann „Am Scheerer Weg", wo bei den Grabungen im Nordostteil der spätkeltischen Viereckschanze geringfügige hallstattzeitliche Siedlungsreste nachgewiesen werden konnten (Abb. 57, 1).

Ob der Befund auf dem „Galgenbühl", wenig südöstlich des Hügelfeldes im Ablachtal auf einen Siedlungsplatz hinweist oder in kultischen Zusammenhang zu stellen ist, muß derzeit offen bleiben (Abb. 57, 2). 1969 wurde dort eine Grube untersucht, in der ein Granitblock von 1,40 m Länge angetroffen wurde. Auf der Grubensohle zeigten sich eine dünne Holzkohleschicht sowie Scherben eines späthallstattzeitlichen Großgefäßes.

Sämtliche hallstattzeitlichen Denkmäler und Fundstellen im Raum Mengen liegen in Reichweite eines alten Handelsweges, der die Verbindung vom Hochrhein zur oberen Donau herstellte. Diese Route war zur Hallstattzeit in ein überregionales Verkehrsnetz eingebunden, das seinen Ausgangspunkt in der griechischen Kolonie Massalia, dem heutigen Marseille hatte. Von Südfrankreich kommend führte die Route durch den Schwarzwald, erreichte bei Hüfingen die Donau, um über Tuttlingen und Meßkirch durch das Ablachtal zu ziehen und bei Mengen wieder das Donautal zu erreichen. Es ist nicht ausgeschlossen, daß die

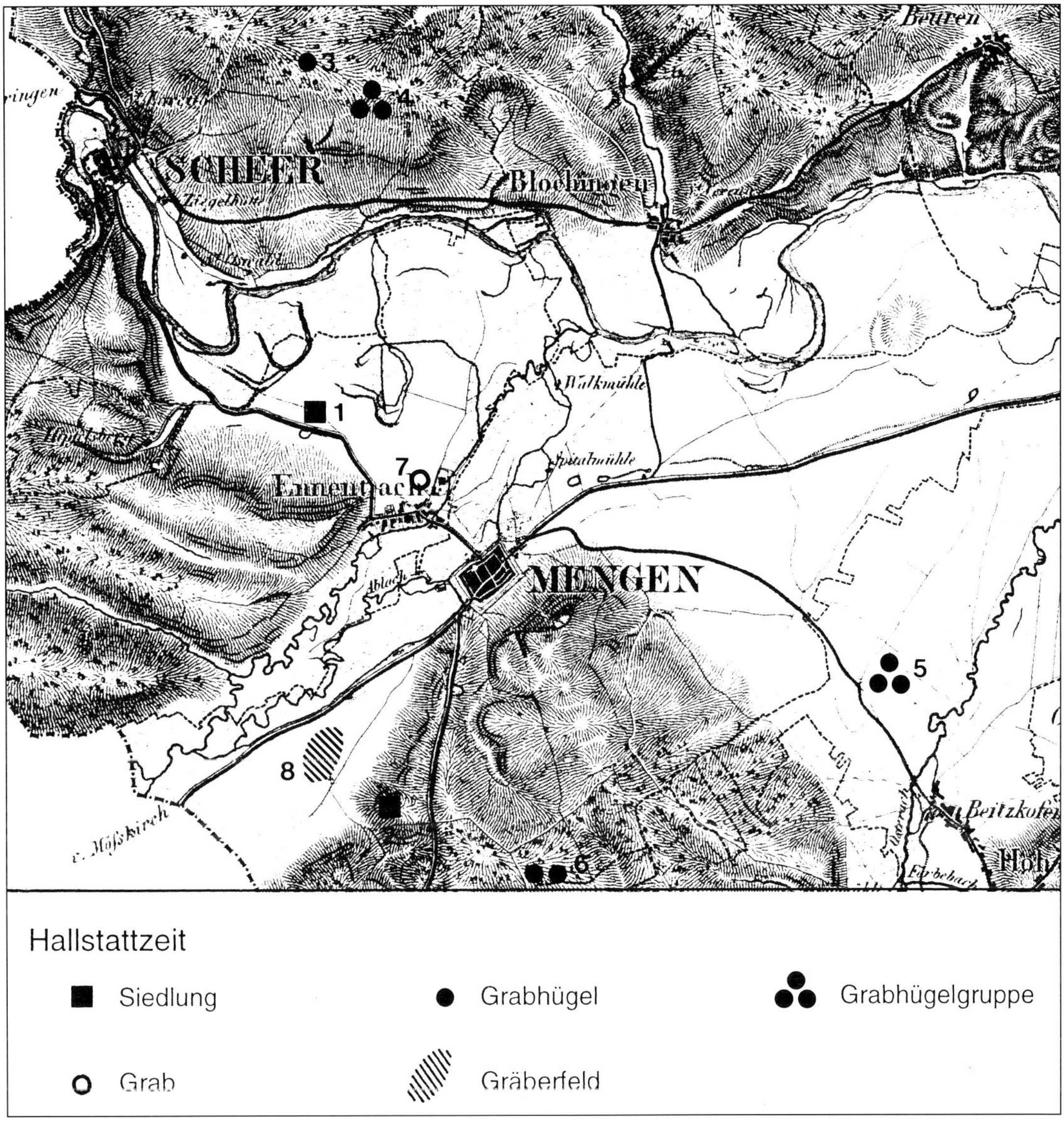

Donau ab Mengen mit kleinen Lastkähnen befahren werden konnte. Dieser verkehrsgeographisch wie auch strategisch günstigen Lage ist es zu verdanken, daß der Raum um Mengen vielfältige archäologische Hinterlassenschaften aufzuweisen hat, wobei außer Frage steht, daß das heutige Verbreitungsbild die damalige Situation nur unzureichend wiedergibt und eine große Zahl von Fundstellen und Funden nach wie vor unentdeckt im Boden verborgen ist.

Harald von der Osten-Woldenburg,
Hartmann Reim, Joachim Wahl

Literaturhinweise

W. Bleicher, Das alte Mengen (Horb 1988). – H. Zürn, Hallstattzeitliche Grabfunde in Württemberg und Hohenzollern. Forsch. u. Ber. Vor- u. Frühgesch. Baden-Württemberg, 25/1 (Stuttgart 1987) 175 ff.

Abb. 57 Hallstattzeitliche Fundstellen im Umland von Mengen. Ausschnitt aus: Top. Atlas des Königreichs Württemberg, Blatt 46, M.: 1:50000. Erscheinungsjahr 1830.

Neue Grabungen in der Südostecke der Heuneburg bei Herbertingen-Hundersingen, Kreis Sigmaringen

Im Sommer 1998 bot sich auf der Heuneburg ein Bild, das sich den Ausgräbern der Jahre 1950–1979 so nicht gezeigt hatte: An der Südostecke des späthallstattzeitlichen „Fürstensitzes“ an der oberen Donau waren – vom Südrand des Burgplateaus bis über das sog. Donautor hinaus – auf ca. 80 m Länge die Reste der nördlich der Alpen bislang einzigartig gebliebenen Lehmziegelmauer mit ihrem Steinsockel freigelegt (Abb. 58). Hier entsteht, wesentlich gefördert mit Mitteln der Europäischen Union und unter Mitwirkung der Archäologischen Denkmalpflege, ein Freilichtmuseum. Auf den originalen Resten aufbauend, wird ein Teilstück dieses Befestigungswerks wiedererrichtet und auf zeitgenössischem Niveau werden im Burginneren mehrere Gebäude erstellt. Deren Rekonstruktion kann sich auf die Ergebnisse der Grabungen stützen, die seit 1963 insbesondere das südliche Burgareal flächig erschlossen. Aussehen, Verlauf und Technik der bereits 1950 erkannten Lehmziegelmauer sind durch Beobachtungen in einer Vielzahl von Grabungsschnitten und -flächen zu fassen.

Dennoch entschloß sich die Archäologische Denkmalpflege, baubegleitend zu den Vorarbeiten zur Rekonstruktion Ausgrabungen durchzuführen, denn nur teilweise haben die Grabungen der 50er und 70er Jahre im südöstlichen Eckbereich der Heuneburg so weit ausgegriffen, daß der gesamte Mauerzug archäologisch dokumentiert war. Zudem blieb der schmale Streifen außerhalb der Lehmziegelmauer bis zum Steilabfall zur Donau zu untersuchen. Besonders interessierten dabei Fragen der Torkonstruktion und des Aufwegs zum Donautor, ferner der baulichen Gestaltung der Südostecke und der Vorkehrungen zur Ableitung von Trauf- und Oberflächenwasser. Abgesehen davon war bei sorgfältiger Detailbeobachtung Anschauungsunterricht für den authentischen Wiederaufbau dieser repräsentativen Wehranlage der Perioden IVb und IVa der Heuneburg gegeben, die in der 1. Hälfte des 6. Jhs. v. Chr. errichtet wurde. Wohl über gut 50 Jahre hatte die Lehmziegelmauer Bestand, bevor sie in einem verheerenden Schadenfeuer irreparabel zerstört wurde und geschleift werden mußte, um neuen Festungswerken Platz zu machen.

Bereits 1955 war das der Donau zugewandte Osttor Ziel der Ausgrabung, das in seiner jüngsten Phase flüchtig mit unregelmäßigem Steinmaterial zugesetzt worden war. Da nach Grabung und Dokumentation neben dem Sockel der Lehmziegelmauer auch ein Teil dieser Torverbauung unangetastet im Boden verblieb, bot sich die Möglichkeit zur Nachuntersuchung 1998 (Abb. 59). Hinweise auf die Position und die Aufhängung des oder der Torflügel konnten bei dieser Gelegenheit allerdings nicht gewonnen werden. Auch gab sich keine Befestigung der 3,10 m weiten und 3 m tiefen Torgasse zu erkennen. Vielmehr lagen die Steine des nachträglichen Torverbaus unmittelbar auf dem feinen, gering lehmigen Sand, der zugleich die Bauschicht der Lehmziegelmauer darstellt. Der Verdacht liegt nahe – und dies unterstützen Beobachtungen der Torgrabung 1955 – daß eine Torschwelle ausgerissen und die Wegoberfläche abgetragen wurden, der nachträgliche Torverbau etwas fundamentiert wurde. Überraschenderweise zeigte sich das Tor bergseitig von einer etwa 90 cm breiten und 35 cm tiefen Rinne durchzogen, die allerdings bereits zusedimentiert war, als man das Donautor verschloß. Außerhalb des Tores setzt sie sich geradlinig auf etwa 35 m Länge zur Südostecke hin fort, wobei sie sich leicht von der Mauer entfernt. Woher dieses Gräbchen aus dem Burginnern heranführt, ließ sich leider nicht ermitteln. Verschiedene Profilschnitte bestätigten, daß es während der Lehmziegelmauerzeit angelegt wurde und nicht bis zu deren Ende offenstand. Es sollte wohl Oberflächenwasser aus dem Burginnern ableiten und Traufwasser von der Mauer aufnehmen, um den Siedlungsraum und den Mauerbereich zu entwässern und unerwünschter Erosion entgegenzuwirken. Zugleich konnte es als Straßengraben ein unkontrolliertes Überfluten des Aufwegs zum Donautor verhindern. Im Torbereich könnte man sich eine Überdeckung mit einem Bohlenweg vorstellen. Angesichts der bergseitigen Führung des Gräbchens muß man ferner Querungen der Wegetrasse vermuten, zumal sich sowohl zum Burginnern hin als auch vor dem Tor keine Hinweise auf einen eigens befestigten Weg ergaben. Die Ausgrabungen der 50er bis 70er Jahre hatten die spornartige äußerste Südostecke der Heuneburg nicht erfaßt. Ging die bisherige Anschauung hier von einer leicht spitzwinkligen, einfach L-förmigen Mauerführung aus, so wissen wir nun, daß die von Norden heranführende donauseitige Ostmauer gegen die um etwa 2,90 m vorspringende Südmauer stößt. Deutlich setzen sich die beiden Mauerzüge voneinander ab. Während die Südmauer durch die sehr sorgfältig zugerichteten Steine der Mauerfronten gekennzeichnet ist, ist der Sockel der Ostmauer aus Bruchsteinen aufgebaut (Taf. 10). Trotz unterschiedlicher Außenansicht wird aber immer das Bestreben deutlich, einen stabilen Block als Unterbau für das aufgehende Mauerwerk aus luftgetrockneten Lehmziegeln zu erzielen. Um bei der Ostmauer den festen Sitz der Steine zu garantieren, wurden in die Zwickel Gesteinssplitter eingefügt. Verwendung fand hauptsächlich gebankter Weißjura, selten verarbeitete man Molassesandsteine, sporadisch Geröllbrocken aus rißeiszeitlichem Geschiebe. Die Sockelfüllung wurde nicht einfach eingeworfen, sondern erkennbar geschichtet und mit den Gesteinsblöcken der Mauerschalen verzahnt. Als „Mörtel" diente feinsandiger Lehm. Bei solcher Technik und angesichts einer Mauerbreite von durchschnittlich 3,10 m konnte auf eine Fundamentierung weitestgehend verzichtet werden. Man bereitete den Baugrund vor, indem man eine Schicht kiesigen Lehms aufplanierte, und verschiedentlich ist ein Sandbett als Feinausgleich zu beobachten. Dies stellte einen festen Sitz der untersten Steinlage sicher, und zugleich war das Ausrichten der Steine erleichtert. Höhenunterschiede wurden durch Treppung des Stein-

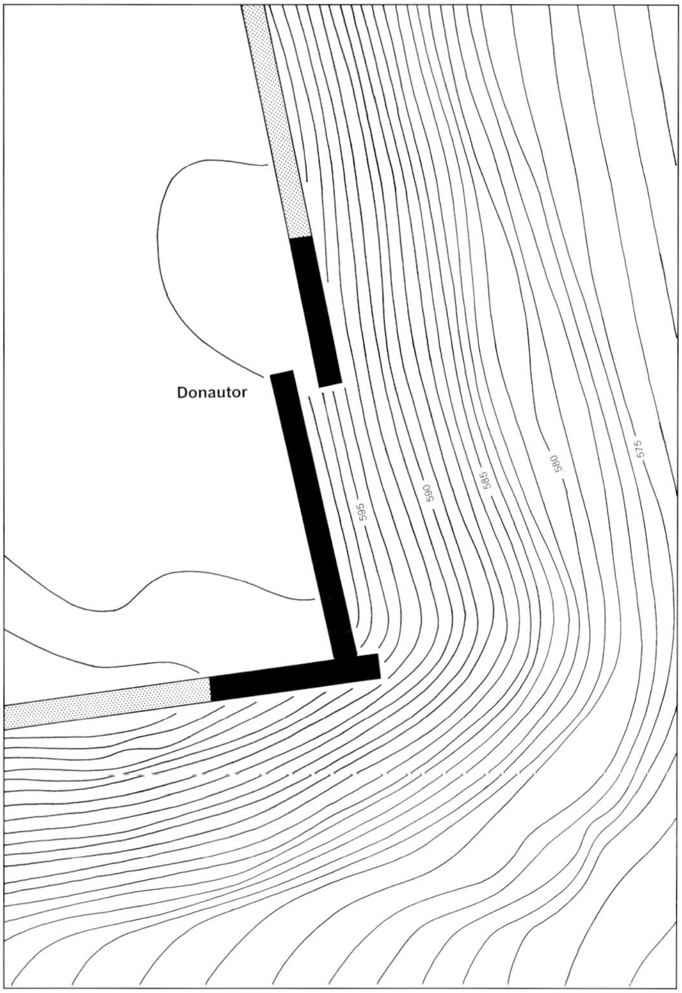

Abb. 58 Herbertingen-Hundersingen, „Heuneburg". Südöstlicher Eckbereich und Verlauf der Lehmziegelmauer. M.: ca. 1:1000.

Abb. 59 Herbertingen-Hundersingen, „Heuneburg". Blick auf das Osttor mit den Sockelresten der sich überlappenden Mauerzüge. Im Bildmittelgrund das Donautal, im Hintergrund der Bussen.

sockels überwunden. Bereits 4 m nach Beginn der Südmauer beobachten wir einen ersten Absatz von etwa 30 cm Höhendifferenz, und es fällt das grobe, unregelmäßige Steinmaterial auf dieser untersten Stufe auf. Erst auf der folgenden Stufe setzt sorgsam zugerichtetes Gestein schon mit der untersten Lage der Mauerschalen ein. Offensichtlich hat man den östlichen Beginn der Südmauer in statisch kritischer Situation fundamentartig verstärkt und so ein Widerlager und einen festen Abschluß für die hangaufwärts ziehende Mauer geschaffen.

Auffallend ist, daß die Bauachse der donauseitigen Ostmauer nördlich des Osttors den Ansatz der Südmauer lediglich um 1 m „verfehlt". Sollte das „Donautor" ein Ergebnis nachträglicher Umplanung sein? Nach Beobachtungen im Süden, Westen und Norden des Befestigungswerks war die Lehmziegelmauer – beginnend in der Südostecke – abschnittsweise und mit mehreren Baukolonnen im Uhrzeigersinn vorgehend errichtet worden. Die donauseitige Ostmauer und der Anschluß an die Südostecke dürften die abschließenden Bauabschnitte dargestellt haben. Nicht ausschließen wollen wir, daß mit einem zum Burginneren verlegten Mauerflügel einerseits dem Problem der Mauergründung an der Südostecke ausgewichen und zugleich Raum für ein Tor gewonnen wurde. Dabei nahmen die Erbauer in Kauf, daß mit dem „Donautor" kein Überlappungstor im klassischen Sinne geschaffen werden konnte, bei dem der potentielle Angreifer dem Verteidiger die ungedeckte Seite zuwendet. Ausgeglichen wird diese ungünstige Situation allerdings dadurch, daß der Zugangsweg auf etwa 40 m Länge unmittelbar unterhalb der Wehrmauer entlangführt, und zudem bietet die vorrückende Südmauer dem Verteidiger einen kleinen bastionsartigen Vorsprung im Rücken des Angreifers.

Nach den Grabungsergebnissen im Burginnern entwässern verschiedene Gräbchen zur Südostecke der Heuneburg hin. Es ist demnach ein Durchlaß durch die Ostmauer zu fordern. Wegen der exponierten Lage und der tiefen Bodeneingriffe jüngerer hallstattzeitlicher Befestigungsanlagen und wohl auch wegen eines Grabungsschnittes der 50er Jahre erwies sich der fragliche Bereich leider als stark gestört. Der Mauersockel war bis zur untersten Steinlage ausgebrochen und ein etwa kanalartig gestalteter Wasserdurchlaß konnte nicht mehr festgestellt werden. Es fiel jedoch eine starke Ansammlung von Geröllen an der Mauerbasis auf. Vielleicht handelt es sich um eine zusätzliche Maßnahme, ein Aufsteigen aufgestauter Feuchtigkeit im Sockel der Lehmziegelmauer zu verhindern. Im Zusammenhang mit der Wasserableitung fällt der Blick aber wieder auf das Gräbchen vor der Mauer, das gerade im fraglichen Bereich im Winkel zwischen vorspringender Süd- und Ostmauer ansetzt. Es darf vermutet werden, daß es neben Traufwasser von der Mauer auch Oberflächenwasser vom südöstlichen Eckbereich der Heuneburg aufnehmen und für raschen und kontrollierten Abfluß sorgen sollte. Anhand verschiedenster Details – hier am Beispiel eines

Wassergräbchens – zeigt sich die Lehmziegelmauer als Werk sorgsam durchdachter und organisierter Festungsbaukunst.
Die endgültige Klärung der offenen Fragen wird kaum zu erreichen sein. Hangrutschungen und mittelalterliche Hangversteilung haben das Gesicht der Donauseite der Heuneburg verändert, und die Grabung beschränkte sich allein darauf, den durch das Rekonstruktionsprojekt gefährdeten Bereich zu dokumentieren. Die wiederzuerrichtende Lehmziegelmauer baut auf dem Original auf, auch auf den darunter noch erhaltenen Zeugnissen älterer Siedlungs- und Bautätigkeit.
Für gutes Zusammenwirken danken wir dem „Rekonstruktions-Team Heuneburg" um Frau S. Hopert M.A. und Herrn Architekt Schirmer, dazu der Gemeinde Herbertingen, voran Herrn Bürgermeister Abt. Dem Institut für Ur- und Frühgeschichte der Universität Tübingen danken wir für die Überlassung ihres Grabungsbüros Heuneburg und dem ehemaligen Grabungsleiter, Herrn Dr. E. Gersbach, für viele weiterführende Hinweise und die Teilhabe an seinen reichen Erfahrungen.

Frieder Klein

Literaturhinweise

W. Kimmig, Die Heuneburg an der oberen Donau. Führer zu archäolog. Denkmälern in Baden-Württemberg 1 ²(Stuttgart 1983). – E. Gersbach, Das Osttor (Donautor) der Heuneburg bei Hundersingen a. d. Donau. Germania 54, 1976, 17 ff. – E. Gersbach, Ausgrabungsmethodik und Stratigraphie der Heuneburg. Heuneburgstudien VI. Röm.-Germ. Forsch. 45 (Mainz 1989). – E. Gersbach, Baubefunde der Perioden IVc – IVa der Heuneburg. Heuneburgstudien IX. Röm.-Germ. Forsch. 53 (Mainz 1995).

Zum Fortgang der Untersuchungen in den hallstattzeitlichen Fundstellen im „Bruckgraben", Gemeinde Oggelshausen, Kreis Biberach, im südlichen Federseeried

In den Jahren 1994 bis 1997 fanden jeweils im Sommer in den hallstattzeitlichen Fundstellen im Bruckgraben begrenzte Sondagen statt. Durch Bohrungen, Aufschlüsse und Sondierschnitte ließen sich an mindestens fünf verschiedenen Stellen Hauskonstruktionen feststellen. In der diesjährigen Kampagne galt es nun einen dieser Hausplätze flächig aufzudecken und eingehend zu untersuchen. In direkter Nachbarschaft der 1995 und 1997 sondierten Konstruktion (Haus 1) wurde eine 42 m² große Fläche (Fläche 2) aufgedeckt. Aufgrund der zu erwartenden komplizierten Befundverhältnisse wurden für die Untersuchungen zwei Sommerkampagnen veranschlagt.
In Ergänzung der letztjährigen Schnitte wurde westlich von Haus 1 im Anschluß an den letztjährigen Profilschnitt der Wassergraben auf 13 m freigelegt und ausgegraben. An der Peripherie des Wassergrabenprofiles konnte ein weiterer Hausstandort wahrscheinlich gemacht werden.
Im Gegensatz zum üblichen Befundbild konnten hier neben Pfosten lediglich kleinere zentimeterdicke Lehmflecken angebohrt werden. Die bislang regelhaft in Hausbereichen angetroffenen und mehrere Dezimeter dicken Lehmpakete im zentralen Befund scheinen hier zu fehlen.
Der angetroffene Befund in Fläche 2 entspricht in den wesentlichen Merkmalen den in den Jahren zuvor angeschnittenen Konstruktionen. Im zentralen Bereich des Befundes befand sich, von angeschwemmter Mudde überla-

gert, ein mächtiges Lehmpaket, an dessen Unterkante eine schwarze Schicht aus verkohltem, pflanzlichem Material lag. An seinen Rändern wird der graublau bis orangerot verziegelte Lehm stärker muddedurchsetzt, Holzkohle- und Rindenanteile nehmen zu. Stellenweise durch Mudde getrennt, liegt der Lehm bzw. die lehmige Kulturschicht direkt auf der Kalkmudde auf. Ebenso wie in den in den Jahren zuvor angeschnittenen Hausplätzen wurde auch hier die Hauskonstruktion auf der weichen, nicht tragfähigen Kalkmudde wohl in abgehobener Bauweise errichtet. Torfe fehlen jedenfalls bis jetzt in allen Fällen unter den angeschnittenen Konstruktionen.

Faulschlammartige Seeablagerungen, sogenannte Mudden, finden sich sowohl am Rande des zentralen Lehmpaketes als auch im stark bauholz- und zweigdurchsetzten Randbereich der zentralen Konstruktion. Es ist demnach anzunehmen, daß der hallstattzeitliche Federsee zumindest zeitweise lagunenartig in den Bereich der hallstattzeitlichen Anlage gereicht hat.

Die Existenz des sogenannten Federbaches, dessen Verlauf der Buchauer Oberförster Staudacher in den 20er Jahren kartiert hatte und der laut dieser Kartierung durch das Bruckgrabenareal führte, kann deshalb für diese Zeit so nicht mehr angenommen werden.

War es bislang nahezu unmöglich, anhand der kleinen Sondierschnitte die Konstruktion der Häuser zu untersuchen, so ließen sich nun in der verhältnismäßig großen Fläche neue Erkenntnisse zur Bauweise gewinnen. Die auch in den übrigen Hausplätzen angetroffenen, schräg steckenden und liegenden Bretter und Bohlen befinden sich offenbar im neu aufgedeckten Haus zwischen Pfostengruppen, die ein Geviert von etwa 2×3 m bilden. Es handelt sich, mit Ausnahme weniger Erlen- und Eschenrundlinge, überwiegend um 10–14 cm starke, berindete Kiefernpfähle. Sie scheinen die tragenden Pfosten zu sein, auf welchen die Konstruktion errichtet wurde. Eine überkragende Konstruktion im Stile eines Speicherbaus wäre insgesamt denkbar.

Die tragenden Pfähle reichen dabei nur teilweise bis auf den glazialen Grund in etwa 4,50 m Tiefe. Zum Teil enden sie einen guten Meter darüber. Die Konstruktion wurde also teilweise „schwim-

Abb. 60 Oggelshausen-Bruckgraben. Fläche 2. Gesamtansicht des freigelegten Hausplatzes nach Entnahme der Muddesequenz über der Kalkmudde. In Bildmitte unten ist die massive Bretterkonzentration zwischen den Pfostengruppen zu erkennen.

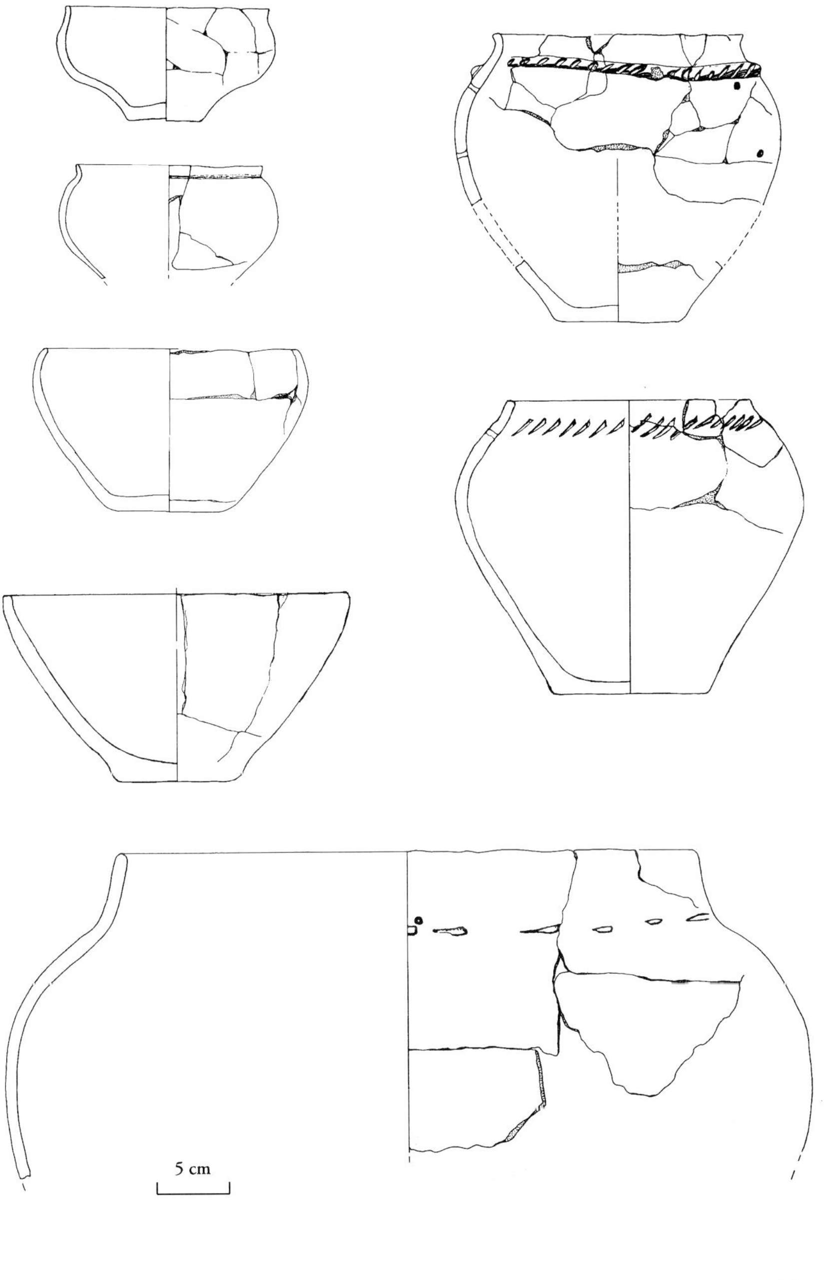

Abb. 61 Öggelshausen-Bruckgraben. Keramik, Formenspektrum aus der hallstattzeitlichen Kulturschicht in Fläche 2.

mend" in der Kalkmudde verankert. Weiterhin unklar ist die Funktion der Bretter, die schräg bis senkrecht zwischen den Pfostengruppen stecken. Einzelne dieser Bretter reichen bis 1,40m tief, sie wurden also absichtlich in die Kalkmudde gedrückt und sind nicht, wie bislang angenommen, durch Versturz zufällig in ihre jetzige Position gelangt. Möglicherweise dienten diese Bretter der Stabilisierung der halbschwimmenden Pfostenkonstruktion. Auffällig ist jedenfalls, daß gerade im Bereich der Nordwestecke, wo die Pfosten eben nicht bis auf den festen glazialen Grund reichen, massiv mit

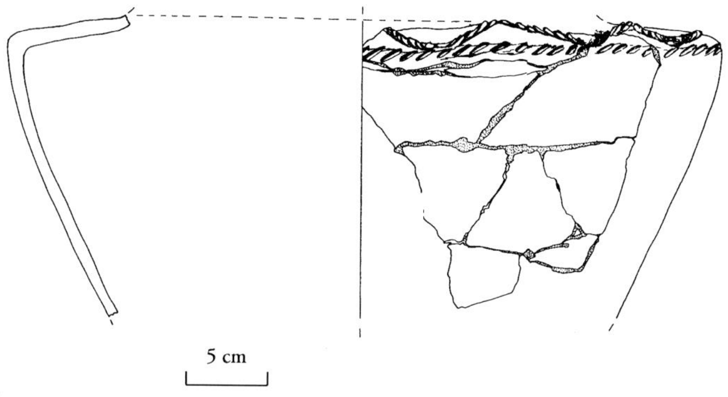

Abb. 62 Oggelshausen-Bruckgraben. Keramik-Situla mit aufgesetzter Kerbleiste aus der Kulturschicht in Fläche 2.

Brettern „nachgebessert“ worden ist (Abb. 60).

Erste Hinweise zur Baugeschichte liegen seitens der Dendroarchäologie bereits vor. A. Billamboz untersuchte am dendroarchäologischen Labor in Hemmenhofen bis dato eine kleine Serie der 1998 beprobten Kiefern, Buchen und Eschenhölzer. Die Schlagserien der Hölzer aus Haus 4 beginnen um 730 v. Chr. und reichen mit mehreren mehrfach belegten Schlagphasen bis in das Jahr 653 v. Chr. Der dicht stehende Holzbefund der Pfostengruppen und der Bretter dazwischen erweist sich demnach als das Ergebnis von Bauaktivitäten, die sich zumindest über mehrere Jahrzehnte erstreckten. Die benachbarten Hauskonstruktionen 1 und 4 scheinen zeitweise gleichzeitig bestanden zu haben.

Unklar ist die Funktion von Mehrfachlagen aus Hasel- und Birkenzweigen und schräg senkrecht steckenden Buchenbrettern im Norden der Grabungsfläche 2, die von den dortigen Pfostengruppen ausgehend nach Norden und Westen führen. Durch Bohrungen ließen sich diese merkwürdigen Fortsätze der zentralen Konstruktion nach Westen bzw. Nordosten über mehrere Meter außerhalb der Grabungsfläche weiterverfolgen (Abb. 60 u. li. und o. re). Möglicherweise handelt es sich um eine Art Befestigung des schlammigen Untergrundes in seichtem Wasser, der dadurch begehbar gemacht werden sollte. Andererseits erinnern die trichterförmig auf Haus 4 zulaufenden Fortsätze an Zuführungen, wie sie an Fischreusen üblich sind. Möglicherweise hat also die aufgedeckte Behausung zugleich als Fischfanganlage gedient.

Das Fundspektrum der diesjährigen Grabungskampagne wird wiederum von Keramik dominiert. Das Material ist meist ausgesprochen großscherbig und stammt oft von nahezu vollständigen Gefäßen (Abb. 61). Im Formenspektrum bei weitem am häufigsten sind Schüsseln und Schalen vertreten. Die Varianten reichen von konischen bis hin zu typisch hallstättisch stark geschweiften Formen. Kragenrandschüsseln sind mehrfach und in unterschiedlicher Größe belegt. Die Topfformen sind bauchig mit kurzer Halszone. Das Zierspektrum ist vergleichsweise dürftig. Die Feinkeramik ist überwiegend unverziert, Ritzzier, Rot- und Graphitbemalung sind nur an wenigen Scherben belegt. Die Grobkeramik besitzt schräg angebrachte Eindrücke und gekerbte Leisten. Nach Ausweis des Zier- und Formenspektrums kann die Keramik problemlos als mittel- bis späthallstattzeitlich klassifiziert werden (Ha C/D 1). Schrägränder verweisen zumindest lokal auf die spätbronzezeitlichen Traditionen dieser eisenzeitlichen Gebrauchsware. Darüber hinaus zeichnet sich innerhalb der feinstratigraphischen Abfolge eine Gliederung der hallstattzeitlichen Siedlungskeramik ab.

Das bisherige Spektrum an außergewöhnlichen Funden mit weiterläufiger geographischer Amplitude, ließ sich erheblich erweitern. Hierher gehören ein gerillter, ritzverzierter Henkel und das Fragment einer Keramiksitula (Abb. 62). Beide Fundstücke belegen Kontakte ins Alpenrheintal und über die Alpen hinweg nach Oberitalien, ebenso wie eine Bogenfibel mit schlangenförmigem Bügel (Abb. 63). Das aufgrund der Patina mutmaßlich eiserne Fundstück (Metallanalysen stehen noch aus) ist im Bügelbereich durchpatiniert und nur noch als Metallsalzabdruck in der

Mudde vorhanden. Der Fußbereich der Fibel und Teile des Bügels fehlen.
Diese „Internationalität“ des Fundmaterials aus dem Bruckgraben steht aber in krassem Widerspruch zur Vorstellung eines Fischerdorfes, welches aufgrund der generellen Befundsituation und der osteologischen Befunde – das Knochenspektrum kennt überwiegend Fisch- und Wildvogelknochen (freundliche Mitteilung von Frau P. Kroenneck) – entwickelt wurde. Fraglich ist, ob die Behausungen überhaupt ganzjährig regelrecht bewohnt waren. Möglicherweise wurde ja die Anlage nur saisonal zum Fischfang benutzt, und deren Betreiber hatten ihren „Hauptwohnsitz“ etwa auf der nahegelegenen Buchauer Insel oder aber im Umfeld der nahegelegenen Heuneburg im Oberen Donautal. Daß die Anlage im Bruckgraben andererseits fester Bestandteil eines hallstattzeitlichen Besiedlungsmusters gewesen sein muß, geht allein schon aus der Tatsache ihrer über einhundertjährigen Nutzung hervor.
Der durch die Fremdelemente im Fund material aus dem Bruckgraben einbezogene geographische Raum ist bemerkenswert weitläufig und entspricht interessanterweise dem von H. Reim anhand der verzierten Gürtelbleche umrissenen Gebiet nördlich und südlich der Alpen. Man wird nicht fehlgehen in der Annahme, daß hinter diesen Fremdelementen, die offenbar in dieser Zeit immer wieder aus denselben Herkunftsgebieten stammen, regelhafte und auch intensive Kontakte dorthin zu vermuten sein werden. Vor allem der im Bruckgraben gefundene Schmuck, eine Gewandnadel und eine Fibel, legen doch auch den Verdacht nahe, daß hier nicht nur Waren weiterverhandelt wurden, sondern auch Menschen selber mit ihrer Tracht aus entfernten Gebieten diesseits und jenseits der Alpen in das Federseegebiet gelangten.
Einmal mehr unterstreicht das Federseegebiet damit seine verkehrsgeografisch zentrale Lage auf der Nord-Süd-Trasse zwischen Alpenrheintal und

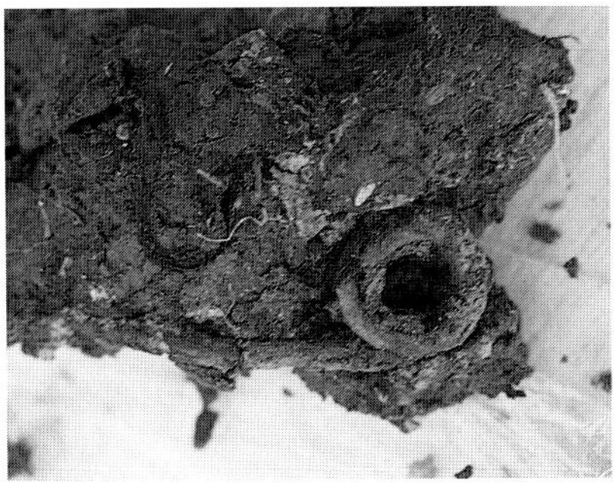

Abb. 63 Oggelshausen-Bruckgraben. Eisenfibel mit schlangenförmigem Bügel aus der Kulturschicht in Fläche 2 (Spiraldurchmesser ca. 1,60 cm).

Italien einerseits und der Ost-West-Achse über das Donautal andererseits. Die Untersuchungen im Bruckgraben sollen 1999 fortgesetzt und die 1998 begonnene Grabungsfläche zum Abschluß gebracht werden. Insbesondere soll der Funktion der Zweiglagen nachgegangen werden sowie den neu entdeckten Hausplätzen, denen offenbar das übliche massive Lehmpaket im Zentrum fehlt.
Nicht zuletzt sei an dieser Stelle der Gemeinde Oggelshausen, namentlich Herrn Bürgermeister Dangel, für die zuvorkommende Unterstützung der Nachforschungen im Bruckgraben gedankt.

Joachim Köninger

Literaturhinweise

H. Reim, Sonnenräder und Schwäne – Zu einem figuralverzierten Bronzegürtel aus einem Brandgrab der älteren Hallstattzeit von Rottenburg a. N., Krs. Tübingen (Baden-Württemberg). Regensburger Beitr. z. prähist. Arch. 5, 1990, 465 ff. – A. Billamboz, J. Köninger, Arch. Ausgr. Bad.-Württ. 1995, 96 ff. – J. Köninger, Arch. Ausgr. Bad.-Württ. 1997, 59 ff. – J. Köninger, Auf den Spuren Oscar Parets. Hallstattzeitliche Fundstellen im südlichen Federseegebiet im Gewann Bruckgraben, Gde. Oggelshausen, Krs. Biberach. Plattform 5/6, 1996/97, 117 ff.

St. Johann-Würtingen, Kreis Reutlingen: Die erste frühkeltische Eisenschmelzersiedlung nördlich der Alpen

Sondagegrabungen bei St. Johann-Würtingen im Areal des Landesgestüts hatten bereits 1996 mehrere frühlatènezeitliche Eisenschmelzöfen angetroffen, die auf dem Fohlenhofer Feld liegen. Das Fohlenhofer Feld grenzt im Süden an den Eulenbrunnen, eine Senke mit einer der seltenen Wasserstellen auf der Schwäbischen Alb, die ihre ganzjährige Wasserführung der Stauwirkung eines Vulkanschlotes im Untergrund verdankt. Auf dem Wiesengelände um den Eulenbrunnen gruppiert sich eine frühkeltische Siedlung, die vermutlich zeitgleich mit den Schmelzöfen bestand. Um Indizien für diese Vermutung sammeln zu können, mußte eine intensivere Beschäftigung mit der Siedlung angestrebt werden. Zu diesem Zwecke begab sich das Landesdenkmalamt Baden-Württemberg auf die Suche nach Sponsoren, da derlei Fragen nicht mit Haushaltsmitteln nachgegangen werden kann. Die Sponsoren fanden sich, zwar nicht als potente Geldgeber, sondern vielmehr in Form von freiwilligen Mitarbeitern, die Ihre Arbeitskraft und Ihre Begeisterung an der Archäologie ohne Gewinninteresse einbrachten. Ihnen sei an dieser Stelle herzlichst gedankt. Für die diesjährigen Probegrabungen in der Siedlung wurde ein Bereich ca. 150m südöstlich des Eulenbrunnens am Rand der Senke, dem heutigen Waldrand, ausgewählt, an dem zuvor einige Verhüttungsschlacken zusammen mit Siedlungskeramik gefunden worden waren. Die Magnetik hatte in diesem Bereich keine klaren Ergebnisse erbracht. Mit vereinten Kräften ließen sich zwei Grabungsflächen von 12×12m und 6×5m an Stellen eröffnen, die oberflächlich besonders viele Funde geliefert hatten. In der größeren Fläche fand sich nach dem Humusabtrag im Südteil eine einlagige, locker gestreute Schicht mit Verhüttungsschlacken, vergesellschaftet mit Keramiken der Späthallstatt- oder Frühlatènezeit. Die Schicht setzte sich in die Profile fort, so daß die Gesamtausdehnung nicht ermittelt werden konnte. Zugehörige Verhüttungsanlagen wurden bisher nicht angetroffen, doch sprechen zahlreiche Ofenwandfragmente für eine relative Nähe der ehemaligen Schmelzöfen, weil dieses Material in der Regel am Standort zurückbleibt. Gebietsweise verzahnte sich die Schlackeschicht mit weit ausgedehnten, flachen Materialentnahmegruben, die im anstehenden Bohnerzlehm als Lehm- oder Erzgruben angelegt worden waren.

Im Südostquadranten kam unter der Schlackenlage eine langrechteckige NW-SO orientierte Grube mit flachem Boden zum Vorschein, die sowohl am Grubenboden, als auch an den Grubenwänden rote Verziegelungsspuren eines oxiderenden Brandes aufwies, die von einem offenen Feuer herrühren. Die Brandspuren waren in der Nordhälfte der 2,60×0,70m messenden Grube konzentrierter, woraus gefolgert wird, daß hier ein offenes Feuer loderte. An der gesamten Grubensohle wenige Zentimeter dick anstehende Holzkohle spricht dafür, daß die Glut später über die ganze Grube verteilt wurde. Ein längeres verkohltes Holzteil lag auf der Sohle parallel zur östlichen Grubenwand. Ob es sich bei dieser „Feuergrube" um eine technische Einrichtung, etwa eine Meilergrube handelt, läßt sich nicht zweifelsfrei klären, vielleicht besteht auch ein Zusammenhang mit dem nächsten Befund. In etwa in der Verlängerung der Grubenachse trat 5m nordöstlich eine umgekehrt trichterförmige Grube auf, mit flachem Boden und einer seitlichen nierenförmigen Eintiefung im Nordosten. Im Zentrum der ca. 1,20m durchmessenden Grubensohle befand sich direkt auf dem Boden eine wenige

Zentimeter dicke Holzkohleschicht, mit einem leicht verkippten vollständigen Miniaturgefäß in der Mitte (Abb. 64). Die Holzkohle muß bereits erkaltet gewesen sein, als sie in die Grube gelangte, da Spuren von Hitzeeinwirkung am Boden oder an den Wänden nicht vorhanden waren. Über der Holzkohle lag in der ganzen Grube eine 0,20 m mächtige Schicht mit sorgfältig eingebrachten verziegelten Lehmfragmenten mit bis zu 0,10 m Kantenlänge, die sich anhand von Rutenabdrücken als die gebrannten Reste einer Lehmwand, wahrscheinlich eines durch Feuereinwirkung zerstörten Fachwerkhauses, identifizieren lassen. Untergeordnet kamen in dieser Schicht vom Feuer stark angegriffene Sandsteine vor, vermutlich die Reste ehemaliger Mahlsteine. Auf dieser Schicht lagen weitere Sandsteinfragmente und bis zu faustgroße Kalksteine in einer lehmigen Füllmasse. Darüber befand sich umgelagerter Lehm ohne Brandschutt. Es scheint mehr als unwahrscheinlich, daß sich das Füllmaterial als Folge eines Brandereignisses in situ abgelagert hat, vielmehr ist der ursprüngliche Brandherd und somit der Standort des abgebrannten Hauses andernorts, vermutlich in einiger Entfernung zu vermuten, da weder am Befund selbst, noch in der näheren Umgebung irgendwelche primären Brandspuren ausgebildet waren. Die Motivation zur Ausgestaltung der Trichtergrube und die Art der Verfüllung scheint einer Sichtweise der Dinge zu entspringen, die sich aus unserem heutigen Blickwinkel nur unvollständig oder unrichtig erschließen läßt.

In der kleinen Grabungsfläche konnte ein rechteckiges, 5×3,50 m großes Grubenhaus freigelegt werden (Abb. 65). Dieses war ca. 0,80 m tief im anstehenden Lehm erhalten. Am Boden des Grubenhauses befanden sich zwei Feuerstellen, eine im Zentrum des Hauses und die zweite einen Meter westlich von der ersten. Um die Feuerstellen häuften sich grobe Keramikfragmente und Knochen. Neben der zentralen Feuerstelle befand sich, durch ein vermutlich mit Lehm verkleidetes Holzwändchen getrennt, eine muldenförmige Eintiefung, die teilweise mit Asche verfüllt war. Vielleicht wurde hier ursprünglich das Brennmaterial gelagert. An der Nordseite des Hausgrundrisses fanden sich die Spuren eines rinnenförmigen (Wand?-) Gräbchens. Pfostenstandspuren konnten nicht beobachtet werden. In der Hausverfüllung, die vorwiegend aus umgelagertem Lehm und größeren Hangschuttmassen bestand, lag sehr viel Keramik der Späthallstatt-/Frühlatenezeit in Gesellschaft mit einigen Verhüttungsschlaken. Als weitere Funde kamen Knochen, Spinnwirtel, etwas Eisen und eine Vogelfigur ohne Kopf aus Keramik zum Vorschein.

Mit der bisherigen Grabungstätigkeit am Rande der Siedlungsfläche am Eulenbrunnen, die aufgrund der Morphologie und von Lesefunden auf mehrere Hektar geschätzt wird, konnte nur ein Bruchteil der vorhandenen Substanz archäologisch untersucht werden. Immerhin haben die Untersuchungen gezeigt, daß am Grabungsort für die Schwäbische Alb erstaunlich gute Erhaltungsbedingungen vorliegen, die der Lage in einer abgeschlossenen Senke verdankt werden.

Die diesjährigen Ergebnisse lassen eine sichere Datierung von Siedlungstätigkeit und Erzschmelzerei, nachgewiesen durch Verhüttungsschlacken, in der

Abb. 64 St. Johann-Würtingen. Umgekehrt trichterförmige Grube mit Miniaturgefäß in Fundlage.

Abb. 65 St. Johann-Würtingen. Grubenhaus.

Späthallstatt-/Frühlatènezeit zu. Die Ausgangsfrage einer Gleichzeitigkeit von Verhüttungsaktivitäten am Fohlenhofer Feld und einer Besiedelung des Eulenbrunnens läßt sich dahingehend beantworten, daß der untersuchte Siedlungsausschnitt zwar einer älteren Besiedelungsphase als die Ofenbefunde zuzurechnen ist, in der aber auch schon Schmelzöfen betrieben wurden, so daß es nahe liegt, an eine Kontinuität zu denken. Die jüngeren Siedlungsbereiche wären noch zu lokalisieren. Anderseits gibt es in der nächsten Umgebung der Siedlung Grabhügelgruppen mit noch älterem Grabinhalt (Hallstatt C). Für zukünftige Forschungen sollte das Hauptaugenmerk darauf gerichtet sein, seit wann die Siedlung definitiv bestand, und wann es frühestens mit der Ausbeutung der lokalen Erzvorkommen losging. Zur Klärung dieser Fragen müßten die Untersuchungen auf den Zentralbereich der Senke und des dort vermuteten Siedlungskerns ausgedehnt werden, wo nicht nur der älteste Siedlungsbereich vermutet wird, sondern aufgrund der Tieflage und möglicher Überdeckung noch bessere Erhaltungsbedingungen erwartet werden. Die durchgeführten Ausgrabungen haben aufgezeigt, daß rund um den Eulenbrunnen nicht nur technische Anlagen gestanden haben, sondern wir uns in einer für diese Zeit offenbar nicht ungewöhnlichen Siedlung bewegen, in der Menschen gelebt und gearbeitet haben. Mit dem einen Unterschied zu all den anderen bisher ergrabenen Siedlungen vergleichbarer Zeitstellung in Mitteleuropa, daß wenigstens ein Teil der Bevölkerung damit beschäftigt war, Eisenerzlagerstätten auszubeuten und Schmelzöfen zu betreiben. Dies ist ein seltener Glücksfall, da sich die meisten der bislang untersuchten Schmelzplätze weitab der Siedlungen direkt bei den Erzlagern befinden und sich dort die Untersuchungen mangels weiterführender Fundstücke auf die Hinterlassenschaften der technischen Einrichtungen beschränken müssen.

Guntram Gassmann

Literaturhinweise

G. Gassmann, Arch. Ausgr. Bad.-Württ. 1996, 94 ff. – P. Goessler, Altertümer. In: Beschreibung des Oberamts Urach, (1909). – M. Kempa, Die Erforschung der vor- und frühgeschichtlichen Eisenverhüttung. In: Beiträge zur Eisenverhüttung auf der Schwäbischen Alb. Forsch. u. Ber. Vor- u. Frühgesch. Baden-Württemberg 55 (Stuttgart 1995). – H. Zürn, Hallstattzeitliche Grabfunde in Württemberg und Hohenzollern. Forsch. u. Ber. Vor- u. Frühgesch. Baden-Württemberg 25 (Stuttgart 1987).

Neue Ausgrabungen in Eberdingen-Hochdorf, Kreis Ludwigsburg

In diesem Jahr konnte erneut eine sechswöchige Lehrgrabung der Gesellschaft für Vor- und Frühgeschichte in Eberdingen-Hochdorf durchgeführt werden, an der insgesamt 41 freiwillige Helfer teilnahmen. Bei diesen möchten wir uns für ihren tatkräftigen und unermüdlichen Einsatz nochmals herzlich bedanken. Der Firma Adolf Würth GmbH und Co. KG, Künzelsau, gebührt Dank für die großzügige Spende, die die Durchführung der Grabung ermöglichte. Auch die Gemeinde Eberdingen unterstützte uns großzügig, wofür an dieser Stelle ebenfalls herzlich gedankt sei.

Der diesjährige Grabungsabschnitt umfaßte einen Geländestreifen von ca. 80×25 m unmittelbar südlich des am rekonstruierten Hochdorfer Fürstengrabhügel vorbeiführenden Feldweges. Durch Luftbilder war bekannt, daß hier weitere Reste jener Siedlung der jungneolithischen Schussenrieder Kultur zu erwarten waren, die bereits 1978/79 während der Ausgrabung des Fürstengrabhügels teilweise untersucht worden war. Darüber hinaus sollte die Grabung Aufschlüsse über die unmittelbare Umgebung des hallstattzeitlichen Hügels liefern.

Wie erwartet, zeigten sich im ersten Planum nach der Entfernung des Humus durch den Bagger zahlreiche schwarzbraune Verfärbungen, bei denen es sich um neolithische Siedlungsgruben handelte. Einige von ihnen waren noch bis zu 70 cm tief erhalten und enthielten zahlreiche Scherben, darunter solche mit den für die Neckargruppe der Schussenrieder Kultur typischen Verzierungen sowie Geräte aus Knochen, Silex und Felsgestein. Pfostengruben von Häusern und andere flachgründige Befunde waren durch die verstärkte Erosion infolge der Hanglage sowie durch die intensive Beackerung bereits abgetragen. Letztere zeigte sich auch an den zahlreichen, in den anstehenden Löß hineinreichenden dunklen Pflugspuren. Überraschend war der Befund eines Kreisgrabens von 9 m Durchmesser am Südrand der aufgedeckten Fläche. Der ca. 40 cm breite Graben war nur noch max. 20 cm tief. Der ehemals vorhandene Grabhügel war bis auf den anstehenden Löß abgetragen, von einer Grabkammer im Zentrum fehlte jede Spur. Der Kreisgraben schneidet zwei der Schussenrieder Gruben und ist somit jünger als diese. Da er keinerlei Funde enthielt, lassen sich leider keine näheren Aussagen zu seiner Zeitstellung machen.

Aus keltischer Zeit stammen drei unterschnittene Vorratsgruben, die jedoch außer einzelnen unspezifischen Scherben keine Funde erbrachten. Der nur noch wenige Zentimeter tiefe Rest einer weiteren Grube enthielt ein Miniaturtöpfchen mit einer winzigen Durchbohrung unterhalb des Randes, in die ein kleiner Bronzering eingehängt war. Eine genauere Datierung dieser Befunde innerhalb der späten Hallstatt- bzw. frühen Latènezeit ist mangels feinchronologisch eindeutiger Funde leider nicht möglich. Das Vorhandensein solcher Siedlungsbefunde in unmittelbarer Nähe des Fürstengrabhügels zeigt jedoch in jedem Fall, daß dieser in die damalige Siedlungslandschaft eingebunden war und nicht isoliert lag.

Die interessantesten und zugleich merkwürdigsten Befunde fanden sich unmittelbar am Fuß des Fürstengrabhügels, innerhalb der Zone, in der das Erdreich für die Aufschüttung des Hügels abgegraben worden war. In einer west-östlich verlaufenden Reihe lagen fünf Nord-Süd orientierte Verfärbungen, die im ersten Planum länglich-spitzoval erschienen und einzelne große Kalksteine und Tierknochen enthielten. Beim Tieferlegen der Befunde zeigten sich diese

Abb. 66 Eberdingen-Hochdorf. „Feuergrube".

als rechteckige, ca. 1,40 m breite und 2 m lange Gruben. Sie waren bis zu 1 m tief erhalten und besaßen senkrechte Wände und eine ebene Sohle. Auf dem Boden und z. T. auch in der Grubenfüllung lagen zahlreiche große, teils verbrannte Steine, Holzkohle und einzelne weitere Tierknochen. Wände und Boden waren in unterschiedlich starkem Maß rot angeziegelt (Abb. 66). Aus einer der Gruben stammt die Scherbe eines weißgrundigen, rotbemalten Gefäßes, wie wir sie auch von der Heuneburg (Phase IV) her kennen. Möglicherweise sind die „Feuergruben" in Zusammenhang mit den Aktivitäten anläßlich der Bestattung des Keltenfürsten zu sehen. Naturwissenschaftliche Untersuchungen von Bodenproben aus den Gruben sollen zeigen, ob diese beispielsweise als Bratgruben für ganze Tiere gedient haben könnten.

Zum Abschluß sei noch ein interessanter Einzelbefund erwähnt. Nur wenige Zentimeter unter dem ersten Planum und ca. 1 m über der Sohle einer der „Feuergruben" fanden sich unter den Resten einer Steinabdeckung ein menschlicher Oberkiefer und eine Bronzenadel mit kleinem Kugelkopf. Ob es sich dabei um Teile einer ehemals in die Grabhügelschüttung eingetieften und später abgerutschten Nachbestattung handelt, muß leider offen bleiben. Weitere Grabungen in der näheren Umgebung des Fürstengrabhügels sind für die kommenden Jahre geplant.

Karen Schmitt, Ute Seidel

Eine späthallstatt-frühlatènezeitliche Siedlung in Remseck-Neckargröningen, Kreis Ludwigsburg

Die Gemeinde Remseck hat Anfang der 90er Jahre im Ortsteil Neckargröningen eine Erweiterung des Gewerbegebietes „Rainwiesen" um 4,3 ha ausgewiesen und im April 1995 mit der Erschließung begonnen. Dabei wurden Befunde einer späthallstatt-frühlatènezeitlichen Siedlung angetroffen, die Veranlassung gaben, eine kleine Flächenuntersuchung durchzuführen. Erfaßt wurde dabei eine inselartig angelegte Konzentration runder, z. T. stark unterschnittener Gruben mit auffallend vielen Flußkieseleinlagerungen. Das Fundmaterial entsprach dem bekannten Inventar solcher Siedlungen. Erwähnenswert ist nur ein kleiner bronzener Angelhaken.

Wenn auch weitere planmäßige Grabungen zunächst nicht mehr vorgesehen waren, schien es doch lohnend, die bevorstehenden Erdarbeiten intensiv zu beobachten. Bis Ende 1997 konnte noch eine größere Zahl teilweise recht interessanter Befunde entdeckt, untersucht und dokumentiert werden, so daß allmählich die Lage und Ausdehnung der Siedlung sowie eine gewisse Struktur erkennbar wurden.

Die Fundstelle liegt auf einer lößbedeckten Terrasse links des Neckars, wie sie typisch für das mittlere Neckarland sind und wegen ihres fruchtbaren Bodens in allen vorgeschichtlichen Kulturen besiedelt waren.

In einem leichten, wellenförmig zum Neckar abfallenden Hang verläuft talwärts eine fächerförmig sich verbreiternde Mulde, die ursprünglich auf einen kleinen, quellengespeisten Wasserlauf zurückzuführen war. Die Quelle ist versiegt, aber bei starkem Regen bildeten sich bis zur Erschließung des Gebiets immer noch größere flächige Staunässen. Nördlich und südlich dieser Mulde einschließlich der Randbereiche des bis zu 60 m breiten Schwemmfächers befanden sich meist inselartig angeordnet die vorgeschichtlichen Befundkonzentrationen. Die einzelnen Gruben waren aberodiert, teilweise aber auch von Sediment überlagert, wenn sie im Schwemmbereich des Wasserlaufs lagen. Die besiedelte Fläche hatte eine Größe von etwa 150×100 m.

Als im Frühjahr 1998 im NW des Baugebiets eine größere Baugrube ausgehoben wurde, kamen wieder mehrere Befunde zutage, darunter ein kleiner viereckiger, wahrscheinlich holzverschalter Schacht, möglicherweise eine Zisterne, und eine wannenförmig eingelassene Grubenhütte in einer Größe von 4×4 m. Aus ihr konnten neben viel Keramik einige eiserne und bronzene Kleinfunde geborgen werden. Darunter befanden sich eine eiserne Tüllenaxt, ein massiver Bronzearmreif, eine Fußzierfibel mit kleiner Pauke und ein gegossener Ohrring. Unter den spärlichen Tierknochenfunden fand sich ein kurzes Stück einer Knochenflöte mit dem Mundansatz (Abb. 67).

Nach diesen doch recht interessanten Beobachtungen und Funden lag die Überlegung nahe, auf dem östlich gegenüberliegenden, noch unbebauten Grundstück eine kleine Fläche zu öffnen, um die sich anschließende Befundsituation klären zu können. Die Gemeinde Remseck, in deren Besitz das in Frage kommende Grundstück war, zeigte sich wie immer sehr entgegenkommend und unterstützte das Vorhaben auch finanziell. Ihr sei dafür herzlich gedankt.

In der Zeit vom 14.7.–5.8. und vom 14.9.–9.10.1998 konnte eine Fläche von 25×40 m untersucht werden. Erfaßt wurde die nördliche Grenze der Siedlung mit zahlreichen Gruben, viele davon verfüllt mit Brandschutt zusammen mit auffallend vielen kleinen, z.T. ausgeglühten Flußkieseln und mehrfach vollständig verbrannter Keramik von großen Gefäßen. Pfostengruben oder sonstige Hinweise auf größere Gebäude waren nicht zu finden.

Eine nahezu quadratische, 4×4 m große Grubenhütte enthielt über dem Grubenboden eine durchgehende, bis zu 10 cm starke Brandschicht. Ihr äußerer Aufbau ist schwer zu rekonstruieren. Es fehlten Eck- oder Firstpfosten, nur ein kleiner Mittelpfosten schien den Aufbau getragen zu haben. Bei einer daneben gelegenen rechteckigen Grubenhütte fehlten entsprechende Pfostengruben ganz.

Interessant ist eine Befundgattung, wie sie hier bisher nicht angetroffen wurde. Es handelt sich um etwa 2 m große runde oder viereckige Gruben mit eingelagerten halbrunden bzw. hufeisenförmigen, wulstigen Konzentrationen kleiner, meist ausgeglühter Flußkiesel auf oder innerhalb einer flächigen, dicken Lehmpackung. Die ebene Basis lag in einer flachen Grube bzw. auf einem Grubenrest, ohne daß die Verfüllung oder der anstehende Boden Feuereinwirkung zeigten. Dagegen wiesen die Lehm-/Kieselpackungen Spuren starker Hitzeentwicklungen auf. Es ist anzunehmen, daß es sich um den Unterbau von Feuerstellen handelt, in denen mit grobem Flußkies anhaltend hohe Temperaturen erzeugt wurden. Obwohl sich der Grad der Erosion an dieser Stelle nicht mehr feststellen ließ, wäre aufgrund der Befundanordnung an oberirdische Brenn-

Abb. 67 Neckargröningen. Knochenflötenbruchstück, Länge 7,50 cm.

vorgänge zu denken. Die spärlichen Funde geben keinen Hinweis darauf, welcher Funktion die Feuerstellen tatsächlich gedient hatten. Einige kleine Bronzeschlacken, ein Gußzapfen und der Rest einer Gußform aus Nachbargruben könnten aber ein Indiz für Metallschmelzvorgänge sein.

Auffallend ist, daß sich alle drei Befunde dieser Art, wie übrigens auch noch einige Brandgruben ohne einen Kiesaufbau, unmittelbar an der Nordgrenze der Siedlung und damit in der Hauptwindrichtung befanden. Innerhalb der Fundstelle sind bisher keine derartigen Feuerstellen angetroffen worden.

Die Funde aus dieser Grabung zeigen ein breites Spektrum, halten sich aber im üblichen Rahmen späthallstatt-frühlatènezeitlicher Siedlungen. Neben einer variantenreichen Keramik, darunter auch einige Scherben scheibengedrehter Ware, fanden sich wenige Spinnwirteln und Webgewichte, aber zahlreiche Mahlsteine und -fragmente sowie viele Flußkiesel mit Bearbeitungsspuren. Unter den Kleinfunden ist ein kleines Bronzekettchen, bestehend aus 11 kleinen, ineinander gehängten Bronzeringchen, bemerkenswert.

Noch sind einige Grundstücke im vermuteten Siedlungsbereich frei. Vielleicht kann die genaue Beobachtung ihrer Bebauung das Bild dieser vorgeschichtlichen Siedlung noch vervollständigen. Die Weichen hierzu sind jedenfalls gestellt.

Walter Joachim

Nachuntersuchungen im latènezeitlichen Brandgräberfeld von Magstadt „Oberes Magstadter Holz", Kreis Böblingen

Das Brandgräberfeld in der Flur „Oberes Magstadter Holz" wurde bereits im Dezember 1984 von Herrn K. Maier entdeckt. Die Fundstelle liegt etwa 2,1 km nordwestlich von Magstadt im Bereich einer kleinen Verebnung eines flach nach Nordwesten dem Renninger Becken zugeneigten Hanges. Bei einer sofort eingeleiteten ersten Untersuchung durch Mitarbeiter des Landesdenkmalamtes konnten insgesamt über 20 dunkle, holzkohlereiche Verfärbungen im stark umgepflügten Ackerland kartiert werden, von denen einige darüber hinaus verbrannte Knochenpartikel enthielten. Die daraufhin im Dezember 1984 und März 1985 vom Landesdenkmalamt durchgeführte Notbergung förderte insgesamt 16 Brandgräber der mittleren Latènezeit zutage. Es handelte sich in allen Fällen um Brandschüttungsgräber in meist abgerundet rechteckigen Gruben von 0,60 – 1,70 m Länge und einer Breite zwischen 0,40 und 0,70 m. Die übrigen Befunde ließen leider aufgrund ihrer schlechten Erhaltung, fehlender Funde und mangels Leichenbrandpartikeln keine eindeutige Identifizierung als ehemalige Grablegen zu. Da 1985 vor allem infolge der schlechten Witterung eine flächenhafte Untersuchung unmöglich war, zeigt der bislang vorliegende Friedhofsplan zwischen den erkannten Gräbern sehr große Freiflächen. Außerdem konnte eine am Westrand der Befundstreuung gelegene großflächige und mit zahlreichen Holzkohlefragmenten durchmischte Verfärbung lediglich in einem kleinen Ausschnitt erfaßt werden, so daß eine genaue Befundansprache nicht erfolgen konnte. Zur Klärung der Befundsituation erschienen daher neuerliche archäologische Untersuchungen unabdingbar.

Diese wurden im Herbst 1998 aufgrund einer das gesamte Fundareal umfassenden vorübergehenden Flächenstillegung

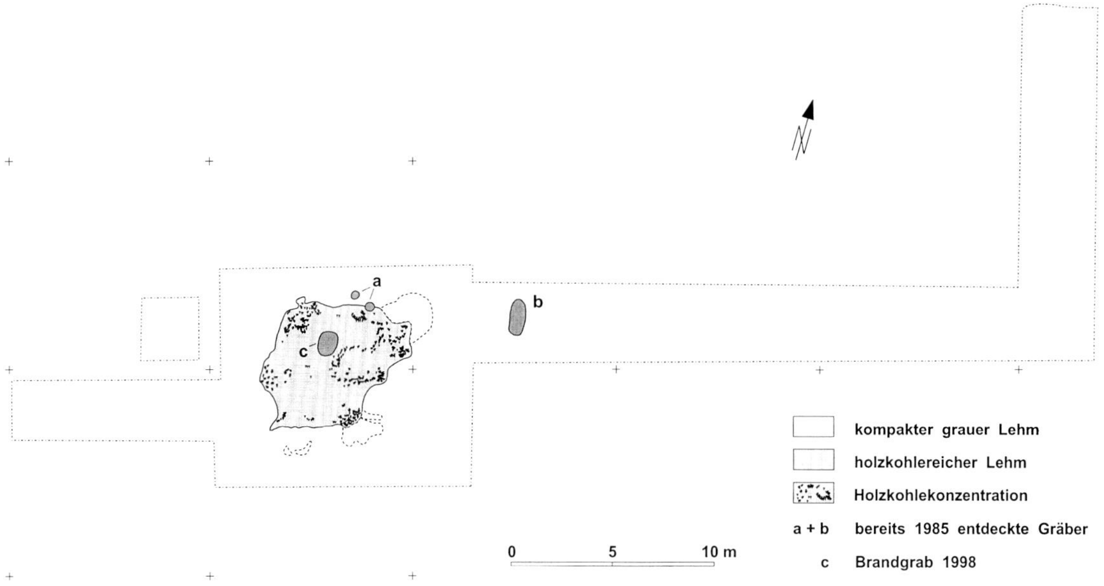

Abb. 68 Magstadt, „Oberes Magstadter Holz". Vorläufiger schematisierter Befundplan der Grabung 1998.

im Zuge der Flurbereinigung ermöglicht. Während der Ausgrabung des Landesdenkmalamtes vom 2. bis 29. September wurde eine Gesamtfläche von etwa 350 m² archäologisch untersucht und dokumentiert.

Nach der Rekonstruktion des alten Vermessungsnetzes konnte die oben erwähnte großflächige, stark mit Holzkohle durchsetzte Verfärbung gezielt ausgegraben werden. Zwei Suchschnitte von ca. 4 m Breite, der erste in Richtung Westen und der zweite, wesentlich längere in Richtung Osten und Norden (Abb. 68), sollten weitere, eventuell tieferliegende Brandgräber aufdecken. Beide Sondagen blieben jedoch, nachdem überall der anstehende dichte und mergelreiche Lehm erreicht wurde, ohne entsprechende Befunde. Allerdings konnten im Bereich der großen Verfärbung zwei schon 1985 dokumentierte Grabreste – Nr. 10 und Nr. 16 (Abb. 68) – wiederaufgefunden werden. Dies ermöglichte über einen Nivellementvergleich die Ermittlung der Erosionsrate während der vergangenen 13 Jahre und lieferte somit einen Anhaltspunkt für die fortschreitende Zerstörung des Gräberfeldes durch die landwirtschaftliche Nutzung. Die durchschnittliche Erosionsrate lag bei 8 cm, wobei erkennbare Unterschiede innerhalb des Friedhofareals auftraten. Betrug der Sedimentverlust im Umkreis von Grab 16 nur etwa 5 cm, so stieg er hangaufwärts, in südlicher Richtung deutlich an.

Die 1985 nicht vollständig erfaßte holzkohlereiche Verfärbung zeigte sich schließlich als ein noch etwa 35 m² großer, mit graubraunem Lehm und zahlreichen Holzkohleflittern verfüllter Befund von unregelmäßig ovaler Form und zum Teil ohne scharfe Begrenzung (Abb. 68). Durch die fortschreitende Erosion war die flächige Ausdehnung der Verfärbung im Vergleich zu 1985 deutlich vermindert. Der im Profil muldenförmige, maximal 20 cm tiefe und zu den Rändern hin flach auslaufende Befund enthielt neben zahlreichen, oft in Konzentrationen liegenden Holzkohlestücken nur eine sehr geringe Anzahl an vorgeschichtlichen Scherben sowie ein unsignifikantes, drahtförmiges Bronzefragment. Da nirgends Hinweise auf Brandrötung oder eine Ver-

ziegelung des Untergrundes vorhanden waren, kann eine Interpretation als Verbrennungsplatz oder – wofür die zahlreichen Holzkohlekonzentrationen sprechen würden – als zusammengeräumte, in einer Mulde deponierte Scheiterhaufenreste beim derzeitigen Bearbeitungsstand noch nicht vorgenommen werden. Die Analyse der aus dem Befund entnommenen Bodenproben könnte hier weitere Anhaltspunkte liefern.
Beim Ausschälen des muldenförmigen Befundes zeigte sich, daß dieser das einzige Brandgrab der diesjährigen Grabungskampagne eindeutig überlagerte. Entsprechend den bisher bekannten Bestattungen des Gräberfeldes handelt es sich um ein annähernd Nord-Süd ausgerichtetes Brandschüttungsgrab in einer abgerundet rechteckigen Grabgrube von 1,20 m Länge, 0,90 m Breite und einer erhaltenen Tiefe von 12 cm. Die Brandschüttung enthielt neben zahlreichen, bis zu 16 cm langen verkohlten Holzresten sowie Leichenbrandfragmenten in unregelmäßiger Streuung zwei eiserne Fibeln vom Mittellatèneschema, eine feingliedrige eiserne Schwertkette und einen Eisenring mit einem Durchmesser von ca. 8 cm. Bis zum Abschluß der Restaurierung können die Fundstücke lediglich vorläufig in den älteren Abschnitt der Stufe Latène C datiert werden. Auch was die eher karge Ausstattung angeht, fügt sich das neu entdeckte Grab sehr gut in das bisherige Erscheinungsbild des Magstadter Gräberfeldes ein.
Festzuhalten bleibt weiterhin, daß wegen des kleinen Grabungsausschnittes keine Klärung hinsichtlich der auf dem Gesamtplan von 1985 erscheinenden Einteilung des Gräberfeldes in zwei Grabgruppen erreicht wurde. In den ergrabenen Flächen konnten jedoch zumindest keine tieferliegenden Grabreste festgestellt werden.
Der abschließende Dank gilt der Stadt Renningen mit Herrn Bürgermeister Maier und dem städtischen Bauhof mit seinem Leiter Herrn D. Butzer, die uns alle erdenkliche Hilfe und Unterstützung zukommen ließen sowie Herrn H. Steegmüller und Herrn K. Hiller für ihre engagierte Mitarbeit während der Ausgrabung. Besonderer Dank gebührt weiterhin Herrn K. Maier, der die Untersuchungen mit regem Interesse und vielfältiger Hilfestellung begleitete.

Jürgen Hald,
Thomas Hoppe

Literaturhinweise

F. Fischer, Alte und neue Funde der Latène-Periode aus Württemberg. Fundber. aus Schwaben NF 18/I, 1967, 61 ff. – K. Bittel, W. Kimmig, S. Schiek, Die Kelten in Baden-Württemberg (Stuttgart 1981) bes. 133 ff. – S. Schiek, Arch. Ausgr. Bad.-Württ. 1985, 100 f.

Zum Abschluß der archäologischen Untersuchungen im Oppidum Heidengraben, Gemeinde Grabenstetten, Kreis Reutlingen

Das Institut für Ur- und Frühgeschichte und Archäologie des Mittelalters der Universität Tübingen konnte unter Leitung von Prof. M. K. H. Eggert vom 13. Juli bis 28. August zum vorläufig letzten Mal archäologische Ausgrabungen in der Elsachstadt durchführen. Vorausgegangen waren Bohrungen und Magnetprospektionen. Aufgrund dieser Voruntersuchungen wurden vier Gebiete ausgewählt, in denen eine Reihe von kleineren und bis zu 620 m² große Flächen aufgedeckt wurden (Abb. 69). Die Arbeiten konzentrierten sich vor

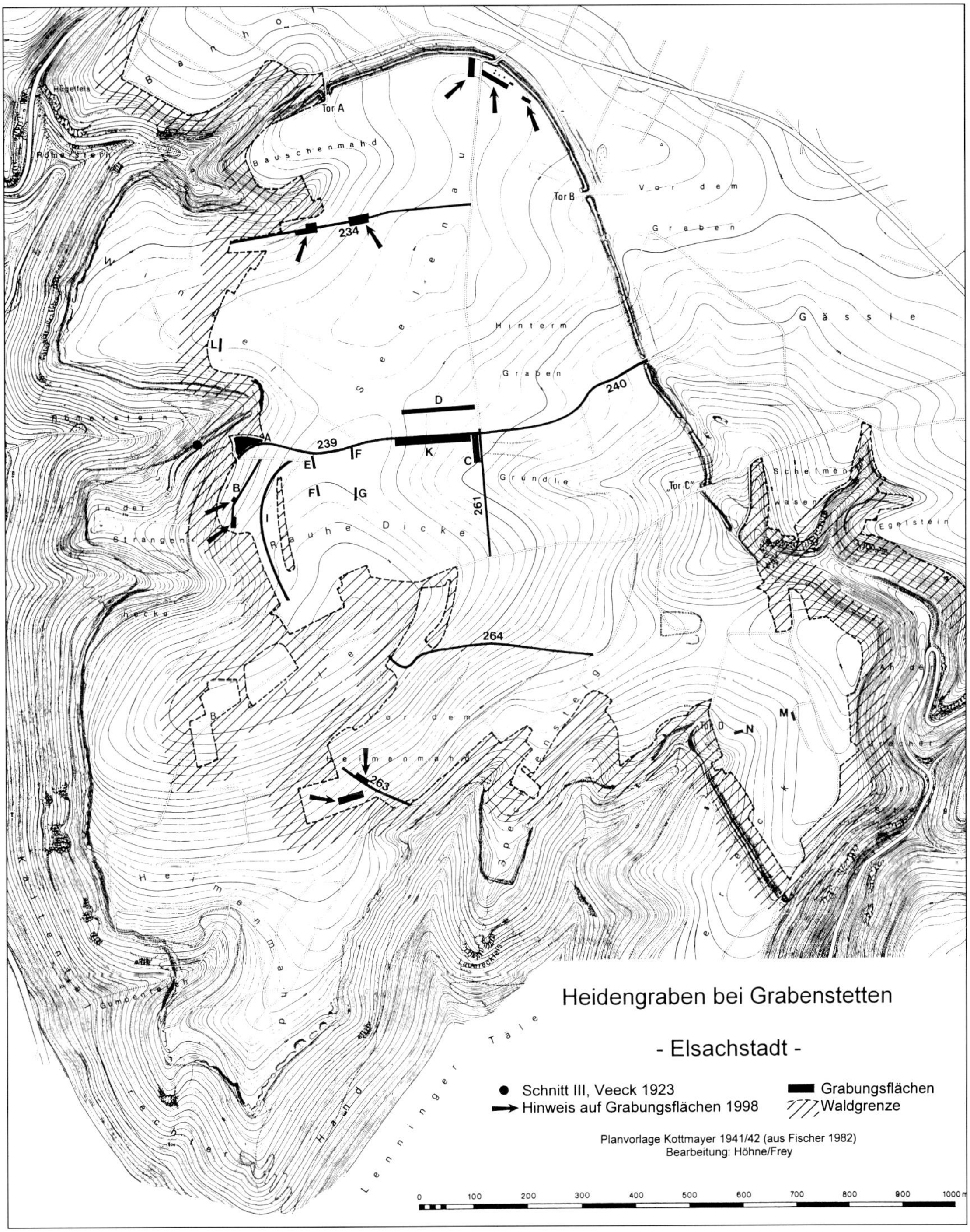

Abb. 69 Grabenstetten. „Heidengraben", Elsachstadt. Lage der Grabungsschnitte 1994–1998.

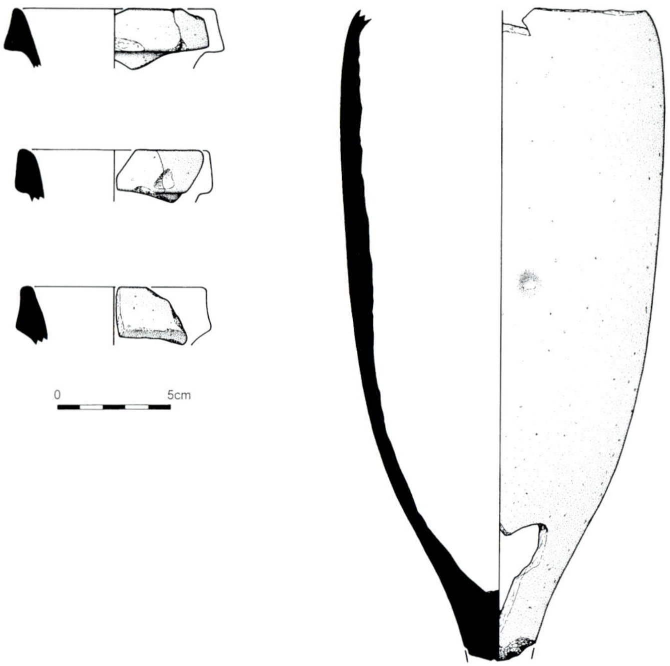

Abb. 70 Grabenstetten. „Heidengraben“, Elsachstadt. Fragmente italischer Amphoren.

allem auf Bereiche, in denen spätlatènezeitliche Reste zu erwarten waren. In der späthallstatt- und frühlatènezeitlichen Siedlung im Gewann „Vor der Strangenhecke“ wurden lediglich kleinere Nachuntersuchungen durchgeführt. Insgesamt konnten 1998 rund 3000 m² ausgegraben werden. Rechnet man die 1994 und 1996 ergrabenen Flächen hinzu, so sind nun etwa 16500 m² der Elsachstadt archäologisch untersucht.

Leider erwiesen sich nur wenige der im Magnetbild erfaßten Störungen als antike menschliche Eingriffe. Neben Keramik- und Eisenfundstreuungen zeichneten sich auch geologische gruben- und gräbchenähnliche Strukturen sowie bei den Erdarbeiten nicht sichtbare Phänomene als Störung ab. Zugleich konnten aber auch einige Befunde ergraben werden, die nicht als magnetisch abweichend im Bild erschienen waren.

In einigen Flächen (Flur „Seelenau“, West; Flur „Vor dem Heimenmahd“, West) konnten neben mittelalterlichen Funden lediglich einzelne Keramikscherben (u.a. italische Amphoren), spätlatènezeitliche Eisenfunde sowie eine spätkeltische Leuker-Potinmünze geborgen werden. An diesen Stellen ist eine ehemalige Besiedlung anzunehmen. Regelrechte Fundkonzentrationen ergaben die östlich liegenden Flächen in der „Seelenau“. Meist auf einige Quadratmeter verstreut lagen größere Fragmente italischer Amphoren (Abb. 70), z.T. Eisengegenstände (u.a. das Ortband einer Schwertscheide) und einheimische Keramik. Reste von Gruben o.ä. zeichneten sich nicht ab. Die überraschende Ausnahme bildete ein ca. 2,90×2,30 m großes und vom Grabungsplanum aus bis zu 0,55 m tief eingegrabenes Grubenhaus der Spätlatènezeit. Es besaß an den Schmalseiten kleine Gruben für Firstpfosten. Aus der Verfüllung stammen Scherben handgemachter Grobkeramik, feiner Drehscheibenware und italischer Amphoren. Eine Reihe meist fragmentarisch erhaltener Eisengegenstände, Bronzen und Glasarmringe bereichern das spätkeltische Fundmaterial vom Heidengraben. Besonders erwähnenswert sind eine weitere Leuker-Potinmünze sowie ein Gold-/Bronzeblechstreifen, der ursprünglich als Beschlag z.B. eines Dolchgriffes gedient haben kann.

Im Bereich der östlichen „Seelenau“-Grabungsschnitte ist, wie das Nivellement ergab, das Gelände über mehrere hundert Meter völlig eben. Mit einer starken Abtragung ist somit nicht zu rechnen. Da das Grubenhaus vermutlich nicht mehr als 1,50 m eingetieft war und auch nicht von einer vereinzelten Lage ausgegangen werden kann, müßten eigentlich weitere Vorrats-/Abfall- und Pfostengruben vorhanden sein. Darüber hinaus weisen auch die Scherben- und Eisenfunde auf Siedlungsaktivität hin. Möglicherweise ist daher mit einer Schwellbalkenbauweise zu rechnen, die nur geringe Spuren im Boden hinterlassen hat. Es bleibt zu überprüfen, ob Abfallgruben im Gebiet weiter südöstlich liegen bzw. die an der Pflugunterkante liegenden Amphoren-

bruchstücke usw. darauf hindeuten, daß gar keine Gruben angelegt wurden.
In der Flur „Vor Winkel“ wurden vier Flächen von insgesamt 875 m² geöffnet, die sich an Befunde anschlossen, die 1994 beim Bau des Weges 234 angetroffen worden waren. Im Westen lagen unter einer 0,40–0,70 m mächtigen Schwemmschicht, die zahlreiche verrundete eisenzeitliche Scherben enthielt, einige flach erhaltene Abfall- und Pfostengruben sowie die Reste eines Grabens. Seinen Verlauf markierten Keramikfunde, z. B. das Unterteil einer Amphore (Abb. 70). Ein kleiner vollständiger Becher, abgedeckt mit einem umgekehrt darübergestülpten Bodenstück eines größeren Gefäßes, war wohl absichtlich auf dem Boden des Grabens deponiert oder eingetieft worden.
In den beiden weiter östlich gelegenen Schnitten wurden Reste einer Bebauung aufgedeckt. Vor allem im nördlichen Anschluß an den 1994 angelegten Weg besteht an den mit reichlich Holzkohle und verziegeltem Lehm verfüllten Pfostengrubenresten kein Zweifel. Durch den Zusammenschluß mit den vergleichbaren Befunden im Wegbereich zeichnet sich hier erstmals der Grundriß eines spätlatènezeitlichen Pfostenhauses für das Oppidum ab.
Bei der Anlage des Weges 263 in der Flur „Vor dem Heimenmahd“ waren 1994 flach erhaltene Gräbchen entdeckt worden, die spätlatènezeitliches Fundmaterial geliefert hatten. Unmittelbar östlich an den Weg anschließend wurde ein kleinerer Grabungsschnitt angelegt. Die Gräbchen waren nur noch ansatzweise in ihrem weiteren Verlauf erkennbar. Zwei weitere, mehrere Meter lange, etwa viertelkreisähnliche Gräbchenstrukturen enthielten in ihrer farblich klar abgesetzten Verfüllung keinerlei Holzkohle, Keramik oder andere Funde. Für sie muß deshalb eine Deutung als natürlich entstandene Ausschwemmung bzw. Verfüllung in Erwägung gezogen werden.
In der Flur „Vor der Strangenhecke“ war 1996 eine spätlatènezeitliche Ofeneinrichtung entdeckt worden, die als Darre, z. B. für Flachs, interpretiert werden kann. Im Umkreis von etwa 5–10 m um den Ofen konnten allerdings keine weiteren Befunde derselben Zeitstellung erfaßt werden. Der unter der nur 0,10–0,15 m mächtigen Humusschicht gelegene und durch den Baggereinsatz zwangsläufig verschleifte Kalksteinuntergrund erschwert grundsätzlich das Erkennen darin eingetiefter und z. T. mit Kalksteinen verfüllter Gruben u. ä. Es konnten jedoch 12, ca. 0,50–0,80 m im Durchmesser große und 0,20–0,60 m in das Gestein eingetiefte Pfostengruben gefunden werden. Die regelhafte Anordnung von sieben Gruben weist darauf hin, daß hier möglicherweise nur ein Teil eines großen Gebäudes angeschnitten ist. Das wenige keramische Fundmaterial, u. a. das Bodenstück eines Drehscheibengefäßes, spricht für eine Datierung in die Frühlatènezeit.
Die nördliche Fläche galt einem bereits 1996 angeschnittenen Grubenhaus, das aufgrund der guten Erhaltung und des Fundreichtums eine vollständige Ausgrabung sinnvoll erscheinen ließ. Der etwa 4,50×2,80 m große und bis zu 0,50 m in den Stein eingetiefte Befund besaß keine völlig ebene Sohle. An den Rändern war teilweise eine Art Stufe oder Absatz stehengelassen worden. Als konstruktive Bestandteile konnte an den Schmalseiten je eine Pfostengrube entdeckt werden. Auf die Funktion des Grubenhauses weisen möglicherweise eine Reihe von Spinnwirteln und einige knapp über der Sohle gefundene eiserne (Näh-)Nadeln hin.
Neben dem reichen keramischen Fundmaterial und den Tierknochen ist besonders der Fund einer vollständigen Bronzefibel (Abb. 71) bemerkenswert. Für den seltenen Typ der Spiralfußfibel kann ein sehr ähnliches Vergleichstück von der Steinsburg bei Römhild (Thüringen) angeführt werden. K. Peschel hat bei einer Zusammenstellung dieser und ähnlicher Formen eine Zeitstellung in Latène B mit einem Beginn möglicher-

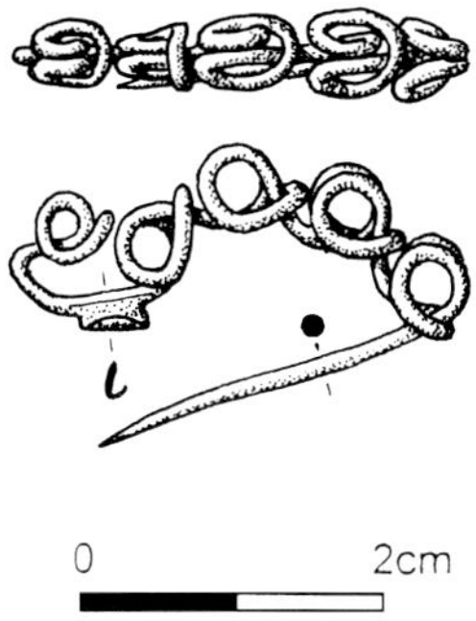

Abb. 71 Grabenstetten. „Heidengraben“, Elsachstadt. Spiralfußfibel aus dem frühlatènezeitlichen Grubenhaus.

weise noch in Latène A vorgeschlagen. Beide Grabungsschnitte in der „Strangenhecke" haben erneut gezeigt, mit welchem Potential an Befunden und damit Siedlungsstrukturen hier gerechnet werden kann. Die Eingrabung von Vorrats- und Pfostengruben, Grubenhäusern und anderen Befunden in den Steinuntergrund hat für diese späthallstatt- und frühlatènezeitliche Siedlung zu einer vergleichsweise guten Erhaltung geführt.

Für die Spätlatènezeit ergeben die 1998 ansatzweise erfaßten Strukturen noch kein geschlossenes Bild der ehemaligen Besiedlung der Elsachstadt. Da fast in der gesamten Elsachstadt Reste der Bebauung ergraben wurden, ist eine flächige, möglicherweise aber eher kurzzeitige Besiedlung durch eine größere Menschenmenge anzunehmen. Damit sowie mit der Befestigungsanlage, mit Importkeramik, Münzen, Waffen und Edelmetallfunden liegen typische Elemente der spätkeltischen Oppida vor, wenngleich der Nachweis für Münzprägung, verschiedene Handwerksgattungen und Kultanlagen aussteht. Die chronologischen Aussagen müssen sich vorbehaltlich der endgültigen Auswertung des Fundmaterials vorläufig noch auf die Angabe Latène D1 beschränken. Es wird sich zeigen, ob eine zeitliche Differenzierung der Formen, etwa bei den Amphoren, Aussagen zu einer möglichen Siedlungsentwicklung zuläßt.

Bei den Ausgrabungen im Oppidum Heidengraben konnte zwischen 1994 und 1998 in rund sechs Monaten etwa 1% der Fläche der Elsachstadt untersucht werden. Die teilweise unbefriedigenden Grabungsschnitte in der Elsachstadt, in denen keine Befunderhaltung mehr gegeben war, dürfen aber über das positive Gesamtfazit der Grabungen nicht hinwegtäuschen. Vergleicht man Fundanfall und daraus mögliche Aussagen vor Beginn der Untersuchungen mit dem jetzigen Stand, so konnte einiges hinzugewonnen werden. Die Ergebnisse liefern nicht nur einen Baustein für die Landesgeschichte, sondern darüber hinaus auch für die Oppidaforschung in Mitteleuropa.

Der vorläufige Abschluß der Ausgrabungen läßt aber auch an Fragestellungen und Aufgaben denken, die nicht oder nur ansatzweise angegangen werden konnten. Weder war ein neuer, gut dokumentierter Wallschnitt möglich, noch konnten in weiten Teilen der Elsachstadt, von denen z.T. Lesefunde vorliegen, Grabungsschnitte oder wenigstens Sondagen durchgeführt werden.

Mit den Ergebnissen von 1998 im Bereich der späthallstatt- und frühlatènezeitlichen Siedlung sind außerdem erneut Fragen aktuell geworden, die ganz zu Beginn der archäologischen Arbeiten gestellt worden waren. Wenn die Siedlung in der „Strangenhecke" bis in die Stufe Latène B existiert hat, also etwa bis in die zweite Hälfte des 4. Jhs. v. Chr., so schrumpft die Lücke bis zum nachweisbaren Beginn der spätlatènezeitlichen Anlage (wohl im 2. Jh. v. Chr.) stärker zusammen als bisher angenommen. Das Fehlen mittellatènezeitlicher Funde – häufig mit den sog. keltischen Wanderungen in Verbindung gebracht – würde nicht verwundern. Jedoch ist auch nicht auszuschließen, daß bei weiteren Grabungen im Bereich der „Strangenhecke" noch Funde und Befunde dieser Zeitstufe entdeckt werden.

Die Ausgrabungen 1998 wurden in erster Linie durch die finanzielle Unterstützung der Deutschen Forschungsgemeinschaft ermöglicht. Herrn Dr. J. Briegleb sowie den Gutachtern sei hierfür gedankt. Gleiches gilt für das Landesdenkmalamt Baden-Württemberg, das dem Projekt im Rahmen seiner Möglichkeiten ebenfalls finanzielle Hilfe zukommen lassen konnte.

Die Gemeinde Grabenstetten unterstützte die Ausgrabungen in bewährter und zuverlässiger Weise. Zahlreichen Landwirten sowie Herrn A. Götz danken wir dafür ganz besonders. Hervorzuheben ist Herr Bürgermeister B. Schmid, der nicht nur die archäologi-

schen Untersuchungen stets mit Interesse verfolgt hat, sondern es auch gemeinsam mit dem Gemeinderat ermöglichte, daß in Grabenstetten im Sommer ein schöner und informativer Museumsraum eingerichtet werden konnte. In diesem Zusammenhang sei auch Herrn Dr. J. Heiligmann vom Archäologischen Landesmuseum in Konstanz für die unbürokratische Abwicklung der Leihverträge für die Fundobjekte gedankt.
Für die Einmessung der Grabungsschnitte konnten wir erneut auf die Hilfe des Amtes für Flurneuordnung und Landentwicklung in Ulm sowie Herrn Dipl.-Vermessungsingenieur i. R. D. Höhne zählen. Beiden sind wir zu Dank verpflichtet. Gleiches gilt für die Herren Dr. G. Janssen und T. Kienlin M. Sc. für die Magnetprospektion. Abschließend gilt Herrn Dr. U. Schaaff, stellvertretend für das Römisch-Germanische Zentralmuseum in Mainz, das seit 1994 die kostenlose Restaurierung der Mehrzahl der eisernen Fundobjekte aus den Grabungskampagnen übernommen hat, ein Dank.

Thomas Knopf

Literaturhinweise

Th. Knopf, Arch. Ausgr. Bad.-Württ. 1996, 108–112. – M. K. H. Eggert, Th. Knopf, W. Löhlein, J. Petrasch, Arch. Ausgr. Bad.-Württ. 1994, 96–102. – K. Peschel, Fibeln mit Spiralfuß. Zeitschr. f. Arch. 6, 1972, 1–42.

Neues zu Tarodunum, Gemeinde Kirchzarten, Kreis Breisgau-Hochschwarzwald

Während der jüngeren Latènezeit scheint dem Breisgau besondere Bedeutung zuzukommen: in keinem anderen Landschaftsraum Südwestdeutschlands finden wir in vergleichbarer Dichte Großsiedlungen dieses Zeitabschnittes. Bei Sasbach „Limberg", Breisach-Hochstetten und Riegel scheint diese Bedeutung auf der besonders günstigen verkehrsgeographischen Lage im Schnittpunkt weitreichender Verkehrsbeziehungen zu beruhen. Bei dem „Kegelriß" bei Ehrenstetten und „Tarodunum" bei Kirchzarten ist dies nur sehr bedingt so zu sehen. Hier scheint als wirtschaftlicher Hintergrund doch eher die Nutzung der Erzlagerstätten in unmittelbarer Nachbarschaft ausschlaggebend gewesen zu sein.
Besonders die neu entdeckte Siedlung im Gewann „Rotacker" am Ortsrand von Zarten, Gemeinde Kirchzarten, in der wir das von dem alexandrinischen Geographen Ptolemaios überlieferte Tarodunum sehen dürfen, zeigt sich immer mehr als bedeutendste Großsiedlung in dem angesprochenen Landschaftsraum. Das Siedlungsareal und die umgebenden Flächen wurden seit 10 Jahren intensiv von den ehrenamtlichen Mitarbeitern M. Smith und H. Wagner prospektiert. Heute liegt ein umfangreiches Fundmaterial vor, das – zwar eingeschränkt durch die Erhaltungsmöglichkeiten in dem extrem sauren Boden – uns doch wichtige Aussagen über Größe und Datierung der Siedlung möglich macht.
Die Kartierung von mehr als 200 Fragmenten von Glasarmringen und mehr als 50 Bruchstücken von Ringperlen zeigt uns einen Kernbereich des Siedlungsgeländes von etwa 12 ha Größe. Dieses liegt auf einem nach Westen ausstreichenden Niederterrassenstreifen von 200–250 m Breite und über 500 m Länge, der im Norden von dem tief eingeschnittenen Dreisamtal begrenzt wird, im Süden und Westen von einer vom Krumbach und seinen Seitenarmen

durchflossenen feuchten Niederung. Nach Osten weitet sich die Niederterrasse. Hier ist dem offensichtlichen Kernbereich der Siedlung ein gut 20 ha großes Gelände mit nur sehr lockerer Fundstreuung vorgelagert (Abb. 72). Die gut 120 keltischen Münzen zeigen ein identisches Verbreitungsbild. Bei den Münzen wird die Bedeutung der Siedlung auch noch dadurch unterstrichen, daß neben vier Goldmünzen auch Goldschmelzprodukte und ein Schrötling vorliegen, wodurch die Produktion dieser Münzen in der Siedlung belegt ist. Die Verbreitung zahlreicher Amphorenscherben und der Keramikfragmente, darunter auch Graphittonscherben, bestätigen das oben angeführte Bild.

Diese intensive Prospektion, die sich auf das gesamte Zartener Becken erstreckte, war auch deshalb von besonderer Bedeutung, weil umfangreiche Bauarbeiten in diesem Raum durch den Neubau der B 31 Ost, die Verlegung der L 126 und die Verlegung des zentralen Verbandssammlers bevorstanden.

Mit den detaillierten Kartierungen hatte die Archäologische Denkmalpflege in allen Verhandlungen gute Argumente und konnte letztendlich erreichen, daß der Kernbereich der großen Siedlung von Tarodunum von den Bauarbeiten nicht tangiert wurde und somit als wichtiges Reservat der Forschung erhalten bleiben kann.

Die Trassen von B 31 Ost und L 126 querten das Vorgelände der Siedlung, von dem nur eine lockere Fundstreuung bekannt war. Hier ergaben sich erwartungsgemäß keine Befunde. Vereinzelte Funde von Amphorenfragmenten und Keramikscherben der Latènezeit bestätigen das von der Prospektion ge-

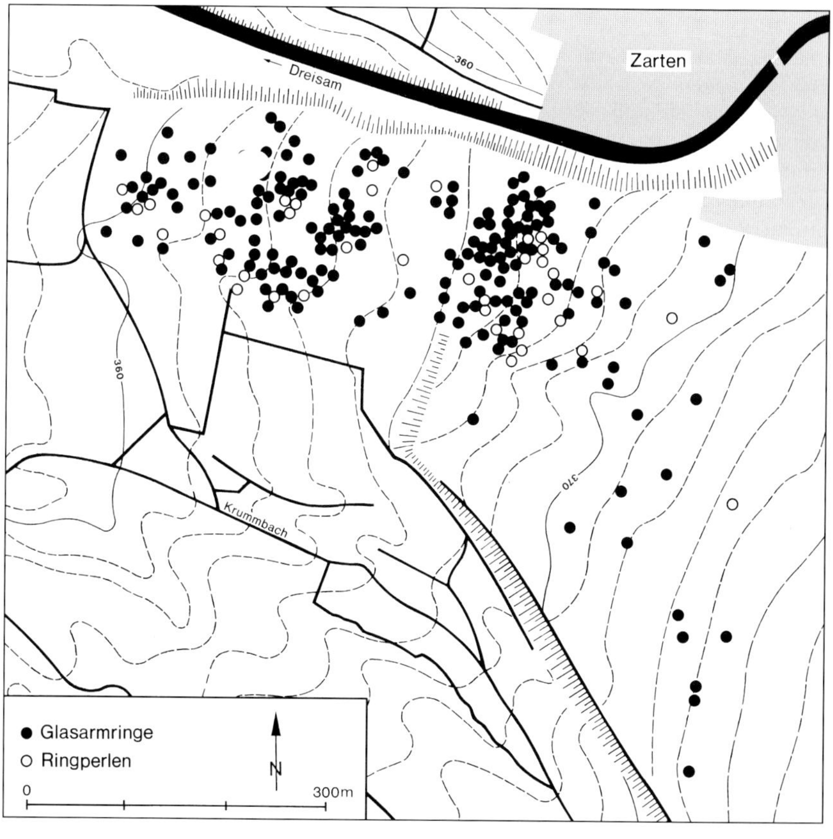

Abb. 72 Kirchzarten. Lage und Ausdehnung der Siedlung aufgrund der Verbreitung der Glasarmringe.

wonnene Bild. Nur die Trasse des zentralen Abwassersammlers verlief im Übergangsbereich von Vorgelände zu Kernbereich. An drei Stellen zeigten sich hier interessante Befunde. Es handelt sich hierbei um direkt unter der Pflugschicht liegende bis zu 18m lange dichte Steinsetzungen aus zumeist kopfgroßen Geröllen, zwischen denen sich zahlreiche Amphorenfragmente fanden, die offensichtlich als Abfall in diese Pflaster mit eingebaut waren (Abb. 73). Insgesamt dürften Reste von mindestens 20 Amphoren vorliegen. Eine der Steinpflasterungen überdeckte eine mit humosem Boden gefüllte Senke, aus der neben drei Glasarmringfragmenten auch Scherben verschiedener spätlatènezeitlicher Gefäße stammen. Außerdem fanden sich hier wenige Eisenschlacken, die nach Begutachtung von Dr. Martin, Geologisches Landesamt, eindeutig als Verhüttungsschlacken anzusprechen sind. Insgesamt machen diese Steinpflaster den Eindruck, als ob sie als trockener Untergrund für Haus- oder Werkplätze dienten. Da davon auszugehen ist, daß sie oberflächennah angelegt waren, ist im Kernbereich der Siedlung offensichtlich mit einer guten, kaum von Erosion beeinträchtigten Befunderhaltung auszugehen.

Die Bauarbeiten an den Straßentrassen, die bisher in sehr guter Zusammenarbeit mit der Neubauleitung Kirchzarten des Straßenbauamtes Freiburg von der archäologischen Denkmalpflege begleitet werden konnten, werden 1999 weitergeführt. Hauptaugenmerk wird dabei in Zusammenarbeit mit dem DFG-Projekt „Geo-Biosphäre" (Projekt Prof. Mäckel, Freiburg) auf die Aufschlüsse in den Talauen im Zusammenhang mit Bachverlegungen und Brückenbauten zu richten sein. Hier dürften die Auswirkungen auf die Umwelt, die durch die Anlage dieser großen Siedlung selbst, aber auch durch ihren vermuteten wirtschaftlichen Hintergrund (Bergbau) bewirkt wurden, am ehesten sichtbar werden.

Rolf Dehn

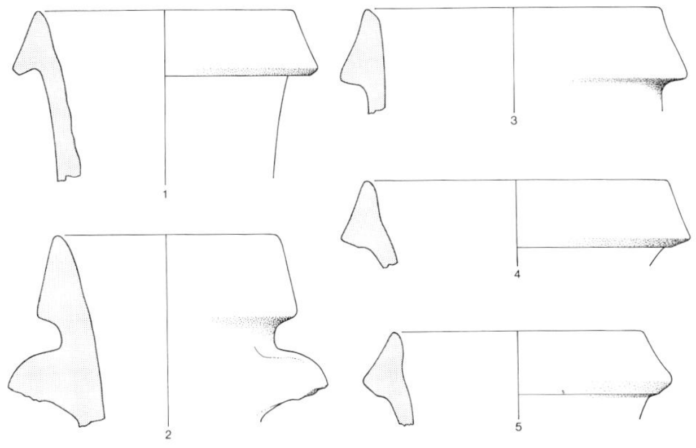

Abb. 73 Kirchzarten. Amphoren aus Befund 98/2. M.: 1:3.

Zum Abschluß der Ausgrabungen in der Viereckschanze von Blaufelden, Kreis Schwäbisch Hall

Die Ausgrabung der Viereckschanze im Gewann „Burgstall", über die in dieser Zeitschrift bereits berichtet wurde, konnte nach einer mittelbedingten Unterbrechung des Vorjahres 1998 wieder aufgenommen und abgeschlossen werden. Ein Luftbild von O. Braasch hatte erst 1994 zur Entdeckung der Anlage geführt. Sie war bis zur Flurbereinigung der 70er Jahre noch obertägig weitgehend erhalten. Die archäologischen Untersuchungen erfolgten im Vorfeld des Bebauungsplans „Burgstall IV" der Marktgemeinde Blaufelden. Vor Beginn der Ausgrabungen zeichneten sich Wall und Graben noch schwach im Acker-

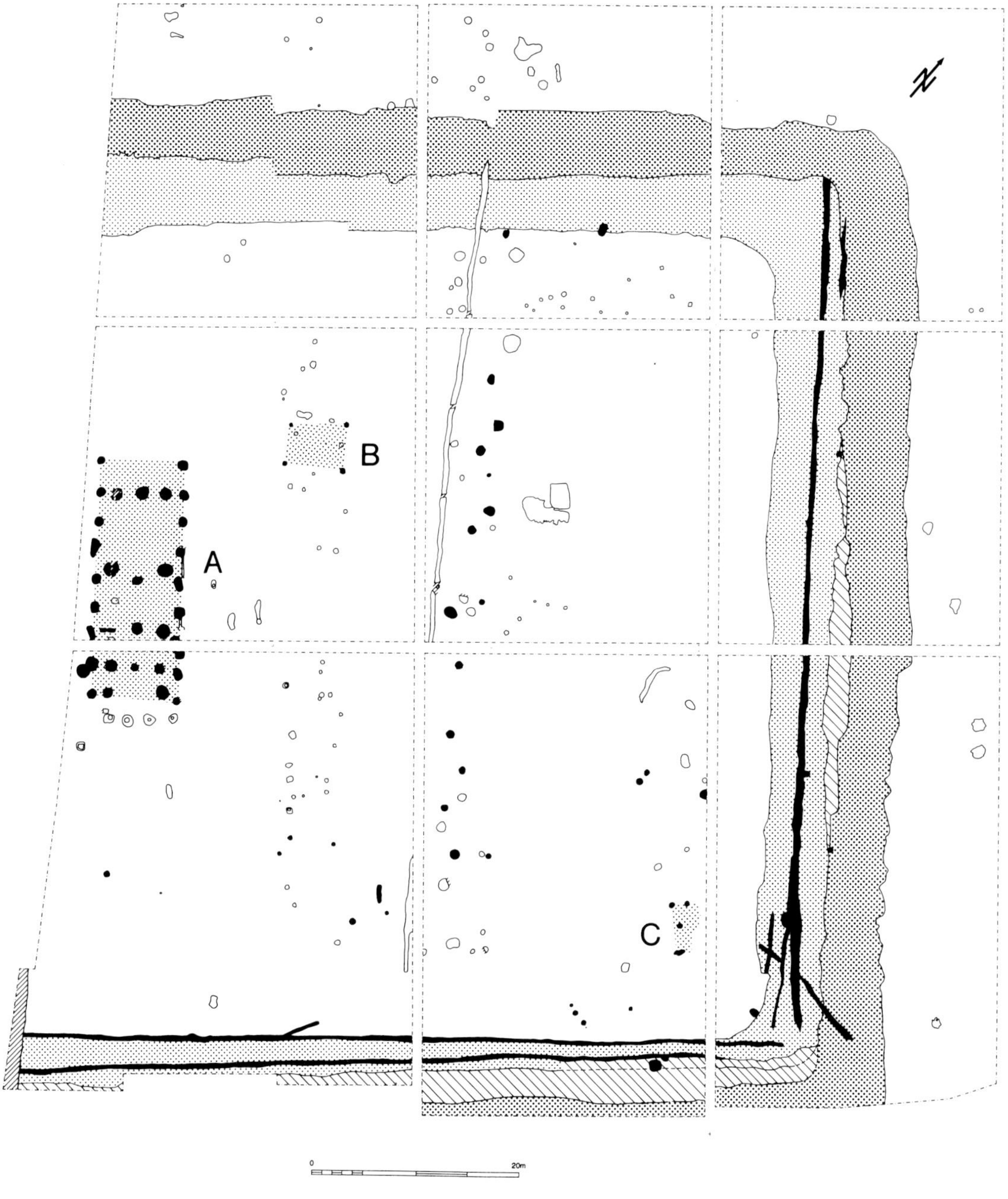

Abb. 74 Blaufelden. Gesamtplan der Viereckschanze nach den Untersuchungen von 1995, 1996 und 1998; A–C: Gebäude und Gebäudereste; Wall hell, Graben dunkel gerastert; Schraffur: alter anstehender Boden unter dem Wall bzw. Störungen; schwarz: Gräbchen und Pfosten; offene Signaturen: unklare, zumeist geologische Verfärbungen.

gelände ab. An der Südostseite entlang der Waldkante zum Demutswald war der Wall sogar noch 80cm hoch und als Grasweg genutzt. Die Südwestseite der Schanze fehlt, da hier die Bahnlinie von 1869 in einem tiefen Einschnitt verläuft, den ein Feldweg begleitet. Nach den Proportionen von 102,50m (Länge der NO-Seite an den Außenkanten des Grabens gemessen) mal mehr als 80m (NW-Seite) bzw. mehr als 95m (SW-Seite), einer sich andeutenden Einbiegung des Grabens am Südwestrand und der Lage des Gebäudes A ist ein ursprünglich etwa quadratischer Grundriß der Schanze zu vermuten. An der Nordecke ließ sich die bei Viereckschanzen übliche Überhöhung des Walles deutlich nachweisen. Eine Aufhöhung des Innenraums ist dagegen, wie schon 1996 festgestellt, erst nachträglich durch Erosion eingetreten. Hinweise auf eine Torsituation fanden sich weder in der archäologisch-topographischen Planaufnahme von 1995 noch in den Grabungsflächen, die die gesamte Schanze inklusive ihrer zugänglichen Außenbereiche umfaßten. Kurze Pfostenreihen unter dem Wall an der Südost- und Nordostseite verlaufen spitzwinklig zu Wall und Graben, so daß sie, zumal weitere Befunde fehlen, nicht im Sinne von Torresten zu deuten sind.

Der geologische Untergrund erschwerte die Grabung beträchtlich. Die Schanze liegt auf Lettenkeuperschichten, die nur gering mit entkalktem Löß überdeckt sind. Laut Gutachten von Dr. K. Bleich, damals Institut für Bodenkunde der Universität Hohenheim, haben außerdem Steinhebungen, Tonverlagerungen und Oxidation stattgefunden, die die Befundinterpretation aufgrund ihrer Färbungen nicht einfach machten. Zum Teil mußten mehrere Plana angelegt werden. Viele „Befunde" erwiesen sich bei näherer Untersuchung als geologischen Ursprungs. Der verschlämmte und verkrustete Boden war schwer zu bearbeiten. Vor allem aber floß Wasser nach Regenfällen nur sehr langsam ab. Zahlreiche Drainagegräben durchzogen die Anlage und durchschnitten Befunde.

Der Graben, ein durchschnittlich 5–6m breiter Spitzgraben, dessen obere Teile modern aufgefüllt waren, besaß zumeist noch eine Tiefe von etwa 1m. Abstufungen oder Einbauten zeigten sich nicht. Er wurde nach der Aufgabe der Anlage durch Erosion zusedimentiert. Nach Regenfällen muß in ihm, bis zur Drainierung durch die Flurbereinigung, immer wieder Wasser gestanden haben. Der Wall zeichnete sich als heller, rund 6 bis 7m breiter Streifen hinter dem Graben ab, da die Aufschüttung eine Erosion des entkalkten Lösses verhinderte (Abb. 74). In den erhaltenen Niveaus besaß der Wall keine zugehörigen Holzeinbauten und bestand aus der umgelagerten Erde des Grabenaushubs. Am inneren Wallfuß hatte sich erodiertes, humoses Erdmaterial abgelagert. Dies führt dazu, daß der Innenraum gegenüber dem Außenbereich höher erscheint. Tatsächlich war, laut K. Bleich, die Erosion außen stärker als innen, es handelt sich also nicht um eine antike Aufhöhung.

Unter der am besten erhaltenen Südostseite des Walles ließen sich auf seiner gesamten Länge zwei in die alte Oberfläche eingetiefte Gräbchen von durchschnittlich 40cm Breite erfassen. Während ihr Abstand im Osten nur 1m betrug, lag dieser am Westende bei 3,30m. Die Gräbchen sind also zwar etwa gleichgerichtet, aber nicht parallel. Während das innere Gräbchen unter der südöstlichen Wallecke zu enden scheint, um sich dann, um 90 Grad gedreht, unter dem nordöstlichen Wall fortzusetzen, wird das äußere Gräbchen durch den Schanzengraben abgeschnitten. Da es hinter dem Graben nicht mehr zum Vorschein kommt, dürfte es, wie das innere, nach Norden abgebogen haben und durch den Graben zerstört worden sein. Ob ein weiter nördlich am Grabenrand festgestelltes kurzes Gräbchenstück als letzter Rest zu diesem Außengräbchen gehörte, läßt sich nicht belegen. Das Gräbchen unter dem nord-

östlichen Wall endet am Ansatz des Grabens. Unter der nordwestlichen Wallaufschüttung gibt es keine solchen Gräbchen, so daß die Vermutung besteht, sie könnten im Bereich des Grabens gelegen haben.
Die Gräbchen, in denen stellenweise einzelne kleine Pfosten nachweisbar waren, sind also älter als die Wall- und Grabenanlage. Der nicht parallele Verlauf der beiden Gräbchen unter der Südostseite des Walls spricht gegen eine konstruktive Zusammengehörigkeit. Man wird die Anlagen daher als zwei Bauphasen von Zaungräbchen ansprechen müssen. Dies entspricht sehr gut den von K. Schwarz in der Viereckschanze von Holzhausen, Kreis München, festgestellten Befunden. Auch dort gehen Zaunumhegungen dem Bau von Wall und Graben voraus.
Im Innenraum konzentrierten sich Befunde auf den südlichen und westlichen Bereich der Schanze. Zwar durchquert eine Pfostenreihe mit Pfostengruben von durchschnittlich 0,80 m Durchmesser die Anlage etwa mittig von SO nach NW, doch kommt dieser Reihe keine Gebäudefunktion zu. Wahrscheinlich handelt es sich um eine wesentlich jüngere Baumaßnahme, als die Schanze in der frühen Neuzeit wieder genutzt wurde. Dafür spricht ein parallel dazu verlaufendes Gräbchen, das sicher in diese Zeit zu datieren ist.
Der bemerkenswerteste latènezeitliche Baubefund lag nicht ganz mittig am Südwestrand der Anlage. Seine Seiten waren parallel zu Wall und Graben ausgerichtet, wobei die nordöstliche Längswand zum Schanzeninnenraum wies (Abb. 74 und 75). Es handelt sich um ein mehrphasiges, großes, in Ständerbauweise errichtetes Holzgebäude (Abb. 75). Zwei gleich ausgerichtete langrechteckige Bauten sind ineinander geschachtelt. Im Inneren handelt es sich um einen einschiffigen Bau von, an den Außenkanten der Pfostengruben, 6× 19,50 m Seitenlängen. Um diesen herum liegt ein Gebäude mit Mittelstützen für den First. Seine Ausmaße betragen 9×22,50 m. An den Schmalseiten ist jeweils ein Joch ohne Mittelständer vorgeblendet. Reste eines Gräbchens markieren den Wandverlauf. Der Abstand zwischen Innen- und Außenbau beträgt von den Pfosten selbst gerechnet nur knapp 1 m. Die Joche und Mittelstützen des Außenbaus korrespondieren, wie sich 1998 bei der Ergänzung dieses Grundrisses durch die Ausgrabung gezeigt hat, zumeist nicht mit den Jochen des Innenbaus. Aus diesen Gründen halte ich eine Zweiphasigkeit des Bauwerks für wahrscheinlicher als die Annahme eines Umgangsgebäudes. Soweit solche in Viereckschanzen bisher festgestellt wurden, besaßen die Außenschalen keine Mittelpfosten als Firstträger. Für sich genommen ist jede der beiden Blaufeldener Bauphasen in sich stimmig und als Bautyp durch Parallelbeispiele andernorts, z. B. in Manching, belegt. Drei konstruktiv nicht notwendige Pfosten wird man am ehesten mit Reparaturen in Verbindung bringen. Verfärbungen vor der südlichen Schmalseite erwiesen sich als geologischen Ursprungs. Das große Gebäude von Blaufelden entspricht hinsichtlich seiner Lage in der Schanze anderen ergrabenen Befunden. Die beiden Bauphasen weisen, ebenso wie die Zaungräbchen, auf eine längere Bautradition am Ort hin.
Ein weiteres Gebäude, im Plan mit B bezeichnet, könnte als annähernd quadratischer Vierpfostenbau von 5×6 m Seitenlänge betrachtet werden. Leider war der Erhaltungszustand in diesem Bereich keineswegs gut, so daß diese Deutung nur mit Vorbehalt gegeben werden kann. Entsprechende Bauten sind aber aus Viereckschanzen durchaus geläufig und auch aus Oppida und Höhensiedlungen bekannt. Von einem Gebäude C, das sich an der Südostecke der Anlage befand, ist zu wenig erhalten, als daß es näher angesprochen werden könnte. Seine Lage in einer Eckposition ist in Viereckschanzen nicht ungewöhnlich. Auf weitere Einzelpfostenbefunde und in ihrer Ansprache unklare Verfärbun-

gen sei hier nicht weiter eingegangen. Die Viereckschanze von Blaufelden besitzt keinen Brunnen- oder Zisternenschacht.
Das spätkeltische Fundmaterial ist trotz der umfangreichen Untersuchung äußerst spärlich. Sicher dürften hierfür, besonders auch was Tierknochen anlangt, die aggressiven, sauren Bodenverhältnisse mit wechselnder Staunässe und Austrocknung mit verantwortlich sein. Datierbare Kleinfunde wie Fibeln oder Glasarmringbruchstücke fehlen gänzlich. Unter den Keramikobjekten sind dickwandige grobkeramische Gefäße in der Überzahl. Daneben gibt es aber auch mäßig hart gebrannte Drehscheibenware und sehr wenig Graphittonkeramik. Erwähnenswert sind einzelne Bruchstücke von Briquetagetiegeln. Aus einer Grube stammen Scherben von dünnwandiger, hart gebrannter Kammgrübchenware, die kennzeichnend für die Stufe LT D2 ist (Abb. 76). Wenn auch diese Keramik uns nichts über Bauzeit und Dauer der Anlage verrät, so bildet sie doch ein rares Indiz dieser Epoche, in einer Landschaft, in der man das Ende der keltischen Besiedlung, ausgehend von den Münzfunden des Oppidums Finsterlohr, viel früher vermutete.
Die Frage, ob die Spärlichkeit des Fundguts einzig mit den Bodenverhältnissen erklärt werden kann, oder ob hierfür auch das Fehlen von Grubenhütten, verfüllten Silogruben und anderen fundreichen Befunden verantwortlich ist, läßt sich schwer beantworten. Es fällt aber auf, daß selbst die Grabenfüllung kaum Funde enthielt, obwohl sie in großen Teilen ausgehoben wurde. Andererseits kann aus dem Innenraum einer oberirdisch erhaltenen Wallanlage nichts nach außen aberodieren. Auch die an der

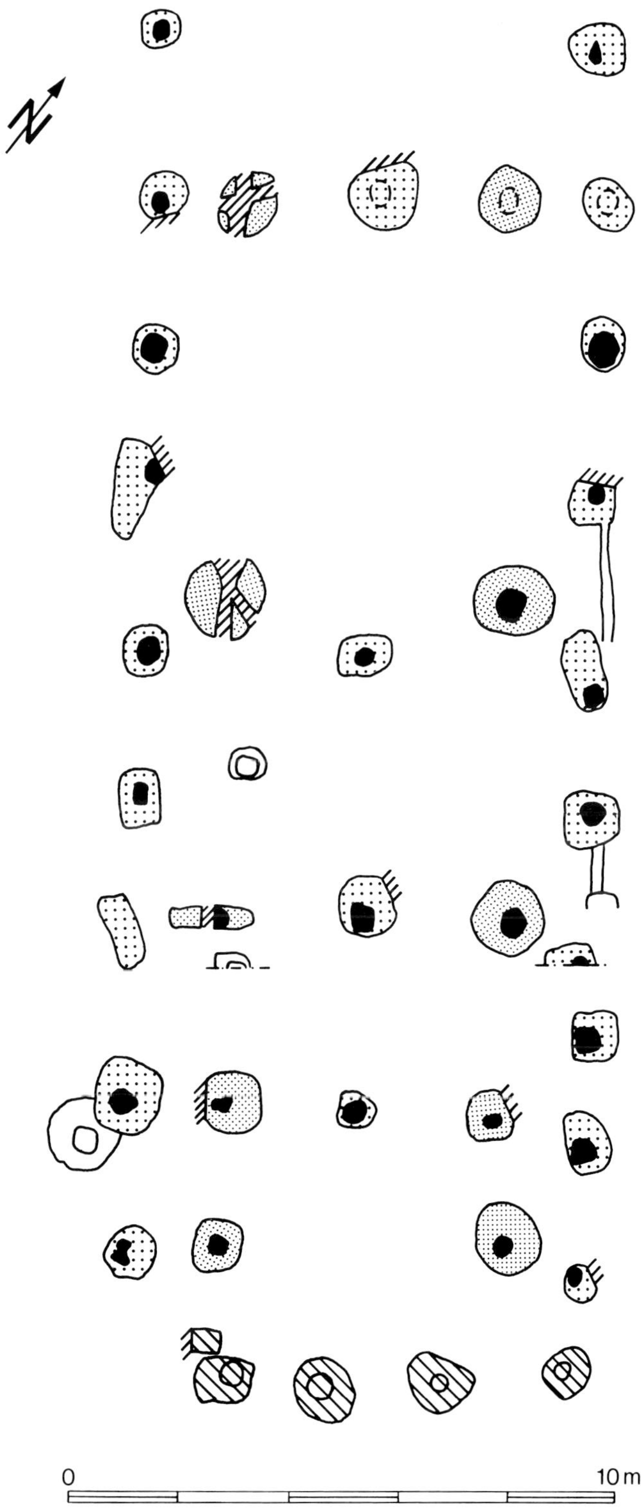

Abb. 75 Blaufelden. Detailplan des Gebäudes A mit den beiden Bauphasen in verschiedenen Rastern. Schraffur: Störungen durch Drainagen und geologische Verfärbungen, offene Signaturen: sonstige Pfostengruben.

Abb. 76 Blaufelden. Spätkeltische Keramik, darunter Kammgrübchenware aus Befund 214.

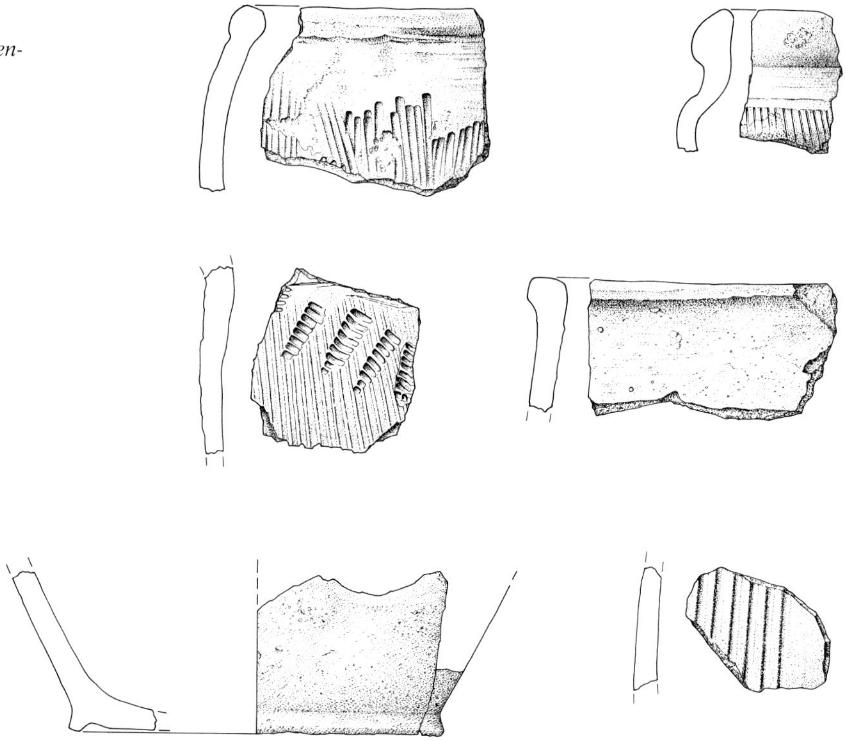

Wallinnenseite angelagerte Schwemmschicht war so gut wie fundleer. Die viel diskutierte, ursprüngliche Fundarmut mancher, keineswegs aller, Viereckschanzen erscheint mir daher im Falle Blaufelden trotz der Verunklarung durch den aggressiven Boden durchaus möglich.

Nach der Mitte des 1. Jhs. v. Chr. wurde die Anlage verlassen. Wall und Graben aber blieben bis in unsere Zeit erhalten und wurden in Notzeiten vermutlich auch genutzt. Zahlreiche frühneuzeitliche Einzelfunde, darunter auch zwei niederländische Taler aus dem Ende des 16. Jhs., könnten im Dreißigjährigen Krieg verlorengegangen sein.

Die Grabungen in Blaufelden wurden maßgeblich durch eine Arbeitsbeschaffungsmaßnahme des Arbeitsamts Schwäbisch Hall und seiner Außenstelle Blaufelden gefördert, wofür hier besonders gedankt sei. Der Marktgemeinde Blaufelden und Herrn Bürgermeister Mündlein, die unsere Arbeit unterstützten sowie in technischen Belangen halfen, gilt hier ebenso ein herzliches Dankeschön wie den betroffenen Landwirten, die uns ihre Äcker für die Untersuchungen frühzeitig zur Verfügung stellten.

Ingo Stork

Literaturhinweise

G. Wieland, Die keltischen Viereckschanzen in Süddeutschland – Kultanlagen oder Rechteckhöfe. In: Heiligtümer und Opferkulte der Kelten. Sonderheft Arch. Deutschland (Stuttgart 1995) 85 f. mit weiterführender Literatur. – I. Stork, Eine neu entdeckte keltische Viereckschanze in Blaufelden, Kreis Schwäbisch Hall. Arch. Ausgr. Bad.-Württ. 1996, 87 ff. – A. Neth, Zum Abschluß der Grabungen in der keltischen Viereckschanze bei Nordheim, Kreis Heilbronn. Arch. Ausgr. Bad.-Württ. 1996, 79 f. – M. Schaich, S. Watzlawik, Die spätlatènezeitliche Viereckschanze von Hartkirchen. Arch. Jahr Bayern 1996, 104 ff.

Zum Beginn der Ausgrabungen in der zweiten Viereckschanze von Nordheim, Kreis Heilbronn

Die vor rund 20 Jahren begonnene systematische Luftbildarchäologie in Baden-Württemberg führte 1980 in Nordheim zur Entdeckung der ersten spätkeltischen Viereckschanze des Heilbronner Raumes. Elf Jahre später wurde dann in unmittelbarer Nähe, nur ca. 250 m südlich in Flur „Kupferschmied" beim Nordheimer Friedhof eine weitere Anlage erkannt, die 1995/96 im Vorgriff auf eine Straßenbaumaßnahme vollständig ausgegraben werden mußte. Die sehr interessanten Ergebnisse dieser Untersuchung hatten natürlich auch die Aufmerksamkeit auf die benachbarte Viereckschanze in Flur „Bruchhöhe" gelenkt, wobei die Frage nach dem zeitlichen Verhältnis beider zueinander von vorrangiger Bedeutung schien.

Durch die Verzögerung mehrerer geplanter großer Bauvorhaben sowie die zum Jahresende entspanntere finanzielle Situation des Landesdenkmalamtes war es im Spätjahr 1998 schließlich doch möglich, mit der Ausgrabung der zweiten Viereckschanze zu beginnen. In diesem Zusammenhang möchten wir uns zum einen bei der Gemeinde Nordheim für die Kooperationsbereitschaft und Unterstützung sowie vor allem bei den betroffenen Landwirten und Grundeigentümern für ihre spontane und unbürokratische Zustimmung zu den Ausgrabungen bedanken.

Trotz der geringen Entfernung besteht zwischen den beiden Viereckschanzen keine Sichtverbindung, da sie durch einen markanten, ost-west verlaufenden Höhenrücken getrennt sind (Abb. 77). Während die Schanze im Gewann „Kupferschmied" in Schutzlage an einem Südhang über dem Katzenbachtal unweit von dessen Einmündung in den Neckar angelegt worden war, hatte man für die andere Anlage eine kleine Kuppe nahe eines nördlich vorbeifließenden Baches gewählt. Der Ausblick öffnet sich hier sehr viel weiter und umspannt den Höhenzug des Heuchelberges im Westen, die Lößflächen des Zabergäues im Norden und die Ausläufer der Löwensteiner Berge im Osten.

Beiden Viereckschanzen gemeinsam ist die Lage in fruchtbarem Ackerland, das seit langem intensiv landwirtschaftlich genutzt wird, so daß heute obertägig keinerlei Spuren von Wall und Graben mehr sichtbar sind. Möglicherweise war dies bei der Schanze in der „Bruchhöhe" vor gut 150 Jahren noch nicht der Fall: Sie liegt direkt auf einer vorspringenden Ecke der Gemarkungsgrenze zwischen Heilbronn-Klingenberg und Nordheim und könnte daher bei der Vermarkung des Geländes als noch sichtbare Grenzmarke benutzt worden sein; allerdings bot sich auch der nur wenige Meter östlich in gerader Linie verlaufende altwürttembergische Landgraben, der sich noch heute schwach in den Feldern abzeichnet, für die Grenzziehung an.

Das Luftbild der Viereckschanze in Flur „Bruchhöhe" zeigt ein nach Nordwesten geöffnetes Rechteck (Abb. 78). Entgegen der zunächst gehegten Befürchtung war die im Photo unsichtbare Nordhälfte der viereckigen Grabenanlage nicht der Bodenerosion zum Opfer gefallen, sondern ist vielmehr unter jüngeren Ablagerungen „begraben" und daher sehr gut erhalten geblieben.

Die Ausgrabung wurde Anfang November begonnen, wobei zunächst die 160× 150 m große Grabungsfläche in 15 m breiten Streifen aufgebaggert wurde. Das Grabenviereck mit Seitenlängen zwischen 95 und 115 m liegt leicht nach Nordwesten gekippt in der Fläche, so daß auf allen Seiten auch das Umfeld außerhalb der Anlage erfaßt wird.

Der Graben selbst erscheint im Planum in unterschiedlicher Ausprägung. Entlang der Ostflanke und an der Südostecke, wo er bereits seit 20 Jahren angepflügt wird, ist er noch 3–4 m breit und hebt sich deutlich gegen den auf den hellen Löß erodierten Untergrund ab. Zahlreiche Funde an der Oberfläche zeigen an, daß er hier wohl schon am stärksten angegriffen ist. Ganz anders ist die Befundsituation dagegen im Bereich der überflossenen Nordwest-Ecke und der Nordflanke. In dem dunklen, rotbraunen Lößlehm zeichnet sich der Graben nur undeutlich als mächtige, 6–7 m breite Verfärbung ab.

Ein im Dezember 1995 etwa in der Mitte der Ostflanke durchgeführter Baggerschnitt ergab einen 6,40 m breiten Graben mit kleiner, ebener Sohle (Abb. 79). Von der Humusoberkante aus gemessen reichte er noch 2,95 m tief. In der Abfolge und Ausprägung der Verfüllschichten zeigt das Profil eine auffallende Übereinstimmung mit den Grabenschnitten in Flur „Kupferschmied". Dies trifft insbesondere für das markante Band auf halber Höhe zu, das Konzentrationen von Holzkohle und verziegeltem Lehm enthält und eine darunter folgende, sehr fundreiche Zone abschließt. Die helleren rotbraunen Schichten im unteren und oberen Drittel des Profiles enthalten dagegen weniger Funde und sind durch in den Graben eingeflossenes Sediment entstanden.

Eindeutige Hinweise auf die Zerstörung der Viereckschanze durch ein Feuer – wie dies schon bei der ersten Schanze nachweisbar war – finden sich auch bei anderen Befunden. So konnte im Innenraum der Anlage bisher ein großes Gebäude in Ausschnitten aufgedeckt wer-

Abb. 77 Nordheim. Flurkartenausschnitt (Blatt NO 5806) mit Eintrag der beiden Viereckschanzen in den Fluren „Kupferschmied" im Süden und „Bruchhöhe" im Norden.

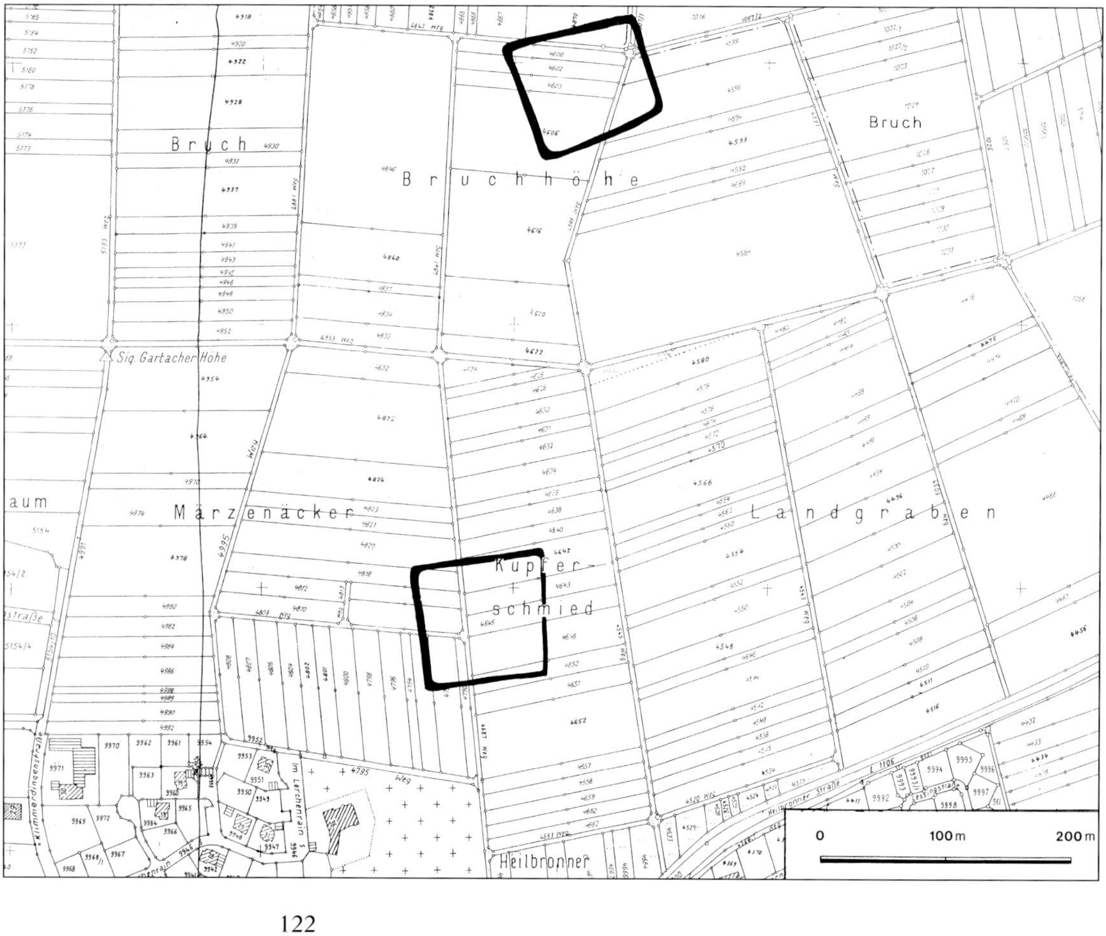

Abb. 78 Nordheim. Luftbild der Viereckschanze in Flur „Bruchhöhe". Im Süden zeichnet sich der Graben in den Feldern deutlich ab, in der Nordhälfte ist er von jüngeren Ablagerungen überdeckt.

den. Die Pfostengruben des mindestens 12 m langen Grundrisses zeigen an der Oberfläche eine Verfüllung der Pfostenstandspuren mit großen Hüttenlehmbrocken.

Knapp 20 m nördlich der Nordwestecke wurde außerhalb der Viereckschanze ein kleines, 5×4 m messendes Gebäude aus 4 Pfosten sowie einem an der Westseite vorgesetzten Pfostenpaar freigelegt. Da auch diese Pfostengruben mit Hüttenlehm verfüllt sind, ist eine Zugehörigkeit zur Schanze sehr wahrscheinlich, zumal ein entsprechender Befund auch in der anderen Nordheimer Anlage beobachtet wurde.

Derzeit noch nicht geklärt ist, wo sich die Toranlage befand. Ausgehend von der Topographie des Geländes kommen am ehesten die West- oder die Ostseite in Frage.

Innerhalb der Grabungsflächen wurden weiterhin einige Gruben einer frühlatènezeitlichen sowie einer noch nicht näher datierbaren neolithischen Siedlung angetroffen. Dies bestätigt die schon zuvor verschiedentlich gemachte Beobachtung, daß die spätkeltischen Viereckschanzen inmitten fruchtbarer Altsiedellandschaften angelegt wurden.

Aus archäologischer und bodenkundlicher Sicht ist ferner die Situation am Südrand der Grabungsfläche von besonderem Interesse. Hier liegt zwischen zwei Geländerücken eine kleine Senke, in der sich in gut 1,50 m Tiefe unter der heutigen Oberfläche ein schwarzes Kolluvium erhalten hat, das ebenfalls archäologische Befunde enthält und daher im Zuge der Grabung untersucht werden soll. Das Abtauchen dieser Schicht unter mächtige jüngere Ablagerungen zeigt, daß das Geländerelief in vorgeschichtlicher Zeit noch deutlich ausgeprägter als heute war.

Das Auftreten zweier Viereckschanzen in geringen Distanzen von wenigen hundert Metern wurde bisher in Baden-Württemberg nur gelegentlich beobachtet, so beispielsweise in Jettingen-Oberjettingen (Kr. Böblingen), in Westerheim (Alb-Donau-Kreis) und Hohenstadt (Kr. Göppingen) oder in Rottweil-Neukirch; eine weitere Zunahme derartiger Befunde ist jedoch als

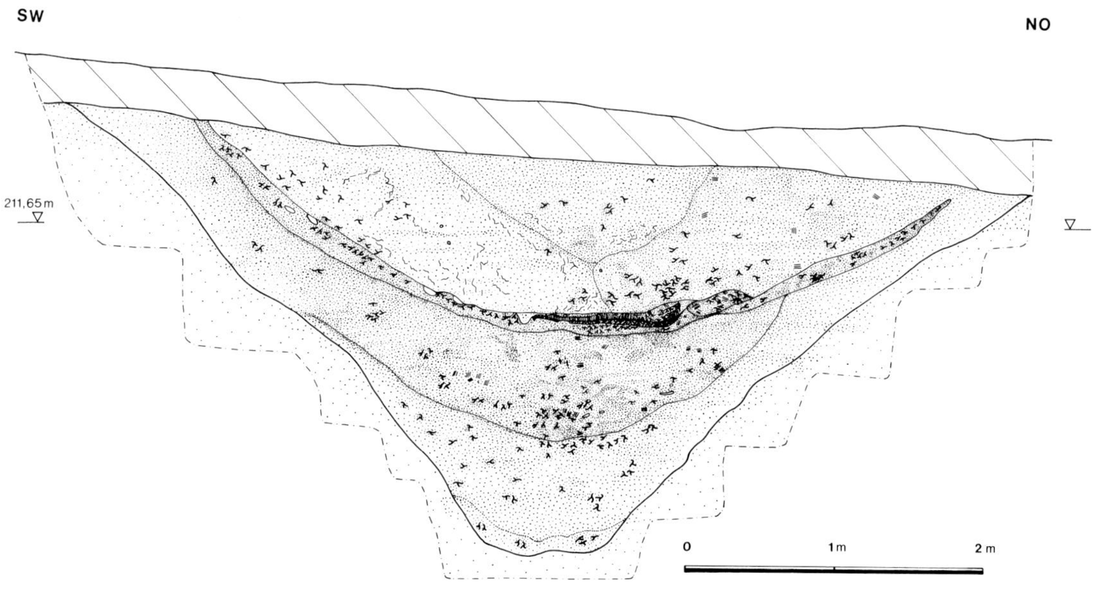

Abb. 79 Nordheim. Querprofil durch den Graben an der Ostflanke, das bei einer Sondage 1995 aufgenommen wurde.

Ergebnis der Luftbildprospektion auch für die Zukunft zu erwarten. Bekannter sind derzeit allerdings einige Fundstellen in Bayern, so etwa die beiden Schanzen von Holzhausen oder die drei benachbarten Anlagen in Wiedmais; jeweils eine der Schanzen konnte dort großflächig untersucht werden.

Die Ausgrabungen in Nordheim bieten jetzt erstmals die Möglichkeit, in Ergänzung zu den in den vergangenen Jahren durchgeführten Großgrabungen in Ehningen, Bopfingen und Riedlingen, zwei in direkter Nachbarschaft liegende Viereckschanzen vollständig zu untersuchen und hinsichtlich ihrer zeitlichen Dimension sowie ihrer Funktion zu vergleichen. Neben dem Aspekt, hierbei einen umfangreichen Bestand an jüngerlatènezeitlichem Fundgut aus der Region zwischen den großen Zentren in Manching und am Oberrhein zu gewinnen, steht natürlich weiterhin die Frage nach der Bedeutung der spätkeltischen Viereckschanzen im Mittelpunkt des Interesses, und es wird sicherlich spannend, zu sehen, ob sich die Argumente für die vorgeschlagene Deutung als keltische Gutshöfe stützen lassen oder ob sie einer Revision bedürfen.

Andrea Neth

Literaturhinweise

K. Bittel, S. Schiek, D. Müller, Keltische Viereckschanzen. Atlas archäologischer Geländedenkmäler in Baden-Württemberg 1 (Stuttgart 1990) 22f.; 389. – A. Neth, Zum Abschluß der Grabungen in der keltischen Viereckschanze bei Nordheim, Kreis Heilbronn. Arch. Ausgr. Bad.-Württ. 1996, 79ff. (mit weiterer Literatur).

Untersuchungen in der spätkeltischen Viereckschanze „Am Scheerer Weg“ bei Mengen-Ennetach, Kreis Sigmaringen

Die Erforschung der engeren Region um die Einmündung des Ablachtales in die obere Donau bei Mengen-Ennetach war im Jahr 1998 sicher ein Schwerpunkt archäologisch-denkmalpflegerischer Arbeit in Südwürttemberg. An drei Plätzen wurden archäologische Grabungen durchgeführt, um Befunde zu klären, die in den letzten Jahren durch Luftaufnahmen von O. Braasch bekannt geworden waren, bzw. durch gezielte Forschungen von H. Eberhardt und H. Schmid (Biberach) genau lokalisiert werden konnten. Kleinflächigere Grabungen wurden im Bereich eines hallstattzeitlichen Gräberfeldes im Ablachtal (vgl. S. 88 ff.) und auf der Hochfläche des Ennetacher Berges im Bereich des römischen Kastells (vgl. S. 133 ff.) durchgeführt, während in einer keltischen Viereckschanze im Donautal bei Ennetach von Mai bis November größere Flächen untersucht werden konnten.

Die Viereckschanze mit ihrem großen Annex-Grabenwerk war 1989 von O. Braasch entdeckt worden. Ihre Lage in einer ehemaligen Donauschleife, bzw. unmittelbar im Vorfeld einer alten Donaufurt zu Füßen des Ennetacher Berges mit seinem spätestens ab claudischer Zeit besetzten Militärposten machte diese Anlage zu einem interessanten Objekt für das von der DFG geförderte Forschungsprojekt „Spätkeltische Siedlungen“. Hier bot sich einmal die Möglichkeit, Aufschlüsse über das inhaltliche und zeitliche Verhältnis zwischen der Viereckschanze und einem angesetzten „Annex“ in Form eines winklig geführten Wall-Graben-Systems zu erhalten, zum anderen ließ die topographische Situation und enge Nachbarschaft zu dem frührömischen Kastell auf Aussagen zum zeitlichen Verhältnis zwischen spätestkeltischer Besiedlung und frühesten römischen Militärplätzen an der oberen Donau hoffen. Damit knüpften die Untersuchungen direkt an die 1995 durchgeführten Arbeiten in Emerkingen, Alb-Donau-Kreis, und auf dem Schaufelsen bei Stetten a. k. M., Kreis Sigmaringen, an (vgl. G. Wieland, Arch. Ausgr. Bad.-Württ. 1995, 151 ff. und 175 ff.).

Die Untersuchungen im Bereich der Viereckschanze und des Annexgrabens wurden im März aufgenommen. Von entscheidender Bedeutung für die Abgrenzung und Auswahl der Grabungsflächen waren dabei die geophysikalischen Prospektionsarbeiten durch H. von der Osten-Woldenburg (LDA Stuttgart).

Geophysikalische Untersuchungen

Bei den im März 1998 durchgeführten geomagnetischen Untersuchungen konnte das bodennahe Erdmagnetfeld auf einer Fläche von über 120×180 m erfaßt werden. Um die dazu erforderlichen 355 200 Daten registrieren zu können, war zu Fuß eine Strecke von 220 km zu bewältigen. Das Ergebnis dieser Prospektion wurde digital in das in der Taf. 11 in etwa geostete Luftbild von O. Braasch eingebunden. Die prospektierte Fläche erstreckte sich über den gesamten Bereich der geplanten Grabungsfläche sowie über das westlich daran anschließende Areal, so daß die Viereckschanze und etwa 20% des Annexbereiches flächig erfaßt waren. Diese Messungen bestätigten den Verlauf der im Luftbild sichtbaren Grabenstrukturen und haben zudem Hinweise auf Bebauung im Inneren der Viereckschanze ergeben.

Besonders hinzuweisen ist auf eine Struktur, die im Magnetogramm als heller Fleck im Ostteil der Viereckschanze zu erkennen ist. Bei der anschließend

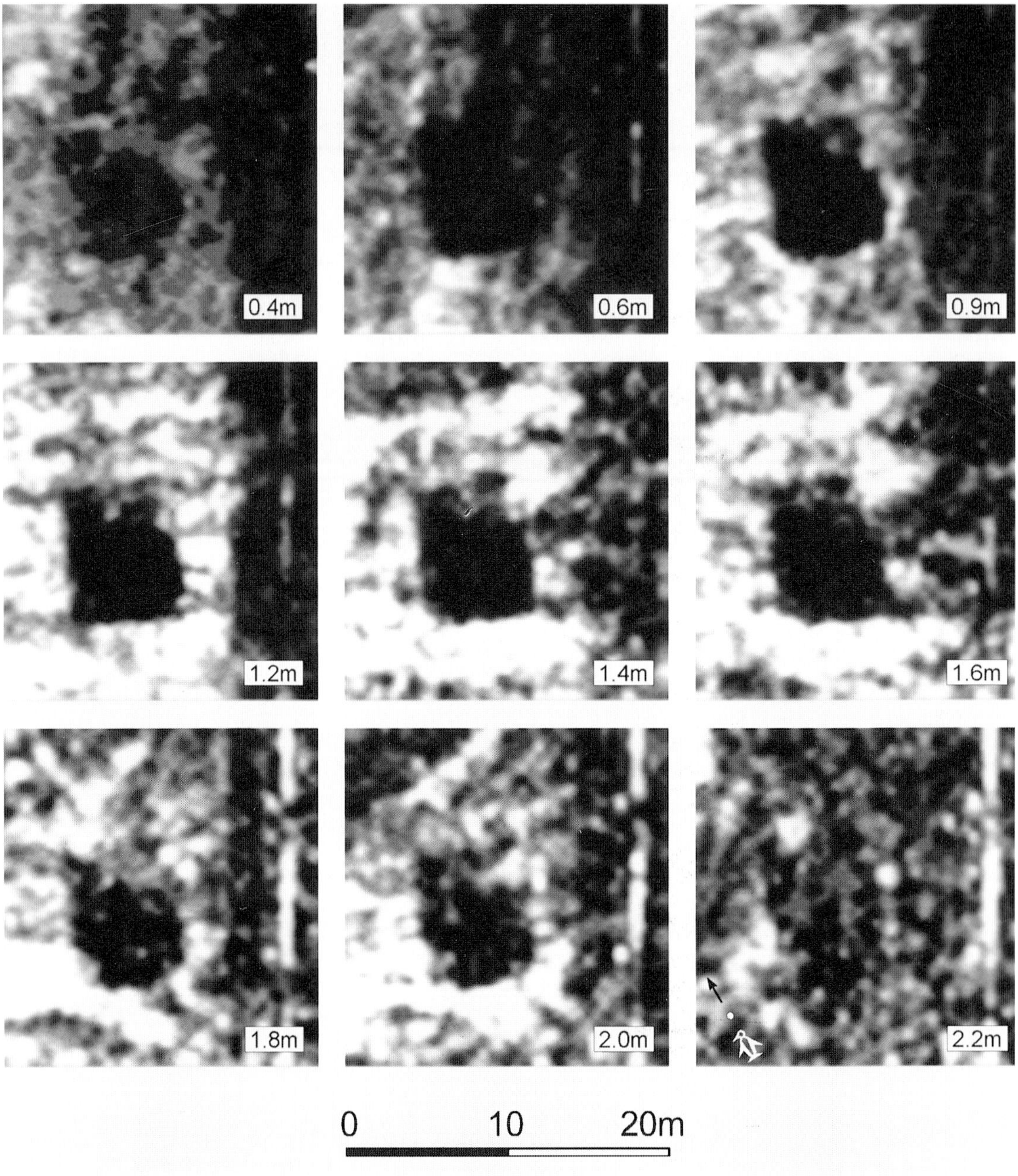

Abb. 80 Mengen-Ennetach, Viereckschanze. Erdradrar-Prospektion des vermutlichen Erdkellers oder Brunnenschachtes im Bereich des Annexareals. Reflektivitätsverteilung in den angegebenen Tiefen. (Vorlage: H. von der Osten-Woldenburg, LDA).

durchgeführten Grabung hat sich herausgestellt, daß es sich bei dieser Anomalie um einen Brunnenschacht handelte. Parallel zu den Ausgrabungen konnten punktuell weitere Prospektionen durchgeführt werden, unter denen das Ergebnis einer der Bodenradar-Untersuchungen erwähnt werden soll. Innerhalb des Annexbereiches zeigt sich im Luftbild eine rechteckige, dunkle Verfärbung. Diese ist im Magnetogramm deutlich als die größte, flächig isolierte Struktur mit schwarzen und weißen Anteilen zu erkennen. Die Ergebnisse der Bodenradar-Untersuchungen sind in der Abb. 80 dargestellt. Diesen „Zeitscheiben" zufolge, könnte es sich hier um einen Erdkeller oder einen Brunnenschacht handeln, der bis in eine Tiefe von über 2 m hinabreicht. Hier ist im Frühjahr 1999 noch eine Sondage geplant, um die nähere Datierung dieser Struktur zu klären. Die hellere Struktur, die besonders in einer Tiefe um 1,80 m zur Geltung kommt, entspricht den Radargrammen zufolge einem kleinen ehemaligen Bachlauf. Das helle gerade Lineament nahe des östlichen Randes der Teilabbildungen kennzeichnet die Feldweggrenze.

Auf der Grundlage der geophysikalischen Messungen begannen Mitte April die Grabungsarbeiten, bei denen der Ostteil der Viereckschanze sowie der südöstliche Randbereich und die Ecke des Annexareals flächig freigelegt wurden.

Geologische und topographische Situation (nach der Untersuchung von K. Bleich)

Die Viereckschanze von Ennetach liegt im Bereich eines späten Niederterrassenstadiums der Donau, welches bis in die Neuzeit durch die Donauhochwässer überflutet werden konnte.

Der Untergrund besteht aus Weißjuramaterial vermengt mit Geröllen alpiner Gesteine. Hochstehendes Grundwasser schuf darin unterbrochene Eisen- und Manganoxid-Horizonte. Über diesem „Donauschotter" liegt ein alter Ap-Horizont, der die archäologischen Strukturen nach oben gleichsam versiegelt und auf eine flächige Planierung des Talgrundes durch Überschwemmungstätigkeit sowie anschließende landwirtschaftliche Nutzung (Beackerung) zurückgeht. An der Basis dieses Altbodens, der bei Beginn der Beackerung als mittelgründige Kiesparabraunerde entwickelt war, waren Reste von Pflugfurchen erhalten. Diese Ackerspuren können frühestens in römische Zeit gehören, genausogut aber auch erst ins Mittelalter.

Die Viereckschanze wurde in ihren Abmessungen bei der geophysikalischen Prospektion vollständig erfaßt (vgl. Taf. 11). Sie ist mit Seitenlängen von 95 m (SO- und NW-Seite) und 105 m (NO- und SW-Seite) nicht ganz quadratisch. Ihr Graben konnte an der SO-Seite nahezu vollständig erfaßt werden, lediglich die Außenkante der Ost-Ecke liegt unter einem Feldweg. Von der SW-Seite konnten eine Strecke von 15 m und die Süd-Ecke untersucht werden.

An der Süd-Ecke der Hauptschanze ist ein Annexgraben angesetzt, der nicht mit dem Hauptgraben verbunden war, sondern etwa 2,50 m vor dessen Ecke endet (vgl. Taf. 11). Dieser bedeutend schwächer dimensionierte Annexgraben verläuft zunächst nach SW, wobei er gegenüber der Flucht des Hauptgrabens etwa um 10° nach W abweicht. Nach 65 m knickt er im Winkel von 100° nach NW um und verläuft etwa parallel zum SW-Graben der Hauptschanze auf einer Länge von etwa 390 m. Dann endet er etwa 30 m vor einem ehemaligen Donaubett, läßt also eine Art Durchgang offen. Durch diese Grabenführung wird eine halbinselartige ehemalige Donauschleife nach Süden hin abgegrenzt. Diese topographische Situation der Ennetacher Viereckschanze findet unmittelbare Parallelen in einem Lagetyp spätkeltischer Oppida: Das in der Doppelschleife des Hochrheins gelegene Oppidum von

Altenburg-Rheinau verkörpert diesen Typ wohl am besten. Mit Mengen-Ennetach haben wir einen Beleg, daß derartige Siedlungsmuster auch bei den ländlichen Niederlassungen zur Anwendung kamen.
Im Bereich der Viereckschanze kamen auch Funde und Befunde aus älteren Epochen zum Vorschein. Am nördlichen Ende der Grabungsfläche, innerhalb der Ostecke der Viereckschanze, wurde ein frühbronzezeitliches Hockergrab aufgedeckt (vgl. S. 69ff.). Wenige spätneolithische oder frühbronzezeitliche Scherben aus der Grabenfüllung der Schanze könnten ein Hinweis auf weitere zerstörte Gräber oder Siedlungsreste dieser Zeit in unmittelbarer Nähe sein. Nur wenige Meter von dem Grab entfernt lagen mehrere Pfostengruben, von denen eine in ihrer Füllung verzierte Keramik enthielt, die an den Übergang Hallstatt C/D zu datieren ist. Der Ostgraben der Viereckschanze überschnitt mit seiner Innenkante eine ältere Grube, aus der Keramikscherben und eine späthallstattzeitliche Kugelkopfnadel geborgen wurden.

Abb. 81 Mengen-Ennetach, Viereckschanze. Der Annexgraben (Ostseite) während der Ausgrabung.

Viereckschanzen- und Annexgraben

Der Viereckschanzen- und der Annexgraben wurden aus arbeitstechnischen und fundstatistischen Gründen regelhaft in 2 m-Sektoren unterteilt und schichtweise ausgegraben. Der Graben der Viereckschanze war untypischerweise als regelrechter Sohlgraben ausgebildet, d.h. bei einer Breite von 5,50–6 m auf Planum 1 war er nur bis ca. 1,20 m tief und wies auf der Sohle eine Breite von etwa 2,50 m auf. Diese Eigenart erklärt sich mit dem hohen Grundwasserspiegel in keltischer Zeit: Beim Eintiefen des Grabens geriet man schnell in wasserführende Schichten des Donauschotters und konnte den Graben deshalb nicht in der üblichen spitzen V-Form anlegen. Der an der Innenseite aufgeschüttete Wall aus Schotter scheint bald wieder in den Graben gerutscht zu sein. Vorher schon muß eine stark mit Holzkohle und verbranntem Lehm durchsetzte Schicht von der Außenseite her (d.h. aus dem Annexbereich) in den Südwestgraben eingeflossen sein. Vom Annexgraben wurde die komplette Südostseite mit der Südecke erfaßt. Er war bei einer oberen Breite von 2 m noch 1,30 m in den Schotter eingetieft. Er ist als sehr exakt angelegter Spitzgraben ausgebildet und besaß auf der Innenseite ebenfalls einen Wall, dessen Schottermaterial als Einschwemmung in der Grabenfüllung klar auszumachen war (Abb. 81). Er scheint nach den bisherigen Grabungsergebnissen eine jüngere Ausbauphase der Anlage darzustellen, worauf auch sein Sohlenniveau hinweist, das etwas tiefer liegt als die Sohle des Viereckschanzengrabens. Der Grundwasserspiegel muß also beim Ausheben des Annexgrabens bereits etwas tiefer gelegen haben. Auch müssen seine Erbauer konkrete Vorstellungen gehabt haben, in welcher Tiefe mit Wasser zu rechnen ist, da sie sonst – wie bei der Anlage des Viereckschanzengrabens geschehen – vorzeitig die Abtiefung hätten einstellen müssen. Ganz im Südwesten der Grabungs-

Taf. 9 Rottweil, „Beckenhölzle". Goldohrringe mit Putzverzierung und Steckverschluß.

Taf. 10 Herbertingen-Hundersingen, „Heuneburg". Profilschnitt an der Ostmauer. Auf dem Mauersockel ist Lehmziegelmauerwerk erhalten, in das die Pfostengrube einer jüngeren hallstattzeitlichen Befestigung eingreift. Vor der Mauer lagert stark verziegelter Schutt der Lehmziegelmauer.

Taf. 11 Luftaufnahme der Viereckschanze von Mengen-Ennetach mit eingeblendetem Ergebnis der geophysikalischen Prospektion.

Taf. 12 Lahr-Dinglingen. Fundament eines kleinen gallo-römischen Umgangstempels, darüber kleine Steinkisten aus Trockenmauerwerk mit Gefäßdeponierungen.

fläche, nahe der Südecke des Annexes, wurden randlich drei Pfostengruben erfaßt, die zu einem Pfostenbau in der Wallecke gehört haben dürften.

Gebäude

Im Südosten der Viereckschanze konnte der Grundriß eines mächtigen Pfostenbaus von etwa 19×12m Grundfläche vollständig erfaßt werden. Er besteht aus einer H-förmig angeordneten Innenkonstruktion aus sieben Pfostengruben, in denen die dachtragenden Pfosten standen. Sie hatten z.T. gewaltige Ausmaße; in der zentralen Grube wurde eine Pfostenstandspur mit einem Durchmesser von 87cm gemessen. Um diese Innenstruktur legt sich ein Rechteck kleinerer Pfostengruben im Abstand von etwa 1,50–2m, sicher die Spuren der Wandkonstruktion. Das ganze Gebäude darf man sich wohl kaum als „Umgangsbau“ mit erhöhtem Mittelteil in der Art gallorömischer Tempel vorstellen, sondern als eindrucksvollen Hallenbau mit Walmdach, vielleicht sollte man angesichts der überaus mächtigen Pfosten im Inneren sogar an zweistöckige Bauweise denken. Das Gebäude ist hinsichtlich seines Grundrisses mit dem Hauptgebäude der 1991–1997 von F. Klein untersuchten Viereckschanze „Klinge“ bei Riedlingen, Kreis Biberach, identisch, lediglich die Ausmaße des Ennetacher Gebäudes liegen über denen von Riedlingen. Durch Überschneidungen von Pfostengruben konnte festgestellt werden, daß dieser Großbau mehrere Bauphasen aufweist, bzw. mindestens einmal durch Austausch einzelner Pfosten repariert wurde, bevor er in einer Brandkatastrophe unterging. Holzkohlebrocken und zahlreiche verbrannte Hüttenlehmstücke in den Pfostenstandspuren belegen dies deutlich. Mit großer Wahrscheinlichkeit lassen sich Brandreste in der mittleren Grabenfüllschicht und der oberen Verfüllung des Brunnenschachtes mit

Abb. 82 Mengen-Ennetach, Viereckschanze. Schnitt durch die zentrale Pfostengrube des Großbaus. Die Standspur eines mächtigen Pfostens ist deutlich erkennbar.

diesem Schadenfeuer synchronisieren. Die Pfostengruben dieses Großbaus werden von denjenigen eines bedeutend kleineren Gebäudes überschnitten. Diese jüngste Bauphase besteht aus einem rechteckigen Vierpfostengrundriß von 4,50×7,50m mit zentralem Mittelpfosten. Bei gleicher Orientierung ist dieses Gebäude ziemlich genau in das südliche Viertel des vormaligen Großbaus eingepaßt. Seine Pfostengruben unterscheiden sich auch in der Verfüllung und der geringeren Tiefe deutlich von denen des älteren Gebäudes.

Brunnenschacht

Zwischen diesem Gebäude und der Ostecke der Viereckschanze wurde ein Brunnenschacht freigelegt. In Planum 1 zeigte er sich als ovale Verfärbung, ab ca. 0,70m Tiefe war der Umriß einer quadratischen Holzverschalung von ca. 1,20m Seitenlänge sichtbar. Wegen des hohen Grundwasserstandes im Donauschotter war der Schacht nur knapp 1,80m tief. In der Verfüllung fanden sich u.a. ein eiserner Eimerhenkel und ein in großen Teilen erhaltenes grobkeramisches Gefäß. Feuchterhaltung war im Brunnenschacht leider nicht mehr anzutreffen, da durch die Donauregulierung seit dem 19. Jh. der Grundwasserspiegel um mehrere Meter abgesackt ist. Die geophysikalische Prospektion hat diesen Schacht vor der Grabung schon deutlich identifiziert (Taf. 11) und auch weitere derartige Befunde im Siedelbereich innerhalb des Annexgrabens lokalisiert.

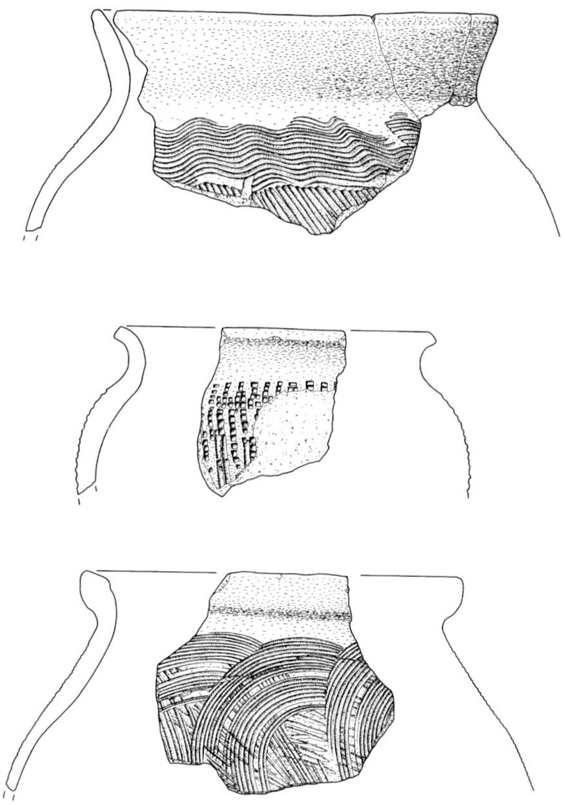

Abb. 83 Mengen-Ennetach, Viereckschanze. Spätkeltische Keramik.

Die Wasserversorgung der Viereckschanze und der zugehörigen Siedlung hat also wohl ähnlich funktioniert wie bei den Großsiedlungen am Oberrhein (Basel-Gasfabrik, Breisach-Hochstetten), wo trotz der Nähe zum Fluß Sodbrunnen in den Schotter eingetieft waren, zweifellos um die Filterwirkung des Kieses auszunutzen.

Begünstigt durch den trockenen Frühsommer haben sich die archäologischen Strukturen im Donauschotter dieses Jahr in hervorragender Klarheit abgezeichnet. Daher konnte O. Braasch weitere Details des Ensembles aus der Luft erkennen und dokumentieren. Als sicher darf demnach gelten, daß im Bereich des Annexgrabenwerks weitere Brunnenschächte vorhanden sind. Ferner zeigen sich Spuren von sehr großen Pfostenbauten im Westen des Areals.

Fundmaterial

Eine erste Beurteilung des Gesamtfundmaterials zeigt wesentliche Unterschiede zum bislang bekannten Fundspektrum aus Viereckschanzen: Ist der Anteil handgemachter Grobkeramik gegenüber den Verhältnissen in Großsiedlungen in Viereckschanzen ohnehin schon recht hoch (meist ca. 70–80%), so liegen die Zahlen in Ennetach mit über 95% noch deutlich darüber. Fragmente scheibengedrehter Keramik gehören in Ennetach zu den Seltenheiten. Auch im Formenspektrum ergeben sich deutliche Unterschiede zum bisher gewohnten Bild: Die Schüssel mit eingebogenem Rand, sonst die häufigste spätlatènezeitliche Gefäßform, tritt im Ennetacher Material deutlich gegenüber den Töpfen mit ausgebogenem Rand zurück. Die Verzierung der Grobkeramik besteht meist aus Kammstrich-Grübchen-Dekor, plastischen Warzen und sehr grobem Kammstrich. Gelegentlich kommen ringförmige Einstiche und Kammstrichbögen vor (Abb. 83). Einige Fragmente importierter Weinamphoren vom Typ Dressel 1 erklären sich mit der Lage der Ennetacher Viereckschanze am hier vorbeiführenden Fernhandelsweg vom Hochrhein (Oppidum-Altenburg-Rheinau) zur Donau (Manching).

Auffallend ist die Metallarmut im Fundmaterial: Gerätschaften, Schmuck oder Trachtbestandteile aus Bronze fehlen bislang vollständig, ebenso jeglicher Glasschmuck. Eine Fibelspirale aus Eisen stammt aus den unteren Schichten der Grabenfüllung. Wie zwei Eisenfibeln aus der oberen Füllung des Ostgrabens zu bewerten sind, ist bislang unsicher: Es handelt sich um eine Drahtfibel vom Spätlatène-Schema mit innerer Sehne, hohem Bügel und massivem Nadelhalter. Ähnliche Stücke werden in Gallien in die zweite Hälfte des 1. Jhs. v. Chr. datiert, kommen aber auch in augusteischer (Lager von Dangstetten) bis claudisch-neronischer Zeit noch vor. Zu dieser späten Zeitstellung

würde auch das Fragment einer weiteren Eisenfibel (Almgren 241-Variante) passen.
Nahe der Südecke fanden sich im Graben ein geschäfteter Eisenstichel und Reste weiterer Feinwerkzeuge aus Eisen – möglicherweise der Rest eines Gerätedepots, wie es etwa aus den Viereckschanzen von Königheim-Brehmen, Main-Tauber-Kreis und Pankofen in Niederbayern bekannt ist. Besonders hinzuweisen ist auf das Unterteil einer spätkeltischen Schwertscheide und eine Pfeil- oder Bolzenspitze mit rautenförmigem Querschnitt.
Aus dem Viereckschanzengraben kamen Tierknochen in einiger Zahl zum Vorschein, bislang kann über ihre Zusammensetzung aber noch nichts gesagt werden. Dagegen konnten bei einer Durchsicht der Knochenfunde durch J. Wahl menschliche Skelettreste ausgesondert werden, die aus dem Südwestgraben nahe der Südecke und dem mittleren und südlichen Bereich des Nordostgrabens stammen (s.u.). Daß Menschenknochen immer wieder im Fundbestand spätkeltischer Siedlungen auftauchen, ist mittlerweile ein bekanntes Phänomen, für das es unterschiedlichste Deutungsversuche gibt. Grundsätzlich können diesen Funden verschiedene Ursachen zu Grunde liegen, wie Untersuchungen in Manching und Bad Nauheim gezeigt haben. Es kann sich um Reste von Opfern kriegerischer Auseinandersetzungen ebenso handeln, wie um eine Form des Totenrituals, die wir momentan noch nicht näher ergründen können. Gerade für die Spätlatènezeit kennen wir ja kaum reguläre Bestattungen in Süddeutschland. Wie die Untersuchungen von J. Wahl (s.u.) gezeigt haben, gibt es auch Hinweise auf das Zurschaustellen von Schädeln, sicher im Zusammenhang mit einer auch schriftlich überlieferten Trophäen-Sitte. Diese Präsentation von menschlichen Überresten mag wegen der Verdrängung des Themas Tod und Sterben in der heutigen Gesellschaft als etwas Außerordentliches und definitiv „Kultisches" erscheinen. Für den prähistorischen Menschen dürfte es aber etwas ganz Alltägliches gewesen sein, freilich auch, weil ihm eine strikte Trennung von kultischem und profanem Handeln überhaupt nicht bewußt gewesen wäre.

Menschliche Skelettreste

Bei der Ausgrabung in Mengen-Ennetach wurden neben dem spätbronzezeitlichen Grab im Norden des Grabungsareals noch weitere menschliche Skelettreste geborgen. Diese stammen allesamt aus dem Graben der Viereckschanze und datieren somit in einen Zeitraum vom Ende des 2. Jhs. bis ins 1. Jh v. Chr. Es handelt sich um insgesamt fünf Fundstellen, von denen zweimal je zwei einander benachbarten Sektoren zuzuordnen sind.
Fund-Nr. 136 (Befund 201) und Fund-Nr. 140 (Befund 86) passen über alte Sprödbrüche zusammen. Es ergibt sich ein Kalottenteil aus *Os occipitale* sowie angrenzenden Partien des rechten und linken Scheitelbeines, die Innenseite ist lagerungsbedingt korrodiert. Der Nahtbefund läßt auf (spät-)matures Alter schließen, die Anhaltspunkte zur Geschlechtsbestimmung sind dagegen uneindeutig. Nach dem Verlauf der Bruchkanten steht zu vermuten, daß noch weitere anpassende Teile in den angrenzenden, noch nicht ausgegrabenen Grabenabschnitten zu finden sein werden. Hinweise auf Gewalteinwirkung oder Manipulationen liegen nicht vor, lediglich zwei kleinere Ausbrüche im Bereich des Foramen magnum sind wohl am frischen Knochen entstanden. Somit könnte es sich auch um Reste eines „Trophäenschädels" handeln, wie sie für andere spätlatènezeitliche Fundorte, wie z. B. Manching oder Bad Nauheim, beschrieben wurden.
Alle restlichen Menschenknochen stammen aus dem unteren Bereich der Schicht B des Viereckschanzengrabens und sind damit etwas jünger als die vorgenannte Kalotte. In Sektor V19

wurde ein Bruchstück eines linken Schläfenbeines gefunden (Fund-Nr. 241). Es ist einem eher weiblichen, erwachsenen Individuum zuzuweisen und gehört nach Ausweis der vorhandenen Nahtabschnitte mit Sicherheit nicht zum o.a. Schädeldach. Seine Oberfläche ist noch stärker angegriffen und die Kanten sind verrundet. Das Stück muß also umgelagert worden sein.
Aus Sektor V 18 stammt ein ca. 6 cm langes Fragment aus der proximalen Schafthälfte der linken Ulna (Fund-Nr. 211). Es gehört ebenfalls zu einem erwachsenen Individuum. Die Bruchkanten sind meist im mazerierten Zustand entstanden, teilweise rezent. Aufgrund ähnlicher Verfärbungen und der benachbarten Lage zu Fund-Nr. 241 kann eine Zusammengehörigkeit dieser beiden Teile nicht ausgeschlossen werden.
Als letztes ist ein etwa 19 cm großes Schaftfragment des linken Schienbeines aus Sektor V 37 zu nennen (Fund-Nr. 200). Es ist relativ gut erhalten, zeigt schwärzliche Manganverfärbungen und Wurzelfraß. Das proximale Bruchende dokumentiert einen Sprödbruch, das distale scheint im Frischzustand des Knochens entstanden zu sein. Vielleicht deutet sich damit eine weitere Parallele zu den „rituellen Leichenzerstückelungen" in Manching an. Auch dieses Bruchstück stammt von einem erwachsenen Individuum mittlerer Robustizität. Im unteren lateralen Teil lassen sich Anzeichen für eine verheilte Knochenhautentzündung feststellen.
Die bisher aus Ennetach überlieferten latènezeitlichen Skelettreste belegen somit in der Summe mindestens zwei erwachsene Personen. Das spärliche Fundmaterial liefert allerdings noch zu wenige Hinweise auf den Geschlechtsdimorphismus der zugrundeliegenden Population. Vielleicht können hierzu sowie auch hinsichtlich der „Behandlung" des Knochenmaterials weitere Grabungen Licht ins Dunkel bringen.
Die archäologischen Forschungen um Ennetach wären in diesem Rahmen sicher nicht möglich gewesen, ohne die tatkräftige Unterstützung, die das Landesdenkmalamt von verschiedener Seite erfahren hat. Besonderen Dank schulden wir der Außenstelle Sigmaringen des Arbeitsamtes Balingen für die Förderung der Arbeiten durch eine Arbeitsbeschaffungsmaßnahme. In diesem Rahmen wurden uns interessierte und zuverlässige Mitarbeiter vermittelt. Ebenso möchten wir der Stadt Mengen, besonders Herrn Bürgermeister Fuß und Herrn Ortsvorsteher Eberhart für vielerlei Hilfe danken. Den Grundstückseigentümern und Pächtern ist für das den Arbeiten entgegengebrachte Verständnis und die Bereitschaft, die betroffenen Flächen aus der Bewirtschaftung auszusparen, ebenfalls zu danken. Das Institut für Ur- und Frühgeschichte der Universität Tübingen stellte die Grabungshäuser auf der Heuneburg als Unterkunft für die Mitarbeiter zur Verfügung – auch dafür ganz herzlichen Dank.
Wünschenswert wären natürlich weitere Untersuchungen im Lauf der nächsten Jahre, vor allem der Innenraum des Annexbereiches verspricht noch Interessantes. Darüber hinaus wäre es auch wichtig, die Zeitstellung weiterer Grabenstrukturen zu klären, die östlich der Viereckschanze im Luftbild sichtbar sind und anscheinend von der römischen Straße zur Donaufurt geschnitten werden (Taf. 11). Es ist nicht auszuschließen, daß es sich bei diesen Grabenstrukturen um Einfriedungen von vorgeschichtlichen Siedelarealen oder um die Begrenzung vorgeschichtlicher oder römischer Ackerfluren handelt.
Die Grabungen in der Viereckschanze von Ennetach lieferten jedenfalls einen wichtigen Beitrag zur siedlungsarchäologischen Erforschung des oberen Donautales zwischen Sigmaringen und Herbertingen. Hier war bislang der Blick hauptsächlich auf den frühkeltischen Fürstensitz „Heuneburg" und sein unmittelbares Umland gerichtet. In geradezu idealer Weise fügen sich jetzt mehrere kleine Untersuchun-

gen zu einem Mosaik zusammen, das die Bedeutung dieser Region auch in älteren und jüngeren Epochen der Vor- und Frühgeschichte immer deutlicher werden läßt.

Günther Wieland, Harald von der Osten-Woldenburg, Joachim Wahl

Literaturhinweise

G. Wieland, Die Spätlatènezeit in Württemberg. Forsch. u. Ber. Vor- u. Frühgesch. Baden-Württemberg 63 (Stuttgart 1996). – G. Wieland, Arch. Ausgr. Bad.-Württ. 1997, 76ff. – G. Wieland, Keltische Viereckschanzen – Aktuelle Forschungsprobleme. In: Begleitband zur Ausstellung „Kult der Vorzeit in den Alpen" der ARGE ALP, hrsg. vom Museum Ferdinandeum Innsbruck (im Druck). – G. Lange, Die menschlichen Skelettreste aus dem Oppidum von Manching. Ausgr. in Manching 7 (Wiesbaden 1983). – Ders., Die menschlichen Skelettreste aus der Latènesiedlung von Bad Nauheim. Fundber. Hessen 29/30, 1989/90, 296.

Spätbronzezeitliche und frührömische Wehranlagen auf dem „Berg" über Ennetach, Stadt Mengen, Kreis Sigmaringen

Im Westen über der Ortschaft Ennetach erhebt sich der „Berg", ein etwa 1,5 km langes und 200–300 m breites, zungenartiges Plateau, wenig über 600 m ü. NN, das nach Norden und Osten steil zum Donau- und Ablachtal abfällt, im Süden durch den Taleinschnitt des Trögebaches und im Westen von einer flachen Senke wenig südlich des Weilers Hipfelsberg begrenzt wird.

Der Ennetacher Berg liegt in einer ganz hervorragenden verkehrsgeographischen und strategischen Position. Die natürlich geschützte und leicht zu verteidigende Höhe bot zu allen Zeiten beste Voraussetzungen zur Überwachung der von Süden kommenden und nach Osten und Norden weiterführenden Handelswege sowie der Kontrolle der Flußübergänge und eines möglichen Schiffsverkehrs mit flachen Lastkähnen auf Donau und Ablach. Es verwundert also nicht, daß schon frühzeitig vermutet wurde, der Ennetacher Berg habe auch in römischer Zeit, vorab im Rahmen der Besetzungsgeschichte des Alpenvorlandes, eine gewichtige Rolle gespielt. Der archäologische Beweis für die Existenz eines zur Donaulinie gehörenden Kastells ließ allerdings lange auf sich warten. Erst in der 1992 publizierten, mustergültigen Zusammenstellung römischer Fundstellen und Funde von Ennetach durch den Lokalhistoriker J. Späth, wurden archäologisch abgesicherte Argumente für die Lokalisierung eines Kastells auf dem Ostsporn des Ennetacher Berges vorgebracht, die über reine Vermutungen hinausgingen und durch systematische Begehungen der ehrenamtlichen Mitarbeiter der Archäologischen Denkmalpflege aus Biberach, Dr. H. Eberhardt und Prof. Dr. H. Schmid, bestätigt wurden. Auf ihre Anregung hin wurde vom Landesdenkmalamt im Frühjahr 1997 mit geophysikalischen Messungen begonnen, die zum Nachweis einer römischen Wehranlage auf dem Ostsporn des Bergplateaus führten. Im März 1998 konnten die Prospektionen fortgeführt werden. Es zeigte sich, daß das Kastell zumindest gegen Westen hin zwei Gräben aufweist (Abb. 84). Deutlich zu erkennen ist die Torsituation: Hinter dem etwa 10 m breiten Durchgang sind im Innenbereich mehrere helle, kleinräumige und in etwa kreisförmige Anomalien auszumachen, die eindeutig als Pfostenlöcher anzusprechen sind und somit hölzernen Torbauten zugeordnet werden können (Abb. 84.1).

Abb. 84 Mengen-Ennetach. Ennetacher Berg. Ansicht von Westen. Magnetogramm des Ennetacher Kastells, eingebunden in ein Luftbild des Landesvermessungsamtes Baden-Württemberg. Mit Genehmigung vom 16. 12. 1998, Az.: 2851.3/9.

Aufgrund starker Erosion dünnen beide Umfassungsgräben in Richtung Süden aus. Die Situation im Norden ist derzeit noch unklar: Hier enden beide Gräben abrupt und scheinen von zwei rechteckigen Strukturen abgeschlossen zu sein (Abb. 84.2). Vom Ende des äußeren Grabens verläuft ein schmales Gräbchen zur Hangkante. Ob es sich hierbei ebenfalls um einen römischen Graben handelt ist nicht sicher.
Viele der innerhalb – vor allem entlang des Bergnordrandes – erfaßten Strukturen sprechen für eine vorgeschichtliche Besiedlung, wobei letztendlich nur eine Grabung an dieser Stelle Klarheit bringen kann. Dies gilt auch für die Bedeutung der westlich davon verlaufenden Bogenstruktur. Nahe dieser Anomalie sind kleine, helle, in Linien angeordnete Störfelder zu erkennen. Sie geben uns Aufschlüsse über eine Bebauung, die sich wohl noch weiter in Richtung Westen und Süden erstreckt haben muß.
Informationen über die Bebauung im zentralen Bereich des Kastells zu erhal-

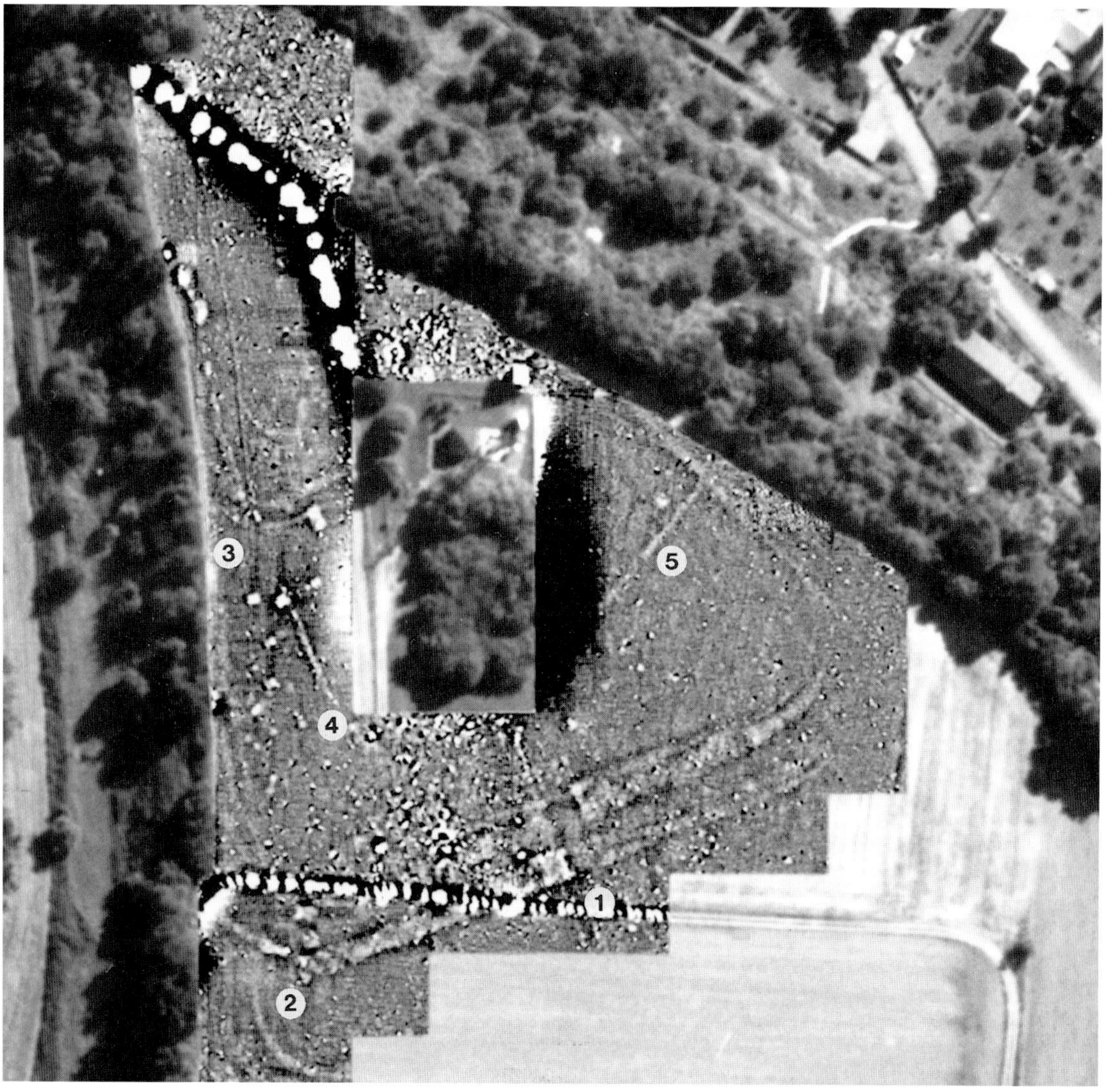

ten, ist indes nicht mehr möglich. An der zu vermutenden Stelle des Stabsgebäudes wurden vor Jahren zwei Wasserbehälter errichtet. Diese aus Metall bestehenden Behälter beeinflußten die Messungen in deren unmittelbarer Umgebung. Im Magnetogramm ist dieser Bereich als schwarze Fläche zu erkennen. Die von dem Reservoir nach Ennetach führenden Versorgungsrohre zeichnen sich im Magnetogramm ebenso deutlich ab wie ein Stromkabel, das entlang eines Feldweges quer über den Ennetacher Berg geführt worden ist.

Nahe dem Nordrand des Berges konnte eine Vielzahl unterschiedlicher Strukturen erfaßt werden. Das parallel zur Hangkante, vor allem im östlichen Bereich des Magnetogramms erkennbare Lineament, wurde durch eine Ackergrenze verursacht, alle anderen Anomalien in diesem Bereich sind jedoch mit hoher Wahrscheinlichkeit mit antiken Bebauungsstrukturen in Verbindung zu bringen. Die rechteckigen hellen Anomalien lassen Grubenhäuser vermuten (Abb. 84.3). Eine Kernbohrung in einer dieser Erscheinungen nahe des Bergrandes ergab den Hinweis auf verbrannte Holzreste in etwa 50 cm Tiefe.

Ob die über mehrere Meter unterbrochene Grabenstruktur, die zur Nordspitze des Berges verläuft, mit dem südlich des Wasserreservoirs nach Südosten ziehenden Graben in Zusammenhang steht, kann erst durch Grabungen im Innenbereich des Kastells geklärt werden (Abb. 84.4,5). Ebenso ist die Bedeutung eines weiteren kleinen Grabensystems, das in etwa parallel zu den beiden römischen Kastellgräben ausgerichtet ist und nahe des nördlichen Bergrandes nach Osten abzubiegen scheint, ohne archäologische Untersuchung nicht näher einzuschätzen.

Um erste Einblicke in die Befundsituation auf dem Ennetacher Berg zu gewinnen, wurde, ausgehend von der geomagnetischen Prospektion, unmittelbar südlich des Wasserreservoirs eine Ost-West verlaufende, 65 m lange und 10 m breite Grabungsfläche angelegt. Ziel

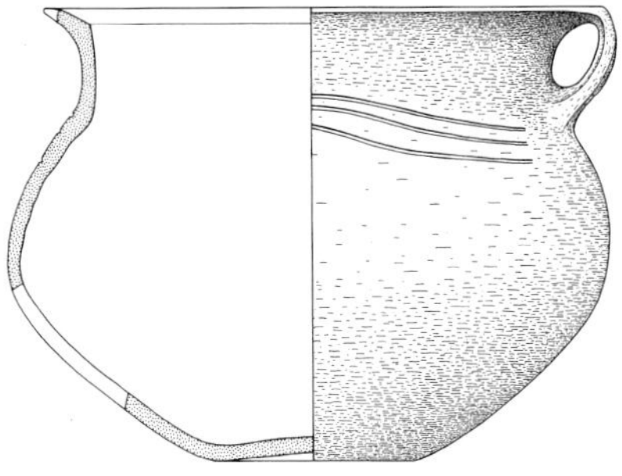

Abb. 85 Mengen-Ennetach. Henkelgefäß aus dem spätbronzezeitlichen Wehrgraben.

der Sondage war es, Anhaltspunkte über die Form und Datierung der beiden Kastellgräben zu erhalten, den Grundriß des nördlichen Torturms freizulegen und das zeitliche Verhältnis der Kastellumwehrung zu einer schmalen, Nordwest-Südost verlaufenden Grabenstruktur im Innenbereich des Kastells abzuklären.

Die Untersuchung dauerte vom 14.9.–17.11.98. Gefördert wurde das Projekt durch eine Arbeitsbeschaffungsmaßnahme, wofür wir dem Arbeitsamt Balingen und seiner Dienststelle in Sigmaringen sehr danken möchten. Der Ortsvorsteher von Ennetach, Herr Eberhardt, hatte stets ein offenes Ohr für unsere Anliegen, ihm gilt unser herzlicher Dank für vielfältige Unterstützung. Ohne gutes Einvernehmen mit Grundstückseigentümern und Pächtern würden der reibungslosen Durchführung einer Ausgrabung große Hindernisse im Wege stehen. Daß die Untersuchungen auf dem Ennetacher Berg problemlos vonstatten gehen konnten, ist nicht zuletzt dem Verständnis des Landwirts H. Stökler zuzuschreiben, dem wir hierfür aufrichtigen Dank sagen möchten.

Am östlichen Ende der Grabungsfläche zeichnete sich unmittelbar unterhalb der Humuszone der auf dem Magnetogramm erkennbare Graben im gelbbraunen Geschiebelehm deutlich ab (Abb. 84.5). Es handelt sich um einen Sohlgraben mit einer Breite von etwa 2 m, dessen 1 m breite Sohle ungefähr 1,40 m unter der heutigen Oberfläche liegt. Die Überraschung war groß, als in

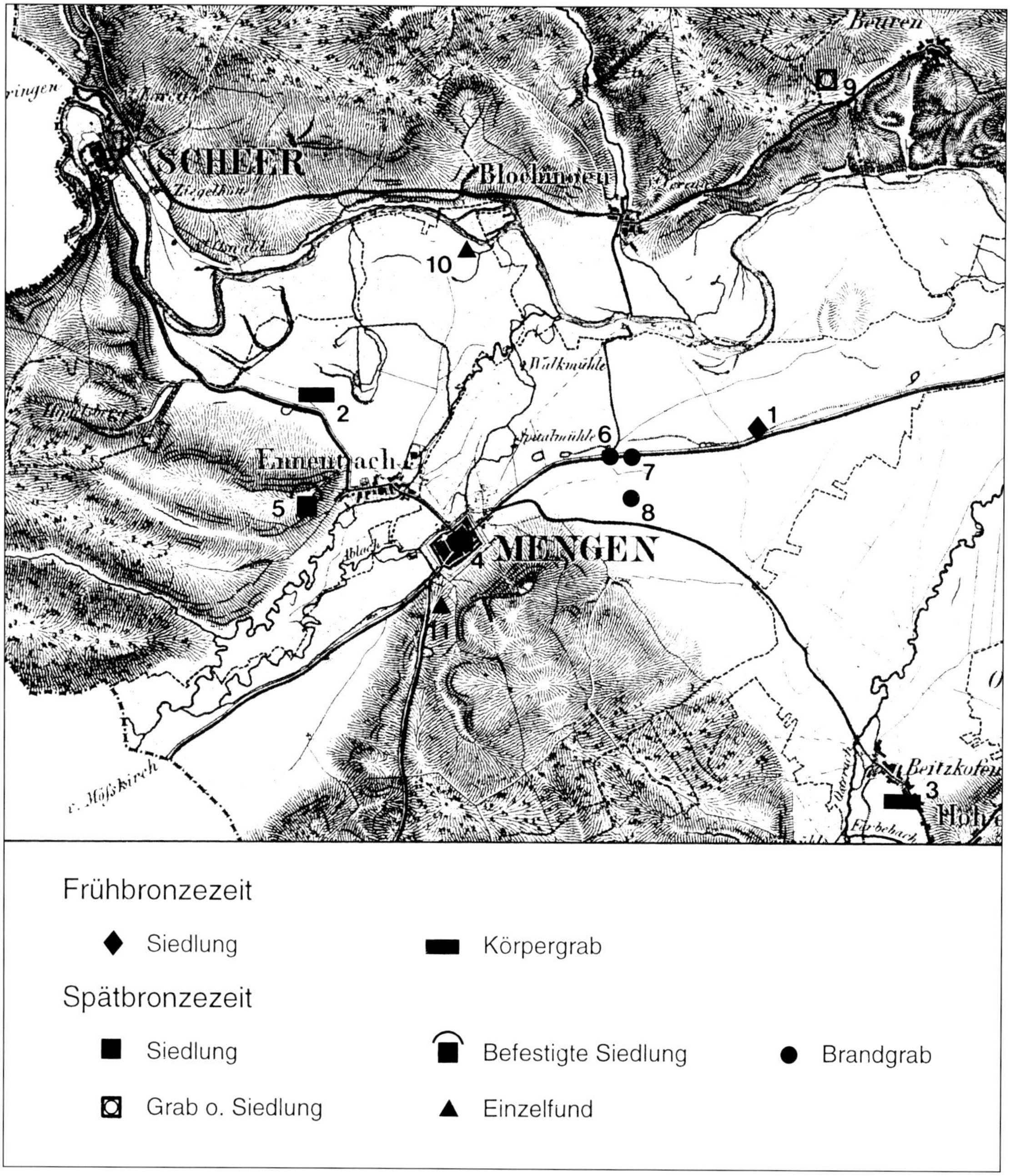

Abb. 86 Bronzezeitliche Fundstellen im Umland von Mengen. Ausschnitt aus: Top. Atlas des Königreichs Württemberg, M.: 1:50000, Blatt 46, Erscheinungsjahr 1830.

der Grabenfüllung ein zwar stark zerdrücktes, aber nahezu vollständiges erhaltenes Gefäß zum Vorschein kam (Abb. 85). Es ist etwa 15cm hoch, besitzt einen randständigen X-Henkel und gehört demnach in die Späte Bronzezeit (Stufe D nach Reinecke). Das freigelegte, auf einer Länge von etwa 80cm unterbrochene Grabenstück kann demzufolge einer spätbronzezeitlichen Abschnittsbefestigung des 13./12. Jhs. v. Chr. zugerechnet werden. Eine zeitgleiche, wenn auch wesentlich größere Befestigung wurde vor wenigen Jahren bei Pfaffenhofen, Kreis Heilbronn, entdeckt.

Die spätbronzezeitlichen Fundstellen und Funde in und um Mengen, besonders die drei reichen Brandbestattungen am östlichen Stadtrand, darunter zwei Wagengräber (Abb. 86.6–8), werfen ein Licht auf die herausragende Bedeutung dieses Raumes im 13./12. Jh. v. Chr. Die Höhenburg auf dem Ennetacher Berg gibt sich als Zentralort und Herrschaftssitz zu erkennen, von dem aus die bei Ennetach und Mengen aufeinandertreffenden alten Handelswege und die Passagen über die Donau kontrolliert werden konnten. Eine offene Siedlung der Spätbronzezeit kann im Zentrum von Mengen vermutet werden (Abb. 86.4).

Wie erwartet, wurden in der Westhälfte der Grabungsfläche die beiden Gräben des römischen Kastells sowie Spuren des nördlichen Torturms angetroffen. Die Gräben lagen etwa 3–3,50m auseinander, die Breite des inneren Grabens betrug etwa 10,50m, der äußere war ungefähr 8,50m breit. Der innere Graben zeigte zur Torgasse hin einen geraden Abschluß. Zum nördlichen Torturm gehören vier im Rechteck (5,50×5 m) angeordnete Pfostengruben, die etwa 2m lang, 1–1,50m breit waren und deren horizontale Sohle mehr als 1m unter der heutigen Oberfläche lag. Die in die Gruben eingestellten Holzpfosten waren rechteckig, mit Querschnitten zwischen 30×30cm und 30×40cm. Vorerst sind mindestens zwei Bauphasen auszumachen. Anhaltspunkte für die Konstruktion der Wehrmauer haben sich bislang nicht ergeben. Da die Grabung in der westlichen Flächenhälfte aus Zeit- und Witterungsgründen nicht abgeschlossen werden konnte und 1999 fortgeführt werden wird, soll nur kurz darauf hingewiesen werden, daß beim Profilschnitt durch den inneren Graben zwei Spitzgräben nachgewiesen werden konnten, die zu einem älteren Kastell gehören (Abb. 87).

Abschließend soll noch kurz auf das römische Fundmaterial eingegangen werden. Es umfaßt eine Reihe von signifikanten Einzelfunden, die besonders in chronologischer Hinsicht eine erste vorläufige Aussage erlauben. Danach war die militärische Anlage auf dem Ennetacher Berg zwischen der spättiberischen und frühflavischen Zeit belegt. Von den sieben bisher gefundenen Münzen können aufgrund ihrer Erhaltung drei claudische und zwei vespasianische eindeutig bestimmt werden.

Das Terra sigillata-Spektrum umfaßt ausschließlich vor- bzw. frühflavische Gefäßformen, wohingegen jüngere wie z. B. die reliefverzierten Schüsseln der Form Drag. 37 fehlen. Auch die übrige Keramik läßt sich gut in dieses primär vorflavische Fundspektrum einordnen. Auffällig sind weiterhin einige Frag-

Abb. 87 Mengen-Ennetach. Blick von Süden auf den inneren Kastellgraben. Rechts ist einer der Spitzgräben der älteren Kastellanlage zu erkennen.

mente von qualitätvollen Gläsern. Scherben von dunkelblauer Farbe mit opakweißen Tupfen und Linien sowie Reste von großen Rippenschalen, wie sie in frühen Militärlagern des 1. Jhs. n. Chr. typisch sind, sind dabei besonders hervorzuheben.
Unter den Metallfunden können einige z. T. verzierte Bronzenieten wohl dem Bereich der Militaria zugeordnet werden. Hinweise auf berittene Soldaten geben daneben zwei Melonenperlen sowie eine gut erhaltene bronzene Trensenscheibe, wie sie auch in Vindonissa, Rißtissen und Burghöfe gefunden wurden.
Die ersten Ergebnisse lassen hoffen, daß bei der weiteren Bearbeitung und der Zusammenschau von Funden und Befunden eine exaktere chronologische Einordnung des Kastellplatzes Ennetach möglich wird. Bisher scheint es jedenfalls so, daß mit dem Kastell ein weiterer wichtiger Mosaikstein zur Beurteilung der Entwicklung des sog. Donaulimes gefunden worden ist, der besonders für die vorflavische Zeit noch weitere interessante Aspekte liefern kann.

Martin Kemkes,
Harald von der Osten-Woldenburg,
Hartmann Reim

Literaturhinweise

G. Gassmann, Arch. Ausgr. Bad.-Württ. 1994, 69 ff. – M. Kemkes, Frührömisches Militär östlich des Schwarzwaldes. Jahresber. Ges. Pro Vindonissa 1997, 17 ff. – R. Kreutle, Die Urnenfelderkultur in Südwürttemberg. Ungedr. Dissertation Tübingen 1986. – J. Späth, Die Römer in Ennetach (Mengen-Ennetach 1992). – G. Wieland, Augusteisches Militär an der oberen Donau. Germania 72, 1994, 205 ff.

Steinhügel in Bubsheim, Kreis Tuttlingen

Südlich von Bubsheim liegen im Gewann „Steintaler Bühl" auf einem nach Osten abfallenden Hang unterschiedlich große Steinhügel (Abb. 88). Es handelt sich um die Gruppe, die bereits bei O. Paret mit drei Hügeln erwähnt und in der topographischen Karte im Maßstab 1:25 000 eingetragen ist. Der Flurname Bühl weißt einerseits auf Hügel hin, andererseits könnten auch die Hügel namengebend für die Flur gewesen sein.
Etwa 1 km weiter südlich liegt ein einzelner Hügel im Gewann „Sandbühl", aus dem Keramikscherben stammen sollen, die bei einer früheren „Grabung" entdeckt wurden.
In der über Jahrzehnte hinweg als Schafweide genutzten und teilweise als Biotop ausgewiesenen Fläche im Gewann „Steintaler Bühl" südlich des Ortes, hatten sich die Steinhügel gut erhalten und prägten das Landschaftsbild. Steinhügel sind nicht nur auf den Höhen der Alb, sondern auch auf den bewaldeten Höhen der Baar und des Schwarzwaldes verbreitet. Für die gute Erhaltung dieser Hügelgruppe in Bubsheim war sicher der steinige und unfruchtbare Untergrund entscheidend, der nur eine Nutzung als Weideland zuließ und Ackerbau ausschloß, der langfristig die Hügel zerstört hätte. Da nun das Gewerbegebiet am südlichen Ortsrand in den kommenden Jahren erweitert werden soll, werden auch die Flächen mit den Steinhügeln tangiert.
Dank der frühzeitigen Beteiligung des Landesdenkmalamtes an den Planungen und dank der guten Zusammenarbeit mit der Gemeinde Bubsheim war es möglich, die Gruppe der vier größten und mächtigsten Hügel aus der Bebauung auszugliedern und sie in das künftige Gewerbegebiet zu integrieren (Abb.

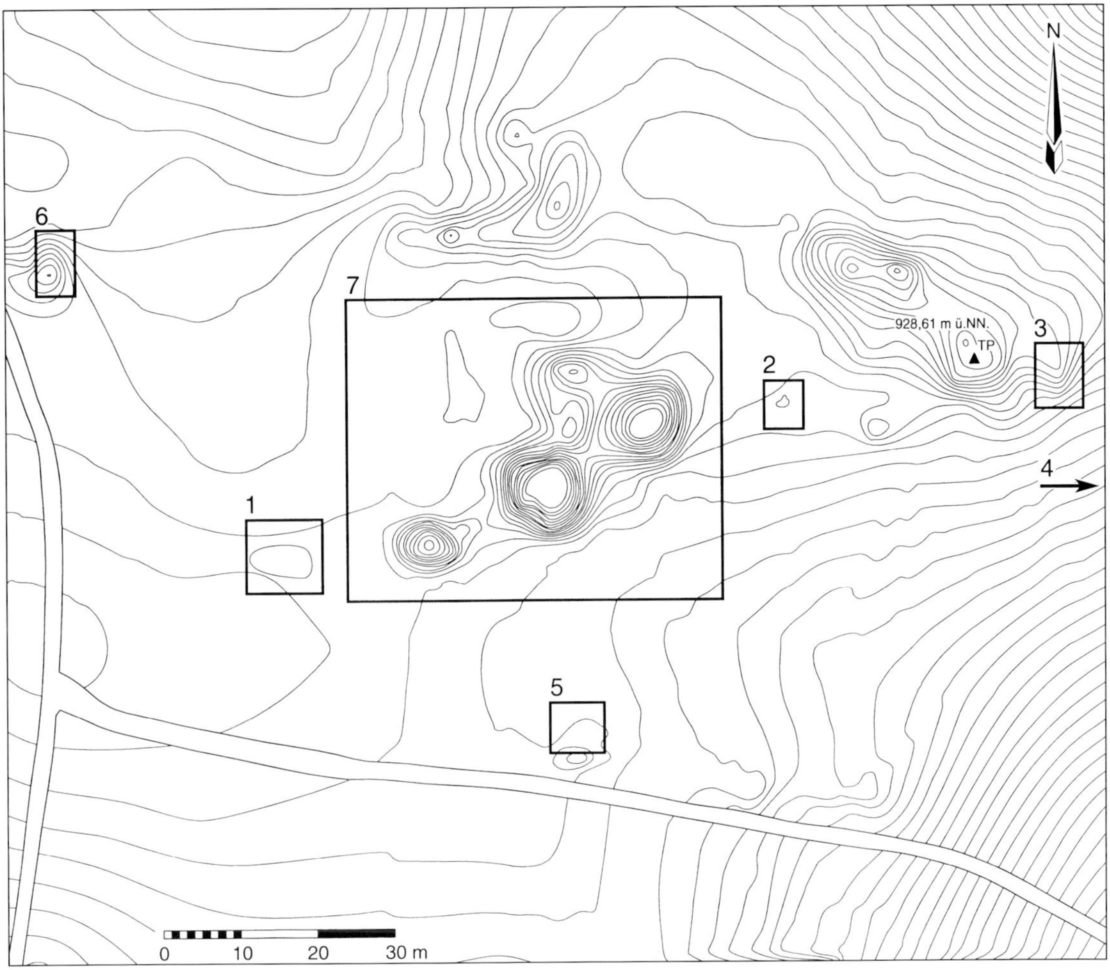

Abb. 88 Bubsheim, Gewann „Steintaler Bühl". Höhenlinienplan. 10 cm Höhenlinien. 1–6 untersuchte Flächen, 7 Steinhügel, die in das Gewerbegebiet integriert werden.

88.7 und Abb. 89). Diese Gruppe soll gem. § 12 DSchG als Kulturdenkmal von besonderer Bedeutung in das Denkmalbuch eingetragen werden.

Im Geländerelief tritt an einigen Stellen der teilweise stark zerklüftete Kalkstein des Oberjura an die Oberfläche, der mit einer Grasnarbe von max. 0,10 m bedeckt ist. Im Norden des Planungsbereiches sind im Relief noch die Ränder eines mit Gras und Bäumen bewachsenen Steinbruches zu erkennen. Im nordöstlichen Teil befindet sich auf einer länglich-ovalen Erhebung der eingemessene TP mit einer Höhe von 928,61 m ü. NN. Im Umfeld der markanten Hügelgruppe (Abb. 88.7 und Abb. 89) lagen weitere hügelartige Erhebungen, von den sechs im Sommer 1998 archäologisch untersucht wurden (Abb. 88.1–6). Nicht bei allen war eindeutig zu erkennen, ob es sich um natürliche Kuppen oder um künstliche Aufschüttungen auf dem geologischen Untergrund handelt. Einige Hügel waren auch durch Lesesteine zusätzlich erhöht.

Westlich der schützenswerten Hügelgruppe (Abb. 88.7, Abb. 89) befand sich eine sehr flache hügelartige Erhebung mit einem Durchmesser von 3,50 m und einer maximalen Höhe von 0,50 m (Abb. 88.1). Nach Abtrag der durchschnittlich 0,10 m dicken Grasnarbe, die zur Hügelmitte hin vermoost

Abb. 89 Bubsheim, Gewann „Steintaler Bühl". Steinhügelgruppe. Blick von Nordwesten.

war, zeigte sich eine künstliche Aufschüttung aus lockerem Kalkschotter; dazwischen kam immer wieder der anstehende, stellenweise stark zerklüftete Kalkstein zum Vorschein. Zwischen den unterschiedlich großen Kalksteinen der Hügelschüttung fanden sich Keramikscherben, die sich zeitlich nur allgemein als metallzeitlich ansprechen lassen. Eindeutige Befunde waren nicht zu erkennen.

Weitere Hügel im westlichen und südlichen Bereich (Abb. 88. 5 und 6) lagen am Rand eines Feldweges und schienen auf diesen bezogen zu sein. Bei diesen Hügeln war nicht auszuschließen, daß es sich um Lesesteinhaufen handeln könnte, die mit dem Wegbau in Zusammenhang stehen. Die archäologische Untersuchung bestätigte diese Vermutung.

Die Hügelschüttungen unterschieden sich von der in Hügel 1. Der Kalkschotter war wesentlich kleiner und scharfkantiger gesplittert und stärker mit durchwurzelter, humoser Erde sowie mit Ziegelfragmenten durchmischt. Glasierte moderne Keramik fand sich unmittelbar unter und in der Grasnarbe.

Die hügelartige Erhebung innerhalb der Fläche Nr. 2 (Abb. 88. 2) erwies sich sehr schnell als geologischer Untergrund. In den Flächen 3 und 4 (Abb. 88. 3 und 4; Fläche 4 liegt östlich, außerhalb des Planes) lagen weitere Steinhügel. Auf dem stark zerklüfteten kuppenartig herausgebildeten Kalksteinuntergrund wurde Kalksteinschotter aufgeschichtet, der sich mit durchschnittlich 0,25 m unter der Grasnarbe erhalten hatte. Die Hügelschüttung von Hügel 4 erschien optisch höher, da man den geologischen Untergrund gezielt ausgenutzt hatte. Der Höhenunterschied zwischen Hügelfuß und höchstem Punkt auf dem Hügel betrug 0,60 m. Bei Hügel 4 war zusätzlich moderner Steinschutt auf der Grasnarbe abgelagert worden.

In den Steinpackungen von Hügel 3 und 4 fanden sich weder Keramikscherben noch sonstige Funde. Der Grabhügelcharakter war mangels archäologischer Funde und Befunde nicht eindeutig nachzuweisen, die Grenze zwischen künstlicher Aufschüttung und geologischem Untergrund jedoch klar zu erkennen. Der Hügelaufbau glich dem von Hügel 1.

Außerhalb der östlichen Grenzen des Planungsbereiches liegen weitere einzelne Hügel. Da sie von den Planungen nicht tangiert wurden, blieben sie von den Untersuchungen unberührt.

Die Steinhügelgruppe auf Gemarkung Bubsheim zeigte, daß auch in jüngster Zeit auf den Hügeln immer wieder Steinmaterial oder sogar Bauschutt abgelagert wurde, was jedoch lediglich das äußere Erscheinungsbild beeinträchtigte, nicht aber zu Zerstörungen führte. So verwischte sich in Bubsheim bei einigen Hügeln zunächst die Grenze zwischen Grabhügel und Lesesteinhaufen; eine klare Unterscheidung zugunsten der einen oder anderen Interpretation war trotz Erfahrung ohne archäologische Untersuchung nicht zu treffen. Es war auch nicht von vornherein auszuschließen, daß sich unter einer modernen Aufschüttung dennoch ein älterer Grabhügel verbirgt.

Grabhügel waren zu unterschiedlichen Zeiten und mit unterschiedlicher Intensität immer wieder Ziel der regionalen Forschungen. Diese Denkmalgruppe zog unabhängig von der Region schon im 19. Jh. das Interesse von Altertumsforschern und Landvermessern auf sich, was sich u.a. auch in den topographischen Karten niederschlug.

Steinhügel wurden jedoch in der Forschung lange Zeit als Lesesteinhaufen oder Abbauhalden bei der Erzgewinnung angesehen. Der Grabhügelcharakter wurde nur in einzelnen Fällen erkannt und auch nachgewiesen.

Die Grabungsergebnisse von Bubsheim bestätigten einerseits Befunde aus anderen Regionen; andererseits wurden wieder Fragen aufgeworfen, die in dieser Untersuchung nicht eindeutig geklärt werden konnten. Trotz regionaler Unterschiede, für die der geologische Untergrund und die Nutzung des Geländes entscheidend sind, gibt es Übereinstimmungen hinsichtlich Hügelaufbau, Befunde und topographischer Lage. Es wäre ein wissenschaftliches Anliegen, sich nicht nur regional, sondern auch überregional mit dieser bisher noch unzureichend erforschten archäologischen Denkmalgattung zu beschäftigen. Nicht nur die chronologische Einordnung sondern auch das kulturelle und siedlungsgeographische Umfeld sollte bei künftigen Untersuchungen stärker berücksichtigt werden.

An dieser Stelle möchte ich dem Grabungsteam für seinen Einsatz und Dr. M. Hoeper, Institut für Ur- und Frühgeschichte der Albert-Ludwigs-Universität Freiburg, für die Erstellung des Höhenlinienplanes danken. Der Dank gilt auch der Gemeinde Bubsheim und Herrn Bürgermeister Welte für die gute Zusammenarbeit und die vielfältige Unterstützung vor Ort.

Jutta Klug-Treppe

Literaturhinweise

O. Paret, Württemberg in vor- und frühgeschichtlicher Zeit (Stuttgart 1961) 179f., 252. – H. Zürn, Hallstattzeitliche Grabfunde in Württemberg und Hohenzollern. Forsch. u. Ber. Vor- u. Frühgesch. Baden-Württemberg 25 (Stuttgart 1987) 203.

Ein neues römisches Lager im Wutachtal? Sondagen bei Untereggingen, Gemeinde Eggingen, Kreis Waldshut

Entdeckungsgeschichte

Bei einer Befliegung im August 1986 entdeckte R. Gensheimer auf einem gepflügten Acker südöstlich von Untereggingen im Wutachtal eine dunkle Grabenspur, die eine abgerundete Ecke ausbildete. Erst nachträglich gelangten Luftbilder von privater Seite aus den Jahren 1979 und 1980 zur Kenntnis, auf denen diese Spur auch als schwaches Bewuchsmerkmal im Getreidefeld zu erkennen ist. Auffallend ist die topographische Situation auf einem ca. 485–490 m ü. NN gelegenen, relativ ebenen Hochplateau, das im Westen und Osten nur schwach, im Norden dagegen recht steil zum etwa 75 m tiefer liegenden

Wutachtal abfällt. An der vierten Seite, nach Süden zu, steigt das bewaldete Gelände noch um ca. 25 Höhenmeter auf einen Nordost-Südwest streichenden Höhenzug, der das Wutachtal im Osten randlich begleitet und es vom Klettgau trennt. Das Plateau gewährt nach drei Seiten einen weiten Blick ins Wutachtal, zur Muschelkalkhochfläche des Albgaus und der Baar, lediglich nach Süden ist die Sicht durch den genannten Höhenzug eingeschränkt.
Der Luftbildbefund war, unmittelbar nach dem Pflügen, auch vom Boden aus zeitweise deutlich als 1–1,50 m breites, dunkles Bodenmerkmal auf einer Länge bis zu 150 m zu verfolgen. Dennoch erbrachten mehrere Begehungen, auch mit dem Metalldetektor, auf dem als Getreidefeld genutzten Areal keine datierenden Funde. Die auffallend abgerundete Ecke des Bodenmerkmals wie auch die exponierte Lage legten jedoch eine Interpretation als römisches Lager nahe. Dies um so mehr, als Archiv- und Kartenstudien und die Befragung der ortsansässigen Bevölkerung bislang keine Hinweise auf eine jüngere Zeitstellung, etwa militärische Anlagen der frühen Neuzeit oder Drainagen, ergaben.

Sondage 1994

Im November 1994 konnte das LDA Freiburg unter örtlicher Leitung des Verfassers eine Sondage vornehmen: Mit dem Kleinbagger wurde im Bereich des aus der Luft erkannten Bodenmerkmals ein 1 m breiter und etwa 20 m langer Suchschnitt angelegt. Als eine streifenartige Verfärbung erschien, wurde die Grabungsfläche hier auf 4×3 m erweitert, unmittelbar unter dem Pflughorizont ein Planum präpariert und der Befund danach auf einer Länge von 4 m geschnitten. Die im Planum nur schwach erkennbare Struktur erwies sich im Profil als klar ausgeprägter Spitzgraben (Abb. 90). Unter dem 0,20–0,30 m starken Pflughorizont war der Graben noch etwa 1,10–1,30 m breit, seine Sohle lag etwa 1 m unter der heutigen Oberfläche. Der Graben wurde nicht exakt rechtwinklig zu seinem Verlauf geschnitten, so daß der Böschungswinkel zwischen 45° und 55° liegen kann. Seine Verfüllung – vermutlich zurückgesetztes Aushubmaterial – war homogen, kompakt und bis auf eine dünne Einschwemmschicht unmittelbar auf der Sohle ungeschichtet. Obwohl

Abb. 90 Untereggingen. Sondage 1994. Schnitt durch den Spitzgraben.

der Graben anschließend auf einer Länge von 3 m von Hand ausgenommen wurde, war er bis auf das Bruchstück eines stark verwitterten menschlichen Unterschenkelknochens (Bestimmung J. Wahl) vollkommen fundleer. Östlich des Spitzgrabens und damit innerhalb der Anlage wurde ein noch etwa 0,18 m tiefer, ca. 0,20 m breiter Befund angetroffen, der eventuell von einer Pfostenstellung oder einem -gräbchen stammt. Eine Holz-Erde-Mauer an dieser Stelle mit tiefer reichenden Frontpfosten wäre analog anderer Befunde zu vermuten. Im Profil war außerdem zu erkennen, daß unter dem Pflughorizont bereits der anstehende Boden – ein Übergangshorizont zwischen Oberem Muschelkalk (Trigonodusdolomit) und Unterem Keuper (Lettenkohle) – erreicht wurde, ein eigentlicher, bodenbildender B-Horizont fehlte.

Bei einer Nachuntersuchung wurde der Schnitt maschinell um etwa 10 m ins „Lagerinnere" verlängert. Es ergaben sich aber weder im Planum noch in den Profilen weitere Befunde, die auf eine Bebauung hätten hinweisen können.

Zwischen September 1995 und Juni 1996 lieferte O. Braasch neue Luftbilder, die etwa 250 m östlich des 1994 sondierten Spitzgrabens eine weitere, auf längere Strecken geradlinig verlaufende Grabenspur zeigten. Die verschiedenen Luftbilder wurden von D. Rothacher (Freiburg) entzerrt, wobei sich herausstellte, daß die beiden Grabenspuren zu einer einzigen Struktur gehören könnten. Diese Vermutung wurde durch geologische Bohrungen, die G. Gassmann im Frühjahr 1998 durchführte, bestätigt (vgl. Beitrag Gassmann).

Jürgen Trumm

Bohrkampagne 1998

Im Frühjahr 1998 wurden geoarchäologische Prospektionsbohrungen zur Ermittlung des weiteren Verlaufs des Spitzgrabens durchgeführt. Durch Luftbilder bekannt war eine Ecksituation im Nordwesten sowie eine geradlinig verlaufende Bodenverfärbung weiter östlich. Bei einer Sondage im nordwestlichen Eckbereich wurde ein noch ungefähr ein Meter tiefer Spitzgraben angetroffen, der eine römische Datierung nahelegt (vgl. Beitrag Trumm). Es galt die Frage zu klären, ob die verschiedenen Befunde in Verbindung miteinander stehen und ob sich möglicherweise ein Grundriß rekonstruieren läßt. Die Bohrprospektionen konzentrierten sich dabei auf die lineare Verfärbung im Osten, die sich im Luftbild auf über 200 m Länge abgezeichnet hatte.

Das Untersuchungsareal befindet sich überwiegend auf Ackerland. Die potentielle Grabenspur verläuft hier mit einem Gefälle von Südsüdost nach Nordnordwest am Ostabhang einer langgestreckten Kuppe, an deren Gegenseite der Graben mit der Ecksituation entlangzieht. Im Bereich der Kuppe stehen tonige und sandig-mergelige Keuperschichten an, die sich morphologisch als Rippen und sanfte Einmuldungen abzeichnen. Nach Süden schließt sich ein steiler ansteigender Abschnitt an, dessen Untergrund vorwiegend aus tonigerem Material besteht. Dieser Teil ist bewaldet.

Die Bohrungen setzten zunächst im Bereich der Luftbildbefunde ein, um den genauen Verlauf am Boden einmessen zu können. Hierfür wurden in größerem Abstand mehrere Profilreihen durch den Luftbildbefund gelegt, die sich zeichnerisch zu Profilschnitten ergänzen ließen. Aus den Rekonstruktionszeichnungen gab sich das Objekt klar als grabenartige Struktur zu erkennen. Der Graben war wenig mehr als einen Meter breit und tief, in den Einmuldungen entsprechend flacher und entsprach in etwa dem Graben weiter westlich, mit der Einschränkung, daß die genaue Form der Grabenspitze nicht ermittelt werden konnte. Die Verfüllung bestand aus grauem Lehm, der sich manchmal nur sehr undeutlich vom Anstehenden abhob. Die geringe Breiten-

und Tiefenerstreckung verlangte einen sehr geringen Bohrpunktabstand, um zwischen Befund und Umgebung unterscheiden zu können, da bereits bei einem Punktabstand von 0,50 m nur ein oder bestenfalls zwei Bohrpunkte innerhalb des Grabens liegen. Die erbohrte Grabenform läßt sich in solch einem Fall nur schematisch wiedergeben.
Die ungefähren Grabenmittelpunkte wurden eingemessen und mit Peilstangen markiert, so daß die Fluchtlinie oberflächlich sichtbar wurde. Über die Luftbildbefunde hinaus wurden zunächst nach Norden in regelmäßigem Abstand in der verlängerten Fluchtlinie solange Profile erbohrt, bis sich ein deutliches Umbiegen des Grabens nach Nordwesten abzeichnete. Im weiteren Eckbereich verunklärte sich die Situation zunehmend dadurch, daß hier vermutlich vor der Flurbereinigung eine Flurgrenze lag, an der besonders tief gepflügt worden war, so daß vom Graben nicht mehr viel erhalten ist. Zusätzlich verläuft hier ein alter Weg, der wohl dafür gesorgt hat, daß das Gelände insgesamt durch flächige Erosion tiefergelegt wurde. Nachdem die Lage der Ecke gesichert war, erfolgte die Einstellung der Arbeiten in diesem Bereich wegen der schlechten Erhaltungsbedingungen. Es wird davon ausgegangen, daß sich der Graben in dem bereits im Luftbild nachgewiesenen Grabenteil nach Westen fortsetzt und damit die Kuppe randlich einfriedet.
Die Ermittlung der Fortsetzung nach Südsüdosten erfolgte mit derselben Methode, indem in regelmäßigen Abständen quer zur verlängerten Fluchtlinie Grabenprofile erbohrt wurden, wobei die jeweilige Grabenmitte oberflächlich markiert wurde. Auf diese Weise ließ sich der geradlinig verlaufende Graben auf ca. 300 m Länge bis an den Waldrand verfolgen. Hier deutet sich ein leichtes Umbiegen nach Südwesten an, womit wahrscheinlich der Ansatz der Südost-Ecke zu lokalisieren ist, wenn es sich nicht um ein eher unwahrscheinliches Mäandrieren des Objektes handelt. Mehr Klarheit kann in diesem Bereich derzeit nicht geschaffen werden, da der Befund von einer Wegaufschüttung überfahren wird. Südlich im anschließenden Wald liegen mehrere, teilweise verfüllte Materialentnahmegruben, bei deren Anlage der Graben vermutlich abgetragen wurde. Ungestörtes Gelände findet sich erst wieder in einiger Entfernung weiter westlich. Die topographische Situation legt im Einklang mit den Bohrbefunden nahe, daß der Graben tatsächlich an der sich abzeichnenden Stelle umbiegt und parallel zum Waldrand noch unterhalb des Steilaufstiegs geradlinig auf der Höhenlinie nach Westen bis zu einer zu postulierenden Südwestecke entlangzieht. Im Anschluß an die Bohrungen wurde im Bereich der einsetzenden Südostecke ein Kontrollschnitt angelegt, der den Spitzgraben tatsächlich an der bezeichneten Stelle antraf.

Guntram Gassmann

Geomagnetische Messungen 1998

Nach wie vor war die südliche Fortsetzung des Grabenverlaufs ungeklärt, da der betreffende Bereich – für Luftbilder „unzugänglich“ – im Mischwald liegt und hier weder Grabungen noch Bohrungen möglich waren. Dipl. Geol. Ch. Hübner (Freiburg) führte daher im Herbst 1998 Untersuchungen mit einem Protonenpräzisionsmagnetometer durch, um mit zwei bis zu 125 m langen Suchprofilen den Graben im Süden zu finden. Darüber hinaus sollte eine Flächenmessung in der Mitte der bekannten Nordfront ermitteln, ob hier mit einer befestigten Eingangssituation zu rechnen ist.
Leider ergaben diese Messungen keinerlei Anomalien, die sich zweifelsfrei als Spitzgraben oder als Reste einer Innenbebauung interpretieren lassen. Neben modernem Metallschrott auf dem Acker wirkte sich offenbar nachteilig aus, daß durch Tiefpflügen bereits auch Schichten des geologischen Untergrun-

des erreicht und das ursprüngliche Bodengefüge somit gestört wurde. Verunklärend, im bearbeiteten Graustufendiagramm aber herauszufiltern, waren auch ehemalige, bei der Flurbereinigung Mitte der 80er Jahre beseitigte Feldwege und Ackerparzellen. Da die Luftbilder den Graben im mittleren Bereich der Nordfront bislang ebenfalls nicht erfassen, ist hier wohl mit größeren nachrömischen Erosionserscheinungen zu rechnen.
Das bewaldete Areal im Bereich der gesuchten Südostecke war durch neuzeitliche Abraumhalden und Materialentnahmegruben noch stärker gestört. Zwar konnten im Wald zwei streifenartige Parzellen lokalisiert werden, deren Geomagnetik im Graustufendiagramm eine sehr ruhige Schichtung aufwies, jedoch fehlten auch hier entsprechende Anomalien. Vermutlich ist der magnetische Kontrast zwischen Grabenfüllung und umgebendem Boden nicht ausreichend.

Interpretation und Ausblick

Die kombinierte Auswertung von Sondage, Luftbildern und Bohrungen ergibt einen vorläufigen Gesamtplan (Abb. 91), der einen auf drei Seiten weitgehend gesicherten Grabenverlauf zeigt, während der südliche Abschluß noch unbekannt ist. Der Graben ist im Westen auf etwa 150 m Länge nachgewiesen, an der Nordseite sind es 250 m, im Osten etwa 300 m. Das Geländerelief im Süden erlaubt dabei die Rekonstruktion verschiedener Grabenführungen, die beispielsweise eine polygonale Anlage mit parallel zueinander verlaufenden Längsseiten ergeben. Ein solcher

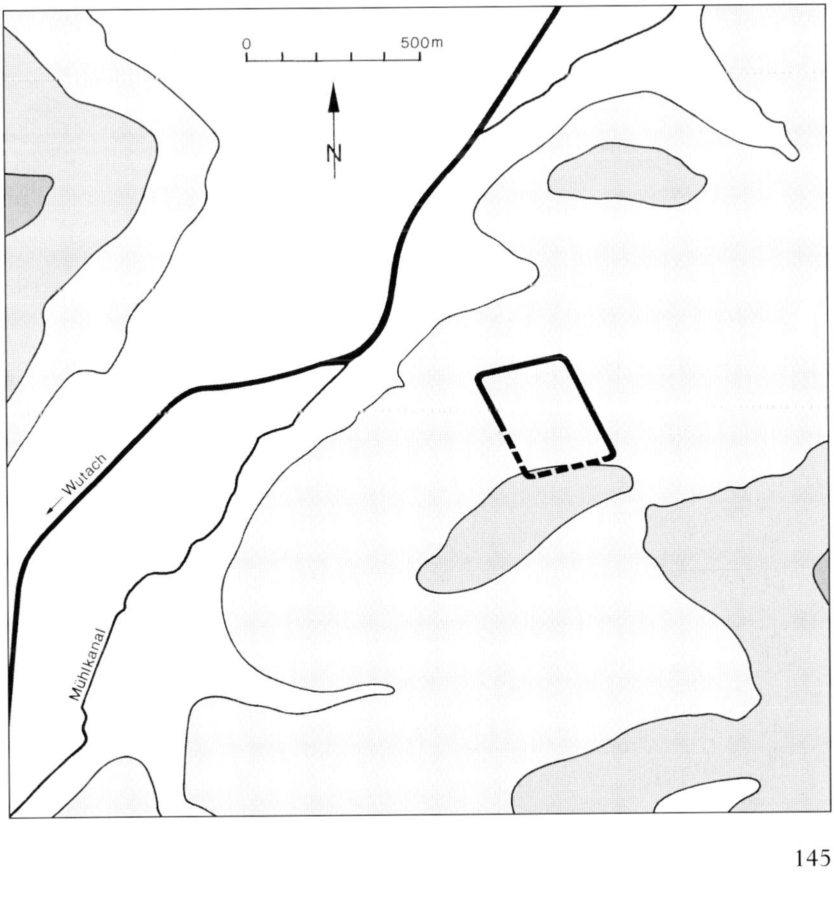

*Abb. 91 Untereggingen. Vorläufiger Gesamtplan nach kombinierter Auswertung von Sondage, Luftbildern und geologischen Bohrungen.
Die topographische Übersicht zeigt die Lage auf einem Hochplateau über dem Wutachtal.*

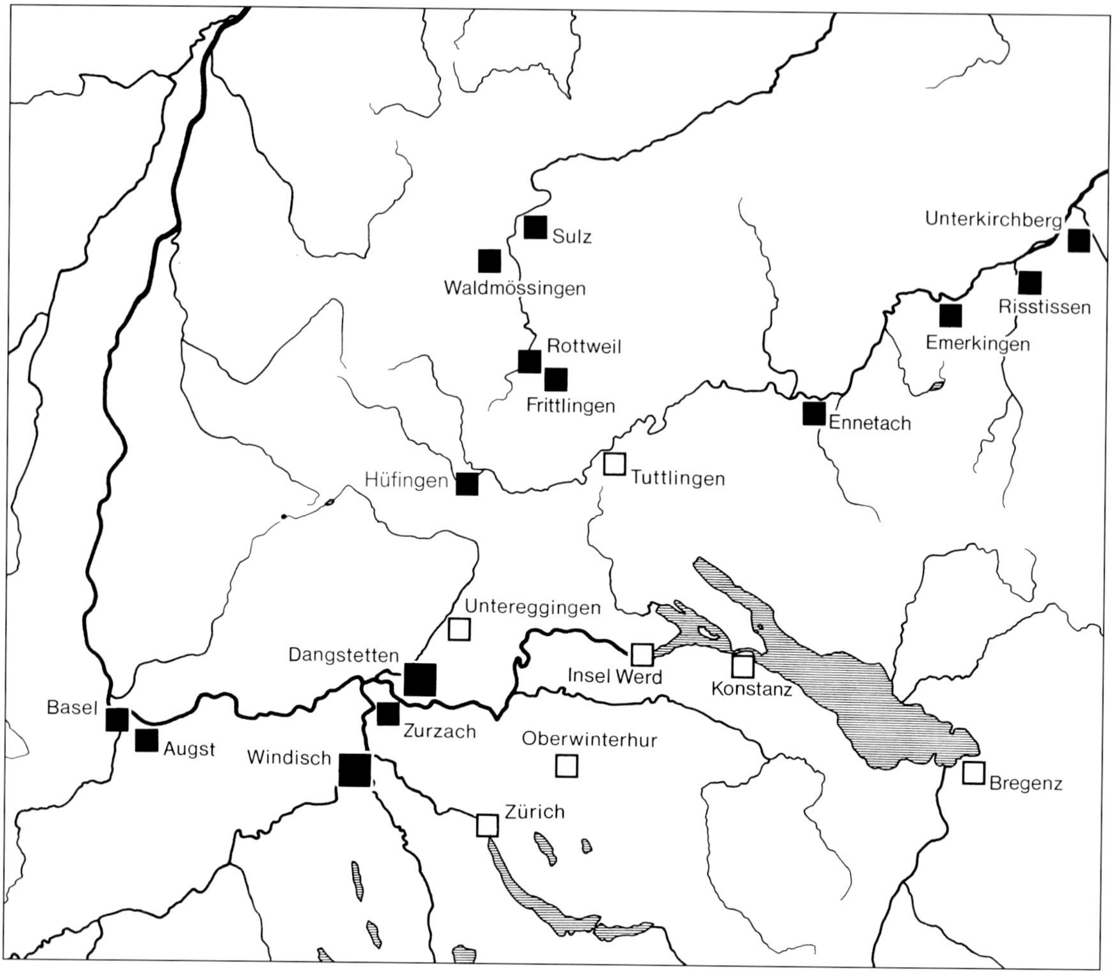

Abb. 92 Militärische Anlagen ((= gesichert / (= vermutet) zwischen Windisch und Rottweil in der Zeit von Augustus bis Traian. Nicht kartiert: Oberrheingebiet und „Alblimes".

Grundriß läßt zusammen mit dem Befund eines exakt ausgestochenen Spitzgrabens weder eine Deutung als neolithisches Erdwerk noch als keltische Viereckschanze zu. Auch eine Interpretation als frühneuzeitliche Befestigung ist, wie bereits erwähnt, so gut wie ausgeschlossen. Ergänzt man den Grundriß achsensymmetrisch, so erhält man ein Parallelogramm mit einem Flächeninhalt von mindestens 7,5 ha. Solche „verschobenen" langrechteckigen Grundrisse sind bei römischen Lagern des 1. und 2. Jhs. ganz unterschiedlicher Größe und Bauweise anzutreffen: Als Beispiele genannt seien das augusteische Lager von Lahnau-Dorlar (rund 21 ha Innenfläche), das traianisch/hadrianische Holzkastell auf der „Breitung" in Weißenburg (ca. 3 ha) und das nach den Markomannenkriegen errichtete Legionslager von Lorch-Enns (ca. 21,5 ha).

Tatsächlich könnte der Platz für ein römisches Truppenlager kaum besser gewählt sein, da die defensiven Möglichkeiten des nach drei Seiten abfallenden Geländes optimal genutzt wurden. Vom Plateau hat man einen weiten Ausblick, lediglich von Süden her wäre eine unbemerkte Annäherung des Feindes überhaupt möglich. Die Versorgung mit Frischwasser war durch die Wutach selbst oder aber über einen kleinen, heute noch vorhandenen Quellhorizont etwa 400m weiter östlich gesichert. Von den Auxiliarkastellen bei Zurzach bis hinauf zur Fundstelle bei Untereggingen sind es etwa 15,5km (via Wutachtal) bzw. 18km (via Klettgau) – eine eher unterdurchschnittliche Strecke für einen römischen Tagesmarsch, selbst wenn man beim Weg durch den Klettgau zwei Aufstiege mit insgesamt etwa 280m Höhenunterschied berücksichtigt. Die Entfernung zwischen Untereggingen und Schleitheim beträgt 9km, nach Hüfingen sind es, je nach gewählter Wegführung, etwa zwischen 29 und 34km.

Aufgrund der historischen Rahmenbedingungen ist ein römisches Lager an dieser Stelle nur im 1.Jh. n.Chr. denkbar, als das Wutach- bzw. Klettgautal die von der Natur vorgezeichnete Vormarschlinie in Richtung Obere Donau und Neckar bildete. Spätestens mit Aufgabe des Legionslagers von Vindonissa um 101 n.Chr. wurde das Gebiet zum zivilen „Hinterland“ einer weiter nach Nordosten vorgeschobenen Militärgrenze (Abb. 92). Möglich erscheint eine flavische Zeitstellung als Etappenstation zu den Kastellplätzen in Rottweil und Umgebung. In diesem Zusammenhang sei auf die bekannte Bronzetafel von Wutöschingen hingewiesen, deren Fundort nur etwa 4km südwestlich von Untereggingen liegt und die Einheiten der 7., 11. und 14. Legion nennt. Gleichermaßen in Betracht käme eine claudische Datierung, da ein Lager im Wutachtal zu jener Zeit als Station auf dem Weg nach Hüfingen und den Kastellen entlang der Donau gedient haben könnte. Aber auch eine noch ältere Zeitstellung, etwa im Zusammenhang mit augusteischen Offensiven, ist angesichts der Nähe von Dangstetten und Zurzach denkbar. Die kurz vor dem Abschluß stehende Freiburger Dissertation des Verfassers zeigt, daß es bislang keine eindeutigen Hinweise für eine vorflavische zivile Besiedlung am östlichen Hochrhein gibt. In Schleitheim hat die jüngst erfolgte Aufarbeitung der Kleinfunde nichts ergeben, was auf ein lange Zeit hier vermutetes römisches Lager hinweisen könnte (für Hinweise danke ich E. Deschler-Erb, Basel). Zudem ist für Schleitheim anstelle einer claudischen Anfangsdatierung nunmehr eine spätneronisch-frühflavische Gründung wahrscheinlich. Diese Erkenntnisse werfen neue Fragen auf, denn spätestens seit claudischer Zeit muß eine Militärstraße von Vindonissa über Zurzach nach Hüfingen durch den Klettgau bzw. das Wutachtal geführt haben. Ob der hier vorgestellte Befund die Stelle des lange gesuchten Kastells bei Schleitheim einnahm oder aber mit weiteren Militärplätzen im Wutachtal zu rechnen ist, muß vorerst offen bleiben. An dieser Stelle sei auch erwähnt, daß ein in der jüngsten Literatur mehrfach als „frührömisches Lager“ genannter Befund bei Hemishofen westlich Stein am Rhein mit größter Wahrscheinlichkeit nicht in die römische Zeit gehört und bei der Diskussion vorerst außer Betracht gelassen werden sollte (für Auskünfte danke ich M. Höneisen, Kantonsarchäologie Schaffhausen).

Auch wenn Begehungen und – flächenmäßig allerdings stark begrenzte – Sondagen bislang keine datierenden Funde erbracht haben, widerspricht dies zunächst nicht der vorgeschlagenen Interpretation, da gerade der Fundanfall frührömischer Lager sehr unterschiedlich sein kann: Die Masse des Fundmaterials aus Dangstetten stammt beispielsweise aus den Gruben im Lagerinnern, während die Spitzgräben bis auf die Grabenköpfe kaum Material enthielten und bei Feldbegehungen überhaupt keine Funde gemacht wurden. Bekannt ist auch die extreme Fundarmut des Lagers Marktbreit, wo immerhin größere Flächen im Bereich der Umwehrung und im Innern ausgegraben wurden.

Zu diskutieren bleibt die kleine Dimension des Spitzgrabens. Wie erwähnt ist auf dem Plateau seit römischer Zeit mit größerem Bodenabtrag zu rechnen. Ein Blick auf ältere Karten zeigt, daß das Gelände mit Ausnahme der bewaldeten

Kuppe im Süden mindestens seit dem 17. Jh. landwirtschaftlich genutzt wurde. Rechnet man also zur 1994 angetroffenen Grabenbreite den ca. 0,30 m starken neuzeitlichen Pflughorizont als Minimum zur Rekonstruktion des antiken Laufhorizontes hinzu, so ergibt sich bei einer Tiefe von ca. 1 m eine Breite von etwa 1,70 m. Ein solcher Spitzgraben entspricht beispielsweise in etwa den Dimensionen – 5 Fuß breit und 3 Fuß tief –, die der Militärschriftsteller Vegetius (Epitoma rei militaris III 8) für ein Marschlager empfiehlt. Ähnliche Umwehrungen kommen aber auch bei den frühen Lagern von Dangstetten und Zurzach vor, wenngleich dort wohl v. a. der anstehende Kies das Ausheben tieferer Gräben verhinderte. Die geraden Seiten des Profils und fehlende Einschwemmschichten weisen jedenfalls darauf hin, daß der Graben nicht lange offen gestanden hat und, wie das homogene Material der Grabenverfüllung vermuten läßt, intentionell verfüllt wurde. Zusammengenommen lassen sich diese Beobachtungen vorerst am besten mit einem nur kurzzeitig besetzten römischen Truppenlager vereinbaren.
Kurz vor Abschluß des Manuskriptes gelangte ein Luftbild zur Kenntnis, das auf einem unmittelbar südwestlich anschließenden Hochplateau – in vergleichbarer topographischer Situation – ein Bodenmerkmal zeigt, und zwar wiederum in Form eines Grabens mit abgerundeter Ecke. Eine nähere Untersuchung steht noch aus. Man wird aber auch hier zunächst an eine römische Datierung denken und den Befund bei allen weiteren Überlegungen – so etwa der möglichen Existenz von Übungslagern – berücksichtigen müssen.
Die von 1994 bis 1998 vorgenommenen Untersuchungen bewegten sich finanziell und personell in einem eng gesteckten Rahmen. Eine Überprüfung der hier vorgebrachten Überlegungen können in Zukunft nur flächige Untersuchungen erbringen. Sollte sich dabei bestätigen, daß bei Untereggingen römische Lager – welcher Funktion auch immer – erfaßt wurden, dann wäre dies einer der wenigen Kastellplätze Baden-Württembergs, der bislang völlig von Überbauung verschont geblieben ist. Dennoch drängt die fortschreitende Erosion zu baldigem Handeln, um weitere Erkenntnisse zur Okkupationsgeschichte Südwestdeutschlands zu gewinnen.

Jürgen Trumm

Literaturhinweise

Fundber. Baden-Württemberg 15, 1990, 621 (kurze Erwähnung der Luftbilder). – G. Wieland, Augusteisches Militär an der oberen Donau? Germania 72, 1994, 205–216. – M. Kemkes, Frührömisches Militär östlich des Schwarzwaldes. Jahresber. Ges. Pro Vindonissa 1997, 17–24 (jeweils zum militärgeschichtlichen Kontext).

Keller im Hauptgebäude und Wasserversorgung der römischen Villa rustica in Oberndorf-Bochingen, Kreis Rottweil

Unter einem Zelt wurde im Winter 1998 die archäologische Untersuchung des großen Kellers unter dem westlichen Teil der Portikus des Hauptgebäudes der Villa rustica in Oberndorf-Bochingen vorgenommen. Wie schon früher festgestellt, waren die Erhaltungsbedingungen in dem nicht durch die Eingriffe des letzten Jahrhunderts gestörten Teil hervorragend. Der Keller war nämlich durch die talwärts umgestürzte Wand der Halle (Rückwand der Portikus) abgedeckt worden. Leider fehlte der obere Teil dieser Mauer, der

Abb. 93 Oberndorf-Bochingen. In den Keller gestürzte Portikus.

ursprünglich schon außerhalb der Portikus zu liegen kam und deshalb von der Erosion abgetragen worden ist. Die noch meßbare Höhe der Mauer betrug ca. 4,50 m.

Was sich schon im Profil angedeutet hatte, wurde beim Abtrag der Mauersteine Gewißheit: Die Wand war zumindest auf der Portikusseite farbig bemalt gewesen und dieser Verputz war großenteils noch erhalten. Wie sich jedoch sehr schnell herausstellte, war der Zustand des Verputzes als solches sehr schlecht. Durch Auslaugungsvorgänge fehlten einerseits große Teile des bindenden Kalks, so daß die Konsistenz eher sandig-krümelig war, andererseits hatte der Aufprall der Mauer auf die unten zu beschreibenden Säulenfragmente der Portikus zu einer hochgradigen Zersplitterung geführt. Mit Hilfe leichtflüchtiger Bindemittel wurde trotzdem versucht, den Verputz möglichst flächig zu bergen. Es steht zu hoffen, daß sich bei der zur Zeit laufenden lagegenauen Dokumentation der Verputzreste das Grundmuster der farbig bemalten Wand erschließen läßt.

Eindrucksvollste Fundstücke im Keller waren die unter der Wand liegenden Reste der Portikus (Abb. 93). Die hierzu gehörigen Säulen bestanden aus einem Kapitell mit anschließendem Säulenschaftstück, einer Säulentrommel sowie einer Basis mit ebenfalls anschließendem Säulenschaftstück. Insgesamt hatten die Säulen eine Höhe von ca. 2,40 m. Einstmals standen die Säulen auf großen Steinblöcken, die die gesamte äußere Mauerbreite des Kellers abgedeckt haben. Diese Steine dürften in ihrer Orginalposition geringfügig über das Innenniveau der Portikus bzw. der Kellerabdeckung hinausgeragt haben.

Zur Ausstattung des Kellers gehörte auch ein gewaltiger monolitischer Kellerfensterblock, der ebenfalls durch die gesamte Wanddicke gereicht hat. Im Rahmen des Tags des offenen Denkmals im September des Jahres wurde versucht, die Portikusfront mit den beiden im Keller gefundenen Säulen wieder aufzurichten. Für alle Beteiligten war schon die Höhe der noch vorhandenen Teile der Anlage überraschend (es fehlt ja noch das Dach und die dahinter liegende Halle; Abb. 94). Klar wurde bei diesem Rekonstruktionsversuch auch, daß der obere Teil des Kellers deutlich

Abb. 94 Oberndorf-Bochingen. Wiederaufgerichtete Portikus des Hauptgebäudes mit Kellerfenster.

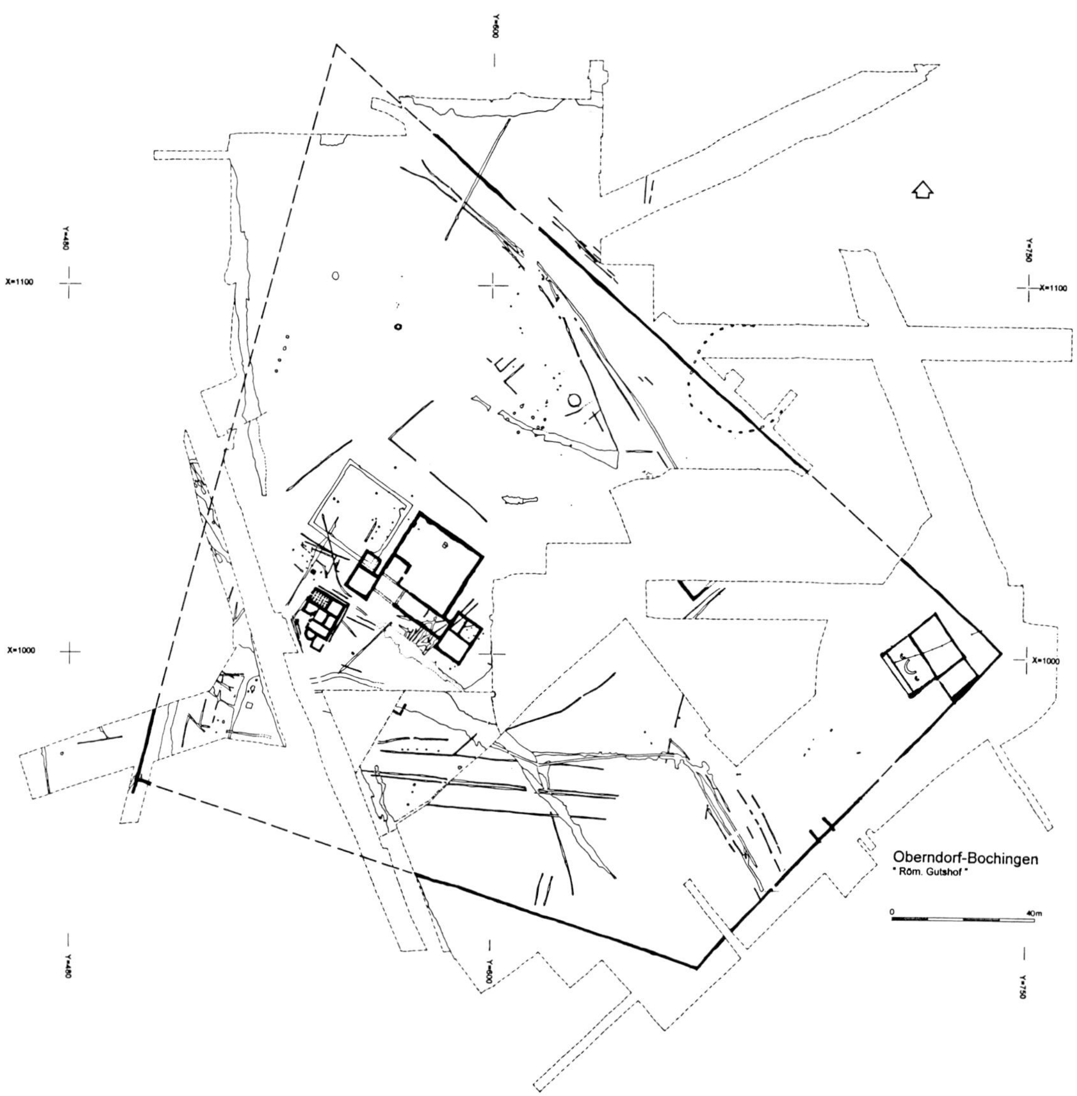

Abb. 95 Oberndorf-Bochingen. Vorläufiger Gesamtplan der Villa rustica. M.: 1:2000

über das talseitig anstehende Erdreich herausgeragt haben muß. Dies war, zusammen mit der schon früher festgestellten künstlichen Terassierung um das Hauptgebäude herum, ein weiteres Mittel, um den Baukörper eindrucksvoll zu gestalten.

Unklar in ihrer Bedeutung ist die unter den Säulen und Steinblöcken liegende humose Schicht, in die auch ein kleines Stück estrichartigen Materials eingebettet war. Nachdem erst darunter große Ziegelmassen entsprechend dem Dach der Portikus und vielleicht auch teilweise der Halle zum Vorschein kamen, kann es sich bei ihr nicht um das ursprüngliche Laufniveau auf der (hölzernen) Kellerdecke gehandelt haben. Denkbar ist, daß der Einsturz des Daches und der Einsturz der Portikussäulen kein gleichzeitiges Ereignis waren, und sich das besprochene Material in der Zwischenzeit angesammelt hat. Klar in seiner Ansprache war dagegen das schon angedeutete Ziegelmaterial darunter. Bei ihm handelt es sich um das

Dach der Portikus. Das darunter liegende, fundreiche Material gehörte zu dem Benutzungshorizont des einstigen Kellers. Es lag unmittelbar auf dem anstehenden felsigen Untergrund auf; Spuren eines hölzernen Bodens konnten nicht beobachtet werden. Der so verfüllte Keller maß ursprünglich ca. 8 m in der Länge und 5 m in der Breite. Über eine schmale, relativ steile Kellertreppe war er aus einem in die Halle eingeschriebenen Raum von Norden aus zugänglich. Im Bereich der erhaltenen Wände konnten vier Nischen mit flachem und scheitrechtem Sturz beobachtet werden. Insgesamt dürfte der Keller bis zu sieben Nischen besessen haben. Allerdings bedeuteten die Nischen in der Wand, auf der die Säulenstellungen auflagen, eine deutliche Schwächung des Gefüges. Hier muß es irgendwann im Laufe der Geschichte des Kellers zu einem Schadensfall, wahrscheinlich sogar zu einem Einsturz gekommen sein. Ab der Höhe der Unterkante der Nischen fand sich hier nämlich ein anderes Mauerwerk, verbunden mit einem zum Rest der Kellerwand verschiedenen Mörtel. Bei diesem Mauerteil wurden auch keilförmige Steine ehemaliger Nischenabschlüsse weiterverwendet.

Entsprechend der Höhe der Hallenwand bzw. der Portikus waren alle Kellermauern sehr kräftig mit bis zu 60 cm Stärke ausgeführt. Die kellerseitige Schale bestand aus sauber waagrecht gesetzten Handquadern, das dahinter liegende Mauerwerk aus stark mit Mörtel versetzten Bruchsteinen. Lediglich im Bereich eines innerhalb des Hallenareals liegenden ehemaligen und vor der Errichtung des Steinkellers planmäßig verfüllten Holzkellers besaß die Mauer auch eine äußere Schale.

Mit der Ausgrabung des Kellers ist die Untersuchung des Hauptgebäudes der Villa rustica abgeschlossen. Es bestand aus einer 21 × 20 m großen Halle mit talseitig vorgeblendeter ca. 24 m langer Portikus sowie 2 mächtigen Eckrisaliten (Abb. 95). Aufgrund der schlechten Erhaltungsbedingungen konnten, bis auf den schon erwähnten kleinen Raum um den Kellerabgang herum, keine Einbauten innerhalb der Halle nachgewiesen werden. Dagegen wiesen die Risaliten mehrfache Unterteilungen auf. Der hier beschriebene Keller lag unter der westlichen Hälfte der Portikus.

Neben dem Keller wurden 1998 weitere

Abb. 96 Oberndorf-Bochingen. Hölzerne Deichelleitung mit hölzernen Muffen.

ca. 0,6ha des Gutshofareals ausgegraben. Dabei wurde die Fortsetzung der umfangreichen Gräbchensysteme aufgedeckt (Abb. 95 und 97). Klar erkennbar ist mittlerweile die ältere hölzerne Umfassung der Anlage, die deutlich kleiner als ihr Nachfolger war. Sie besaß etwa im gleichen Bereich, in dem für die spätere Steinmauer eine Toranlage festgestellt wurde, eine von zwei Pfosten begrenzte Unterbrechung, die ebenfalls als Tor zu deuten ist. Der Zugang ist außen von drei bis vier Gräbchenpaaren begleitet. Vier parallele Gräbchen westlich dieses Eingangs deuten darauf hin, daß die hölzerne Umfassung vielleicht erweitert worden ist.

Ein anderer, anfangs eher unregelmäßig verlaufender Teil der Gräbchen entpuppte sich als Teil der Wasserführung innerhalb des Gutshofes. In den letzten Tagen der Grabung – der planmäßige Abschluß wurde durch das schlechte Wetter verhindert – fand sich noch als dessen Ausgang eine Art Wasserbecken vor dem östlichen Risalit des Hauptgebäudes. Zu einem aus großen Steinblöcken mit einer kräftigen Tonhinterfütterung gesetzten Winkel führte ein schon früher festgestellter, in den Mergel gehauener tiefer Graben. Von dem Becken aus wurde wohl überschüssiges Wasser in einem trocken gesetzten Kanal Richtung Osten abgeführt. Nach ca. 70m endete dieser Kanal in einem von uns als Absetzbecken gedeuteten Kasten, von dem aus eine hölzerne Deichelleitung weiter hangabwärts führte. Deutlich konnten in der Baugrube der Wasserleitung die Abdrücke der hölzernen Rohre und Muffen beobachtet werden (Abb. 96). Diese Deichelleitung endete unmittelbar jenseits der älteren Hofumfassung nahe dem oben beschriebenen Tor in einer flachen Mulde. Wahrscheinlich handelt es sich dabei um eine Viehtränke. Ein vermutlich mehr oder weniger offenes Gräbchen nahm überschüssiges Wasser auf und leitete es nach Süden bis jenseits der späteren Steinmauer ab. Offensichtlich handelt es sich um eine Anlage, die auch

Abb. 97 Oberndorf-Bochingen. Gräbchensysteme und steinverfüllte Rinne.

nach der Errichtung der Steinmauer weiter bestanden hat. Anscheinend bildete dieser Kanal aber nur den Ersatz für eine schon ältere, mehr oder weniger im gleichen Bereich angelegte Leitung, die mehrfach geschnitten wurde. Noch unklar in ihrem Verhältnis zu den beschriebenen Leitungen, vermutlich aber sie alle überlagernd, ist eine unregelmäßige Rinne, die anfänglich einen den Leitungen ähnlichen Verlauf hatte, später aber entsprechend dem natürlichen Gefälle folgend nach Südosten strich (Abb. 97). In ihrer Verfüllung fanden sich viele Keramikscherben, Ziegelbruchstücke, Mauersteine und vor allem auch der Rest eines Reliefs. Auf ihm ist anscheinend ein hagerer, nackter Mann abgebildet. Nicht zuletzt auch wegen der leicht vorgebeugten Haltung könnte es sich um die Darstellung eines Gefangenen handeln (Abb. 98).
Auch zum nachrömischen Schicksal der Villa rustica erbrachte die vergangene Grabung wesentliche Hinweise. Die immer wieder östlich der alten Trichtinger Straße gefundenen Rillen, die eindeutig in römische und nachrömische Schichten eingetieft sind, konnten nämlich über ihr paarweises Auftreten (Abstand ca. 1,10 m) eindeutig als Karrenspuren interpretiert werden. Sie müssen einerseits entstanden sein, als die Straße in schlechtem Zustand war und man in das angrenzende Gelände ausweichen mußte. Andererseits zielt ein guter Teil dieser Spuren auf den Bereich des ehemaligen Hauptgebäudes und des Bades. Die Wahrscheinlichkeit ist daher groß, daß sie von Wagen herrühren, auf denen das Steinmaterial der Ruine abtransportiert und einer Wiederverwendung zugeführt wurde.
Durch die Grabung des letzten Jahres sind wir dem Verständnis der Geschichte und der Infrastruktur der Villa rustica von Oberndorf-Bochingen ein gutes Stück näher gekommen. Erst durch die vollflächige Untersuchung war es möglich, die Vielzahl von Gräbchen und Gräbchensystemen zu erfassen und zumindest teilweise zu verstehen. Es steht zu hoffen, daß das begonnene Konzept der Ausgrabung noch bis zum Abschluß durchgeführt werden kann.

C. Sebastian Sommer

Abb. 98 Oberndorf-Bochingen. Teil eines Reliefs mit nacktem Mann.

Literaturhinweise

C. S. Sommer, Arch. Ausgr. Bad.-Württ. 1997, 89 ff. – Ders., Arch. Ausgr. Bad.-Württ. 1996, 153 ff.

Eine alte Villa neu entdeckt. Das römische Landgut bei Enzberg, Stadt Mühlacker, Enzkreis

Im Dezember des vergangenen Jahres meldete P. Schüle, Ditzingen-Heimerdingen, der Archäologischen Denkmalpflege in Karlsruhe fünf römische Säulenteile, die bei Straßenbauarbeiten für die neue Ortsumgehung von Enzberg (B 10) freigeschoben worden waren. Die Fundstelle im Gewann „Schellenäcker" ist seit 1859 durch Fundmeldungen (römische Keramik, Ziegelbruchstücke, Säulenstücke) bekannt. Des weiteren ist von Öfen die Rede, bedauerlicherweise ohne nähere Erläuterung. Genauere Erkenntnisse liegen seit 1912 vor, als O. Paret im Vorfeld eines Wohnungsneubaus archäologische Untersuchungen durchführte und einen römischen Gutshof im hier ca. 400 m breiten und etwa 100 m tief eingeschnittenen, recht engen Enztal nachweisen konnte. Die Südecke des Hauptgebäudes am Fuß des steilen nördlichen Hanges und große Teile der ca. 60 m südlich, unweit der Enz, um einiges tiefer gelegenen

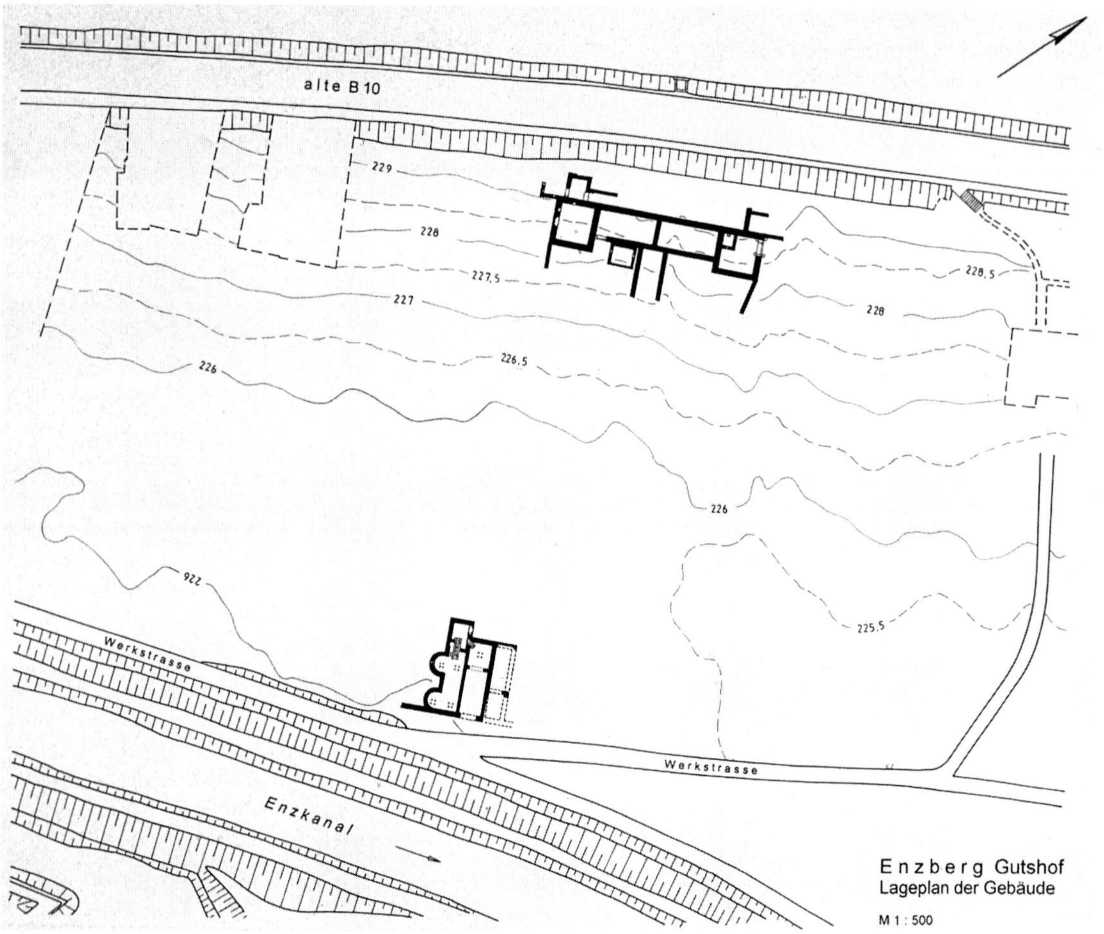

Abb. 99 Enzberg. Lageplan der Gebäude. Stand 1998.

Badeanlage mit Umfassungsmauer (Abb. 99) wurden seinerzeit freigelegt. Paret geht von 1,65 ha Fläche für die gesamte Anlage aus (150×110 m). Eine weitere Fundmeldung des Jahres 1954, ca. 60 m östlich des Hauptgebäudes, bestätigt diese Vermutung. Die Ortsakten nennen hier Mauerreste, zahlreiche Ziegelteile und Amphorenscherben, sichere Indizien für ein weiteres Gebäude.

Bei der Bergung der eingangs genannten Säulenbruchstücke zeigte es sich, daß im Verlauf der Bauarbeiten einige Mauerkronen des Hauptgebäudes aufgedeckt worden waren. Da es sich um Bauerwartungsland handelt, lag es auf der Hand, archäologische Ausgrabungen durchzuführen. Die ersten Ergebnisse können sich sehen lassen. Schon nach wenigen Wochen war eine außergewöhnlich gute Befunderhaltung ablesbar mit römischem Gehniveau, aufgehendem Mauerwerk und interessanten Inneneinbauten (Abb. 100).

Bislang lassen sich, zeitlich aufeinanderfolgend, zwei grundverschiedene Gebäude nachweisen, wobei für die jüngere Phase mehrere Anbauten charakteristisch sind. Der erste Baukörper besaß einen knapp 3,50×3 m großen Steinkeller (Abb. 101) mit je zwei kleinen, schlicht ausgeführten Nischen in der nördlichen und südlichen Wand. Offensichtlich befand sich in der weitgehend abgebrochenen Ostwand ein

Lichtschacht. Interessant ist der mit recht großen Steinen zugesetzte, 1,30 m breite Eingang in der westlichen Mauer. Steinerne Türgewände waren nicht vorhanden. Allerdings fällt es auf, daß bei einer bis zu 0,20 m starken Zone am unteren Ende der Zusetzung Steine weitestgehend fehlen; vielleicht saß hier eine hölzerne Türschwelle. Amphorenstandspuren entlang der Nord- und Südwand lassen eingrenzen, was hier gelagert wurde. Es hat den Anschein, als ob die zerstörten oberen Bereiche dieses Kellers mit den Umbaumaßnahmen zusammenhängen und mit einer grundlegenden Geländeveränderung in Verbindung zu bringen sind. Westlich fallen starke Unebenheiten im Estrich des angrenzenden Raumes und Bruchsteinkonzentrationen unter und neben den jüngeren Mauern auf, höchstwahrscheinlich weitere Relikte des ältesten Gebäudes, die es 1999 zu untersuchen gilt.

Auf den ersten Blick gehört das jüngere Gebäude zum klassischen Typ der Risalitvillen mit den beiden markanten, etwa 2 m vorspringenden, quadratischen Eckräumen (Abb. 99). Insgesamt mißt die Gebäudefront 35 m; die Anbauten im südwestlichen Bereich sind jüngeren Datums. Den Grundriß prägt seine symmetrische Gestaltung mit zentraler, 5 m breiter Freitreppe, deren Substruktionen nachgewiesen werden konnten. Zwischen den 5,50 × 6 m messenden Eckräumen liegen zwei langrechteckige, 9,50 × 4 m große Räume mit massiven Kalk-Mörtel-Estrichen, die unterschiedlich sorgfältig ausgeformte Viertelrundstäbe aufweisen. Im Mauerwerk des südlichen Risalits blieben Ansätze von Wandnischen und eines Lichtschachtes erhalten, das typische Interieur eines Kellers. Nachweislich war jedoch dieser Raum wie die übrigen nördlich anschließenden niemals eingetieft. Dafür spricht nicht nur das sorgfältig gesetzte Zweischalenmauerwerk mit Ecken aus farblich abgesetzten Sandsteinplatten, sondern auch das Geländerelief an sich. Offensichtlich diente der über 30 m² große Raum trotzdem als Magazin, wo landwirtschaftliche Produkte weitgehend dunkel und verhältnismäßig kühl gelagert werden konnten.

Abb. 100 Enzberg. Überblick über das Hauptgebäude von Nordosten. Die topographischen Gegebenheiten sind hier gut nachvollziehbar.

Ähnlich außergewöhnlich ist der Risalit im Norden mit eingebautem, knapp 4 m² großem Becken (Abb. 102) in der südwestlichen Raumecke. Die zwei übrigen Wände des Beckens sind 0,50 m dick; die östliche ist mit einem Abfluß versehen, der in eine Sickergrube mündet. Gegenüber befindet sich eine rechteckige Einlassung für ein Kantholz, dessen Maserung man noch im Putz zu erkennen glaubt. Die Innenverkleidung des Beckens besteht aus dünnen Ziegelplatten und mehreren feinen Kalk-Mörtelaufträgen, die stark mit Ziegelsplitt versetzt sind. Auch

Abb. 101 Enzberg. Steinkeller der ersten Bauphase des Hauptgebäudes.

Abb. 102 Enzberg. Becken mit Sickergrube, von Osten gesehen.

hier sorgt eine Art Viertelrundstab dafür, daß keine Flüssigkeit austreten kann. Die Höhe des Beckens betrug maximal 0,40 m. Auffällig ist die äußerst qualitätvolle und sorgfältige Ausführung. Boden und Wände sind so glatt, wie es sonst nur bei Badebecken Standard ist.

Derzeit gehen wir davon aus, daß landwirtschaftliche Produkte hier gepreßt wurden (Most, Öl?). Leider haben die laufenden botanischen Untersuchungen bislang hierzu noch keine konkreten Aussagen ermöglichen können. Auf einer Lage aus Kalkbruchsteinen in der Sickergrube mag ein Behälter gestanden haben (Holzbottich, Amphore?) zur Aufnahme des Preßguts. Wozu das massive Kantholz an der westlichen Beckenwand gehörte, ist derzeit noch nicht bekannt. Der mehr als 2 m breite Eingang in der nördlichen Wand des Raumes mit massiver Türschwelle in situ spricht dafür, daß sperriges Gut in den Raum transportiert werden konnte. Vier Pfostenlöcher stehen mit diesem Eingang in Verbindung, möglicherweise trugen die beiden äußeren ein Vordach. Der Boden dieses Raumes ist offensichtlich bereits in der Antike entfernt worden, nur Rollierungsreste im Eingangsbereich und östlich davon waren noch vorhanden.

Es liegt auf der Hand, daß die beschriebene Raumflucht eine funktionale Einheit bildete, wobei Produktion bzw. Verarbeitung und Lagerung in den Risaliten angesiedelt waren. Welche Aufgabe die Rechteckräume hatten, muß momentan noch offen bleiben. Auffällig sind jedenfalls die „wasserdichten" Böden und zwei Sandsteinblöcke, einer davon in situ. Eine Türschwelle im südöstlichen Bereich kennzeichnet hier den Eingang. Sicher ist es, daß im Erdgeschoß keine Wohnräume bestanden. Letztere sind vielmehr im ersten Obergeschoß zu suchen, das höchstwahrscheinlich in Richtung Hang, um die Breite einer Raumflucht zurückversetzt, lag. Deutliche Hinweise hierfür liefert die Neigung der Treppensubstruktion. Demzufolge liegt das eigentliche, mehrfach terrassierte Gebäude unter der alten B 10 und der Eisenbahntrasse (Abb. 100). Seine Strukturen sind vermutlich noch weitgehend erhalten. Vielleicht darf man sich die enzwärts weisende gewerblich genutzte unterste Raumzeile als eine Art Kryptoportikus vorstellen.

Offensichtlich waren zu irgendeinem Zeitpunkt doch „echte" eingetiefte Kellerräume nötig, die in Teilen, südwestlich angebaut, freigelegt werden konnten. Leider steht die benachbarte

Bundesstraße einer vollständigen Ausgrabung im Weg. Auch in diesem Bereich läßt sich eine Bauabfolge beobachten. Der älteste Anbau hatte mindestens 14 m². Seine Ostwand ist mit zwei großen, gewölbeförmigen Nischen ausgestattet. Die Rückwand – soweit freigelegt – besitzt eine Nische und Teile eines Lichtschachtes. Es fällt auf, daß große Teile der Mauerschale des bestehenden Gebäudes abgeschlagen wurden, wohl um den Anbau mauertechnisch besser einbinden zu können. Der Keller wurde von Norden betreten. Für den knapp 1m breiten Zugang sind Türschwelle und Gewände aus Sandstein charakteristisch (Abb. 103).

Zu einem späteren Zeitpunkt wurde ein weiterer Keller nördlich angefügt. Der Eingang des ersten Kellers wurde zugesetzt; möglicherweise war er danach von Westen zugänglich. Der jüngere Keller wurde über eine Holztreppe von Norden her betreten, die von einer Mauer flankiert war. Im Eingang lag eine sekundär verwendete Sandsteinschwelle bzw. -platte.

Weitere schmale angesetzte Mauern im Norden, Nordosten und Südwesten des Gebäudes mögen ein Hof- oder Gartenareal begrenzt haben. Eine Stickung aus Kalkbruchsteinen im nordöstlichen Bereich wird mit einem Weg in Verbindung gebracht. Sondagen im Umfeld des Hauptgebäudes verweisen auf ein weiteres Steingebäude unmittelbar südlich, dessen Freilegung für das kommende Jahr vorgesehen ist.

Gleichermaßen werden wir uns auch noch einmal der Badeanlage widmen, vor allem, um den Grundriß zu komplettieren. Ebenso sind Sondagen in der eingangs angesprochenen Fundstelle des Jahres 1954 geplant, die hoffentlich auch dazu verhelfen, die Gesamtausdehnung der Anlage näher eingrenzen zu können.

An dieser Stelle sei der Stadt Mühlacker, insbesondere Herrn Oberbürgermeister Schönfeld, für die freundliche Aufnahme gedankt und für die Erlaubnis, auf städtischem Gelände zu sondieren. Da auch hier längerfristig eine Bebauung ansteht, ist es umso wichtiger, über die antike Situation Bescheid zu wissen und die Befunde bestmöglichst vorab zu dokumentieren.

Britta Rabold

Abb. 103 Enzberg. Blick in die angebauten Kellerräume mit zugesetztem Eingang, im Hintergrund sekundär verwendete Sandsteinschwelle.

Literaturhinweis

O. Paret, Die Römer in Württemberg 3. Die Siedlungen (Stuttgart 1932) 301.

Weitere Grabungsergebnisse aus dem Bereich des römischen Gutshofs in Bad Rappenau – Babstadt, Kreis Heilbronn

Die Arbeitsgruppe Archäologie der Aktion „Senioren für Andere e. V. Heilbronn“ hat ihre Untersuchungen im Bereich des römischen Gutshofs Bad Rappenau–Babstadt im Auftrag des Landesdenkmalamts fortgesetzt. Die aufschlußreichsten Grabungsergebnisse des vergangenen Jahres sollen hier kurz erörtert werden.

Es ist inzwischen gelungen, durch Luftaufnahmen Haupt- und Nebengebäude der Villa rustica zu erfassen. Sie liegen in der Fläche, die 1999 geöffnet werden soll.

Die Freilegung der Fundamente des 1997 beschriebenen Estrichs unter einem Hypokaustum brachte insofern eine Überraschung und zugleich Korrekturen früherer Beobachtungen, als sich die gesamte Anlage als Teil einer zweiten Bauphase erwies. Zur Unterfütterung des Estrichs dienten u. a. unsystematisch eingebrachte Handquader, die bereits vermauert gewesen waren. Möglicherweise gehört zum ersten Bauabschnitt die südliche Fundamentmauer des Hypokaust-Gebäudeteils, die nicht winkelgerecht zu den übrigen Fundamenten verläuft, die aber offensichtlich in den neuen Baukörper einbezogen wurde. Von ihr könnten auch die wiederverwendeten Handquader stammen.

In keiner unmittelbaren Verbindung miteinander, wohl aber, wie die Hypokaust-Anlage, auf das vermutete Hauptgebäude bezogen, wurde ein Keller freigelegt. Seine Mauern sind schon im 16. Jh. weitgehend ausgebrochen und 1565 u. a. zum Bau des Babstadter Gutshofs und seiner Umfriedung verwendet worden. Zahlreiche glasierte Scherben dieser Zeit, im Keller bis auf dessen Sohle zu finden, scheinen diese Vermutung zu bestätigen.

Die wenigen Mauerteile, die erhalten geblieben sind, weisen, nicht allein durch den Fugenstrich, auf qualitätvolle handwerkliche Arbeit hin. Der Keller hebt sich in der Färbung des Verfüllmaterials dermaßen klar vom Anstehenden ab, das ihn auf drei Seiten umgibt, daß der Mauerausbruch nur vom Rauminnern erfolgt sein kann. Der Zugang ist im noch nicht untersuchten, südlich gelegenen Hauptgebäude zu denken. Auch die östlichen und westlichen Fundamente ziehen ins Profil der südlichen Nachbarfläche. Die Größe des bislang noch unvollständig ergrabenen Kellers beträgt bisher 4,80×4,80 m. Bei seiner Anlage wurde eine neolithische Grube geschnitten, belegt durch zahlreiche Scherben der Linearbandkeramik. Die mehrfache Umsetzung des Verfüllmaterials spiegelt sich in der zeitübergreifenden Vergesellschaftung der Funde wider, läßt sich aber auch deutlich am Profil ablesen.

Da fand sich Bandkeramik auf einer Ebene mit Sigillaten und glasierter Ware der Renaissance. Im Mörtel des Wandputzes steckte eine stark beschädigte römische Fibel, die Federspirale einer frühgermanischen Armbrustfibel lag in unmittelbarer Nachbarschaft. Zu den bedeutendsten Funden gehört sicher ein gut erhaltener 284 g schwerer, massiver Leinen- bzw. Zügelführungsring, in Guß in verlorener Form in Bronze gefertigt (Abb. 104).

Abb. 104 Babstadt. Zügelführungsring aus Bronze.

Ungewöhnlich ist auch der Fund eines neben zahlreichen Bruchstücken vollständig erhaltenen „Gewölbetubulus“. Der in den Retentionsrillen haftende Putz beweist, daß sie verwendet worden sind. Die Tubuli sind zur offenen Gewölbeseite hin oben und unten jeweils um 8° verjüngt, so daß sich bei einer Rekonstruktion ein Bogen von 50 cm Höhe und an der breitesten Stelle einer lichten Weite von 1,30 m ergibt. Die Funktion ist noch unklar.

Eine etwa haselnußgroße blaue Schlakke, auf der Kellersohle gefunden, erweist sich als das dem Azurit ähnliche Linarit $PbCu[(OH)_2|SO_4]$, eventuell ein Hinweis auf Kupferverarbeitung im Gutshofbereich.

Der Kellerboden war, vor allem entlang der Mauerzüge, mit Sand ausgelegt. Die Untersuchung der zahlreichen darin enthaltenen Kiesel zeigt, daß es sich um Neckarsande handeln muß. Holzkohlespuren auf der begangenen Bodenschicht lassen sich am ehesten verbranntem Inventar, etwa Regalteilen, zuordnen. Auf der Kellersohle ist, wie im Profil, ein deutliches Gefälle nach Süden und hier wiederum zur Kellermitte festzustellen. Eine aus Leistenziegelfragmenten gefertigte Drainage weist auf zumindest zeitweise starke Nässe im Keller.

Ein Fläche von ca. 40 m^2 war mit Leistenziegelbruchstücken und Scherben „übersät". Der Befund wurde, obwohl es sich um zerstreutes, nur an der Oberfläche liegendes Material handelte, sorgfältig dokumentiert. Auffallend war eine annähernd kreisrunde Stelle, die von diesem Abbruchschutt unberührt war. Sie erwies sich als die Verfüllung eines Brunnens. Dieser enthielt Fundgut, das mit dem der umgebenden Oberfläche überraschenderweise nicht identisch war. Diese Beobachtung erlaubt den Schluß, daß der Brunnen noch aufgehend erhalten gewesen sein muß, als die Gebäudereste zerstreut wurden. In der Mitte des vergangenen Jhs. wurde hier der Wald gerodet. Zu dieser Zeit hatte sich seit dem 3. Jh. n. Chr. über dem Gesamtbefund bereits eine so starke Erosions- und Humusschicht gebildet, daß der Pflug die Schuttschicht nicht mehr erreichen konnte. Der Brunnen wurde 70 cm unter der bearbeiteten Oberfläche erstmalig eindeutig erfaßt. Er ist bei einer lichten Weite von 1,40 m noch 7,55 m tief. Um ihn anzulegen und mit teilweise bearbeiteten Feldsteinen auszumauern, mußte ein Schacht mit einem Durchmesser von mindestens 3,00–3,20 m abgeteuft werden.

Gegen das Anstehende wurden die Steine gesetzt und mit Lehm verbunden. In den tieferen Bereichen hat sich das Grundwasser durch natürliche oder absichtlich ausgesparte feine Spalten einen Weg in den Brunnen gebahnt.

Die Vermauerung ist, von einer unbedeutenden kleinen Ausbuchtung abgesehen, in einwandfreiem Zustand, so daß der Brunnen erhalten und in die Planung eines Neubaugebietes einbezogen werden kann.

Eine hölzerne Verschalung am Grund („Brunnenstube"), wie sie in römischen Brunnen nicht selten ist, hat es hier nicht gegeben. Das kann um so zuverlässiger behauptet werden, als sich in tieferen Schlammschichten des Brunnens Holz durchaus in größeren Mengen erhalten hat, darunter auch eindeutig bearbeitete Stücke, die noch nicht genauer untersucht werden konnten. Auffällig war eine fünffach durchbohrte, etwa 2 cm starke runde Eichenscheibe mit einem Durchmesser von 10 cm, die außen zwei einander gegenüberliegende Griffe gehabt haben muß, die allerdings nur noch in Ansätzen erhalten sind. Bei diesem Fund kann es sich um eine einfache Seiler-Lehre gehandelt haben, ein Werkstück zur Herstellung von stärkeren Seilen, wie es sich modifiziert bis in die jüngere Vergangenheit erhalten hat (Abb. 105).

Der nach unten zunehmend feuchtere und schließlich eindringendes Grundwasser speichernde Brunnen enthielt zahlreiche, häufig bearbeitete und teilweise durchglühte Handquader, ferner

Abb. 105 Babstadt. Hölzerne Seiler-Lehre aus dem Brunnen.

Dolomite und behauene Keuper-Sandsteine. Auch die Ziegelbruchstücke weisen nicht selten Brandspuren auf, Merkmale, die beim Oberflächenmaterial, das den Brunnen umgeben hat, nicht zu beobachten waren. Keramikfunde sind auch am Grunde des Brunnens spärlich. Hingegen verdichtet sich zwischen 6,60 m und 7,05 m eine nahezu kompakte Knochenschicht vom Pferd, Rind, Schwein, Schaf oder Ziege, Rothirsch und Wildschwein. Das Fundmaterial konnte nur oberflächlich durchgesehen werden und wartet auf Bearbeitung. Beim Schlämmen des zähen, tonigen Materials fanden sich zahlreiche Knochenreste von Kleinsäugern neben Nüssen, Obststeinen u.a. Sorgfältige Analysen stehen noch aus.

Abb. 106 Babstadt. Römischer Kalkbrennofen.

Die wahrscheinlich eindrucksvollsten Funde aus dem Brunnen sind neben dem Werkzeug des Seilers das Fragment eines kleinen Epona-Hausaltars und das Relief einer leider „kopflosen" Fortuna. Ihr im Ansatz erhaltenes Füllhorn und das vollständige Steuerruder identifizieren sie. Erwähnung verdient ein gewaltsam zerschlagener Mahlstein (Läufer), der bei einer Stärke von 9 cm ursprünglich einen Durchmesser von 84 cm hatte. Bei 7,10 m, inmitten römischen Materials, fand sich ein sehr gut erhaltenes, konisch durchbohrtes, neolithisches Hammerbeil aus Amphibolith bzw. Hornblendschiefer. Es ist 21,50 cm lang und wiegt 1418 g. Ob es bei der Feldarbeit aufgelesen und beiläufig in den Brunnen geworfen wurde oder in einem Gebäude als apotropäisches Symbol gedient hat, ist nicht zu sagen.

In einer Tiefe von 6,35 m tritt erstmals Wasser aus. Die Schüttung ist mit 18 Stundenlitern eher gering. Sie muß im Zusammenhang mit dem gesunkenen Grundwasserspiegel gesehen werden.

Von einem im Süden gelegenen überdachten Arbeitsbereich wurde ein Kalkofen betrieben (Abb. 106). Die ursprüngliche Höhe des Ofens ist ebensowenig mehr auszumachen wie die des Heizkanals. Dieser war im erhaltenen unteren Bereich mit Leistenziegeln verkleidet, deren einer, wenn auch vielfach gebrochen, in situ vorhanden war. Der Ofen, annähernd kreisrund, hat einen Gesamtdurchmesser von 4 m und eine lichte Weite von 3,20 m. Er ist bis auf die grüngraue Schicht der splittrigen, anstehend zerlegten Mergel eingetieft. Ein Vergleich mit „Bauernöfen", die alten Traditionen folgen und solchen, die in Südeuropa bis heute betrieben werden, erlaubt den Schluß, daß die Gesamthöhe des Schachtofens 4–5 m oder gar mehr betragen haben könnte. Die im Mittel 40 cm starke, in doppelter Steinlage gegen das Anstehende gesetzte Mauer besteht aus Steinen des oberen Muschelkalks und Dolomiten des Keupers. Sie war hohen Temperaturen ausgesetzt und hat nach außen den anstehenden Lehm noch 10–15 cm tief verziegelt bzw. durchglüht. Lediglich die von der Mauer geschnittenen Gipskeuperstraten blieben – ihres geringen Eisengehaltes wegen – farblich beinahe unverändert.

Der Einsatz des Brenngutes, ebenfalls Muschelkalk, der vor Ort nicht ansteht und aus den 3–5 km entfernten Aufschlüssen beigeschafft werden mußte, erfolgte durch den Heizkanal. Dieser weist gegen den Brennraum ein Gefälle von 15° aus. Sollten die Flammen nicht zurückschlagen, mußte für einen starken Abzug in der Öffnung des konischen oder kuppelartigen Oberbaus des Ofens gesorgt gewesen sein. Im Ofen weist ein kompakter Kalkblock darauf hin, daß der letzte Brand – aus welchen Gründen auch immer – nicht vollständig ausgeräumt wurde. So löschte nach der Zerstörung Regen den Kalk, und im Laufe der Zeit entstand durch Einwirkung von Kohlendioxid aus der Luft Kalziumkarbonat. Der Kreislauf hatte sich geschlossen. Dieser massive Block ist nicht innig mit der Ofenmauer verbunden. Er folgt zwar exakt ihrer Rundung, behält aber einen Abstand von 7–10 cm. Möglicherweise wurde das Brenngut bereits auf Distanz gesetzt, um beim Brand eine stärkere, vor allem effektivere Hitzeentwicklung und umlaufende Gasführung zu erreichen. Zugleich bedeutete diese Maßnahme eine Isolierung gegen zwangsläufig beim Heizen durch die Mauer eindringende Feuchtigkeit. Vielleicht sollte auch lediglich ein „Verbacken" des Brennguts mit der Mauer vermieden werden. Ein Schnitt durch den „Kalkklotz" zeigt weißes, mit braunen Schlieren versetztes, sehr kompaktes Material, das nur hin und wieder durch einen nicht von der Hitze erreichten Steinkern oder nicht brennbare Minerale unterbrochen wird. Im Block selbst finden sich häufig Kavernen, kleinere Hohlräume, von Luftzufuhr abgeschlossen. In ihnen ist gelöschter Kalk in der bekannten sämigen Form erhalten.

Der Ofen bietet keinerlei Hinweise auf eine Konstruktion, die den Feuerbereich, der ja vom Heizkanal bis weit in den Ofen reichte, trennt. An einen wie auch immer gearteten „Rost" ist nicht zu denken. Die Kalksteine wurden vielmehr so geschichtet, daß genügend Brennmaterial eingebracht und während des Brandes nachgeschoben werden konnte. Zwar mag es ab und an zu einem Versturz im Ofen gekommen sein, die Regel war das sicher nicht. Die nur spärlichen Holzkohlespuren bezeugen, daß der Grad der Verbrennung des Heizmaterials optimal war.

Um möglichst eindeutige Profile und Konstruktionsdetails zu gewinnen, wurde der Ofen „geviertelt". Die Stratigraphie zeigt, daß er sich nach Aufgabe und Einsturz über einen längeren Zeitraum verfüllt hat. Einen Schnitt durch die gesamte Anlage haben Wetterverhältnisse bisher verhindert. Er wird aber erfolgen.

Hier konnten nur die wichtigsten Befunde kurz dargestellt werden. Auf der gesamten geöffneten Grabungsfläche (200×15 m) fanden sich neben neolithischen und mittelalterlichen Siedlungsspuren eine große Zahl vermeintlicher Pfostengruben. Sie waren aber einander weder zuzuordnen, noch in ein sinnvolles System zu bringen. Nach gründlicher Untersuchung erwiesen sich diese „Gruben" als Folgeerscheinungen einer Rodung. 1855 wurde der Wald „ausgestockt", der Niederholzbestand samt Wurzeln entfernt.

Die Stadt Bad Rappenau hat durch ihre großzügige Unterstützung und die Hilfe aller betreffenden Abteilungen die Grabung ermöglicht. Ihr gebührt Dank.

Erich Herberg

Literaturhinweis

Arch. Ausgr. Bad.-Württ. 1997, 80ff.

Ausgrabungen in Hechingen-Stein, Zollernalbkreis

Wie aus den Grabungsberichten der letzten Jahre zu ersehen ist, wird seit 1995 in dem großen Ökonomiegebäude C (Abb. 107) in unmittelbarer Nähe des Tempelbezirks gegraben. Dabei wurde festgestellt, daß sämtliche nach Norden verlaufenden Mauerzüge des Mühlen- und Darrengebäudes unter die moderne Zufahrtsstraße zum römischen Freilichtmuseum Hechingen-Stein ziehen. Die Aufgabe der diesjährigen Grabungskampagne war es folglich, zum einen den nördlichen Abschluß des Gebäudes auf der anderen Straßenseite zu suchen und zum anderen einen geeigneten Platz für die zu verlegende Straßentrasse zu finden.

So wurden an verschiedenen Stellen, wo diese Mauerzüge vermutet wurden, Flächen ergraben. Es stellte sich allerdings sehr schnell heraus, daß sich der nördliche Abschluß des Hauses im Bereich der heutigen Straße befinden muß. Einzig eine Mauer endet stumpf auf der anderen Straßenseite. Aufgrund ihrer Lage kann aber davon ausgegangen werden, daß es sich bei dieser Mauer entweder um einen Teil von Gebäude C handelt, oder daß sie wie auch die westliche Außenmauer des Ökonomiegebäudes Teil der Umfassungsmauer des Gutshofgeländes bildete.

Zusätzlich wurde der gesamte nördlich gelegene Bereich untersucht. Dabei konnte ein Teilstück der vermuteten Hofummauerung freigelegt werden. Dieses Mauerstück war im Norden durch die moderne Straße gestört und im südlichen Bereich durch das Hanggefälle ausgebrochen. Außerdem war nur der unterste Bereich der Fundamentierung erhalten. Dies machte es auch unmöglich, das Verhältnis von Hofmauer und einem geschotterten Weg zu klären, der in diesem Bereich auf die Hofmauer trifft.

Bei den Untersuchungen westlich außerhalb der Umfassungsmauer konnten weitere römische Befunde aufgedeckt werden. Im wesentlichen handelt es sich dabei um Drainagegräben, die durch die hier anstehenden wasserundurchlässigen Lehmschichten unerläßlich waren. Durch sie wurde das bei starken Regenfällen massiv hangwärts abfließende Wasser zwischen Tempelbezirk und Gebäude C abgeleitet.

Ebenso wurde deutlich, daß sich das Gelände seit der Zeit der provinzialrömischen Besiedlung stark verändert hat. In einigen Bereichen, die heute relativ eben erscheinen, konnten Depressionen festgestellt werden, die durch Versturzmaterial und auch Abschwemmungen egalisiert wurden.

Neben den Grabungen wurde in diesem Jahr im Rahmen einer Diplomarbeit an der Technischen Hochschule Stuttgart durch A. Höninger und M. Pfeiffer ein Höhenschichtenplan des gesamten Geländes erstellt. Dieser sollte, als Ergänzung zu dem schon 1978 erstellten Plan (AA 1995, Abb. 124), die Möglichkeit bieten, sich einen Überblick über die Gesamtausdehnung der Gutsanlage zu verschaffen. Hierzu wurden die im Lauf der letzten Jahrzehnte endeckten Mauerstücke mit aufgenommen.

Damit zeigt sich folgendes Bild (Abb. 107). Das annähernd rechteckig ummauerte Gutshofgelände umfaßt ein Gebiet von rund 4 ha. Mit der Gutshofummauerung nutzte man die natürliche Geländformation optimal aus, da sowohl im Osten als auch im Westen der steile Geländeabfall eine Bebauung unmöglich machte. Der nördliche und südliche Abschluß sind noch nicht ganz sicher nachzuweisen, da sich noch jeweils außerhalb römische Befunde befinden. Ob es sich dabei um eine spätere Erweiterung des Gutshofgeländes handelt, muß zum gegenwärtigen Zeitpunkt noch offen bleiben.

Fast exakt in der Mitte auf einer künstlich geschaffenen Terrasse liegt das

Hauptgebäude (A) mit dem damit verbundenen Badegebäude (B). Das noch nicht vollständig ausgegrabene Mühlengebäude C schließt sich an die westliche Umfassungsmauer an. Gerade in diesem Bereich entsteht allerdings der Eindruck, daß diese Umfassungsmauer zu einem noch zu klärenden Zeitpunkt zumindest in Teilen abgetragen wurde. Ob dies in Zusammenhang mit der Errichtung des außerhalb gelegenen Tempelbezirks (D) steht, muß im Moment noch offen bleiben, ist aber wahrscheinlich. Es ist davon auszugehen, daß der

Abb. 107 Hechingen-Stein. Gesamtplan der römischen Gutsanlage.

Tempelbezirk in die Gesamtanlage mit integriert wurde. Dafür würde ein Mauerstück sprechen, welches sich von der Nord-Westecke des Tempelbezirks an nach Nordwesten hin erstreckt. Im weiteren Verlauf wird diese Mauer allerdings durch den modernen Zufahrtsweg gestört.

Unterhalb des Hauptgebäudes liegt, etwas aus der Mittelachse nach Osten verschoben, ein weiteres Badegebäude. Es hat nach Erkenntnis der Sondagen mit mehreren apsidial ausgeformten Anbauten einen etwas aufwendigeren Grundriß als Bad B. Seine Lage auf der unteren Geländeterrasse, wodurch es in direkter Verbindung mit dem Mühlengebäude C und dem Tempelbezirk steht, legt den Schluß nahe, daß es sich hier um eine Einrichtung handelte, die eher von den Besuchern der Anlage genutzt wurde und nicht von den Bewohnern selbst.

Die weiteren derzeit bekannten Gebäude schließen sich alle an die Umfassungsmauer an. Lediglich das Hauptgebäude und die Bäder stehen frei im Gelände. Damit lassen sich gewisse Parallelen zu anderen längsrechteckigen Anlagen wie z. B. dem Gutshof von Seeb in der Schweiz ziehen. Über die Funktion dieser Gebäude, die mit bis zu 25 m Seitenlänge beachtliche Ausmaße aufweisen, lassen sich im Moment noch keine Aussagen machen. Sicher ist allerdings, daß sich noch eine Reihe weiterer Häuser innerhalb des Gutshofgeländes befinden, die sich als Schutthügel im Gelände abzeichnen.

Der von den Herren Höninger und Pfeiffer erstellte Höhenschichtenplan zeigt deutlich, daß sich durch die exakte Aufnahme eines Geländereliefs weitreichende Erkenntnisse über ein im Boden verborgenes archäologisches Geländedenkmal treffen lassen.

Stefan Schmidt-Lawrenz

Literaturhinweise

D. Schmid, S. Schmidt-Lawrenz, Arch Ausgr. Bad.-Württ. 1997, 102 ff. – A. Höninger, M. Pfeiffer, Archäologisch-topographische Aufnahme des Römischen Gutshofes in Stein bei Hechingen (Diplomarbeit Stuttgart 1998).

Grabungsfortschritte in der „Villa urbana" von Heitersheim, Kreis Breisgau-Hochschwarzwald

Der fertiggestellte Schutzbau über dem Kernbereich des Hauptgebäudes der „Villa urbana" von Heitersheim ermöglichte während des zurückliegenden Jahres drei zeitlich voneinander getrennte und vor allem auch wetterunabhängige Grabungseinsätze. In der vorlesungsfreien Zeit vor Ostern sowie während der Monate August und November/Dezember wurden programmgemäß die archäologischen Ausgrabungen fortgesetzt. Die zu verschiedenen Zeiten durchgeführten Feldforschungen erlaubten nicht nur die klimatischen Verhältnisse unter dem Schutzbau im Jahresverlauf zu überprüfen, sondern ließen auch unterschiedliche Besuchergruppen bei den laufenden Untersuchungen Einblick nehmen. Der sich stetig vergrößernde Interessiertenkreis erfuhr zudem durch die Ausschilderung der „Römervilla" entlang des neugeschaffenen Autobahnzubringers von Heitersheim deutlichen Zuwachs auch von Fernreisenden. Schon jetzt ist die „Villa urbana" unverzichtbare Station für viele Urlauber in Richtung Süden mit besonderem Interesse an römischer Kultur; viele Zufallsgäste betonten, auch künftig in Heitersheim ihren ersten Erlebnis- und Bildungsstopp einzuplanen. – Die Stimmen einer breit gefächerten Öffentlichkeit (Ortsansässige, Kurgäste, Urlauber) geben Ausdruck von einer grundsätzlichen Zustimmung gegenüber dem neugeschaffenen Schutzbau und seinem darin Bewahrten.

Vorrangiges Ziel der Grabungskampagne im Frühjahr war die vollständige Freilegung des römischen Kellerareals, das bereits 1992 mittels Sondagen in Baggerschaufelbreite wissenschaftlich untersucht und anschließend wieder verfüllt worden war. Aus diesem Anlaß durften wir auch vier bewährte Mitarbeiter unserer langjährigen Grabung von Sontheim/Brenz, Kreis Heidenheim, begrüßen, die in ehrenamtlichem Einsatz bei körperlicher Schwerarbeit die jungen Studierenden der Grabungsmannschaft unterstützten.

Der Monat August stand im Zeichen einer Lehrgrabung, bei der anfangs nur die nördliche Hälfte des Zierwasserbeckens aufgedeckt wurde (vgl. Arch. Ausgr. Bad.-Württ. 1992, 171 ff.). Vorgaben wie z. B. die Freihaltung der Schubkarrenwege sowie die bewährte Zeichenblatteinteilung waren ausschlaggebend für diese Vorgehensweise. Sie erwies sich jedoch vor allem während der laufenden Kampagne als arbeitsökonomisch und zugleich besucherfreundlich, da die großräumigen Grabungsbefunde direkt an der einblickgewährenden Glasfront liegen und so jederzeit zu begutachten sind (Abb. 108). Die flächige Aufdeckung des angesprochenen Raumbereichs – das 18 m lange und 4 m breite Wasserbecken liegt mittig innerhalb des zentralen Peristylhofes – gab erstmals Gelegenheit, die seinerzeit ausschließlich anhand kleiner Sondagen vorgenommene Grundrißansprache und -einteilung zu überprüfen. Hierbei zeigte sich, daß alle grundlegenden Aussagen zu Bauperioden, deren Zeitstellung und ihren jeweiligen charakteristischen Ausstattungsdetails zutreffen. Genauere Angaben sind zu den Aufstellungsstandpunkten der Säulen zu machen, die einst den überdachten Umgang trugen, der das offene Wasserbecken an allen vier Seiten umzog. Der Heitersheimer Schutzbau nimmt in seinen Dimensionen diese antike Wegeführung wieder auf, so daß sie vom künftigen Besucher auf seinem musealen Rundgang nachvollzogen werden kann. In funktionalem Zusammenhang mit dem Wasserbecken dürfte ein neuentdecktes, von Norden geführtes, rechtwinklig auf das Bassin ziehendes Gräbchen stehen (Abb. 109). Dies mündet in der Mitte der Längsachse am nördlichen Beckenrand, so daß es naheliegt, an einen unterirdisch verlegten Leitungsstrang für wie immer geartete Wasserspiele zu denken. Die Freilegung des gegenüber befindlichen südlichen Beckenteils bleibt abzuwarten; möglicherweise findet sich dort ein ver-

Abb. 108 Heitersheim. Blick vom westlichen Eingang in das Innere des Schutzbaus während der laufenden Untersuchungen.

Abb. 109 Heitersheim. Blick von Südwesten auf den nördlichen Rand des Wasserbeckens mit steingesetztem Abwassergräbchen.

gleichbarer Befund bzw. ein weiterer, der zum Gesamtverständnis Aufschluß geben wird.

Wie bereits bei den vorangegangenen Untersuchungen ausschnitthaft ermittelt, überlagert das beschriebene Wasserbecken der älteren Steinbauphase mit seinem westlichen Bauabschnitt mächtige, stellenweise bis zu 0,40 m starke Siedlungsschichten früherer Holzbauten (Arch. Ausgr. Bad.-Württ. 1992, 174 Abb. 122). Bisher gelang es noch nicht, einen vollständigen Grundriß dieser ältesten Heitersheimer Baustrukturen zurückzugewinnen, doch lassen sich immerhin Stampflehmböden aus dem Inneren dieser Bauwerke in großflächigen Raumbereichen erkennen. Auch zu diesem Fragenkomplex werden die künftigen Grabungen dem Boden weiterführende Informationen entlocken.

Eine Estrichfläche und damit originales, römisches Laufniveau ist einzig nördlich des apsidialen Ostabschlusses des Beckens erhalten. Materialien, Machart und Beschaffenheit erweisen diesen – ältere Strukturen miteinbeziehenden – Befund als sehr junge Baumaßnahme, die aber immer noch römisches Gepräge zeigt. Der ursprüngliche Zweck dieser quadratischen Grundfläche von etwa 3×3 m ist derzeit noch ungeklärt, da seit antiker Zeit ein halber Meter Bodenauftrag im gesamten Villenareal aberodiert ist. Eigentlich kann es sich nur um die ehemals tieferliegende Lauffläche eines kleinen „Erdkellers“ handeln.

Neben den Arbeiten am Wasserbecken und dessen säulenumstandener Portikus wurde die Freilegung des mit Brandschutt gefüllten und nachträglich umgenutzten Kellerareals fortgesetzt. Zeitaufwendig war – wie bereits im Vorjahr – die sachgerechte Bergung von Wandputzpartien, die in Sturzlage befindlich, einen großen Anteil der Kellerfüllung einnahmen. Farbkombinationen und geometrische Muster der jüngst aufgefundenen Verputzstücke sind solchen aus den Voruntersuchungen zuzuordnen und runden mengenmäßig das bislang gewonnene Kompositionsspektrum der qualitätvollen Wandgestaltung im Heitersheimer Villenhauptgebäude ab.

Der nun vollständig freigeräumte Keller erstreckte sich auf knapp 54 m^2 Grundfläche; ein Maß, das selbst bei den gattungsgleichen Villenanlagen des Schweizer Mittellandes eine Höchstmarke darstellt. Daß die meßbare Heitersheimer – wohl nur temporär genutzte – Bevorratungskapazität den Dimensionen der benachbarten linksrheinischen entspricht, wirft ein bezeichnendes Licht auf die dortige Gesellschafts(ober)schicht. Einen weiteren deutlichen Hinweis auf gehobene Ausstattung vermitteln importierte Gesteinsarten für Wand- und Bodentäfelungen (z. B. grüner Porphyr aus Nordgriechenland) sowie die häufige Anwendung der wertvollen blauen und grünen Farbpigmente bei den z. T. auch figürlichen Malereien.

Die architektonische Anbindung von langgestrecktem Wasserbecken und dem großdimensionierten Kellerbereich – die beiden vom heutigen Schutzbau überdachten Bauelemente – erfolgte vom südlichen Umgang des Peristyls. Die Freilegung des zweifach gewinkelten Kellerabgangs war mit unserer gesteigerten Erwartung verknüpft, an dieser funktionsbedingten Nahtstelle des Gebäudekomplexes besondere Aufschlüsse zu gewinnen. Die Hoffnungen wurden nicht enttäuscht: Die Kellertreppe weist einen guten Erhaltungszustand auf, da sie bereits in römischer Zeit aufgelassen und der zum Keller führende Gang mit Brand- und Abbruchschutt aufgefüllt worden war. Vor dieser Verfüllungsmaßnahme war die aus geschliffenen Kalksteinplatten bestehende Stufenverkleidung entfernt worden. Daher sind an den großen Unterlagesteinen der Treppe stellenweise Steinbruchspuren und antike Meißellöcher sichtbar, die dem antiken Benutzer verborgen blieben. Die Entwendung der Deckplatten ist ebenfalls deutlich an der westlichen Treppenwand ablesbar, da dort der originale Verputz geradlinig abbricht. Die ehemalig bemalte Sichtzone hat sich dort in den unteren Partien bis zu einer Höhe von etwa 0,70 m erhalten. Die Wandbemalung des Treppenhauses, die nur an einer Seite zu beobachten war, zeigt zwei voneinander abgesetzte Farbzonen, die der Schräge des Treppenabgangs folgen. Der untere, 0,40 m breite Farbstreifen ist in pompejanisch-rot gehalten, der darüber sitzende in weiß (Abb. 110). Die Ausmalung des Kellerzugangs sowie die gewendelten Stufenreihen fügen sich architektonisch bestens in die gehobene Bauausstattung des Hauptgebäudes. Jedoch ist anzumerken, daß es sich hierbei nicht um den ursprünglichen Abgang handeln kann, da die Abmauerung der vier Kellerwände und deren sorgfältige Ausfugung im Gegensatz zu den im Treppenhaus verwendeten, z. T. sekundären Baumaterialien wie Ziegelbruchstücke und dergleichen steht. Zur Klärung dieser Detailfragen sind noch die Grabungen im kommenden Jahr abzuwarten.

An Datierungshinweisen liegen Fragmente eines sog. Rheinischen Spruchbechers mit Weißmalerei vor, die sich im eingebrachten Auffüllschutt im Kellerabgang fanden. Somit bestätigt sich die Einschätzung, daß dieser Keller im 3. Jh. außer Betrieb genommen wurde.

Die Zweckentfremdung der Kellerfläche (vgl. Arch. Ausgr. Bad.-Württ. 1997, 108) hat sich auch durch eine weitere Detailbeobachtung erhärtet: Im

Abb. 110 Heitersheim. Blick nach Osten auf den rechtwinklig umbiegenden Kellerabgang. Am linken Bildrand Unterlagesteine der gewellten Stufen. Der obere Bildabschnitt zeigt einen Ausbruch früherer „Grabungstätigkeit" und darunter die unversehrte rotweiße Farbzonenbemalung im Treppenhaus.

massiven, aus Rotsandsteinen gebildeten Unterbau eines darauffolgenden, wannenartigen Einbaus haben sich behauene Handquader mit Fugenstrich und weißer Wandputzauflage gefunden. Diese in sekundärer Verwendung eingebrachten Altmaterialien belegen neben inkohlten Holzresten, daß das Hauptgebäude der Villa im 3. Jh. von einem Schadensfeuer so stark beeinträchtigt war, daß Mauersteine des Oberbaus zur Wiederverwendung des nutzungsgeänderten Neubaus zählten.
Einen weiteren Meilenstein in der Erforschung dieses Platzes bildete der am 17. August abgeschlossene Kooperationsvertrag zwischen der Universität Freiburg und der Stadt Heitersheim, der die künftige wissenschaftliche Betreuung der Heitersheimer „Villa urbana" zum Gegenstand hat. Die seit 1991 sehr erfolgreich verlaufende Zusammenarbeit wurde in Anwesenheit von zahlreichen Gästen durch Unterschrift seitens des Rektors der Albert-Ludwigs-Universität (Prof. Dr. W. Jäger) und des Bürgermeisters der Stadt Heitersheim (J. Ehret) besiegelt. Hiermit ist neben der wissenschaftlichen Betreuung der Villenanlage auch die berufsorientierte Ausbildung des wissenschaftlichen Nachwuchses der Abteilung für Provinzialrömische Archäologie an diesem attraktiven Kulturdenkmal langfristig gewährleistet, da die Studierenden dort sowohl im Grabungsmetier wie auch in praxisnaher Öffentlichkeitsarbeit Erfahrungen sammeln werden.

Hans Ulrich Nuber,
Gabriele Seitz

Literaturhinweise

H. U. Nuber, G. Seitz, Ausgrabungen im Schutzbau von Heitersheim, Kreis Breisgau-Hochschwarzwald. Arch. Ausgr. Bad.-Württ. 1997, 105 ff. – G. Seitz, Archäologieprojekt Villa Urbana Heitersheim. In: Expressum. Informationen aus dem Freiburger Bibliothekssystem. Elektronische Dienste für Studium und Wissenschaft (Sonderausgabe 1998) 39 ff.

Die römische Nordweststadt von Ladenburg, Rhein-Neckar-Kreis

Die Grabung Wormser Straße 25 gibt erste Einblicke

Neubauvorhaben in der Ladenburger Parzelle 433, einem knapp 300 m² großen, langrechteckigen Bauplatz, machten Ausgrabungen der Archäologischen Denkmalpflege in Karlsruhe erforderlich, die von März bis Oktober des Berichtsjahres durchgeführt wurden.
Die westliche Grabungs- und Grundstücksgrenze bildet die Nord-Süd verlaufende mittelalterliche Stadtmauer, deren knapp 2,70 m eingetieftes Fundament zumindest Teile der beschriebenen Auffüllung schneidet. Es besteht aus rötlichen, grob behauenen Sandsteinen und Bruchsteinmaterial. Der weißlich-gelbe Mörtel ist stark mit Kies gemagert. Das Fundament wurde ohne klar erkennbaren Arbeitsraum eingebracht. Vom aufgehenden Mauerwerk gehören die untersten sechs Lagen noch zur originalen Bausubstanz. Auch hier kamen rote Sandsteine mit allerdings deutlich härterem Mörtel zum Einsatz.
Die römischen Siedlungsreste lassen sich bislang als vier Phasen definieren, zwei ältere Holzbauphasen und zwei jüngere Steinbauphasen. Zum Steinbau gehört eine Nord-Süd ausgerichtete Mauer. Gebäudeecken bzw. Abzweiger der Mauer wurden nicht bekannt, so daß die Ausrichtung des Hauses derzeit noch offen bleiben muß. Möglicherweise liefern geplante punktuelle Er-

gänzungsuntersuchungen im Verlauf der Unterfangungsarbeiten der Nachbarhäuser dienliche Hinweise. Eine Orientierung Richtung Westen erscheint derzeit am ehesten plausibel, da sich östlich offensichtlich ein gewerblich genutzter Hof (?) anschloß. Eine Ausrichtung nach Norden würde aus dem gleichen Grund wenig Sinn machen. Die Befundlage zeigt jedoch in aller Deutlichkeit, daß die römische Stadtbefestigung hier im nordwestlichen Ausläufer der Siedlung nicht kongruent mit der mittelalterlichen Stadtmauer sein kann, sondern ein gutes Stück weiter westlich bestanden haben muß, wie es C.S. Sommer bereits verschiedent-lich vermutet und geäußert hat. Das Gebäude liegt – vorausgesetzt die Ausrichtung nach Westen stimmt – parallel zu einer von Sommer vermuteten, wenig nördlich in Ost-West-Richtung verlaufenden Nebenstraße und leicht spitzwinklig zur Ausfallstraße in Richtung Mainz.

Vom aufgehenden, sorgfältig ausgeführten Mauerwerk aus roten Sandsteinen blieben drei Lagen erhalten, eine vierte, die sog. Ausgleichsschicht, bildete den Übergang zum eingefüllten Fundament. Die Breite beträgt 0,60m. Das bis zu 1,30m eingetiefte Fundament verweist etwa auf halber Höhe durch einen deutlichen Absatz und eine völlig andere Strukturierung auf eine Umbau- oder grundlegende Renovierungsmaßnahme (Abb. 111). Besonders interessant ist es, daß der nördliche Mauerteil so gut wie gar nicht fundamentiert war oder zumindest sehr nachlässig und maximal 0,60m tief (gleiches Niveau wie Fundamentabsatz der Umbauphase). Möglicherweise läßt sich hier ein jüngerer Anbau fassen, der über einer Feuerstelle (Ofen?, zahlreiche Schlackenfunde) errichtet wurde, die offensichtlich zur ersten Steinbauphase gehört. In einer großen, tiefreichenden Grube in der südwestlichen Flächenecke wurden vermutlich die Reste der älteren Holzfachwerkarchitektur entsorgt, bevor das Steingebäude entstand (Abb. 112). Zur jüngeren Steinbauphase gehört ein aus mehreren Ziegelplattenlagen aufgeführter, ca. 2,50m breiter Backofen, der hauptsächlich nur noch über das Westprofil erschlossen werden kann, da das Fundament der mittelalterlichen Stadtmauer diesen Befund schneidet und weitgehend zerstört hat (Abb. 113). Wandputzreste, z.T. farbig bemalt, die innerhalb des Gebäudes zutage kamen, verweisen auf seine Innenausstattung. Ca. 10m östlich des Gebäudes lag eine gewaltige, langrechteckige (3,50×2m) große Grube, deren Funktion bislang unklar ist. Genau wie eine weitere Feuerstelle (auch hier zahlreiche Schlakkenfunde) ist sie mit der Steinbauperio-

Abb. 111 Ladenburg, Wormser Str. 25. Römische Steinmauer, die das Grabungsareal von Norden nach Süden durchquert.

Abb. 112 Ladenburg, Wormser Str. 25. Abfallgrube innerhalb des römischen Gebäudes.

Abb. 113 Ladenburg, Wormser Str. 25. Westprofil mit Backofen aus Ziegelplatten der jüngsten Steinbauphase, darunter Ausläufer der Grube Abb. 112, eine Aufplanierung, wiederum darunter holzbauzeitliche Stratigraphie.

de in Verbindung zu bringen. Völlig überraschend war eine breite Kiesaufschüttung am östlichen Flächenende, neben der heutigen Wormser Straße. Offensichtlich wurde hier ein 5 m breiter römischer Straßenzug erfaßt, der mit leichter Abweichung nach Osten Nord-Süd ausgerichtet war (Abb. 114). Genau diese Orientierung ist charakteristisch für die beschriebene Mauer des ca. 15 m entfernten zeitgleichen Steingebäudes. Ganz anders hingegen sah die Infrastruktur der Nordweststadt von Ladenburg „holzbauzeitlich" aus. Es gab mindestens zwei Fachwerkbauphasen, die Gebäude scheinen Nord-Süd ausgerichtet gewesen zu sein. Die älteste Parzellierung wurde steinbauzeitlich offensichtlich nicht übernommen. In der westlichen Flächenhälfte dominieren breite, z. T. durchgängig erfaßte Gräbchen und eine Reihe großer Pfostengruben, gleichfalls Nord-Süd ausgerichtet. Im östlichen Bereich wurden gleich orientierte, jedoch sichtlich schmälere Gräbchen (Wandgräbchen) dokumentiert; über einige rechtwinklige Abzweiger lassen sich die einstigen Räumlichkeiten rekonstruieren. Besonders unter dem Straßenkörper lagen vielfältige Zeugnisse der Holzbauphase.

Dem ersten Eindruck zufolge waren zumindest Teile des nordwestlichen Stadtrandes Ladenburgs holzbauzeitlich dicht, sozusagen flächendeckend bebaut, während zwischen den jüngeren Steingebäuden offenbar größere Freiflächen bestanden. Gleichermaßen zeichnen sich massive strukturelle Änderungen im antiken Straßennetz ab.

Britta Rabold

Literaturhinweise

H. Kaiser, C. S. Sommer, Lopodunum I. Die römischen Befunde der Ausgrabungen an der Kellerei in Ladenburg 1981–1985 und 1990. Forsch. u. Ber. Vor- u. Frühgesch. Baden-Württemberg 50 (Stuttgart 1994). – C. S. Sommer, Vom Kastell zur Stadt. Lopodunum und die Civitas Ulpia Sueborum Nicrensium. In: H. Probst (Hrsg.), Ladenburg – Aus 1900 Jahren Stadtgeschichte (Ubstadt-Weiher 1998).

Abb. 114 Ladenburg, Wormser Str. 25. Schnitt durch den Nord-Süd verlaufenden steinbauzeitlichen Straßenkörper im Osten der Grabungsfläche.

Horreum oder Tempel? Ausgrabung Hadrianstraße 9 in Ladenburg, Rhein-Neckar-Kreis

Um- und Anbauvorhaben im Gartengrundstück des Anwesens Hadrianstraße 9 führten zu Ausgrabungen der Archäologischen Denkmalpflege in Karlsruhe im Sommer des vergangenen Jahres. Die geplanten Baumaßnahmen umfaßten die Erweiterung des bestehenden Hauses in nördlicher und östlicher Richtung, die Planierung des östlichen Gartenareals sowie Kanalisationsarbeiten im westlich gelegenen Vorgarten.

Daß an dieser Stelle ein römischer Großbau bestand, ist seit den archäologischen Untersuchungen der 50er Jahre durch B. Heukemes im Vorfeld des Wohnhausbaus bekannt. Bei neueren Aufnahmen durch C. S. Sommer in den benachbarten Grundstücken Hadrianstraße 5 und 7 konnten weitere Befunde dieses Bauwerks in Ausschnitten dokumentiert werden. Vor allem das Bruchstück einer groß proportionierten kannelierten Säule führte zunächst zur Deutung als Podiumstempel, wobei die jüngere Forschung eher für einen Speicher plädiert, insbesondere im Hinblick auf die Nähe zum Neckar, wo Heukemes einen Hafen annimmt. Gleichermaßen bestand die Hoffnung, 1998 weitere konkrete Hinweise für den Verlauf der römischen Stadtmauer zu erhalten. Diese ließ sich dann tatsächlich im Vorgarten, direkt benachbart zur modernen Hadrianstraße, insgesamt auf einer Länge von 14,50 m verfolgen. Die Befestigung wurde in spät- oder nachantiker Zeit vollständig ausgebrochen, nur an der Sohle der Ausbruchsgrube blieben stellenweise letzte Rollierungsreste an Ort und Stelle. Die maximale Grubenbreite liegt bei 2,30 m. Die erhaltene Höhe der Einfüllschichten beträgt maximal 0,90 m, die Grube war bis zu 0,70 m in den anstehenden Löß eingetieft (Abb. 115). Ganz im Gegensatz zur Wormser Straße 25 lagen die römischen Befunde der Südstadt zwischen 0,30 bis maximal 0,50 m unter der modernen Oberfläche, da hier weder im Mittelalter noch später bis in die 50er Jahre unseres Jahrhunderts intensiv gesiedelt wurde. Die Verfüllung setzte sich neben humosen Anteilen vor allem aus bis zu faustgroßen Mörtelbrocken, Wandverputzstücken und Kies zusammen. Der Verputz zeigt häufig Reste roter Fugenstrichbemalung, saß also ursprünglich an den Außenwänden eines römischen Gebäudes.

Im unteren Bereich der Verfüllung ließ sich ein deutlich höherer Anteil von Sandstein und Ziegelbruchstücken beobachten. Besonders erwähnenswert sind Teile zweier Kapitelle korinthischer Bauordnung mit dem charakteristischen aufwendig herzustellenden Dekor aus schuppenartig übereinander angeordneten Akanthusblattkelchen. Die zugehörigen, aus einem Block gearbeiteten, glatten Säulenabschlüsse waren ebenfalls noch vorhanden. Offensichtlich wurden die eher als hinderlich angesehenen, sperrigen Blattspitzen und vor allem die bekrönenden, stark vorkragenden Sandsteinvoluten abge-

Abb. 115 Ladenburg, Hadrianstr. 9. Ausbruchsgrube der römischen Stadtmauer.

Abb. 116 Ladenburg, Hadrianstr. 9. Korinthisches Kapitell mit glattem Säulenansatz auf der Sohle der Ausbruchsgrube der römischen Stadtmauer.

schlagen und neben den Kapitellen in der Baugrube für die Stadtmauer eingebracht. Derzeit ist es noch nicht sicher, ob die vorliegenden Bauskulpturteile anpassen oder evtl. die Voluten auch zu weiteren Kapitellen gehören, die anderweitig in der Stadtmauerfundamentierung „entsorgt" wurden. Das vollständigere Kapitell lag am nördlichen Rand des Baugrundstücks (Abb. 116). Einige Skulpturteile tragen noch farbige Bemalungsreste. Diese Fundstücke bereichern den Ladenburger Bestand beträchtlich. Meines Wissens fehlen bislang in Ladenburg vergleichbare qualitätvolle Stücke, die einerseits auf einen äußerst versierten Steinmetzen verweisen und andererseits einen Auftraggeber mit fundierter Kenntnis reichsrömischer Architektur voraussetzen. Desweiteren wird ablesbar, daß repräsentative und sicherlich kostspielige Bauwerke bereits nicht mehr bestanden, als die Ladenburger Stadtmauer errichtet wurde.

Besondere Aufmerksamkeit verdient ein zunächst im nördlichen Bereich festgestellter, nach Westen vorgelagerter Graben, der im Abstand von 0,10 m die Stadtbefestigung flankiert. Der weitere Verlauf in Richtung Süden zeigt, daß sich dieser Graben im vorhandenen Befund verbreitert, seine Sohle ist kontinuierlich weiter eingetieft, was für die Stadtmauer nicht zu beobachten war. Nach wenigen Metern schneiden sich die Befunde – neuzeitliche Störungen verunklären hier das Bild –, letztendlich verzweigt sich dann der Graben in verschiedene Richtungen. Derzeit ist es ohne intensive Befund- und Fundauswertung nicht eindeutig abzuklären, wozu dieser Graben gehört. Er steht jedoch sicherlich nicht mit der Stadtmauer in Verbindung. Eine eher kursorische Sichtung des Fundmaterials der Grabenverfüllung scheint dennoch den richtigen Ansatz zu liefern. Einen Großteil der Funde bildet neckarswebische Keramik, weitaus weniger Scherben zeigen römisches Formengut. Zwei große Gruben im östlichen Garten des Anwesens Hadrianstraße 9 enthielten gleichermaßen massiert neckarswebische Ware und kristallisieren eine weitere germanische Fundstelle auf Ladenburger Gemarkung heraus. Es ist demnach nicht unwahrscheinlich, daß die beschriebene Grabenanlage mit dieser vorrömischen germanischen Siedlungsstelle in Verbindung steht.

Nördlich, östlich und südöstlich des Wohnhauses wurden die Fortsetzungen der bereits bekannten Mauerzüge festgestellt. Nordwestlich kam eine weitere Mauer hinzu, deren Fundament und Teile des Aufgehenden stellenweise noch vorhanden waren. Ansonsten hatte man auch hier, wie bei der Stadtmauer, alle brauchbaren Steine ausgeraubt und anderenorts wieder verwendet. Besagte Mauer war 1,20–1,30 m breit und noch bis zu 0,90 m hoch erhalten. Die Fundamente aller Mauern waren durchweg 1 m in den anstehenden Löß eingetieft. Die Verfüllung der nordwestlichen Ausbruchsgrube bestand etwa zur Hälfte hauptsächlich aus Mörtelbrocken und farbig bemalten Wandverputzteilen, während südlich anschließend Sandsteinstücke vorherrschten. Möglicherweise handelt es sich hierbei aber auch um die untersten Fundamentierungsreste der ehemaligen Mauer, die eine Umbau- oder Anbaumaßnahme wahrscheinlich machen. Der nordwestliche Mauerzug wurde von einer 0,80 m vorgelagerten und bis zu 0,30 m breiten gräbchenartigen Struktur begleitet. Ob es sich hierbei um einen Traufgraben oder um die Ausbruchsgrube einer schmalen

Mauer handelt, ist unklar, ebenso, ob die Befunde gleichzeitig sind.
Die vorliegende Dokumentation erlaubt folgende Aussagen bzw. Denkanstöße: Möglicherweise besteht der Großbau aus in etwa gleich großen Räumlichkeiten. Im östlichen Bereich läßt sich zumindest einer ergänzen. Mit ca. 8×6 m, d.h. einer Innenfläche von knapp 50 m², ist er allerdings relativ klein für die massiven, weit über 1 m breiten Mauern. Die Ausbruchsgruben in der nördlichen Flächenhälfte sind mit unter 1 m Breite deutlich schmäler, als diejenigen im östlichen Teil. Leider wurden die Übergänge durch die Baugrube für das Wohnhaus zerstört. Es ist also durchaus möglich, daß hier zwei Gebäudekomplexe nebeneinander oder in Abfolge bestanden. Gehören alle Befunde zu einem Baukörper, ist mit unterschiedlichen Raumhöhen, evtl. Geschoßanzahlen und Raumnutzungen zu rechnen. Zumindest die nördlichen Partien scheinen älter als die Stadtmauer zu sein, da man sie ansonsten kaum nur 1,50 m entfernt von der Befestigung erbaut hätte. Ob im südlichen Bereich Verbindungen bestehen, ist derzeit noch unklar. Die endgültige Aufarbeitung des Befundes und vor allem aber eine Beurteilung unter Hinzuziehung der alten Grabungsdokumentationen kann sicherlich einige Fragen beantworten. Alles in allem erscheint mir der gesamte Gebäudekomplex älter als die Stadtmauer; möglicherweise setzte er sich auch westlich, in Richtung Neckar, fort. Erinnert sei an die Kapitelle in der Ausbruchsgrube. Sicherlich wurden diese nicht von weither herangeschafft, sondern vielmehr wurden ein hier bestehendes Gebäude oder Teile davon als Steinbruch genutzt. Die Deutung der Strukturen muß weiterhin offen bleiben. Für einen Speicher sprechen jedenfalls die bislang ablesbare Raumanordnung und die massiven Mauern. Auch die Säulenteile gehen durchaus damit überein. Erhaltene Anlagen, z. B. im italischen Bereich, zeigen, daß Schmuck am Bau auch bei reinen Zweckgebäuden Standard ist.

Britta Rabold, Angela Bonenberger

Literaturhinweis

C.S. Sommer, Vom Kastell zur Stadt. Lopodunum und die Civitas Ulpia Sueborum Nicrensium. In: H. Probst (Hrsg.), Ladenburg – Aus 1900 Jahren Stadtgeschichte (Ubstadt-Weiher 1998).

Der Tempelbezirk des römischen Sumelocenna, Rottenburg a. N., Kreis Tübingen

Das Baugebiet „Am Burggraben" liegt auf der Anhöhe unmittelbar westlich des mittelalterlichen Stadtkerns von Rottenburg. Dort, wo sich noch bis vor wenigen Jahren landwirtschaftlich genutzte Flächen und Baulichkeiten der Justizvollzugsanstalt befanden, werden auf einer Fläche von ungefähr 2 ha Wohnungen errichtet, die im Rahmen des Landeswohnungsbauprogramms gefördert werden. Da das Baugelände von der römischen Stadtbefestigung gequert wird und etwa ein Drittel der Flächen im Innenbereich der römischen Stadt Sumelocenna liegen, wurden 1995 bereits unmittelbar nach dem Abbruch der landwirtschaftlichen Gebäude der Vollzugsanstalt und eines Teilbereichs der Mauer erste archäologische Untersuchungen durchgeführt, um Aufschlüsse über die römischen Bebauungsstrukturen und deren Erhaltung zu gewinnen. 1996 erfolgte eine mehrmonatige Ausgrabung einer etwa 1000 m² großen Fläche, in der nach den damaligen Bebauungsplanungen eine Tiefgarage vor-

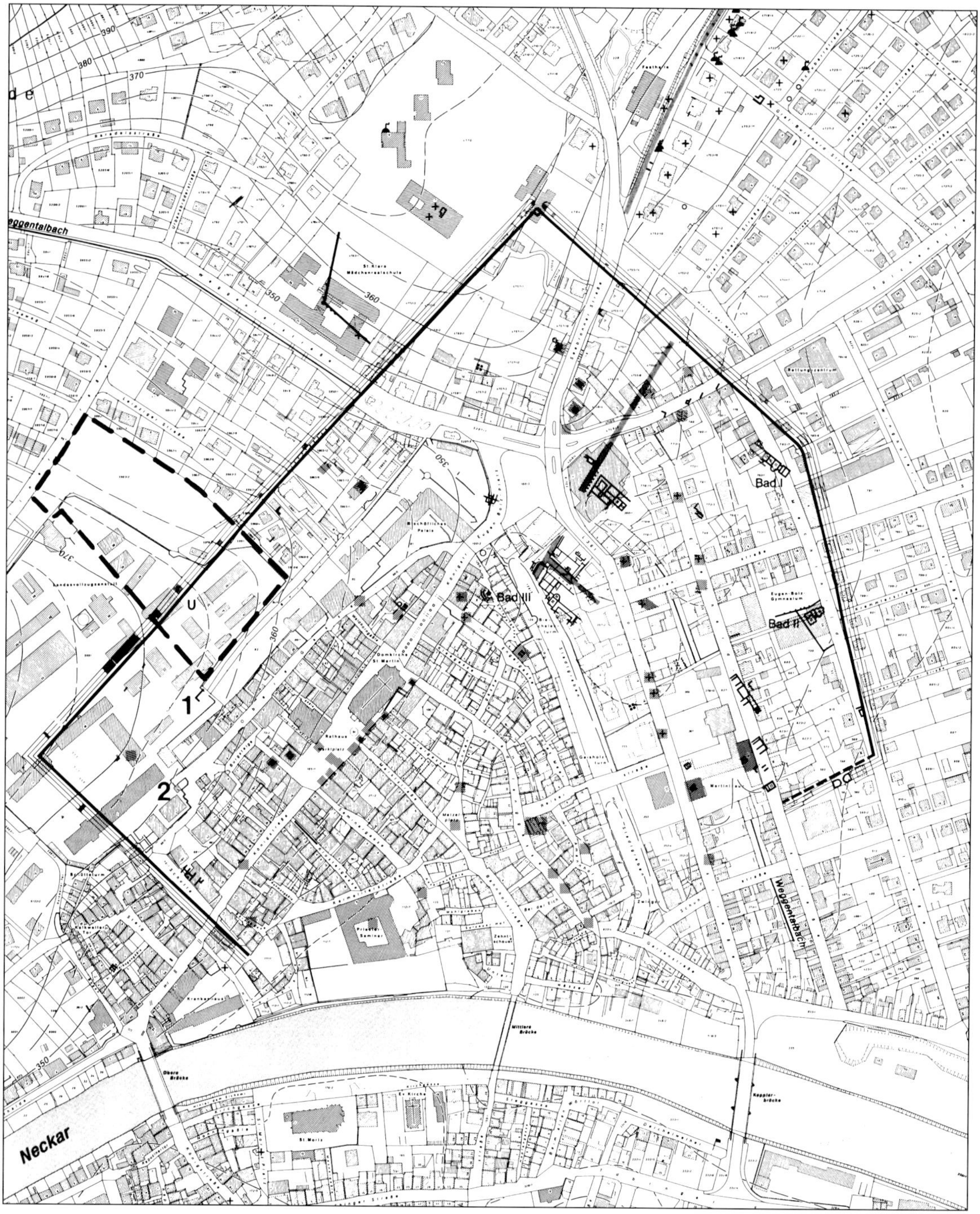

Abb. 117 Rottenburg a. N. Verkleinerter Ausschnitt aus dem „Archäologischen Plan des römischen Sumelocenna". Gestrichelt dargestellt ist das Baugebiet „Am Burggraben". 1 Fundstelle Paradeis 1902, 2 Fundstelle Hohenbergisches Schloß 1842/43.

gesehen war. Dabei wurde deutlich, daß die römische Bausubstanz zum einen infolge von Erosion in nachrömischer Zeit, zum anderen durch bauliche Maßnahmen und Geländeveränderungen im Bereich der Justizvollzugsanstalt beträchtlich in Mitleidenschaft gezogen war. So hatten sich von der römischen Stadtbefestigung nur noch die Fundamente und keine aufgehende Mauerteile erhalten und von den Steinbauten innerhalb der Umwehrung konnten lediglich die untersten Bereiche der Fundamentstickung erfaßt werden.

Nach einem Wechsel in der Bauträgerschaft und der Neufassung des Bebauungsplanes wurde 1997 mit den Erschließungsarbeiten begonnen, deren archäologische Begleitung ohne die finanzielle Unterstützung durch die Gesellschaft für Siedlungs- und Wohnungsbau Baden-Württemberg (GSW) Sigmaringen nicht hätte erfolgen können. Hierfür sind wir der GSW und ihrem Direktor, Herrn J. Brugger, zu großem Dank verpflichtet.

Der erste Spatenstich erfolgte am 25. Februar 1998. Zuvor war der zeitliche Ablauf der Bebauung und der archäologischen Untersuchung mit den Bauträgern abgestimmt worden. Die Ausgrabungen im Ostteil des Baugebietes begannen am 2. März und fanden am 16. Dezember ein vorläufiges Ende. Die örtliche Leitung des Vorhabens lag in den bewährten Händen von Grabungstechniker H. J. Teufel. Für die Förderung des Projektes im Rahmen einer Arbeitsbeschaffungsmaßnahme danken wir dem Arbeitsamt Reutlingen mit seiner Dienststelle in Tübingen. Für die reibungslose Abwicklung und stets gute Zusammenarbeit möchten wir den Bauträgern, der GSW Sigmaringen, der Gesellschaft für Wohnungs- und Gewerbebau (GWG) Stuttgart und der Hausbau Wüstenrot GmbH, den Architekten und Bauleitern sowie den Baufirmen herzlich danken. Die unerwarteten Ergebnisse der archäologischen Ausgrabungen zeigen, daß sich die gemeinsamen Anstrengungen gelohnt haben.

Zu untersuchen waren drei zwischen 65 und 70 m lange und jeweils um 25 m breite Bauflächen im Bereich der Wittenberger Straße. Nicht unerwartet, aber dennoch überraschend war der Nachweis von zwei sogenannten gallorömischen Umgangstempeln (Abb. 118.2, 3). Der Erhaltungszustand der beiden Gebäude war denkbar schlecht, so daß vom Mauerwerk nur noch die unteren Bereiche der Fundamentstikkung erhalten waren. Der nahezu quadratische Umgang von Tempel 1 (Abb. 118.2) besaß eine Seitenlänge zwischen 17 m und 17,40 m, die Seitenlänge der Cella betrug 8 m. Das Fundament vor der Südostwand des Umgangs könnte darauf hinweisen, daß sich der Eingang an dieser Tempelseite befunden hat. Da das Gelände nach Osten abfällt, wäre es durchaus denkbar, daß der Umgang des Tempels über eine Treppe zu erreichen war. Tempel 2 (Abb. 118.3) war etwas größer: die etwa 1 m breiten Fundamente des Umgangs waren 17,50 m beziehungsweise 18,50 m lang, die der quadratischen Cella hatten eine Länge von knapp 8 m. Das 1,40 m lange und 1,20 m breite Fundament in der Südwesthälfte der Cella kann als Altarfundamentierung angesprochen werden (Abb. 119). Der Abstand zwischen den beiden Tempeln beträgt im Fundamentbereich lediglich zwischen 2,50 m und 3 m, so daß sie, den Umgangstempeln von Arae Flaviae, dem römischen Rottweil, vergleichbar, möglicherweise als Doppeltempel angesprochen werden können.

Nordwestlich von Tempel 1 wurden die Fundamentreste eines 13 m langen und 8 m breiten Gebäudes aufgedeckt, das im Zusammenhang mit den beiden Tempelbauten zu sehen ist. Bei dem langrechteckigen, den Tempelbauten zugewandten Raum, dürfte es sich um eine Portikus gehandelt haben (Abb. 118.1). Vom Grundriß her ist dieser Bau mit einem 22 m langen und um 12 m breiten, zweistöckigen Gebäude des Tempelbezirkes von Studen im schweizerischen Kanton Bern zu ver-

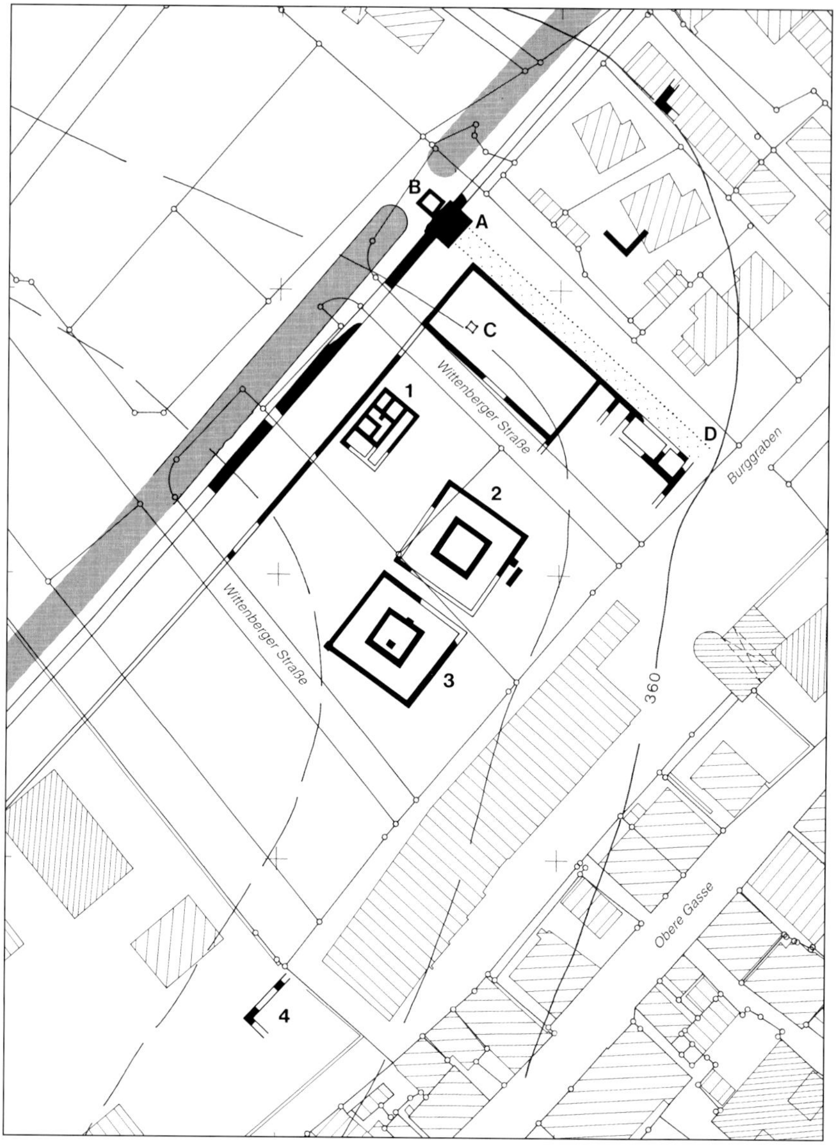

Abb. 118 Rottenburg a. N. Befundplan der Grabungen 1995–1998 im Baugebiet „Am Burggraben". M.: 1:1000.

gleichen, für welches die Funktion eines Priesterhauses erwogen wird.

Parallel zur Längsrichtung von Gebäude 1 und zur römischen Stadtmauer zieht ein etwa 0,70 m breites Fundament, das zur Umfassungsmauer des Tempelbezirkes gehören dürfte. Im Nordwesten ist diese Mauer auf einer Länge von nahezu 60 m nachgewiesen. Sie verläuft in einem Abstand von 7,50 bis 8 m von der Wehrmauer und knickt etwa 25 m nördlich von Gebäude 1 nach Südosten ab und bildet die 53 m lange, nordöstliche Schmalseite des Tempelbezirks (Abb. 118). In diesem Bereich ist die Grabung noch nicht abgeschlossen, so daß mit einer Modifizierung des Befundbildes durchaus zu rechnen ist.

Wenn nicht alles täuscht, kam der Mauer an der nordöstlichen Schmalseite des Tempelbezirks die Funktion einer Terrassenmauer zu, die das Heiligtum

gegen das tiefergelegene Vorgelände abgegrenzt hat.
In der Nordecke des Tempelbezirkes zeigte sich ein etwa 31 m langer und 14,50 m breiter Baukörper, in dessen Nordhälfte ein 1,40 m langes und 1,20 m breites Geviert aus verlegten Ziegelplatten aufgedeckt wurde, das als Herdstelle oder ebenerdiger Altar anzusprechen ist (Abb. 118 D). Die stark verbrannten Ziegelplatten waren von Dachziegeln überlagert, die zur Deckung eines Pultdaches auf der Südwestseite des Baukörpers, wohl des Tempelvorhofes, gehört haben dürften, denn es ist davon auszugehen, daß der Innenbereich mit dem Altar nicht überdacht war.
Parallel zur nördlichen Schmalseite der Umfassungsmauer des Tempelbezirks scheint eine um 4 m breite Straße verlaufen zu sein, von der aus die Tempelterrasse über eine Treppe erreichbar war und die zu einem Tor in der Stadtmauer führte (Abb. 118 D). Aufgedeckt werden konnte der untere Fundamentbereich eines Torturmes mit einer Länge von 6,50 m und einer Breite von etwa 5,30 m (Abb. 118 A,4). Nicht geklärt ist bislang, ob die Toranlage zwei Türme besaß. Wenig südöstlich des Turmfundamentes fand sich eine Ansammlung von bearbeiteten Sandsteinquadern, darunter profilierte Eckpilaster sowie das Teilstück einer Deckenkassette. Diese Architekturteile dürften vormals im Torturm verbaut gewesen sein (Abb. 120).
Vom Fundament des Torturmes wird ein Kellerraum überlagert, dessen Innenmaße 2,50×2,50 m betragen und dessen Mauern nahezu 1 m breit waren (Abb. 117 B, 121). Der Zugang zu dem Kellerraum lag an dessen Nordwestseite. Seine Innenmauern zeigten starke Brandspuren und auch in der Verfüllung fand sich Brandschutt. Die Fundmaterialien aus der Verfüllung, die einen „Terminus post quem“ für die Errichtung der Stadtmauern liefern können, sind noch nicht aufgearbeitet, doch scheinen zwei Münzen darauf hinzuweisen, daß der Bau der Stadtumwehrung in den beiden letzten Dekaden des 2. Jhs. n. Chr. erfolgt ist.
Noch nicht geklärt ist, ob sich hinter der Stadtmauer eine Erdanschüttung befand und ob die in einem Abstand von 7,50–8 m parallel zur Wehrmauer verlaufende Mauer als Rückfront dieses

Abb. 119 Rottenburg a. N. Blick von Nordosten auf die Cella von Tempel 2.

Abb. 120 Rottenburg a. N. Blick von Südwesten auf das Torturmfundament und den Kellerraum. Rechts der Stadtmauer ist die Begleitmauer zu erkennen, in der rechten oberen Bildhälfte liegen die zum Turm gehörenden Architekturteile.

Erddammes anzusprechen ist. Hinweise in diese Richtung ergaben sich im Februar 1998 bei einer Baustellenuntersuchung im der Eberhardstraße 43, im südöstlichen Teil von Sumelocenna: parallel und im Abstand von 7,50–8 m zur Stadtmauer verlief dort ein etwa 0,80 m breites Mauerfundament und im Profil zeigten sich schräg von der Begleitmauer zur Stadtmauer verlaufende Schüttungsschichten.

Die Ausgrabungen des Jahres 1998 im römischen Rottenburg können als außergewöhnlich erfolgreich bezeichnet werden. Hatten sich 1842/43 beim Abbruch des Hohenberger Schlosses bereits erste Anhaltspunkte für Tempelbauten auf der westlichen Anhöhe der römischen Stadt ergeben (Abb. 117.2), die im Mai 1902 durch die von F. Paradeis auf dem Gelände der heutigen Justizvollzugsanstalt geborgenen Skulpturenfunde von Götterbildern und Architekturteile erhärtet wurden (Abb. 117.1; 118.4), so sind diese Vermutungen durch die neuen Ausgrabungen zur Gewißheit geworden. Die Entdeckung des gallo-römischen Tempelbezirkes im Neubaugebiet „Am Burggraben" hat unserer Kenntnis von der Topographie und Struktur des römischen Sumelocenna neue und wichtige Akzente hinzugefügt.

Hartmann Reim

Abb. 121 Rottenburg a. N. Blick von Nordosten in den Kellerraum. Links sind die Turmfundamente zu erkennen.

Literaturhinweise

J. Bofinger, Th. Hoppe, Arch. Ausgr. Bad.-Württ. 1997, 125 ff. – A. Gaubatz-Sattler, Sumelocenna. Geschichte und Topographie des römischen Rottenburg am Neckar nach den Befunden und Funden bis 1985 (im Druck).

Zum Podiumtempel von Badenweiler, Kreis Breisgau-Hochschwarzwald

Zu Beginn des Jahres 1998 waren wohl für lange Zeit letztmals die Voraussetzungen gegeben, auch im Inneren der evangelischen Kirche von Badenweiler (Abb. 122) weitere Baubefunde der noch vorhandenen römischen Tempelsubstruktionen zu erfassen und zu dokumentieren (vgl. Arch. Ausgr. Bad.-Württ. 1996, 120ff.). Die Erneuerung der Heizungsanlage erzwang diese denkmalpflegerisch notwendige Maßnahme und verhalf der Landesarchäologie zu wichtigen Erkenntnissen.

Nach Entfernung des Gestühls öffnete die beauftragte Baufirma entlang der Hauptachse des Kirchenschiffs eine knapp 30m lange und etwa 0,50m breite Trasse, von der rechtwinklig abzweigend acht je 1,10×2,40m große Schächte angelegt wurden. In diese sollten die künftigen Heizstationen versenkt werden, um Chorraum und Seitenschiffe mit gleichmäßiger Wärme zu versorgen.

Der beschriebene Verlauf der Hauptversorgungsleitung sowie die Plazierung der einzelnen Wärmestationen war zuvor in mehreren Gesprächen als die verträglichste Lösung für den Erhalt von antiker, mittelalterlicher und neuzeitlicher Bausubstanz erarbeitet worden.

Grundlage der vorsorglichen wie nachfolgenden baubegleitenden, archäologischen Sicherungsarbeiten bildete der 1899 vom badischen Oberbaudirektor Prof. J. Durm erstellte Grundrißplan des Badenweiler Kirchenneubaus (Arch. Nachr. Baden 46, 1991, 11 Abb. 11).

Diese maßhaltige Bauzeichnung enthält auch schematisierte Einträge älterer Baustrukturen, die in zwei Arten unterschieden werden: Entweder als bei den Baumaßnahmen entfernt oder als noch im Kirchenschiff erhalten. Da bei sorgfältiger Prüfung dieses Plans mehrere Unstimmigkeiten auffallen, die bis dahin eine eindeutige Identifizierung nicht zuließen, war es für uns unabdingbar, auch unter erschwerten Bedingungen – bei Frost und Kälte zwischen Fräsen, Pressluftthämmern und dieselbetriebenen Minibaggern – die neuen Bodeneingriffe im Kircheninnern zu beobachten. Bereits bei der Entnahme von Bodenfliesen samt deren dünner Mörtelbettung traten an einigen Stellen erwartete sowie bislang unbekannte Baustrukturen in einer Tiefe von nur 8cm unterhalb der vor 100 Jahren verlegten Lauffläche auf. Es zeigte sich sehr rasch, daß mehr Befunde zum Vorschein kamen als auf dem Altplan angegeben, obgleich die nördliche Kirchenhälfte aufgrund neuzeitlicher Kellergewölbe und Brennstofflager bis in die Tiefe zerstört war. Römisches Mauerwerk war trotz der

Abb. 122 Badenweiler. Chorraum der evangelischen Kirche während der Renovierungsarbeiten. Blick nach Süden zum Eingang der Sakristei und dem rechts davon ansetzenden Kanzelaufstieg. Fototafel und Maßstäbe in der Bildmitte sitzen auf originalem, römischem Quadermauerwerk auf, das die östliche Podiummauer repräsentiert.

Abb. 123 Badenweiler. Ansicht der Ecke von südlicher und östlicher Podiummauer im Bereich einer künftigen Heizstation direkt vor dem heutigen Eingang zur Sakristei.

schlitzgrabenartigen und kleinräumigen Aufschlüsse an den sorgfältig behauenen, formatgleichen Handquadern aus Kalkstein zu erkennen und jeweils zweifelsfrei von den Substruktionen der jüngeren Kirchenbauten zu unterscheiden. Die hervorstechenden, handwerklichen Qualitätsmerkmale der römischen Zeit und die einander entsprechenden Erhaltungsgrade bzw. deren Zerstörungsintensität lassen die Befunde den bereits vormals festgestellten zuordnen.

Alle gefaßten römischen Strukturen sind nur in Zusammenschau mit den 1995 und 1996 im Außenbereich der Kirche angetroffenen Bauresten, dem überlieferten Ruinenplan und den Photographien vom 1892 begonnenen Kirchenneubau zu verstehen. Die hinzugewonnenen Einblicke runden unser bisheriges Wissen um die standortgleichen römischen Sakralbauten in folgender Weise ab:

Bauperiode I: Vom ältesten, schräg gerichteten Bauwerk fand sich trotz zielgerichteter Suche kein Überrest mehr. Eine NNW-SSO orientierte Mauer (vgl. den Durmschen Altplan), die wir einem gleich ausgerichteten, parallel verlaufenden Baubefund zugewiesen hatten, ist dem Heizungkeller der Kirche vollständig zum Opfer gefallen.

Bauperiode II: Es wurden keine römische Baubefunde erfaßt, die dieser Periode angehören (vgl. Arch. Ausgr. Bad.-Württ. 1995, 222 Abb. 134).

Bauperiode III: Von der das Bauwerk umschließenden Hangdrainage fand sich im Westteil, im Bereich des heutigen Kircheneingangs positionsgenau die Fortsetzung der beiden Kanalwangenmauern. Mit diesen Anschlußstücken kann eine Strecke von rund 13 m überbrückt werden, jedoch gelang es nicht, die nach Osten rechtwinklig umbiegenden Mauerecken der Drainage aufzuspüren. Denn nur 0,20 m südlich der aufgenommenen Mauerreste hat der Fundamentgraben der heutigen Kirchensüdwand alle älteren Baustrukturen rückstandslos beseitigt. – Auch die Westmauer des römischen Tempelpodiums konnte im Kirchenschiff gefaßt werden: Innerhalb der Hauptleitungstrasse kam diese an exakter Stelle zum Vorschein; der Versuch einer Überprüfung ihrer Eckbildung mit der südlichen Podiummauer zeigte keinen Erfolg, da auch dort bei Anlage des neuzeitlichen Fundamentgrabens ganze Arbeit geleistet worden war. – Der genaue Verlauf der Podiumsüdmauer ist dennoch ermittelt, da die westliche Kanzelstütze unmittelbar auf der römischen Mauer aufgesetzt wurde. Das heißt, man nutzte bewußt die solide Quadermauer von 1,60 m Breite als Auflager. Aus den beiden letztgenannten Befunden läßt sich auch die Position der Podiumsüdwestecke rechnerisch bestimmen und im Plan festlegen. Eine archäologische Bestätigung erhielt dieser hypothetische Befund durch die Aufdeckung der Südostecke des Podiums. Diese hatte sich im erhöhten Chorraum direkt vor dem Eingang zur Sakristei rund 0,50 m unterhalb der heutigen Laufhöhe erhalten (Abb. 123).

Diese knapp angesprochenen Aufschlüsse ergeben hinsichtlich der Dimensionen des in Gänze zu rekonstruierenden Bauwerks, daß sich der römische Sakralbau der dritten Bauperiode auf einem knapp 23×23 m messenden Podium erhob. Dieses war an drei Seiten von einer massiv gemauerten Hangdrainage geschützt, die im Lichten 29 m in West-/Ostrichtung und etwa 26 m in

Nord-/Südrichtung maß. – Pronaos und Cella saßen einst mittig auf dem Podium und haben sich nur noch in einem winzigen Bauabschnitt außerhalb der Kirche erhalten; sie sind hingegen auf den Photographien von 1892 in ihrem Grundraster deutlich zu erkennen.

Die Innenrenovierung der evangelischen Kirche von Badenweiler ist mittlerweile abgeschlossen und hat die gewaltigen römischen Tempelsubstruktionen wieder unsichtbar unter dem Fußboden verschwinden lassen. Das archäologisch für Baden-Württemberg erstmals erwiesene Vorhandensein eines Podiumtempels ist über die Regionalgeschichte hinaus von historischer Bedeutung und wird künftig bei der Beurteilung des römischen Aquae ein eigenständiges Kriterium bilden.

Dieses Phänomen von Standorttreue – Römertempel/frühe Kirchen – hat für die heutige Kurstadt Badenweiler und deren internationale Gäste sowie für die Ortsansässigen wieder Gestalt angenommen. Dem Einsatz vieler Personen, Institutionen und Behörden ist hierfür zu danken. Hervorheben möchten wir in besonderem Maße die Mitglieder der evangelischen Kirchengemeinde, die Baufirma G. Link aus Hartheim sowie das Architektenbüro G. Ruch, die alle Verständnis und wohlwollendes Entgegenkommen für unsere archäologischen Belange aufbrachten. Ein herzlicher Dank sei auch unserem Grabungsteam ausgesprochen.

Hans Ulrich Nuber,
Gabriele Seitz

Literaturhinweise

H.U. Nuber, G. Seitz, Weitere Untersuchungen an der evangelischen Kirche in Badenweiler, Kreis Breisgau-Hochschwarzwald. Arch. Ausgr. Bad.-Württ. 1996, 120 ff. mit ält. Lit. – G. Seitz, Alte Fundstelle im neuen Licht. Anmerkungen zum römischen Badenweiler. Arch. Nachr. Baden 57, 1997, 31 ff.

Baubegleitende Untersuchungen während der Restaurierungsarbeiten am großen Drainagekanal der römischen Heilthermen von Badenweiler, Kreis Breisgau-Hochschwarzwald

Für den neuen Schutzbau über die etwa 33×93 m großen Heilthermen von Badenweiler (Grundriß der Thermen und Ansicht der Nordfront vgl. Arch. Ausgr. Bad.-Württ. 1995 Abb. 137) liegen inzwischen mehrere Entwürfe vor. Trotz des ungeklärten Baubeginns für den Schutzbau und der äußerst schwierigen Haushaltslage entschloß sich das Staatliche Vermögens- und Hochbauamt Freiburg, die Restaurierung des großen Drainagekanals – eine für Thermenruine und Schutzbau gleichermaßen wichtige Tiefbaumaßnahme – im Herbst 1997 zu beginnen (vgl. Arch. Ausgr. Bad.-Württ. 1997, 111–113 Abb. 75) und im Jahre 1998 fortzusetzen.

Die Restaurierungsarbeiten begannen am 28. 10. 1997 in Fortsetzung des bereits begehbaren östlichen Kanalabschnittes und endeten am 9. 10. 1998 in der Südwestecke der Thermenanlage mit der Anbindung des Kanalgewölbes an den doppelten Keilsteinbogen in der südlichen „Terrassenmauer“ (Abb. 124). Im bereits begehbaren westlichen Teil des Drainagekanals wurde die moderne Betonrinne entfernt und der Boden auf das ursprüngliche Niveau abgesenkt. Die Mauern der anschließenden Gräben wurden restauriert und mit Treppenabgängen versehen, die Kanalöffnungen mit Gittertüren verschlossen. Ziel der Restaurierung war es, den ca. 140 m langen römischen Drainagekanal in seiner Funktion wiederherzustellen und damit die Fundamente der römischen Heilthermen wie auch die des geplanten Schutzbaues vor Hangwasser zu schützen. Vorgesehen war, den Kanal in 15 Bauabschnitten von oben zu öffnen, eingebrochene, beschädigte oder vom Steinraub betroffene Kanalteile bis auf standsicheres, tragfähiges Mauerwerk abzubauen und notwendige Ergänzungen in Stahlbetonfertigteilen auszuführen. Für die Freilegung des Drainagekanals mußte mit sehr aufwendigen Sicherungsmaßnahmen gerechnet werden.

Bereits im ersten Bauabschnitt zeigte sich bei der Aufdeckung des Kanals (vgl. Arch. Ausgr. Bad.-Württ. 1997 Abb. 75), daß sich in der Verfüllung so-

Abb. 124 Badenweiler, römische Heilthermen. Blick von Osten auf die Südwestecke des großen Drainagekanals während der Freilegung. Die Kanalwände sind teilweise sehr tief ausgebrochen, die Verputzreste an der Kanalwand neuzeitlich. Der Mauerrest am linken Bildrand stammt von einem modernen Abwasserschacht. In der Bildmitte überspannt ein doppelter Keilsteinbogen den Kanal und trägt Reste der südlichen „Terrassenmauer". Der etwas zurückgesetzte Mauerpfeiler rechts oberhalb des Bogens war Stützenfundament eines früheren Schutzdaches. Rechts neben den Stahlsprießen ist noch der Abdruck der gemauerten nördlichen Außenschale des Drainagekanals an der später errichteten südlichen „Terrassenmauer" zu erkennen.

wohl Keilsteine des Gewölbes als auch Schalensteine der Kanalwände in weit größerer Zahl erhalten hatten als angenommen werden konnte. Dies brachte Herrn Herbert Kaindl, Polier der Firma Bilfinger+Berger, der die Qualität des verstürzten römischen Baumaterials bewunderte, auf die Idee, die zerstörten Teile des römischen Drainagekanals mit originalen, von Hand ausgelesenen und gereinigten Steinen wieder aufzubauen. Die Hochbauverwaltung schloß sich diesem Vorschlag an. So gelang es, im Kanal auf sichtbare Ergänzungen aus Stahlbeton völlig zu verzichten. Noch erhaltene Gewölbeteile mußten durchweg erneuert werden, weil entweder brüchig gewordene Keilsteine aus Sinterkalk darin verbaut waren oder das Mauerwerk darunter schadhaft war. Umsichtiger Handabtrag von zerstörtem Mauerwerk (Abb. 124) und stufenweiser Einbau von Stützwänden aus Filterbeton (Abb. 125) konnten Bauaushub und Verbau der Baugrube erheblich reduzieren. Zeitaufwendig war dagegen die Arbeit mit wiederverwertbarem römischem Baumaterial: Etwa 40 000 Mauersteine mußten gesammelt, sortiert, gereinigt und erneut verbaut werden.

Abb. 125 Badenweiler, römische Heilthermen. Blick von Westen auf die Südwestecke des großen Drainagekanals während der Restaurierung. Nachdem in zwei Arbeitsschritten Stützwände aus Filterbeton eingebaut worden waren, konnten Kanalwände und Gewölbe mit originalem römischem Steinmaterial wieder aufgesetzt werden.

Ergebnisse baubegleitender Beobachtungen

Bisher ist es noch nicht gelungen, das ursprüngliche Geländeniveau vor Errichtung der römischen Heilthermen im Bereich des großen Drainagekanals eindeutig zu bestimmen. Für den Drainagekanal kann daher nur das Bauniveau angegeben werden, das im Süden zwischen 405–405,30 m ü. NN, im Osten bei etwa 404,60 m ü. NN liegt. Ob es sich hierbei um vorhandene Geländeoder um abgetreppte Baugrubenniveaus handelt, muß offen bleiben. Geplante Außen- oder Erschließungsniveaus für die Thermenanlage können nach Errichtung des Drainagekanals nur über der das südliche Kanalbauwerk abdeckenden Lehm- und Brandschicht (406,70 m ü. NN) gelegen haben, woraus sich ein direkter Bezug zu den erhaltenen Unterkanten von Wandverputz an der Südfassade des Thermenbaus (406,70–407,30 m ü. NN, nach Westen ansteigend) ergibt. Eindeutige Hinweise auf einen befestigten Weg oder Platz vor dieser Prachtfassade konnten hier wohl wegen sehr tief reichender Störungen nicht gefunden werden. Über dem östlichen Drainagekanal scheint es bei ca. 406 m ü. NN eine befestigte Fläche (Terrasse?) aus faustgroßen Steinen und ockerfarbenem Lehm gegeben zu haben.
In der Nähe des heutigen Kuppelbaus ließ sich über dem südlichen Drainagekanal ein etwa 0,20 m dicker Bauhorizont aus mörtelgebundenem Bauschutt mit einer Oberkante von ca. 406,80 m ü. NN erkennen, der als Mörtelanmachstelle zu deuten und einer Renovierungsphase des Thermenbaus zuzurechnen sein dürfte. Weiter westlich wurden

bei früheren Sondagen (So 95/1, So 95/3) ähnliche Mörtelschichten in vergleichbaren Höhenlagen festgestellt und ebenso gedeutet. Brandschutt und umgestürzte Mauerreste (ca. 406,60–70m ü. NN), die den fertiggestellten römischen Drainagekanal überlagerten, weisen auf eine größere Zerstörung im Bereich des Thermengebäudes hin, das anschließend wohl umfassend restauriert wurde.

Mehrere, bei den Baggerarbeiten entlang der Südfassade des Thermenbaus aufgedeckte pfeilerartige Mauerreste (Abb. 124 rechts oberhalb des doppelten Keilsteinbogens), aus römischem Baumaterial aufgesetzt, von Mylius (1936 Abb. 18) als Teil einer Pfeilerportikus gedeutet, stellten sich durch Einschluß von Spolien (Keilsteine) als Stützenfundamente eines der älteren

Abb. 126 Badenweiler, römische Heilthermen. Blick von Osten in den restaurierten südlichen Drainagekanal (Breite ca. 0,90–1,20m, Höhe ca. 3,70m). Der durch Tageslichteinfall hervorgehobene Keilsteinbogen des Gewölbes deutet die Lage des 1995 mittig vor der Südfassade der Thermen entdeckten Licht- und Luftschachtes des Kanales an.

Schutzdächer über der Ruine heraus. Eine ähnliche Fehldeutung (vgl. Arch. Ausgr. Bad.-Württ. 1996, 130f.) der „noch bis ca. 407,50m ü. NN erhaltenen südlichen Hofmauer von Hw" ist ebenfalls zu korrigieren und der inzwischen völlig freigelegte Befund gleichfalls als Stützenfundament eines der Schutzdächer anzusprechen.

Südlich der Apsiden der Räume Co und Cw konnten zu den beiden von Mylius (1936, 114 Taf. 1) entdeckten steinbegrenzten Kanälchen (Breite 0,12m, Höhe 0,20m) Verbindungen zum großen Drainagekanal festgestellt werden. Diese Kanälchen dienten also nicht der Wasserzuleitung, sondern der Entwässerung – vermutlich der beiden Hofflächen Ho und Hw. Außer diesen beiden Kanälchen konnten keine weiteren römerzeitlichen Kanaleinmündungen in den südlichen Drainagekanal erkannt werden. Ob die etwa mittig vor der Südfassade der Thermen aufgedeckte quadratische Licht- und Lüftungsöffnung des Drainagekanals (vgl. Arch. Ausgr. Bad.-Württ. 1995 Abb. 139) auch der Einleitung von Wasser gedient hat, ist unklar. Denkbar wäre der Einlauf von einem weiter südlich gelegenen Wasserbecken oder Springbrunnen, eventuell auch von einem Absetz- und Reinigungsbecken der Wasserversorgung, die wohl nahe der Mittelachse in das Thermengebäude geführt war. Möglicherweise ließen sich mit einem solchen oder ähnlichen Wassereinlauf die bis zu 0,50m hohen Sedimente erklären, die auf der Sohle des Kanals angetroffen wurden und aus denen Materialproben, zum Teil mit kleineren Holzeinschlüssen, für botanische Untersuchungen entnommen wurden. Erste Ergebnisse der Untersuchungen finden Sie in den anschließenden Beiträgen von H.-P. Stika und M. Friedrich.

Ein Blick in den restaurierten südlichen Drainagekanal (Abb. 126) zeigt, daß sich der Aufwand, den Kanal mit ausgesuchtem römischem Steinmaterial wieder herzustellen, gelohnt hat. Dank gebührt Herrn H. Kaindl, Firma Bilfinger+

Berger, der seine Idee zur Restaurierung dieses römischen Bauwerkes zusammen mit Herrn B. Schneider, Firma Bilfinger+Berger, umzusetzen wußte, und Herrn P. Kirch, Staatliches Vermögens- und Hochbauamt Freiburg, der den positiven Aspekt dieser Restaurierungsart aufgriff und verwirklichen ließ, sowie Herrn P. Peghini, Staatliches Vermögens- und Hochbauamt Freiburg, für seine umsichtige Bauleitung. Herrn K. Hietkamp, Landesdenkmalamt Freiburg, sind viele der baubegleitenden Beobachtungen zu verdanken.

Mit der Restaurierung des großen Drainagekanals ist eine Baumaßnahme abgeschlossen worden, die von außen zwar kaum wahrzunehmen ist, jedoch für die weiteren Arbeiten eine sehr wichtige Grundlage bildet. Es bleibt zu hoffen, daß mit der baldigen positiven Entscheidung für die Errichtung des neuen Schutzbaues über den römischen Heilthermen von Badenweiler der wichtigste Schritt für eine angemessene Präsentation dieses einmaligen Kulturdenkmals eingeleitet werden kann.

Meinrad N. Filgis

Literaturhinweise

H. Mylius, Die römischen Heilthermen von Badenweiler. Röm.-Germ. Forsch. 12 (Berlin 1936). – G. Fingerlin, Zum römischen Badenweiler. Arch. Nachr. Baden 46, 1991, 3–16. – H. U. Nuber, G. Seitz, Arch. Ausgr. Bad.-Württ. 1996, 120–124. – M. N. Filgis, Arch. Ausgr. Bad.-Württ. 1996, 128-131 mit weiterer Literatur. – M. N. Filgis, Arch. Ausgr. Bad.-Württ. 1997, 111–113.

Archäobotanische Untersuchungen am großen Drainagekanal der römischen Heilthermen von Badenweiler, Kreis Breisgau-Hochschwarzwald

Im Zuge von Fundamentierungsarbeiten für einen neuen Schutzbau der Thermenruine von Badenweiler wurden in den letzten Jahren Untersuchungen und Restaurierungsarbeiten am großen Drainagekanal durchgeführt (zuletzt s. Beitrag Filgis in diesem Band).

Bei den Restaurierungsarbeiten fand sich auf der Kanalsohle eine 0,50 m mächtige Sedimentschicht, die sich unter Feuchtbedingungen gebildet hatte. Ihr hauptsächlich mineralischer Anteil besteht aus tonreichem Material, daneben treten kleine Steinchen, Mörtelreste und Ziegelbruch auf. Kleine unverkohlte Holzfragmente sowie etwas Holzkohle und Knochenfragmente bilden den organischen Anteil, der deutlich hinter der mineralischen Grundsubstanz zurücksteht. Wie bereits der Geruch nach Schwefelwasserstoff vermuten ließ, wiesen die Sedimente eine ausgezeichnete Feuchterhaltung mit zahlreichen unverkohlten Samen- und Fruchtresten auf. Die basalen Feuchtsedimente enthielten in den archäobotanisch untersuchten Proben bearbeitete Eichenhölzer, die dendrochronologisch wohl in die 2. Hälfte des 1. Jhs. n. Chr. zu stellen sind (s. Beitrag Friedrich in diesem Band). Der Drainagekanal war über diesen Feuchtsedimenten mit eingeschwemmter Erde und in Teilstücken auch mit verstürzten Gewölbe- und Wandteilen verfüllt.

Die Ergebnisse der archäobotanischen Großrestanalyse geben Hinweise auf die Entstehung der Feuchtsedimente im Drainagekanal. Insgesamt wurden 930 näher bestimmbare Pflanzenreste geborgen, die über 100 verschiedenen Pflanzenarten zugewiesen werden konnten. Neben einzelnen verkohlten Körnern von Gerste (*Hordeum vulgare*) und

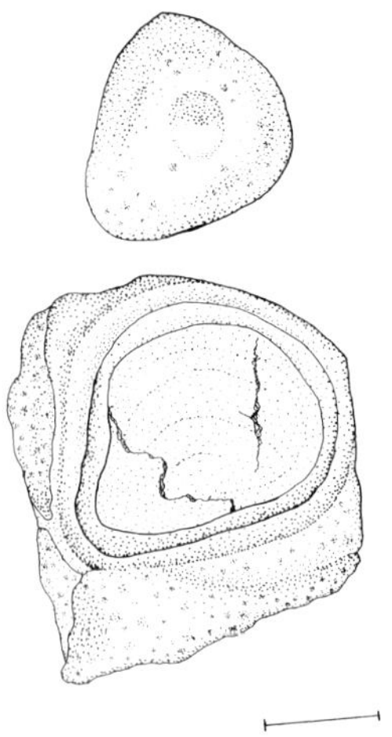

Abb. 127 Ein unverkohltes Fruchtknäuel einer Rübe (Beta vulgaris) mit Einblick in ein offenes Fruchtfach ohne Sameninhalt sowie ein separater Deckel eines Fruchtfaches von der Außenseite her gesehen. Der Maßstab entspricht 1 mm.

freidreschendem Weizen (*Triticum aestivum/T. durum*) sowie unverkohltem Getreidedrusch von Rispenhirse (*Panicum miliaceum*) und Dinkel (*Triticum spelta*) wurden Reste der Kulturpflanzen Sellerie (*Apium graveolens*), Rübe (*Beta vulgaris*) (Abb. 127), Koriander (*Coriandrum sativum*), Lein (*Linum usitatissimum*), Mohn (*Papaver somniferum*) und Schildampfer (*Rumex scutatus*) gefunden. Im untersuchten Sediment waren Obstreste von Erdbeere (*Fragaria vesca*), Apfel (*Malus domestica/M. sylvestris*), Birne (*Pyrus communis/P. pyraster*), Brom- und Himbeeren (*Rubus fruticosus, R. caesius, R. idaeus*), Holunder (*Sambucus nigra, S. ebulus*) sowie Weinrebe (*Vitis vinifera*) (Abb. 128) und Nußreste von Hasel (*Corylus avellana*) und Walnuß (*Juglans regia*) enthalten.

Der Großteil der Pflanzenreste aber stammt von verschiedenen Arten der Feuchtvegetation, die mit den pflanzensoziologischen Begriffen wie Flut- und Trittrasen, Schlammuferfluren, Großseggensümpfe und Röhrichte, Flachmoore sowie Naß- und Streuwiesen umschrieben werden. Stellvertretend seien Schilfrohr (*Phragmites australis*), Dreiteiliger Zweizahn (*Bidens tripartita*), Brunnenkresse (*Nasturtium officinale*), Wasserpfeffer (*Polygonum hydropiper*), Gifthahnenfuß (*Ranunculus sceleratus*) und Wasserminze (*Mentha aquatica*) genannt. Ackerunkräuter in engerem Sinne, die mit immerhin 20 Arten belegt sind, spielen nach ihren Fundzahlen keine größere Rolle. Das Unkrautspektrum ist bezüglich der Bodenansprüche weit gefächert. Neben Pflanzen nährstoffreicher Standorte wie Gänsedistel (*Sonchus asper* und *S. oleraceus*) und Unechtem Gänsefuß (*Chenopodium hybridum*) treten auch Arten ärmerer, versauerter Böden wie Ackerknäuelkraut (*Scleranthus annuus*) auf. Archäobotanisch häufig nachgewiesene Unkräuter wie Kornrade (*Agrostemma githago*) und Vogelmiere (*Stellaria media*) konnten ebenso wie die durch Funde selten belegten Arten Kleines Leimkraut (*Chaenorrhinum minus*) und Ackerhahnenfuß (*Ranunculus arvensis*) bestimmt werden. Reste von Pflanzen der Wiesen wie Margerite (*Leucanthemum vulgare*) und trockener Säume wie Johanniskraut (*Hypericum perforatum*) und Dost (*Origanum vulgare*) treten nur vereinzelt auf. Pflanzenarten der Wälder und Gehölze sind durch Holzreste (Eiche, Tanne und Fichte), Nadelreste (Tanne), Blütenreste (Linde) sowie Samen- und Fruchtreste (Erle, Birke, Linde und Hexenkraut) belegt.

Die lange Liste der nachgewiesenen Pflanzenreste verweist auf unterschiedliche Standorte und Herkünfte, ein gemeinsamer Eintrag erscheint nahezu ausgeschlossen. Die sieben Proben mit insgesamt 2,2 l Probenvolumen, die bis zu einer Siebfraktion von 0,30 mm geschlämmt wurden, weisen Funddichten von 45 bis 1025 Pflanzenresten ohne Holz pro Liter Sediment auf. Weitere Sedimentproben wurden zur Anreicherung dendrochronologisch untersuchbarer Hölzer mit einem 2,50 mm Sieb geschlämmt und dabei auch größere Fruchtreste angereichert. Die teilweise erstaunlich hohe Funddichte muß über einen Eintrag durch den zentralen Schacht und die Zuläufe aus den Hofflächen, den einzigen bekannten Öffnungen, zustande gekommen sein (vgl. Beitrag Filgis in diesem Band). Die zahlreichen Belege von unterschiedlichen Feuchtstandorten sprechen für Einträge vom feuchten Steilhang her, die mit Oberflächenwasser wohl über den quadratischen Schacht eingespült wurden. Pflanzenarten des Grünlandes und der trockenen Säume, einige Ackerunkräu-

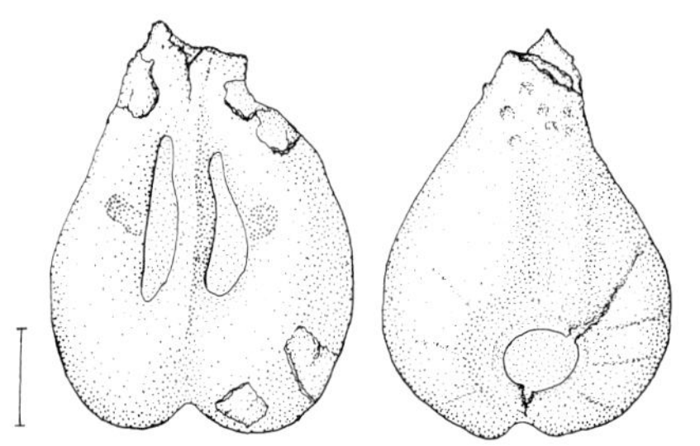

Abb. 128 Ein unverkohlter Weinkern (Vitis vinifera) in zwei Ansichten. Der Maßstab entspricht 1 mm.

ter sowie Pflanzen von Ruderalstandorten könnten auch über die Einleitungen aus den Hofflächen eingespült worden sein. Der Eintrag von Pflanzenresten der Kultur- und Sammelarten, besonders der Nüsse und des Obstes, ist im Zuge ihrer Nutzung denkbar. Hier könnten wiederum Aktivitäten im Bereich der Hofflächen, aber auch mögliche Wasserbecken, Über- und Einläufe beim Kanalschacht selbst zum Eintrag der Pflanzenreste geführt haben. Ob die zoologischen Funde von kleinen Muschelschalen, von Fischschuppen und zahlreichen Schalen von Muschelkrebsen (*Ostracoda*) eingespült wurden oder ob diese Tiere im Drainagekanal selbst lebten, bleibt unklar.

Die archäobotanischen Untersuchungen aus einem ehemals nahezu völlig abgeschlossenen Drainagekanal erbrachten eine erstaunliche Fülle von Pflanzenresten unterschiedlicher Herkünfte, die zur Klärung der Sedimententstehung beitragen und mögliche Einspülungen in das Entwässerungssystem aufzeigen konnten.

Hans-Peter Stika

Literaturhinweise

M. N. Filgis, Arch. Ausgr. Bad.-Württ. 1997, 111–113. – Ders., Arch. Ausgr. Bad.-Württ. 1996, 128–131. – Ders., Arch. Ausgr. Bad.-Württ. 1995, 228–231. – G. Fingerlin, Zum römischen Badenweiler. Arch. Nachr. Baden 46, 1991, 3–16.

Dendrochronologische Untersuchungen an Hölzern aus dem großen Drainagekanal der römischen Heilthermen von Badenweiler, Kreis Breisgau-Hochschwarzwald

Bei Ausgrabungen im Bereich des großen Drainagekanals der römischen Heilthermen in Badenweiler wurden die untersten tonigen Sedimente innerhalb des Kanals zur Untersuchung botanischer Großreste beprobt (s. Beitrag Filgis). In dieser ca. 50 cm mächtigen Schicht, die vermutlich schon antik eingeschwemmt wurde, fanden sich aufgrund guter Erhaltungsbedingungen im permanent feuchten Milieu neben Samen und Früchten auch mehrere

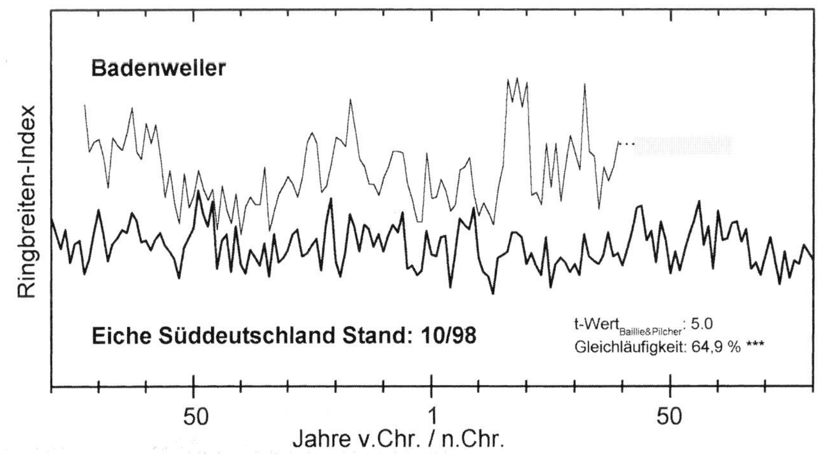

*Abb. 129 Badenweiler, römische Heilthermen. Dendrochronologische Synchronlage der Mittelkurve von 13 Eichenhölzern aus dem Sediment des Drainagekanals von Badenweiler mit der Süddeutschen Eichenchronologie des Instituts für Botanik. Die hohen statistischen Korrelationswerte (Gleichläufigkeit; t-Wert Baillie & Pilcher) und die Signifikanz der Korrelation (***P > 99,9 %) sind mit angegeben. Der Bereich der fehlenden Splintringe ist als grauer Balken dargestellt.*

Abb. 130 Badenweiler, römische Heilthermen. Balkendiagramm der einzelnen datierten Hölzer in Synchronlage. Der Bereich des Splintholzes und der Bereich des frühest möglichen Fälljahres sind markiert.

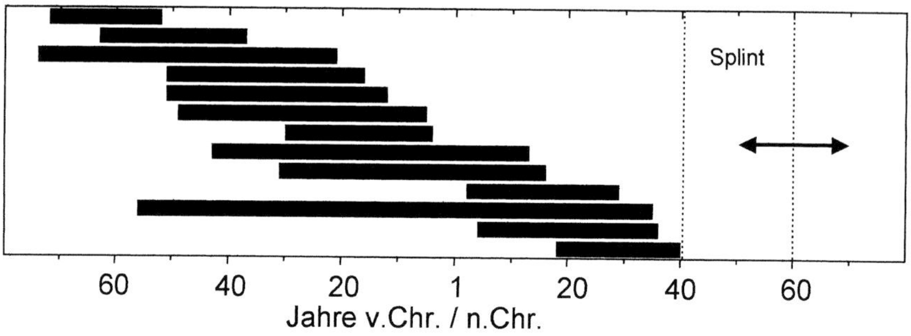

kleine Holzfragmente. Bei den Hölzern handelt es sich um Teile von radial gespaltenen Bohlen oder Latten aus Eiche, in einem Fall auch aus Fichte, die teilweise angespitzt waren. Sie fanden sich regellos in den Proben des tonigen Sediments, die für die Makrorestanalysen entnommen wurden. Die ursprüngliche Funktion dieser Hölzer ist bislang nicht geklärt, zumindest teilweise könnte es sich um Staken von Flechtwerk handeln. Sie stammen alle aus dem westlichen Abschnitt des Kanals. Da die Hölzer aus sehr feinringiger Eiche gearbeitet wurden, erschien eine dendrochronologische Untersuchung vielversprechend. So konnten selbst auf 4 cm großen Holzstücken noch bis zu 50 Jahresringe gezählt werden. Die Präparation und Messung der Jahresringe gestaltete sich aufwendig, da das Holzgewebe durch anaeroben Abbau schwammartig zersetzt war.

Die Jahrringsequenzen der bislang untersuchten 13 Holzteile konnten zu einer insgesamt 114 Jahre umfassenden Mittelkurve zusammengesetzt werden. Diese konnte mit der Süddeutschen Eichenchronologie des Hohenheimer Instituts für Botanik sicher synchronisiert werden (Abb. 129). Der jüngste festgestellte Jahresring datiert demnach ins Jahr 40 AD. Leider war an keinem der Eichenhölzer Splint erhalten, das Fälljahr des Baumes kann deshalb nur geschätzt werden. Berücksichtigt man noch mindestens 20 fehlende Splintringe, ergibt sich ein frühest mögliches Fälljahr von 61 AD. Die Verteilung der Endjahre der einzelnen Hölzer und die große Zahl von 13 datierten Proben, machen ein Fälldatum in der zweiten Hälfte des 1. Jhs. wahrscheinlich (Abb. 130). Es kann jedoch ein Fälldatum im frühen 1. Jh. nicht völlig ausgeschlossen werden.

Mit diesen ersten Daten kann nun zweifelsfrei festgestellt werden, daß die Sedimente des Drainagekanals antiken Ursprungs sind. Das Datum ist damit auch eine Zeitmarke für die botanischen Großreste (s. Beitrag Stika). Inwieweit die Daten auch Rückschlüsse auf den Zeitpunkt der Errichtung des Drainagekanals und des römischen Thermenbaus zulassen, kann erst geklärt werden, wenn die Herkunft und Genese des Sediments bekannt ist.

Michael Friedrich

Literaturhinweise

B. Becker, Fällungsdaten römischer Bauhölzer anhand einer 2350jährigen süddeutschen Eichen-Jahrringchronologie. Fundber. Baden-Württemberg 6, 1981, 369 ff. – M. N. Filgis, Arch. Ausgr. Bad-Württ. 1996, 120–124. – G. Fingerlin, Zum römischen Badenweiler. Arch. Nachr. Baden 46, 1991, 3 ff. – M. Friedrich, Dendrochronologische Datierung der Toranlage der Periode 1a der Heuneburg. In: Heuneburgstudien X = Römisch-Germanische Forschungen 56 (Berlin 1996) 169–180.

Ein religionsgeschichtlich interessanter Befund aus dem Gewerbegebiet der römischen Siedlung von Lahr-Dinglingen, Ortenaukreis

Der römische Vicus von Lahr-Dinglingen, dessen antiker Name leider nicht überliefert ist, gehört neben Riegel am Kaiserstuhl zu den bekanntesten Niederlassungen der Römer im südlichen Oberrheintal. Wie die meisten größeren Siedlungen lag er an der im 1. Jh. n. Chr. gebauten Fernstraße, die auf der rechten Rheinseite von Basel nach Mainz führte. Die hier mitten durch den Ort verlaufende Trasse hat sich naturgemäß stark auf Struktur und Entwicklung dieses „Straßenvicus" ausgewirkt und vor allem auch die Ansiedlung von Handwerkern gefördert, die den Durchreisenden technische Hilfe (Reparaturen) anbieten konnten und damit auch den reibungslosen Ablauf des Personen- und Warenverkehrs gewährleisteten. Darüber hinaus wurden am Ort Produkte hergestellt, die für den Absatz in der umliegenden Region bestimmt waren, so vor allem einfache Gebrauchskeramik wie Kochtöpfe, Schüsseln und Teller, aber auch Erzeugnisse von Bronzegießern und Eisenschmieden. Sogar die Herstellung von Terra Sigillata, dem damals weltweit verhandelten rotglänzenden Tafelgeschirr, wurde versucht, wenn auch ohne dauerhaften Erfolg.

Während das Zentrum des Vicus mit teilweise recht gut ausgestatteten, repräsentativen Steingebäuden bisher nur punktuell und damit in kleinen Ausschnitten erfaßt worden ist, konzentrierten sich die Ausgrabungen der letzten Jahre auf das südliche „Gewerbegebiet" mit außerordentlich dichter, mehrphasiger Holzbebauung, deren Spuren sich in einer mächtigen Kulturschicht gut erhalten haben. Dabei bedarf es allerdings einer sehr subtilen Grabungsmethode, um die „ineinander verschachtelten" Befunde säuberlich zu trennen und dem jeweiligen stratigraphischen Kontext zuzuweisen. Der so für die verschiedenen Siedlungsperioden entstehende Plan läßt auf einer jährlich größer werdenden Fläche immer deutlicher die Grundstrukturen erkennen, aber auch die ständigen Veränderungen, wie sie wohl vor allem für ein Gewerbegebiet typisch sind, wo man sich häufig wechselnden Erfordernissen anpassen mußte. Dabei ergaben sich immer wieder überraschende Beobachtungen, die teilweise die Vorstellung von einer nach römischen Normen gut organisierten Lebensgemeinschaft erheblich modifizierten. Immer mehr drängte sich der Gedanke auf, daß wir es hier weniger mit einer zugezogenen römischen, als mit einer einheimisch-keltischen Bevölkerung zu tun haben, deren „Romanisierung" in vielem noch recht oberflächlich war. Dies wurde fast schlagartig sichtbar, als die ersten zeitgleichen Brandgräber zwischen den Gebäuden auftauchten, die also in Hofarealen um die Häuser herum angelegt worden waren, darunter auch zahlreiche Körpergräber von Säuglingen und Kleinkindern. Die Gemeinschaft von Lebenden und Toten innerhalb der Siedlung ist römischem Wesen fremd, sogar durch althergebrachte Rechtsüberlieferung ausgeschlossen (Zwölftafelgesetze). Noch „unrömischer" wirkten Befunde, die nur als im Boden deponierte Opfergaben erklärt werden konnten; so zwei in einer Grube nebeneinander gelegte Pferdeschädel oder in hölzerne Behältnisse eingestellte Tongefäße unbekannten Inhalts. Es blieb dabei unklar, ob wir es hier mit Bauopfern oder Opfern im Zusammenhang mit dem Totenkult zu tun haben, wofür eine bis zum Rand eingegrabene, am Boden dreifach gelochte Schüssel sprechen könnte, die sich sehr gut für Trankspenden an die Verstorbenen geeignet hätte. Dies allerdings wäre ein „gut römischer" Brauch

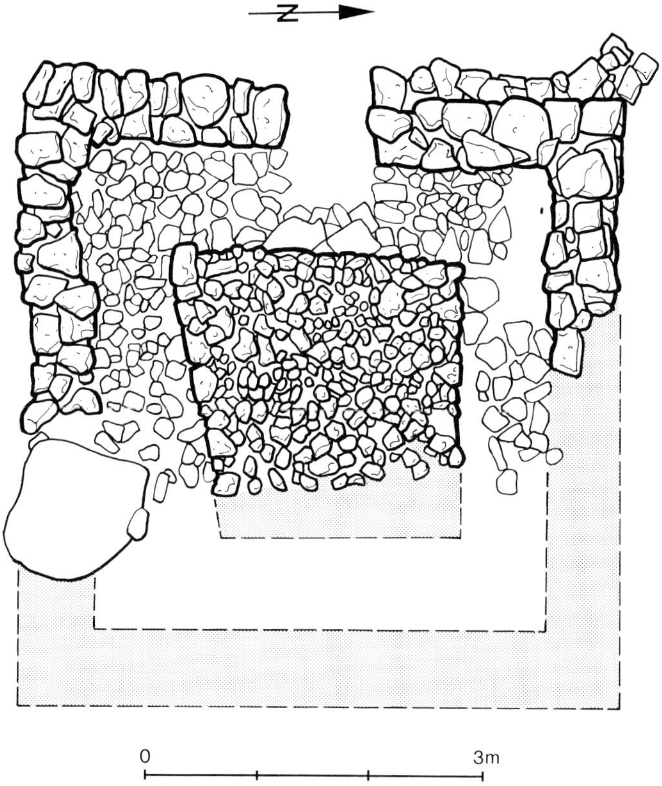

Abb. 131 Lahr-Dinglingen. Fundament eines kleinen gallo-römischen Umgangstempels. Seitenlänge 2,70 m.

gewesen, was aber bei der am Ort herrschenden Vermengung einheimischer und mitgebrachter Vorstellungen nicht weiter verwundern darf.

Ein Befund aus der Grabung des letzten Jahres führt erneut vor Augen, wie sich in diesem von Menschen unterschiedlicher Herkunft bewohnten, von gewerblichen Einrichtungen geprägten Randgebiet der römischen Siedlung Profanes und Sakrales vermischt. Im Laufe des 2. Jhs. entstand an der Stelle eines älteren, abgerissenen Hauses ein kleiner sakraler Bezirk, erkennbar am Grundriß eines winzigen „gallo-römischen Umgangstempels" (Abb. 131), einem quadratischen Bau von 2,70 m Seitenlänge und einer inneren, 1,30×1,30 m messenden „Cella", also nicht mehr als eine „Hauskapelle", vielleicht mit einem schlichten hölzernen Götterbild ausgestattet, vielleicht auch nur mit einem Altar. Um diesen bescheidenen Sakralbau fanden sich kleine Steinkisten in den Boden versenkt, darin Tongefäße, teilweise auf eine Schicht von Scherben gestellt, vereinzelt auch mit Deckeln versehen. Für ihren ursprünglichen Inhalt ergaben sich keine Hinweise. Sie enthielten weder Leichenbrand noch Tierknochen, Eierschalen oder ähnliches. Nach einer Benutzungszeit von unbestimmter Dauer wurde dieses Kultgebäude bis auf die Grundmauern abgebrochen, doch blieb die sakrale Bestimmung des Platzes zunächst erhalten, denn auf den Fundamenten des Tempelchens wurden jetzt die gleichen Gefäßopfer deponiert wie früher um den stehenden Bau, ebenfalls in kleinen, trokken gemauerten Steinkisten (Taf. 12). Doch war auch dies nicht von Dauer, denn über dem Ganzen errichtete man schließlich ein höchst profanes Bauwerk, einen gemauerten Töpferofen, der dann wohl längere Zeit in Betrieb war. Da die jüngsten, obersten Schichten der Lahr-Dinglinger Siedlung längst dem Pflug zum Opfer gefallen sind, läßt sich auch hier leider nicht sagen, welchem Zweck dann schließlich dieser Platz am Ende der römischen Periode gedient hat.

Ein heiliger Bezirk zwischen und hinter den Häusern und Schuppen der Handwerker, der „kleinen Leute" – errichtet über den Ruinen eines älteren Holzbaus, später wieder von profaner Nutzung verdrängt – das ist ein neuer Aspekt im Bild der römischen Siedlung von Lahr-Dinglingen, der uns zeigt, wie weit Rom trotz seiner staatlichen Präsenz doch entfernt war, wie das Leben in einer kleinen Provinzstadt nach seinen eigenen Regeln ablief, bestimmt offenbar von immer noch lebendigen, weit in die vorrömische Vergangenheit zurückreichenden Traditionen.

Gerhard Fingerlin

Literaturhinweise

G. Fingerlin, Die römische Straßenstation in Lahr und ihre Töpfereibetriebe. Arch. Nachr. Baden 4, 1970, 23 ff. – Ders., Arch. Ausgr. Bad.-Württ. 1992, 154 ff.

Beobachtungen zum römischen und mittelalterlichen Rottweil

Römerstraße

Die Neuverlegung der Kanalisation bot im Sommer 1998 die Möglichkeit, den Aufbau des Untergrundes zwischen der Einmündung der Hochmaurenstraße und der Flavierstraße zu beobachten. Obwohl der Kanal im wesentlichen in der alten Trasse verlegt wurde, ergab sich doch fast durchgängig ein ungestörtes Profil.

An keiner Stelle konnten jedoch archäologische Befunde festgestellt werden. Überall lag der Unterbau der modernen Straße auf dem geologischen Untergrund auf. Im Zusammenhang mit der Anlage der neuzeitlichen Römerstraße war also der Bereich der mittlerweile durch die angrenzende Bebauung eindeutig erschließbaren römischen Straße hier vollständig ausgekoffert worden. Das paßt auch mit den Befunden zusammen, die in der Römerstraße 43 festgestellt wurden. Hier fand sich nämlich in der steil ansteigenden Böschung ein Ost-West verlaufender Mauerzug, dessen Unterkante weit über dem Niveau der heutigen Römerstraße lag. Er gehört wohl zu einem Strebepfeiler der Rückseite der sogenannten Orpheusvilla südlich von Forum und Basilika.

Römerstraße 34

Im Bereich der seit einiger Zeit bekannten Fundstelle unter dem heutigen Gebäude entpuppte sich eine der schon früher abgebildeten Feuerungen nicht als zu einem Hypokaustum gehörig, sondern als Teil einer römischen Darre (Abb. 132). Mit einer Unterkante nur wenige Zentimeter über dem Unterboden des benachbarten Hypokaustums wurde es vom gleichen Raum aus befeuert, von dem aus auch die Schürung des beheizten Raums erfolgte. Für ihre Front mit dem Schürkanal aus zwei senkrecht gestellten Steinplatten mußte eine ältere Mauer weitgehend abgebrochen werden. Leider ist die Konstruktion der neuen Frontmauer nicht ganz

Abb. 132 Rottweil, Römerstraße 34. Römische Darre.

eindeutig. Die übrigen Außenmauern waren dagegen einschalig gegen das umgebende Erdreich gesetzt. Ein deutlicher Absatz markiert das Auflageniveau des nicht mehr erhaltenen Rostes oder der vermutlich aus rechteckigen Ziegelplatten gefertigten Abdeckung des umlaufenden Heißluftkanals. Die Gegenseite im Inneren der Darre war aus halbierten, ehemaligen Hypokaustpfeilern gebildet. Die Lücken wurden im unteren Teil zusätzlich durch kleine Steinquader eingeengt. Gegenüber dem Heizkanal zwangen weitere senkrecht gestellte, z. T. profilierte Steinplatten (Spolien) den heißen Luftstrom zum Umknicken in die seitlichen Kanäle. Im Rahmen der sehr komplexen Gesamtanlage des Gebäudes unter der Römerstraße 34 bildet der Einbau der Darre stratigraphisch einen relativ späten Zustand.

Albertistraße 19/Turnhalle

Im Rahmen der Vorarbeiten für eine kleine Erweiterung der Turnhalle auf deren südöstlicher Seite wurde die längs durch das Municipium Arae Flaviae ziehende römische Fernstraße aufgedeckt. Ihr Belag bestand hier aus Kies mit einzelnen größeren, unregelmäßigen Steinplatten, in denen sich zum Teil noch Fahrspuren erkennen ließen. Wie erwartet, war die Straße in ihrem östlichen Teil, einem schon vor mehr als 25 Jahren entdeckten mittelalterlichen Graben gestört, dessen weitere Fortsetzung nach Süden sowie seine Funktion sind aber immer noch nicht geklärt.

Albertistraße 22/Kindergarten

Durch eine Veränderung der Außenanlage des Kindergartens wurde eine schräg zu den römischen Baurichtungen verlaufende Mauer aufgedeckt. Sie bildet die Fortsetzung einer im archäologischen Plan verzeichneten Mauer ohne Zusammenhang. Machart und Richtung der Mauer – sie verläuft parallel zur nördlichen Umfassungsmauer des Hofguts Hochmauren – machen wahrscheinlich, daß es sich hier um einen mittelalterlichen Befund handelt.

C. Sebastian Sommer

Literaturhinweise

C. S. Sommer, MVNICIPIVM ARAE FLAVIAE – Militärisches und ziviles Zentrum im rechtsrheinischen Obergermanien. Ber. RGK 73, 1992, 269 ff. – Ders., Arch. Ausgr. Bad.-Württ. 1994, 140 f. – G. Dreisbusch, Darre oder Räucherkammer? Zu römischen Heizanlagen in Westdeutschland. Fundber. Bad.-Württ. 19, 1994, 181 ff. – M. Kokabi, ARAE FLAVIAE II. Viehhaltung und Jagd im römischen Rottweil. Forsch. u. Ber. Vor- u. Frühgesch. Baden-Württemberg 13 (Stuttgart 1982) Abb. 3 ff.

Römische Kalkbrenner und frühe Alamannen in Gemmrigheim, Kreis Ludwigsburg

Der Jahreswechsel von 1997 auf 1998 bescherte der Archäologischen Denkmalpflege Stuttgart einen in mancherlei Hinsicht bemerkenswerten Befund. Im Herbst wurde bekannt, daß nördlich von Gemmrigheim, auf der rechten Niederterrasse des Neckars, der Bau eines Lebensmittelgroßmarkts bevorstand.
In den dortigen Fluren „Mühläcker" und „Gräbele" waren schon lange Fundstellen der Urnenfelderkultur und der Latènezeit ausgewiesen. 300 m weiter nördlich hatte K. Schäffer 1986 einen römischen Türschwellenstein sowie ei-

ne Zweischalenmauer festgestellt. In dem Baugelände erwarteten wir daher archäologische Befunde, deren Ausdehnung und Erhaltungszustand allerdings zu hinterfragen blieben. Erosion und landwirtschaftliche Nutzung mochten hier Baustrukturen längst ausgetilgt haben. Es lag nahe, in Absprache mit der Gemeinde Gemmrigheim und dem bisherigen Grundeigentümer, der Firma Steinbeis Temming GmbH, Baggerschnitte anzulegen, um dies im Vorfeld der Bebauung zu klären.

In dem ersten, über 90 m langen und 4,50 m breiten Schnitt zeigten sich fünf weitgehend erodierte Befunde der Urnenfelder- und der Späthallstatt-Frühlatènezeit von noch maximal 35 cm Tiefe. Ein sechstes Objekt, Befundnummer 4, reichte nur randlich in die Fläche. Die Anlage eines Profils erbrachte völlig überraschend eine ungewöhnliche Befundtiefe. Die Wände waren durch Hitze verziegelt, so daß eine Ofenanlage vorliegen mußte. Um diese vollständig im Planum zu erfassen, öffneten wir angrenzend eine weitere Fläche. Zum Vorschein kam ein großer, im Umriß birnenförmiger Ofen von 9,90 m Länge und in seinem runden Teil 5,30 m Durchmesser. Der Ofenhals, die Beschickungsrampe, besaß eine Breite von 4,30 m. Das Planum 1 zeigte im Zentrum des Ofens eine schwarzbraune, lehmig-humose Verfüllung mit etwas Holzkohle, die von rotbraunem Lehm gesäumt wurde. Zu den Rändern hin lagen vermehrt Muschelkalkbruchsteine, die nach dem Zentrum verkippt waren. Ab dem Planum 2 hatte sich am Rand der runden „Feuerkammer" die bis zu 16 cm starke Wandung aus gebranntem Lehm erhalten. Wie im Planum 3 und dem Profil (Abb. 133 A und B) ersichtlich ist, waren auch Teile dieser Wandung im Zuge von Verfüllungs- und Setzungsvorgängen nach innen gekippt. Der nach Westen gerichtete Schürkanal war am Übergang zur Feuerkammer durch zwei aus Muschelkalksteinen trocken gemauerte Sockel verengt, die nur eine 46 cm breite Schüröffnung freiließen (Abb. 134).

Die Innenwände der Trockenmauern wiesen leichte Hitzerötungen und kreidige Oberflächen auf. Der nördliche

Abb. 133 A Gemmrigheim. Römischer Kalkbrennofen im Planum 3.

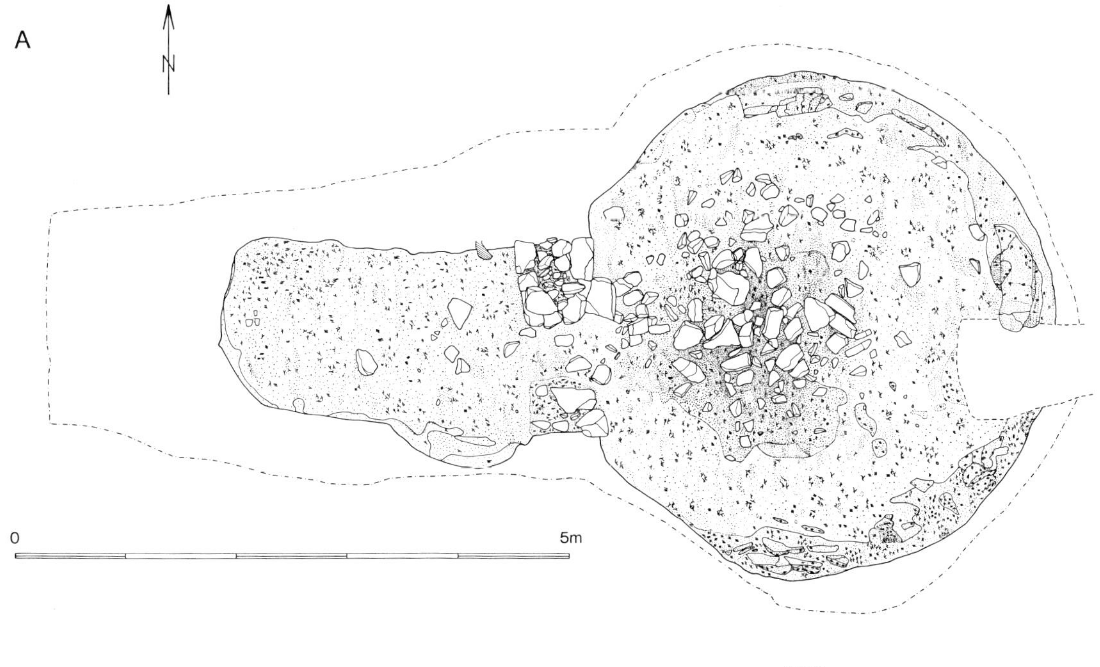

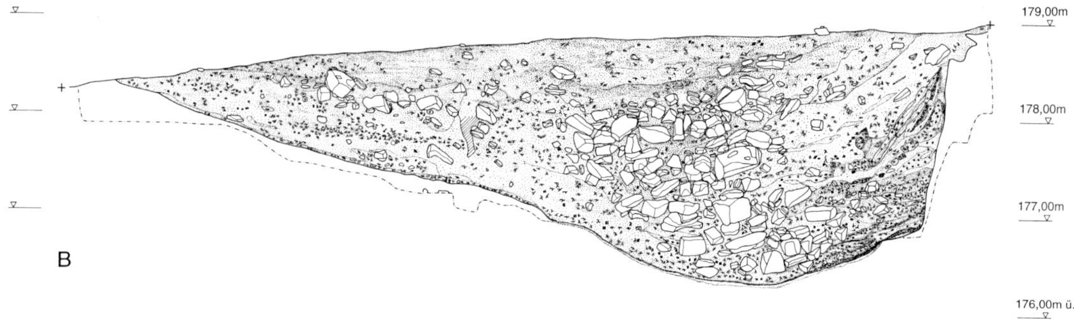

Abb. 133 B Gemmrigheim. West-Ost-Profil des römischen Kalkbrennofens mit oberer Einfüllung frühalamannischer Zeit.

Sockel war noch maximal 1,20 m hoch. Eine Abdeckung der Öffnung hatte sich nicht erhalten. Ihre Sohle lag um rund 90 cm höher als die des Brennraums. Besonders die kleineren, faustgroßen Kalksteine der Einfüllung besaßen eine durch Hitzeeinwirkung kreidige Oberfläche. Auf der muldenförmigen Sohle der Feuerkammer von 3,20 m Durchmesser waren nur noch stellenweise eine millimeterdünne Kalkschicht und Holzkohleflitter in situ vorhanden. Die Hitzerötung des anstehenden Lößlehmbodens reichte etwa 10 cm tief. Vom Planum 1 bis zum Boden besaß der Ofen noch eine Maximaltiefe von 2,56 m. Wegen seiner Bauweise, Größe (Abb. 135) und Füllung mit Kalksteinen läßt sich der Gemmrigheimer Ofen als römischer Kalkbrennofen ansprechen. Gut vergleichbare Befunde liegen aus Bad Münstereifel-Iversheim, Kreis Euskirchen, und Bad Wimpfen vor. Die Iversheimer Öfen besitzen wie in Gemmrigheim eine über der Sohle der Feuerkammer gelegene Schüröffnung („Schnauze"). In Gemmrigheim war keine gemauerte Ofenwandung erhalten. Es läßt sich nicht ausschließen, daß diese später vollständig abgebaut worden ist. Die nach innen gefallenen Teile der gebrannten Lehmwand (Abb. 133) sprechen jedoch dafür, daß, wie in Iversheim, die Ofenkuppel („Himmel"), auf der das Brenngut aufgeschichtet wurde, höher, d. h. auf einem heute nicht mehr vorhandenen Niveau, gelegen hat. Die oben erwähnte starke Erosion hat nicht nur die prähistorischen, sondern auch die römischen Befunde abgetragen. So konnte zu dem Ofen trotz weiterer Flächenaufdeckungen kein zugehöriges Gebäude mehr gefunden werden.

Für die Frage nach der Nutzungsintensität des Kalkbrennofens sind mehrere Faktoren aufschlußreich: die geringen Hitzefolgen an den Sockelinnenwänden, die nicht weit reichende Hitzerötung des Bodens und nicht zuletzt der äußerst spärliche gebrannte Kalk auf der Sohle. Es erscheint daher möglich, daß der Ofen kaum benutzt worden ist. Angesichts seiner Größe und des damit

Abb. 134 Gemmrigheim. Schüröffnung des römischen Kalkbrennofens von Osten, im Vordergrund die Sohle des Feuerungsraumes.

verbundenen Bau- und Beschickungsaufwandes ist dies ein erstaunlicher Befund. Für einen der ähnlich großen Bad Wimpfener Öfen rechnete M. N. Filgis mit einem Fassungsvermögen von 30 m^3 Kalkbruchsteinen.

Der Gemmrigheimer Ofen dürfte zur Kalkgewinnung für ein größeres Bauvorhaben angelegt worden sein. Seine Lage auf der Niederterrasse des Neckars läßt wie in Bad Wimpfen an den An- und hier vielleicht auch Abtransport von Brenngut und fertigem Kalk auf dem Wasserweg denken. Aus der Umgebung ist außer der eingangs erwähnten 300 m nördlich gelegenen Fundstelle kein römischer Siedlungsplatz bekannt. Das weiter hangaufwärts gelegene Gelände wurde in den 50er Jahren überbaut.

Ist der Gemmrigheimer Kalkbrennofen als technische Einrichtung der Römerzeit schon interessant, so ist die Geschichte seiner Aufgabe und Verfüllung mindestens ebenso beachtenswert. Wie die Profilschnittansicht (Abb. 133 B) zeigt, hatte sich auf der Sohle eine maximal nur 4 cm dicke, eingeschwemmte Lehmschicht abgelagert, als der Ofen systematisch verfüllt und damit definitiv aufgegeben wurde.

Diese einheitliche Verfüllung bestand im wesentlichen aus Lehm und großen wie kleinen Kalksteinen, wohl dem ursprünglich vorgesehenen Brenngut, das größtenteils unzerkleinert in die Grube geworfen wurde. Es handelt sich also überwiegend nicht um zum Brennen vorbereitete Steine einer Ofenfüllung. Auch ist die Menge der Steine für eine Ofenfüllung zu gering. Die Mehrzahl der Steine lag in der Ofenmitte, was naheliegend ist, denn den tiefsten Punkt der Grube wollte man arbeitssparend mit grobem Material schnell auffüllen. An den Rändern dominierte dagegen Lehm mit Teilen der gebrannten Ofenwandung, Asche und wenigen Holzkohlebröckchen. Diese Verfüllung besaß eine Mächtigkeit von bis zu 1,40 m. Sie enthielt eine einzige Scherbe römischer Gebrauchskeramik.

Auf dieser wohl absichtlich vorgenommenen Auffüllung lagerte dann aber etwas gänzlich anderes: schwarzbrauner, humoser, von Holzkohlebröckchen und

Abb. 135 Gemmrigheim. Die Sohle des römischen Kalkbrennofens mit verziegelter Wandung und Kalkresten im Innern, rechts im Westen die trockengemauerte Öffnung des Schürkanals.

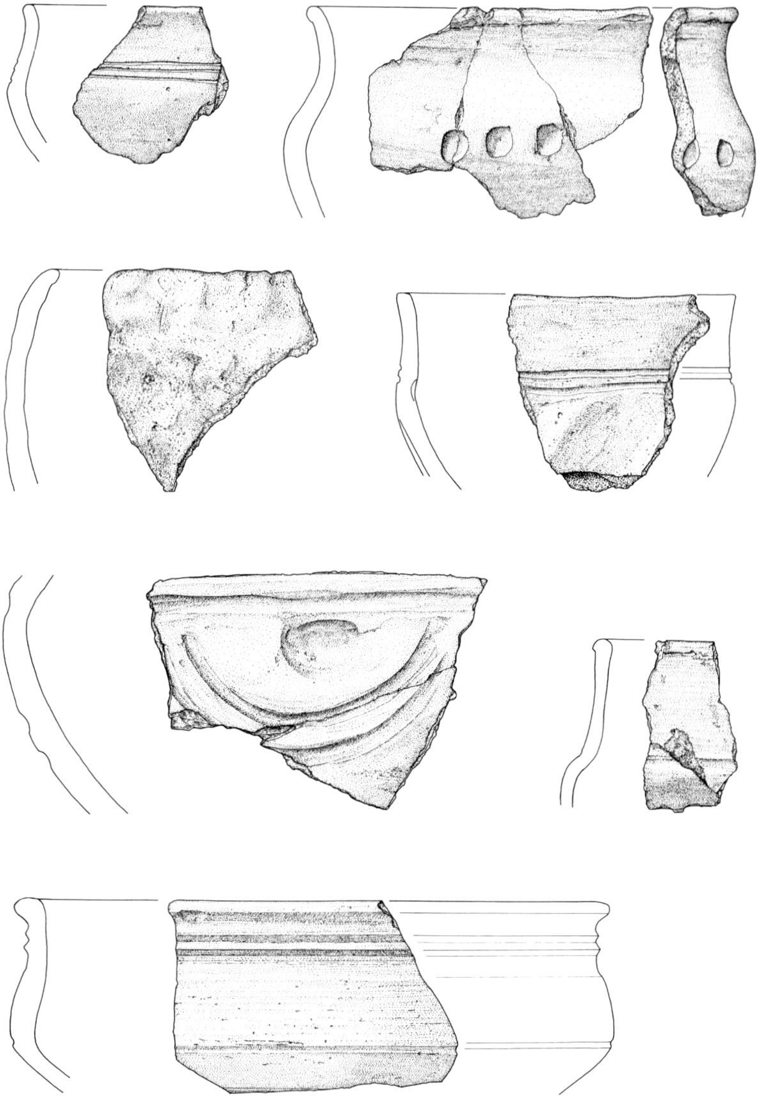

Abb. 136 Gemmrigheim. Randbruchstücke handgeformter frühalamannischer Keramik und scheibengedrehter Nigra (unten).

wenig Hüttenlehm durchsetzter Lehm, der sich durch seine viel dunklere Färbung deutlich von der älteren Verfüllung abhob. In diesem Boden, in dem keine Schichten im Sinne einer zeitlichen Abfolge zu erkennen waren, war ein umfangreiches Fundmaterial eingelagert. Vor allem sind überaus zahlreiche Bruchstücke gut erhaltener frühalamannischer Keramik zu nennen (Abb. 136). Daneben kamen aber auch noch Scherben der mittleren Kaiserzeit und wenige spätrömischer Argonnensigillata vor. Häufiger vertreten ist Nigraware. Als einziger Kleinfund liegt das Bruchstück einer germanischen Knochennadel vor. Neben vielen Tierknochen von Speiseabfällen fallen insbesondere zahlreiche Geweih- und auch Hornbruchstücke mit Schnitt- und Sägespuren auf (Abb. 137). Wie das Bruchstück eines beidseitig bearbeiteten Geweihplätt-

chens (Abb. 137 unten rechts) zeigt, sind es Abfälle einer Werkstatt, die u. a. Kämme herstellte.
Die germanische Keramik, von der Abb. 136 nur eine kleine Auswahl verzierter Stücke belegt und unter der einfache Schalen und Fußschalen dominieren, dürfte am ehesten in das 4. Jh. zu datieren sein. Die Frage, ob es sich bei dem Befund um eine gezielte Verfüllung der Grube oder um eingeschwemmtes Sedimentmaterial handelt, ist schwer zu entscheiden. Die Funde zeigen jedenfalls keinerlei Spuren von Abschliff durch Wassertransport. Baureste wie Pfostengruben, die zu dieser frühalamannischen Siedlung gehört haben müssen, fanden sich in dem von Erosion veränderten Gelände nicht mehr. Der Fundkomplex hat sich nur erhalten, weil er in die Mulde des Kalkbrennofens eingelagert war. Dies belegt einmal mehr, wie vorsichtig wir mit Rückschlüssen auf die Siedlungsintensität von manchen Zeitepochen sein sollten.
Abschließend ist es mir eine angenehme Pflicht, der Gemeinde Gemmrigheim

Abb. 137 Gemmrigheim. Abfälle frühalamannischer Horn- und Geweihschnitzerei mit Schnitt- und Sägespuren, unten rechts Werkteilbruchstück eines Kammes.

und Herrn B. Steinbeis für ihre Unterstützung unserer Arbeit zu danken.

Ingo Stork

Literaturhinweise
W. Sölter, Römische Kalkbrenner im Rheinland. Führer des Rheinischen Landesmus. in Bonn 31 (1970). – M. N. Filgis, Baubefunde von Metallhandwerkern und Kalkbrennern im römischen Wimpfen, Krs. Heilbronn. In: Bautechnik der Antike. Kongr. Berlin (1991) 47 ff.

Vörstetten: Neue Forschungen zur Siedlungsarchäologie im Breisgau

Von den elf bisher bekannten ländlichen Siedlungsplätzen der frühen Alamannen im Breisgau sind mit Ausnahme von Mengen am Tuniberg nur selten mehr als Lesefunde bekannt. In diesem Jahr bot sich in Vörstetten für das Landesdenkmalamt Baden-Württemberg die Gelegenheit, durch das Entgegenkommen der Gemeinde im Vorfeld der geplanten Erweiterung des Gewerbegebietes „Grub“ einen bereits durch eine kleine Sondierungsgrabung (Arch. Ausgr. Bad.-Württ. 1991, 196 ff.) bekannten Siedlungsplatz der frühen Alamannen auf einer Fläche von 2000 m² zu untersuchen. Für die vielfache Unterstützung bei den Ausgrabungen möchte ich der Gemeinde Vörstetten und besonders Bürgermeister K. H. Beck herzlich danken. Danken möchte ich auch den Landwirten F. Leimenstoll und M. Groß, die ihren Acker für die Lagerung des Aushubs zur Verfügung stellten sowie M. Hoeper vom Institut für Ur- und Frühgeschichte Freiburg, der das Vermessungsnetz und eine Höhenvermessung mittels Tachymeter erstellte.
Zur Beurteilung der Ausdehnung des Siedlungsplatzes im Gewann „Grub“ wurde bereits 1991/92 eine Fläche von ca. 2 ha von Dr. H. G. Jansen geoma-

gnetisch vermessen. Durch die Ergebnisse der Sondierungsgrabung und der geomagnetischen Messungen kann man von einem größeren Siedlungsbereich der frühen Alamannen an dieser Stelle ausgehen. Neben Lesefunden der frühalamannischen Zeit, wie z. B. eine römische Krugrandscherbe des 4. Jhs. aus den Mayener Töpfereien in der Eifel, kommen aber auch Steingeräte und Keramikscherben der mittelneolithischen Straßburger Gruppe vor.

Bei den Ausgrabungen dieses Jahres im Bereich der Straßentrasse zeichnete sich in der ersten Fläche ein 1 m breiter Graben ab, der in der Verfüllung unter anderem Porzellanfragmente enthielt. Dieser Graben wurde laut Aussagen der Anwohner als Laufgraben 1944 rund um Vörstetten gezogen. Weitere archäologische Befunde waren in dieser Fläche nicht zu erkennen. Aufgrund des Geländegefälles von über 1,50 m × 200 m in östliche Richtung ist anzunehmen, daß in den östlich anschließenden Bereichen keine weiteren archäologischen Befunde zu erwarten sind, da dieser Bereich in ur- und frühgeschichtlicher Zeit wahrscheinlich zu vernäßt war.

In der 2. und 3. Fläche im höher gelegenen Geländebereich zeigte sich ein teilweise erfaßter Hausgrundriß mit einer Doppelpfostenreihe von einem über 12 m langen und mindestens 7 m breiten Holzbau. Da in einem der Pfosten eine Keramikscherbe der frühalamannischen Zeit gefunden wurde, bestand dieser Pfostenbau sicher nicht vor der frühalamannischen Zeit. Eine vergleichbare Bauweise weist das frühalamannische Gehöft von Sontheim i. St. auf, weshalb eine frühalamannische Datierung des Pfostenbaus von Vörstetten nicht unwahrscheinlich ist. Weitere Pfostenstrukturen am Nordostrand der Fläche sind bisher nicht datierbar. Da im nordöstlich anschließenden Gelände im nächsten Jahr die Ausgrabung fortgeführt werden soll, besteht hier die Hoffnung, die Strukturen zu ergänzen und Datierungsanhaltspunkte zu gewinnen. Drei runde Verfärbungen mit Durchmessern zwischen 60 cm und 1 m zeigten sich im Profil als umgekehrt trichterförmig eingetiefte Gruben. In diesen ehemaligen Vorratsgruben fanden sich sehr stark glimmerhaltige Keramikscherben, wie sie bei der Gefäßkeramik der mittelneolithischen Straßburger Gruppe (ca. 4200/4300 v. Chr.) charakteristisch sind. Aus einer weiteren trichterförmigen Vorratsgrube mit einem Durchmesser von 2 m im Bodenbereich kommen sehr grob gemagerte Keramikscherben, die zu einem großen Vorratsgefäß gehören.

Bei der geomagnetischen Messung konnten außerdem zwei Bereiche mit hoher Hitzeeinwirkung lokalisiert werden, die zwar nicht im Bereich der Straßentrasse liegen, aber aufgrund der Hinweise auf eine Eisenverhüttung an diesem Platz (Arch. Ausgr. Bad.-Württ. 1991, 196 ff.) doch untersucht werden sollten. Gezielt wurde einer dieser Bereiche aufgedeckt. Dabei zeigte sich ein ovaler Befund von 1,20 × 1,60 m Durchmesser und 1,10 m Tiefe, der fast ausschließlich mit stark gebranntem oder verschlacktem Hüttenlehm und Holzkohle verfüllt war. Am Rand des Befundes zeigte sich im Lößboden ein ca. 2 cm breiter verziegelter Bereich, ein Hinweis, daß es an dieser Stelle gebrannt hat. Der Hüttenlehm gehörte vermutlich zu einer Ofenkuppel aus Lehm mit einem Rutengerüst. Die Sohle bedeckte eine bis zu 3 cm dicke Holzkohleschicht, der Boden unter der Sohle war wohl durch Feuereinwirkung mehrere Zentimeter dick und – unter Luftabschluß – hellgrau verziegelt. Wozu dieser Ofen gedient hat, ist bisher nicht geklärt, da in der Verfüllung außerdem nur wenige Tierknochenfragmente und ein Bruchstück eines römischen Ziegel gefunden wurden. Damit ist zumindest eine Datierung in oder nach der römischen Zeit möglich, eine genauere Einordnung soll eine ^{14}C-Datierung ergeben.

Wir hoffen, daß wir mit den geplanten Ausgrabungen im nächsten Jahr weitere Anhaltspunkte für die Geschichte Vör-

stettens wie auch neue Aspekte für die Siedlungsgeschichte des Breisgaus im frühen Mittelalter gewinnen können.
Einige Rätsel gibt ein erst jetzt bekannt gewordener Lesefund aus dem Ortsteil Schupfholz 2km westlich von Vörstetten auf. Karl Meier aus Vörstetten hatte als Schüler vor 30 Jahren bei der Kartoffelernte am südwestlichen Ortsrand von Vörstetten-Schupfholz einen goldenen Fingerring mit römischer Gemme gefunden (Taf. 13). Aus diesem Bereich sind Lesefunde römischer Zeit bereits bekannt. 200m nördlich der Fundstelle verläuft der sog. „Herrenweg", der als römische Straße nachgewiesen ist.
Während die Gemme mit einer Merkurdarstellung sicher aus römischer Zeit stammt, ist eine Datierung des Ringes in römische Zeit aufgrund der schlichten Form und der relativ bescheidenen Goldschmiedequalität nicht sicher. Ähnliche Formen sind zwar in der Spätantike vertreten, allerdings waren römische Gemmen als Schmucksteine sehr häufig noch während der Merowingerzeit bis ins Mittelalter in zeitgenössische Ringe eingearbeitet worden. Eine vergleichbare Form hat ein silberner Ring mit römischer Gemme aus Grab 12 des großen Gräberfeldes von Mengen aus der ersten Hälfte des 6. Jhs. Einen relativ sicheren Datierungsanhaltspunkt brachte ein unter dem Binokular entdecktes Detail im Inneren des Goldringes. Dort zeigte sich eine deutliche Einritzung, die als germanisches Runen-F identifiziert werden kann. Dieses wahrscheinlich einzelne Runen-F kann als Bedeutungsrune aus dem germanischen „fehu" für Vieh, Besitz oder Fahrhabe, d. h. der bewegliche Besitz, gedeutet werden. Eine Begutachtung der Einritzung von Prof. Dr. K. Düwel (Göttingen) und Dr. P. Pieper (Düsseldorf) wird demnächst genauere Ergebnisse bringen.
Fraglich ist, ob dieser Ring hier nur zufällig verloren wurde, oder ob er auf einen Siedlungsplatz oder vielleicht sogar auf ein merowingerzeitliches Gräberfeld an dieser Stelle hinweist. Nicht weit entfernt liegt die wahrscheinlich bis in die Merowingerzeit zurückgehende Wüstung Thiermendingen, die 1008 erstmals urkundlich genannt wurde.

Christel Bücker

Literaturhinweise

Ch. Bücker, Frühe Alamannen im Breisgau. Untersuchungen zu den Anfängen der germanischen Besiedlung im Breisgau während des 4. und 5. Jahrhunderts n. Chr. Archäologie und Geschichte. Freiburger Forschungen zum ersten Jahrtausend in Südwestdeutschland 9 (Sigmaringen 1999). – Ch. Bücker, Arch. Ausgr. Bad.-Württ. 1991, 196ff. – H. G. Jansen, Arch. Ausgr. Bad.-Württ. 1991, 199f. – F. Fingerlin, Siedlungen und Siedlungstypen. Südwestdeutschland in frühalamannischer Zeit. In: Archäolog. Landesmuseum Baden-Württemberg (Hrsg.), Die Alamannen – Ausstellungskatalog (Stuttgart 1997) 125ff. – H. Stöckl, D. Neubauer, Neue Funde der Straßburger und Wauwiler Gruppe aus dem nördlichen Kaiserstuhlvorland. Cahiers de L'association de la Promotion de la Recherche Archaeologique en Alsace 6, 1990, 115ff.

Ein früher Stützpunkt fränkischer Herrschaft am Oberrhein. Neue merowingerzeitliche Grabfunde aus Bad Krozingen, Kreis Breisgau-Hochschwarzwald

Das frühmittelalterliche Krozingen (807 Scrozzinca) gehört zu den Siedlungen, die topographisch an ältere römische Orte anknüpfen, in diesem Fall an einen vom 1. bis ins 3. Jh. bestehenden Straßenvicus wohl kleinstädtischen Charakters. Ob schon die im späteren 3. Jh. einwandernden Alamannen hier seßhaft geworden sind, wissen wir nicht. Ein Nachweis merowingerzeitlicher Besiedlung an gleicher Stelle bedeutet also nicht unbedingt Kontinuität, sondern zeigt in erster Linie, daß im 5. und 6. Jh. ähnliche, manchmal sogar die gleichen Gründe für die Platzwahl maßgeblich waren. Hier ist es erkennbar die Lage an der rechtsrheinischen Straße von Basel nach Mainz, in römischer Zeit mitten durch den Ort geführt, die auch jetzt, viele Generationen später, den Ausschlag gegeben hat (Abb. 138). Dabei spielten offenbar Überlegungen zur militärischen Kontrolle dieser immer noch stark frequentierten Fernverbindung und zur Sicherheit des Personen- und Warenverkehrs eine nicht unerhebliche Rolle. Wenig nördlich von Krozingen nämlich gabelt sich die Strecke in zwei Äste, von denen einer in süd-nördlicher Richtung fast schnurgerade den heutigen Breisgau durchzieht, während der andere, am Gebirgsrand entlang, die Freiburger Bucht umfährt. Da in diesem Bereich außerdem nach Westen ins Elsaß und nach Osten über den Schwarzwald wichtige Verbindungen ansetzen, besaß die Siedlung in Krozingen nicht nur eine überaus günstige Verkehrslage, sondern unzweifelhaft auch strategischen Wert. Es darf daher nicht verwundern, daß am Ort schon relativ früh im 6. Jh. eine vornehme fränkische Familie für uns faßbar wird, die sich wohl im königlichen Auftrag hier niedergelassen und militärische wie vermutlich auch administrative Aufgaben wahrgenommen hat. Solche Stützpunkte in der gerade erst unterworfenen Alamannia entstanden seit dem frühen 6. Jh., der Zeit König Chlodwigs, in verschiedenen Landesteilen, die frühesten zweifellos in den für die Sicherung der fränkischen Herrschaft wichtigsten Regionen. Wenn auch, wie wir aus der geschichtlichen Überlieferung wissen, das alamannische Land etappenweise besetzt wurde, die letzten noch unter ostgotischem Schutz stehenden Gebiete erst ab 536 n. Chr., fiel doch das strategisch wichtige Oberrheintal möglicherweise schon früher, vielleicht nach 506 n. Chr., an die fränkische Krone. Im nördlichen Oberrheintal jedenfalls sind aus den ersten Jahrzehnten des 6. Jhs. Männergräber bekannt, die dank ihrer typischen Bewaffnung und reichen Ausstattung als Hinweise auf hier eingesetzte fränkische Amtsträger gelten können. Nun scheint mit einem entsprechenden Grab aus Bad Krozingen auch im südlichen Oberrheintal ein früher Befund vorzuliegen, wenn auch für eine genaue zeitliche Einordnung noch die Analyse des Gräberfeldplans und die Aussage der benachbarten Grabinventare abgewartet werden muß. Das fränkische Grab 33, wie auch andere fränkisch geprägte Gräber, liegt nämlich innerhalb eines großen Gräberfeldes, das zum frühmittelalterlichen Ort Krozingen mit einer zweifellos überwiegend einheimisch-alamannischen Bevölkerung gehört. Diese Zugehörigkeit ergibt sich aus der Lage des Bestattungsplatzes im Gewann „Unterer Stollen“, relativ nahe beim Ortskern (Pfarrkirche St. Alban), während andere kleinere Friedhöfe auf der Gemarkung mit heute nicht mehr existierenden oder in die wachsende Ortschaft integrierten Weilern bzw. Einzelhöfen zusammenhängen.

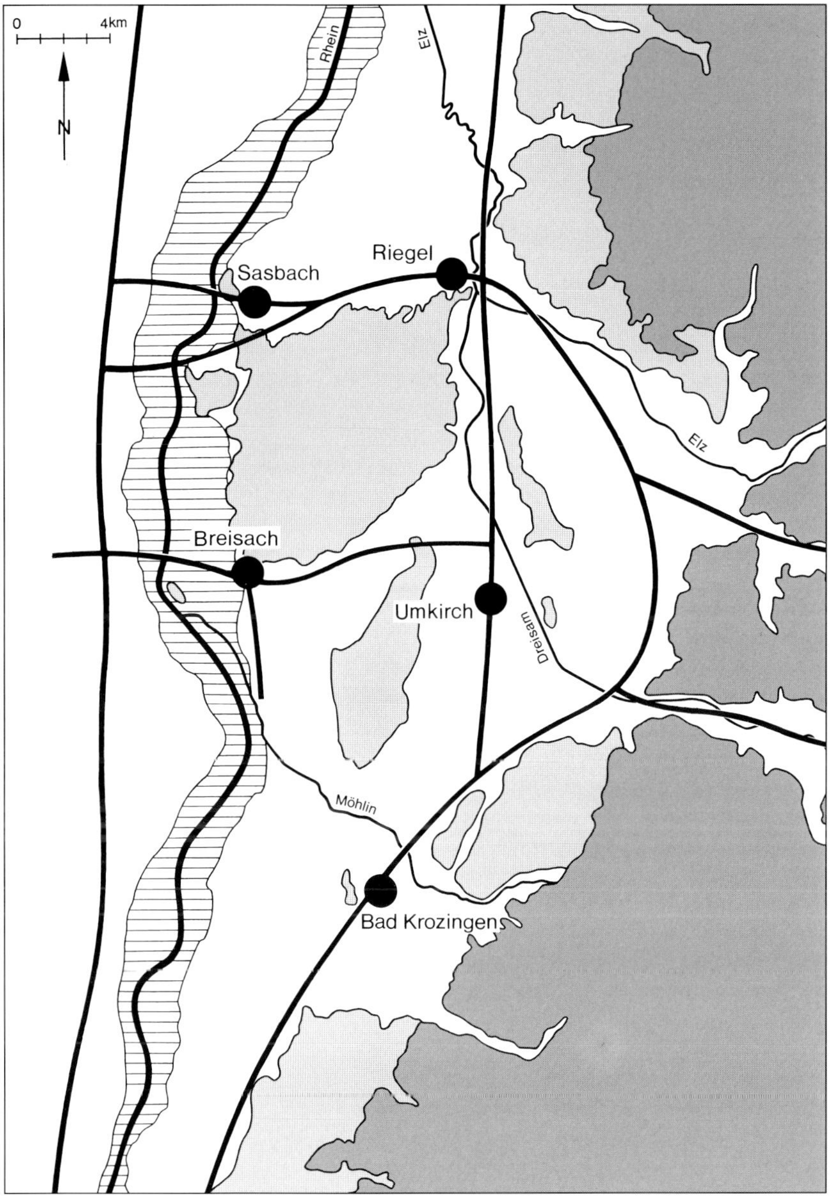

Abb. 138 Der Breisgau in römischer Zeit: Hauptorte und Straßen.

Mit ca. 300 Bestattungen gehört das noch nicht vollständig ergrabene Krozinger Ortsgräberfeld zu den mittelgroßen Anlagen, dementsprechend dürfen wir uns auch die Siedlung nicht allzu groß vorstellen. Sie bestand wohl aus einem fränkischen und mehreren alamannischen Höfen, die möglicherweise in den später bezeugten Klosterhöfen weiterlebten: 1256 Hof des Klosters St. Trudpert, dem auch die Kirche gehörte (curia, Dinghof), später die Höfe der Klöster Beuron und St. Blasien.

Das ursprünglich reich ausgestattete, leider in antiker Zeit schon geplünderte Grab 33 dieses Ortsfriedhofes enthielt die Bestattung eines noch jungen, offenbar aber erwachsenen Mannes

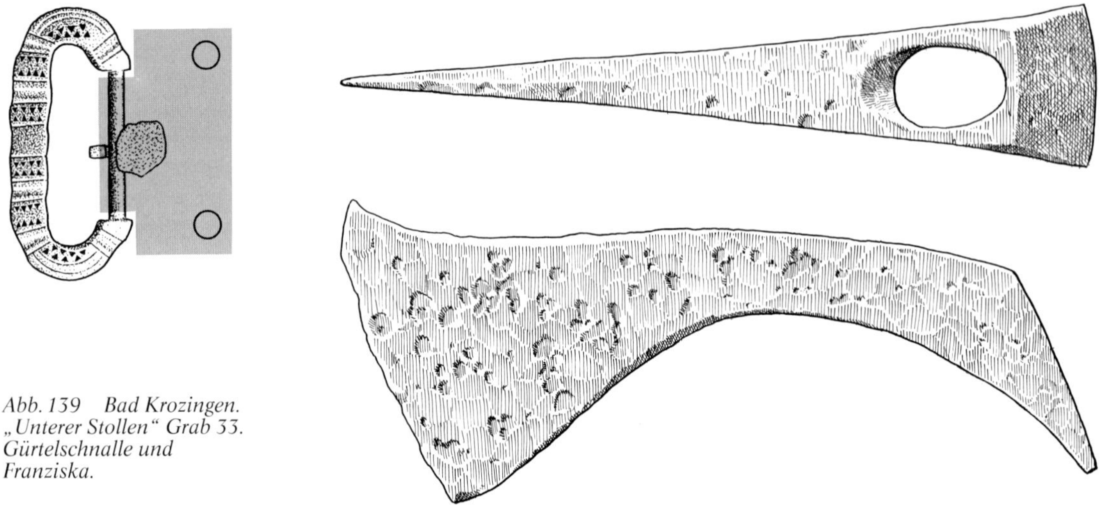

Abb. 139 Bad Krozingen. „Unterer Stollen" Grab 33. Gürtelschnalle und Franziska.

(die anthropologische Bestimmung steht noch aus). Drei zufällig erhaltene Teile des Inventars sind es, die Aussagen zur Herkunft und sozialen Stellung des Verstorbenen erlauben (Abb. 139. 140): eine Gürtelschnalle, der Bügel einer Tasche und eine Wurfaxt. Zwei Pfeilspitzen und ein kleines Messer sind ebenfalls den Grabräubern entgangen, die mit hoher Wahrscheinlichkeit ein Schwert (Spatha) samt Zubehör, eine Lanzenspitze und möglicherweise einen Ango, die für vornehme Franken dieser Zeit charakteristische Widerhakenlanze, entnommen haben. Zum Glück ist ihnen Wesentliches entgangen. Wie schon der Name sagt, ist die Franziska, die eiserne Wurfaxt, eine typisch fränkische Waffe, die zwar im Lauf des 6. Jhs. vereinzelt auch von Angehörigen anderer Stämme übernommen wurde, in der hier vorliegenden frühen Form aber einen unmißverständlichen Hinweis auf die Volkszugehörigkeit ihres Besitzers gibt. Mit ursprünglich etwa 850 g Gewicht gehört die Waffe außerdem zu einer ungewöhnlich großen und schweren Kategorie, wie sie bisher mit wenigen Ausnahmen nur in den fränkischen Kernländern zwischen Seine und Rhein vorliegt. Auf das gleiche Herkunftsgebiet deutet auch der mit einer kleinen Schnalle versehene, an den Enden in zwei Pferdeköpfe auslaufende eiserne Taschenbügel (Abb. 140). Mit seinem flächendeckenden Glasbesatz in Zellen aus Bronzeblech gehört er zu einer Gruppe, die wertvollere Bügel mit Almandinbesatz in goldenem Stegwerk (Goldcloisonné) imitiert, wie wir sie aus königlichen und fürstlichen Bestattungen dieser Zeit kennen. Mit dem Krozinger Exemplar ist dieser Typ zum ersten Mal im südlichen Oberrheintal vertreten und unterstreicht zusammen mit der im gleichen Grab gefundenen Franziska eindeutig die reichsfränkische Herkunft des hier Bestatteten. Die zum Inventar gehörende silberne, ursprünglich vergoldete Gürtelschnalle läßt sich nicht im gleichen Sinne für die Herkunft ihres Besitzers heranziehen, doch bezeugt sie mit ihrer wertvollen Ausführung dessen gesellschaftlichen Rang und gibt auch wichtige Anhaltspunkte für die frühe Datierung.

Wie schon eingangs erwähnt, steht dieses fränkische Grab im Ortsfriedhof von Krozingen nicht allein. Zeitgleiche Bestattungen mit kostbaren Beigaben, darunter ein weiteres Männergrab mit Spatha und almandinbesetzter Gürtelschnalle, lassen sich wahrscheinlich der gleichen Familie zuweisen. Der hier

Abb. 140 Bad Krozingen. „Unterer Stollen“ Grab 33. Taschenbügel mit Glaseinlagen in Fassungen aus Bronzeblech (Länge 11,2 cm).

vorgestellte Mann aus Grab 33 ist aber trotz seiner nur bruchstückhaft überlieferten Ausstattung ein besonders typischer Vertreter jener ranghohen Kriegerkaste, die maßgeblich bei der fränkischen Expansion mitwirkte, nach erfolgreichem Abschluß vom König mit Grundbesitz in den neu erworbenen Gebieten ausgestattet wurde und fortan als Vertreter der neuen Landesherrschaft wichtige Funktionen ausübte.

Die frühmittelalterliche Siedlung von Krozingen in ihrer geschichtlichen Besonderheit zu erkennen war nur möglich, weil sich hier die Gelegenheit bot, ein bisher unbekanntes „Reihengräberfeld“ zu großen Teilen auszugraben. Erneut wird daran deutlich, welchen Quellenwert diese Denkmälerkategorie besitzt, aber auch, daß eine solche „Bodenurkunde“ nur richtig zu lesen und zu verstehen ist, wenn sie möglichst vollständig erfaßt werden konnte.

Gerhard Fingerlin

Literaturhinweise

Bad Krozingen, römischer Vicus: Die Römer in Baden-Württemberg [3](Stuttgart 1986) 214–215. – G. Fingerlin, Spätmerowingerzeitliche Gräber aus Bad Krozingen, Kreis Breisgau-Hochschwarzwald. Arch. Ausgr. Bad.-Württ. 1982, 181–182. – W. Hübener, Eine Studie zu den Beil-Waffen der Merowingerzeit. Zeitschr. f. Arch. Mittelalter 8, 1980, 65–127. – R. Windler, Das Gräberfeld von Elgg und die Besiedlung der Nordostschweiz im 5.–7. Jh. (Zürich 1994) 71–77 (Exkurs zu den stein- bzw. glasbesetzten Taschenbügeln).

Weiterführende Untersuchungen auf dem alamannischen Friedhof im „Zwerchweg“ bei Herrenberg, Kreis Böblingen

Nach einer einjährigen, durch Mittelverknappung bedingten Unterbrechung konnten die Ausgrabungen in Herrenberg 1998 fortgesetzt werden.

In Zusammenarbeit mit dem Arbeitsamt Stuttgart, Außenstelle Herrenberg, war es möglich, zehn Arbeitskräfte von Mitte April bis Ende Oktober zu beschäftigen. In den Sommermonaten hatten zwei Gruppen Anthropologiestudenten der Universität Göttingen unter Leitung von Frau Dr. Wittwer-Backofen Gelegenheit, archäologische Ausgrabungen in der Praxis kennenzulernen. Außerdem unterstützten Fachstudenten aus Tübingen und zahlreiche an der Archäologie Interessierte aus der Umgebung den zügigen Fortgang der Grabungen.

Da in dieser Grabungskampagne große Flächen aufgedeckt wurden, bestand auch die Möglichkeit, vormerowingerzeitliche archäologische Hinterlassenschaften zu erfassen. Vorgeschichtliche

Befunde wurden jedoch nicht angetroffen. Stattdessen kamen geomorphologische Strukturen zum Vorschein, die auf ein anderes Bodenrelief und andersartige hydrologische Verhältnisse als heute schließen lassen. Nachgewiesen wurden mehrere in Nord-Süd-Richtung verlaufende Bachläufe und Rinnsale. Da die Gräber in die bis 2–3 m breiten Rinnen eingetieft waren, müssen sie bereits vor Anlage des Gräberfeldes trockengefallen sein.

1998 wurden in einer Fläche von ca. 4500 m² 157 Gräber untersucht, womit sich die Anzahl bislang geborgener Gräber auf 211 beläuft. In diesem Jahr wurde die nördliche, südliche und vor allem die westliche Ausdehnung des Friedhofes erfaßt. Gerade am Westrand des Gräberfeldes war bis dahin nicht auszuschließen, daß durch die Horberstraße – einem alten Überlandweg – bereits früher Teile des Friedhofes beseitigt wurden. Da diese Ungewißheit ausgeräumt ist und der Friedhof in seiner Gesamtheit untersucht werden kann, wird eine zukünftige wissenschaftliche Bearbeitung von einer soliden statistischen Basis ausgehen können.

Der nunmehr archäologisch im Westen nachgewiesene Gräberfeldrand bestätigt den Luftbildbefund von 1995. Der Friedhof hat eine Nord-Süd-Ausdehnung von 100 m. Dagegen bleibt die östliche Ausdehnung des Gräberfeldes nach wie vor im Ungewissen, da seit 1995 wiederholt durchgeführte Befliegungen jahreszeitlich- und bewuchsbedingt unterschiedliche Resultate liefern.

Die Gräber sind in Nordwest-Südost verlaufenden Reihen angeordnet, die sich nach Süden stark lockern. Im südlichen Teil sind die Gräber mit geringfügigen Abweichungen Südwest-Nordost orientiert. Anders dagegen im Nordteil des Friedhofs, wo nahezu alle Gräber deutlich West-Ost orientiert sind.

Erstmals konnten mehrere Grabüberschneidungen festgestellt werden. Die Abmessungen der Grabgruben bleiben mit geringfügigen Abweichungen in der 1996 festgestellten Größenordnung. So liegt das Kindergrab 123 mit nur 80 × 40 cm unter, Grab 158 mit 305 × 150 cm deutlich über dem Durchschnitt. Weiter bestätigt haben sich die unterschiedlichen Grabtiefen im nördlichen und südlichen Friedhofsteil.

Erneut konnten Holzspuren der Seitenwände und Unterzüge nachgewiesen werden, die auf Särge und größere kammerartige Gehäuse hinweisen. Zu den herausragenden Befunden gehört ein Grabhaus, das über dem Grab einer Frau errichtet wurde (Grab 210). An den Ecken der 270 × 190 cm großen Grabgrube befand sich jeweils ein Pfostenloch mit einem Durchmesser von 30–40 cm. Profilschnitte zeigten, daß die Pfostenenden 40–50 cm über der Grabsohle lagen.

Zwei Gräber (156 und 160) waren von schmalen Kreisgräben umgeben. Grab 160 enthielt neben drei einfachen Pfeilspitzen eine kerbschnittverzierte Gürtelschnalle mit Feuervergoldung sowie einen bronzenen Pyramidenknopf einer Schwertscheide.

In Grab 197 konnte eine umfangreiche Steinsetzung festgestellt werden. Der auf Unterzügen stehende Sarg war an den Seiten von senkrecht stehenden Steinplatten eingefaßt und vermutlich auch mit bis zu 15 cm starken Platten abgedeckt.

Eine vorläufige Alters- und Geschlechtsdiagnose erbrachte ein weitgehend ausgewogenes Verhältnis zwischen Männern und Frauen. Der Anteil der Kinder und Jugendlichen liegt mit 40 Individuen (19 %) im Bereich anderer alamannischer Gräberfelder.

Nach wie vor hoch ist die Rate antik beraubter Gräber. Da die Beraubung beeindruckend gezielt erfolgte, wird man den Verdacht nicht beiseite schieben können, daß die „Grabräuber“ noch über detaillierte Kenntnisse verfügt haben müssen, welche Personen wo bestattet sind und welche Beigaben sie besaßen. In welchem Personenkreis die „generalstabsmäßig“ vorgehenden Plünderer, Frevler, Eiferer – oder wie auch immer man sie nennen mag – zu

suchen sind, wird bei der Analyse des Gräberfeldes zu einem spannenden kultur- und sozialgeschichtlichen Thema werden.
Neben zahlreichen, meist ovalen eisernen und bronzenen Gürtelschnallen und Riemenzungen fanden sich Reste von 30 Beinkämmen, mehrere Dutzend Messer sowie weitere geschlechtsunspezifische Beigaben wie Scheren, Keramik und Tierknochen. So etwa in Grab 189, wo dem Toten zwei junge Feldhasen, mindestens ein Rebhuhn und Schulterteile eines Spanferkels beigegeben waren, laut vorläufiger Analyse von Frau P. Krönneck M. A., Tübingen.
Aus zahlreichen Frauengräbern liegen Perlen vor. Die ungestörte Bestattung einer jugendlichen Frau (Grab 174) ist besonders erwähnenswert. Obwohl Edelmetalle fehlen, macht schon das aus mehr als 200 Glasperlen verschiedener Farbe, Größe und Form bestehende Collier dieses Grab zu einem besonderen Fund. Hinzu kommen neben einigen eisernen Trachtbestandteilen eine bronzene Haarnadel mit kerbschnittverzierter, rechteckiger Kopfplatte, drei rundstabige bronzene Fingerringe, zwei bronzene Drahtohrringe sowie ein aus sieben Eisenringen bestehendes Kettengehänge.
Aus dem gestörten Frauengrab 83 stammt eine beinerne Zierscheibe. Sie hat einen Durchmesser von 6,50 cm und ist beidseitig in Zirkelschlagtechnik und mit Kreisaugen verziert.
Bei den Waffengräbern stellen die Pfeilspitzen die umfangreichste Gruppe dar. Aus 23 Gräbern stammen 38 Exemplare. Aus drei Gräbern liegen Lanzenspitzen vor, und Saxe sind nur in zwei Gräbern sicher belegt. Zwei einfache kalottenförmige Schildbuckel repräsentieren die Gruppe der Schutzwaffen. Zu Angehörigen einer gehobeneren Bevölkerungsschicht sind die Toten aus den Gräbern 60, 180 und 211 zu rechnen, wie aus der Beigabe eiserner Riemenverteiler von Pferdegeschirren zu schließen ist. Ebenfalls als Reiter kann der Spornträger aus Grab 202 angesehen werden.
Zu den derzeit herausragenden Bestattungen zählen die Frauengräber 68, 101 und 107. Trotz Beraubung stammen hieraus fünf Almandinscheibenfibeln (Taf. 14). Bei dem Paar aus Grab 68 handelt es sich um kleine Exemplare von 2 cm Durchmesser. Der Außenkranz von Almandinen läßt im Zentrum ein vertieftes Feld frei, auf dem ein silbernes Filigranmotiv zu sehen ist. Eine einzelne Scheibenfibel stammt aus Grab 101. Der Außenkranz besteht aus 12 Steinen. Der Mittelteil wird von einem silbernen Filigran abgeschlossen. Ebenfalls aus Filigran besteht das zentrale Motiv in Gestalt von zwei gekreuzten Doppelschlaufen. Ob dieses Ornament ein christliches Symbol darstellen soll oder lediglich das Resultat einer kunsthandwerklichen Spielerei ist, muß noch offenbleiben. Jedenfalls verblieb die Fibel im Grab, sei es, daß sie übersehen oder aus anderen Gründen nicht entwendet wurde.
Eindeutig in seinem Symbolgehalt ist das Fibelpaar aus Grab 107. Beide Fibeln sind nahezu identisch und stammen sicherlich aus einer Werkstatt oder einem Werkstattkreis. Der Außenkranz besteht aus 21 bzw. 23 Almandinplättchen (wahrscheinlich war eine Verdoppelung der 12er-Segmente angestrebt). Das Medaillon bilden vier kreuzförmig

Abb. 141 Herrenberg, „Zwerchweg", Kindergrab 97. Kreuzförmiger Anhänger aus Weißguß, 2×1,50 cm.

angebrachte trapezoide Steinplättchen. In den Zwickeln der Kreuzbalken sind floral wirkende Filigrane angelötet.
Ein weiterer Gegenstand christlichen Symbolgehaltes fand sich neben Glasperlen am linken äußeren Beckenbereich des ungestörten Kindergrabes 97. Es ist ein 2×1,50 cm großes, mit Kreisaugen verziertes Kreuzchen, vermutlich aus Weißguß (Abb. 141). Einer der Kreuzbalken endet in einem nicht fertiggestellten Ösenansatz. Da in der Bekkenumgebung organische Reste vorgefunden wurden, liegt eine Aufbewahrung in einem Täschchen nahe. In einem anderen Fundkontext würde man diesen Gegenstand als Pektoralkreuz ansprechen. Die handwerklich unvollkommene, geradezu liederliche Ausführung dieses christlichen Amulettes erinnert aber eher an Devotionalien aus Massenherstellungen wie sie vielleicht in den fränkischen linksrheinischen Städten im Umlauf waren.
Die hier in Kürze angesprochenen Gräber und Funde sind auf den nördlichen Friedhofsteil beschränkt, der sich bereits durch eine deutliche West-Ost-Orientierung von dem bislang untersuchten Areal unterscheidet. Eine zeitliche Ansprache ist nur unter Vorbehalten möglich, da die meisten Metallobjekte noch restauriert werden müssen. Man wird aber nicht fehlgehen, wenn man den bislang untersuchten Teil des Gräberfeldes in die Zeit um 600 datiert mit der Variablen von einigen Jahrzehnten nach unten wie nach oben, wobei derzeit eine Tendenz nach oben festzustellen ist. Etwa mit Grab 121, woraus eine vielteilige Gürtelgarnitur und ein schwerer Breitsax stammen. Allerdings ist es verfrüht, nachdem schätzungsweise erst ⅓ des Friedhofes ausgegraben ist, feinchronologische Gliederungen und Belegungsabfolgen herausarbeiten zu wollen.
1998 hat sich der Eindruck einer nicht unerheblichen fränkischen Komponente auf dem Gräberfeld nicht nur bestätigt, sondern eher noch verstärkt. Allein schon die Almandinscheibenfibeln mit christlicher Symbolik sind im süddeutschen Raum singulär, wo man doch eher Goldblattkreuze als Zeichen christlichen Bekenntnisses oder Zugehörigkeit zu einem neuen Kult erwartet hätte.
Waren schon im nahegelegenen Hailfingen, Landkreis Tübingen, fränkische Einflüsse erkennbar, so ist der Friedhof im „Zwerchweg“ bei Herrenberg jetzt schon ein für die Archäologie und die frühmittelalterliche Landesgeschichte bedeutender Platz, an dem sich zukünftig Fragen zu Akkulturations- und Assimilationsvorgängen im 7. Jh. erörtern lassen.
Auch an dieser Stelle wollen wir nicht versäumen, für die Gastfreundschaft und technische Unterstützung seitens der Straßenmeisterei Herrenberg des Straßenbauamtes Besigheim und ihres Leiters, Herrn Schäfer, sehr herzlich zu danken. Unser Dank gilt auch Herrn Wiesiolek und Herrn Heberle von der Unteren Denkmalschutzbehörde für die reibungslose Zusammenarbeit und den Mitarbeitern des Arbeitsamtes Herrenberg für die Vermittlung von Arbeitskräften. Für die Entscheidung, auch weiterhin unsere Arbeit durch die Übernahme von Sachkosten zu unterstützen, um die archäologischen Untersuchungen zügig zum Abschluß zu bringen, sind wir dem Technischen Ausschuß der Stadt Herrenberg sehr verbunden.
Für das lebhafte Interesse der Stadt und ihrer Bürger an unserer Tätigkeit möchten wir stellvertretend Herrn Oberbürgermeister Gantner und seinem Mitarbeiter, Herrn Frank, unseren persönlichen Dank aussprechen.

Claus Oeftiger,
Klaus-Dieter Dollhopf

Literaturhinweis

C. Oeftiger, K.-D. Dollhopf, Arch. Ausgr. Bad.-Württ. 1996, 207 ff.

Ein ungewöhnlicher Schädelbefund aus dem alamannischen Friedhof im „Zwerchweg“ bei Herrenberg, Kreis Böblingen

Das 1995 überraschend durch die Luftbildarchäologie entdeckte alamannische Gräberfeld im „Zwerchweg“, am südlichen Ortsrand von Herrenberg, Kreis Böblingen, gelegen, wurde in bislang zwei Grabungskampagnen untersucht. Von dem vollständig erhaltenen, nicht überbauten frühgeschichtlichen Friedhof mit schätzungsweise 600 Gräbern konnten mittlerweile über 200 Gräber wissenschaftlich dokumentiert und geborgen werden (s. Beitrag Oeftiger/Dollhopf in diesem Band).

Die bislang vorliegenden, im westlichen Friedhofsareal angetroffenen Gräber sind in die Zeit um 600 n. Chr. zu datieren, wobei Abweichungen in Jahrzehnten nach oben wie nach unten durchaus möglich sind.

Die hier zu besprechende Bestattung (Grab 170) lag am südlichen Rand des Gräberfeldes. Auch dieser Bereich wurde bereits in frühgeschichtlicher Zeit extrem beraubt. Zumeist fand eine geschlechtsorientierte Beraubung statt. Männergräber wurden im Unterleibsbereich, Frauengräber dagegen im Bereich des Oberkörpers geplündert. Bei Grab 170, anthropologisch als Frauen grab bestimmt, erfolgte die Plünderung merkwürdigerweise im Unterleibsbereich, was nicht so ganz in das bisher bekannte Schema passen will. Im Planum erschien das Grab eher unscheinbar; irgendwelche Besonderheiten, z. B. in der Grabarchitektur, waren nicht festzustellen. Geborgen wurden zwei Bernsteinperlen und noch nicht restaurierte Eisenfragmente.

Von dem in gestreckter Rückenlage beigesetzten Individuum lagen lediglich noch der Schädel und die Halswirbelsäule, der Schultergürtel, rechter und linker Oberarm, der rechte Unterarm sowie beide Unterschenkel und Füße noch in situ im anatomischen Verband. Auf der Grabzeichnung lassen sich ansonsten verlagerte Teile des Brustkorbes, der Wirbelsäule, des linken (?) Oberschenkelknochens und der linken (?) Hand erkennen. Nach erfolgter Bestandsaufnahme aller in der Grabfüllung vorgefundenen Streuknochen zeigte sich dann aber, daß auch die fehlenden Skelettregionen (Lendenwirbel, Kreuzbein, beide Beckenhälften, Oberschenkel und Kniescheiben, linker Unterarm und rechte Hand) wenigstens bruchstückhaft repräsentiert sind. Unter diesen verworfenen Stücken fand sich auch der proximale Anteil des linken Schienbeines. Speziell diese Bruchkante sowie alle anderen Grenzbereiche zu den noch im Verband gelegenen Skelettresten liefern allerdings keinerlei Anhaltspunkte für Gewalteinwirkungen am frischen Knochen. Das bedeutet, daß die Störung im vorliegenden Fall relativ spät erfolgt sein muß, nachdem die Weichteile gänzlich aufgelöst und die Knochen schon weitgehend mazeriert waren. Ein Eingriff in dieser Größenordnung hätte andernfalls eine Verschiebung der angrenzenden Partien sowie typische Frakturen am Knochen hinterlassen.

Der Erhaltungszustand des Knochenmaterials ist schlecht, die Epiphysen sind meist zerstört oder teilweise abgetragen, die Oberflächen sind korrodiert und weisen deutliche Spuren von Wurzelfraß auf. Der Schädel ist stark postmortal deformiert, wie zum Auswringen verdreht; er dürfte ursprünglich eine länglich ovoide Form gehabt haben.

Die Bestimmung des Sterbealters beruht vor allem auf der Verknöcherung der Schädelnähte, dem Relief der Symphysenfuge sowie u. a. den degenerativen Veränderungen und dem Zahnbefund. Alle zusammen verweisen auf ein Alter von deutlich über 60, möglicherweise sogar über 70 Jahren! Besonders bemerkenswert ist die beidseitig ver-

Abb. 142 Herrenberg, „Zwerchweg", Grab 170. Der postmortal deformierte Schädel der alten Frau weist oberhalb der linken Augenhöhle einen verheilten Lochdefekt auf. Es handelt sich dabei mit einiger Wahrscheinlichkeit um eine nachbehandelte Bohrtrepanation.

strichene Sutura occipitomastoidea. Hinsichtlich der Geschlechtsdiagnose lassen sich ebenfalls verschiedene aussagekräftige Merkmalskomplexe heranziehen; sie deuten gleichlautend und zweifelsfrei auf weibliches Geschlecht. Aufgrund der Langknochenmaße dürfte die Frau ursprünglich knapp über 1,60 m groß gewesen sein, sie entsprach damit ziemlich genau dem für die damalige Zeit bekannten weiblichen Durchschnittswert. Die in Fundlage – nach Ausgleich der leichten Schädelkippung – geschätzte Körperlänge von etwa 1,45 m vom Scheitel bis zur Ferse kommt jedoch der Realität zum Zeitpunkt des Todes insofern näher, als sich deutliche Anzeichen von Osteoporose erkennen lassen. Zudem sind die Knochen der oberen Extremitäten im Vergleich mit denen der Beine auffallend robuster und mit kräftigeren Muskelmarken versehen, was bedeuten könnte, daß die alte Dame handwerkliche Tätigkeiten hauptsächlich noch im Sitzen verrichtete. Verschiedene Anhaltspunkte weisen sie als Rechtshänderin aus. Ansonsten seien noch Merkmale wie eine ungewöhnlich flache Stirn, eine sehr breite Nasenwurzel, rundliche Orbitae (Augenhöhlen) sowie ein sehr niedriges, kleines Stirnhöhlensystem und ein gegenüber dem rechten markant niedrigerer linker Unterkieferast erwähnt; Hinweise, die die Frau aus Grab 170 bei einem späteren Vergleich innerhalb der Herrenberger Populationsstichprobe als einer bestimmten Gruppe ähnlich oder womöglich fremdartig charakterisieren mögen.

Neben den bereits angeführten, eher altersbedingten Degenerations- bzw. Abbauerscheinungen, die sich hauptsächlich in Form arthrotischer und atrophischer Veränderungen zeigen, läßt sich an den vorliegenden Skelettresten noch eine Reihe weiterer Befunde erheben. So sind mindestens 13 Zähne bereits zu Lebzeiten ausgefallen und drei weitere lediglich noch durch Wurzelstummel belegt. Dazu kommen ein Abszeß im Oberkiefer, Reste von Zahnstein, extrem fortgeschrittene Parodontose und Fehlstellungen im verbliebenen Frontgebiß. Im Bereich der Halswirbel können massive Spuren einer chronischen Polyarthritis festgestellt werden, eine Erkrankung die bevorzugt bei Frauen mittleren und höheren Alters auftritt. Die für damalige Verhältnisse „uralte" Frau dürfte damit durch einen zur rechten Seite hin schiefgeneigten und nur kaum noch drehbaren Kopf aufgefallen sein. Unterhalb des rechten Hüftgelenks zeigt sich ein knochenauflösender Prozeß, am Mittelfußknochen der linken Großzehe ein gutartiges Osteom. Am außergewöhnlichsten ist allerdings ein schon bei der Freilegung des Skelettes entdeckter, verheilter Lochdefekt auf der linken Stirnseite (Abb. 142). Das Zentrum der besagten Perforation liegt knapp 2 cm seitlich der Sagittallinie und ca. 3,50 cm oberhalb der linken Orbita. Sie ist von gleichmäßig rundlicher Form, weist einen äußeren Durchmesser von 23 mm auf und ist umlaufend schräg nach innen geböscht. Im Bereich der Tabula interna zeigt die Öffnung nur eine unregelmäßige Kontur von 13×9 mm. Es fehlen jegliche Hinweise darauf, daß der Defekt möglicherweise von der Innenseite her entstanden oder auf einen krankhaften Befund zurückzuführen sein könnte. Es sind auch keine Entzündungserscheinungen am Knochen festzustellen. Nach Lage der Dinge handelt es sich demnach um eine Trepanation, die unter Zuhilfe-

Taf. 13 Vörstetten-Schupfholz. Goldener Fingerring mit blauer Glasgemme.

Taf. 14 Herrenberg. „Zwerchweg", Frauengräber 101 und 107. Silberne Almandinscheibenfibeln, Durchmesser: 2 bzw. 3,50 cm.

Taf. 15 Luftbild der Stadt Konstanz von Süden: Markiert ist die ausgegrabene Baugrube auf dem Bodanareal. Die Stadtmauer mit dem Ansatz eines Rundturms im Norden ist als heller Strich erkennbar.

Taf. 16 Stuttgart, Altes Schloß. Flügel Schillerplatz, Kellergeschoß nach Westen.

nahme eines Bohrers mit einem Durchmesser von 15–20 mm durchgeführt und deren Rand dann zur besseren Heilung schräg abgetragen wurde. Der Eingriff dürfte mehrere Jahre vor dem Tod der alten Dame vorgenommen worden sein und ist offensichtlich komplikationslos verheilt.

Für die Alamannen sind Trepanationen bislang nur sehr selten nachgewiesen, so aus Kirchheim/Ries, Jungingen, Arlesheim bei Basel und Bonaduz, jedoch wäre im Einzelfall noch zu prüfen, ob nicht eher ein postmortales Geschehen anzunehmen ist. Interessanterweise kam in allen diesen Fällen ebenfalls die Bohrmethode (mit Bohrern zwischen 10 und 15 mm Durchmesser) zur Anwendung, wonach sich der vorliegende Befund hier problemlos einfügen ließe.

Über die Ursachen, die einen derartigen Eingriff bei der Frau aus Grab 170 notwendig machten, können wir nur spekulieren. Nachdem entsprechende Anhaltspunkte auf der Innenseite fehlen, scheidet ein traumatisches Ereignis, das dann chirurgisch versorgt wurde, mit einiger Sicherheit aus. Allerdings erschien eine Trepanation möglicherweise auch angezeigt bei erhöhtem Hirndruck, Neuralgien verschiedener Art, Epilepsie u. ä.

Bekannt ist auch, daß die Alamannen in medizinischer Hinsicht stellenweise auf klassisches Erfahrungspotential zurückgreifen konnten und eine Vielzahl therapeutischer und prothetischer Maßnahmen anzuwenden in der Lage waren.

Claus Oeftiger, Joachim Wahl

Literaturhinweise

C. Oeftiger, K.-D. Dollhopf, Arch. Ausgr. Bad.-Württ. 1996, 207 ff. – A. Czarnetzki, Chr. Uhlig, R. Wolf, Menschen des frühen Mittelalters im Spiegel der Anthropologie und Medizin (Stuttgart 1982) 99. – W. M. Pahl, Altägyptische Schädelchirurgie (Stuttgart 1993). – J. Wahl, U. Wittwer-Backofen, M. Kunter, Zwischen Masse und Klasse. Alamannen im Blickfeld der Anthropologie. In: Archäolog. Landesmuseum Baden-Württemberg (Hrsg.), Die Alamannen. Ausstellungskatalog (Stuttgart 1997) 337 ff.

Ein merowingischer Steinbrunnen in Walldorf, Rhein-Neckar-Kreis

Dank des Interesses und der Förderung seitens der Stadtverwaltung konnten in Walldorf auch im Jahre 1998 mehrere kleinere archäologische Aktivitäten unternommen werden. Im November mußte bei einer Baustelle in der Marktstraße eine Notbergung durchgeführt werden. Wie schon im Vorjahr in der Hirschstraße wurden zwei Zerstörungs- bzw. Brandhorizonte erfaßt. Der ältere datiert in das 15. Jh. und ist wohl der urkundlich belegten Brandschatzung anläßlich der Mainzer Stiftsfehde 1462 zuzuweisen; er liegt als 10–40 cm mächtige Schicht mit Bau- und Brandschutt vor, wurde örtlich aber in späterer Zeit wieder ausgeräumt. Der jüngere Horizont stammt aus dem 17. Jh., wobei momentan unklar ist, ob er mit dem Dreißigjährigen Krieg oder den Franzosenkriegen in Verbindung zu bringen ist. Gefunden wurde der Rest eines kleinen Fachwerkbaues, der sich an ein Steinhaus anlehnte. Der durch die starke Feuereinwirkung rot verziegelte Gefachlehm mit einzelnen verkohlten Balken war auf dem ehemaligen Sandboden mehr als 40 cm mächtig. Darin eingeschlossen fanden sich Keramik und Eisenreste – zwei Schüsseln, mehrere Topfdeckel, ein Henkeltopf (Abb. 143) und ein eiserner Löffel sowie ein Schlüssel – durch das Feuer stark verzogen, aber komplett erhalten. Beson-

Abb. 143 Walldorf. Keramik aus der Brandschicht des 17. Jahrhunderts in der Marktstraße.

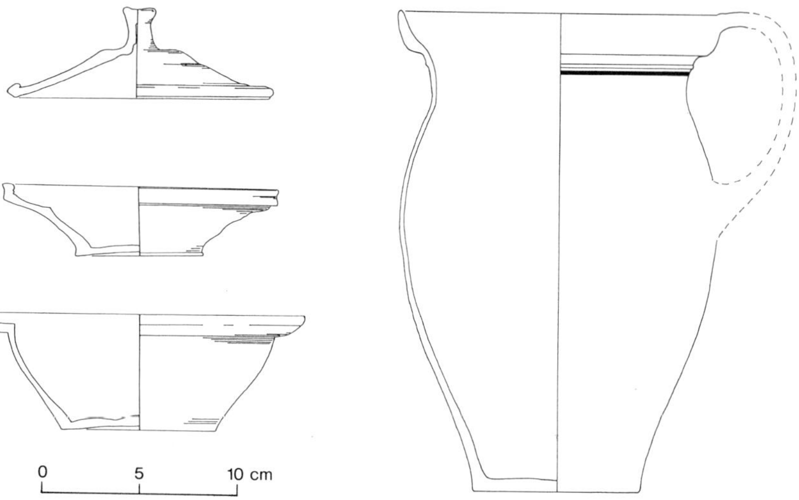

ders bemerkenswert ist das Auftreten gleich dreier außen glasierter Deckel.
Eine Baugrube am Schloßweg, knapp außerhalb des mittelalterlichen Walldorfer Ortskerns gelegen, erlaubte im Februar einen wichtigen Einblick in die örtliche Sedimentationsgeschichte. Unter 70 cm Oberboden fanden sich eine 50 cm starke, dunkel-humose Schicht, die auf sehr feuchte bis nasse Verhältnisse hinweist. Sie enthielt Keramik des 8. bis 12. Jhs. Bis in das Mittelalter hinein bestand östlich von Walldorf ein über einen Quadratkilometer großer See bzw. ein oft überschwemmtes Feuchtgebiet, in dem die aus dem Kraichgau durch den Leimbach angeschwemmten Sedimente angelagert wurden. Im genannten Profil bestanden die Sedimente römischer Zeit aus einem 50 cm messenden, kalkfreien Schwemmlößlehm, der die damaligen intensiven Bodenerosionen im östlich gelegenen Hinterland widerspiegelt. Dieser lag einer 40–55 cm mächtigen schwarzen Mudde auf, die nach Funden aus der weiteren Umgebung zumindest teilweise in die Hallstattzeit zu datieren ist, wohl aber sowohl ältere als auch jüngere (latènezeitliche) Anteile mit einschließt. Darunter folgten noch einmal 50 cm entkalkter Schwemmlöß und über 1 m Rheinsand.
Der älteste archäologische Befund an dieser Stelle war eine rundliche, 180 cm breite Vertiefung, die von der hallstattzeitlichen Mudde bis in den Rheinsand gegraben worden war. Man wird nicht fehlgehen, darin eine Wasserstelle zu sehen. Überraschend war der Fund eines 90 cm breiten und knapp 2 m tiefen Steinbrunnens (Abb. 144), der von der oberen humosen Schicht bis in die Rheinsande abgeteuft worden war. Die Mauerung bestand aus Bunt- und Keupersandsteinen, die im oberen Teil

Abb. 144 Walldorf. Innenansicht des merowingischen Steinbrunnens in der Schloßstraße.

in einer abdichtenden Lehmpackung verlegt worden waren. Schon beim Bau scheinen Schwierigkeiten aufgetreten zu sein, da die Nordwand stark nach innen abweicht. Für das Fundament waren größere, behauene Sandsteinblöcke von bis zu 200 kg Gewicht in sekundärer Nutzung eingebaut worden. Einzelne Sandsteine zeigten Brandrötung, die aber mit der ursprünglichen Nutzung wohl in der römischen Villa rustica im Walldorfer Gewann „Zugebürgen“ in Zusammenhang zu bringen ist. Die Funde aus dem Brunnen und seiner unmittelbaren Umgebung belegen wie für die Fundstellen in der Hirschstraße (Arch. Ausgr. Bad.-Württ. 1997, 170ff.) und der Badstraße eine weit zurückreichende Siedlungstätigkeit. Die ältesten Scherben stammen von römischen Gefäßen, welche im Verein mit den genannten Spolien die Nähe einer antiken Ansiedlung bezeugen. Das früheste mittelalterliche Fundgut gehört in das späte 6. und 7. Jh. Bis auf ein Bodenstück wurden alle diese Fragmente aus dem Brunnen geborgen. Es sind durchweg rauhwandige Scherben, obwohl ein Rand mit Sicherheit von einem doppelkonischen Topf stammt. Bei dem Boden eines ganz schwach senkrecht gerieften Sturzbechers (Abb. 145) handelt es sich zweifellos um den auffälligsten Fund. Diese schlanken Gläser ohne Standfläche waren in der älteren Merowingerzeit geläufig und kamen in der Zeit nach 600 aus der Mode. Während sie in den fränkischen und alamannischen Gräberfeldern Südwestdeutschlands zahlreich anzutreffen sind, bleiben sie als Siedlungsfunde sehr selten. Das vollständigste Objekt aus dem Brunnen ist ein wenig beschädigtes tönernes Webgewicht. Mit der nur schwach gewölbten Ober- und Unterseite besitzt es die typische Linsenform merowingerzeitlicher Webstuhlbeschwerer, die deutlich zierlicher sind als jene der Karolingerzeit und des Hochmittelalters. Die Fortdauer der Siedlungsaktivitäten am Platze auch nach der Aufgabe des Brunnens bis ins 11./12. Jh. wird durch Fragmente der älteren, gelbtonigen Drehscheibenware und der älteren, grautonigen Drehscheibenware belegt.

Das Erstaunliche an dem Brunnenbefund ist nicht so sehr die Ausführung in Stein oder das Alter, da Funde ab dem 7. Jh. aus Walldorf schon aus weiteren Notbergungen vorliegen. Die bisher geborgenen einschlägigen Materialien stammen aber aus dem nahegelegenen mittelalterlichen Ortskern, der sich 1–2 m höher auf einem trockenen Rükken einer Sanddüne befindet. Der Brunnen jedoch liegt in einem Areal, das bis in das Hochmittelalter ein Feuchtgebiet war und daher kaum siedlungsgünstig wirkt.

Mit den Beobachtungen von 1998 im Schloßweg konnten innerhalb der vergangenen zwei Jahre drei bis ins Frühmittelalter zurückreichende, zeitgleiche Siedlungsplätze im Weichbild von Walldorf nachgewiesen werden, während zuvor nur einige bereits vor dem II. Weltkrieg entdeckte Reihengräber bekannt waren. Diese unverhoffte Erweiterung unserer Kenntnis der frühen Walldorfer Geschichte ist nur der Präsenz ehrenamtlicher Mitarbeiter der Archäologischen Denkmalpflege zu verdanken, die eine unverzügliche Dokumentation der Befunde und Bergung der Funde ermöglichte.

Ludwig H. Hildebrandt,
Uwe Gross

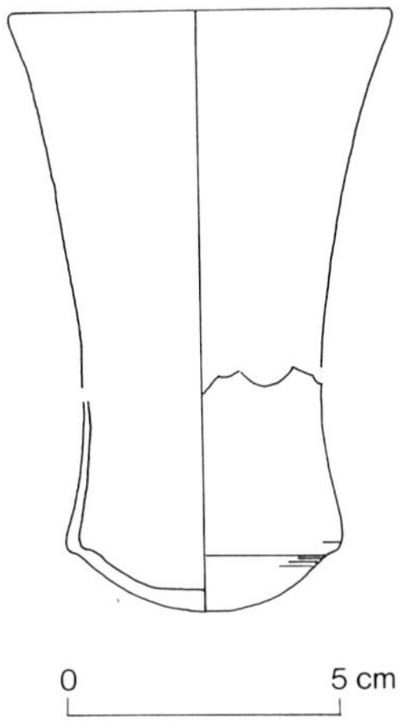

Abb. 145 Walldorf. Rekonstruktionsversuch des Sturzbechers aus dem Brunnen in der Schloßstraße.

Literaturhinweise

L. Hildebrandt, U. Gross, Arch. Ausgr. Bad.-Württ. 1997, 170ff. – L. Hildebrandt, Neue Erkenntnisse über die Frühgeschichte von Walldorf. Kraichgau 15, 1997, 89ff.

Frühmittelalterliche Funde von der Martinskapelle in Meckesheim, Rhein-Neckar-Kreis

Bei dem im Jahre 822 erstmals erwähnten Meckesheim scheint es sich um einen der ältesten Orte im Elsenztal zu handeln. Noch im 13. Jh. läßt sich dort früherer Königsbesitz erkennen. Die Ruine der Martinskapelle befindet sich 700 m nordöstlich des jetzigen Ortskerns. Schon immer wurde wegen des Martinspatroziniums und des erschließbaren Königsgutes vermutet, daß Ort und Kirche fränkische Gründungen des frühen Mittelalters seien, und daß die Siedlung ursprünglich bei der Kirche lag. Direkt östlich von ihr befindet sich mit einer noch heute stark schüttenden Quelle ein Hinweis auf die günstige Lage. Als weiteres Indiz früher Bedeutung kommt hinzu, daß St. Martin einst Mutterkirche für die drei benachbarten Elsenzdörfer Zuzenhausen, Mauer und Mönchzell war.

Die Verwendung von Buckelquadern aus Sandstein weist auf das 13. Jh. als Erbauungszeit des sonst hauptsächlich aus einheimischem Muschelkalk bestehenden heutigen Gebäudes hin. Die drei Fenster sind jedoch in das 15. Jh. bzw. durch eine eingemeißelte Jahreszahl in das Jahr 1501 zu datieren. Es handelt sich eigentlich nur um den quadratischen Chor einer ehemaligen Chorturmkirche mit Innenmaßen von 4,70 × 4,80 m und 1,15 m Mauerstärke; der heutige, spitzbogige Eingang war einst der Triumphbogen.

Bei nicht ganz sachgemäßen Nachforschungen im Jahre 1990 konnten die Fundamentreste des Kirchenschiffs westlich des Chores freigelegt und ihre Länge (10 m) sowie ihre Breite (8 m) bestimmt werden. Bereits früher geborgene römische Funde aus dem Kapellenbereich – Bruchstücke eines Grabreliefs, zweier Weihesteine und einer Inschrift, dazu diverse Kleinfunde (Keramik, Leistenziegel, Bronzemünze) – deuten darauf hin, daß die Lokalität schon in römischer Zeit genutzt wurde. Umgeben wird die Kapelle von einer 130 m langen, polygonal gebrochenen Umfassungsmauer (Abb. 146), die im Jahr 1998 wegen Baufälligkeit restauriert und z. T. völlig neu aufgebaut werden mußte. Eine örtliche Bürgerinitiative nahm sich ehrenamtlich dieser Aufgabe an. Herrn G. Kreß, Mitglied der Initiative, ist es zu verdanken, daß dabei Keramikfunde geborgen, zur Auswertung vorgelegt und dann auch gezielte Notbergungen durchgeführt wurden. Diese konnten dankenswerterweise durch Herrn Bürgermeister Koch und die Gemeinde Meckesheim gefördert werden.

Neben einschlägigen Resten des Friedhofs fanden sich in der Hinterfüllung der südlichen Umfassungsmauer Keramikscherben fast aller Jahrhunderte aus der langen Zeitspanne zwischen dem späten 7. Jh. und dem 16./17. Jh., wobei die meisten dem Spätmittelalter angehören. Besonders zu vermerken ist bei den nichtkeramischen Funden ein

Abb. 146 Meckesheim. Plan der Martinskapelle.

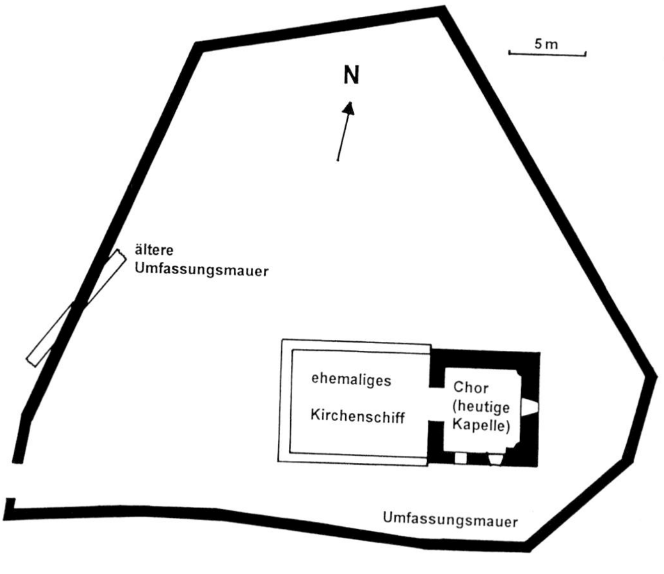

einseitig geprägter Pfennig der Grafen von Öttingen aus dem Jahre 1524. Im westlichen Teil konnte eine ältere Mauer nachgewiesen werden, die die heutige Umfassungsmauer spitzwinklig schnitt; Keramik aus der zugehörigen Fundamentgrube datiert ins Hochmittelalter. Unterhalb der gesamten Anlage wurden bei Baumpflanzarbeiten mehrfach Grubenbefunde beobachtet, die nach dem geborgenen Keramikspektrum in die späte Merowinger- und die Karolingerzeit zu setzen sind. Zu diesen Funden zählt auch eine der seltenen Schüsseln der frühen älteren, gelbtonigen Drehscheibenware (Abb. 147).

Trotz der nur sehr kleinräumigen Aufschlüsse konnten die bisherigen Vermutungen hinsichtlich des hohen Alters der einstigen Martinskirche – und wohl auch des frühesten Ortes Meckesheim – bestätigt werden, denn die Nutzung des Platzes geht mindestens bis in das späte 7. Jh. zurück. Das Ausdünnen und schließliche Aussetzen der Funde in nachmittelalterlicher Zeit spiegelt den Bedeutungsverlust wider, der in der Reformationszeit mit dem Verlust der Pfarrkirchenfunktion an die Marienkapelle im heutigen Ortskern verbunden war.

Ludwig H. Hildebrandt,
Uwe Gross

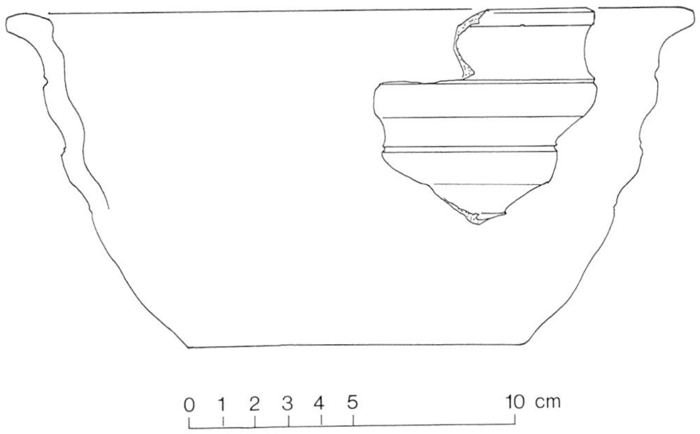

Abb. 147 Meckesheim. Schüssel der älteren, gelbtonigen Drehscheibenware.

Weitere Ergebnisse der archäologischen Untersuchung der ehemaligen Friedhofskirche Peter und Paul in Nusplingen, Zollernalbkreis

Die im Jahr 1997 in der ehemaligen Friedhofskirche von Nusplingen begonnenen Untersuchungen wurden 1998 fortgesetzt. Erkenntnisse, die sich nach der ersten Kampagne andeuteten, konnten bestätigt, andere mußten korrigiert werden (Abb. 148). Nachdem nunmehr die gesamte Kirche mit Ausnahme des Mittelganges untersucht werden konnte, bestätigte sich die Aussage, daß die Peter und Paul-Kirche auf einem frühmittelalterlichen, christlichen Friedhof errichtet worden war (Abb. 149). Die dichte Belegung mit beigabenlosen Steinkistengräbern, die sich im nördlichen Kirchenschiff andeutete, setzte sich auf der Südseite mit gleicher Intensität fort (Abb. 150). In einigen Fällen wurden die Gräber unmittelbar aneinander gebaut, so daß die Steinplatte am Fußende des einen zugleich Bestandteil des angrenzenden Grabes war. Schon 1997 bei den Untersuchungen des nördlichen Kirchenschiffes war festzustellen, daß im Ostteil des Langhauses keine Steinkistengräber lagen. Das gleiche Bild zeigte sich auch auf der Südseite. Zwar wurden in dem Bereich barocke Innenbestattungen freigelegt, doch ist es kaum wahrscheinlich, daß durch diese Gräber ältere Steinkisten restlos beseitigt worden wären. Erst im Chor traten wieder Steinkistengräber auf, wenn auch in leicht abweichender Orientierung. Eine Erklärung für die Lücke kann noch nicht geboten werden.

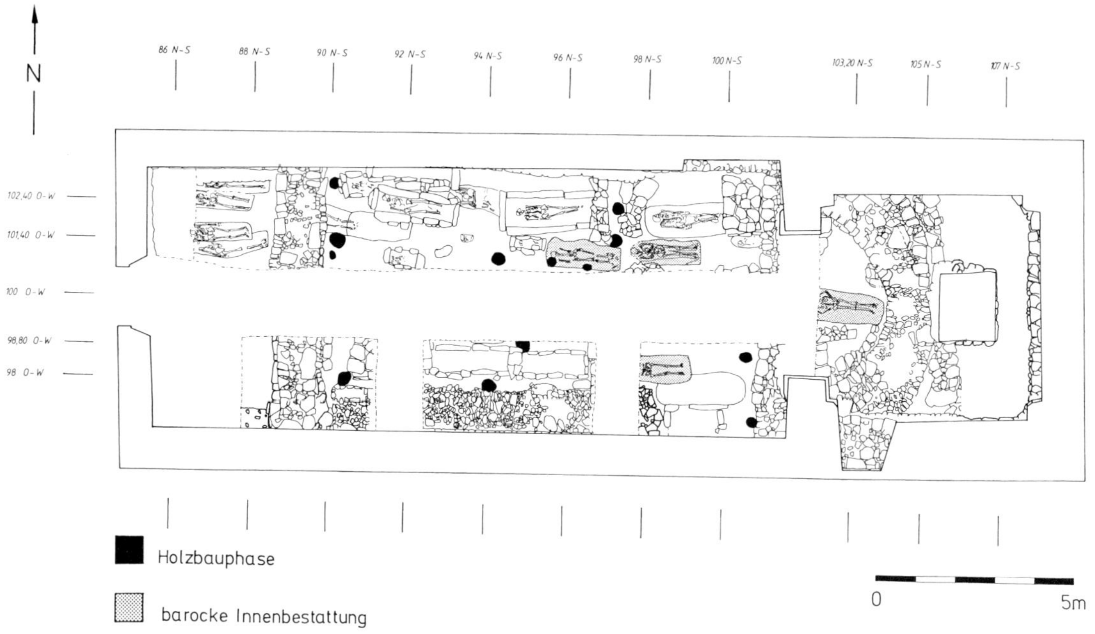

Abb. 148 Nusplingen, Peter und Paul. Übersichtsplan der Grabungsbefunde.

Die Steinkistengräber waren von einer dünnen Schicht überlagert, aus der Keramikfragmente des 7./8. Jhs. geborgen werden konnten. In ihr waren eine Anzahl von Pfostengruben eingetieft. Die Stärke der Pfosten könnte auf eine Holzkirche als ältesten Sakralbau deuten. Für Pfosten eines Baugerüstes für die Errichtung eines Steinbaus sind sie entschieden zu groß. Zeitlich ist der Holzbau dem 8. Jh. zuzuordnen.

Bei den folgenden Steinbauten wurde bis in romanische Zeit der Verlauf der Nord- und Westwand des Kirchenschiffes offenbar stets beibehalten. Lediglich der Südwandverlauf und der Chorgrundriß änderten sich in den einzelnen Bauphasen (Abb. 151). Vom ältesten Steinbau hat sich das Fundament der Südwand erhalten, ein äußerst kleinteiliges, nur schwach vermörteltes Mauerwerk. Es wurde unmittelbar vor der Südwand des bestehenden romanischen Langhauses freigelegt. West- und Nordwand dieser Bauphase waren nicht mehr erhalten, sie wurden durch Mauern der jüngeren Bauabfolgen ersetzt. Eine schmale, von Nord nach Süd verlaufende Mauer mit Mitteldurchlaß grenzte einen Vorchorbereich ab. Möglicherweise besaß dieser Kirchenbau kleine Querschiffe, zumindest endet das erhaltene Fundament der Südwand abrupt gut 3 m vor der Langhausostwand. Eine Fortsetzung der Mauer innerhalb des bestehenden Kirchenbaus kann ausgeschlossen werden; sie ist nur nach Süden denkbar, doch ist dieser Bereich durch die nachfolgende Bauphase überlagert, so daß keine eindeutige Aussage möglich ist. Den Ostabschluß der Kirche bildete eine um Wandstärke eingezogene, leicht gestelzte Apsis mit einer rechteckigen Ummantelung (Abb. 152). Das Apsisfundament schneidet drei Steinkistengräber. Vergleichbare Kirchengrundrisse sind beispielsweise aus der Schweiz bekannt, sie werden dort in das 8./9. Jh. datiert.

Die folgende Bauphase stellte offenbar einen kompletten Neubau dar. Zwar wurde der Verlauf von Nord- und Westwand des Langhauses beibehalten, die Fundamente und Mauern selbst jedoch

Abb. 149 Nusplingen, Peter und Paul. Ausschnitt des frühmittelalterlichen Friedhofs.

Abb. 150 Nusplingen, Peter und Paul. Fundament der ältesten Steinbauphase vor der heutigen Südwand, parallel dazu angeordnete Steinkistengräber.

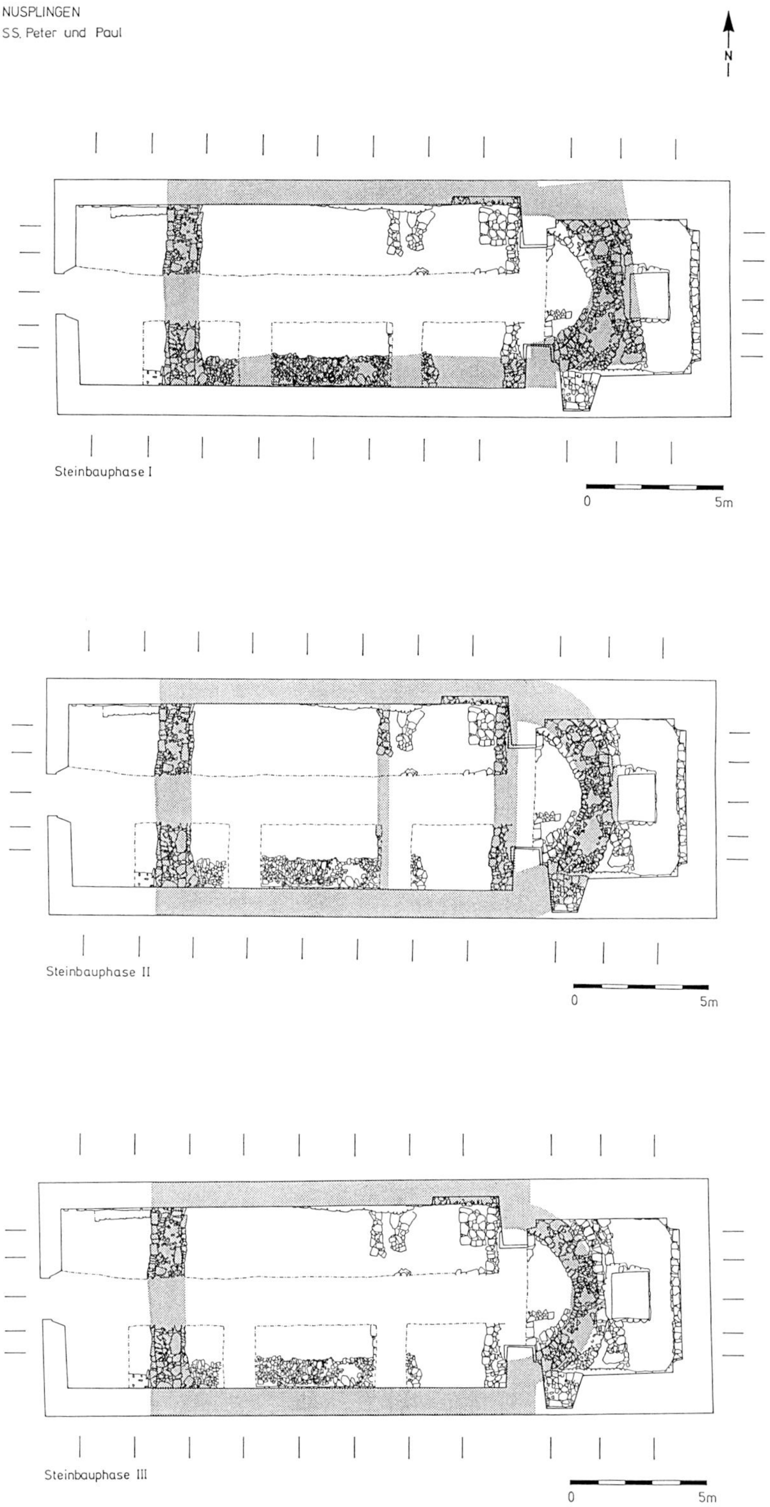

Abb. 151 Nusplingen, Peter und Paul. Rekonstruktionsversuch der Steinbauphasen.

ersetzt. Gleichzeitig wurde das Kirchenschiff um Mauerbreite nach Süden verbreitert. Auch der Chor wurde erneuert; das Langhaus schloß in einer halbkreisförmigen, nicht eingezogenen Apsis, deren Fundament aus groben, kaum bearbeiteten Kalkbruchsteinen aufgebaut wurde. Nicht festgestellt werden konnte, ob der Chorraum durch einen eingestellten Triumphbogen vom Kirchenschiff getrennt wurde. Im Chor hatte sich die Südseite eines kleinen Altarfundamentes aus Tuffsteinen erhalten, dessen übrige Teile durch eine barocke Innenbestattung zerstört worden sind.

In der nachfolgenden Umbauphase änderte sich wieder der Grundriß des Chores. Zwar erhielt die Kirche auch bei dieser Baumaßnahme wieder einen apsidialen Chorschluß, doch war die Apsis wiederum um Wandstärke eingezogen und mit exakt halbkreisförmigem Grundriß. Reste dieses Chores haben sich im aufgehenden Mauerwerk des heutigen Triumphbogens erhalten. Aber nicht nur der Chor, auch das Langhaus war von dem Umbau betroffen. Offenbar mußte die Nordwand vollständig erneuert werden, während die West- und Südwand beibehalten wurden. Unklar ist, ob die Nordwand des Vorgängerbaus beim Abbruch der älteren Apsis so stark in Mitleidenschaft gezogen wurde, daß sie abgetragen werden mußte oder ob ein Einsturz der Nordwand erst ausschlaggebend für den gesamten Umbau war. Wahrscheinlich konnte die Wand dem Druck des deutlich über dem Innenniveau liegenden Außengeländes nicht standhalten. Der Wandversturz konnte bei den Ausgrabungen im Kirchenschiff beobachtet werden, die Baugrube für die Nordwand des heutigen Kirchenschiffes schneidet in die Schutt-

Abb. 152 Nusplingen, Peter und Paul. Chorschluß der älteren Bauphasen.

schicht ein. Vor der Nordwand lag sie als mächtiges, mit großen Steinen durchsetztes Paket, nach Süden dünnte sie ganz erheblich aus und wurde deutlich kleinteiliger. In diesem Bereich wurde das Langhaus bis auf die Höhe des Schuttkegels mit feinerem Material aufgefüllt, darüber dann ein Mörtelestrich als neuer Fußboden eingebracht. Die Erhöhung des Bodens im Kirchenschiff sorgte einerseits dafür, daß die unterschiedliche Höhe zwischen Innen- und Außenniveau auf der Nordseite minimiert wurde, andererseits lag nun aber aufgrund der Hanglage der Kirche das Innenniveau über dem südlichen Außengelände und auch höher als die Schwelle der im Baubestand ablesbaren Seitentür im Ostteil der Südwand (Abb. 153). Bei Ausbesserungen im unteren Bereich des Außenwandputzes war es möglich, diese Tür vollständig freizulegen. Die Laibung war – wie übrigens auch das aufgehende Mauerwerk – aus sorgfältig bearbeiteten Tuffquadern aufgebaut. Der flache Türsturz bestand aus einem langen Tuffquader, darüber ist in einem Bogenfeld ein einfach gehaltener Tympanon ohne Verzierung erkennbar. In einer frühgotischen Umbauphase wird die hochromanische Tür vermauert und nur wenig nach Westen versetzt eine spitzbogige in die Südwand eingebrochen. In diesem Zusammenhang werden auch fast alle Fenster verändert. Vermutlich erhielt die Kirche bei diesem Umbau auch die qualitätvolle Innenausmalung, die aufgrund der stilistischen Merkmale in die Mitte des 14. Jhs. datiert werden kann.

Erhard Schmidt

Literaturhinweise

W. Jacobsen, L. Schaefer, H. R. Sennhauser, Vorromanische Kirchenbauten. Katalog der Denkmäler bis zum Ausgang der Ottonen. Nachtragsband (München 1991). – E. Schmidt, Arch. Ausgr. Bad.-Württ. 1997, 199ff.

Abb. 153 Nusplingen, Peter und Paul. Zugemauerte Türen in der Südwand der Kirche.

Beobachtungen in der evangelischen Stadtkirche in Karlsruhe-Durlach

Seit die Stadt Karlsruhe ab 1983 die Sanierung Durlachs konsequent betreibt, ergab sich mehrfach die Notwendigkeit, die dafür nötigen Bodeneingriffe archäologisch zu begleiten, um die Frühgeschichte der Stadt etwas aufzuhellen. Ende 1997 wurde die Denkmalpflege mit dem Wunsch der evangelischen Kirchengemeinde konfrontiert, die Stadtkirche innen zu renovieren und ihren Fußboden samt Heizung zu erneuern. Das dafür ausgewählte System sah sowohl die Herausnahme des vorhandenen Bodens vor als auch die Ausschachtung von Kanälen für eine Warmluftheizung. Die Arbeiten sollten Anfang 1998 beginnen. Da die Kirche an einer Stelle steht, in deren Nähe die bisher frühesten Siedlungsspuren des Städtchens entdeckt wurden, war die Beobachtung der Heizkanäle unverzichtbar.

In der seit 1950 mehrfach veränderten Kirche war bei unserem Eintreffen der jüngste Fußboden ausgeräumt, ihr Inneres bot sich als Rohbau dar. Unmittelbar unter dem Boden wurde ein mehrfach umgelagertes Schichtpaket sichtbar, aus dem Teile der bereits bei früheren Renovierungen angetroffenen Grabsteine und Epitaphien hervorragten (Abb. 154). Sie standen zum einen Teil noch in Verbindung mit aus Ziegeln aufgemauerten Grüften, zum andern lagen sie im erwähnten Schichtpaket. Ihre Ausrichtung (teils Nord-Süd, teils West-Ost) orientierte sich großenteils an den Hauptachsen des zwischen 1698 und 1700 eingebauten Gestühls. Soweit möglich, wurden die Grüfte gesichert und an Ort und Stelle belassen. Da es sich bei den Steinen um wichtige Zeugnisse zur Stadtgeschichte Durlachs handelt, wurden die Stücke, die nicht in situ belassen werden konnten, zur restauratorischen Sicherung an die Firma Lehr, Ettlingen und ins Pfinz-

Abb. 154 Karlsruhe-Durlach, evangelische Stadtkirche. Grabstein der Katharina von Stockheim (gest. 1608).

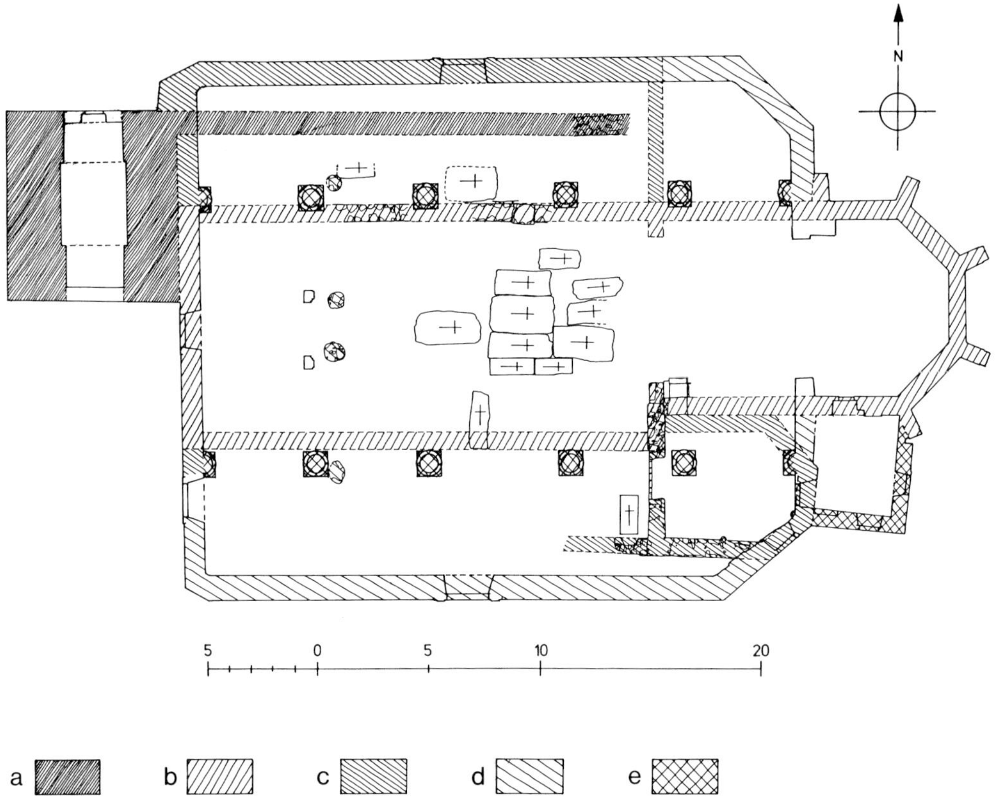

Abb. 155 Karlsruhe-Durlach, evangelische Stadtkirche. Grundriß mit Eintrag der periodisierten Befunde:
a romanisch,
b gotisches Langhaus und Chor,
c gotischer Chorumbau,
d Hallenkirche des frühen 16. Jahrhunderts (vor 1528),
e barocker Wiederaufbau (nach 1689).

gaumuseum Durlach übertragen. In den Heizkanälen, die großenteils orthogonal zu den Außenwänden angelegt wurden, kamen einige Fundamentzüge zutage, die es erlauben, die Bauentwicklung der Kirche in groben Zügen nachzuzeichnen (vgl. Abb. 155). Ältester Bauteil ist (zumindest in seinen unteren Teilen) der Westturm der Kirche. An ihn schloß sich nach O anfänglich ein vermutlich einschiffiges, nur geringfügig breiteres Langhaus von mindestens 20 m Länge an, über dessen Ostabschluß keine Aussage möglich ist. Da die Fundamente in den gewachsenen Grund gelegt wurden, liegt es nahe, in ihnen die Reste der ältesten, Mitte des 13. Jhs. sicher bezeugten Kirche anzunehmen.

Nach einer Brandkatastrophe im 15. Jh. wurde die Kirche in spätgotischen Formen dreischiffig erneuert. Durch Hinausrücken der Außenwände, bei vermutlich gleichzeitigem Abbruch der alten Langhauswände, entstand ein Neubau, dessen Nordwand bis heute besteht. Die abgeschrägten Ostenden der Seitenschiffe schlossen an einen einjochig-einschiffigen Chor mit Dreiachtel-Schluß an. Vermutlich um den privaten Andachtsbedürfnissen wohlhabender Durlacher Bürger oder Angehöriger des Hofes zu genügen, wurde zu einem nicht zu bestimmenden Zeitpunkt in der Südostecke des Langhauses ein annähernd quadratischer, gewölbter Raum von etwa 3 m Innenmaßen abgetrennt, der mit Altar und Lavabo ausgestattet war. Er war vom südlichen Seitensschiff her über eine 1,80 m breite Tür zugänglich. Anhand einiger Fundamente im Westen des Langhauses ließ sich erkennen, daß die gotische Kirche über eine Empore

verfügte, die etwa 0,50m weiter nach Osten reichte als die bestehende.
Reformation und Dreißigjährigen Krieg hat die Kirche ohne gravierende Schäden überstanden. Beim Brand 1689 dagegen wurde sie bis auf die Außenmauern zerstört, so daß trotz der Notwendigkeit, Baumaterial zu sparen, der Grundriß verändert wurde, indem man die Südwand um knapp 1 m nach außen versetzte.
Andererseits wurden im Kircheninnern alle Fundamente herausgenommen, so daß über die spätgotische Innenraumteilung nichts mehr gesagt werden kann. Beim Wiederaufbau durch Domenico Egidio Rossi entstand auch die heutige Sakristei im südlichen Zwickel zwischen Chor und Langhaus.

Dietrich Lutz

Literaturhinweise

S. Asche, O. Hochstrasser, Durlach. Stauferründung, Fürstenresidenz, Bürgerstadt (Karlsruhe 1996). – H. Huth, H. Laube, Die Sicherungs- und Instandsetzungsarbeiten an der evangelischen Stadtkirche in Karlsruhe-Durlach mit Beiträgen zur Baugeschichte. In: Bad. Heimat 56, 1976, 329–340. – D. Lutz, Archäologische Befunde zur Stadtentwicklung von Durlach im Vergleich zu Bruchsal, Ettlingen und Pforzheim. In: E. Reinhard, P. Rückert (Hrsg.), Staufische Stadtgründungen am Oberrhein. Oberrhein. Studien 15 (1998) 111–148 (mit weiterführender Literatur). – D. Lutz, H. Rosmanitz, Grabungen in der Innenstadt von Karlsruhe-Durlach. In: Arch. Ausgr. Bad.-Württ. 1991, 272–279.

Beobachtungen zum Herrenalber Klosterhof in der evangelische Kirche von Oberderdingen, Kreis Karlsruhe

Der imponierende Komplex des Herrenalber Klosterhofs in der Ortsmitte von Oberderdingen beschäftigt die heimatkundliche Forschung seit Anfang des 19. Jhs., ohne daß es bisher gelungen wäre, seine Entstehung und Entwicklung befriedigend zu erklären (Abb. 156). Als deshalb im Spätjahr 1997 gemeldet wurde, man habe beim Abnehmen des bestehenden Fußbodens für eine Innenrenovierung Fundamentreste angetroffen, war es für die Archäologische Denkmalpflege verpflichtend, sie einer genaueren Betrachtung zu unterziehen.
Teilweise unter der Südwand der Kirche, nahe der Ostecke, zeigte sich ein dem Quadrat angenäherter Fundamentrest von knapp 6,80m Kantenlänge bei einer durchschnittlichen Wandstärke von 1,18–1,20m (Abb. 157). Da der Untergrund von jüngeren Bauvorgängen stark durchwühlt war, bestand keine Möglichkeit, eine stratigraphische Verbindung zur stehenden Kirche herzustellen. An den turmartigen Bau schloß nach Westen ein Anbau an, der im Lichten 5,60×8,90m maß. Nahe der Südwestecke befand sich in der Südwand eine Tür von ca. 1,33m Öffnungsweite. Außen war der Anbau geringfügig breiter, so daß der Eindruck einer Saalkirche mit rechteckigem Chorturm entstand.
Der Befund ist insofern von Interesse, als für Derdingen ab 1100 bis ins 13. Jh. Ortsadel belegt ist, dessen Sitz bisher unbekannt war. Der unmittelbar südlich der Kirche stehende mächtige Glockenturm aus der zweiten Hälfte des 13. Jhs. muß wohl als Turmburg angesprochen werden, die nicht als ursprünglicher Sitz der Herren von Derdingen und ihrer Nachfolger in Frage kommt. Die Alternative, den Kernbau unseres Befundes als älteren Adelssitz ähnlicher

Prägung anzusprechen, ist mangels eindeutig zuzuordnender Funde mehr als hypothetisch. Andererseits kann die für 1227 belegte Pfarrkirche durchaus in dem umgebauten Turm Platz gefunden haben. Daraus ergäbe sich eine Abfolge aus: frühem Turm (Adelssitz?), kleiner Kirche, massiver Turmburg (heutiger Kirchturm) und Klosterhof.

Dietrich Lutz

Literaturhinweise

Beschreibung des Oberamts Maulbronn. Hrsg. von dem Königlichen statistisch-topographischen Bureau, Stuttgart 1870 (unv. Nachdruck 1974), 192–200. – G. Brandauer, Aus unserer Heimat Oberderdingen. Zum 1200. Geburtstag der Gemeinde (Oberderdingen 1966) bes. 59 ff. – E. Breitinger (Hrsg.), Die Schäfersche Chronik zu Ober- und Unterderdingen (Oberderdingen 1975).

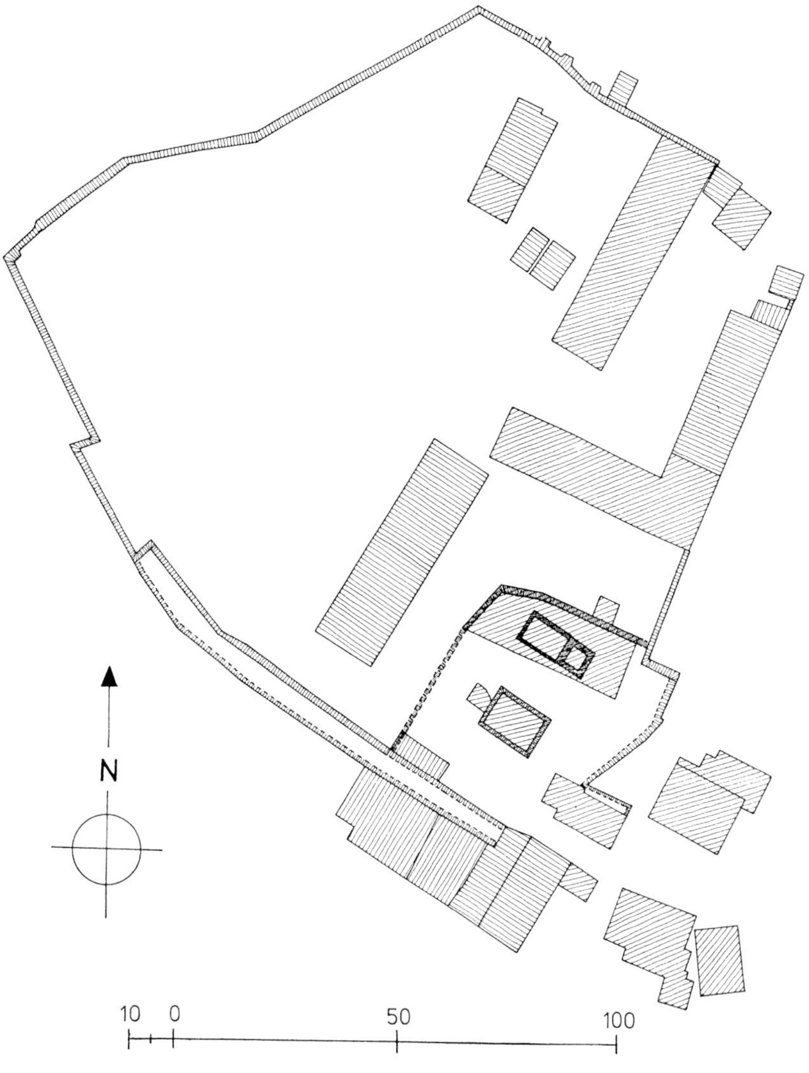

Abb. 156 Oberderdingen, ehemaliger herrenalbischer Pfleghof. Lageplan.

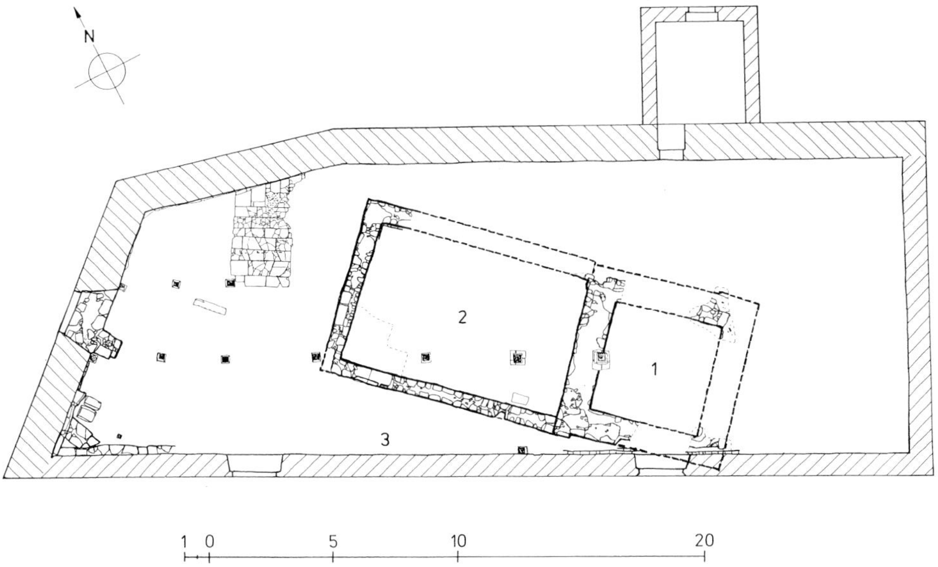

Abb. 157 Oberderdingen, ehemaliger herrenalbischer Pfleghof. Befunde in der evangelischen Kirche: 1 früher Wohnturm, 2 Langhaus der angesetzten ersten Kirche, 3 Grundriß der bestehenden Kirche.

Ergänzende Beobachtungen im ehemaligen Kloster Lobenfeld, Gemeinde Lobbach, Rhein-Neckar-Kreis

Am Ende der sich beinahe über zwei Jahrzehnte hinziehenden Sicherungsarbeiten in der Kirche sollten Ende 1997 südlich außerhalb der Kirche, im Gelände der ehemaligen Klausur, Erdbewegungen vorgenommen werden, die nach der langen Serie von Arbeiten im Innnern nicht unbeobachtet bleiben konnten. Dies umsomehr, als es bisher so gut wie keine Kenntnis der Klausur von Lobenfeld gab.

Die nur 8×11 m große Fläche lag nahe der Südwestecke der Kirche (Abb. 158) in einem Bereich, in dem der Anschluß des Klausurwestflügels an die Kirche zu vermuten war. Nur wenige Zentimeter unter der anstehenden Gartenfläche traten Baubefunde auf, die der ehemaligen Klausur zugeordnet werden können (Abb. 159, 160). Ältester Befund war ein in den anstehenden Löß eingetieftes, leicht spitzwinklig auf die Südwestecke der Kirche zulaufendes Fundament von 1–1,10 m Mächtigkeit. In der Nordhälfte des Untersuchungsfeldes zweigte ein zweites Fundament nach Osten ab, das wesentlich schlechter erhalten war. Es hatte lediglich eine nach Süden weisende Schale, wenn es nicht überhaupt von vornherein nur einschalig angelegt war. Es vermittelte den Eindruck des Fundaments einer Binnenwand, die zugleich eine Stufe im nach Süden deutlich abfallenden Gelände darstellte.

Als Fußboden war über dem anstehenden Löß ein Mörtelestrich ausgegossen, der an beide Fundamente anschloß und die Basis des darauf aufbauenden

Abb. 158 Lobbach, ehemaliges Kloster Lobenfeld. Lageplan.

Wandverputzes bildete. Sowohl die Lage des Baus als auch seine Qualität sprechen dafür, in ihm einen Teil des Westflügels des ab dem späten 13. Jh. entstandenen Zisterzienserinnenklosters zu erblicken. Nach einiger Zeit traten Schäden am Fußboden auf, die behoben wurden, indem man umgesetzten Löß aufschüttete und einen zweiten, dünneren Mörtelestrich ausgoß. Aus der Lößfüllung konnten Funde des 16. Jhs. geborgen werden, wodurch belegt ist, daß die Anlage in dieser Spätzeit noch instand gehalten wurde. Westlich der Hauptflucht dieses Klausurteils kam eine brunnenförmige Ausschachtung zutage, in die ein Holzfaß von ca. 0,80 m Durchmesser und mindestens 1,30 m erhaltener Höhe eingelassen war. Es diente vermutlich als Vorratsgefäß; Hinweise auf eine Benutzung als Latrine fehlen.

Qualität und Datierung der Befunde und Funde sprechen dafür, daß wir hier einen Teil der Klausurbauten vor uns haben, die mit Einzug der Zisterzienser-

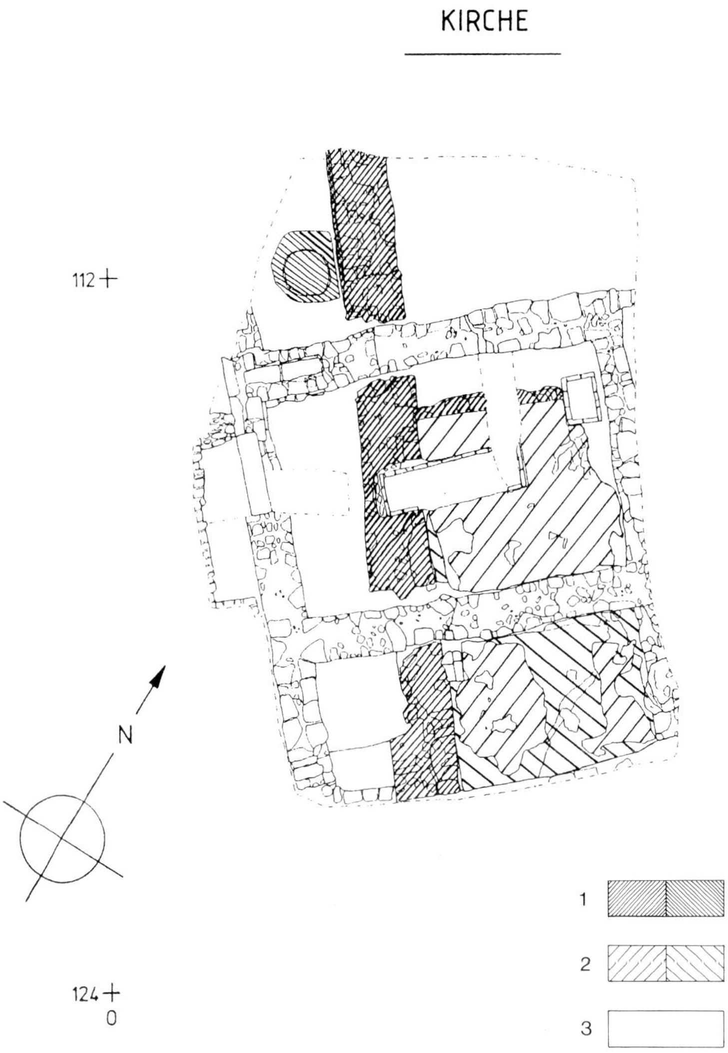

Abb. 159 Lobbach, ehemaliges Kloster Lobenfeld. Grabungsbefunde:
1 romanische Mauer- und Grubenbefunde,
2 romanischer und spätmittelalterlicher Mörtelestrich,
3 neuzeitliche (19. Jh.) Mauerbefunde.

innen ab etwa 1270 in Lobenfeld errichtet wurden und bis zur Auflösung des Konvents um 1560 Bestand hatten.
Da die Grabungsfläche außerordentlich klein war und nur begrenzt Aussagen zum Gefüge der Klausur zuließ, schien es angezeigt, das als Gartenland genutzte Gelände östlich der Grabungsfläche durch eine geophysikalische Prospektion zu erschließen, die H. v. der Osten-Woldenburg übernahm.
Aus seinem Bericht wurden die folgenden Ergebnisse übernommen. Untersucht wurde ein ca. 10×30 m messender Geländestreifen östlich und südlich der Grabungsfläche und annähernd parallel zur Kirche. Das Radargramm des Meßfeldes spiegelt in unterschiedlicher Tiefe, rechtwinklig zu den ergrabenen Befunden, eine Folge von linearen Strukturen, die mit einiger Vorsicht als Reste der spätmittelalterlichen Klausurbauten angesprochen werden können. Danach hätte der westliche Klausurtrakt eine durchschnittliche Tiefe von 8 m gehabt. Seine hofseitige Wand scheint in ähn-

Abb. 160 Lobbach, ehemaliges Kloster Lobenfeld. Grabungsübersicht von Südwesten.

licher Weise fundiert gewesen zu sein wie die Klausuraußenwand. Zum Hof hin gab es im Abstand von ca. 4 m eine weitere, schwächere Anomalie, die ich als Kreuzgangbinnenwand ansprechen möchte.

Dietrich Lutz

Literaturhinweise

H. Huth, Die Instandsetzung des Langhauses der ehemaligen Klosterkirche zu Lobenfeld, (Lkr. Heidelberg), Denkmalpflege Baden-Württemberg 8, 1965, 56–58. – Kreisbeschreibung Heidelberg-Mannheim Bd. 2, 1968, 622–636. – K. Laier-Beifuss, Die Klosterkirche zu Lobenfeld, Untersuchungen zur Baugeschichte und der Versuch der stilistischen und chronologischen Einordnung (ungedr. Magisterarbeit Heidelberg 1983). – D. Lutz, Die ehemalige Klosterkirche in Lobenfeld, Gemeinde Lobbach, Rhein-Neckar-Kreis. Arch. Ausgr. Bad.-Württ. 1983, 224–227.

Archäologische Ausgrabungen im ehemaligen Kapuzinerkloster in Rottweil

Die Stadt Rottweil plant, den seit 1969 in ihrem Besitz befindlichen ehemaligen Gastronomiebetrieb zur „Sonne“ in der Neutorstraße 6 umfassend zu sanieren. Da der betreffende Gebäudekomplex um die Mitte des 17. Jhs. als Kapuzinerkloster auf bereits bebautem Gelände im stadtgeschichtlich interessanten Waldtorort entstanden war, schienen Sondierungsgrabungen unumgänglich. Auch der auf einem stadtmauerumwehrten Sporn südlich vorgelagerte Parkplatzbereich, ehemals Klostergarten, unter dem eine Tiefgarage entstehen soll, versprach interessante archäologische Aufschlüsse. Während die Sondierungen im Innern der ehemaligen Klosterkirche (heute „Sonnensaal“) zu einer regulären Flächengrabung ausgeweitet wurden, vermittelten einige Suchschnitte im Außenbereich vorerst ausreichende Erkenntnisse zu den gegebenen Fragestellungen. Die Ausgrabungen wurden von September 1997 bis April 1998 durch das Landesdenkmalamt Baden-Württemberg durchgeführt. Gedankt sei an dieser Stelle dem Arbeitsamt Rottweil, das durch die Bereitstellung von ABM-Kräften behilflich war sowie nicht zuletzt der Stadt Rottweil, ohne die das ganze Projekt nicht hätte finanziert werden können.

Urkundlich belegt und inzwischen auch dendrochronologisch bestätigt ist die Erbauung des Kapuzinerklosters zwischen 1651 und 1655. Im Nordosten des Areals befindet sich die Klosterkirche (Abb. 161), die drei Flügel des Konvents schließen südwestlich an sie an. Eine zwischenzeitlich dendrochronologisch und schriftlich auf 1719/20 datierte Seitenkapelle wurde im Norden an die Kirche angebaut. Im rückwärtigen (südöstlichen) Bereich befand sich der Klostergarten. 1805 wurde das Kloster säkularisiert. Ab 1812 befand sich das Gebäude in Privatbesitz und wurde seither in erster Linie gastronomisch genutzt, die Kirche diente als Ökonomiegebäude. Zahlreichen Umbauphasen im 19. Jh. folgten im Jahr 1900 die Erweiterung und der Umbau der ehemaligen Kirche zum Tanzsaal. Seit der Übernahme durch die Stadt Rottweil 1969 wurde der Saal als Möbellager genutzt.

Einen Eindruck von der Vorgängerbebauung gibt die Pürschgerichtskarte von 1564 (Abb. 162). Sie zeigt an dieser Stelle zur Neutorstraße hin eine aus vier Gebäuden bestehende Häuserzeile. Im rückwärtigen Bereich ist der sog. „Tummelhof“ samt der dort aufbewahrten Kanone zu sehen, der nach Südwesten bzw. Nordosten jeweils von Bebauung, nach Südosten von einer Mauer umgeben ist. Daran schließt (im Bereich des heutigen Parkplatzes) ein tiefergelegenes, mauerumwehrtes Gelände an, das nur am äußersten Ende bebaut ist. Archäologisch interessant schien neben dem heutigen Außenbereich vor allem die ehemalige Kirche, während der Konventsbereich heute fast komplett unterkellert ist und somit kaum mehr relevante Befunde erwarten läßt.

Die im Außenbereich durchgeführten Sondierungen zeigten, daß es sich bei der Umwehrung des Geländes im Südwesten und Südosten um mittelalterliche Stadtmauer handelt, während der nordöstliche Teil erst in nachmittelalterlicher Zeit entstanden ist. Ein natürliches Gefälle bestand vor allem in Richtung Südosten, verbunden mit einer deutlichen Böschung im Bereich des heutigen Parkplatzes; diese Situation scheint auch auf der Pürschgerichtskarte ansatzweise erkennbar. In Südwest-Nordost-Richtung scheint der „Sporn“ fast komplett künstlich aufgeschüttet; hier zeigte sich der gewachsene Fels im Nordosten auf etwa gleicher Höhe wie eine im Südwesten vorgela-

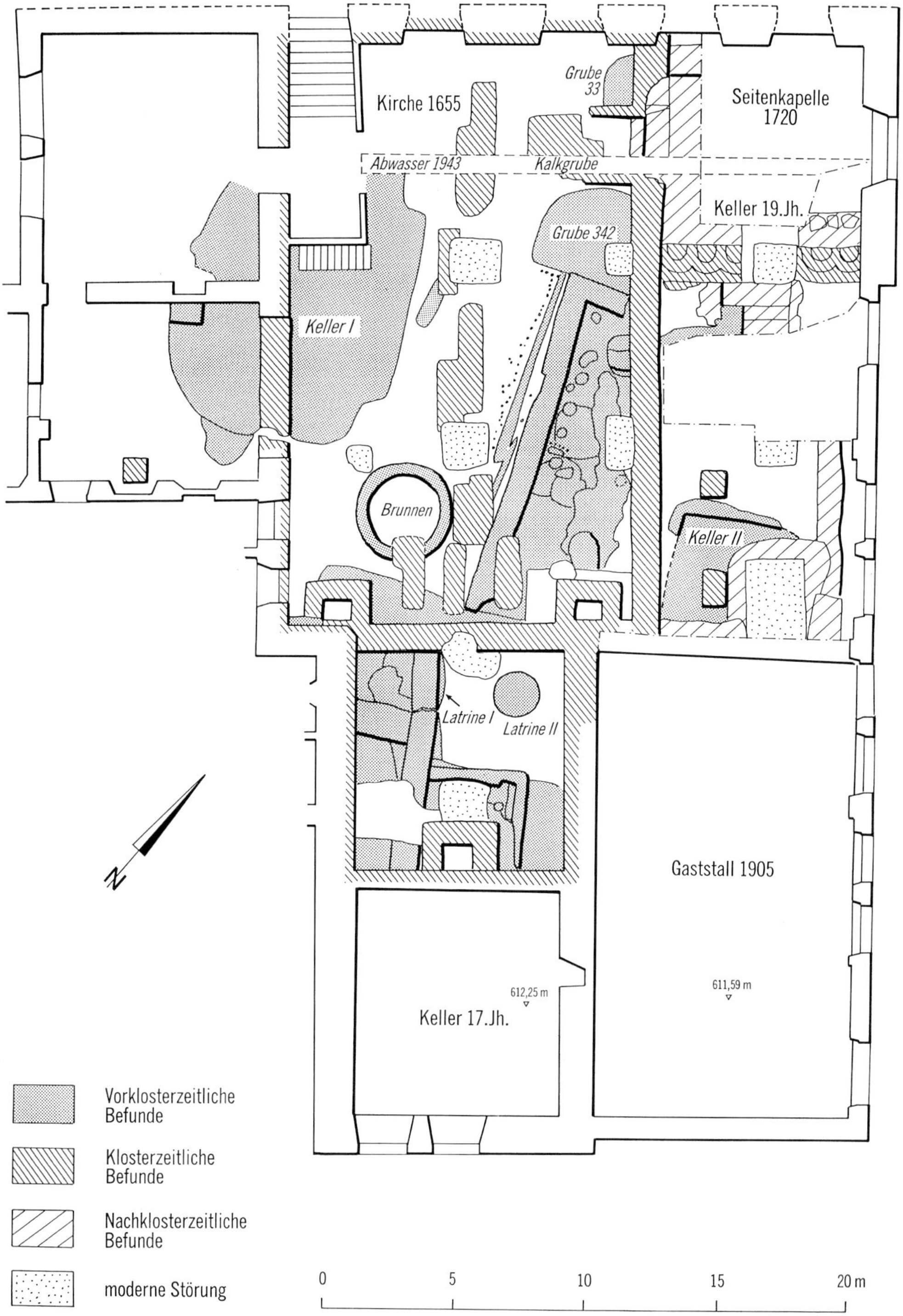

Abb. 161 Rottweil, ehemaliges Kapuzinerkloster. Gesamtplan der Grabung.

gerte Terrasse. Somit scheint klar, daß der ummauerte Bereich ursprünglich deutlich tiefer gelegen war, v. a. im Südosten, und vermutlich in Zusammenhang mit dem Bau des Kapuzinerklosters aufgeschüttet wurde, um die Anlage des Klostergartens zu ermöglichen. Vielleicht gehört auch der nordöstliche Teil der Ummauerung erst in diese Zeit. In der Dicke dieser Aufschüttung liegt auch begründet, daß die geoelektrische Untersuchung keine Bebauungsspuren erfassen konnte. Jedoch sind darunter durchaus aussagekräftige Befunde zu erwarten, beispielsweise zu dem in der Pürschgerichtskarte am südöstlichen Ende der Umwehrung dargestellten Gebäude. Eine in jüngster Zeit an dieser Stelle durchgeführte Probebohrung zur Baugrunduntersuchung belegt, daß die Auffüllung an dieser Stelle etwa 6 m mächtig ist.

Von der Kirche des ehemaligen Kapuzinerklosters konnten die Fundamente der beim Saalbau im Jahr 1900 abgerissenen Seitenwände nachgewiesen werden, außerdem das durchgehende Spannfundament des Chorbogens und die Fundamente der zwei Seitenaltäre sowie des Hochaltars (Abb. 161). Bei allen Kirchenmauern konnte der massive Gebrauch zweitverwendeter Steine festgestellt werden. Da beim modernen Saalbau das Bodenniveau z. T. erheblich abgesenkt wurde (im Langhaus um ca. 0,55 m, im Chor sogar um ca. 0,85 m), war der originale Kirchenboden nicht mehr erhalten. Im Langhaus waren etwa 17 Tote in 13 Grabgruben bestattet worden. Die Anordnung der Gräber im Mittelgang und vor dem Chorbogen läßt auf fest eingebaute Kirchenbänke schließen. Die nordöstlich angebaute Seitenkapelle enthielt im Untergeschoß eine Gruft, in der sich insgesamt 28 Grablegen befanden. Diese waren doppelstöckig und gegenständig angeordnet und durch einen von der Kirche aus zugänglichen Mittelgang erschlossen. Eine ganz ähnliche Situation ist aus dem Offenburger Kapuzinerkloster bekannt. Durch einen Kellereinbau des 19. Jhs.

Abb. 162 Rottweil, Vorgängerbau des Kapuzinerklosters. Ausschnitt aus der Pürschgerichtskarte von 1564.

blieben nur die Kopfnischen der Grabstätten in den Außenwänden erhalten. Im nordöstlichen Außenbereich der Kirche könnten zwei Punktfundamente auf einen gedeckten Gang zwischen Seitenkapelle und der bereits im 19. Jh. abgerissenen Sakristei hinweisen; ein solcher ist für das Kapuzinerkloster in Haslach im Kinzigtal belegt. Noch etwas nordöstlich vorgelagert wurde ein Fundamentrest aufgedeckt, der zur Parzellenmauer des Klosters gehört haben könnte; massive moderne Störungen in diesem Bereich erschweren die Interpretation in diesem Fall allerdings erheblich. Ein Punktfundament im südwestlichen Außenbereich der Kirche kann wohl dem Kreuzgang zugerechnet werden.

Sämtliche Baubefunde aus der Zeit vor dem Bau der Kapuzinerkirche verlaufen etwas schräg in Nord-Süd-Richtung aus der Kirchenachse. Die gleiche Flucht kann wohl für den ehemaligen Verlauf der Neutorstraße in diesem Bereich angenommen werden.

Im Langhaus haben sich nordwestlich zweier Ausbruchgruben, die nahezu deckungsgleich mit dem Chorspannfundament verlaufen, nur tiefreichende Befunde erhalten. Dazu gehört im Südwesten der etwa 8×6,50 m messende Keller I sowie die im nordöstlichen Außenbereich erfaßte Raumecke des Kellers II. Beide Keller konnten aus statischen und technischen Gründen vorerst nur oberflächlich untersucht werden.

Dazwischen konnten Fundamentreste des 13./14. Jhs. einschließlich v. a. nordöstlich anschließender Gruben und Planierungen aufgedeckt werden. Eine nordwestlich anschließende Lehmentnahmegrube gleicher Zeitstellung war mit Schmiedeabfall und reichhaltigem Keramikmaterial verfüllt. Dicht südwestlich der Fundamentreste konnte ein älterer Zaun nachgewiesen werden. Im Südosten schloß rechtwinklig die ältere der beiden auf Höhe des Chorspannfundaments verlaufenden Ausbruchgruben an. Zwischen Keller I und den Fundamentresten befand sich ein rundgemauerter Schacht, der vermutlich als Brunnen anzusprechen ist und bis in die Kirchenbauzeit als Abfallgrube genutzt wurde. Ganz im Nordwesten des Langhauses konnte der Rest einer flachen Grube des 13. Jhs. aufgedeckt werden. Im Bereich des Gemeindechores überlagerte eine noch teilweise fast 1 m dicke Planierung aus der Zeit des Kirchenbaus die älteren Befunde. Im Südwesten befand sich eine massive, zweischalige Steinmauer, die teilweise Latrine I überlagerte und teilweise durch eine wohl klosterzeitliche Ausbruchgrube gestört wurde. Sie stand vermutlich in Zusammenhang mit der jüngeren der beiden am Chorfundament verlaufenden Ausbruchgruben. Nach Südwesten schloß an diese Mauer ein Eingangsbereich und der Rest einer Pflasterung an, die ebenfalls Latrine I überlagerte. Im Nordosten waren Schwellbalkenfundamente eines Anbaus oder Innenraums angesetzt. Das Laufniveau südwestlich der Mauer (Pflasterung) lag etwa 0,40 m höher als im Nordosten (Unterkante Außenputz). Unter diesen Befunden zeigten sich im Osten flache Gruben und Planierschichten des 14. und 15. Jhs. Im Westen war Latrine I überbaut worden, die mindestens noch 4,20 m in die Tiefe reicht und Fundmaterial des 14. Jhs. bis in die Zeit um 1500 enthielt; durch Setzungen in der Latrine waren die darüberliegenden Befunde ebenfalls eingesunken. Im Norden des Gemeindechores lag direkt unter den klosterbauzeitlichen Planierschichten die kleine Latrine II, die mit Material des 13./14. bis frühen 16. Jhs. verfüllt war.

Die älteste Keramik, die dem 12. oder frühen 13. Jh. zuzurechnen ist, darunter auch Fragmente der sog. „Albware", entstammt selten erfaßten, frühen Laufhorizonten, die kaum vom anstehenden Lehm zu unterscheiden waren.

Da der weitere Umgang mit dem Baudenkmal Kapuzinerkloster im Moment noch nicht endgültig geklärt ist, ruhen auch die archäologischen Ausgrabungen. Im Zuge konkreter Baumaßnahmen sollten aber auf jeden Fall die Bereiche noch gründlicher untersucht werden, in denen aus statischen oder technischen Gründen eine vollständige Erfassung noch nicht möglich war (z. B. Keller, „Brunnen", Latrinen). Weiterhin wäre eine Grabung im Kreuzhof wünschenswert, der als letzter archäologisch relevanter Bereich innerhalb des Klosters verblieben ist. Im Falle eines Tiefgaragenbaus ließe eine planmäßige Ausgrabung auf dem Parkplatzgelände wichtige Erkenntnisse zur Stadtgeschichte erwarten.

Abschließend sei v. a. dem Architekturbüro Bürk, Herrn Restaurator P. Jung, Herrn Stadtarchivar Dr. Hecht und seinen Mitarbeitern sowie besonders der Stadt Rottweil für die gute und fruchtbare Zusammenarbeit während der Ausgrabung gedankt.

Christiane Frank

Literaturhinweise

„...von anfang biss zu unsern zeiten...". Das mittelalterliche Rottweil im Spiegel archäologischer Quellen. Arch. Inf. Baden-Württemberg 38 (Stuttgart/Rottweil 1998). – W. Hecht, G. Mager, Kapuzinerkloster und Sonne in Rottweil. Kleine Schriften des Stadtarchivs Rottweil 6 (Rottweil 1998).

Archäologische Untersuchungen des ehemaligen Wilhelmiten-Klosters in Freiburg

Ein Neubau des Pflegeheims St. Anna-Stift im Bereich der ehemaligen Freiburger Schneckenvorstadt machte im Sommer 1998 eine fünfwöchige Grabungskampagne notwendig. Ziel der Untersuchung war in erster Linie die genauere Lokalisierung und Erfassung des ehemaligen Freiburger Wilhelmiten-Klosters, dessen Existenz ausschließlich aus wenigen Schriftquellen sowie aus ungenauen Bilddokumenten bekannt war. Ferner sollte geprüft werden, ob es eine vorklösterliche Besiedlung des Areals gegeben hatte.

1262 verließen die Wilhelmiten, eine dem Bettelorden nahestehende Eremitengemeinschaft, ihr Kloster „Marienkron" in Oberried (Schwarzwald) und

Abb. 163 Freiburg, Schneckenvorstadt. Ausschnitt aus dem Sickinger-Plan (1589). Nr. 18: Wilhelmiten-Kloster.

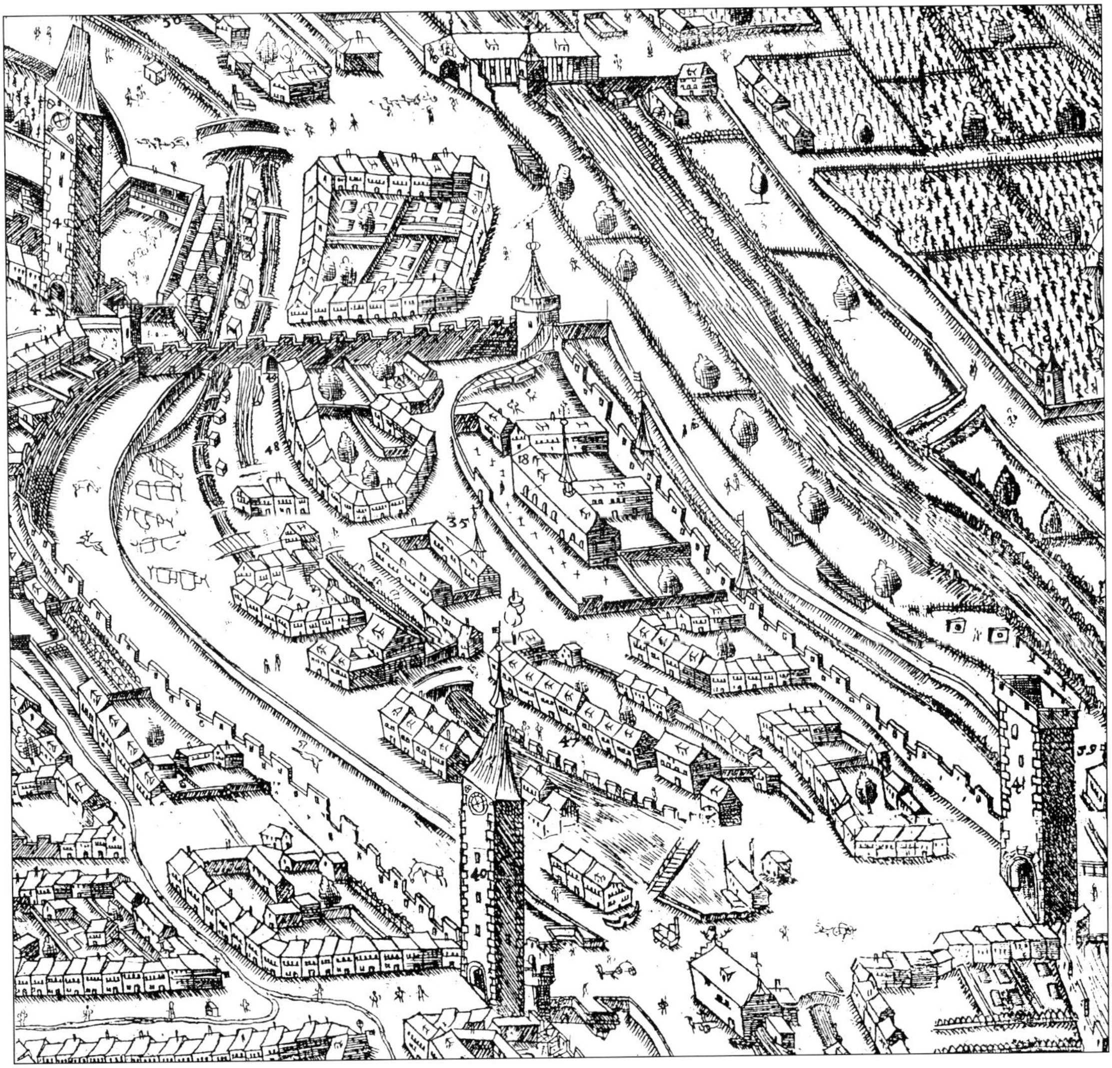

Abb. 164 Freiburg, Schneckenvorstadt. Gesamtplan der Grabungsbefunde.

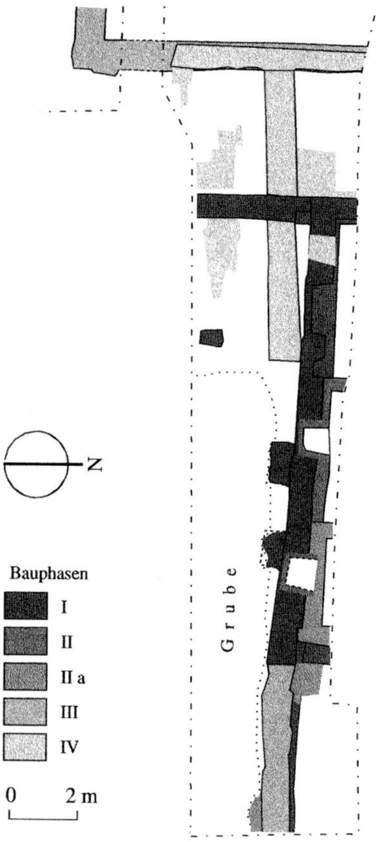

gründeten „vor den Mauern Freiburgs", in der noch nicht befestigten Schneckenvorstadt, ein neues Kloster. Anlaß für die Übersiedlung war der 1256 von der Kurie angeordnete Anschluß an den Orden der Augustiner-Eremiten, dessen Aufgabe in der städtischen Seelsorge bestand. Die Weihe der Klosterkirche fand 1266 statt, die des Chores mit fünf Altären 1288. Die älteste bekannte bildliche Darstellung der Klosteranlage findet sich auf dem 1589 entstandenen Sickinger-Plan (Abb. 163). Das Kloster erscheint dort als relativ bescheidene Bautengruppe, im Süden vom zweiten Ring der mittelalterlichen Stadtmauer begrenzt. Die im Nordwesten des Areals gelegene Kirche hat einen rechteckigen Grundriß, ihr Ostabschluß bleibt verdeckt. Von der Mitte des Langhauses bis zur Stadtmauer erstreckt sich ein rechteckiges Klausurgebäude, ein zweites befindet sich parallel dazu südöstlich der Kirche. Weitere kleinere Bauten liegen weiter im Osten, ein Kreuzgang scheint nicht vorhanden gewesen zu sein. Für das 17. Jh. sind zahlreiche Zerstörungen und Änderungen der Klosteranlage schriftlich überliefert: 1632 erlitt das Kloster schwere Belagerungsschäden, 1637 kamen zu neuerlichen Zerstörungen auch Beeinträchtigungen durch den Schanzenbau für die neue Stadtbefestigung hinzu. Große Teile der Klosteranlage wurden dann im Jahr 1644 bei einer erneuten Belagerung der Stadt beschädigt; das Kloster war erst 1651 wieder bezugsfähig. 1677 brach man bei der Erweiterung der Festung Kirche und Konventgebäude zum Teil ab, die verbleibenden, noch genutzten Räume wurden 1682 von den Mönchen verlassen. Die letzten Klostergebäude verschwanden 1744 bei der Schleifung der Stadtbefestigung.

Bereits während der Abbrucharbeiten der modernen Gebäude zeigte sich, daß eine intakte Stratigraphie nur noch auf einer Fläche von 125 m² im Nordosten des 900 m² großen Bauplatzes vorhanden war. Dies liegt u. a. an den umfangreichen und bis zum gewachsenen Boden reichenden Störungen, die beim Bau bzw. bei der Schleifung der barocken Stadtbefestigung erfolgt sind. Die stratigraphische Ausgrabung konzentrierte sich daher auf den unversehrten Bereich, das übrige Gelände wurde punktuell mit einem Bagger untersucht. Vorklösterliche Befunde sind nicht angetroffen worden. Ein Ost-West verlaufendes und mehr als 18 m langes, zunächst nicht unterkellertes Gebäude I ist der älteste nachgewiesene Bau (Abb. 164). Freigelegt wurden seine Süd- und ein Teilstück der Westmauer, die in unregelmäßigen Lagen gesetzten Mauerwerke aus Lese- und Bruchsteinen waren noch 0,70 m hoch erhalten. Im westlichen Bereich der Südmauer zeichneten sich auf der Abbruchkrone die Sohlbänke zweier Fensternischen ab. Der Innenraum war im Osten durch eine Mauer unterteilt, sie könnte aber auch später, bei der nachträglichen Unterkellerung des mittleren Bereiches, errichtet worden sein. Hinweise auf einen Dielenfußboden liefern drei Aussparungen für Balken, die in der Mitte der Südmauer auf dem hervorspringenden Fundament sichtbar waren. Von Süden zogen drei Mauern, die allerdings nur noch im Ansatz erhalten waren, im Abstand von 1,60 m gegen dieses Gebäude: Vermutlich handelt es sich um Stützpfeiler. Die Entstehungszeit dieses Baus kann vorerst nicht genau definiert werden. In der Planierung südlich des Gebäudes fand sich Keramik des 13./14. bis 16. Jhs. (grautonige Ware, z.T. mit Rollrädchenverzierung, sowie frühe glasierte Wandscherben).

Gleichzeitig mit diesem Bau oder etwas später errichtete man den Westtrakt des Kreuzganges. Gegen die Südwestecke von Gebäude I zog eine Nord-Süd verlaufende Mauer, die noch in einer Länge von 3,50 m erhalten war. Vermutlich zur gleichen Zeit entstand ein Pfeiler bzw. ein Säulenfundament, das 3,20 m weiter östlich der Kreuzgangmauer und 2,20 m südlich des ältesten Gebäudes lag.

In einer späteren Phase wurden Umbauten im mittleren und östlichen Teil von Gebäude I vorgenommen. Ob beide Baumaßnahmen gleichzeitig stattfanden, ist nicht mehr zu ermitteln. Das Erdgeschoß wurde in der Mitte des Baus für zwei Kellerräume um 1,50 m abgetieft. Zwei Kellerfenster konnten in die Südmauer eingebrochen werden, nachdem man die gegen sie gesetzten Pfeiler abgerissen hatte. Im Osten waren der Abbruch der Südmauer und die Errichtung eines von Süden dagegen gesetzten Gebäudeteils II erkennbar, sein Fußboden zog über die Abbruchkrone. Die Außenmauern dieses Gebäudes sind nicht erfaßt worden.

Im 17. Jh. erfolgten Umbauten an allen drei Bereichen des ältesten Gebäudes. Ihre genaue zeitliche Einordnung sowie ihre Anbindung zueinander erwiesen sich wiederum als schwierig. Im Osten riß man Gebäude II ab und errichtete auf der Abbruchkrone der alten Südmauer bzw. auf dem darüberziehenden Fußboden eine neue Mauer. Die Keller im mittleren Teil wurden, nachdem einige Zeit davor der Ostkeller schon verkleinert worden war, mit dem Abbruchschutt eines Klostergebäudes verfüllt. Mit demselben Material war auch eine sehr große Grube im Süden des Gebäudes aufgefüllt. Die Verfüllungen bestanden jedoch nicht nur aus dem üblichen Bauschutt, sondern enthielten auch zahlreiche Bruchstücke von bemaltem Wandputz und einige Fragmente von Sandsteinwerkstücken, darunter Teile von Maßwerk, sowie eine kleine Säule. Keramik und Metallfunde stammen aus der Zeit vom 13./14. bis 17. Jh.

Im Westen erhielt das Gebäude nun einen neuen Nord-Süd-Trakt IV. Hierzu wurde die alte Südmauer auf einer Länge von 4,60 m abgebrochen und ihr im Süden eine neue Mauer vorgesetzt. Durch die Verbindung von Westmauer und Kreuzgangmauer mit einem weiter südlich erfaßten, damals abgebrochenen Gebäude III entstand der neue Trakt. Zwei 3,80 m breite Räume hatten ihren Plattenfußboden bewahrt. Der Kreuzgang blieb wahrscheinlich bestehen.

Wenig später erlitt der südwestliche Teil der Anlage Belagerungsschäden: Unter einer Planierschicht im Kreuzgang fand sich eine zerplatzte Kanonenkugel. Von Reparaturen zeugen auch Ausbesserungen in der neuen Südmauer. Nach weiteren, nicht genau eingrenzbaren Umbauten wurden alle erfaßten Baustrukturen im 18. Jh. abgebrochen und einplaniert.

Luisa Galioto

Literaturhinweise

K. Elm, Wilhelmiten. In: Lexikon des Mittelalters 9 (1998) 19. – P. Rohde, Die Freiburger Klöster zwischen Reformation und Auflösung. In: H. Haumann (Hrsg.), Geschichte der Stadt Freiburg im Breisgau 1 (Stuttgart 1994) 436f. – H. Schadek, J. Treffeisen, Klöster im spätmittelalterlichen Freiburg. Frühgeschichte, Sozialstruktur, Bürgerpflichten. In: H. Haumann (Hrsg.), Geschichte der Stadt Freiburg im Breisgau 2 (Stuttgart 1996) 443ff.

Aufschlüsse zum ehemaligen Zisterzienserinnenkloster in Gnadental, Gemeinde Michelfeld, Kreis Schwäbisch Hall

Das ehemalige Zisterzienserinnenkloster Gnadental liegt im Tal der Biber nordwestlich von Michelfeld. Die ursprüngliche Klosterkirche ist heute Pfarrkirche des Teilortes mit nordöstlich anschließendem Friedhof. Da dessen Erweiterung als notwendig erachtet wurde und als Platz hierfür nur der Bereich des ehemaligen Kreuzganges zur Verfügung stand, wurden archäologische Untersuchungen im Vorfeld notwendig.

Als Klostergründer treten 1243 Konrad von Krautheim und seine Frau Kunigunde in Erscheinung. Trotz reicher Schenkungen v. a. durch die Stifter bringt es das Kloster nie zu größerem Wohlstand. Nach mehreren finanziellen Engpässen ist in der zweiten Hälfte des 15. Jhs. ein rapider moralischer und wirtschaftlicher Niedergang zu verzeichnen. Trotzdem kann das Kloster bis zur Reformation überleben. 1557 hält der erste protestantische Pfarrer seinen Einzug.

Die Friedhofserweiterung erstreckt sich im östlichen Kreuzgang- und -gartenbereich, vom derzeitigen Belegungsareal durch eine Süd-Nord verlaufende Mauer getrennt. Diese ist identisch mit der ehemaligen Westwand des Konventbaus. Die drei spitzbogigen, heute bis zur Kämpferhöhe geschlossenen Maueröffnungen dürften die Lage des ehemaligen Kapitelsaals kennzeichnen. An der Nordwand der Kirche lassen sich heute noch einbindende Mauern, Dachanschläge und Konsolsteine ablesen, die für eine Rekonstruktion des Klausurbereichs der ehemaligen Klosteranlage hervorragende Bedingungen liefern. Im Laufe der Grabungen wurden vielfältige Befunde freigelegt (Abb. 165). Eindeutige Spuren einer Besiedlung des Platzes in der Zeit vor der Klostergründung konnten im untersuchten Bereich – der natürlich nur einen kleinen Ausschnitt der ehemaligen Anlage spiegelt – weder durch Stratigraphie noch durch Funde nachgewiesen werden. Im Vorfeld der Bebauung erfolgte offensichtlich eine Trockenlegung des Geländes, denn einige, sich im gewachsenen Boden abzeichnenden „Wasserrinnen“ (die Hangwasser zur Biber führten) sprechen für deren Notwendigkeit ebenso wie ein wohl zur Drainage eingetiefter Graben, der auch in Richtung Bach weist. Eine humose Schicht, die wohl Ausgangsniveau für alle nachfolgenden Bauaktivitäten war und auf bzw. nahe ihrer Oberfläche verstärkt Holzkohlekonzentrationen zeigte, kann mit einiger Sicherheit als Rodungshorizont angesprochen werden. Auf diesen ist eine erste Planierschicht aufgebracht, die den ursprünglich nach Süden abfallenden Boden ausglich und wohl das Ausgangsniveau zu der ersten größeren Bautätigkeit darstellte. Leider können weder zum Aussehen noch zum Umfang dieser Baulichkeiten genauere Aussagen gemacht werden. Da diese Planierung nach Norden begrenzt war, ist davon auszugehen, daß sich in dieser Linie auch die Erstreckung der ersten Anlage nach Norden widerspiegelt. Die zugehörigen Funde sprechen für eine zeitliche Einordnung um die Mitte bzw. in die zweite Hälfte des 13. Jhs.

Das Ende dieser ersten Phase markiert ein dünner Abbruchhorizont, der mit Holzkohle und Sandsteinbrüchlingen durchsetzt ist. Im Süden des Grabungsbereiches befanden sich in entsprechender Lage Konzentrationen von angeziegeltem Wandlehm. Hieraus läßt sich schließen, daß zumindest ein Teil der Klostergebäude zunächst in Holz errichtet worden war. Von diesem Niveau schließlich wurde das Fundament der heute noch aufrecht stehenden, den Friedhof begrenzenden Mauer errichtet. Gegen diese zieht wiederum eine weite-

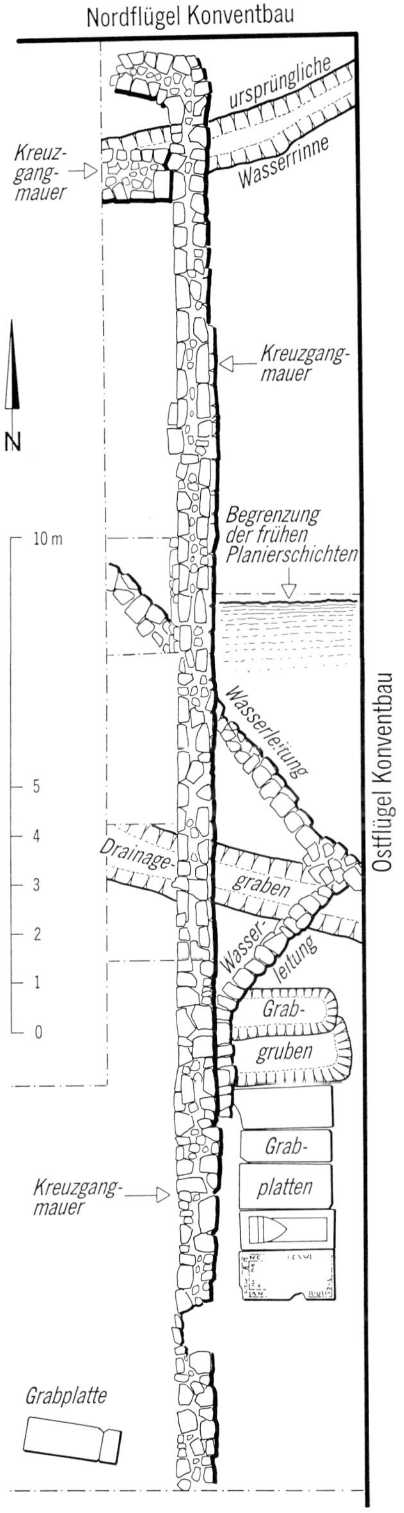

re Planierschicht, von deren Oberkante die Kreuzgangmauer eingetieft wurde. Trotz dieser unterschiedlichen Ausgangsniveaus der beiden Mauern kann man davon ausgehen, daß dies durch den Bauablauf bedingt war, sie aber durchaus einer Phase angehören. Auch die Kreuzgangbreite von etwa 3,50 m entspricht den üblichen Maßen.

Die Erstreckung dieser Anlage nach Norden überschreitet diejenige der ersten Phase bei weitem (ca. 15 m). Das Fundamentmauerwerk des Kreuzgangs knickt im nördlichsten Bereich der Grabungsfläche nach Westen ab, ohne jedoch eine weitere Fortsetzung zu finden. Dagegen schließt etwa 1,50 m nach Süden versetzt ein weiterer Mauerzug im rechten Winkel stumpf an die ursprüngliche Mauer an, parallel dazu wurde die südliche Mauer des hier einst stehenden Nordflügels im Profil erfaßt. Ist der nördliche Kreuzgangflügel so zu rekonstruieren, würde seine Breite etwa 1 m unter der seines östlichen Pendants liegen. Die Funde aus den entsprechenden Schichten sprechen für eine Datierung dieser Anlage in das 14. Jh.

Weitere Befunde verdienen noch Erwähnung. Von zwei freigelegten Wasserleitungen ist eine in die untere Planierschicht eingetieft. Sie kommt aus nordwestlicher Richtung aus dem Kreuzgarten, wo ein Brunnen aufgedeckt werden konnte, und verläuft in Richtung Westflügel Konventbau. Eine zweite Leitung, eingebracht in die obere Planierschicht, nimmt ihren Ursprung direkt östlich an der Kreuzgangmauer (um dort wohl das Regenwasser des Kreuzgangdaches aufzunehmen) und verläuft ebenfalls zum Endpunkt der älteren an der Konventmauer. Beide Kanäle werden jedoch durch diese geschnitten.

Wie nicht anders zu erwarten, konnten auch Bestattungen im ehemaligen Kreuzgang nachgewiesen werden. Fünf

Abb. 165 Kloster Gnadental. Umzeichnung der archäologischen Befunde im Untersuchungsbereich.

Abb. 166 Kloster Gnadental. Randscherbe eines emailbemalten und vergoldeten Glasbechers.

Grabplatten und Reste einer sechsten wurden vor dem hier zu vermutenden Kapitelsaal freigelegt. Hier waren vor allem die beiden von Interesse, deren Oberfläche noch Reste von Inschriften bzw Wappen zeigten. Die nördliche von beiden trägt das Wappen derer von Dörzbach. Wappenform und historische Überlieferung datieren sie an das Ende des 13. Jhs. Damals amtierte eine Patrissa von Dörzbach als dritte Äbtissin. Die andere Platte nennt als Verstorbene eine Gertrudis und die Jahreszahl 1316 (für die Identifizierung der Inschriften und Wappen sei Herrn Dr. H. Droes von der Inschriftenkommission an der Heidelberger Akademie der Wissenschaften sehr herzlich gedankt). Die drei nach Norden daran anschließenden Grabplatten weisen keine Inschriften auf oder sie liegen in Zweitverwendung mit der Rückseite nach oben. Der Beweis, daß sich hier jedoch Bestattungen befinden, wird durch zwei weitere Grabgruben im Norden ohne Abdeckung erbracht, auf die offensichtlich auch die jüngere Wasserrinne Rücksicht nimmt. Der Bereich der mittelalterlichen Bestattungen konnte aus der künftigen Friedhofsnutzung herausgenommen werden.

Das Fundmaterial konnte wegen der bis in den Herbst andauernden Grabungsaktivitäten bisher nur einer kurzen Sichtung unterzogen werden. Dabei fielen jedoch einige Besonderheiten auf, die hier erwähnt werden sollen. So ist das Auftreten mehrerer Gefäße – wohl alles Becher – aus echtem Steinzeug hervorhebenswert. Im direkten Vergleich zum sehr viel umfangreicheren spätmittelalterlichen Fundgut, das bislang aus der benachbarten Reichsstadt Hall bekannt ist, handelt es sich um ein bemerkenswert „großes" Vorkommen. In den ländlichen Siedlungen, aber auch in etlichen Burgen des Haller Raumes (z. B. Burg Bielriet) fehlt solches Importgeschirr völlig. Auch die in Kloster Gnadental durchaus gut vertretene Feinware aus der Töpferei von Remshalden-Buoch ist in Hall und seiner Umgebung nur ganz spärlich vorhanden. Bei der Ofenkeramik konnte Überraschendes konstatiert werden. Bereits in Befunden des 13. Jhs. erscheinen hier sog. zusammengesetzte Kacheln. Es handelt sich dabei um sehr schlanke Becherkacheln, bei denen jedoch in der Art der breiteren Tellerkacheln des 14. Jhs. die Böden schon ganz knapp unterhalb des Randes eingesetzt wurden. Bei den frühesten zusammengesetzten Kacheln im mittleren Neckarraum, vor allem jenen der Buocher Feinware, sitzen die Böden dagegen sehr viel tiefer im Kachelkörper, etwa auf halber Gefäßhöhe. Damit zeigt sich eine weitere Eigenheit der Ofenkachelentwicklung in den nordöstlichen Regionen Baden-Württembergs und den fränkischen Landschaften Bayerns, die einmal einer eingehenderen Würdigung bedürften.

Das Randstück eines emailbemalten Glases stellt das absolut spektakulärste Fundobjekt dar (Abb. 166). Die Stärke der Wandung, vor allem aber die Art der nur außen aufgebrachten roten, rotbraunen und blauen Emailbemalung, die stellenweise wie ein kräftiges Relief wirkt, wären allein schon recht sichere Indizien dafür, daß man es mit einem islamischen Erzeugnis und nicht mit einem europäischen („syro-fränkischen" bzw. venezianischen) zu tun hat. Hinzu kommt freilich noch das rudimentäre Vorhandensein von Vergoldung. Daß diese Form des zusätzlichen Dekors bei vielen anderen orientalischen Erzeugnissen heute nur noch zu vermuten ist, liegt an ihrer „Flüchtigkeit". Die Vergoldung wurde nämlich – wenn überhaupt – nur schwach eingebrannt. Das Gnadentaler Stück zeigt Goldreste nur (noch?) auf der rotbraunen waagrechten Begrenzung der Zierzone unterhalb des Randes und auf den gleichfarbigen Ranken. Die von roten Konturlinien eingefaßten blauen Felder, deren einst viel intensivere Farbigkeit bei der Betrachtung von der Innenseite her deutlich wird, und die stellenweise bereits weiß entfärbt sind, bleiben frei davon. Im Raum südlich des Mains ist das

Gnadentaler Glas, das sich mit großer Wahrscheinlichkeit als hoher, schlanker Becher rekonstruieren läßt (Abb. 167), der bisher einzige Nachweis für den Gebrauch ostmediterraner Emailgläser auf deutschem Boden. Weiter westlich und südlich sind aus Straßburg und Rathsamhausen-Ottrott im Elsaß und einigen Fundorten in der Nordschweiz Parallelen bekannt. Die intensivere Beschäftigung mit den Schriftquellen wird zeigen müssen, ob vielleicht für einen der Stifter oder der Wohltäter des Klosters in seiner Frühzeit die Teilnahme an einem Kreuzzug oder einer Pilgerfahrt ins Heilige Land nachzuweisen ist, wo solche Gläser viel leichter zu erwerben waren als im Mitteleuropa des 13. Jhs. Aufgrund der Bedeutung der Anlage und der hochwertigen Befunde und Funde sowohl aus kunsthistorischer als auch aus archäologischer Sicht wurde ein Eintragungsverfahren in das Denkmalbuch als Kulturdenkmal nach § 12 eingeleitet. Es ist geplant, die Untersuchungen der verschiedenen Disziplinen innerhalb des Landesdenkmalamtes (Archäologie, Bauforschung und Baugeschichte, Geophysik, Steinrestaurierung) mit einigen Fremdbeiträgen (Inschriften, historische Überlieferung) einer Publikation zuzuführen.

Susanne Arnold,
Uwe Gross

Literaturhinweise

R. Ward (Hrsg.), Gilded and enamelled glass from the Middle East (London 1998). – P. Steppuhn, Gold- und emailbemalte Gläser des 12. und 13. Jahrhunderts aus Norddeutschland. In: Annales du 13e congrès de l'association internationale pour l'histoire du verre. Pays Bas 1995 (Lochem 1996) 319 ff. (mit Karte Abb. 11).

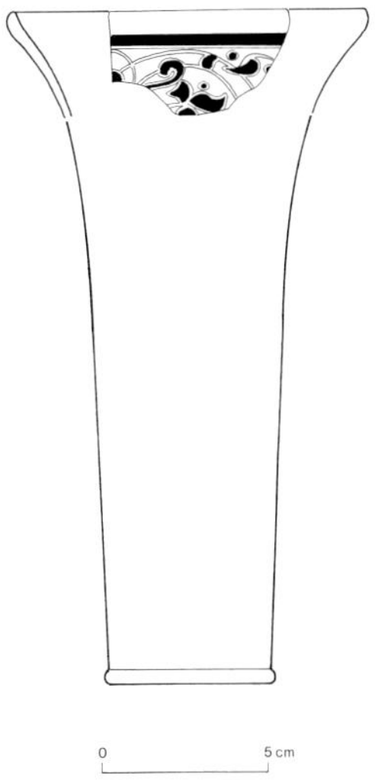

Abb. 167 Kloster Gnadental. Rekonstruktionsversuch des emailbemalten und vergoldeten Glasbechers.

Unten schlummert die Kapelle. Archäologische Ausgrabungen im Areal des ehemaligen Kaisheimer Pfleghofs in Ulm (Frauenstraße 23, Kornhausgasse 12)

Lage

Das Areal des Kaisheimer Pfleghofs befindet sich in der Nähe des abgegangenen Frauentores (Frauenstraße/ Hafengasse) außerhalb der staufischen Stadt an einer nach Norden führenden alten Fernstraße (Frauenstraße) und wurde erst im Zuge der 1316 begonnenen Stadterweiterung der ummauerten Stadt einverleibt (Abb. 168).

Baulichkeiten

Vom Komplex des Kaisheimer Pfleghofs ist heute noch in der Nordostecke des einstigen Areals ein Frührenaissance-Bau aus dem Jahre 1522 erhalten, der anstelle eines Vorgängergebäudes errichtet wurde. Die restlichen Gebäude dienten bis zu ihrem Brand 1805 als Stadel und wurden danach nicht wieder errichtet (Abb. 169).

Nach der Säkularisation 1803 wurde der Pfleghof mehrfach umgenutzt, 1811 bis 1903 zuerst als Württembergisches Oberamt, seit 1903 bis heute als Postamt. Schon 1258 hatte das Kloster Kaisheim Besitzungen in Ulm, deren Lage aber nicht überliefert ist, der Kauf eines weiteren Gebäudes wird 1314 bekannt. Das Anwesen in der Frauenstraße wird dann bereits am 12. 3. 1370 vom Zisterzienserkloster Kaisheim (nördlich von Donauwörth) erworben. Die Quellen berichten von „Haus, Stadel, Garten, Hofraiti und Gesäß alhie zu Ulm".

Abb. 168 Im Ausschnitt der Vogelschau von Ulm aus dem Jahre 1597 ist das Eckgebäude des Kaisheimer Pfleghofes von 1522 sichtbar, links daneben in der Kornhausgasse ein Fachwerkgebäude mit Steinsockel (die vormalige Kapelle?), davor ein Brunnen. Der Eingang zum Pfleghof lag – im Bild sichtbar – in der Frauenstraße.

Der archäologische Erwartungshorizont war somit entsprechend hoch, als die Bebauung – Geschäftshaus mit Tiefgarage – des heute als Parkplatz genutzten Areals anstand. Es war klar, daß vorab auf dem gesamten Gelände geophysikalische Messungen durchgeführt werden mußten, da es seit Beginn des 19. Jhs. unbebaut und somit von modernen Leitungen ungestört war. Das Gelände bot damit für den Einsatz dieser Methoden in der Stadtarchäologie optimale Voraussetzungen.

Im Gebiet westlich des Kaisheimer Hofs

zeigte die Inhomogenitäts-Verteilung in einer Tiefe von 1,10 m vier quadratische Strukturen sowie im Osten der Fläche eine Nord-Süd verlaufende Struktur, die als Punktfundamente bzw. als Außenmauer eines Gebäudes interpretiert wurden und so zur Arbeitsthese einer „Kapelle“ führten.
Im November 1997 wurden zwei Testschnitte angelegt. Der Nord-Süd verlaufende Baggerschnitt legte zwei der Punktfundamente sowie südlich davon eine Fundamentmauer aus Kalkstein und einen mit Kalksteinbruch großflächig verfüllten Bereich frei. Durch die frühzeitige Kenntnis können nun der originale Baubestand sowie die Fundamente der Kapelle erhalten werden. Die Ausgrabung begann im Frühjahr 1998.

Erdbefunde und frühe Steinmauern

Zu den ältesten Befunden gehören Erdbefunde wie Gruben im nördlichen Bereich und eine Nord-West verlaufende Abgrabung im Südwesten der Grabungsfläche unbestimmten Ausmaßes (Abb. 170.5). In ihre Verfüllung tieften zwei Pfostengruben ein, die möglicherweise mit weiteren Pfostengruben in Verbindung stehen.
Die älteste Bruchsteinmauer (Abb. 170e) verläuft West Ost im nördlichen Bereich der Grabungsfläche und zieht im Osten unter dem jüngeren Backsteinfundament (Abb. 170d) durch, dort ist sie allerdings ausgebrochen. Die Mauerkrone wird bedeckt von einer Planierschicht, die an eine weitere Bruchsteinmauer (Abb. 170 a) heranzieht.

Älteste Bebauung (Gebäude I, Fundamentmauern a, f)

Die Kalksteinmauer a gehört zu einem größeren Gebäude und steht im Fundament im sauberen Eckverband mit Mauer f aus Backstein, deren Sockel jedoch in Bruchstein aufgemauert war (Abb. 171). Im Osten endet Mauer a mit einem Mauerkopf, im Fundamentbereich zeichnen sich möglicherweise zwei Bauabschnitte ab. Ein älteres mit Bruchsteinen gesetztes Mauerwerk wird von einem um ca. 10 cm zurückgesetzten Mauerwerk, ebenfalls aus Kalkstein, überlagert. Verputzreste deuten auf das einstige Gehniveau hin. Bei diesem Komplex könnte es sich um einen rechteckigen Baukörper handeln, umschlossen von den Mauern f im Westen, Fundamentmauer a im Norden in einer älteren Phase. Die Fundamente im Osten müßten unter der jüngeren Mauer g liegen, oder das Gebäude war im Osten offen, im Süden noch unter der heutigen Bebauung (Schuppen mit Keller). Für eine Bebauung der nördlichen Fläche fehlen Belege.
Im wohl als Außenbereich genutzten Areal nördlich der Kalksteinmauer a findet sich im äußersten westlichen Bereich ein Brunnen (Abb. 170.6). Dieser wird bedeckt mit einer Verfüllung, die auch flächig innerhalb eines späteren Gebäudes gefaßt wurde und an die Mauern heranzieht.

Gebäude II (Fundamentmauern a, f, g, h)

In einer jüngeren Phase gehören zu diesem Komplex mit den Innenmaßen von ca. 7×12 bzw. 12,40 m die Mauern a, f, g (im Osten) und h (im Süden). Die Backsteinmauer g besaß an der Westseite einen Fundamentvorsprung von 40 cm (der ca. 1,20–1,40 m unter dem heutigen Hofniveau lag). Sie ist zwischen Mauer a und h gesetzt. Fundamentmauer h, ein jüngeres Kalksteinfundament (mit Backsteinphase) stößt stumpf an f und schließt das Gebäude. Südlich von h fand sich noch eine Lage einer flach fundamentierten Kalksteinmauer i.
Das Innere des Gebäudes war vom heutigen Hofniveau aus flächig bis zum gewachsenen Boden überwiegend mit Kalksteinbruch verfüllt. Dieser wurde mit dem Bagger bis in eine Tiefe von

1,80m abgetragen. Dabei traten zwei Punktfundamente zutage, die wohl einst Stützen trugen. Außerhalb des Gebäudes fand sich im Süden und im Osten kein Bauschutt, was auf einen geschlossenen Raum hinweist.

Pfeilerhalle
(Fundamentmauern a, d, Mauer b, c)

Die Kalksteinmauer a gehört auch zu einer nahezu quadratischen Pfeilerhalle mit den Innenmaßen ca. 10,50–70× 11–11,50m. Suchschlitze zu den Fundamentmauern und bauhistorische Untersuchungen der westlichen und nördlichen Hofmauer (b und c) ergaben, daß Teile der Hofmauer zu den originalen Wänden der Pfeilerhalle gehören. Bei der Suche nach einer möglichen Apsis im Osten stellte sich heraus, daß die Verfüllungsschichten westlich und östlich von Mauer d keine Entsprechung haben.

Bauzeitliches Niveau

Die Westmauer aus Backstein b sitzt im Eckverband im Süden mit Mauer f, im Norden mit Mauer c. Fundamentmauer b besitzt eine Baugrube und ist aus Backstein erbaut. Der oberste von drei Mauervorsprüngen markiert etwa 55–60cm unter dem modernen Hofniveau das bauzeitliche Laufniveau. Die Lehmschicht, die die Baugrube bedeckt, korrespondiert mit diesem Versprung. Anders hingegen ist die Nordmauer fundamentiert. Obwohl beide im sauberen Verband stehen, zeigt die Nordwestecke einen anderen Unterbau, bestehend aus einem Mischmauerwerk aus Kalk- und Backstein. Auch hier verspringt das aufgehende Mauerwerk ca. 60cm unter dem Hofniveau in seiner Flucht leicht gegenüber dem Unterbau und markiert das alte bauzeitliche Gehniveau. Putzreste belegen dies. Der Fundamentrücksprung deutet möglicherweise auf zwei Bauabschnitte hin. Nicht eindeutig

Abb. 169 Ulm. Frauenstraße, Ecke Kornhausgasse von Norden gesehen. Im linken Bildrand der Renaissance-Bau des Kaisheimer Pfleghof. Rechts im Bild die Ausgrabung der Kapelle und des Stadels. Die anschließende Bebauung im Westen und Süden zeigt die alte Begrenzung des Pfleghofareals.

geklärt werden konnte, ob Backsteinmauer c mit Backsteinmauer d im Eckverband steht. Vieles spricht dafür, wie z. B. die andere stratigraphische Schichtenabfolge östlich von Mauer d. Diese stößt stumpf an Kalksteinmauer a und überbaut sie.
Im Inneren der Pfeilerhalle befinden sich vier quadratische Fundamente (Abb. 170. 1–4). Die Sockelfundamente bestanden aus einem unregelmäßig gegen eine Baugrube gemauerten, quadratischen Unterbau, darüber erhoben sich kleinere Pfeilerfundamente. Die Nivellements der Pfeilerstümpfe korrespondieren mit den an den Mauervorsprüngen ablesbaren bauzeitlichen Begehungsniveaus. Der originale Fußboden war nicht mehr erhalten.
Die Pfeiler- und Backsteinfundamente tiefen in diverse Planierschichten ein. In einer der jüngsten fand sich ein ‚Nürnberger' Rechenpfennig, der um 1500 datiert wird (s. Beitrag U. Klein in diesem Band). Die jüngste Schicht, eine sterile Sandschüttung, lag wohl unmittelbar unterhalb des Fußbodens.

Das aufgehende Mauerwerk der Pfeilerhalle

Der moderne Putz wurde vollständig von der originalen Nordwand abgenommen, von der Westwand nur im oberen Bereich, um zu prüfen, ob einst Fenster bzw. eine Türöffnung u. ä. vorhanden waren. Bei der bauhistorischen Untersuchung der Nordwand wurden im Abstand von 2,10 m bzw. 2,20 m jeweils das untere Drittel von drei vermauerten Fensteröffnungen freigelegt, die 1,40 m breit waren (Abb. 171), zudem traten drei 60 cm breite Kämpferansätze zutage, die in der Flucht mit den Pfeilerfundamenten liegen. In der Westwand hingegen fanden sich keine Öffnungen, die auf Fenster oder eine Türe schließen lassen, dafür konnten zwei Kämpferansätze (50 und 60 cm breit) freigelegt werden. Bei der Pfeilerhalle handelt es also um ein dreijochiges Gebäude.
In der Südwest- und Nordwestecke konnten keine Kämpferansätze freigelegt werden. Die Südwestecke zeigt bis zur Ansatzzone der einstigen Querwand – der Südwand der Pfeilerhalle – eine große Störung, die eine jüngere Eckabmauerung überdeckt. Eine weitere Störung zeigt die unmittelbar daran anschließende Zone auf einen Meter Breite. In der vom Putz befreiten Zone wurden verschiedene Balkenlöcher sichtbar.
Ob die beiden Gebäude ein Obergeschoß hatten und miteinander verbunden waren und somit einen Baukörper bildeten, kann nicht mehr festgestellt werden. Bei der Pfeilerhalle handelt es sich auf jeden Fall um einen gewölbten Raum. Spätere Umbauphasen deutet der archäologische Befund nicht an, auch kann das jähe Ende der Gebäude gegen 1805 archäologisch nicht gefaßt werden.

Historische Einordnung

In der mittelalterlichen Stadt spielten die Pfleghöfe oft eine wichtige Rolle, die abhängig vom Rang des Klosters und dessen Handelsinteressen mit der Stadt war. Sie waren Stützpunkte und Verwaltungszentren der Klöster und ihrer zugehörigen Besitzungen und dienten als Sammelstellen und Umschlagplatz für Naturalabgaben. Für reisende Mönche waren sie Herberge und in Kriegszeiten boten sie den Mönchen der ländlichen Klöster Schutz und Zuflucht. Baulich stellten die Pfleghöfe größere Gebäudekomplexe dar. Diese bestanden in der Regel aus Verwaltungs- und Wohnhäusern, Speichern, Keltern und oftmals auch Kapellen als eigenständige Gebäude.
Ebenerdig gewölbte Räume aus dem profanen Bereich dieser Zeitstellung – wie die ergrabene Pfeilerhalle – kennt man aus Ulm, seien es das „Gewölbe" im Schwörhaus, im Gasthaus Krone oder der Löwensaal im Zeughaus. So war die Interpretation als Kapelle, auch

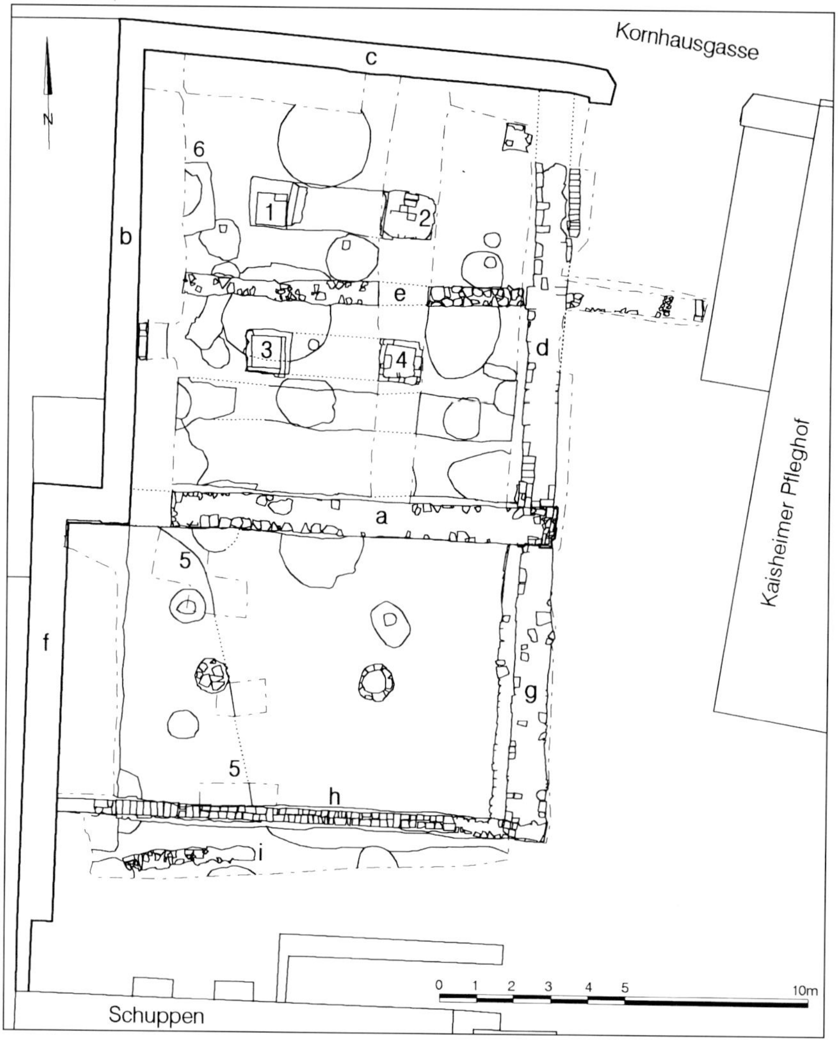

Abb. 170 Ulm. Übersichtsplan der Ausgrabung Frauenstraße 23: 1–4 Pfeilerfundamente, 5 Abgrabung, 6 Brunnen, a–d Fundamentmauern und aufgehendes Mauerwerk der Pfeilerhalle, e älteres Kalksteinfundament, a, g, f, h Fundamentmauern und aufgehendes Mauerwerk eines weiteren Baukomplexes, i flach gegründetes Kalksteinmauerwerk.

wenn sie auf der Hand lag, nicht zwingend – eine Apsis im Osten gab es nicht –, zumal nicht alle Pfleghöfe Kapellen besaßen. Die Durchsicht der Ratsprotokolle im Stadtarchiv Ulm bestätigt die Existenz einer Kapelle, sie gibt zugleich Aufschluß zum Gebäude. So erläutert das Ratsprotokoll von 1521 den archäologischen Befund aufs trefflichste. „Auf Anbringen meines Herrn von Kaisheims Anwalt meinen Herrn von Kaisheim zu seinem Haus allhier eine Kapelle und Scheune zu bauen zu vergonnen etc. ist entschlossen, die Geschworenen sollen erfahren was der Abt bauen will und solches wieder an den Rat bringen. Ist weiter entschlossen ihm eine Kapelle zu bauen zu vergonnen, doch daß er keine Tür oder Tor von der Kapelle an die Gasse richte, sondern daß man von der Gasse nicht in die Kapelle gehen mag. Er soll auch an der neuen Scheune oder Stadel nur ein tor machen zu sond. [gesonderter?] Einfahrt, daß doch man aus dem selben Tor in die Kapelle nicht gehen mag." (Transkription: Ch. Kleiber, G. Weig). Dies würde das Fehlen einer Apsis im

Osten erläutern, da nur hier der Eingang sein konnte, die Nordseite gegen die Gasse war ja ausdrücklich verboten, die Westseite bebaut, die Südseite durch den Stadel nicht erlaubt.
Der prächtige Renaissance-Neubau des Pfleghofs und der Kapellenbau fallen in eine unruhige Zeit, die Reformationszeit, in der der Rat der Reichsstadt Ulm eine schwankende Haltung einnahm. Den Ratsherren war es wichtig im Protokoll festzuhalten, daß hier eine Hauskapelle entstehen sollte und keine öffentliche Kapelle, verständlich in einer Zeit der reformatorischen Umbrüche.
Zugleich sollte einer möglichen Vergrößerung der Kapelle vorgebeugt werden. Einen solchen Streitfall kennt man aus dem Kaisheimer Pfleghof in Esslingen. Innerhalb der Stadt durfte nach Einführung der Reformation nur noch in dessen Kapelle die Messe gehalten werden. 1644 wird vom Streit um eine „durchbrochene Trennwand" berichtet, die wohl auf eine nicht genehmigte Erweiterung der Kapelle zielte.
Die Kaisheimer Kapelle überstand offensichtlich den Sturm der Reformation. Als „Haus- bzw. Privatkapelle" teilte sie nicht das Schicksal der über 30 Kapellen und Kirchen, die nach der Reformation 1530/31 überwiegend einer weltlichen Nutzung zugeführt wurden. Nur in wenigen Kapellen durfte noch nach der Reformation Messe gehalten werden. Die Kapelle des Kaisheimer Pfleghofes gehörte wohl dazu, denn bis ins 17. Jh. belegen die Quellen, daß Messen gehalten, Kinder getauft und Ehen geschlossen werden: So wird 1613 das Messelesen in der Kapelle des Kaisheimer Pfleghofs verboten und in der zweiten Hälfte des 17. Jhs. – 1667, 1669, 1673, 1674, 1677, 1679 – wird noch tatkräftig getauft.
Der Pfleghof bestand bis zur Säkularisation 1803. Ob bis zu diesem Zeitpunkt auch die Kapelle in ihrer Funktion erhalten geblieben ist, bleibt offen. Am 16. 12. 1805 brannte der Stadel beim Kaisheimer Pfleghof ab.
In den Napoleonischen Kriegen benutzten die Franzosen den Stadel als Stroh- und Heumagazin. 1805 tobte ein „fürchterliches Feuer in dem hinteren Haus, worin ein Stroh- und Heumagazin war

Abb. 171 Ulm. Frauenstraße 23. Blick von Süd nach Nord. In der Mitte des Bildes die Kalksteinmauer a, mit einem Pfeil gekennzeichnet der Fundamentversprung, der das alte Gehniveau markiert. Im rechten Bildrand ist noch Backsteinmauer g sichtbar. Im Bildhintergrund die originale Nordwand der Pfeilerhalle mit je drei zugemauerten Fensternischen und Kämpferansätzen.

und unglaublich aus Verwahrlosung durch die französische Soldaten angegangen“ ... „doch blieb die daran befindliche Kapell und der Altar auch die schönen Bilder darauf stehen“ ... (Transkription G. Weig).

Obwohl die Bacher-Chronik über die Unversehrtheit der Kapelle berichtet, zeigt der Schlumbergerplan von 1808 außer dem Pfleghof keine weitere Bebauung des Areals. Die Gebäude waren demzufolge in der Zwischenzeit abgebrochen und nicht wieder errichtet worden. Ob es sich bei Kapelle und Stadel um zwei Gebäude gehandelt hat, ob sie mehrgeschossig waren oder unter einem Dach vereint, darüber gibt der archäologische Befund keine Aufschlüsse. Auch vom Brand von 1805 fanden sich keine Spuren. Die Vogelschau (Abb. 169) zeigt ein traufständiges Gebäude mit Steinsockel und Fachwerkaufbau. Ob es sich dabei um die Kapelle handelt, oder ob diese sich noch dahinter verbirgt, bleibt unklar. Pfarrer Weyermann, der wohl auch aus eigener Anschauung berichtet, beschrieb 1821 die Situation folgendermaßen: „war eine Kapelle, dem St. Leonhardt geweiht, ob derselben auf die Straße heraus, hieng eine Glocke, die aber keinen Schwenkel u. keinen Hammer hatte, u. also ohne Gebrauch war.“

Mein herzlicher Dank gilt Herrn Derrler, stellvertretend für den Bauherrn, Hausgemeinschaft Frauenstraße GbR, Ludwigsburg, die die Grabung finanziell unterstützten sowie den Architekten Herrn E. Stöcker und Herrn J. Binder; ferner Herrn H. Pflüger, Ulm, ehrenamtlicher Mitarbeiter des Landesdenkmalamtes Baden-Württemberg, Herrn Dr. Weig, Stadtarchiv Ulm, und Herrn Ch. Kleiber M.A., Neu-Ulm, für ihre historischen Untersuchungen, ferner Herrn Dr. St. Uhl, Warthausen, und Herrn B. Kübler, Ulm, für ihre bauhistorischen Gutachten.

Andrea Bräuning

Literaturhinweise

Bacher-Chronik aus: G1/1808, Bd. 3, fol. 523vf. – W. Bernhardt, Die Pfleghöfe in Esslingen (Esslingen 1982). – H. v. d. Osten-Woldenburg, Arch. Ausgr. Bad.-Württ. 1997, 177f. – H. Pflüger, Der Kaisheimer Pfleghof in Ulm, Südwestpresse Ulm, 27. 1. 1972; 3. 2. 1972; 15. 2. 1972. – H. E. Specker, Reichsstadt und Stadt Ulm bis 1945. In: Der Stadtkreis Ulm. Amtliche Kreisbeschreibung (Ulm 1977). – H. E. Specker, G. Weig (Hrsg.), Die Einführung der Reformation in Ulm. Forschungen zur Geschichte der Stadt Ulm, Reihe Dokumentation 2 (Ulm 1981). – G. Veesenmeyer, Ein Gang durch die Kirchen und Kapellen Ulms um das Jahr 1490. Verhandlungen Ulm und Oberschwaben N. R. 1, 1869, 38f. – A. Weyermann, Beschreibung aller ehemaligen Klöster, Kirchen und Kapellen in Ulm und Umgebung. Unterhaltungsblatt für alle Stände 1819, 1822, 578.

Archäologische Untersuchungen in der Pfluggasse in Biberach an der Riß

Die Pfluggasse, zentral im Westen der spätmittelalterlichen Stadterweiterung von Biberach gelegen, folgt der hochmittelalterlichen östlichen Stadtgrenze, von dieser lediglich durch die Breite des Häuserblocks getrennt. Ein Arm des Stadtbachs durchfließt das Quartier im wesentlichen parallel zur Gasse, in deren nördlichem Bereich eine große Baulücke geschlossen werden sollte. Es handelte sich um drei Grundstücke, deren ursprüngliche Bebauung schon vor Jahrzehnten abgebrochen worden war. Aufgrund der zentralen Lage im Stadterweiterungsgebiet war zu vermuten, daß bei archäologischen Untersuchungen wichtige Erkenntnisse zur Stadtentwicklung gewonnen werden konnten, insbesondere auch im Hinblick auf den Beginn der spätmittelalterlichen Vorstadtbildung. Die Nähe der Baugrundstücke zum Stadtbach ließ darüber hinaus Befunde zu wasserabhängigen Gewerben erwarten, zumal das Häuserbuch von Biberach für eines der abgegangenen Gebäude für die Frühneuzeit mehrfach Rotgerber als Eigentümer bezeugt.

Aufgrund des hohen Grundwasserstandes war bei dem Neubauprojekt nur eine Teilunterkellerung vorgesehen, im übrigen Bereich sollte lediglich ein Bodenaustausch für die Konstruktion der Bodenplatte vorgenommen werden. Auch wenn die Abgrabungstiefe dafür vergleichsweise gering war, konnten ohne weitere Kenntnisse der Stratigraphie diese Flächen nicht von der archäologischen Untersuchung ausgeschlossen werden. Auf Wunsch der Stadtverwaltung und der Bauherrschaft wurden Ende 1997 im Vorgriff auf die Baumaßnahme Voruntersuchungen durchgeführt, um eindeutige Aussagen über die Befundsituation treffen zu können. In einem ersten Schritt wurde auf dem Areal, das nahezu ausschließlich als Parkplatz genutzt wurde, eine Georadarmessung durchgeführt. Die Messungen umfaßten nicht nur die eigentlichen Bauparzellen, sondern erstreckten sich darüber hinaus auch auf den westlich anschließenden Hofbereich jenseits des verdolten Stadtbaches. Da jedoch für die Terminierung des Bauvorhabens rasch verläßliche Aussagen über Grabungsumfang und Grabungsdauer erforderlich waren, konnte die Auswertung der Georadarmessung nicht abgewartet werden. Die notwendigen Informationen mußten mit Hilfe einer Sondage ermittelt werden. Dazu wurde ein Baggerschnitt in Ost-West-Richtung quer durch das gesamte unbebaute Areal über den Stadtbach hinaus gezogen.

Unter einer kompakten modernen Auffüllung von beträchtlicher Stärke zeigte sich eine vergleichsweise geringe Schichtmächtigkeit, am geringsten im Osten, in der Nähe der Straße. Hier standen die Schotter der Riß nicht einmal 1 m unter der heutigen Oberfläche an; nach Westen, zum Stadtbach hin, tauchten die Schotter deutlich ab. Sie waren dort von einem stark durchfeuchteten, leicht moorigen Boden überdeckt. Mehrere Lagen von Ästen und Zweigen waren in den oberen Horizonten dieser Schicht eingelagert. Sie dienten wohl der Verbesserung der Tragfähigkeit der morastigen Oberfläche. Der heute in Betonröhren gefaßte Stadtbach nutzte im Spätmittelalter offenbar das ursprüngliche Flußbett der Riß, die im Zusammenhang mit der Stadterweiterung des 14. Jhs. weiter nach Osten verlegt worden war. Auf der Westseite des Stadtbaches wurden erhebliche Anstrengungen unternommen, das ursprüngliche Flußufer zu befestigen. In mehreren Reihen schlug man Holzpfosten in den Untergrund, um das Ufer zu stabilisieren.

Nutzungshorizonte oder Baubefunde fanden sich nur östlich des Baches, im Westen war die Stratigraphie bis auf das Pfahlwerk durch moderne Bodeneingriffe und randliche Baumaßnahmen ausgeräumt worden. Nahe der Pfluggasse konnte ansatzweise eine Mauer aus Schottern freigelegt werden, vor der eine Doppelreihe von Eichenpfosten eingerammt worden waren. Eine dendrochronologische Bestimmung ergab, daß die Pfostensetzung im ausgehenden 15. Jh. eingebracht worden war.

Aufgrund der beträchtlichen Stärke der modernen Planierschicht über den archäologisch relevanten Schichten war es möglich, die Untersuchungen lediglich auf den Bereich der geplanten Unterkellerung zu beschränken, da der Einbau der Bodenplatte nicht in historische Schichten eingreifen würde (Abb. 172). Dadurch verringerte sich zwangsläufig die Chance, aussagekräftige Befundzusammenhänge insbesondere der ältesten Siedlungsphasen oder Erkenntnisse zum Beginn der Vorstadtbildung zu erhalten. Nachdem die modernen Planierschichten abgetragen waren,

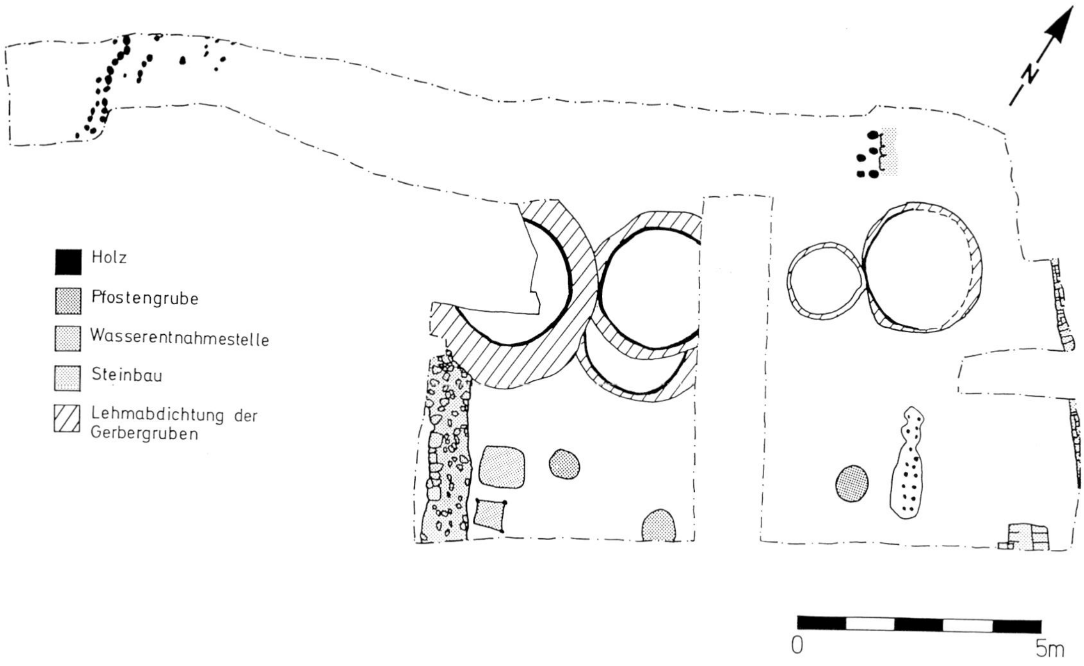

Abb. 172 Biberach, Pfluggasse. Die Grabungsbefunde in einer Übersicht.

zeigten sich mehrere große Gruben, die sich teilweise überlagerten oder schnitten. Sie waren bis auf das Grundwasserniveau in die Schotter eingetieft und mit Holz ausgekleidet. Bei einer Grube bestand die Auskleidung aus Faßdauben, bei den anderen jedoch aus gespaltenen größeren Birkenästen, die ringförmig übereinander gelegt worden waren (Abb. 173). Auf der Grubensohle und zwischen der Grubenwand und der Holzauskleidung war zur Abdichtung ein toniger Lehm eingebracht worden. Der teilweise noch erhaltene originale Grubeninhalt verdeutlicht, daß die Befunde Bestandteil einer intensiven gewerblichen Nutzung des Areals waren. Im Spätmittelalter und der Frühneuzeit waren hier Gerber tätig. Einige Gruben enthielten noch Kalkreste, es handelte sich hierbei um Äschergruben, in denen die Häute durch Zugabe von Kalkmilch enthaart wurden. Bei den anderen Gruben handelte es sich um Lohgruben, in denen die enthaarten Häute gegerbt wurden.

Zwei weitere Befunde, die sich südlich der Gerbergruben fanden, sind offenbar auch in gewerblichem Kontext zu sehen. Kleine, annähernd viereckige Gruben wurden bis in die grundwasserführenden Schichten eingetieft und mit Holz ausgekleidet. Im Gegensatz zu den Gerbergruben fehlte bei diesen Gruben eine Lehmauskleidung, eine Abdichtung der Gruben war offensichtlich nutzungsbedingt nicht erforderlich. Die Grubenfüllung gab keine Hinweise auf die Zweckbestimmung der Befunde. Am wahrscheinlichsten ist eine Interpretation der Strukturen als Wasserentnahmestellen.

In dem begrenzten Grabungsausschnitt waren auch Reste einer Steinbebauung erhalten. Zwar setzte sich das Fundament, das im Sondagegraben angeschnitten wurde, nicht weiter fort, doch konnten im Westen der Grabungsfläche die untersten Steinlagen einer Mauer freigelegt werden, die zweischalig aus vermörtelten Schottern aufgebaut worden war. Das Gebäude erstreckte sich offenbar weiter nach Süden und nach Westen, die Nordostecke des Bauwerks

Abb. 173 Biberach, Pfluggasse. Holzauskleidung aus gespaltenen Birkenästen einer Gerbergrube.

mit dem Ansatz der Nordwand war im Grabungsareal ablesbar, obwohl die Mauer in diesem Bereich durch eine Gerbergrube angeschnitten worden war.

Als älteste Befunde konnten im Südteil der Grabungsfläche einige Pfostengruben dokumentiert werden. Sie können als Indizien einer spätmittelalterlichen Bebauung herangezogen werden, ohne daß indessen dadurch weiterreichende Aussagen zu Siedlungsumfang und Struktur ermöglicht werden. Auch das Fundmaterial, daß aus den untersten Schichten geborgen wurde, von denen aus die Pfostengruben eingetieft worden waren, erlaubt keine eindeutige zeitliche Zuordnung der Befunde. Neben keramischem Fundmaterial des 13. und 14. Jhs. fanden sich auch Fragmente von Gefäßen des ausgehenden 11. oder frühen 12. Jhs. Diese frühe Keramik kann sicherlich nicht zur Datierung der Vorstadtbildung herangezogen werden, dazu liegt das Grabungsareal zu nahe am mittelalterlichen Siedlungskern von Biberach, für den eine Besiedlung im späten 11. Jh. archäologisch nachgewiesen werden konnte.

Erhard Schmidt

Neben zwei größeren Projekten wurden im Zuge von Umbaumaßnahmen kleinere Untersuchungen in den Häusern Kreuzlingerstraße 7 und Salmannsweilergasse 3 notwendig. Während sich im ersten Fall nur einige Details zur Baugeschichte klären ließen, ergaben sich beim letztgenannten Gebäude einige Überraschungen. Dieses liegt auf dem Grundstück des ehemaligen Stadthofs der Zisterzienser aus Salem und schließt unmittelbar an die umfangreichen, in den 80er Jahren durchgeführten Grabungen auf dem Fischmarkt an. Nach den Schriftquellen wurden Mitte des 19. Jhs. die Vorgängerbauten abgerissen und das jetzige Gebäude errichtet. Im Boden, der nur bis zu 1 m abgetieft wurde, fanden sich vor allem neuzeitliche Fundamente. Im Aufgehenden zeigte sich aber, daß die Westwand des Gebäudes und damit die Trennmauer zur Salmannsweilergasse 5 bis zum 1. Obergeschoß noch mittelalterlich ist. Sie ist sauber aus Wacken in Fischgrättechnik hergestellt (Abb. 174). An der Nordseite ist noch der Dachanschlag erkennbar. Auch die Ostwand barg eine Besonderheit: Im Erdgeschoß befanden sich einige ungewöhnliche Sandsteinstücke. Es handelt sich um übereinandergestellte Quader von insgesamt 4 m Höhe, die auf der nördlichen Seite nach einem Einzug in einem Säulchen oder einer Säule enden. Auf den Quadern ließen sich noch Reste eines weichen Kalkputzes mit roten und dunklen Farbspuren erkennen. Vielleicht sind dies Relikte der zum Salemer Hof gehörenden Verena-Kapelle. Leider reichte hier die Zeit nicht für eine gründliche Analyse der Baubefunde.
Baubegleitend wurde neben den laufenden Grabungen wichtige Erkenntnis zur Stadtmauer des 11. Jhs. gewonnen. Im Zuge der dauernden Überwachung von Kanalisationsarbeiten in der Tirolergasse wurde ihr annähernd West-Ost streichendes Fundament aus großen Wacken freigelegt. Dies bestätigt den durch M. Dumitrache vermuteten Verlauf der Südseite der Stadtmauer entlang des ehemaligen Ehgrabens „Zum Schlegel“. Derartige Maßnahmen erbringen im Vergleich zu dem relativ geringen Aufwand oft einen unverhältnismäßig reichen Ertrag für die Stadtgeschichtsforschung.

Untersuchungen im Süden der Vorstadt Stadelhofen

Auf dem durch Baufirmen bereits großflächig abgetieften Areal Bodanplatz/Wiesenstraße verzögerte sich nach einem Wechsel des Investors der Baubeginn. Dies gab die Gelegenheit, zusätzlich zu den Grabungen der letzten beiden Jahre noch einige punktuelle Nachuntersuchungen durchzuführen. Dabei gelang es, den Verlauf der Stadtmauer großflächig freizulegen und so genau zu fixieren (Taf. 15). Dabei wurde auch in Richtung Norden eine Pfostenreihe in 5 m Abstand entdeckt, die zur Stadtmauer parallel verläuft. Vor Abschluß der dendrochronologischen Analysen ist ihre Funktion schwer anzusprechen. Weitere Pfostensetzungen könnten zu Gebäuden des Werkhofs gehört haben oder im Rahmen der Auffüllmaßnahmen zur Stabilisierung eingebracht worden sein. Ganz im Westen des Geländes konnten zusätzlich zwei holzausgesteifte Latrinen entdeckt und ausgenommen werden. Sie gehörten nicht zum städtischen Werkhof, sondern zu Parzellen an der Wiesenstraße und erlauben es, die Grenze des Werkhofs näher festzulegen. Darüber hinaus geben sie Hinweise auf die Trockenlegung und den Beginn der Bebauung in dem Bereich östlich der Wiesenstraße. Die jüngere Latrine enthielt eine Ofenkachel der zweiten Hälfte des 15. Jhs.,

die ältere war ohne datierbares Fundgut. Eine genauere zeitliche Einordnung ist durch die Datierung der Hölzer zu erwarten.
Die Aufsiedlung in diesem östlichsten Teil von Stadelhofen läßt sich auf der Westseite der Wiesenstraße bereits näher ansprechen. Eine mehrmonatige Grabung auf der Liegenschaft Wiesenstraße 12, unmittelbar an der südlich vorgelagerten Stadtmauer, erbrachte folgende Erkenntnis (Abb. 175): Der älteste Befund war ein NW-SO ziehender Wasserlauf wohl natürlichen Ursprungs (101). Das spärliche Fundgut deutet darauf hin, daß er bereits im Hochmittelalter versandet ist.
Als nächstes sind zwei wohl parallel verlaufende Gräben zu nennen, die in den Schnitten 1 und 2 erfaßt wurden. Sie sind etwa 60 cm in das Anstehende eingetieft. Ihre vermutlich flache Sohle konnte nur durch Bohrungen erfaßt werden, da das hochstehende Grundwasser ein Tieferlegen der Fläche vereitelte. Die Gräben datieren in die erste Hälfte bis Mitte des 14. Jhs. Möglicherweise dienten sie zur Entwässerung des Geländes, wahrscheinlicher aber sind sie der östliche Abschluß eines Grabensystems, das die Vorstadt Stadelhofen erstmals befestigte und in den schriftlichen Quellen für die Mitte des 14. Jhs. genannt wird.
Nachdem die Gräben verfüllt sind, wird das Gelände noch im 14. Jh. bebaut. Von dem Wohngebäude wurde nur in Schnitt 2 ein N-S verlaufendes Fundament aus Sandsteinen und eine nach Osten anschließende Fußbodenpflasterung aus Bodenseekieseln aufgedeckt. Auf dem Grundstück befanden sich in charakteristischer rückwärtiger Lage zwei Latrinen mit Holzaussteifung (140, 150), die nicht gleichzeitig genutzt wurden, und einige in den Boden eingegrabene Fässer unklarer Funktion. Diese sind etwa auf einer Linie angeordnet und könnten eine unmittelbar westlich verlaufende Grundstücksgrenze markieren. Dafür spricht auch ein N-S verlaufender Graben etwa bei Y = 110. Er überlagert die Fässer 88 und 90, Faß 147 ist in ihn eingetieft. Wohl bereits auf der sich in westlicher Richtung anschließenden Liegenschaft wurden zwei Befunde aufgedeckt, die möglicherweise ebenfalls als eingegrabene Fässer anzusprechen sind.
Im südlichen Bereich von Schnitt 5 wurde das Gelände massiv mit humosem Sand aufgefüllt. Diese Maßnahme ist eventuell mit dem Bau der südlich vorbeiführenden Stadtmauer in Verbindung zu bringen, die in den ersten Jahrzehnten des 15. Jhs. realisiert wurde. Vergleichbare streifenartige Auffüllungen hinter der Stadtmauer ließen sich auch weiter östlich bei den Grabungen auf dem Bodanareal nachweisen.

Kloster St. Gregor – Petri domus

Durch einen Anbau an das Archäologische Landesmuseum, Außenstelle Konstanz, der die neu einzurichtende Abteilung für Schiffahrtsgeschichte aufnehmen wird, ergab sich erneut die Gelegenheit, auf dem Areal des 983 gegründeten Klosters Petershausen tätig zu werden. Im Frühjahr war bereits das Einbringen eines Fahrstuhlschachts an der Musikschule, der ehemaligen Prälatur, begleitet worden; an älteren Untersuchungen ist vor allem die Maßnahme

Abb. 174 Konstanz, Salmannsweilergasse 3. Blick nach Westen auf die Brandmauer zwischen den Liegenschaften 3 und 5.

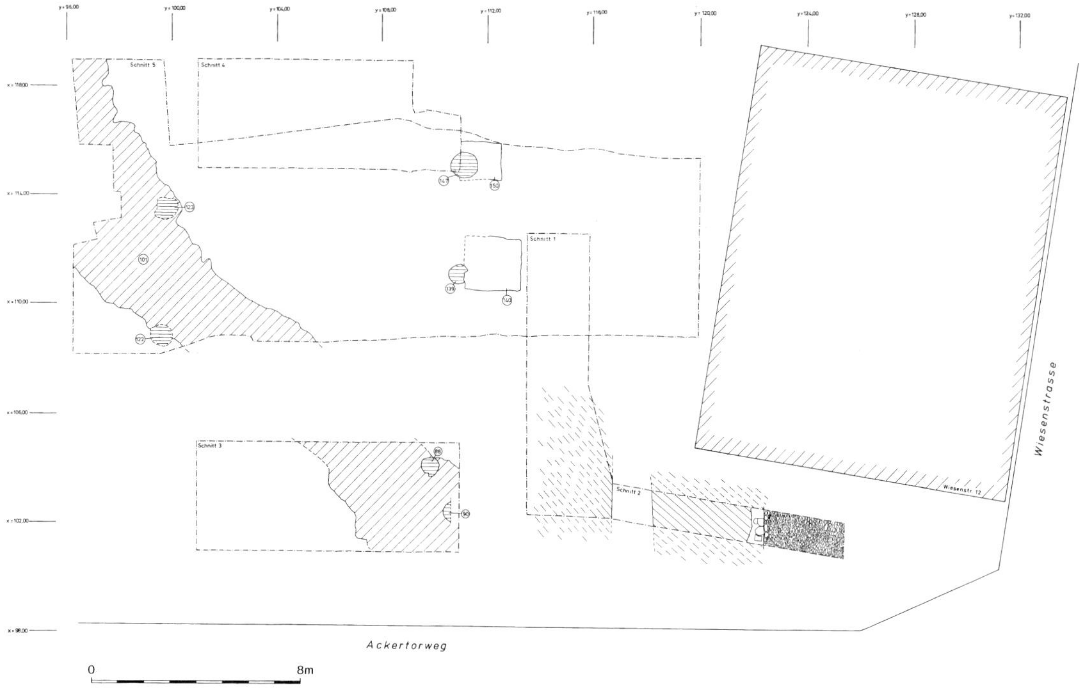

Abb. 175 Konstanz. Grabungsplan Wiesenstraße 12.

im Kreuzgarten des Klosters im Jahre 1991 zu nennen.
Untersucht wurde der Bereich südöstlich der barocken Konventgebäude, also in einem Gebiet, das in frühneuzeitlichen Darstellungen als Friedhof ausgewiesen ist. Es fand sich eine dichte Belegung von Gräbern unmittelbar östlich der wohl nach dem Vorbild des Petersdoms gewesteten Klosterkirche des 12. Jhs. Die jüngsten Gräber gehören in das 17./18. Jh. Sie sind mit Särgen ausgestattet, von denen sich teilweise noch Holz erhalten hat. Bei den frühneuzeitlichen Gräbern sind Trachtbestandteile wie Häkchen, Nesteln oder Knöpfe häufig. Sie zeigen, daß hier wohl nicht die Mönche, sondern die Bewohner des Stadtteils Petershausen beigesetzt worden sind. Dafür spricht auch die Anwesenheit von weiblichen Bestattungen.
In den jüngeren Gräbern fanden sich vielfach religiöse Zeugnisse wie Pilgerzeichen, Rosenkränze, Kruzifixe und kleine Reliquiare (Abb. 176, 177). Durch die vielfachen Überlagerungen ist die stratigraphische Abfolge der Gräber klar ersichtlich. So lassen sich diachron Veränderungen im Totenbrauchtum zum Beispiel anhand der verschiedenen Arm- und Beinstellungen deutlich ablesen.
Von großem Interesse ist der Vergleich mit den Bestattungen vom Heilig-Geist-Spital. Durch die umfangreichen Skelettserien sind genügend große Stichproben vorhanden, um die beiden Bevölkerungsgruppen, einerseits Spitalbewohner, andererseits die Bewohner der Vorstadt Petershausen, vor allem wohl Winzer, Fischer und andere Hörige des Klosters, in Bezug auf Robustizität, Sterbealter und Krankheitsbilder zu vergleichen. Schon jetzt zeichnet sich die nicht unerwartete Tatsache ab, daß Krankheiten mit degenerativen Veränderungen am Skelett auf dem Friedhof des Heilig-Geist-Spitals deutlich häufiger vorkommen. Dagegen sind in Petershausen auffällig viele Skelette mit Greisenkiefer vorhanden.
An Baubefunden ist vor allem das Fun-

dament der Kirchenostmauer des 12. Jhs. zu nennen. Mit einer Breite von über 2 m ist es sehr massiv ausgeführt. Es besteht aus lagig gemauerten, mittelgroßen Wacken und grob zurechtgeschlagenen Bruchsteinen. Die Südostecke ist weniger tief gegründet und technisch leicht abweichend hergestellt: möglicherweise eine Umplanung in der Ausführungsphase oder ein älteres Bauelement. Östlich der romanischen Kirchenmauer, in einem Abstand von etwa 2 m, befand sich ein weiteres Fundament mit leicht abweichender Orientierung, von dem nur noch eine 1,10 m breite Ausbruchsgrube vorhanden ist. Das Fundament wurde über älteren Gräbern errichtet, die zum Teil für die Erbauung verlegt wurden. Es ist wohl auszuschließen, daß das ottonische Kloster auf einem älteren Friedhof angelegt wurde, daher scheidet eine Interpretation dieses Fundaments als Ostabschluß der ottonischen Kirche aus. Wahrscheinlich gehört sie zu einer Porticus, die in der Klosterchronik des 12. Jhs. dem ersten Bau zugeschrieben wird. Nach dem archäologischen Befund scheint auch die Möglichkeit auf, daß diese Vorhalle erst sekundär an die erste Kirche angefügt worden ist. Eine Zugehörigkeit zur romanischen Kirche ist auf Grund des zu geringen Abstands auszuschließen. Daraus ergibt sich, daß die Ostmauer der ottonische Kirche weiter westlich stand. Die mutmaßliche Porticus wurde spätestens beim Bau der romanischen Kirche abgebrochen.

Diese Baubefunde und die ältesten Gräber sind in Schichten eingetieft, die einen hohen Anteil an Baukeramik und Mörtel aufweisen. In ihnen ist viel römische Keramik enthalten, die nach erster Einschätzung in das 1./2. Jh. gehört. Aus jüngeren Befunden stammt weiteres, hier allerdings umgelagertes römisches Material, darunter Münzen des 1. und 4. Jhs. n. Chr. Dies fügt sich gut zu Ergebnissen der Grabung 1991, die etwa 30 m weiter nordwestlich einen Graben und weitere römische Befunde erbrachten. In den 30er Jahren wurden von A. Beck auch im Bereich der Klosterkirche antike Schichten beobachtet. Es deutet sich an, daß im rechtsrheinischen Petershausen zumindestens in der mittleren Kaiserzeit ein größeres Areal besiedelt war. Eine genaue Vorstellung der sicherlich wohl zivilen Nutzung erlauben die Befunde aber noch nicht.

Erstaunlicherweise erwies sich das Gelände bei den Ausgrabungsarbeiten als außerordentlich trocken. In der Gründungsgeschichte dagegen wird die Anlage des Klosters in einem feuchten und sumpfigen Gebiet, das mit großen Mühen erschlossen werden mußte, deutlich hervorgehoben. Zur Erklärung bieten sich zwei Möglichkeiten an: Entweder wurden in der Gründungsgeschichte die widrigen Umstände deutlich überzeichnet oder die Wasserverhältnisse haben sich in den letzten 1000 Jahren stark verändert.

Ralph Röber

Abb. 176 Konstanz, Kloster Petershausen. Frühneuzeitliches Grab mit Trachtbestandteilen und Kreuzanhänger im Beckenbereich.

Abb. 177 Konstanz, Kloster Petershausen. Eine nur 1,5 cm lange Wiege aus einem frühneuzeitlichen Frauengrab.

Literaturhinweise

M. Dumitrache, Archäologischer Stadtkataster Konstanz. Landesdenkmalamt Baden-Württemberg (1998). – J. Oexle, Arch. Ausgr. Bad.-Württ. 1991, 267 ff. – R. Röber, Arch. Ausgr. Bad.-Württ. 1997, 164 ff. – 1000 Jahre Petershausen. Beiträge zu Kunst und Geschichte der Benediktinerabtei Petershausen in Konstanz (Konstanz 1983).

Stadtkernarchäologie in Heidelberg Die Grabung Leyergasse 6

Abb. 178 A Heidelberg. Archäologische Untersuchungen in der Altstadt. Dunkelgrau: Kernaltstadt, hellgrau: Stadterweiterungen 14. Jh.
1. Untere Neckarstraße (1986/87),
2. Harmoniegebäude (1958),
3. Marstall (1991/92),
4. Grabengasse (1974,
5. Hauptstraße 136 (1994),
6. Universitätsplatz (1913),
7. Neue Universität (1986/87),
8. Collegium Academicum (1978),
9. Heiliggeistkirche (1936),
10. Apothekergasse 3 (1993),
11. Semmelgasse (1992),
12. Kornmarkt (1986/87),
13. Hauptstraße 214 (1996),
14. Karlsplatz (1977),
15. Leyergasse 6 (1998),
16. Schloßberg 2 (1998).

Die Sanierung der sog. „Ritterhalle" und benachbarter Liegenschaften durch die Hoepfner-Brauerei, Karlsruhe, erforderte eine archäologische Untersuchung der nahezu vollständig von Kellerausschachtungen betroffenen Gartenflächen im Bereich zwischen den Grundstücken Leyergasse 6 und Heiliggeiststraße 21, 25. Die historisch-archäologische Relevanz dieses Geländes am NO-Rand der mittelalterlichen Gründungsstadt begründete zum einen die Hoffnung auf weitgehend ungestörte Befundsubstanz der seit den Kriegszerstörungen von 1693 nicht wieder überbauten Flächen, zum anderen die Zugehörigkeit zu dem seit Beginn des 13. Jhs. überlieferten sog. „Mönchhof" des Zisterzienserklosters Schönau, dem erhebliche Bedeutung für die Stadtwerdung Heidelbergs zugeschrieben wird (Abb. 178 A).
Gerade weil umfassende Planierungen im Zuge der Errichtung der Ritterhalle zu Ende des letzten Jahrhunderts die frühneuzeitlichen Befunde weitgehend ausgeräumt hatten, wurde es in der auf drei Monate angesetzten Grabung möglich, die tieferliegenden mittelalterlichen Befunde nicht nur punktuell, sondern flächig untersuchen zu können. Obwohl der enggesteckte Zeitplan Schwerpunktbildungen erforderte und einige Einzelbeobachtungen auf der Strecke blieben, war es dank der außergewöhnlichen Einsatzfreude der Grabungsmannschaft unter der technischen Leitung von E. Kemmet und nicht zuletzt wegen des großzügigen Entgegenkommens des Bauherren sowie der so hilfsbereiten wie unkomplizierten Zusammenarbeit mit der Bauleitung durch das Architekturbüro H. J. Meyer & Partner möglich, die Arbeiten mit gutem Ergebnis termingerecht zum 30. Oktober zu beenden.

Der Grabungsbefund (Abb. 178 B)

Nach Ausweis der tiefer reichenden Aufschlüsse fällt die natürliche Gelän-

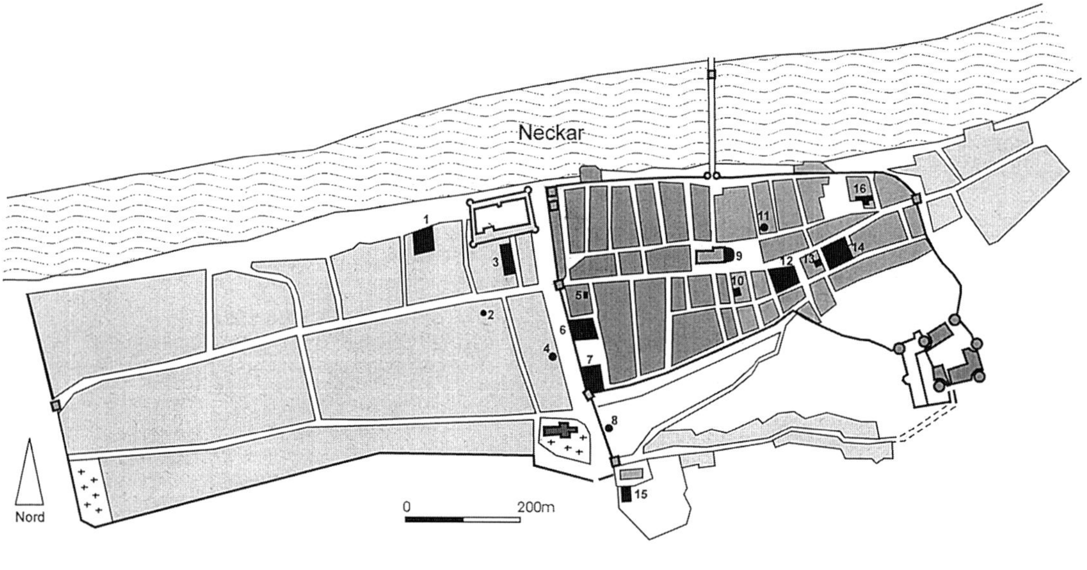

deoberfläche in dem knapp nördlich der ehemaligen Hochuferkante (Hauptstraße) gelegenen Untersuchungsbereich in leichten Stufen Richtung Flußufer (Neckarstraße) ab. Über dem Hangschutt der Schloßterrasse besteht die Deckschicht des gewachsenen Bodens aus einem bis 1,50 m hoch aufsedimentierten Lößlehm und Kolluvialhorizont, dessen Mächtigkeit Richtung Hochuferkante stark abnimmt. Darauf entwickelte sich eine älteste, durchgehend im gesamten Untersuchungsbereich erfaßte, noch kaum antropogen verunreinigte Kulturschicht, die vereinzelt sekundär verlagerte prähistorische Scherben enthielt, aber nach der eingelagerten mittelalterlichen Keramik erst ab der Wende zum 13. Jh. datiert. In Verbindung mit dieser durch Gartennutzung stetig umgesetzten Schicht entstanden während der ersten Jahrhunderthälfte einige flach eingetiefte Gruben unbekannter Zweckbestimmung, aus denen der für die Heidelberger Altstadt bisher umfangreichste geschlossene Keramikkomplex dieser frühen Zeitstellung geborgen wurde (Abb. 179).

Das Fehlen der ältesten Nutzungsoberflächen spiegelt weitflächige Planierungen des Geländes, die einer zweiten wiederum durch sukzessive Anlage einiger Gruben gekennzeichneten Phase vorangehen. In Verbindung damit stehen nun auch verschiedene Pfosten- und Steckenlochgruppen, die jedoch keine Grundrisse mehr rekonstruieren lassen und wohl allenfalls leichten Speichergebäuden und Gerüstkonstruktionen zuzuweisen sind.

Das straßenseitig konzentrierte Befundaufkommen und der erst in dieser Phase massiv in die Planierschichten und Grubenverfüllungen eingearbeitete Bauschutt deuten auf eine Verbindung mit den rückwärtigen Hof- und Gartenbereichen der inzwischen an der Heiliggeiststraße entstandenen Bebauung. Die zugehörigen, sowohl oval als auch rechteckig ausgeschachteten Gruben geben keine konkreten Nutzungshinweise, erreichen aber zum Teil auffällige

Abb. 178 B Heidelberg, Leyergasse 6. Gesamtplan der Grabungsbefunde.

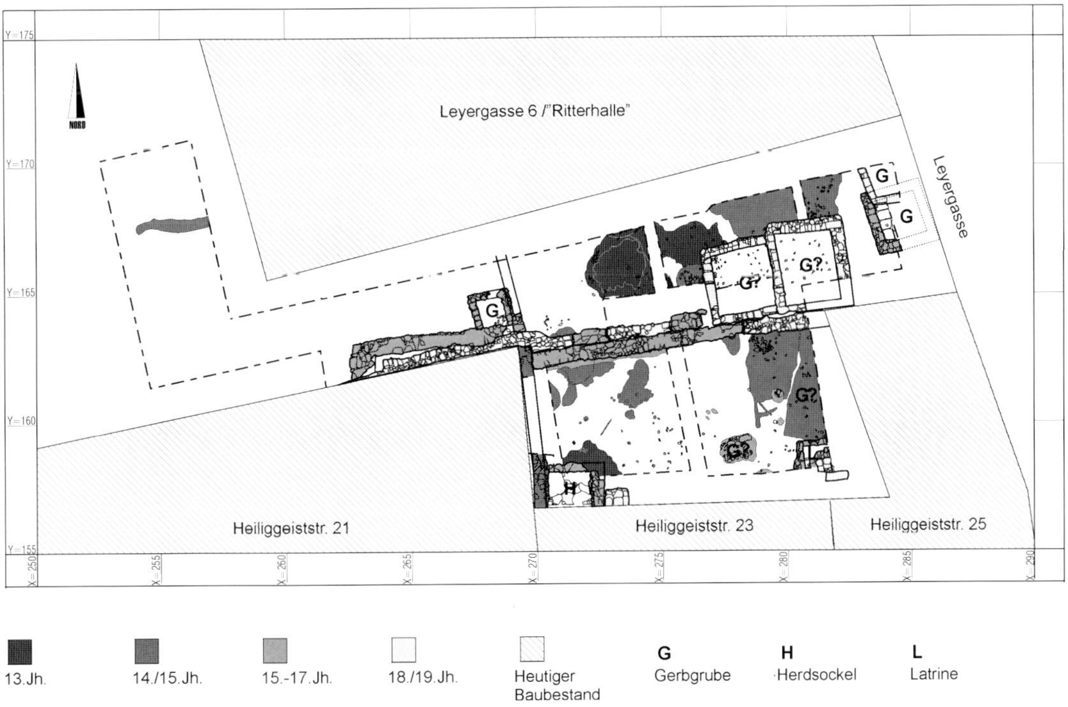

Abb. 179 Heidelberg, Leyergasse 6. Keramikauswahl aus Gruben der 1. Hälfte 13. Jh. 1, 2 jüngere Drehscheibenware, 3 Glimmerware, 4 Kugeltopf. M.:1:5

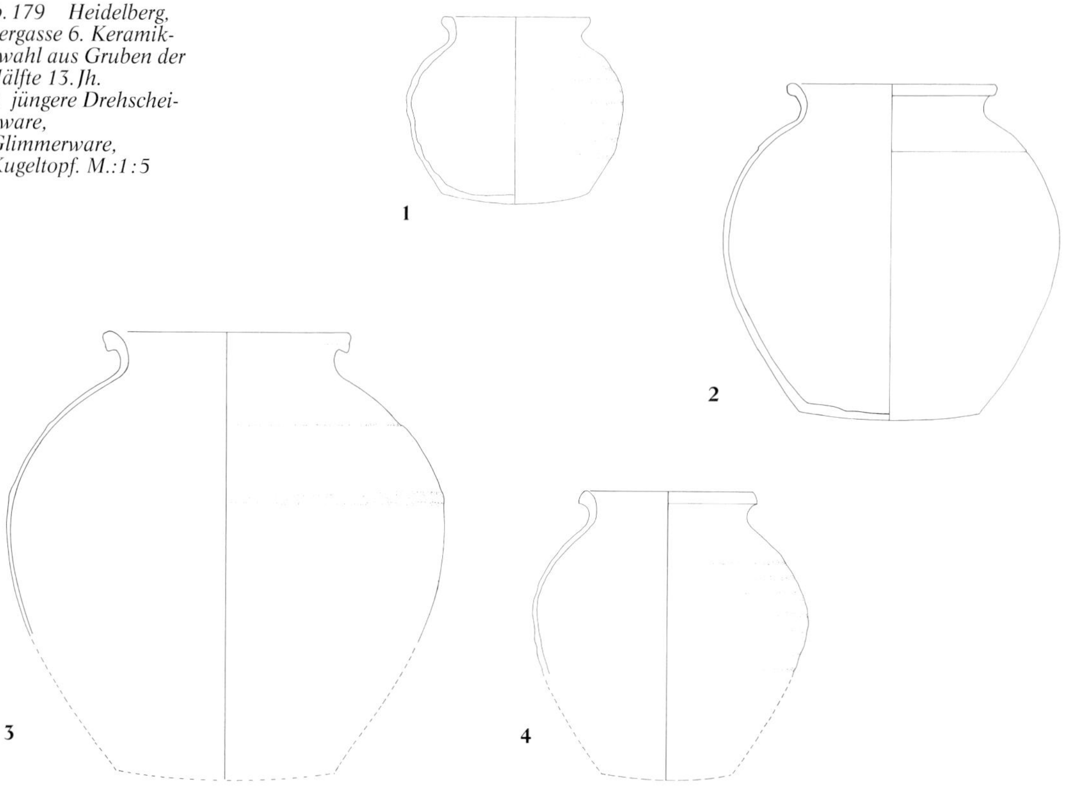

Ausmaße (über 4 m) bzw. Tiefen (bis 3 m). Das eingelagerte Fundmaterial datiert in das 14./frühe 15. Jh. und zeigt eine für die Zeitstellung geläufige Zusammensetzung, wobei das vergleichsweise geringe Aufkommen an Importkeramik ein eher durchschnittliches soziales Umfeld widerspiegelt. Die zu dieser Phase gehörigen Laufhorizonte bzw. Oberflächenniveaus wurden im gesamten Untersuchungsbereich wieder durch umfassende Planierungen abgetragen. In Zusammenhang mit einer tiefgreifenden Umstrukturierung folgt eine Auffüllung und Terrassierung des Geländes, die das bis heute vorhandene Oberflächenrelief vorbereitet. Kurz darauf wird die Entstehung massiver Baustrukturen faßbar, die seit der zweiten Hälfte des 15. Jhs. von der Straßenbebauung auf die rückwärtigen Hofbereiche ausgreifen. Das stratigraphisch älteste Fundament durchschneidet den gesamten Untersuchungsbereich von S nach N, wobei der südwärtige Abschnitt möglicherweise einer älteren Bauphase zuzuweisen ist, die hier die Parzellengrenze zwischen den Grundstücken Heiliggeiststraße 21, 23 determiniert. Zu beiden Seiten des Mauerzugs werden später in Bezug auf eine natürliche Geländestufe ostwärts bzw. westwärts orientierte Fundamente angesetzt, die ihrerseits bis heute die rückwärtige Begrenzung der genannten Parzellen markieren. Die östlich angesetzte, auf die Leyergasse ziehende Mauer entstand vielleicht noch im ausgehenden 15. Jh., oder im 16. Jh., die westliche als Rückgiebel eines Gebäudes anstelle der heutigen Heiliggeiststraße 21 erst deutlich später, aber stratigraphisch sicher einige Zeit vor den Zerstörungen des ausgehenden 17. Jhs.

Rekonstruktionsmöglichkeiten für die aufgehenden Baustrukturen bleiben lückenhaft, da die zugehörigen Nutzungsniveaus bis auf geringe Reste durch tiefgreifende Bodenabsenkungen im Zusammenhang mit dem Wiederaufbau der Stadt nach 1698 abgetragen wurden. Im Bereich hinter den Grundstücken der Heiliggeiststraße 23 weist die nachträgliche Sicherung der rückwärtigen Grenzmauer durch Pfeiler auf eine mögliche Überbauung der südlich davorliegenden Fläche, für die auch senkrecht anziehende Ausbruchgruben, Fundamentreste und ein gemauerter Herdsockel sprechen. Nach Ausweis der Reste eines im Abbruchschutt eingelagerten Kachelofens (Abb. 180) bestand das zugehörige Gebäude als Hinterhaus zum Grundstück Heiliggeiststraße 23 vom späten 15. bis in die zweite Hälfte des 16. Jhs. Eine in der ostwärtig gegenüberliegenden Ecksituation zur Heiliggeiststraße 25 erfaßte gemauerte Abfallgrube weist hier auf die bereits im 16./17. Jh. mit dem heutigen Baugefüge übereinstimmende Parzellengrenze zum Eckgebäude Heiliggeiststraße/Leyergasse.

Hinweise auf eine mit dem spätmittelalterlichen und frühneuzeitlichen Befund einhergehende handwerkliche Nutzung liefert der hohe Anteil an aufgeschlagenen Tierknochenabfällen – besonders Rinderschädel und Hornzapfen, die zur Auslösung der Schleimhäute als Gerbstoff (Sämischgerberei?) gedient haben mögen – die in den Schichtbefunden und einigen Grubenverfüllungen seit der Wende zum 15. Jh. gehäuft auftreten. Sicher als Gerberbecken ist ein direkt an der Leyergasse angeschnittenes Mauerrechteck von 2 m Seitenlänge und ca. 1 m Tiefe mit sorgfältig vermörteltem Plattenboden und Lehmdichtung anzusprechen, das im ausgehenden 15. Jh. verfüllt wurde.

Die Brandzerstörungen des Orléanschen Krieges von 1693 wie auch die für die Leyergasse bereits 1689 erwähnten Brandschatzungen hinterließen im archäologischen Befund keinerlei Spuren, da die mit den heutigen Oberflächen nahezu identischen frühneuzeitlichen Nutzungsniveaus einer tiefgreifenden Bodenabsenkung zum Opfer gefallen sind, die mit den ab 1698 einsetzenden Aufräumungsarbeiten einhergeht. Wo nicht durch jüngere Eingriffe gestört, liegen die Planier- und Füllschichten des 18./19. Jhs. im gesamten Untersuchungsbereich den weitgehend ungestörten Schichthorizonten des 15./16. Jhs. direkt auf.

Der nur bruchstückhaft erfaßte barocke Wiederaufbau vollzieht sich weitgehend in der vorgegebenen Parzellenstruktur, deren zum Teil noch aufgehend erhaltene Grenzmauern übernommen werden, erreicht aber nicht mehr die Dichte des frühneuzeitlichen Baugefüges.

Im Bereich der Parzelle Leyergasse 6 entstand eine Gaststätte und Brauerei, die mit der Errichtung des mächtigen Gerstenlagergebäudes zur Mitte des 19. Jhs. auch auf die Randbebauung der Heiliggeiststraße 21 übergriff. Die geplante Einrichtung einer Hausbrauerei und Umnutzung des „Ritterhallenensembles" zum Gastronomie- und Hotelbetrieb schlägt nun wieder eine Brücke zu dieser hier seit den frühen Tagen des Heidelberg-Tourismus beheimateten handwerklich-gastronomischen Tradition.

Interpretation der wichtigsten Grabungsergebnisse

Die bisher über die Parzellenstruktur und vereinzelte archivalische Hinweise des 16./17. Jhs. rückgeschlossene Ausdehnung des Schönauer Mönchhofs bis an die Leyergasse läßt sich mit der im gesamten Untersuchungsbereich gleichförmig und parzellenübergreifend erfaßten Schichtenabfolge seit dem frühen 13. Jh. belegen. Von Beginn an bestanden hier offenbar weite Freiflächen, die vornehmlich als Garten genutzt wurden. Der bauliche Kern des Klosterhofs dürfte direkt westlich benachbart an Stelle der später auf den

1

2

Stadtpanoramen des 16./17. Jhs. abgebildeten Verwaltungs- und Wirtschaftsgebäude entstanden sein. Das reichhaltige, in den Gruben des frühen 13. Jhs. entsorgte Fundmaterial reflektiert für die Zeitstellung u.a. mit Ziegelbruch und Ofenkacheln eine Verbindung zu aufwendig ausgestatteten Wohngebäuden, die mit der Schenkung eines niederadeligen Anwesens 1229, bzw. der Überlassung von Baugrundstücken durch die Pfalzgrafen 1235 auch in der ältesten schriftlichen Überlieferung korrespondiert.

Bis zum späteren 14. Jh. lassen sich über Gruben und Abfälle Spuren einer handwerklichen Nutzung am östlichen Rand des untersuchten Areals zurückverfolgen, die vermutlich in Verbindung mit Gerberhäusern der Randbebauung stehen. Eine für diese Zeit noch nicht nachweisbare Abgrenzung der Grundstücke zum Gartenbereich deutet auf eine zunächst noch direkte Verbindung der Handwerkerhäuser mit dem Mönchhof. Aus einem Vertrag von 1542 geht hervor, daß die den Untersuchungsbereich betreffenden Anwesen von den Zisterziensern zur Erbpacht an Gerbermeister ausgegeben waren, also nach wie vor im Eigentum des Mönchhofs standen, nun aber „hinten" an den „Garten der Herren von Schönau" stießen. Die Abteilung dieser Grundstücke mit Grenzmauern ist im archäologischen Befund ab der zweiten Hälfte des 15. Jhs. nachzuweisen. Im Rahmen einer umfassenden Neustrukturierung, die mit der Einrichtung des heute noch weitgehend zugrundeliegenden Parzellengefüges einhergeht, wurden diese Maßnahmen wohl durch das Kloster selbst veranlaßt.

Der spätmittelalterliche Grabungsbefund gehört in das Umfeld einer, im Verlauf des 16. Jhs. auch archivalisch

3

Abb. 180 Heidelberg, Leyergasse 6. Grün glasierte Ofenkacheln. 1 Nischenkachel 2. Hälfte 15. Jh., 2, 3 Blattkachelfries mit Wappen des Pfalzgrafen Ottheinrich (1557). M.: 1:3.

nachweisbaren Konzentration von Gerbereibetrieben entlang der Leyergasse, die sich nicht zuletzt in der Gassenbezeichnung (Leyer, Lauer = Lohgerber) niederschlägt. Es handelt sich nach den erhaltenen Einwohnerverzeichnissen des späten 16./frühen 17. Jhs. um eine der selten einmal tatsächlich nachweisbaren Beispiele für eine „echte" Handwerkerstraße (Cramer), deren Anfänge hier archäologisch in das 14./15. Jh. datiert werden dürfen. Gerbereibetriebe sind in der Leyergasse auch nach dem Stadtbrand von 1693 wieder schriftlich bezeugt.

Der lückenhafte neuzeitliche Grabungsbefund vermag zu einer möglichen Kontinuität der Nutzungsstruktur nichts beizutragen. Es erscheint aber zumindest denkbar, daß es sich bei den gemauerten Schächten im Zufahrtsbereich des Grundstücks Leyergasse 6 um sogenannte „Äscher", also Lohbecken des späten 18./19. Jhs., handeln könnte. Die chemische Auswertung der Bodenproben – auch aus den Gruben des 14./15. Jhs. – wird vielleicht im Einzelfall konkrete Nutzungshinweise liefern.

Achim Wendt, Renate Ludwig

Zur Frage der Stadtgründung

In Form einer Arbeitshypothese haben wir die archäologische Evidenz zu den Anfängen Heidelbergs an anderer Stelle in das Szenario einer „späten" Stadtgründung durch die Wittelsbacher Pfalzgrafen eingebunden, ohne damit freilich auf Basis des gegenwärtigen Kenntnisstandes Gewißheit beanspruchen zu wollen (Wendt/Benner 1997). Das Ziel, zum 800jährigen Stadtjubiläum (Ersterwähnung des Ortsnamens 1196) der bisher allein historisch basierten Diskussion um die Stadtgründung neue

Impulse zu verleihen, ist angesichts der daraufhin seit nahezu vier Jahrzehnten zum Thema neu publizierten Beiträge (z. B. Schaab 1998) schon jetzt erreicht. Eine Differenz zwischen dem archäologischen Befund in der Altstadt und einer aus der urkundlichen Überlieferung rückprojezierten Gründung im fortgeschrittenen 12. Jh. bleibt als Faktum vorläufig bestehen. Der Widerspruch mag freilich im einen wie im anderen Ansatz auf den lückenhaften Quellenbestand zurückzuführen, oder alternativ z. B. durch eine dem rechtlichen Gründungsakt mit einigem Abstand nachfolgende Umsetzung zu interpretieren sein, für die im konkreten Fall der Tod des staufischen Pfalzgrafen Konrad (1195) und die Wirren des „deutschen Thronstreits" (1196–1208/12) verantwortlich sein könnten. Der noch offene Erklärungsbedarf dürfte in Zukunft wohl allein über die Verdichtung der archäologischen Quellen, d. h. eine weiterhin intensive denkmalpflegerische Begleitung von Bodeneingriffen im Kernstadtbereich aufzulösen sein.

Einen neuen Beitrag zur Frühzeit Heidelbergs leistet die Grabung in der Leyergasse 6. Seine Bedeutung bezieht der Befund aus dem Bezug zum sogenannten „Mönchhof" des Zisterzienserklosters Schönau, über dessen Anfänge eine vergleichsweise dichte Quellenlage unterrichtet, die interpretativ die gemeinsame Entstehung mit der Stadt nahelegt. Die Möglichkeit, diese Quellen auch in Beziehung zu einer staufischen Gründung setzen zu können, ist ein Argument gegen eine „spätere" Entstehung (Schaab 1998).

Die geborgenen Keramikkomplexe gehören in der Tat zum Ältesten, was bisher im ummauerten Bereich der Gründungsstadt zutage trat, schließen aber jetzt auch an der untersuchten Stelle den Beginn des Siedlungsniederschlags vor der Wende zum 13. Jh. aus. Nachgewiesen ist der früheste Horizont jüngerer Drehscheibenware (Abb. 179. 1–2), vereinzelt auch Kugeltöpfe (Abb. 179. 4) und Glimmerware (Abb. 179. 3), während ältere Leitfunde wie Kragleistenränder oder rotbemalte Qualitätskeramik trotz des umfangreichen Fundaufkommens fehlen. In Anbetracht dieses Ergebnisses erscheint es zumindest fraglich, ob eine Entstehung des Mönchhofs hier schon im 12. Jh. erfolgte. Freilich bleibt der Datierungsspielraum und die Ausschnitthaftigkeit des Befundes als Unsicherheit zu diskutieren. Die festgestellten Materialumlagerungen und landwirtschaftliche Nutzung lassen bei den gegebenen dichten Fundsequenzen doch einen gewissen Niederschlag aus dem näheren Siedlungsumfeld erwarten, wenn ein ältester Kern der Anlage in der 10–50 m entfernten Nachbarparzelle entstanden war. Eine zumindest

Abb. 181 Heidelberg, Schloßberg 2. Nordwärtige Torwange der Klingentorbastion von 1692/93.

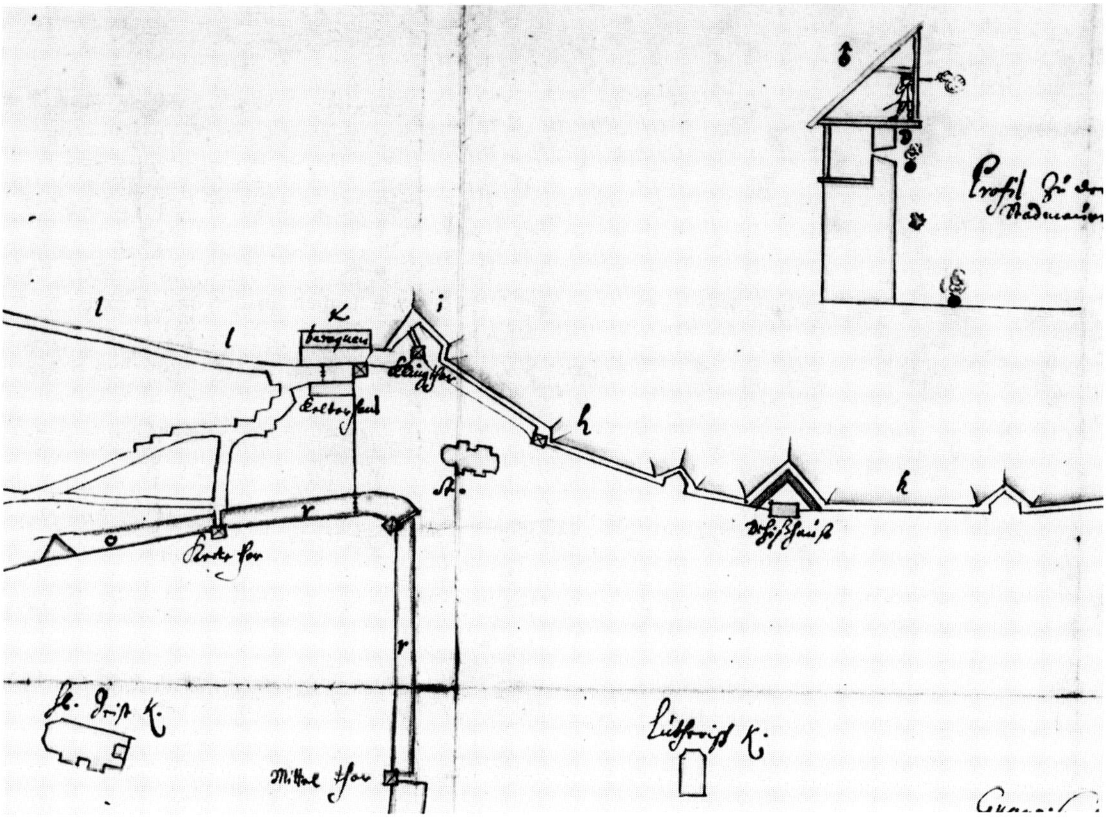

Abb. 182 Heidelberg. Plan der 1692 projektierten Befestigungsmaßnahmen mit Eintrag der Klingentorbastion (Karlsruhe Inv.-Nr. G Heidelberg/67).

auffällige Koinzidenz ergibt sich indes mit dem auch 1225/35 urkundlich sicher faßbaren Ausbau des Schönauer Wirtschaftshofs in Heidelberg, wie auch mit den ältesten bisher erhobenen Daten im gesamten Altstadtareal. Das archäologisch erschlossene Bild der Anfänge Heidelbergs wird damit um einen weiteren Aufschluß dichter, steht aber nach wie vor alternativen historischen Interpretationsansätzen offen gegenüber und provoziert neue Fragestellungen.

Achim Wendt

Baubegleitende Untersuchung Schloßberg 2

Die Sanierung des sogenannten Breitwieserschen Palais und der Anbau eines Appartementhauses veranlaßten das Kurpfälzische Museum der Stadt Heidelberg im Auftrag des Landesdenkmalamtes zu einer baubegleitenden Untersuchung der im rückwärtigen Hof und Garten von Ausschachtungen betroffenen Flächen. Der Bereich liegt am Ausgang der Talkerbe des Klingenteichbachs und am Aufgang zu den beiden Heidelberger Burgen (Abb. 178 A). An der Schnittstelle von Alt- und Vorstadt wird hier in Verbindung mit der Peterskirche ein Teil der präurbanen Vorgängersiedlung Heidelbergs vermutet, die 1987 nur knapp nordöstlich im Innenhof der Neuen Universität erstmals auch archäologisch nachgewiesen werden konnte. Im Spätmittelalter entstand ein kleiner, in die Talkerbe vorgeschobener Siedlungsbereich, der mit Erweiterung der Vorstadtmauer und des „Klingentors“ seit 1601 bzw. 1622 den Befestigungen vorgelagert war. Die Kriege des 17. Jhs. sahen diesen strategisch sensiblen Bereich als eines der bevorzugten Einfallstore in die Stadt. Nach dem auf die verheerenden Zerstörungen des Orléanschen Erbfolgekrieges folgenden Wiederaufbau entstand hier 1702 das Breitwiesersche Barockpalais mit in der Klinge angeschlossenen Gartenterrassen.

Die archäologische Untersuchung konnte in Anbetracht der zur Verfügung stehenden Mittel und des im Juni 1998 auf drei Wochen befristeten Zeitrahmens nur baubegleitend vorgehen. Die Befunderhebung erfolgte daher ausschnitthaft auf ausgewählte Profil- und Flächenaufnahmen konzentriert.

Der gewachsene Boden des Klingenbachschuttes wurde trotz der teilweise gegen den Hang mit über 3 m beträchtlichen Ausschachtungstiefe nicht erreicht. Stratigraphisch ältester, wohl anthropogen verursachter Befund ist ein mächtiges Kolluvium aus stark mit Holzkohlepartikeln durchsetztem Lößlehm, das dem gesamten Untersuchungsbereich aufgeschwemmt war. Vereinzelt eingelagerte, stark kantengerundete Scherben von jüngerer und älterer Drehscheiben- und Glimmerware datieren den Sedimentationsvorgang recht wahrscheinlich in das 12./13. Jh.

Erste gesicherte Siedlungsspuren begegnen mit einer ausschnitthaft erfaßten Kulturschicht und einigen kleinen Gruben und Pfostenlöchern, die dem Kolluvium unmittelbar aufliegen und Keramik des 14. Jhs. enthielten. Die Entwicklung einer mit einzelnen Fundament- und Pflasterresten und einer Abfallgrube erfaßten Wohnbebauung datiert in das ausgehende 15. bis 17. Jh. Der bruchstückhafte Erhaltungszustand des spätmittelalterlich-frühneuzeitlichen Baugefüges, das in diesem Bereich mit zwei Hausdächern auch auf dem Merian-Panorama von 1620 erkennbar ist, erklärt sich aus dem Abbruch für ausgedehnte Befestigungsmaßnahmen im Vorfeld des Klingentors. Möglicherweise geschah dies bereits für Schanzen zu Beginn des Dreißigjährigen Krieges, die in einem Befestigungsplan von 1622 dargestellt sind. In bemerkenswert gutem Zustand waren die noch bis zu 2 m hoch aufgehenden Reste einer Bastion erhalten, die der im frühen 17. Jh. errichteten Vorstadtmauer vorgelagert war. Der Errichtung dieses ausgedehnten Befestigungswerkes ging eine tiefgreifende Planierung des umliegenden Geländes voraus, der die älteren Baustrukturen des 16./17. Jhs. zum Opfer fielen. Erfaßt wurde die ostwärtige Frontlinie (Face) eines geböschten (dossierten), außen mit Bruchstein trocken verblendeten Erdwalls (Escarpe), von dem ein Ausschnitt mit beidseitig massiv ausgequaderten Torgewänden dokumentiert werden konnte (Abb. 181). Der Befund weist auf eine spitzwinkelig vorstehende Schanze (Ravelin oder Lunette), die in Art einer Barbakane das vom Berg her durch Artillerieeinwirkung besonders gefährdete Klingentor decken sollte. Der notwendige Durchlaß zur Torzufahrt wurde dabei auf der durch den Fuß des Molkenkursporn gedeckten, verhältnismäßig sicher gelegenen Ostseite eingerichtet. Der fehlende Befund eines vorgelagerten Grabens weist darauf hin, daß man wegen der beengten Lage im Taltrichter wohl auf die sonst geläufige Contreescarpe verzichtete.

Die Wehrarchitektur läßt sich zweifelsohne mit einer großen Bastion identifizieren, die in einem Plan erscheint, der im Vorfeld des französischen Angriffs auf die Stadt für eine projektierte Befestigungsverstärkung Ende 1692 angefertigt wurde (Abb. 182). In den zeitgenössischen Berichten zur Eroberung Heidelbergs am 21./22. Mai 1693 begegnet auch das Vorwerk am Klingenteich mehrfach. Hier, an der Schnittstelle von Alt- und Vorstadt, wurde ein Schwerpunkt des französischen Angriffs angesetzt, so daß nach gründlicher Artillerievorbereitung, „zu besorgen" stand „dass er (der Feind) das Clingenthor mit seinem Geschoss über den Hauffen werffen ..." und es „unmöglich sei wegen allbereits durch die Kanonen des Feindes entnommener

Blendung ... sich auf dem Posten zu halten". Nach einer erhaltenen Gefechtsskizze drangen die französischen Truppen unter Führung des berüchtigten General Mélac anschließend durch den ergrabenen Tordurchlaß in die Stadt ein. Nach der Besetzung und dem verheerenden Stadtbrand wurden die Befestigungsanlagen geschleift. Ein noch in der Blendung der ergrabenen Bastion steckendes Brecheisen erinnert eindringlich an diese Zwangsmaßnahme. Die Schanzenreste wurden anschließend mit Erdreich zugeworfen und verschwanden vollständig von der Oberfläche wie aus der Erinnerung. Bis heute bestimmt die westwärtige Frontlinie der Bastion jedoch die darauf bzw. davor verlaufende Flucht der Klingenteichstraße.

Achim Wendt, Renate Ludwig

Literaturhinweise

J. Cramer, Gerberhaus und Gerberviertel in der mittelalterlichen Stadt (Bonn 1981). – H. Derwein, Die Flurnamen von Heidelberg (Heidelberg 1940). – R. Salzer, Geschichte Heidelbergs in den Jahren 1689–1693 (Neudruck Heidelberg 1993). – M. Schaab, Die Anfänge Heidelbergs. In: E. Reinhard, P. Rückert (Hrsg.), Staufische Stadtgründungen am Oberrhein. Oberrhein. Studien 15 (1998) 185–212. – A. Wendt, Von der Stauferburg zur kurpfälzischen Hauptstadt. In: R. Ludwig, B. Rabold (Hrsg.), Kultur(ge-)schichten, Archäologie am Unteren Neckar. Arch. Inf. Baden-Württemberg 34, (Stuttgart 1997) 78–92. – Ders., Ein weiterer Stein im Mosaik – Heidelberger Stadtgeschichte im Spiegel einer Parzelle. Arch. Nachr. Baden 59, 1998, 36–44. – Ders., M. Benner, 800 Jahre Heidelberg – Archäologische und bauhistorische Befunde zu den Anfängen der Stadt. Zeitschr. Gesch. Oberrhein 145, 1997, 15–60.

Archäologische Untersuchungen auf dem Areal der ehemaligen Wagner-Brauerei in der Altstadt von Offenburg

Der archäologische Stadtkataster für Offenburg faßt 60 Fundstellen verschiedener Epochen im Stadtgebiet zusammen. Beinahe alle Funde kamen nur als Lesefund, bei einer Einzelfundbergung, Notgrabung oder bei Baubeobachtungen ans Tageslicht. Das Areal der Wagner-Brauerei zwischen Langer Straße und Goldgasse bot zum ersten Mal die Möglichkeit, eine zusammenhängende Fläche zu untersuchen. Zugleich mit dem Abriß der Brauereigebäude und mit den Aushubarbeiten für die Fundamente einer Tiefgarage, als Teil einer neuen Wohn-/Geschäftsbebauung, setzten im März 1998 die archäologischen Ausgrabungen auf dem Gelände ein. Bis Anfang November konnten auf einer Grabungsfläche von mehr als 2000 m² mittelalterliche Siedlungsstrukturen untersucht und dokumentiert werden. Die Grabung wurde vom Arbeitsamt Offenburg im Rahmen einer Arbeitsbeschaffungsmaßnahme finanziell gefördert.

Das Grabungsareal liegt im südöstlichen Randbereich der Altstadt, unmittelbar hinter der vermutlich zu Beginn des 13. Jhs. errichteten Stadtmauer. Die Goldgasse folgt wahrscheinlich dem Verlauf des ehemaligen Rondenwegs. Dies ließ die Vermutung zu, daß auf den nicht unterkellerten Abschnitten des Areals mittelalterliche Siedlungsspuren zu erwarten waren. Vereinzelte Lesefunde aus römischer Zeit, die entlang der Langen Straße dokumentiert wurden, hatten zunächst eine römische Bebauung nicht unwahrscheinlich erscheinen lassen. Doch bereits die ersten Sondagen brachten überwiegend Fundmaterial des 12. bis 14. Jhs. zutage. Überraschend war dabei das Fehlen einer Ascheschicht oder anderer Spuren

Abb. 183 Offenburg, Lange Straße / Goldgasse. Spätmittelalterlicher Keller nach Entfernen des Brandschutts.

Abb. 184 Offenburg, Lange Straße / Goldgasse. Spätmittelalterlicher Keller mit verbrannter Deckenbalkenlage.

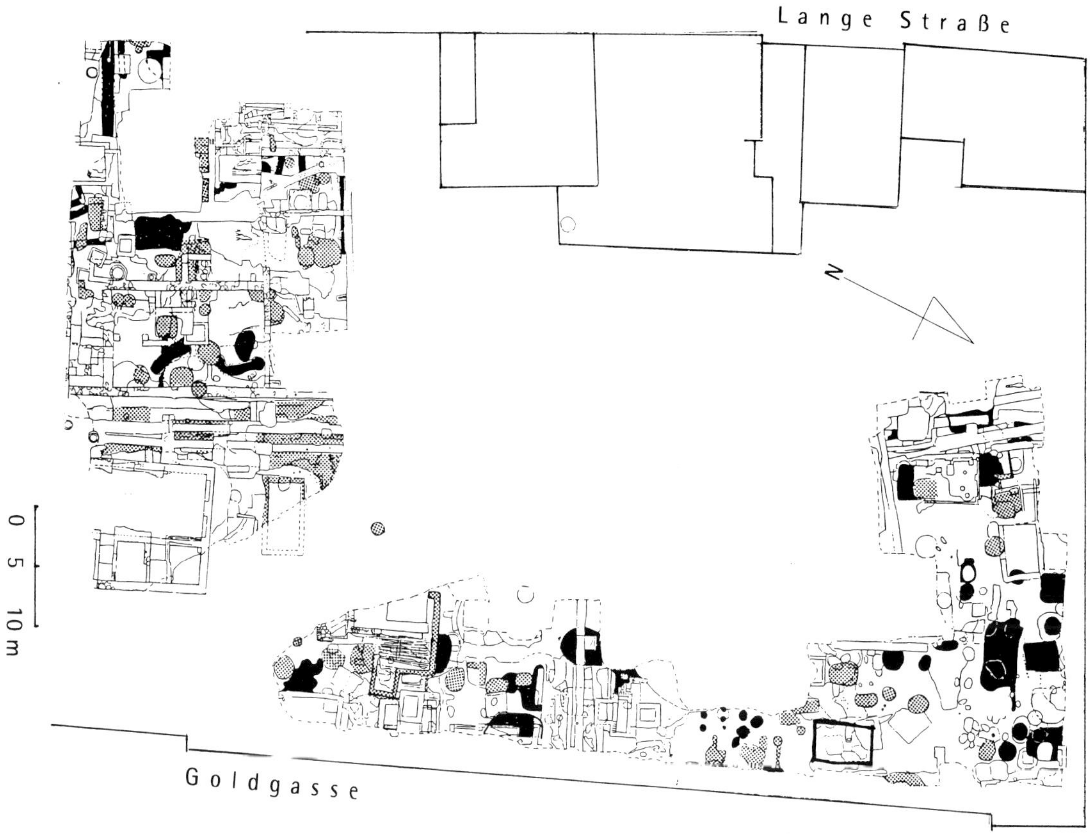

Abb. 185 Offenburg, Lange Straße / Goldgasse. Schematischer Gesamtplan der Grabungsbefunde.

des großen Stadtbrandes, der 1689 Offenburg völlig zerstört hatte. Offensichtlich war dieser Randbereich der Stadt im 16. und 17. Jh. nur noch spärlich bebaut.

Es ist sehr wenig über die Stadtwerdung Offenburgs bekannt. Die Zeit der Entstehung des frühstädtischen Orts auf einem Lößhügel an der Kinzig ist noch immer umstritten. Man nimmt als frühestes Datum die zweite Hälfte des 11. Jhs. an. 1135 wird in einer Urkunde des Klosters Alpirsbach „Offinburc“ erwähnt. Zu Beginn des 13. Jhs. wurde das Stadtgebiet vor allem nach Westen, zur Kinzig hin, erweitert. Es entstand der Marktbereich mit allen für das Wirtschaftsleben wichtigen Einrichtungen, die heutige Hauptstraße. Im Verlauf des 13. Jhs. wurde die Stadt mit einem Mauerring gesichert und befestigt. Dies wird aus den verschiedenen Bezeichnungen in den Urkunden deutlich. Beim erwähnten Stadtbrand vom 9. September 1689 verlor Offenburg nicht nur sein spätmittelalterliches Stadtbild, in den Flammen gingen auch eine größere Zahl von Archivalien verloren. Daher sind die archäologischen Quellen von besonderer Bedeutung für die Untersuchung der Stadtentwicklung.

Mit Blick auf die stadtgeschichtliche Entwicklung zeigte sich bei den Grabungen auf dem Wagner-Areal bislang folgendes Bild: Die mittelalterlichen Schichten lagen hier etwa 1–2 m unter dem heutigen Straßenniveau. Es wurden mehrere Erdkeller des 13. Jhs. freigelegt, die besonders im nördlichen Bereich der Grabungsfläche auf eine enge Parzellierung der Hausgrundstücke schließen lassen.

In der Verwendung von Backstein an Kellermauern des 14./15. Jhs. spiegelt sich die Nähe Straßburgs, wo dieses Baumaterial bereits im 13. Jh. häufig anzutreffen ist. In einem Kellerraum im Nordwesten des Areals wurden die Backsteine hochkant gesetzt und bildeten damit eine überaus dünne Steinauskleidung, vermutlich unter einem Holzhaus. Ein weiterer Keller, im nordöstlichen Grabungsbereich, zeigte Standspuren von Wandpfosten, zwischen denen zwei Joche mit Wacken, Feldsteinen und einzelnen Ziegeln ausgemauert waren; seine übrigen Wandflächen scheinen mit Holz verkleidet gewesen zu sein. Im südöstlichen Randbereich der Grabungsfläche befand sich ein Keller, dessen Mauern neben den üblichen Wacken und Feldsteinen auch Lagen von Ziegelsteinen aufwiesen. In diesem Keller kam eine eingestürzte, verkohlte Balkendecke zutage (Abb. 183, 184). Die dendrochronologischen Untersuchungen stehen noch aus. Die zahlreichen, in Form und Größe unterschiedlichen Backsteine können möglicherweise helfen, bestehende Kellermauern in Offenburg genauer zu datieren.

Zu den weiteren Bodenbefunden zählen weit über 30 Gruben. Manche wurden als Abfallgruben genutzt und mit Schutt, Tierknochen und z.T. großen Mengen Keramik verfüllt. Andere dienten der Lehmentnahme. Ein Teil der Gruben erwies sich beim Freilegen als Latrine oder Brunnen; bei diesen konnte die Sohle nicht immer erreicht werden. Die Untersuchung der Latrineninhalte steht noch aus. Bemerkenswert ist auch ein künstlicher Wasserlauf im Süden des Areals, unter der jüngeren Zunftgasse, dessen Fassung vom 1. bis 15. Jh. mehrfach erneuert wurde, z. T. in der Form von mehreren, parallelen Gräben. Bereits während der Grabungsarbeiten wurden die Befunde vorläufig datiert (Abb. 185). Zu den Strukturen, die vor das 13. Jh. datieren, lassen sich erst nach der weiteren Auswertung nähere Angaben machen. Bislang erhärtete sich die bereits erwähnte Vermutung, daß das Areal vor allem bis zum Ende des 14. Jhs. und noch zu Beginn des 15. Jhs. dicht bebaut war. Die ergrabenen Befunde sind damit ein Beleg für die städtische Ausbauphase des 13./14. Jhs. Aus dem 16. Jh. dagegen waren kaum noch Baubefunde nachweisbar: gegen Ende des 14. Jhs. und zu Beginn des 15. Jhs. kam es also zu einem Einbruch der Bautätigkeit. Die Häuser verfielen oder wurden abgebrochen, das Gelände fiel brach. Vom 15. Jh. bis ins 17. Jh., d.h. bis zum Stadtbrand von 1689, änderte sich dieser Zustand kaum. In diesem Stadtquartier nahe der Stadtmauer standen höchstens Schuppen oder ähnliche Gebäude; Abfälle und Abbruchschutt wurden z. T. in vorhandene, ältere Gruben gefüllt.

Die ungewöhnlich großen Fundmengen belegen eine intensive Besiedlung des Areals im Hochmittelalter und lassen eine „städtische Lebensqualität" erkennen. Das schon erkennbare, häufige Auftreten von qualitativ hochwertigem, frühem Steinzeug und von früher außenglasierter Keramik spricht für eine prosperierende städtische Siedlung. Die Reste von Kachelöfen aus Napfkacheln (auch grünglasiert) bestätigen dieses Bild, spätere reliefverzierte Ofenkacheln sind deutlich seltener.

In einem nach 1689 gebauten Keller wurde ein Hinweis auf die Bestattung einer Nachgeburt gefunden. In seiner Nordostecke wurde ein kompletter, etwa 30 cm hoher Topf mit Deckel freigelegt.

Benno Köpfer

Literaturhinweise

Archäologischer Stadtkataster Offenburg, Landesdenkmalamt Baden-Württemberg (Februar 1998). – M. Friedmann, Die Offenburger Innenstadt (1979). – M. Wingenroth, Die Kunstdenkmäler des Großherzogtums Baden 7 (Karlsruhe 1908). – Wo weder Sonne noch Mond hinscheint. Archäologische Nachweise von Nachgeburtsbestattungen in der frühen Neuzeit. Arch. Inf. Baden-Württemberg 36 (Stuttgart 1997).

Ein Töpferei- und Ziegeleibetrieb in der Katharinenvorstadt in Schwäbisch Hall

Durch die bauhistorischen Kelleruntersuchungen in der Katharinenvorstadt westlich des Kochers konnte in den letzten Jahren ein älterer Siedlungskern des 12./13. Jhs. im Bereich der Zollhüttengasse/Roter Steg in Schwäbisch Hall nachgewiesen werden. Dieser existierte bereits vor der Ummauerung der Vorstadt, welche urkundlich ab 1330 erfolgte. Aus den sog. Betlisten von St. Katharina sind in spätmittelalterlicher Zeit an verschiedenen Stellen der Katharinenvorstadt Ziegler bzw. Hafner bekannt. Bei der Untersuchung des Gebäudes Lange Straße 49 und des Pulverturms der Stadtbefestigung war bereits Töpfereiabfall des 15.Jhs. bzw. des 16./17.Jhs. geborgen worden. 1993 konnte dann in Zuge von Grabungsarbeiten östlich von Gebäude Zollhüttengasse 7 ein mittelalterlicher Töpferofen festgestellt werden. Die geborgenen Fundstücke weisen auf einen Produktionszeitraum vom 13. bis ins 15. Jh. Daraus ergab sich die begründete Vermutung, daß es im westlichen Bereich der Zollhüttengasse einen größeren Töpfereibetrieb gegeben haben muß, der schon in vorstädtischer Zeit, also vor Ummauerung der Katharinenvorstadt im Laufe des 14. Jhs., hier produziert hat. 1997/98 sollte nun auf der Parzelle Zollhüttengasse 9 eine Neubebauung errichtet werden. Im Zuge des Baugrubenaushubs konnten jetzt weitere Ofenanlagen und Befunde zu dem Töpfereibetrieb aufgedeckt und untersucht werden (Abb. 186).

Der Stadt Schwäbisch Hall, hier vor allem Herrn A. Bedal, Leiter des Hochbauamtes, sei für die spontane Bereitschaft, die Kosten für die dringend notwendige Dokumentation dieser Befunde zu übernehmen, herzlich gedankt.

Der Brennofen B zeigt ähnlich dem seit 1993 bekannten Ofen A den in mittelalterlicher Zeit geläufigen Typ des stehenden Ofens mit kuppelartiger Brennkammer und davorliegender Bedienungsgrube. Die sogenannte Tenne, das Auflager zwischen dem Feuerungsraum und dem eingestapelten Brenngut, bestand hier nachweislich aus ca. 50 cm langen Lehmwickeln, die rostartig zwischen der äußeren Ofenwandung und der zungenförmigen Mittelstütze aufgelegt waren. Die Nutzung des Ofens erfolgte in der 2. Hälfte des 13. Jhs., die Auflassung um 1300.

Die Ofenanlage C ist offensichtlich mehrfach umgebaut und erneuert worden. Im letzten Zustand besaß der Ofen massive, aus Sandstein aufgesetzte Außenwände. Die Befeuerung des rechteckigen Ofens erfolgte durch eine rundbogige Öffnung im Nordosten. Es gab keine vertikale Trennung zwischen Feuerungs- und Brennraum. Es handelt sich daher um einen sog. liegenden Typ, wie er bis in die Neuzeit in der Keramikproduktion üblich war. Der Ofen ist mit einer Höhe von ehemals mindestens 2,50 m über einer Grundfläche von 3× 1,90 m recht groß. Die Sinterungsspuren an den Innenwänden zeigen, daß hier erhebliche Temperaturen erreicht werden konnten. In diesem Ofen sind Dachziegel gebrannt worden. Die miteinander verbackenen Fehlbrände der eingestapelten Hohlziegel finden sich als Abfall und entsprechen dem Fundmaterial aus zwei Ziegelbrennöfen bei Öhringen-Michelbach. Der Ofen ist nach der Auflassung auch mit einem größeren Komplex Abfallkeramik verfüllt worden. Im Formengut überwiegen hier Töpfe und Viereckkacheln der Zeit um 1400.

Die Ofenanlage D gibt noch einige Rätsel auf. Auch diese ist mehrfach erneuert worden und nur noch im letzten Zustand weitergehend ansprechbar. Die Außenwände des rechteckigen Ofen-

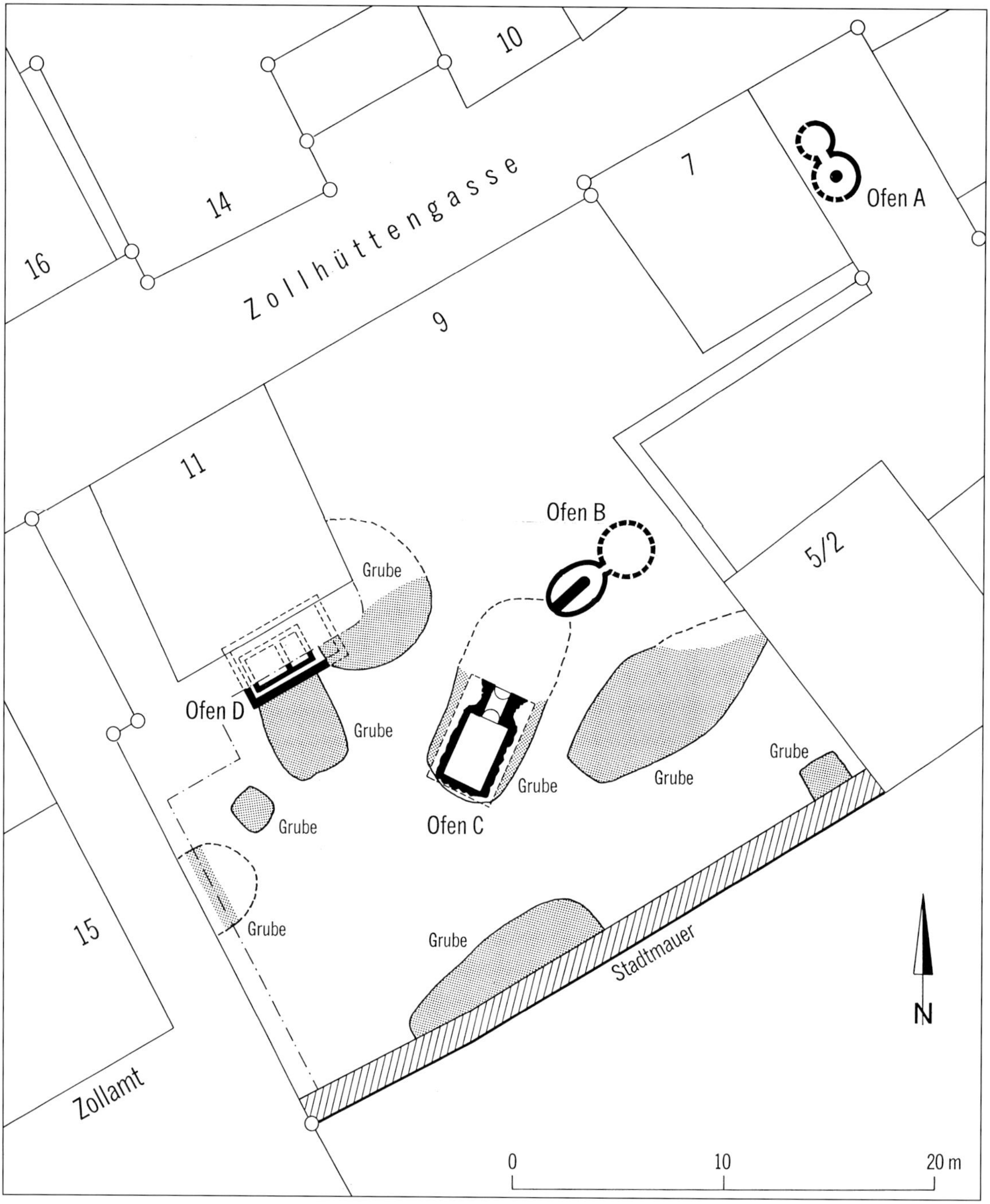

Abb. 186 Schwäbisch Hall, Zollhüttengasse 9. Lageplan des Töpferei- und Ziegeleibetriebes.

grundrisses sind aus übereinander geschichteten Hohlziegeln (wohl Fehlbrände) hergestellt. Im westlichen Bereich befand sich ein offener Feuerungsraum, in dem nach Ausweis der Sinterungsspuren an den Innenwänden eine erhebliche Hitze hergestellt werden konnte. Östlich anschließend ist ein Block mit eingestapelten Hohlziegeln vorhanden. Diese sind in Mönch-Nonne-Technik aufgesetzt, die Zwischenräume mit Lehm bündig zugesetzt. Das Brenngut des Ofens wurde nach der Aufgabe im 15. Jh. nicht ausgeräumt. Die vorgefundenen Reste zeigen aber, daß der Brand zu brauchbaren Ergebnissen führen konnte. Offensichtlich wurde hier eine Art Backtechnik („Backstein") zur Dachziegelproduktion angewandt, die bisher wenig bekannt ist. Die Bewertung muß allerdings vorbehaltlich erfolgen, da wegen der anschließenden Nachbarbebauung nicht nachgegraben werden konnte und der bisher bekannte Befund nicht vollständig ist.

Auf dem Areal finden sich mehrere größere Gruben. Anscheinend ist hier Rohmaterial für die Produktion gewonnen worden. Nachweislich stehen hier Schichten eines durchaus brauchbaren, tonigen Lehms an. Die Gruben sind später mit Abfallmaterialien verfüllt worden. Daß die Gruben teilweise auch unter die spätere Stadtmauer ziehen zeigt, daß der Tonabbau bereits vor der Ummauerung der Katharinenvorstadt ab 1330 hier erfolgte.

Um 1500 endet die Produktion des Töpferei- und Ziegeleibetriebs in der Zollhüttengasse innerhalb der Stadtmauer. Wohl aus Brandschutzgründen ausgelagert, befand er sich bis ins 19. Jh. südlich außerhalb der Katharinenvorstadt an der ehemaligen Stuttgarter Straße.

Zusammenfassend wird hier in der Zollhüttengasse ein hoch- bzw. spätmittelalterlicher „Industriebetrieb" faßbar, der zwischen dem 13. und 15. Jh. sowohl Gefäßkeramik als auch Dachziegel produziert hat. Es ist davon auszugehen, daß sich im näheren Umfeld noch weitere aussagekräftige Befunde im Boden befinden, denen im Zuge zukünftiger Veränderungen gezielt nachgegangen werden kann.

Susanne Arnold,
Michael Weihs

Literaturhinweise

H. Schäfer, Zwei Ziegelöfen in Öhringen-Michelbach, Hohenlohekreis. Arch. Ausgr. Bad.-Württ. 1982, 225ff. – U. Gross, M. Weihs, Mittelalterliche Keramik aus einer Latrine und einem Töpferofen in Schwäbisch Hall. Arch. Ausgr. Bad.-Württ. 1993, 297ff. – A. Bedal, D. Bönsch, Ch. Schaetz, Vom Dorf zur Vorstadt. In: A. Bedal, I. Fehle (Hrsg.), Hausgeschichten. Bauen und Wohnen im alten Hall und seiner Katharinenvorstadt. Kat. Hällisch-Fränkisches Mus. 8 (Sigmaringen 1994) 273ff.

Untersuchungen im Alten Rathaus der Stadt Esslingen am Neckar

Das insbesondere wegen seiner Fachwerkkonstruktion berühmte und oft abgebildete Rathaus in Esslingen entstand im Jahre 1422/23 (dendrochronologische Datierung B. Lohrum). Die nicht weniger eindrucksvolle Schauseite zum Rathausplatz von 1586/89 verdankt das Gebäude H. Schickhardt. In den Jahren 1923–26 wurde es durch den Architekten R. Lempp einer umfassenden Renovierung unterzogen. Seitdem waren erneut Schäden am Holzwerk aufgetreten und nutzungsbedingte Änderungen sollten in Angriff genommen werden.

Für die Archäologische Denkmalpflege waren zwei Maßnahmen von besonderem Interesse: Einmal galt es, den Lemppschen Küchentrakt im Südteil des Rathauses den heutigen Bedürfnissen anzupassen, wobei in diesem Teil des Gebäudes ein Aufzug und zwei Keller eingebaut werden mußten. Zum anderen sollte die Rathaushalle, bisher für Veranstaltungen und Ausstellungen genutzt, erneuert werden. Hier wie dort waren flächige Bodeneingriffe vorgesehen, so daß archäologische Maßnahmen erforderlich wurden, für die insbesondere zwei Überlegungen als Begrünung anzuführen sind.

Einmal war davon auszugehen, daß sich unter dem rezenten Fußbodenniveau die archäologischen Befunde der Zeit vor Errichtung des Rathauses, also vor 1422/23 ohne tiefgreifende Störungen erhalten haben, andererseits ergibt sich besondere archäologische Relevanz durch die Lage des Alten Rathauses innerhalb der Stadt und seine unmittelbare Nähe zur Stadtkirche St. Dionysius, einem Bauwerk also, von dem wir seit den Grabungen in den 60er Jahren durch G. P. Fehring wissen, daß es bis in die Mitte des 8. Jhs. zurückreicht und der schriftlichen Überlieferung zufolge dem Heiligen Vitalis geweiht war (Abb. 187). Hier mußte man damit rechnen, daß ein zur Kirche gehörender, ins Frühmittelalter zurückreichender oder neben der Wallfahrtskirche des Hl. Vitalis entstandener Siedlungskern, aus dem heraus sich die Stadt Esslingen entwickelte, ebenfalls erfaßt werden könnte.

Die Untersuchungen im Inneren des Rathauses wurden in zwei Kampagnen durchgeführt. 1994, bei der Realisierung des ersten Sanierungsabschnitts, wurde der Südteil untersucht. Hier hatten die Umbauten Lempps bereits tief in den Boden eingegriffen, so daß lediglich bei den damaligen Fundamentarbeiten stehengebliebene archäologische Restbestände untersucht werden konnten. Immerhin ließen sich zwei Keller nahe der heutigen Südwand des Rathauses feststellen, die nach Süden hin über das Gebäude hinausreichen und wohl zu zwei Häusern (Haus 1 und 2) gehörten, deren Giebelseiten im heutigen Platzbereich liegen (Abb. 188). Neben diesen Häusern waren Pflasterungen in drei Ebenen feststellbar und Gruben, die neben zahlreichen Tierknochen auch Keramik enthielten, die in ihrer Mehrzahl der Zeit vom 11. bis 14. Jh. angehört. Im untersten Schichtenbereich, in einem ausgeprägten, geschotterten Laufhorizont, fanden sich jedoch auch einige Stücke, die dem frühen Mittelalter ab dem 8. Jh. angehören, ohne daß ihnen direkt Bau- oder Siedlungsschichten zugeordnet werden können.

Diese Befunde setzten sich – nördlich unterbrochen durch zwei Keller des heutigen Rathauses – im Bereich der Rathaushalle fort, die weitgehend 1998 untersucht werden konnte. An der Westwand fand sich eine Reihe von Baubefunden (Häuser 3 und 4, Abb. 189), die nach Entfernung der mit dem Rathausbau aufgekommenen Deckschichten die Abbruchsituation der Vorgängerbebauung des Jahres 1422 zeigt. Deutlich fällt das Gelände in südwestlicher Richtung ab. Von den Niveaus der Erdgeschosse der hier abgebrochenen Häuser haben sich keine Spuren erhalten. Jedoch konnten zwei Keller untersucht werden (Häuser 3 und 4), deren Ostteile vom Rathausneubau gekappt wurden und demnach bis in den heutigen Straßenraum hineingeragt haben müssen. Während der südliche (Haus 4) nach Entfernung des Gewölbes mit Erdmaterial verfüllt worden war, blieb der nördliche (Haus 3) unterhalb des Laufniveaus der Rathaushalle erhalten, war jedoch nicht von hier aus begehbar. Der angetroffene Befund läßt sich nur schwer deuten, denn vom Inneren des Kellers her ist eine schmale, durchgangartige Aussparung in der Innenschale des Rathausfundaments feststellbar, während die äußere Schale des Fundamentmauerwerks anscheinend diesen Durchgang versperrt, was möglicherweise eine jüngere Zusetzung ist, die bisher am Außenbau nicht überprüft

Abb. 187 Esslingen, Altes Rathaus. Lageplan mit Kellern der umgebenden Bebauung.

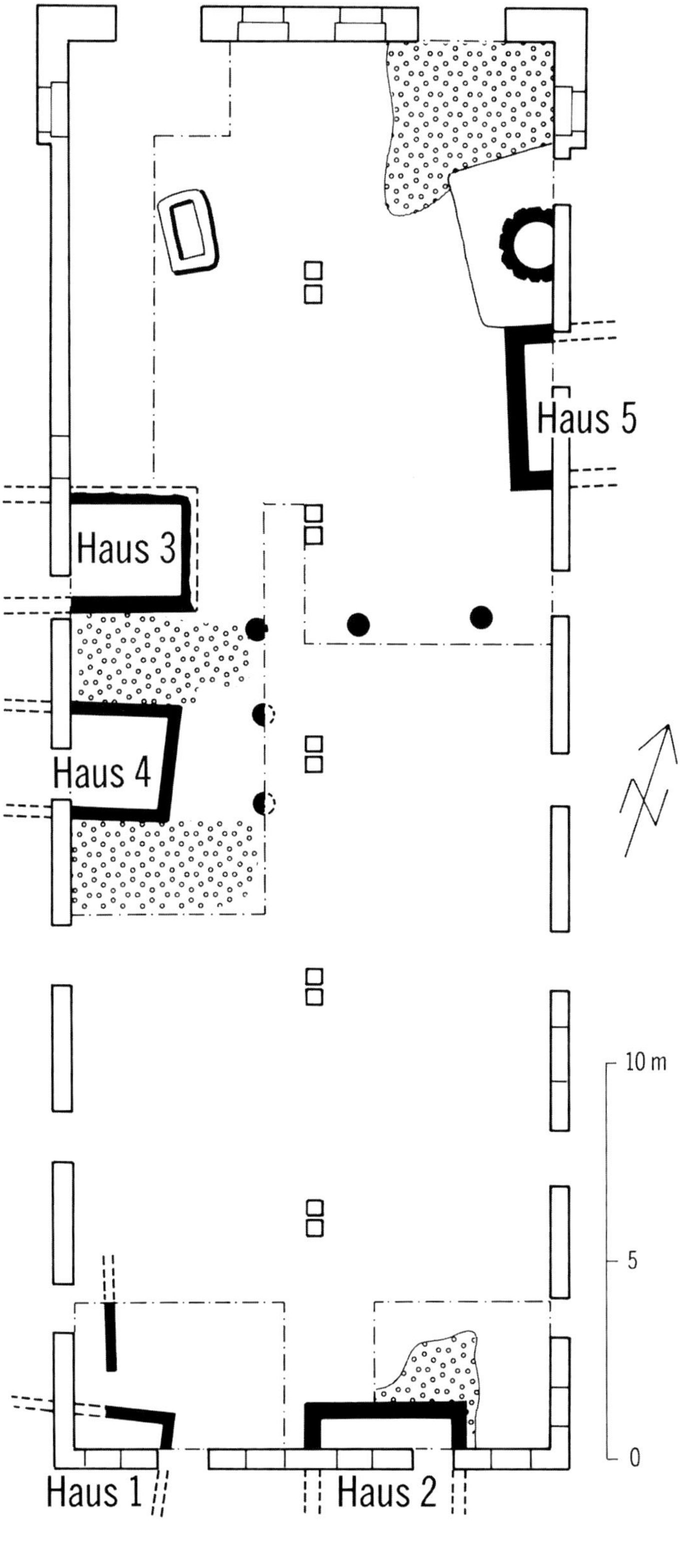

Abb. 188 Esslingen, Altes Rathaus. Übersichtsplan der Baubefunde.

Abb. 189 Esslingen, Altes Rathaus. Keller von Haus 4.

werden konnte. So gewinnt man ohne die Möglichkeit weiterer Überprüfung gegenwärtig den Eindruck, daß der belassene Teil des Kellers noch während der Bauzeit des Rathauses, möglicherweise später noch benutzt wurde.
Südlich an diesen Keller schließt ein gepflasterter Bereich an, der eine mittlere, nach Westen, zur Straße hin abfallende Rinne ausbildet und nach Süden hin unregelmäßig abbricht.
Südlich anschließend folgt der schon erwähnte weitere Keller (Haus 4), der nach seiner Aufgabe verfüllt wurde und in den die Fundamentgrube des steinernen Rauthausfundaments eingreift. Der Kellerboden wurde 2,50 m unter Oberkante des Rathausfundaments erfaßt. Da die Pflasterungen zwischen den ermittelten Hausstellen nach Osten hin über die Keller hinausreichen, wird man folgern können, daß auch die oberirdischen Baukörper größer waren als die nachgewiesenen Keller.
Östlich der Häuser 3 und 4 wurden fünf Pfostenlöcher beobachtet, die aufgrund ihrer Abmessungen zu einem nicht unterkellerten Bauwerk gehört haben könnten, das vielleicht wirtschaftlichen Zwecken diente.
An der Ostseite der Rathaushalle wurde die Westwand mit Anschluß von Nord- und Südwand eines weiteren Kellers angeschnitten (Haus 5). Das Rathausfundament wurde in die Kellerverfüllung eingetieft und anscheinend wurde auf diese Situation dadurch Bezug genommen, daß in diesem Bereich das Fundament stärker ausgebildet ist. Nahe der Nordostecke dieses Kellers wurde ein Brunnen mit rechteckiger Baugrube aufgedeckt, der ebenfalls dem Fundament des Rathauses im Wege war und durch verstärkende Maßnahmen gleichsam überbrückt werden mußte. Ein vollständiges Ausleeren der Brunnenverfüllung und etwaiger Nutzungsschichten mußte aus statischen Gründen unterbleiben. Nutzungsspuren an der Brunnenwandung und Pflasterungen zeigen, daß man offenbar von Norden her zum Brunnen kam, was eine weitere Baulichkeit im Bereich des heutigen Marktplatzes vermuten läßt.
Hier wird beim nachfolgenden Sanierungsabschnitt die Möglichkeit weiterer archäologischer Überprüfungen bestehen, ebenso wie im Nordwestbereich der Rathaushalle.

Hartmut Schäfer

Literaturhinweis

R. Lempp, Das Alte Rathaus in Esslingen (1969)

Befunde zur Geschichte des Alten Schlosses in Stuttgart

Abb. 190 Stuttgart, Altes Schloß. Untergeschoß im Eckbereich Schillerplatz/Planie mit Verlauf der älteren Ringmauer.

Das Alte Schloß in Stuttgart hat eine wechselvolle Geschichte hinter sich. So erlitt das mit Wohnungen belegte Gebäude im Dezember des Jahres 1931 einen erheblichen Brandschaden, bei dem ein Großteil der Ausstattung verloren ging. Den Bomben des II. Weltkriegs fiel insbesondere der Dürnitzbau zum Opfer.

Seit dem Wiederaufbau nach dem Brand 1931 beherbergt das Alte Schloß einen Großteil der Schausammlungen des Württembergischen Landesmuseums. Die technischen Einrichtungen und Installationen sind heute veraltet und bedürfen der Anpassung an den gegenwärtigen technischen Standard, Umbauten, die zwangsläufig in die Substanz des Kulturdenkmals eingreifen. Zudem bieten die notwendigen Arbeiten Gelegenheit, auch die musealen Nutzungsmöglichkeiten des Schlosses

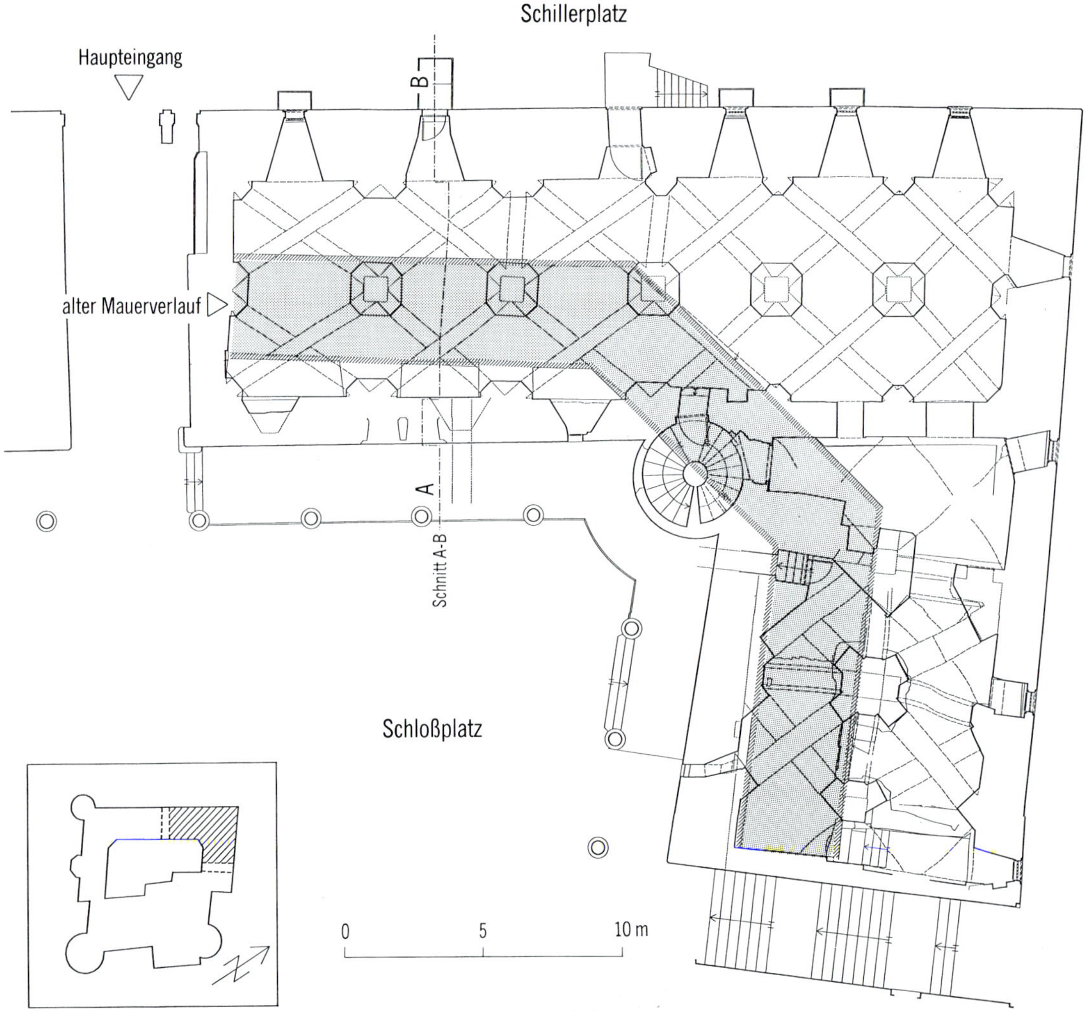

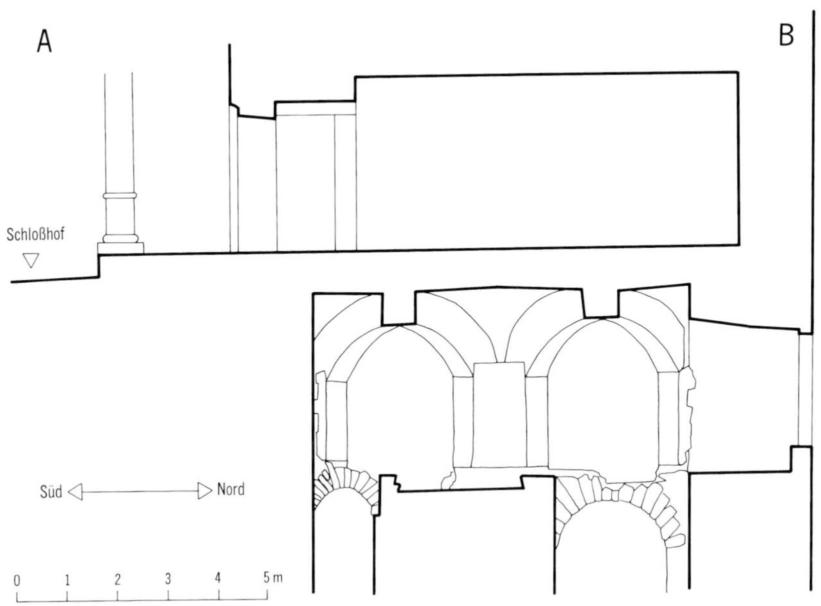

Abb. 191 Stuttgart, Altes Schloß. Untergeschoß im Flügel Schillerplatz, Schnitt A–B mit älterer Ringmauer und Bogenverspannung der Gewölbepfeiler.

zu verbessern, indem man Untergeschoßebenen der Schloßflügel im Norden (Schillerplatz), Osten (Planie) und Süden (Durnitz) zu weiteren Ausstellungsräumen ausbaut.
Haben sowohl der Brand von 1931 als auch die Kriegszerstörungen und nutzungsbedingten Umbauten und Veränderungen in den bis in den Beginn unseres Jahrhunderts tradierten historischen Baubestand eingegriffen, stellt das Alte Schloß doch nach wie vor ein für Stuttgart bedeutendes Denkmal dar. Die gegenwärtig unter der Federführung des Staatlichen Hochbauamts Stuttgart geplanten und in Abschnitten realisierten Arbeiten bedürfen der intensiven denkmalpflegerischen Betreuung und Begleitung sowohl im Tätigkeitsbereich der Kunst- und Baudenkmalpflege als auch in bezug auf die Archäologie.
Die Baugeschichte des Alten Schlosses ist bis heute nicht grundlegend aufgearbeitet worden, wenn auch insbesondere von seiten der Landesgeschichte immer wieder versucht wurde, die Frühgeschichte Stuttgarts und des Schlosses zur rekonstruieren. Im Bewußtsein, daß der heutige, in verschiedenen Zeiten entstandene Bau auf eine vielfältige Baugeschichte hindeutet, hat man auch die Entstehung einer ersten Burganlage in der Frühzeit angenommen und eine Wasserburg postuliert, die etwa im 10. Jh. entstanden sein dürfte. Aufschlüsse einer so alten Anlage fehlen freilich bis heute. Bei den Überlegungen zur Baugeschichte des Alten Schlosses ist besonders die Arbeit von G. Wein zu nennen, der sich der Geschichte des Alten Schlosses einmal auf dem Wege der Auswertung schriftlicher Quellen zu nähern versuchte, aber ebenso auch etliche Beobachtungen am Bauwerk selbst anstellte, das – als Kriegsruine – manchen neuen Einblick erlaubte. Ergänzend konnte G. Wein bei der Anlage von Versorgungsleitungen archäologische Beobachtungen im westlichen Teil des Schloßhofs machen, die jedoch unpubliziert blieben.
Der erste Untersuchungsabschnitt der gegenwärtigen Umbaumaßnahmen bezog sich auf das Kellergeschoß des Nordflügels am Schillerplatz (Abb. 190). Beim Entfernen der jüngeren Einbauten zeigte sich eine gewölbte zwei-

schiffige Pfeilerhalle (Taf. 16). Während hier ursprünglich einfache Rechteckpfeiler Kreuzgratgewölbe trugen, wird das heutige Aussehen durch verstärkende Ummauerungen bestimmt, auf denen Gurtbögen ruhen, die das ältere Kreuzgratgewölbe stützen. Aus welchem Grunde eine solche Umbaumaßnahme notwendig war, die zu einer erheblichen Erhöhung der Tragfähigkeit des Gewölbes beigetragen hat, ist nicht bekannt.

Bei der Tieferlegung des angetroffenen Fußbodens, die durch die angestrebte Nutzung als Schauräume notwendig war, wurde eine ältere Phase der Baugeschichte des Alten Schlosses erfaßt: Ein Großteil der Pfeiler des Kellerraumes steht auf der Abbruchkrone einer massiven, 4 m starken älteren Mauer, die Minderzahl auf Punktfundamenten, die durch Bögen gegeneinander verstrebt sind (Abb. 191). Die Dicke der Mauer entspricht etwa der Hälfte der heutigen Kellerbreite und sie reicht bis unmittelbar an die heutige Südwand. Das Aussehen der älteren Mauer, die in Teilbereichen, an keiner Stelle jedoch in ihrer vollen Höhe freigelegt wurde, ist uneinheitlich.

Abb. 192 Stuttgart, Altes Schloß. Flügel Schillerplatz, Eckbereich der älteren Ringmauer.

Im Ostteil des Kellers besitzt sie eine Ecke im Winkel von 45° nach Südosten (Abb. 192). Sie wird hier von der gegenwärtigen Südwand des heutigen Kellers überlagert und läßt sich im Untergeschoß des zur Planie gelegenen Ostflügels erneut fassen, wiederum mit einer im 45°-Winkel ausgebildeten Ecke, nach der diese Mauer dann etwa der Fluchtung des heutigen Ostflügels (Planie) entlang nach Süden verläuft.

Die Überlagerung der 4 m dicken Mauer durch den heutigen Baukörper ebenso wie die Verstrebung der Pfeiler untereinander und zur Außenwand wie auch die Tatsache, daß zwischen den Außenwänden und der älteren Mauer nur Auffüllschichten angetroffen wurden, machen deutlich, daß es sich bei der älteren, massiven Mauer um die in den Eckbereichen durch zweimalige 45°-Abwinkelungen „abgeplattete" Umfassungsmauer einer älteren Anlage handeln kann und mit den heutigen Schloßflügeln im Norden und Osten eine Erweiterung in die Grabenbereiche realisiert wurde. Diese Rekonstruktion bestätigt die Überlegungen G. Weins, der ausgehend von der Grundrißkonfiguration im Bereich der Dürnitz zu dem Schluß kam, daß die ältere Burg im 45°-Winkel gebrochene Eckbereiche besaß. Die von ihm publizierte Rekonstruktion (Abb. 193) läßt sich damit auch an der Seite zum Schillerplatz bestätigen. An der Ecke Schillerplatz/Dorotheenstraße war im Westteil des Nordflügels bei der älteren, auch hier in Teilbereichen erfaßten Umfassungsmauer nur noch ein Rudiment der Abknickung feststellbar. Dort hatte man bereits einen Leitungsschacht ausgehoben, bevor das LDA beigezogen wurde.

Eine weitere Bestätigung des beschriebenen Verlaufs der Ringmauer ergab sich bei der Anlage einer neuen Technikzentrale beim Südwestturm außerhalb des Schlosses. Die Mauerpartien wurden unterhalb der Gehwegebene freilegt, die unter den jüngeren, vorgeblendeten Mauerschürzen liegen. An der Nahtstelle zum Rundturm zeigten

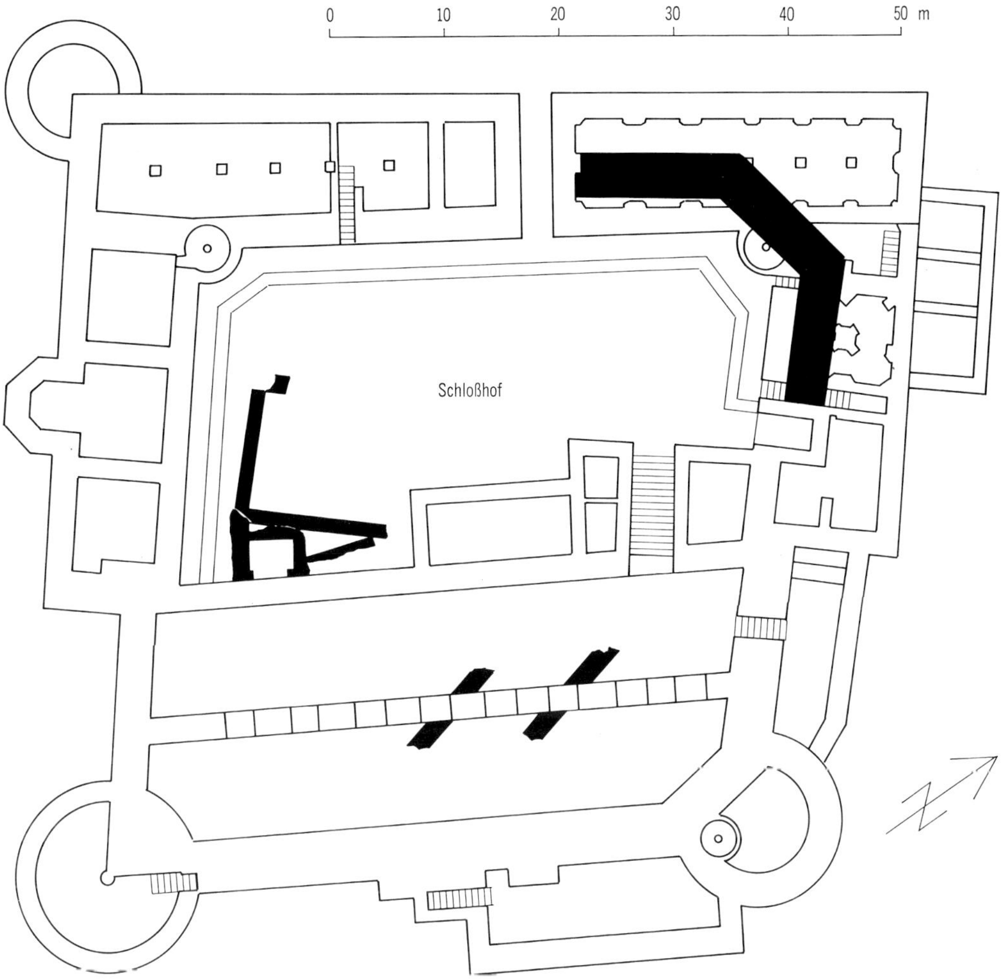

Abb. 193 Stuttgart, Altes Schloß. Schematischer Gesamtplan mit Befunden älterer Mauern.

sich die zum Teil bossierten Eckquader der Abwinkelung (Abb. 192). Dies bedeutet zugleich, daß an dieser Seite der heutige Schloßflügel direkt auf die Abbruchkrone der Vorgängermauer aufgesetzt wurde. Auch im Süden, zum Karlsplatz hin – dies hat schon G. Wein richtig beobachtet – wird das heutige Schloß durch diese ältere Mauer begrenzt.

Ist durch diese Befunde der Verlauf der älteren Umfassungsmauer definiert, scheinen damit die ältesten Befunde zum Alten Schloß noch nicht erfaßt. Von den Grabungen G. Weins befindet sich im Stadtarchiv Stuttgart der vom Stadtmessungsamt gefertigte Gesamtplan der Mauerbefunde, die G. Wein 1967 freilegte. Die erfaßten, unterschiedlichen Zeitstellungen angehörenden Mauerzüge wurden in das digitale Aufmaß der Befunde des Nordflügels eingepaßt (Abb. 193), und es zeigte sich, daß sie Fluchtungen aufweisen, die deutlich von den heutigen und denen der aufgedeckten Befunde abweichen. Im Anschluß an das Untergeschoß des Dürnitzbaus und mit diesem durch eine Tür verbunden, wurde von Wein ein kleiner Raum erfaßt, dessen Deutung noch offen ist. Die Schwellhöhe des Durchgangs zur Dürnitz liegt rund 6 m

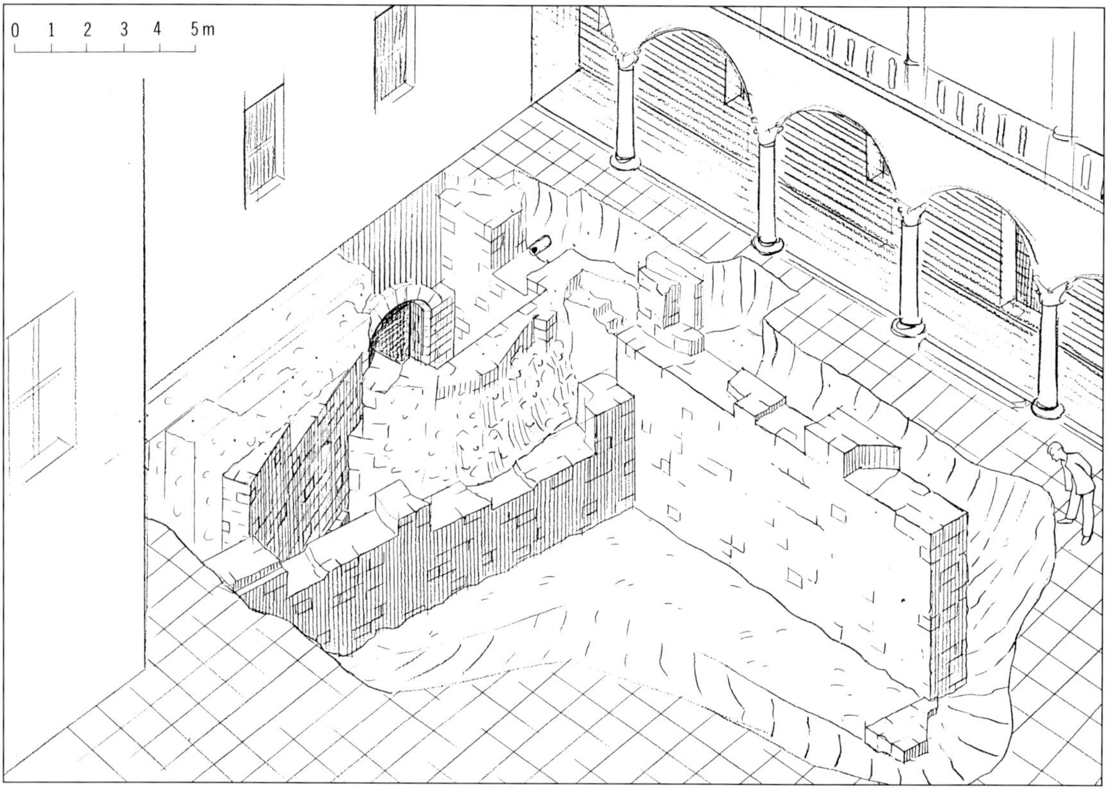

Abb. 194 Stuttgart, Altes Schloß. Vereinfachte Isometrie der von G. Wein untersuchten Befunde auf der Grundlage des Vermessungsplans des Stadtmessungsamts Stuttgart.

unter dem heutigen Hofniveau, und ein Eintrag auf dem Gesamtplan deutet darauf hin, daß auch der durch den Mauerwinkel begrenzte Bereich auf dieser Höhe einen Laufhorizont aufwies. Die perspektivische Umzeichnung (Abb. 194) zeigt diese Situation und macht zugleich deutlich, daß die verschiedenen Mauerzüge wenigstens zwei sich überlagernden Bauzuständen angehören.

Es ist beabsichtigt, in einem späteren Bauabschnitt eine unter dem Hofniveau liegende Verbindung zwischen dem Untergeschoß der Dürnitz und dem des Nordflügels zu erstellen, um die neuen Ausstellungsflächen untereinander zu verbinden. In diesem Zusammenhang wird der von G. Wein beobachtete Befund erneut und weitergehend untersucht werden können.

Dieser archäologische Zusammenhang wird schon zuvor eine Rolle spielen, wenn im Untergeschoß der Dürnitz die Umbauarbeiten beginnen. Im Vorgriff auf diese Arbeiten soll eine archäologische Probeuntersuchung im Anschluß an die von Wein festgestellte, oben erwähnte Tür zum Hofbereich durchgeführt werden. In der Dürnitz ist darüber hinaus damit zu rechnen, daß weiteres Mauerwerk angetroffen wird. Ein Plan von 1919 enthält einen Hinweis auf Mauern, die mit keiner der bisher bekannten Fluchtung übereinstimmen.

Hartmut Schäfer

Literaturhinweise

G. Wein, Die mittelalterlichen Burgen im Gebiet der Stadt Stuttgart, 1. Band. Veröffentlichungen des Archivs der Stadt Stuttgart (Stuttgart 1967). – E. Paulus, Kunst und Altertums-Denkmale im Königreich Württemberg, Inventar Neckarkreis, 1889, 25ff. – R.W. Schmidt, Das Alte Schloß in Stuttgart. In: Württemberg 1925. – H. Christ, Kunstwanderungen in Württemberg, 3(1955) 23ff.

Funde von der Körschburg bei Deizisau, Kreis Esslingen

Im Mai 1998 erhielt das Landesdenkmalamt, Referat für Archäologie des Mittelalters, Nachricht über Funde, die auf der ehemaligen Körschburg bei Deizisau gemacht wurden. Drei Jungen aus dem Ort hätten dort ein „Lägerle" gebaut, und die beim Erdaushub angefallene „Beute" veranlaßte die Eltern, diese Stücke den zuständigen Stellen zu melden.

Die Körschburg liegt ca. 1,5 km westlich von Deizisau auf einer Zunge zwischen Neckar und der hier einmündenden Körsch. Der Sporn mit der Hauptburg weist etwa 250 m² Fläche auf und wurde durch einen ca. 4–5 m tiefen Graben von der Vorburg getrennt. Laut Oberamtsbeschreibung fand im Jahre 1820 eine Ausgrabung statt, deren Ergebnisse jedoch unbekannt sind. Zu der Burg ist ferner ein Weiler überliefert, der zwischen 1262 und 1401 genannt wird, und eine Mühle, die 1332 Erwähnung findet. Ein Graf Diepold von Kersch taucht 1213 erstmals in den Urkunden auf. Es wird vermutet, daß dieser mit den Grafen von Aichelberg, die ebenfalls häufig den Vornamen Diepold trugen, in verwandtschaftlicher Beziehung stand. Der Standort der Burg war wohlgewählt an der Fernstraße, die den Neckar entlangzog und zudem an einer Neckarfurt, die 1296 hier bezeugt ist. Die spärlich vorhandenen bzw. aufgearbeiteten Urkunden dieses Geschlechts lassen vermuten, daß die hier ansässigen Grafen nicht zimperlich waren, was die Beschaffung von Gut und Gütern betrifft. Dieses Treiben mag den Ausschlag gegeben haben, daß die Burg im Jahre 1292 durch Eberhard von Württemberg gemeinsam mit der Reichsstadt Esslingen geschleift wurde. Verbrannte Hohlziegel und Reste zweier steinerner Geschoßkugeln, die mittels Katapulten gegen die Burg geschleudert wurden, bezeugen diese kriegerische, nach der Sindelfinger Chronik zehn Tage lang dauernde Aktion. Im übrigen Fundgut, das nur wenige Keramikscherben umfaßt und mehrheitlich aus Metallgegenständen (Abb. 195) besteht, sind zwei Objekte besonders hervorzuheben. Bei der handwerklich hervorragend ausgeführten Schnalle aus brüniertem Eisen (Abb. 195, unten) fallen vor allem zwei Details sofort auf, die sie von der Masse der ringförmigen Schließen abheben. Zum einen ist die Spitze des Dorns deutlich über den Bügel gekrümmt.

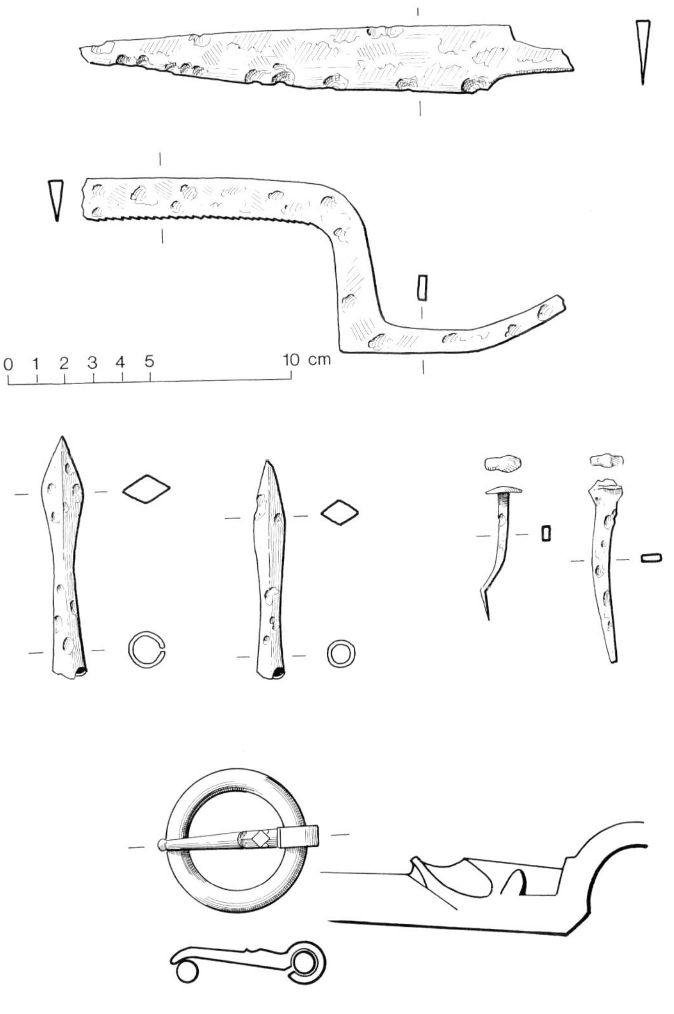

Abb. 195 Deizisau, Körschburg. Metallfunde.

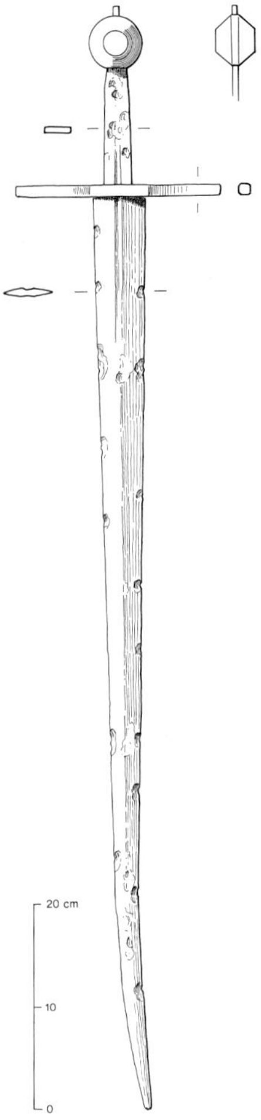

Abb. 196 Deizisau, Körschburg. Schwert.

Zum anderen ist, was vor allem in der Seitenansicht deutlich wird, die Dornbasis als Tierkopf mit kräftigen Ohren gestaltet, so daß der Dorn scheinbar aus dem geöffneten Maul „herauswächst". Damit bestehen starke Ähnlichkeiten zu hochmittelalterlichen Metallarbeiten. Diese Buchschließen und Kerzenleuchter des sakralen Milieus aus dem 11./12. Jh., aber auch profane Gegenstände wie Steigbügel oder Sporen, sind jedoch im Gegensatz zur Deizisauer Schnalle in aller Regel aus Bronze hergestellt. Da sich Ringschnallen schon im Hochmittelalter nachweisen lassen, könnte der zeitliche Abstand zu den genannten romanischen Gegenständen gering sein. Die Auffindung eines Objektes in einer im ausgehenden 13. Jh. bezerstörten Burg muß nämlich nicht unbedingt gleichbedeutend sein mit einer so späten Entstehung. Vor allem Funde von Ringschnallen in den Massengräbern von Gefallenen der Schlacht von Wisby auf Gotland (1361) belegen die Funktion als Schließen von allerlei Riemenwerk, das am Körper getragen wurde – also keineswegs nur von Gürteln. Die aufwendige Gestaltung des Deizisauer Dorns scheint der öfter geäußerten Auffassung zu widersprechen, die Ringschnallen seien vom Stoff der Kleidung verdeckt gewesen.

Das leicht verbogene Schwert (Abb. 196) besitzt mit 108 cm Länge nahezu seine ursprüngliche Größe. Lediglich im Spitzenbereich könnten 1–2 cm während der langen Jahrhunderte im Boden der Korrosion zum Opfer gefallen sein. Ansonsten fehlen nur die organischen Bestandteile des Griffes, denn sowohl die gerade, knapp 21 cm lange Parierstange wie der kräftige, 4 cm hohe Knauf sind noch vorhanden. Ob sich auf der Klinge eine Inschrift befindet, kann erst die noch ausstehende Restaurierung klären. Bei der Waffe handelt es sich um ein sog. Scheibenknaufschwert. Diese Form löst im 13. Jh. die älteren Schwerter mit paranußförmigen Griffabschlüssen ab. Bei dem Deizisauer Stück geht die sehr schmale Mittelkehle („Blutrinne"), die bereits auf dem Griff beginnt, schon im oberen Teil der Klinge in einen Mittelgrat über. Die stark verjüngte Spitze verrät, daß hier eine kombinierte Hieb- und Stichwaffe vorliegt. Bei vielen Scheibenknaufschwertern hat man es dagegen noch mit reinen Hiebwaffen mit verrundeter Spitze zu tun. Da von der waffenhistorischen Forschung das Aufkommen der Schwerter für Hieb und Stoß mit der zunehmenden Stärke der Körperpanzerung seit dem späten 13. Jh. erklärt wird, stellte das vorliegende Exemplar zum Zeitpunkt der Zerstörung der Burg 1292 eine moderne Waffe dar. Schwerter, noch dazu in solch hervorragendem Zustand, sind als Bodenfunde in Südwestdeutschland sehr selten. Um so bedauernswerter ist es, daß dieses für die Mittelalterforschung so wertvolle Stück durch „Raubgräber" entdeckt wurde.

Susanne Arnold,
Uwe Gross

Literaturhinweise

H. Schneider, Waffen im Schweizerischen Landesmuseum: Griffwaffen I (Zürich 1980). – R. E. Oakeshott, The sword in the age of chivalry (London 1981).

Die Burg am „Birchiberg“ in Bollschweil-St. Ulrich, Kreis Breisgau-Hochschwarzwald

Das Institut für Ur- und Frühgeschichte der Universität Freiburg erforscht seit mehreren Jahren den mittelalterlichen Bergbau in den Revieren des südlichen Schwarzwaldes. Zu diesen Revieren zählt auch das Möhlintal beim Kloster St. Ulrich, in dem vor allem Blei und Silber abgebaut wurden. Erste Ausgrabungen im Grubengelände am Nordabhang des Birkenberges galten seit 1987 der inneren Organisation des Abbaus vom Bergwerk bis zur Verhüttung und der Datierung der Abbauspuren einschließlich der Wohn- und Arbeitsplätze der Bergleutefamilien (Abb. 197). In den Jahren 1992 und 1997 wurde zudem nach der Freilegung verstürzter Stollenmundlöcher der Zugang zu Teilen des mittelalterlichen Grubengebäudes erschlossen.

Im Jahr 1998 wurde mit der Erforschung einer Burganlage begonnen, die inmitten der Abbauspuren liegt, einige Tagebaue und Verhaue als Burggräben genutzt zu haben scheint und topographisch so mit dem Erzrevier verbunden ist, daß die Position eine Funktion der Burganlage im Rahmen der Silbergewinnung nahelegt. Eine solche Aufgabe im rechtlichen, politischen, verwaltungsmäßigen, wirtschaftlichen oder militärischen Bereich nachzuweisen, ist das vorrangige Ziel der Ausgrabungen, nicht in erster Linie die Baustruktur der

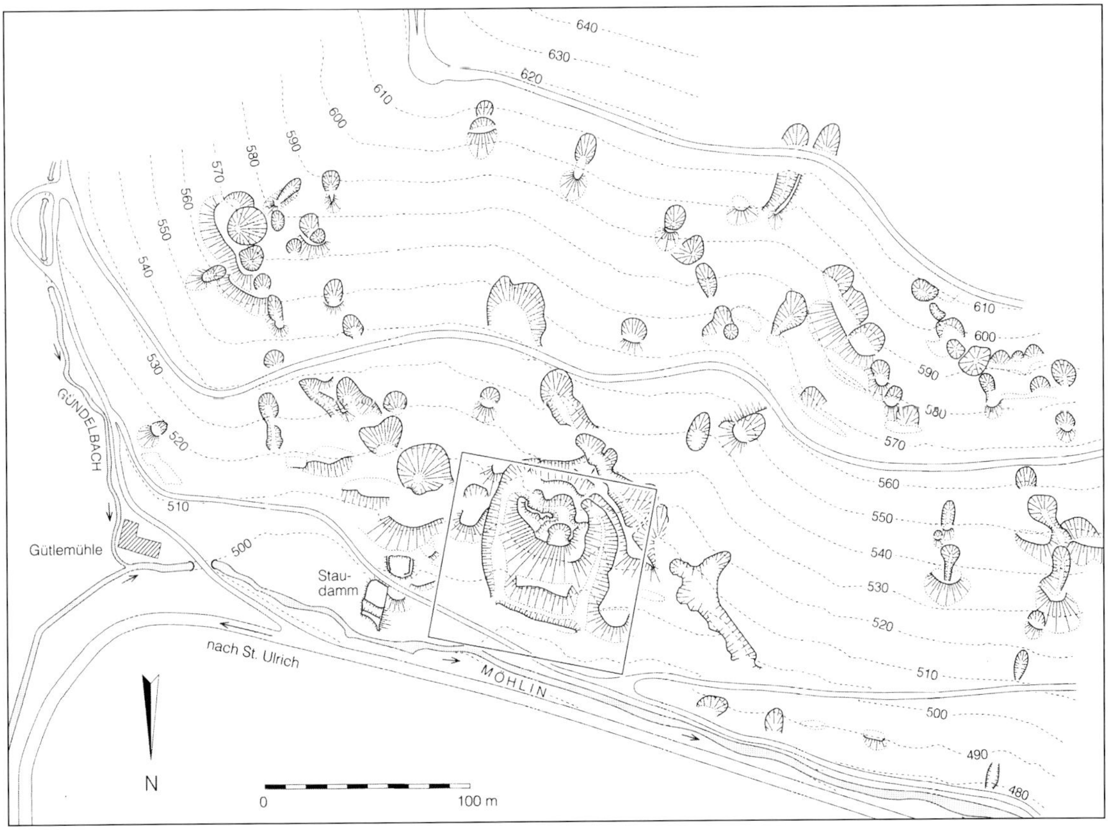

Abb. 197 Bollschweil-St. Ulrich. Gesamtplan der Bergbauspuren des 13./14. Jhs. am Birkenberg. Das eingerahmte Areal ist in Abb. 198 wiedergegeben.

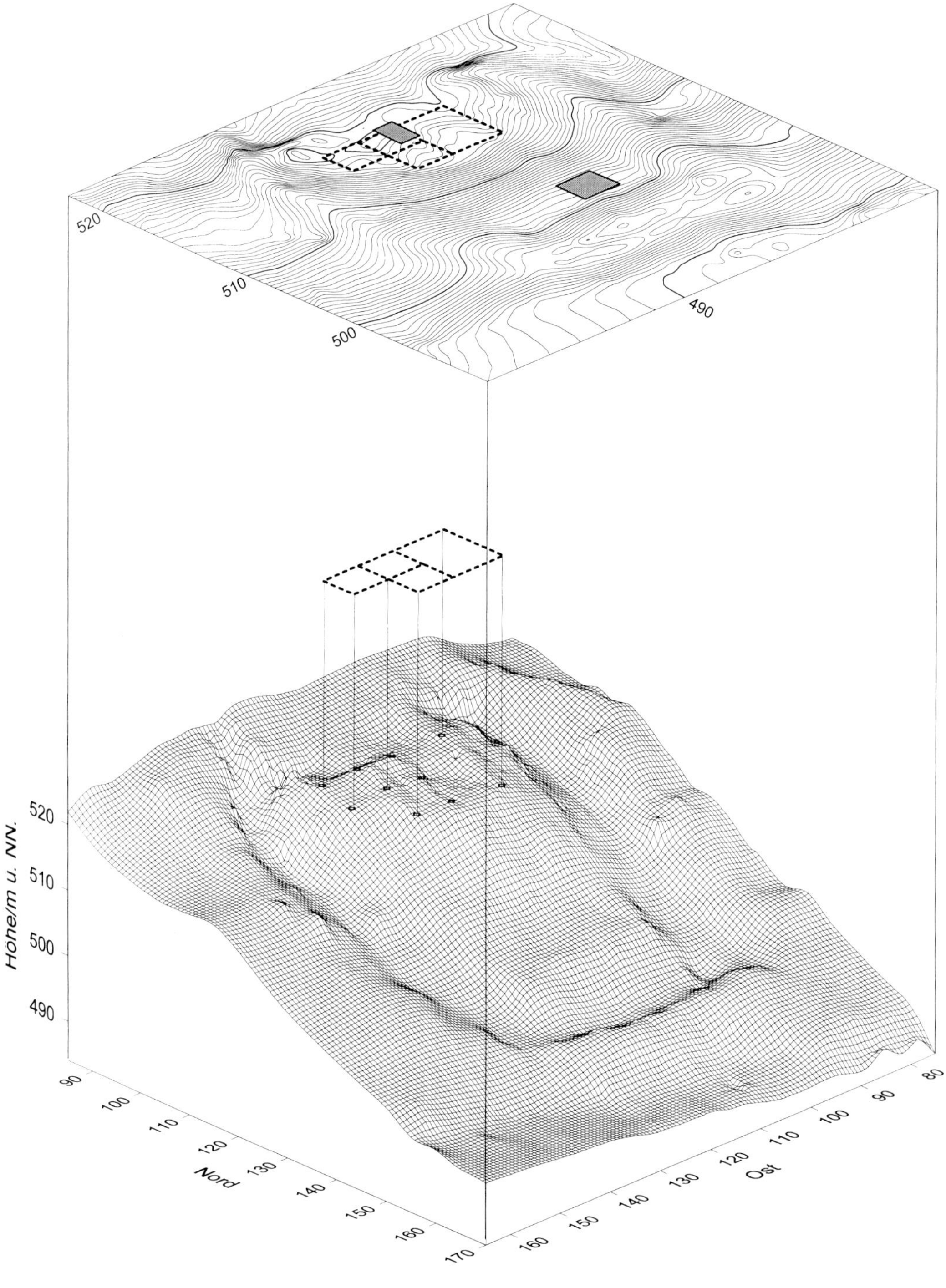

Abb. 198   Bollschweil-St. Ulrich. Vermessungsplan des Burgareals mit Eintragung der Grabungsschnitte und der nach dem Geländerelief vermuteten Mauerverläufe.

Burg. Gefördert werden die Forschungen durch Mittel der DFG.
Die montanarchäologischen Forschungen der vergangenen Jahre haben zu völlig neuen Einblicken in die Prozesse des eigentlichen Bergbaus, der Erzgewinnung, wie auch der Erzaufbereitung und der Verhüttung geführt. Wichtige mittelalterliche Reviere und teils auch die zugehörigen Verhüttungsplätze konnten mittels Prospektion lokalisiert, dokumentiert und beschrieben werden. Im Sulzbachtal sowie im Revier bei St. Ulrich sind Erzabbaue, Erzaufbereitungsanlagen, Verhüttungsplätze und vermutlich zugehörige Siedlungsbefunde zumindest punktuell ergraben. Dort zeichnen sich erste Ergebnisse zur Organisation der Metallproduktion im ganzen sowie deren Verhältnis zum bzw. deren Auswirkungen auf das Siedlungsgefüge ab. Archäologische Untersuchungen in den wüstgefallenen Bergstädten Prinzbach und Münster im Münstertal kommen hinzu.
Weitgehend ausgespart hingegen blieb die Problematik der Herrschaft, genauer der Bergherrschaft und ihrer Bezüge zu den montanen und metallurgischen Produktionsstätten und zu den mit diesen in Zusammenhang stehenden Siedlungsstrukturen. In der landesgeschichtlichen und historischen Burgenforschung wird zwar gerne und viel von Burgen gesprochen, die in enger Verbindung mit montanen Vorgängen gestanden hätten und/oder sogar zum Zweck der herrschaftlichen Nutzung montaner Produktionsstätten und zur Kontrolle der Montanwirtschaft erbaut worden seien. Das gilt besonders für Burgen, die in nächster Nähe von Lagerstätten und in Revieren angesiedelt sind.
Beispiele für solche Burgen, die in der Forschung in Verdacht geraten sind, mit dem Bergbau in engem Zusammenhang zu stehen, sind z.B. die Burgen Zähringen und Falkenstein sowie die Wilde Schneeburg bei Freiburg, die Hohengeroldseck, die Schwarzenberg bei Waldkirch, die Keppenbach im Freiamt, die Birchiburg bei St. Ulrich, die Scharfenstein im Münstertal und die mitten in dem 1028 bezeugten Erzrevier gelegene Burg Badenweiler. Die Schwarzenberg soll geradewegs zu dem Zweck errichtet worden sein, um „die Silberbergwerke im Suggental zu beschützen".
Bei der Birchiburg nahm man sogar an, daß sie der sicheren Aufbewahrung des im Revier von St. Ulrich produzierten Silbers halber entstanden sei. Solche Vermutungen, die bislang in keinem einzigen Fall belegt und und vor allem auch nicht konkretisiert werden konnten, beruhen auf allgemeinen Gegebenheiten wie der Nähe des Burgenstandorts zu Erzlagerstätten und der historisch- rechtsgeschichtlichen Erkenntnis, daß der Bergbau und die Silberproduktion während des Mittelalters herrschaftlich gebunden und beaufsichtigt waren.
Das von der Abteilung Landesgeschichte des Historischen Seminars der Universität Freiburg betriebene Projekt zur Katalogisierung und Erforschung der Burgen im mittelalterlichen Breisgau (unter der Leitung von A. Zettler), das sich für den Teilbereich des nördlichen Breisgaus in der Abschlußphase befindet, zeigt andererseits den ganz allgemein ungenügenden Forschungsstand der Burgenarchäologie hierzulande auf, während sich die Mittelalterarchäologie in Frankreich und Italien längst mit Erfolg dem Problemfeld um das Verhältnis von Bergbau, Burg und Siedlung im Mittelalter zugewandt hat.
Das Montanrevier im Möhlintal erstreckt sich sowohl unmittelbar um die zu untersuchende sogenannte „Birchiburg" herum, reichte aber von dort bis zum Talausgang, wie die großflächig angelegte Prospektion durch U. Zimmermann ergab. Bei den Begehungen wurden rund 50 Fundstellen neu entdeckt, wahrscheinlich auch der Platz einer urkundlich 1317 bezeugten Schmelze nahe der Aubachmühle. Die meisten bei der Prospektion aufgelesenen Funde gehören ins 13. und 14. Jh.; sie zeigen

einen Höhepunkt der montanwirtschaftlichen Aktivitäten im Möhlintal an. Daneben führen einzelne Funde ins 12. Jh., beim wenig weiter talaufwärts gelegenen Kloster St. Ulrich sogar ins Frühmittelalter zurück, und am Talausgang sind römische Scherben gefunden worden. Zu den prospektiven Untersuchungen kommen insgesamt sechs Testgrabungen, und dies alles zusammengenommen erlaubt die Aussage, daß das Bergbaurevier im Möhlintal ein Gebiet von insgesamt mindestens 3,5 km² beidseits der Möhlin umfaßt haben muß. Die Begehungen führten außerdem zur Dokumentation eines zentralen Bereichs in diesem Revier, der sich auf einer Fläche von ca. 15 ha am Nordhang des Birkenberges, um die „Birchiburg" herum, erstreckt. In deren Nähe konnte auch ein Siedlungsplatz ergraben werden, der bezeugt, daß die Menschen hier in unmittelbarer Nachbarschaft zu den Produktionsstätten lebten. Das mittelalterliche Montanrevier erstreckte sich also über das ganze untere Tal von St. Ulrich, und es gibt gute Gründe und auch historische Belege dafür, daß es sich in den Nachbarort hinein, nach Bollschweil fortsetzte. Im Mosaik dieses Reviers fehlt vor allem noch die Klärung der Rolle der Burg inmitten seines Zentrums.
Über die Burganlage selbst ist so gut wie nichts überliefert. Sie war noch im letzten Jahrhundert lediglich dem Namen nach und aus den Schriftquellen bekannt, lokalisieren konnte man sie nicht. Das gelang erst A. Poinsignon, der in einem Aufsatz mit dem bezeichnenden Titel „Die verschollene Burg Birchiberg" 1887 den mutmaßlichen Standort nahe St. Ulrich, Gemeinde Bollschweil, ermittelte, nachdem sie bis dahin im Münstertal, im Dreisamtal und sogar in der Ortenau gesucht worden war. Vermutlich war Poinsignon nicht zuletzt durch ein Naturereignis am Birkenberg auf diesen Platz aufmerksam geworden. Ein gewaltiger Eisbruch legte nämlich damals den ganzen bewaldeten Hang des Birkenberges frei, und neben den Gräben und sonstigen Geländestrukturen kamen durch die entwurzelten Bäume Mauerreste sowie aus Sandstein gehauene Architekturelemente ans Licht. Poinsignon verwendete die von ihm offenbar sehr genau in Augenschein genommenen Relikte als Grundlage für seinen anschaulichen Rekonstruktionsversuch der Birkenburg, der bis heute unser Bild von der Anlage bestimmt.
Die Anhaltspunkte, welche die schriftlichen Quellen hergeben, reichen nicht aus, um Näheres zur Baugeschichte und zur baulichen Gestalt der Burg auszusagen, geschweige denn zu ihren möglichen Bezügen bzw. zu ihrer Funktion und Rolle im Ganzen des Bergbaugeschehens im oberen Möhlintal. Zwar wird der Platz Birkenberg 1291 als Lehen genannt, die Burg ist aber nicht erwähnt. Sie erscheint im Jahr 1347 und fiel 1379 der Zerstörung anheim.
Eine Klärung dieser Fragen kann daher nur die Ausgrabung des Burgplatzes ergeben, und diese wurde 1998 in Angriff genommen. In der Zeit von Mitte September bis Ende Oktober wurden detaillierte Vermessungen (Abb. 198 und 199) und Testgrabungen durchgeführt, und zwar im Hangbereich des Birkenberges, der durch mehr als 10 m tiefe und bis zu 13 m breite Gräben vom umliegenden Gelände abgetrennt ist. Zur Vorbereitung der Ausgrabungen wurde das Burggelände, in dichtem Hochwald gelegen, auf Anordnung des Revierförsters J. Wiesler, dem vielmals gedankt sei, freigeschlagen, ein sicherer Zugang gebaut sowie ein Weg für den Abtransport des aus mächtigen Bruchsteinen bestehenden Abraums geschaffen. Das Burgareal wurde neu vermessen, in Ergänzung zum 1990 im Rahmen von Diplomarbeiten der Fachhochschule Karlsruhe entstandenen Gesamtplans vom Nordhang des Birkenberges. Zwei Testschnitte zur Klärung der stratigraphischen Situation wurden durchgeführt, der eine auf dem oberen Burgplateau, der zweite auf der Terrasse am Fuß der Burganlage.

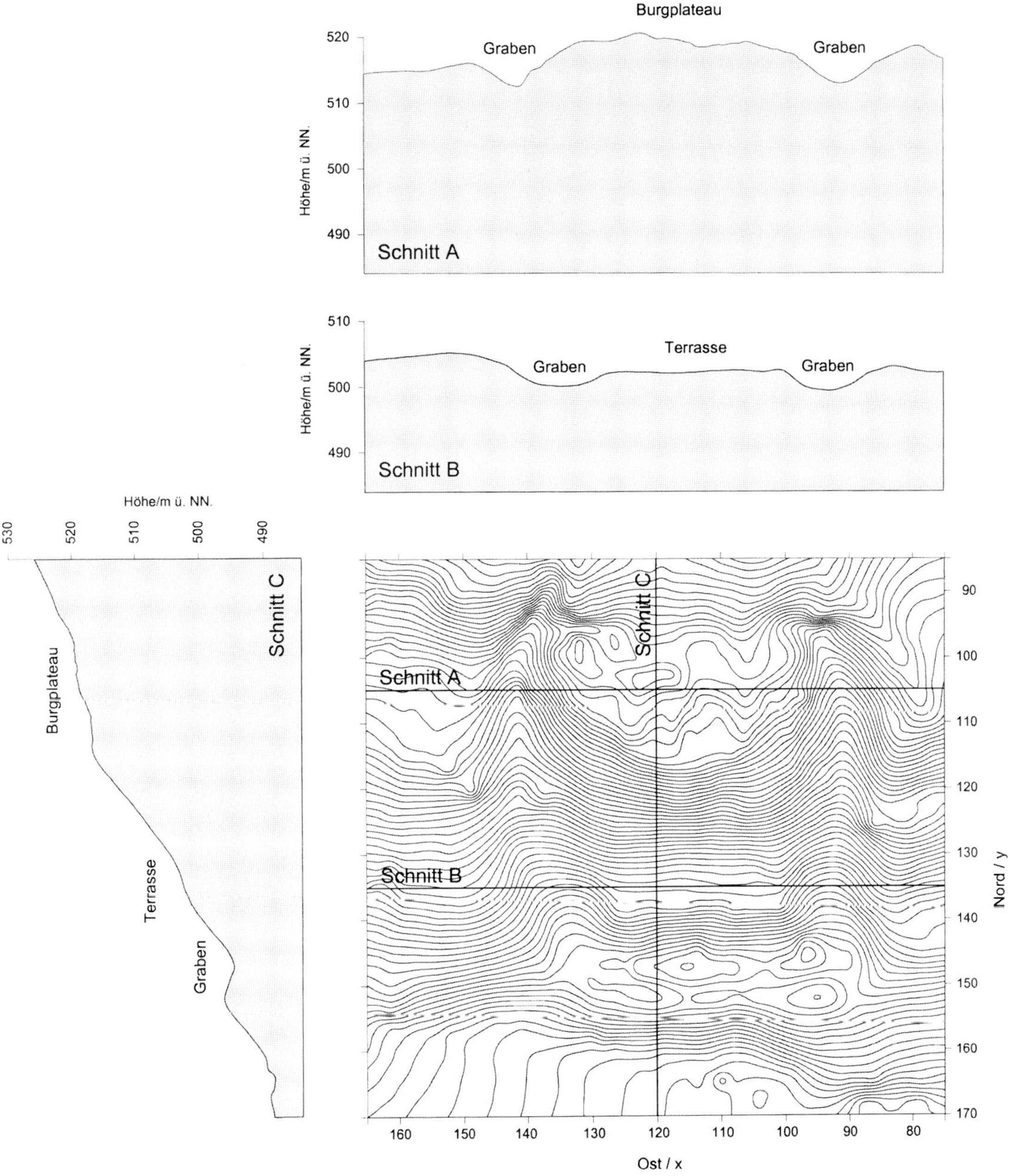

Abb. 199 Bollschweil-St. Ulrich, Birkenberg. Längs- und Querschnitte durch das Burgareal.

Die ersten Sondierungen erbrachten bereits wichtige Ergebnisse. Poinsignon hatte eine Burg von dem im 13. Jh. gängigen „Kastelltyp“ rekonstruiert, wie ihn z. B. die zu Zeiten König Rudolfs von Habsburg (1273–1291) errichtete Hohlandsberg im Elsaß aufweist. Demnach hätte sich eine zinnenbewehrte Ringmauer mit dem Grundriß eines Rechtecks von dem oberen Bereich der Anlage den Hang hinab bis zur unteren Terrasse und dann wieder hinauf zur Kernburg gezogen. Entsprechende Mauerreste, die eine solche Rekonstruktion stützen könnten, sind bei den Untersuchungen im Bereich der unteren Terrasse jedoch nicht gefunden worden. Wie es sich mit der von Poinsignon angegebenen Ringmauer im einzelnen verhält, muß noch an anderen Stellen sondiert werden, doch ist schon jetzt klar, daß die Burg im großen und ganzen nicht der von Poinsignon angenommenen und ins Bild gesetzten Baugestalt entsprach. Mit diesem Schnitt von 25 m² sollte auch geklärt werden, ob und wann diese Terrasse Gebäude getragen hat. Die gesamte Terrasse zeigte sich mit grobem Steinmaterial bedeckt. Die obere Versturzschicht enthält nur wenige eingewehte oder eingeschwemmte Humusanteile, steigt von der talseitigen Kante, an der sie eine Mächtigkeit von 0,30–0,50 m aufweist, nach Süden, also zum Hang hin, auf eine Mächtigkeit von 2,50 m an. In der Schicht fanden sich zahlreiche Ziegelbruchstücke vom Typ „Mönch/Nonne“ und Bruchstücke von sonstiger Baukeramik. Außerdem wurden an mehreren Steinen Mörtelreste festgestellt, die darauf hinweisen, daß diese Steine in einem Gebäude vermauert waren. Auch drei Bauteile aus rotem Sandstein wurden gefunden, welcher am Birkenberg ortsfremd ist, zwei Steine eines Tür- oder Fenstergewändes und das Segment eines Tür- bzw. Torbogens. Nach dem Abtragen dieser obersten Schicht wurde in der gesamten Schnittbreite eine künstlich angelegte ebene Fläche erreicht, die aus dem Verwitterungsprodukt des anstehenden Gneis

Abb. 200 Bollschweil-St. Ulrich, Birkenberg. Eckverband mit Verputz und Balkenloch.

Abb. 201 Bollschweil-St. Ulrich, Birkenberg. Balkenloch, Detail.

besteht. Auf dieser Schicht lag ein verstürztes Mauerteil aus vermörtelten Bruchsteinen, ebenfalls aus dem anstehenden Gneis. Noch ist unklar, ob dieses Mauerfragment zu einem Gebäude auf der Terrasse gehört hat, oder ob es vom oberen Burgplateau herabgestürzt ist.
Eine weitere Sondierung wurde oben auf der Terrasse der mutmaßlichen Kernburg durchgeführt. Hier zeigt die heutige Geländeoberfläche, deren Relief als Feinnivellement neu vermessen und mit Hilfe der EDV graphisch dargestellt wurde, noch die Grundlinien der ehemaligen Mauerfluchten an. Für den Testschnitt auf dem eigentlichen Plateau wurde die Ecke einer Gebäudestruktur ausgewählt, die „wallartig" ca. 1,50 m über den heutigen Laufhorizont aufragte. Das Versturzmaterial eines zerfallenen Steingebäudes wurde abgeräumt. Die Mauer konnte in einem Schnitt von 3×2 m bis in eine Tiefe von ca. 1,40 m unter den Laufhorizont verfolgt werden, was eine Höhe von fast 3 m ergibt. Da noch eine weitere 0,60 m dicke Lage von Schutt festgestellt werden konnte, ist eine Gesamthöhe des erhaltenen Mauerwerks an dieser Stelle von mehr als 3 m gesichert. Ein Balkenloch im Winkel der Ecke dieser hier sorgfältig verputzten Mauer könnte eine Geschoßhöhe markieren, entweder zwischen Keller und Erdgeschoß oder zwischen Erd- und Obergeschoß, so daß mit einer noch wesentlich höher erhaltenen Bausubstanz zu rechnen wäre (Abb. 200 und 201).

Matthias Fröhlich, Heiko Steuer, Alfons Zettler

Literaturhinweise

G. Goldenberg, Th. Eisinger, A. Maass, F. Resch, Th. Schifer, Montanarchäologische Untersuchungen zur mittelalterlichen Silbergewinnung bei St. Ulrich, Gde. Bollschweil, Kr. Breisgau-Hochschwarzwald. Arch. Ausgr. Bad.-Württ. 1997, 202 ff. – A. Poinsignon, Die verschollene Burg Birchiberg. Der Schauinsland 13, 1887, 79 ff. – A. Schlageter, Das Revier Birkiberg im Möhlintal. Ein Beitrag zur Geschichte des mittelalterlichen Bergbaus im Möhlintal zwischen Bollschweil und St. Ulrich. Zeitschrift des Breisgau-Geschichtsvereins „Schau-ins-Land" 116, 1997, 29–126. – H. Steuer, U. Zimmermann (Hrsg.), Montanarchäologie in Europa (Sigmaringen 1993) 443 ff. – U. Zimmermann, Früher Bergbau in Bollschweil – Zum Stand der montanarchäologischen Untersuchungen im Möhlintal. In: Bollschweil, Chronik eines Ortes, Band 1 (Bollschweil 1993) 9 ff.

Neue Untersuchungen zur spätmittelalterlichen Glashütte im Schönbuch bei Bebenhausen

Nachdem schon 1992 und 1994 Teile der Glashütte im Schönbuch untersucht worden waren, konnten 1998 die Ausgrabungen fortgesetzt werden.
Das Grabungsgelände, das auf einer Terrasse oberhalb des Kleinen Goldersbachtales in der Flur „Glaswasen" liegt, war mit Hilfe verschiedener Methoden prospektiert worden. Aufgrund der Ergebnisse wurden bei zwei Grabungskampagnen zentrale Bereiche aufgedeckt. Der Produktionszeitraum der Glashütte wird durch die chronologische Stellung des Fundmaterials, durch die Nennung in einem Brief des Jahres 1490 und schließlich durch eine naturwissenschaftliche Datierung, die mittels der Methode des thermoremanenten Magnetismus gewonnen wurde, eingegrenzt. Er liegt zwischen der zweiten Hälfte des 15. und dem beginnenden 16. Jh. Die bisherigen Funde zeigen, daß die Glashütte ein Betrieb war, der auf die Herstellung von wenigen ausgewählten Produkten spezialisiert war, die jedoch in großen Mengen fabriziert wurden. Sie war organisatorisch an das Kloster Bebenhausen angebunden und durch die topographisch enge Anbindung an eine nahegelegene spätmittelalterliche Fernhandelsstraße, die „via rheni", geprägt.
In den vorausgegangenen Grabungskampagnen wurden drei Öfen verschiedener Ausgestaltung und Funktion erfaßt, darunter vor allem der zentrale Schmelzofen mit diagonal angebautem Annexofen, der außerordentlich gut erhalten ist. Dieser war bisher nicht vollständig untersucht worden. Die hier noch offenen Fragen zu klären, war eines der Anliegen der Ausgrabung 1998. Ein weiteres Ziel der Kampagne bildete die Untersuchung des näheren Umfeldes der Öfen, besonders im Hinblick auf die Fragestellung nach der Hüttenkonstruktion und dem Wohnplatz der Glasmacher. Schließlich galt das zentrale Interesse einer der in der geomagnetischen Prospektion stark hervorstechenden Anomalien, vor allem in Anbetracht der Tatsache, daß sich hier ein analoger Befund im Vergleich zum großen Schmelzofen abzuzeichnen schien.
Vom 17. August bis 25. September 1998 wurden im Rahmen einer Lehrgrabung der Universität Tübingen, Institut für Ur- und Frühgeschichte, annähernd 200 m² des Standorts der spätmittelalterlichen Glashütte geöffnet. 19 Studierende wurden während dieser Zeit in je zweiwöchigen Etappen in Prospektions-, Ausgrabungs- und Dokumentationsmethoden eingewiesen. Die Durchführung des Projektes wurde durch mehrere Sponsoren und Förderer ermöglicht.
Der Bereich des zentralen Hauptofens, der zum Schmelzen der Glasmasse diente (vgl. Arch. Ausgr. Bad.-Württ. 1994), konnte weiter untersucht werden, so daß er jetzt vollständig ergraben ist. Auf die Oberfläche der beiden komplett erhaltenen Ofenbänke ist von farbigen Schlieren durchzogene Glasmasse aufgeschmolzen. Standspurartige Strukturen in dieser lassen sich mit den Ausmaßen eines im Ofenabbruchschutt geborgenen, vollständigen Schmelztiegelbodens (32–33 cm Bodendurchmesser) korrelieren. Demnach kann der Standplatz von drei Tiegeln auf der nördlichen und vier Tiegeln auf der südlichen Ofenbank rekonstruiert werden. Der Feuerungskanal ist durchgehend mit Platten von Stubensandstein ausgelegt, deren Oberfläche sich durch die starke Hitzeeinwirkung zersetzte und zu einer auskleidenden Schicht versintert ist.
An die Ofenbänke schließt sich ein 90×110 cm großer, in gleicher Weise mit Platten ausgelegter Innenbereich an. An ihn ist der Annexofen angebun-

den, dessen Luftzufuhr – wie mehrere verkippte Steine im Bereich der schmalen Öffnung zum Hauptofenraum belegen – durch Verschließen geregelt werden konnte.

Im direkten Umfeld des Ofens konnten einige Strukturen, deren Deutung bisher nicht gesichert war, in ihrer Funktion näher eingegrenzt werden. Zwei sich gegenüberliegende, runde Befunde lassen sich mit einem dritten, östlich gelegenen, zu einer Pfostenkonstruktion mit den Ausmaßen 420×450 cm ergänzen (Abb. 202). Die Konstruktion befand sich östlich des Ofens, mittig vor dem Bereich der Schüröffnung. Die Spur des vierten Pfostens konnte nicht erfaßt werden. Die vorhanden drei Pfostenlöcher haben beträchtliche Ausmaße (40–60 cm Durchmesser) und sind jeweils mit Sandsteinen verkeilt, um ihnen im anstehenden Lehm mehr Stabilität zu verleihen. Die Deutung als Darre zur Brennholztrocknung wird von der Darstellung aus dem Reisebericht des Sir John Mandeville gestützt (Abb. 203). Auf dieser wird das Gestell von überdurchschnittlich großen Pfosten getragen und ist über der Öffnung für die heiße Abluft aus dem Ofenraum situiert. Dem entspricht die archäologische Situation bei der

Abb. 202 Schönbuch, Glashütte. Gesamtansicht des zentralen Grabungsareals. Oben: Hauptofen, unten: Streck- und Kühlofen. Die weißen Punkte zeichnen die Lage von Pfostenlöchern aus.

Abb. 203 Betrieb einer mittelalterlichen Glashütte. Miniatur des frühen 15. Jhs. (Reisebericht des Sir John Mandeville).

Glashütte im Schönbuch weitgehend. Bei zwei Befunden, die 1994 teilweise aufgedeckt worden waren, war deren Verfüllung mit relativ reinem Sand aufgefallen (Abb. 202). Sie grenzen nördlich an den Schmelzofen an, liegen also in dem Bereich, in dem es vermehrt Hinweise für die Produktion von Hohlglas gibt. Befunde mit ähnlichen Ausmaßen und in vergleichbarem räumlichen Verhältnis zum Schmelzofen sind auch schon von anderen Glashütten bekannt, in ihrer Funktion bisher jedoch unbestimmt. Zum einen handelt es sich um eine kistenförmige Steinsetzung (75 × 115 cm) auf Höhe der Schüröffnung des Ofens. Drei ihrer Seitenwände werden von aufrecht stehenden Sandsteinplatten gebildet, an der vom Ofen abgewiesenen Seite dagegen konnte keine Begrenzung durch eine senkrechte Steinplatte festgestellt werden. Mineralogische Analysen des hierin enthaltenen Sandes und der Vergleich mit der Zusammensetzung des Glases haben ergeben, daß es sich hier um Rohmaterial für die Glasschmelze handeln dürfte.

Zum anderen enthielten zwei aneinandergrenzende, in den Lehm eingetiefte runde Gruben im Zwickel des Annexofens zum Hauptofen Sand, der mit einer großen Anzahl haarfeiner Glasfäden durchsetzt war. Eventuell könnte der Sand hier als Standhilfe für Zwischen- oder Endprodukte gedient haben, die bei der Hohlglasproduktion anfielen und in nächster Nähe zum Ofen abgestellt und warm gehalten werden sollten. Der Drainagekanal, der das Hangwasser vom Hauptofen abhielt, konnte bei der Grabungskampagne 1998 in seinem weiteren Verlauf untersucht werden. Von Norden her kommend umrundet er zuerst in südlicher, dann östlicher Richtung den Ofen, um anschließend in südöstliche Richtung abzuschwenken. Er weist ein Gefälle auf, das zwischen 3 und 7 % liegt.

Ein weiterer Schnitt wurde angelegt, um die geomagnetische Anomalie nur wenige Meter östlich des Hauptofens zu untersuchen. Diese zeichnete sich im Bild der geomagnetischen Prospektion in analoger Form und Größe wie der Hauptofen selbst ab, weshalb hier der Streck- und Kühlofen für die Flachglasproduktion zu vermuten war. Im geöffneten Bereich fanden sich aber lediglich mehrere einander überlagernde Schichten von Abbruchschutt auf dem geologischen Untergrund. Eine erneute geomagnetische Messung in diesem Bereich durch G. Janssen ergab, daß der Ausschlag der Werte dafür spricht, daß die Anomalie durch einen ferrometallischen Eintrag verursacht war. Am Rand des Schnittes erfaßte Maschendrahtreste, die vor der Aufbringung einer neuzeitlichen Lehmplanierschicht eingebracht worden waren, hatten ein Anomaliebild ergeben, wie es analog von der Hitzeeinwirkung eines Ofens zu erwarten gewesen wäre und wie es tatsächlich bei dem großen Schmelzofen vorlag.

Ein Streck- und Kühlofen war aber für die durch den zugehörigen Produktionsabfall nachgewiesene Flachglasherstellung zu erwarten. Um die Frage nach seiner Lage zu klären, wurde die Untersuchung des schon 1992 entdeckten und teilweise freigelegten Ofens B (vgl.

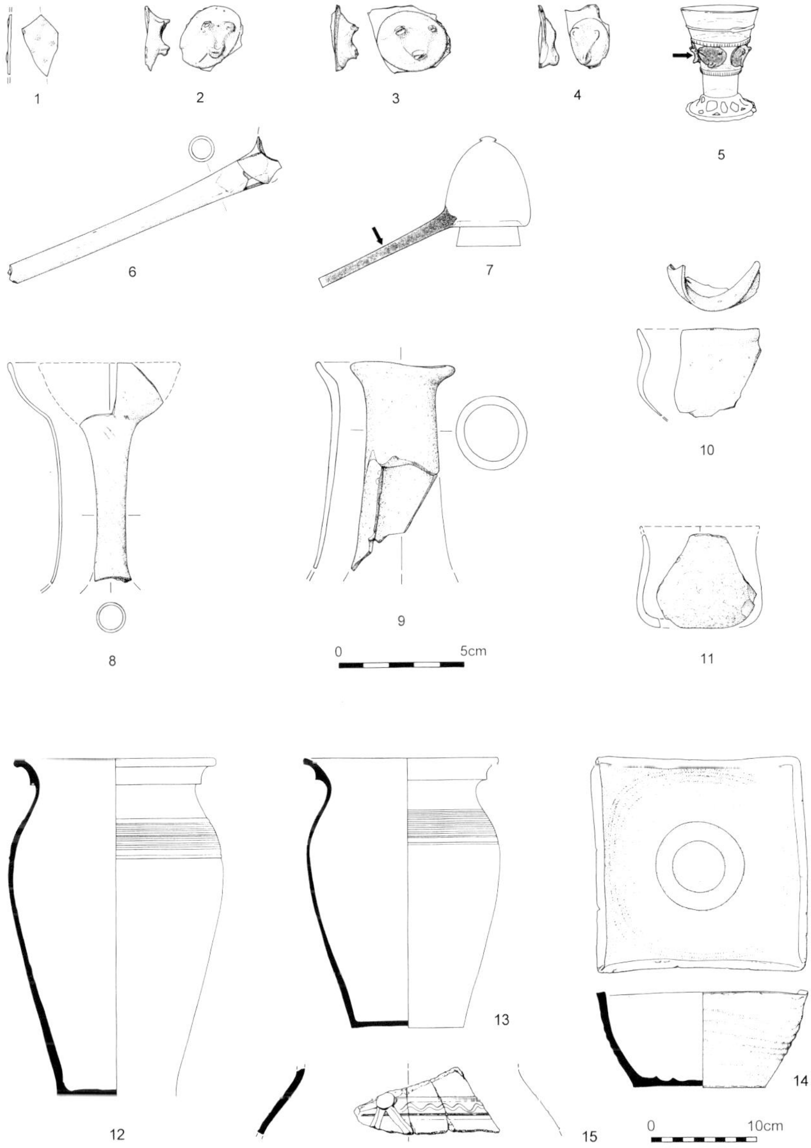

Abb. 204 Schönbuch, Glashütte. 1 optisch geblasener Becher mit Punktreihen, 2–5 Tierkopfnuppen mit Rekonstruktionsvorschlag, 6–7 Alembikrohr mit Rekonstruktionsvorschlag, 8 Kuttrolf, 9 Flasche, 10–11 Schröpfgläser, 12–15 Keramik.

Arch. Ausgr. Bad.-Württ. 1992) fortgeführt. Sie ergab wichtige Hinweise dafür, daß diese Art von Ofenkonstruktion hiermit erfaßt ist.

Funde von Ofenkacheln und Gebrauchskeramik legen nahe, daß die Glasmacher zumindest temporär in der Nähe des Produktionsplatzes gewohnt haben müssen. Um dieser Frage nachzugehen, wurde ein Sondageschnitt in nord-südlicher Richtung über das Grabungsgelände gelegt. Dieser erbrachte keine Nachweise von Siedlungsstrukturen, jedoch Hinweise auf die Nutzung des Produktionsplatzes. Etwa 14 m südöstlich des Hauptofens deuten Stakenlöcher darauf hin, daß das Areal der Glashütte von einer zaunartigen Einfassung umgeben wurde, die mehrfach erneuert worden war. Außerhalb dieser

Abb. 205 Schönbuch, Glashütte. Kreuzrippenbecher.

Eingrenzung konnten Schuttablagerungen und ein Abstich zur Lehmentnahme lokalisiert werden. Von letzterem waren durch die darauffolgende Verfüllung an der Sohle Strukturen erhalten geblieben, die sich als Negative der Spatenabstiche interpretieren lassen.
Am südlichen Abhang der Terrasse zum Verlauf des Kleinen Goldersbaches hin wurde durch die Sondage eine starke Konzentration von Rät- und Stubensandsteinquadern angeschnitten. Es handelt sich nicht, wie zunächst vermutet, um eine terassenartige Befestigung des Abhangs gegen den Bach, sondern um Steinmaterial, das keiner Konstruktion zugehörig ist und dessen Ablagerung auf jeden Fall während oder nach dem Produktionszeitraum der Glashütte vonstatten ging. Verschiedene Schutt- und Abbruchschichten, wie sie auch in anderen Bereichen festgestellt worden sind, weisen darauf hin, daß während des Betriebs der Hütte immer wieder Reparatur-, Um- oder Neubaumaßnahmen an den Anlagen durchgeführt worden sind und daß der dabei anfallende Schutt außerhalb des zentralen Arbeitsbereiches abgelagert wurde.
Die Funde der Grabungskampagne 1998 erweitern das bisherige Fundspektrum nicht nur quantitativ, sondern auch qualitativ in einigen Bereichen. Neben der Massenproduktion von Flachglas und verschiedenen Hohlglasformen (vgl. Arch. Ausgr. Bad.-Württ. 1992, Abb. 283) wurden auch Gerätschaften für den medizinisch-alchimistischen Bereich angefertigt, wie sie ab dem 16. Jh. in größerer Anzahl zu finden sind. Fragmente von Destillierhelmen, sog. Alembiken, und Schröpfgläser (Abb. 204.6–7, 10–11) sind Beispiele für das Arzt- oder Apothekerinventar.
Auch die Ausgestaltung der Wandung der Hohlglasformen, insbesondere der Becher war vielfältig. Zur gängigen Verzierung von Bechern aus Waldglas durch Rippen und Nuppen gesellen sich seltenere Dekorarten. Nuppen in Form von stilisierten Tierköpfen gehören zu einer Becherform aufwendigerer Herstellung aus dem späten 15. bis 16. Jh. (Abb. 204.2–5). Auch Wandungsstücke von optisch geblasenen Bechern mit Punktreihen wurden gefunden, die zu den wenigen Vertretern dieser Form und Zeitstellung gehören (Abb. 204.1). Dabei muß in Betracht gezogen werden, daß bei Einzelobjekten aufgrund der wichtigen Rolle der Glaswiederverwertung nicht ausgeschlossen werden kann, daß nicht an Ort und Stelle hergestelltes Glas ins Fundmaterial eingebracht wurde.
Bemerkenswert ist der Fund eines vollständigen Kreuzrippenbechers, der zwischen den Fundamentsteinen des Ofens im Bereich der halbkreisförmigen Arbeitsfläche vor der Schürkanalöffnung zutage kam (Abb. 205). Es handelt sich um den konischen Standardtypus dieser Becherform mit einem tief eingestochenen Boden und einem relativ niedrigen Körper (Höhe: 7,70–8,20 cm, Randdurchmesser: 9 cm), dessen Laufzeit von der 2. Hälfte des 15. Jhs. bis zum Beginn des 16. Jhs. den Produktionszeitraum der Glashütte umfaßt, ihn aber nicht näher einzugrenzen vermag.
Die gefundenen keramischen Formen umfassen technische Keramik für den Produktionsprozeß, wie Model oder die schon erwähnten Schmelztiegel, aber auch Gefäß- und Baukeramik. Diese setzt sich zusammen aus Töpfen mit der für das 15. Jh. typischen Form (Abb. 204.12–13), aus Viereckkacheln (Abb. 204.14) und aus großen Gefäßen, die durch aufgesetzte Leisten verstärkt sind

und einen sehr großen Durchmesser aufweisen (Abb. 204. 15). Letztere hatten im Verfahren der Glasherstellung die Funktion eines Aufnahmebehälters für die fertigen Hohlgläser inne, die in größerer Anzahl in diesen Töpfen einerseits transportiert, andererseits gelagert und vorsichtig heruntertemperiert werden konnten (vgl. auch Abb. 203).

Schon 1992 war aufgrund der Keramikfunde, insbesondere des hohen Anteils an Ofenkacheln, und der festgestellten Konzentration an Oberflächenfunden eine Ansiedlung der Glasmacher im hangaufwärts liegenden Bereich westlich des Ofenstandorts vermutet worden. Weitere Prospektionen dort bestärken diese Annahme. Sie lassen die archäologische Untersuchung dieses Areals als notwendig erscheinen, um an dem Glashüttenstandort im Schönbuch die Struktur der Produktionsstätte auf eine möglichst vollständige Art zu erfassen.

Des weiteren hat sich im Zuge der Ausgrabungsarbeiten gezeigt, daß mit einer Erhaltung von Teilen des postulierten Streckofens und eines weiteren Nebenofens unter dem heutigen Waldweg gerechnet werden kann. Um den Produktionsprozeß vollständig nachvollziehen zu können, sollte dieser Ofen vollständig untersucht werden, vor allem da Streck- und Kühlöfen bisher archäologisch höchst selten eindeutig erfaßt wurden.

Die hauptsächlich auf Massenproduktion ausgerichtete Glashütte hat sicher über die Deckung des Bedarfs des Klosters selbst hinaus vor allem für eine weitere Abnehmerschaft im städtischen Milieu Glasfabrikate erzeugt. Die aussagekräftige Befundlage der Produktionsstätte im Schönbuch verspricht exemplarische Ergebnisse, nicht nur, was den Herstellungsprozeß von Waldglas im späten Mittelalter, sondern auch das strukturelle Umfeld und die Organisation dieses Waldgewerbes angeht.

Für finanzielle und praktische Unterstützung bei der Durchführung der Ausgrabung 1998 danken wir der Forstdirektion Südwürttemberg, dem Forstamt Bebenhausen, dem Verteidigungskommando Tübingen der Bundeswehr, der Außenstelle Tübingen des Landesdenkmalamts Baden-Württemberg, der Daimler-Benz AG, der Feuerwehr Lustnau, der Stiftung der Württembergischen Hypothekenbank für Kunst und Wissenschaft, der Firma Vegla Vereinigte Glaswerke GmbH, der Vereinigung der Freunde der Universität Tübingen e.V. und schließlich weiteren privaten Sponsoren und Förderern.

Barbara Scholkmann,
Aline Kottmann

Literaturhinweise

S. Gai, B. Scholkmann, Arch. Ausgr. Bad.-Württ. 1992, 387 ff. – S. Gai, Reliquiengläser aus Altarsepulkren: eine Materialstudie zur Geschichte des deutschen Glases vom 12. bis zum 19. Jahrhundert. Unpubl. Diss. Tübingen. – B. Scholkmann, Arch. Ausgr. Bad.-Württ. 1994, 349 ff. – H. v. d. Osten-Woldenburg, Unsichtbares sichtbar gemacht. Arch. Deutschland 4/1993, 6 ff.

Neue Schiffsfunde im Bodensee

Die schwierige finanzielle Situation des Landesdenkmalamtes Baden-Württemberg hatte im Jahr 1997 die Prospektionsarbeiten an historischen Schiffswracks des Bodensees fast zum Erliegen gebracht. 1998 konnten diese Untersuchungen nun, wenn auch in bescheidenem Umfang, wieder aufgenommen werden.

Vorläufig abgeschlossen wurde die systematische Prospektion des Westteils des Überlingersees. In dem sehr stark von Sporttauchern frequentierten Seeabschnitt zwischen Sipplingen und Bodman hatte das Landesdenkmalamt Baden-Württemberg, in enger Zusammenarbeit mit dem Langenargener Institut für Seenforschung der Landesanstalt für Umweltschutz Baden-Württemberg, bereits 1994 mit einer planmäßigen Bestandsaufnahme aller Schiffswracks begonnen. Mit Hilfe eines KLEIN Sidescan-Sonars, das simultan mit 2 Frequenzen (100 kHz und 500 kHz) arbeitet, wurde das Untersuchungsareal systematisch mit parallel überlappenden Profilen abgedeckt. Die seitliche Reichweite des Sonarfisches betrug 2×75 m und die Schwimmhöhe über Grund zwischen 10 und 15 m. Eine

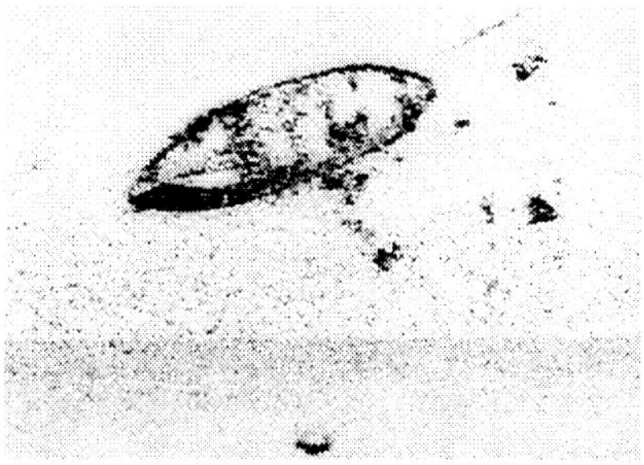

Abb. 206 Bodensee. Sonarbild von W 226 (Schiff mit Ziegelladung).

Positionierung mittels Satelliten (Differential GPS) Navigation ermöglichte eine flächendeckende Kartierung und die Ortsbestimmung gefundener Objekte. Zur Auswertung der akustischen Signale erfolgte im Anschluß an die Sidescan Kartierung eine „Vor-Ort-Besichtigung“ durch die ferngesteuerte Unterwasserkamera BENTHOS Searover, die an einer 300 m langen Schwimmleine jeden Ort im Bodensee erreichen kann. Die Gerätekombination „Satellitennavigation – Sidescan Sonar – Unterwasserkamera“ hat sich sowohl bei Seebodenuntersuchungen als auch bei Wrack-Suchfahrten als wirkungsvolles Kartierwerkzeug erwiesen.
Noch 1997 wechselte die „August Thienemann“, das Forschungsschiff des Instituts für Seenforschung, dann in den Konstanzer Trichter; hier wurde die Arbeit – nach einem Zwischenspiel im bayrischen Seeteil vor Lindau – auch 1998 fortgesetzt. Die Bestandsaufnahme im westlichen Überlingersee hatte ein eindeutiges Kartenbild ergeben: Besonders dicht liegen Schiffswracks dort, wo sich Schiffahrtsstraßen kreuzen und im Bereich von Häfen und Schiffsländen. Im Falle von Konstanz ist überdies eine historische Quelle bekannt, die recht präzise Ortsangaben über ein im 18. Jh. verunglücktes Schiff enthielt. Ob sich dieses Schiff unter den Neuentdeckungen aus dem fraglichen Bereich befindet, muß derzeit noch offen bleiben – nur ein Teil der aufgrund ihrer Konturen als Schiffe oder Boote deutbaren Sonarschatten konnte auch mit der Kamera angefahren und genauer angesprochen werden. In einem Fall handelt es sich um ein Schiff mit Ziegelladung (Abb. 206); der Rumpf, der die Dimensionen eines Seglers aufweist, ist wie alle bisher bekannten vergleichbaren Schiffsrümpfe aus Eiche gebaut. Die Videobilder zeigen außerdem Ruder und Anker, aber keinerlei Reste der Besegelung. In einem zweiten Fall handelt es sich um ein an Bug und Heck beschädigtes, weitgehend einsedimentiertes Schiff mit noch aufrecht stehendem Mast. Regelmäßig unter dem Dollbord angebrachte, über die gesamte Schiffslänge verteilte Bohrungen für die Aufnahme von Rudern belegen, daß dieses Schiff aber keineswegs ausschließlich gesegelt wurde. In den Dimensionen, aber auch im vergleichsweise schlechten Erhaltungszustand erinnert das Schiff an W 207, das vor Bodman liegt und bei dem es sich ebenfalls um ein Ruderschiff handeln könnte. Damit mehren sich die Hinweise auf einen Schiffstyp, der bisher nur aus Bildquellen bekannt ist.
Wie schwierig sich trotz aller Technik die Suche nach einem ganz bestimmten Schiff gestalten kann, zeigte ein Suchunternehmen im Frühjahr 1998. Vor Eriskirch war vor den Augen der Wasserschutzpolizei ein Sportboot ausge-

brannt und gesunken. Zur Lokalisierung des Wracks, das den See mit Treibstoff zu verunreinigen drohte, wurde das Institut für Seenforschung um Hilfe gebeten. Trotz genauer GPS – Daten der Unglücksstelle konnte der Havarist erst nach etwa zwanzigstündigem Einsatz entdeckt werden – die zweifelsfreie Identifizierung wurde dadurch erschwert, daß im untersuchten Planquadrat drei weitere Schiffswracks lagen. Diese Fundkonzentration wird durch zwei weitere Fundmeldungen noch unterstrichen: O. Braasch entdeckte bei einem Erkundungsflug zwei weitere Schiffe in der gleichen Seebucht, wobei es sich in einem Fall um ein größeres Holzschiff von mindestens 20 m Länge zu handeln scheint. Vermutlich werden diese Schiffe nicht die einzigen Entdeckungen dieser Art bleiben; für die erfolgsverwöhnte Luftbildarchäologie in Baden-Württemberg geraten hier weitere Quellen ins Visier.

Keines dieser insgesamt 10–15 neuentdeckten Schiffe und Boote wurde bislang von Archäologen angetaucht. In vielen Fällen genügt der kombinierte Einsatz von Sonar und ROV, der vielfach detailreiche, brillante Bilder liefert und vor allem bei Schiffen in größeren Tiefen genügen muß. Problematisch bleibt dieses Vorgehen bislang allerdings dort, wo bei offenkundig älteren Holzschiffen Probenentnahmen zur genauen Datierung erforderlich werden. Bislang ist es nicht geglückt, den Greifarm des Tauchroboters entsprechend einzusetzen. Schwierig wird es auch bei stark einsedimentierten Wracks: Die Sonarbilder sind naturgemäß weniger scharf umrissen, und die Ansteuerung per ROV, die ebenfalls auf Schallbasis erfolgt, gestaltet sich problematisch. Endgültig an ihre Grenzen stoßen Sonarerkundungen im Flachwasser unter 3 m Wassertiefe, wenn Störechos von der Wasseroberfläche und multiple Signale keine verwertbaren Ergebnisse zulassen. An dieser Stelle sei der Besatzung der „August Thienemann“ gedankt. Bei aller Hochtechnologie sind die erzielten Ergebnisse vor allem ihnen zu verdanken: B. Engesser (Bedienung des ROV), W. Hoffmann (Schiffsführung), E. Rinné (Bedienung des Sidescan-Sonars), H. Löffler, G. Schröder (Koordination).

In den angesprochenen Fällen bleiben wir trotz aller Hochtechnologie wohl auch weiterhin auf die Fundmeldungen von Seeanrainern, aufmerksamen Badegästen, Fischern und Sporttauchern angewiesen. Eine entsprechende Notiz erreichte uns von der Reichenau. Hier hatte Michael Blum, dem an dieser Stelle sehr herzlich für die gute Zusammenarbeit gedankt sei, im Flachwasserbereich des Nordufers die vagen Konturen eines im Sediment liegenden Schiffsrumpfes entdeckt. Anhand der Peilung mittels Landmarken durch den Finder wurde das Schiff in ca. 2 m Tiefe wiederaufgefunden und sondiert.

Es stellte sich heraus, daß der überwiegende Teil des Wracks einsedimentiert ist (Abb. 207). Lediglich sieben Rangen, einige Holzelemente des Bugteils und drei Bestandteile der Bordwand heben sich vom Seegrund ab; ob einige ebenfalls aus dem Sediment ragende Weichholzpfähle mit dem Schiff in Verbindung stehen, ist derzeit noch offen. Beim größten sichtbaren Teil handelt es sich um einen 3 m langen und 25 cm aus dem Sediment ragenden Abschnitt der Steuerbordseite mit vermutlich noch erhaltenem Dollbord, welches durch drei Rangen zusammengehalten wird. In diesem Bereich liegt auch ein größeres Brett, das an einem Ende eine Ausarbeitung aufweist und am anderen Ende, nach 2,50 m Länge, abrupt abbricht. Auf der Backbordseite ragen Rangen (S) und Planken nur noch vereinzelt aus dem Sediment (S 5 mit Planke; S 6); an S 6 ist erkennbar, daß sich zumindest Teile dieser Schiffseite mit dem Rest des Schiffskörpers nicht mehr im Verbund befinden. Dem Anschein nach bildete S 5 ursprünglich mit S 4 ein Rangenpaar, steht heute aber außerhalb der entsprechenden Flucht. Auch S 7 befindet sich weit außerhalb

Abb. 207 Bodensee. Maßskizze von W250.

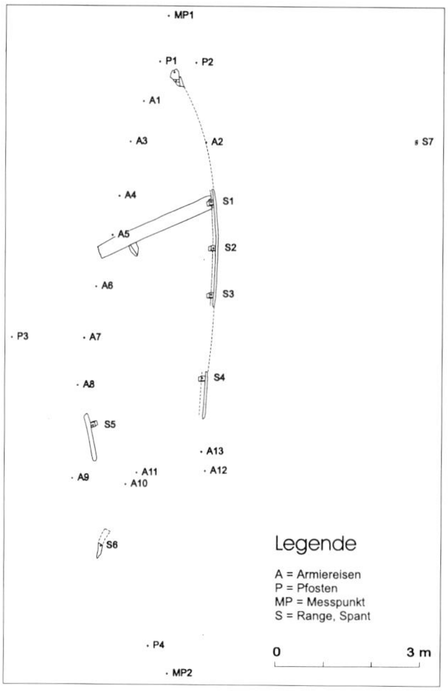

des Schiffsrumpfs. Alle sichtbaren Bauteile des Wracks bestehen aus Eiche. An Holzverbindungen wurden vereinzelt Holzdübel beobachtet.

Mit Hilfe von Armiereisen wurde die ungefähre Form des Schiffes und die Sedimentationstiefe ertastet. Dabei stellte sich heraus, daß der Heckbereich nach ca. 9m abgebrochen ist. Die maximale Breite beträgt 2,25m. Das Schiff ist flachbodig und auf der ganzen Fläche ca. 40cm einsedimentiert.

Diese ersten Sondagen erbrachten schon interessante Ergebnisse; auf weitere Untersuchungen darf man gespannt sein. So ist noch nicht klar, mit welchem Schiffstyp wir es zu tun haben. Die Antwort darauf liegt noch im Sediment. Im Bezug auf das Alter des Schiffes werden die Untersuchungen des Dendrochronologischen Labors im Hemmenhofen aufschlußreich sein.

Eine weitere Tauchaktion fand am „Salzschiff" vor Unteruhldingen, der bislang einzigen entdeckten „Lädine" des Bodensees, statt. Maßgeblich beteiligt waren hier wieder, wie bei einer vergleichbaren Aktion 1996, Sporttaucher. Diesmal waren es Mitglieder des Schweizer Unterwassersportverbands (SUSV), die hier unter Federführung der Sektion Unterwasserarchäologie der Gesellschaft für Vor- u. Frühgeschichte (SUWA) und der Leitung von A. Müller ihren „Fortgeschrittenenkurs Unterwasserarchäologie" absolvierten. Auf dem Programm der insgesamt einwöchigen Aktion, an der G. Devogel, S. Höglin, U. Löhnert, W. Senn und J. Uebersax teilnahmen, standen vor allem Prospektionsarbeiten im Umfeld des Schiffes sowie Vermessungsarbeiten am Schiff selbst. Die Wirkung solcher Kurse ist nicht zu unterschätzen; die Absolventen sind nicht nur hochmotivierte Multiplikatoren, die den Denkmalschutzgedanken in die Sporttaucherszene tragen, sondern auch sehr gute Mitarbeiter, die innerhalb einer Woche durchaus verwertbare Arbeitsergebnisse abliefern. Einem der Vorkämpfer dieses Gedankens, E. Rampinelli, sei an dieser Stelle ausdrücklich für sein langjähriges und erfolgreiches Engagement gedankt.

Martin Mainberger, Adalbert Müller, Heinz Gerd Schröder

Literaturhinweise

D. Hakelberg, Zur Auswertung des mittelalterlichen Schiffsfundes von Immenstaad, Bodenseekreis. Arch. Ausgr. Bad.-Württ. 1995, 325–332. – J. Leidenfrost, Die Lastsegelschiffe des Bodensees (Sigmaringen 1975). – H. Löffler, H. G. Schröder, B. Engesser, W. Hoffmann, E. Rinné, Unterwasserkamera und Side Scan-Sonar – neue Perspektiven in der Seenforschung, Schr. VG Bodensee 116, 1998, 183–192. – M. Mainberger, A. Müller, H. Schlichtherle, Schiffswracks im Bodensee, Arch. Ausgr. Bad.-Württ. 1994, 325–330. – M. Mainberger, Taucharchäologisches Experiment am „Salzschiff" von Unteruhldingen, Gde. Uhldingen-Mühlhofen, Bodenseekreis. Arch. Ausgr. Bad.-Württ. 1996, 297–300. – A. Müller, M. Mainberger, Zum Fortgang der Wrackarchäologie im Bodensee. Nachrichtenblatt Arbeitskreis Unterwasserarchäologie 3, 1997, 4f.

Fundmünzen aus Württemberg

Wie im Vorjahr war die Fundmünzenbilanz wieder sehr bescheiden. Die Zahl der eingelieferten Stücke belief sich auf knapp 50. Davon konnten nur etwa 20 abschließend bearbeitet werden. Die Grabungen des Landesdenkmalamts erbrachten als etwas größere Komplexe lediglich 7 römische Münzen aus dem Bereich des Kastells von Mengen-Ennetach (Kreis Sigmaringen) sowie rund 20 mittelalterliche und neuzeitliche Prägungen aus dem Alten Rathaus in Esslingen.

Sonst handelte es sich so gut wie ausschließlich um Einzelfunde vor allem römischer Münzen, die meist von privater Seite vorgelegt wurden. Im Zusammenhang mit einer Neubearbeitung des in den 20er Jahren freigelegten alamannischen Gräberfelds von Hailfingen (Stadt Rottenburg am Neckar, Kreis Tübingen) wurden auch die damals zutage gekommenen Münzen durchgesehen. Obwohl sie in der Erstveröffentlichung von 1939 verzeichnet sind, scheinen sie bisher noch nicht näher bestimmt worden zu sein. Dementsprechend wurden sie auch nie in den einschlägigen Fundmünzenzusammenstellungen registriert.

Die beiden Münzgruppen aus Mengen-Ennetach und Esslingen sind noch nicht restauriert. Bei der ersteren handelt es sich, soweit bereits erkennbar, um Prägungen des 1. Jhs. n. Chr., die von Claudius I. bis Vespasian reichen. Die zweite enthält viele schlecht erhaltene oder zerbrochene und fragmentarische Kleinmünzen, die durchweg aus dem 13.–15. Jh. stammen. Deutlich spätere Prägungen sind ein Rechenpfennig des 16. Jhs. sowie ein württembergischer Gulden von 1843. Selbst er ist stark oxidiert und zeigt, daß dort für die Münzen keine guten Bedingungen herrschten. Aus Hailfingen lagen jetzt acht von ursprünglich zehn Stücken vor. Sie gehören dem 1./2. bis 4. Jh. n. Chr. an und sind ihrer Verwendung gemäß größtenteils gelocht und mäßig erhalten. Davon konnten immerhin vier noch genau bestimmt werden. Sie sind in Abb. 208 a und d–f wiedergegeben. Am Anfang steht ein stark beschnittener As gleich vom Beginn der Regierungszeit des Trajan (Abb. 208 a). Auf das Jahr 163/164 n. Chr. zu datieren ist ein Sesterz des Mark Aurel mit dem schreitenden Mars auf der Rückseite (Abb. 208 d). Fast zur gleichen Zeit, aber unter verschiedenen Vorgaben sind zwei typengleiche Trierer Emissionen des Magnentius von 352 (Abb. 208 e) und des Constantius II. von 353 n. Chr. (Abb. 208 f) entstanden. Die letztere ist die mit großem Abstand am besten erhaltene Münze der Hailfinger Serie und zugleich ein besonderes historisches Dokument. Es handelt sich um den numismatischen Beleg für eine Revolte, die sich im Frühjahr 353 in Trier gegen Magnentius richtete. Ihr Anführer war Poemenius, der damals im Namen des Constantius II. Münzen nach dem sonst nur von Magnentius und Decentius bekannten Typ mit dem großen Christogramm auf der Rückseite prägen ließ. Erst im August desselben Jahres zeigte der Sieg des Constantius II. über Magnentius, daß sich Poemenius auf die richtige Seite geschlagen hatte. Ein fünftes Hailfinger Fundstück ist nur noch allgemein als As des 1./2. Jhs. einzuordnen, da man im Bild der Vorderseite ebenso ein Porträt des Domitian wie eines Angehörigen des antoninischen Kaiserhauses sehen kann (Abb. 208 b). Die restlichen drei Münzen aus Hailfingen sind nicht mehr bestimmbar und können allenfalls aufgrund ihrer Größe eher ins 2./3. oder 3./4. Jh. gelegt werden.

Die Funde römischer Münzen, die von ehrenamtlichen Mitarbeitern des Landesdenkmalamts oder von privater Seite gemeldet wurden, kamen wieder durchweg von bekannten Plätzen, die auch

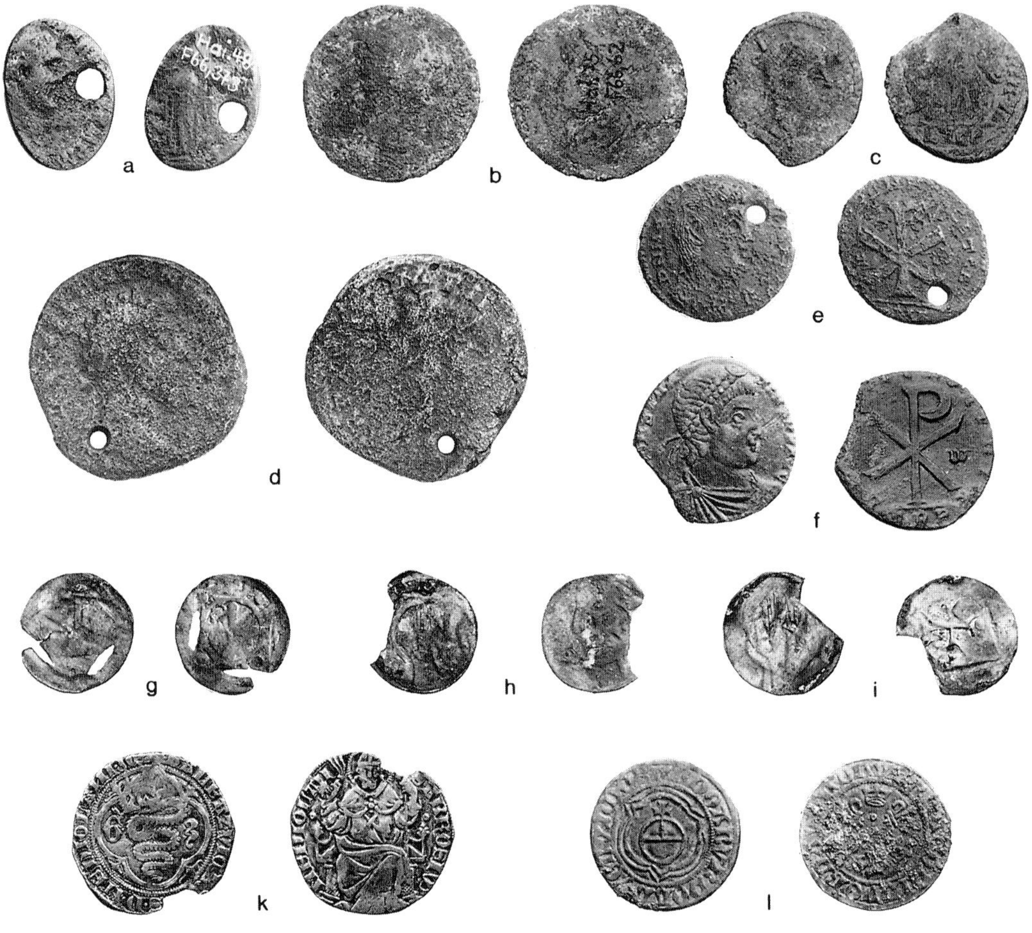

Abb. 208 Römische und mittelalterliche Fundmünzen sowie neuzeitlicher Rechenpfennig von verschiedenen Fundorten. As des Trajan (a), As des 1./2. Jhs. (b), Sesterz des Mark Aurel (d) sowie Kupfermünzen des Magnentius (e) und Constantius II. (f) aus Hailfingen, Kupfermünze das Magnus Maximus aus Tauberbischofsheim-Dittigheim (c), Heller von der Kaltenburg bei Niederstotzingen-Lontal (g–i), Mailänder Groschen aus Leutkirch (k) und Rechenpfennig aus Ulm (l). M.: 1:1.

schon in der letzten Zeit ergiebig gewesen waren. Auf dem Gelände des Kastells Unterkirchberg (Gem. Illerkirchberg, Alb-Donau-Kreis) wurden dieses Mal drei Stücke gefunden. Sie liegen zeitlich nahe beieinander und bestehen aus einem Sesterz des Nero (Abb. 209b) sowie je einem Denar des Vitellius (Abb. 209c) und Vespasian (Abb. 209d). Die Rückseitendarstellung der Prägung des Nero, die aus dem für Fundmünzen üblichen Rahmen etwas herausfällt, zeigt eine „Adlocutio“, d.h. die Ansprache des Kaisers an sein Heer. Er steht erhöht auf einem Podest und wendet sich im typischen Redegestus mit leicht erhobenem Arm an die vor ihm versammelten Soldaten. Die Münze des Vespasian ist ein dünnes, stark untergewichtiges und subärates Stück, dessen Silberüberzug größtenteils abgeschliffen ist und bei dem auf der Vorderseite gerade noch die Konturen des Kopfes und einige wenige Buchstaben der Umschrift zu erkennen sind. Vermutlich ist diese zum Schaden des Zahlungsverkehrs bestimmte Fälschung vor Ort entstanden. Vom Häsenbühl bei Geislingen (Zollernalbkreis) stammen je drei Denare und Kupfermünzen. Die Silbermünzen setzen sich aus einer Legionsprägung des Mark Anton (Abb. 209a), einer Ausgabe des Vespasian (Abb. 209e) und einem beschädigten Stück des Trajan (Abb. 209f) zusammen. Auf dem Legionsdenar kann man sogar noch lesen, daß er von der 7. Legion stammt. Die Kupfermünzen umfassen Asse des Vespasian (Abb. 209h) und Trajan (Abb. 209k) sowie einen Sesterz des Antoninus Pius (Abb. 209l). Außerdem lieferte der Häsenbühl auch wieder eine Gemme, auf der zwei Adler auf bzw. neben einem Füllhorn und einem krebsartigen Tier (?) dargestellt sind (Abb. 209i). Die mittlerweile recht stattliche Münzreihe aus dem Bereich des römischen Gutshofs bei Güglingen (Kreis Heilbronn) wurde durch einen As des Antoninus Pius und einen Sesterz der Faustina II. (Abb. 209m) ergänzt. Die letztgenannte Münze zeigt als Rückseitendarstellung die den Bestand des Kaiserhauses garantierende Fecunditas mit vier kleinen Kindern. Wie schon im Vorjahr war von der römischen Siedlungsstelle bei Bad Rappenau-Babstadt (Kreis Heilbronn) ein Denar des Septimius Severus zu verzeichnen (Abb. 209g). Allerdings handelte es sich dieses Mal um ein nicht besonders attraktives subärates Stück aus dem Jahre 202 n. Chr., das aber als Anhaltspunkt für die Datierung des Befunds wichtig ist. Weiterhin waren auch zwei Stücke als Nachzügler aus Grabungen des Landesdenkmalamts zu registrieren. Erst jetzt präpariert wurde eine Prägung des von 383–387 n.Chr. regierenden Magnus Maximus aus dem fränkischen Gräberfeld von Tauberbischofsheim-Dittigheim (Main-Tauber-Kreis), die schon 1984 gefunden worden war (Abb. 208c). Zu den vor zwei Jahren angeführten sechs Fundmünzen aus dem römischen Gutshof auf der Flur „Hummelbrunnen" bei Schwieberdingen (Kreis Ludwigsburg), die mit einem Denar des Severus Alexander aus dem Jahre 224 n. Chr. endeten, kam nun noch ein Stück des jugendlichen Caracalla von 196/197 n. Chr. hinzu.

Die spärlichen nicht-römischen Funde setzen mit drei Hellern des 13. Jhs. ein, die schon um 1965 auf der Kaltenburg bei Niederstotzingen-Lontal (Kreis Heidenheim) zutage kamen (Abb. 208g–i). Damals hatten sich auch einige Schüler aus Hürben an dem zuvor entdeckten Fundplatz zu schaffen gemacht. Die Münzen wurden erst jetzt auf dem Umweg bekannt, daß sie ein „reuiger" Finder später seinem Pfarrer ausgehändigt hatte und dieser sie jetzt an einen ehrenamtlichen Mitarbeiter des Landesdenkmalamts weitergab. Da es sich um drei verschiedene Heller-Spielarten vom 2. bis 4. Viertel des 13. Jhs. handelt, ist anzunehmen, daß sie der bescheidene Rest eines umfangreicheren Depots sind. Als spätmittelalterliche Einzelstücke wurden ein zwischen 1395 und 1402 geprägter Mailänder Grosso des Gian Galeazzo Visconti aus einem Garten in Leutkirch (Kreis Ravensburg) (Abb. 208k) und ein undatierter Pfennig Christophs I. von Baden aus der evangelischen Kirche von Buoch (Gem. Remshalden, Rems-Murr-Kreis) gemeldet. Die badische Münze gehört zu den württembergischen und badischen Gemeinschaftsprägungen von 1478–1480. Das Mailänder Stück, das als charakteristische Bilder das Schlangenwappen und den thronenden heiligen Ambrosius zeigt, erinnert daran, daß im 15. Jh. die böhmischen und italienischen Groschen einen wesentlichen Anteil am Geldumlauf in Südwestdeutschland hatten. Der Grund dafür liegt darin, daß die heimische Schillingprägung zur Deckung des Geldbedarfs an größeren Sorten als den Hellern und Pfennigen bei weitem nicht ausreichte und so die ausländischen Stücke in den

Abb. 209 Römische Münzen und römische Gemme von verschiedenen Fundorten. Legionsdenar des Mark Anton (a), Denare des Vespasian (e) und Trajan (f), Asse des Vespasian (h) und Trajan (k) sowie Sesterz des Antoninus Pius (l) und Gemme (i) nach Original und Abdruck aus Geislingen, Sesterz des Nero (b), Denar des Vitellius (c) und Denarfälschung des Vespasian (d) aus Unterkirchberg, subärater Denar des Septimius Severus aus Bad Rappenau-Babstadt (g) und Sesterz der Faustina II. aus Güglingen (m). M.: 1:1.

Zahlungsverkehr einströmten. Von 151 Münzschätzen des südwestdeutschen Raums, die zwischen 1400 und 1500 verborgen wurden, enthielten 37 Mailänder Groschen in teilweise beachtlichen Stückzahlen. Selbst nach 1500 sind sie noch in einigen Schatzfunden anzutreffen, verschwinden dann aber bis zur Jahrhundertmitte aus dem Umlauf. Einzelfunde dieser Münzen sind daneben vergleichsweise selten, auch wenn gerade hier mit einer gewissen Dunkelziffer nicht registrierter Stücke zu rechnen ist. Bisher sind nur fünf Vorkommen aus Winzerhausen, Tübingen, Freudenstadt, Heiligkreuztal und

Konstanz verzeichnet. Doch auch sie zeigen deutlich die weite Verbreitung, wobei im Fall von Freudenstadt allerdings eine späte nicht-monetäre Zweitverwendung als Grundsteineinlage aus dem Jahre 1619 vorliegt. Mit dem Stück aus Leutkirch ist nun immerhin ein regelrechter oberschwäbischer Fundbeleg hinzugekommen. Abschließend ist nur noch ein kupferner Rechenpfennig aus dem 16. Jh. anzuführen, der zu dem weit verbreiteten Typ mit Reichsapfel und Dreipaß auf der einen sowie drei Kronen und Lilien auf der anderen Seite gehört und bei der Grabung des Landesdenkmalamts im Kaisheimer Pfleghof in Ulm (Frauenstr. 23) gefunden wurde (Abb. 2081). Drei ähnliche Stücke waren in Ulm zuletzt 1989 vorgekommen.

Ulrich Klein

Das Museumsjahr 1998 an der Außenstelle Konstanz des Archäologischen Landesmuseums Baden-Württemberg

Das Archäologische Landesmuseum kann auf ein erfolgreiches Museumsjahr 1998 zurückblicken. Rund 40000 Besucherinnen und Besucher besichtigten die Dauerausstellung in seiner Außenstelle Konstanz, verfolgten das Ausstellungsprogramm seiner Sonderausstellungen oder nahmen an den Führungen und museumspädagogischen Aktionen teil. Diese dritthöchste Besucherfrequenz seit Bestehen der Außenstelle zeigt, daß das Haus an Attraktivität nichts verloren hat. Die Außenstelle Konstanz bot für ihre Besucherinnen und Besucher im Museumsjahr 1998 fünf Sonderausstellungen an. Den Reigen eröffnete die Ausstellung „Opus Caementitium – Neue Bautechnik der Römer". Als Wanderausstellung gemeinsam mit der Südwest Zement GmbH Leonberg und dem Landesdenkmalamt Baden-Württemberg 1997 konzipiert und realisiert, fand sie vom 12. Dezember 1997 bis zum 19. April 1998 auch auf ihrer dritten Station in Konstanz großen Anklang. An herausragenden Beispielen römischer Baukunst wurde die Bedeutung des antiken Betons, des „opus caementitium", für die Entwicklung der Architektur in anschaulicher Weise dargelegt. Römische „Reiter wie Statuen aus Erz" zogen am 1. Mai in unser Haus ein und hielten erfolgreich bis zum 9. August die Stellung. Die von den Kollegen des Württembergischen Landesmuseums Stuttgart übernommene Ausstellung informierte in eindrucksvoller Weise umfassend über die römische Reiterei am Limes, ihre Bewaffnung, ihren taktischen Einsatz und über ihr Alltagsleben. Höhepunkt der Ausstellung bildete zweifellos ein lebensgroßer Reiter mit Pferd in seiner prächtigen Montur, wie sie bei Ritterspielen getragen wurde. An seine Stelle trat ab dem 11. August der wohl berühmteste Europäer der Vorgeschichte: „Ötzi – der Mann aus dem Gletscher" gastierte bis zum 27. September mit all seinen Ausrüstungsgegenständen in der Außenstelle in Konstanz (Abb. 210). Diese von der Zeitschrift „Geo" ins Leben gerufene, durchweg mit Replikaten ausgestattete Präsentation des „Gletschermannes" zog über 12000 Gäste an und avancierte so zum absoluten Spitzenreiter unter den Sonderausstellungen unseres Hauses.

In die unmittelbare ausländische Nachbarschaft führte vom 25. September bis 29. November die Ausstellung „Vergangenheit über die Grenze – Archäologie im Kanton Thurgau". Mit ihr erschlossen die Kollegen des Amtes für Archäologie des Kantons Thurgau unseren Besucherinnen und Besuchern in glän-

Abb. 210 Konstanz. Eine Besucherattraktion des Jahres 1998: „Ötzi", der Mann aus dem Eis.

zender Manier die reiche, vor den Toren von Konstanz sich erstreckende archäologische Fundlandschaft sowie die beeindruckenden Ergebnisse ihrer facettenreichen Arbeit. Ab dem 27. November hielt zum Jahresabschluß wiederum die römische Kultur Einzug in unser Haus. „Mit allen Wassern gewaschen – Das römische Badewesen in Südwestdeutschland" lädt die Gäste in der kalten Jahreszeit zu einem heißen Badevergnügen nach römischer Manier ein, sei es in den öffentlichen oder privaten Thermen oder in den luxuriös ausgestatteten Kurbädern wie Baden-Baden oder Badenweiler.

Einem römischen Thema, dem „Prunkportal von Landenburg" ist auch der 1998 erschienene dritte Band unserer Schriftenreihe ALManach gewidmet. In allgemeinverständlicher und brillanter Manier stellt E. Künzl die Ergebnisse seiner wissenschaftlichen Bearbeitung des Ladenburger Schatzfundes vor, der 1973 von B. Heukemes geborgen wurde und als einer der herausragendsten Funde unseres Landes im Archäologischen Landesmuseum in Konstanz ausgestellt ist. Der hervorragend und reich bebilderte Band wurde mit freundlicher Unterstützung der Mannheimer Versorgungs- und Verkehrsgesellschaft mbH rechtzeitig zur 1900-Jahr-Feier der Stadt Ladenburg der Öffentlichkeit übergeben.

In einer Vortragsreihe, gemeinsam mit dem Förderverein unseres Hauses, den „Freunden und Förderern des Archäologischen Landesmuseums e. V." an neun Abenden veranstaltet, vertieften hochkarätige Referenten des In- und Auslands die in den Sonderausstellungen präsentierte Welt der Archäologie. So führte die Reise auf den Spuren der römischen Baukunst von Baden-Württemberg bis an die kleinasiatische Küste nach Ephesos. Der Bogen der römischen Reiterei spannte sich von der Selbstdarstellung ihrer glorreichen Vergangenheit auf antiken Reliefs über die prächtig dekorierten Waffen bis hin zur Schilderung ihrer Strapazen. die am eigenen Leibe im Experiment nachempfunden wurden. In Erstaunen versetzte die große Zuhörerschaft die Gletschermumie des Ötzi, die, radiologisch bis in ihre letzte Zelle ausgeleuchtet, wichtige Erkenntnisse auch für das Gebiet der heutigen Medizin erbrachte.

Zwei weitere öffentliche Abendvorträge dienten als Vorbereitung zu den inzwischen äußerst beliebten Tagesexkursionen unseres Hauses. Unter dem Thema „Die Römer zwischen Iller und Lech" steuerte man die Römerstadt Kempten, das spätrömische Kastell Isny und als Höhepunkt der Reise im ureigensten Sinn des Wortes den 1055 m hohen Auerberg bei Schongau an. Eindrucksvoll war auch die zweite Exkursion, die unter der ebenso kompetenten wie humorvollen Leitung unserer Schweizer Kollegen aus dem Kanton Thurgau zu den archäologischen Stätten ihrer Heimat führte. Manchen auch für alteingesessene Konstanzerinnen und Konstanzer weißen Fleck auf der Landkarte

Abb. 211 Konstanz. Die Museumserweiterung im Jahr 2000. Preisgekrönter Entwurf des Architekturbüros Knut Lohrer, Stuttgart. Ansicht von Süden (Blick von der Rheinseite).

schloß diese Fahrt mit ihren idyllischen wie geschichtsträchtigen Stationen.
Zu unseren bereits traditionellen Museumsfesten strömten auch in diesem Jahr wieder die Gäste in großer Zahl. Der am 15. März begangene „Tag der offenen Tür" stand ganz im Zeichen des Handwerks in den verschiedensten historischen Epochen. Vorführungen unterschiedlichster Spezialisten regten an diesem Tag jung und alt an, ihr handwerkliches Können zu prüfen und zu beweisen. Beim Sommerfest am 26. Juli pulsierte das römische Leben auf dem Vorplatz unseres Museums: Es wurden Opfer gebracht, Orakel gedeutet, kräftig exerziert, und im „circus maximus" spendeten die Zuschauer ihren Familienangehörigen frenetischen Beifall beim Sänftenrennen. Eine beschaulichere Atmosphäre herrschte beim Weihnachtsbazar, der am 6. Dezember seine Tore öffnete und in diesem Jahr gemeinsam mit dem Zentrum für Psychiatrie Reichenau und dem Inner Wheel Club Bodensee durchgeführt

wurde. Festlich geschmückte Verkaufsstände, ein buntes Rahmenprogramm, u.a. ein Puppenspiel für die jüngsten Besucherinnen und Besucher sowie Kaffeetafeln mit Selbstgebackenem luden die Gäste zum Verweilen ein.
Daß unser Haus auch in der Zeit zwischen den „Festtagen" mit Leben erfüllt war, verdanken wir unserem breit gefächerten museumspädagogischen Angebot, das sich nach wie vor größter Beliebtheit erfreut. Mit weit über 500 Führungen und Aktionen waren unser Team und dessen freie Mitarbeiter voll ausgelastet. Ausgebucht waren auch unsere drei Ferienaktionen „Asterix in Rom", „Leben wie Ötzi" und „Gebrannte Erde: Kachelöfen und Bodenfliesen", die den Jugendlichen die Langeweile in den Schulferien vertrieben.
Doch auch außerhalb von Konstanz war unser Haus mit Ausstellungen und Aktivitäten präsent. Die große Landesausstellung „Die Alamannen", die mit größtem Erfolg 1997 in Stuttgart präsentiert worden war, erfreute sich in der ersten Jahreshälfte 1998 sowohl im Schweizer Landesmuseum in Zürich wie auch im Römermuseum in Augsburg, ihrer dritten und letzten Station, größter Beachtung und Beliebtheit. Insgesamt zog diese Ausstellung über 200000 Besucherinnen und Besucher in ihren Bann – eine Zahl, auf die die Verantwortlichen und alle, die zu ihrem Gelingen beitrugen, mit Stolz verweisen dürfen. Die ebenfalls 1997 in der Außenstelle Konstanz gezeigte Präsentation „Goldene Jahrhunderte – Bronzezeit in Südwestdeutschland" bot im selben Zeitraum in Heilbronn und Ulm den zahlreichen Besuchern einen hervorragenden Einblick in die älteste metallführende Epoche unseres Landes.
Eine wertvolle Erweiterung seiner Dauerausstellung erfuhr im Jahr 1998 das Römerhaus Walheim, Zweigmuseum des Archäologischen Landesmuseums Baden-Württemberg, in enger Zusammenarbeit mit dem Landesdenkmalamt Baden-Württemberg und dem Förderverein „Römerhaus Walheim e.V.", wo sich der interessierte Gast mit den neuesten Forschungsergebnissen zur Geschichte und Entwicklung des in römischer Zeit bedeutsamen Vicus vertraut machen kann.
Ein Blick hinter die Kulissen unserer Museumsarbeit verrät, daß auch der Außenstelle Konstanz eine höchst attraktive Erweiterung ihrer ständigen Ausstellung bevorsteht. Die Konservierung des 1991 in der Flachwasserzone des Bodensees vor Immenstaad durch das Landesdenkmalamt Baden-Württemberg geborgene Lastschiff aus dem 14. Jh. n. Chr. ist abgeschlossen. Um dieses für die Bodenseeschiffahrt bedeutende und imposante Zeugnis – der Schiffsrumpf weist eine Länge von annähernd 20 m und eine Breite von 3 m auf – angemessen präsentieren zu können, wird eigens ein Anbau an das bestehende ehemalige Konventsgebäude des Klosters Petershausen erstellt werden. Im Januar 1998 tagte die Jury des für dieses Bauvorhaben ausgeschriebenen Architektenwettbewerbs, die unter 42 eingereichten Arbeiten zu entscheiden hatte. Einstimmig wurde der Entwurf des Architektenbüros Knut Lohrer, Stuttgart, mit dem ersten Preis ausgezeichnet (Abb. 211). Er sieht vor, daß der Bau mit einer Grundfläche von 400 m^2 an den Ostflügel unseres Hauses angebunden wird und sich mit seiner Frontseite zum Sternenplatz hin öffnet. Die Planungsarbeiten konnten termingerecht Ende des Jahres abgeschlossen werden, so daß einer Eröffnung unserer neuen Abteilung „Schiffahrt in Baden-Württemberg" im Frühjahr 2000 nichts mehr im Wege steht.
Zum Erfolg unseres Hauses im Jahre 1998 trugen die Behörden und Institutionen vor Ort, die Kolleginnen und Kollegen im Lande, unser Förderverein „Freunde und Förderer des Archäologischen Landesmuseums Baden-Württemberg e.V." sowie unsere Partner in der freien Wirtschaft durch ihre Unterstützung in hohem Maße bei. Ihnen allen gilt unser herzlicher Dank.

Jörg Heiligmann

Ortsregister

Gültig für alle bisher erschienenen Jahrbücher.
Die Seitenzahlen der Beiträge des Jahrbuches 1998 sind hervorgehoben.

Bildnachweis

O. Braasch: 1, 3, 4, 5, 7, 8 ,78, 169, Taf.1, Taf.11
S. Feine: 15
Generallandesarchiv Karlsruhe: 182
R. Hewitt: 24, 25
M. Hoeper (Höhenlinienplan): 88
U. Klein: 208, 209
J. Köninger: 32, 34, 35
Kurpfälzisches Museum Heidelberg 178–181
C. Lübke: 33
Pfahlbaumuseum Unteruhldingen: 44, 45, 46, 48, 49, 50, Taf.8,
Universität Freiburg, Provinzialrömische Archäologie: 108–110, 122, 123
Ulmer Museum, Stadtarchiv Ulm: 72, 73, 168
H.P. Vieser: Taf.13

Alle anderen Abbildungen: Landesdenkmalamt Baden-Württemberg, Abt. Archäologische Denkmalpflege

Grabungstechnik, Grafik, Zeichnungen, Fotografie

Th. Becker, D. Bibby, R. Boes, A. Bohnert, C. Bürger, S. Christlein, R. Dale, P. Dolmazon, A. Domaradzki, H. Dürr, H. Eberspächer, J. Englert, M. Erne, K. Fink, M. Forman, F. Förster, A. Frey, K. Hietkamp, M. Horn, H. Jensen, A. Kalkowski, E. Kemmet, H. Lang, H. Masula, A.-M. Moll, Y. Mühleis, K. Natter, S. Papadopoulos, S. Petec, H. Peters, K.-H. Ponrad, S. Prütz, S. Reissing, H. Rudolph, E. Rümmele, Th. Schlipf, M. Schreiner, Th. Schwarz, E. Stauß, A. Striffler, H.-J. Teufel, M. Trexler-Walde, D. Tschocke, S. Uhl, C. Urbans, B. Volkmer, D. Westermann, W. Zwernemann

Der Förderkreis Archäolog' Baden und die Gesellschaft für Vor- und Frühgeschichte in Württemberg und Hohenzollern wollen die interessierte Öffentlichkeit mit den großen Denkmälern unserer südwestdeutschen Vorzeit vertraut machen. Sie versuchen dies durch Veröffentlichungen, durch Lichtbildervorträge im Land, durch Exkursionen im In- und Ausland und durch jährliche Zusammenkünfte zu erreichen. Die beiden Vereinigungen arbeiten eng mit der Archäologischen Denkmalpflege zusammen. Sie sind gemeinnützige Vereine, die ein Maximum an Kosten vermitteln wollen. Helfen auch Sie durch Ihren Beitritt mit, das Wissen um das große historische Erbe unseres Landes zu fördern und dem drohenden Verfall bedeutender Kulturdenkmäler entgegenzuwirken!

Auskünfte und Rat erteilen:

Gesellschaft für Vor- und Frühgeschichte in Württemberg und Hohenzollern, Silberburgstraße 193, 70178 Stuttgart, Fernruf (0711) 1694-718;
Förderkreis Archäologie in Baden, Amalienstraße 36, 76133 Karlsruhe, Fernruf (0721) 9185-413 bzw. -400, e-mail: info@foerderkreis-archaeologie.de;
sowie Landesdenkmalamt Stuttgart, Fernruf (0711) 1694-700,
mit den Außenstellen Karlsruhe, Amalienstraße 36, 76133 Karlsruhe, Fernruf (0721) 918 54 00;
Freiburg, Marienstraße 10a, 79089 Freiburg, Fernruf (0761) 207 1 20;
und Tübingen, Alexanderstraße 48, 72074 Tübingen,
Fernruf (07071) 91 32 00.

Archäologische Denkmalpflege des Landesdenkmalamtes Baden-Württemberg, Organisation:

	Aufgabenbereich	*Wirkungskreis*
Referat 21	Vor- und Frühgeschichte	Regierungsbezirk Stuttgart
Referat 22	Vor- und Frühgeschichte	Regierungsbezirk Karlsruhe
Referat 23	Vor- und Frühgeschichte	Regierungsbezirk Freiburg
Referat 24	Vor- und Frühgeschichte	Regierungsbezirk Tübingen
Referat 25	Großgrabungen im Bereich Vor- und Frühgeschichte sowie Mittelalter, Zentraler Bereich, Sonderprojekte	Baden-Württemberg
Referat 26	Mittelalter	Baden-Württemberg
Referat 27	Unterwasserarchäologie/ Pfahlbauarchäologie	Baden-Württemberg